Müller/Schabbeck
Praxishandbuch Pflegerecht

Praxishandbuch Pflegerecht

von

Thorsten Müller
Jan P. Schabbeck

medhochzwei

Bibliografische Informationen der Deutschen Nationalbibliothek

Die Deutsche Nationalbibliothek verzeichnet diese Publikation in der Deutschen Nationalbibliografie; detaillierte bibliografische Daten sind im Internet über http://dnb.d-nb.de abrufbar.

Bei der Herstellung des Werkes haben wir uns zukunftsbewusst für umweltverträgliche und wiederverwertbare Materialien entschieden.
Der Inhalt ist auf elementar chlorfreiem Papier gedruckt.

ISBN 978-3-86216-461-5

www.medhochzwei-verlag.de

Satz: Reemers Publishing Services GmbH, Krefeld
Druck: mediaprint solutions GmbH, Paderborn
Umschlaggestaltung: Wachter Kommunikationsdesign, St. Martin
Titelbilder: © Alexander Kirch/shutterstock # 602151149 © Dmytro Zinkevych/shutterstock # 6456930

Vorwort

Sehr geehrte Leserin und sehr geehrter Leser,

wir, die Autoren, blicken auf viele Jahre Beratung im Gesundheitswesen und der Lehre zurück. Dabei haben wir viele Themen gemeinsam beraten und auch gemeinsam Vorträge gehalten. Was uns dabei immer wieder aufgefallen ist, ist, dass aus Unkenntnis im Recht häufig Angst wird. So ist eine unserer erfolgreichsten Veranstaltungen die Vortragsreihe „Pflege, mit einem Bein im Knast!?". In diesen Veranstaltungen und in unserer Beratung haben wir festgestellt, dass zwar viel Literatur besteht, diese allerdings meist so formuliert ist, dass sie an der Praxis vorbeigeht und entweder Probleme viel zu speziell bearbeitet oder schlichtweg zu komplex darstellt. Daher hatten wir die Idee ein Buch aufzulegen das genau hier ansetzt. Mit dem nun vorgelegten Werk haben wir nicht den Anspruch juristisch-wissenschaftlich in die Tiefe Probleme aufzuarbeiten. Uns geht es darum, den in der Praxis der Pflege tätigen Personen schnell einen ersten Überblick in die typischen juristischen Fragen im Pflegealltag zu verschaffen. Dabei soll das Buch „auf Vorrat" lesbar sein, aber auch als Nachschlagewerk auf dem Schreibtisch zur Verfügung stehen. Wir haben uns daher in der Gliederung sehr stark an den Fragen orientiert die in unserer Beratungspraxis und Seminaren immer wieder an uns herangetragen werden. Dabei sind wir von den typischen juristischen Gliederungen weggegangen und haben uns mit den Problemen der Pflegefachpersonen befasst.

Wir meinen, dass wir viele Fragen verständlich abgedeckt haben und freuen uns über Ihr Feedback und Anregungen zu weiteren Ergänzungen.

Dipl. Pflegewirt, MScN
Thorsten Müller

Rechtsanwalt und Fachanwalt für Medizinrecht
Jan Schabbeck

Inhaltsverzeichnis

I Arbeitsrecht für Pflegefachpersonen

1 Einführung

Obwohl es für Pflegefachpersonen, wie auch für Mitarbeiter anderer Berufe, auch eine Vielzahl von anderen Regeln zu beachten gilt, ist doch zunächst das Arbeitsrecht für die Allermeisten in der Pflege Dreh- und Angelpunkt ihrer Tätigkeit. Das Arbeitsrecht unterscheidet dabei grundsätzlich zwei Teile: Einerseits das sog. Individualarbeitsrecht und zum anderen das kollektive Arbeitsrecht. Das Individualarbeitsrecht regelt das Verhältnis zwischen Arbeitgeber und Arbeitnehmer. Dem gegenüber steht das kollektive Arbeitsrecht. Hierbei handelt es sich um das Verhältnis zwischen Arbeitgebern und den Arbeitnehmervertretungen, also dem Betriebsrat oder in Krankenhäusern häufig den Personalräten einerseits und dem „Krankenhaus", also dem Arbeitgeber anderseits. 1

Insbesondere das Individualarbeitsrecht zeichnet sich dadurch aus, dass es ein Arbeitnehmerschutzrecht ist. Da der Gesetzgeber davon ausgeht, dass typischerweise der Arbeitnehmer der deutlich schwächere Partner in einem Arbeitsvertragsverhältnis ist, was wohl auch richtig sein dürfte, wird der Arbeitnehmer in einer Vielzahl von Bereichen durch das Arbeitsrecht geschützt. Im Zweifel gilt immer: „für den Arbeitnehmer". 2

Daneben gilt natürlich grundsätzlich, dass der arbeitsrechtliche Vertrag einer der häufigsten Verträge überhaupt ist. Da er zudem für die allermeisten Arbeitnehmer existenziell ist, handelt es sich auch um ein Vertragsverhältnis, das häufig vor den Gerichten landet. Die Wichtigkeit des Arbeitsvertrages zeigt sich schon daran, dass es für das Arbeitsrecht eigene Gerichte gibt, die auch einen eigenen Ablauf vorsehen. 3

Vor dem Hintergrund der Vielzahl von Arbeitsverträgen und der Vielfalt an daraus folgenden Problemen versuchen sowohl der Gesetzgeber mit seinen arbeitsrechtlichen Gesetzen als auch die Arbeitsgerichte, möglichst vereinfachende Fallgruppen und Präzedenzfälle zu bilden. Eine Prognose, wie ein Prozess ausgehen wird, ist gerade im Arbeitsrecht häufig recht schwierig vorzunehmen. Es gilt immer: Der Einzelfall entscheidet. 4

Letztlich noch ein Wort zum Arbeitsrecht selbst: Ein Arbeitsgesetz in dem Sinne gibt es nicht. Das Arbeitsrecht ist über eine Vielzahl von unterschiedlichen Gesetzen geregelt. Einige sollen hier in der Folge erklärt werden. 5

2 Entstehung des Arbeitsverhältnisses

Arbeitsverhältnisse sind im juristischen Sinne Verträge. Dies bedeutet, dass es immer zweier sog. übereinstimmender Willenserklärungen bedarf, um ein Arbeitsverhältnis zu begründen. Die einfachste Version ist die, dass der potenzielle 6

Arbeitgeber zum Arbeitnehmer sagt „Sie können bei mir anfangen“ und der Arbeitnehmer dazu sagt „Ja, ich fange bei Ihnen an.“ Es braucht also gar keinen schriftlichen Vertrag. Allein diese gemeinsamen übereinstimmenden Erklärungen reichen aus. Ein Arbeitsverhältnis kann noch einfacher auch dadurch entstehen, dass der Arbeitnehmer beim Arbeitgeber einfach „anfängt“ und der Arbeitgeber dies akzeptiert. Natürlich ist in solchen Konstellationen häufig Streit Tür und Tor geöffnet. Denn eine Vielzahl von Angelegenheiten ist dann nicht geregelt. So etwa, wie viel Arbeitszeit für welches Entgelt durch den Arbeitnehmer zu leisten ist.

3 Nachweisgesetz oder wie bekomme ich mein Arbeitsverhältnis aufs Papier?

7 Der Gesetzgeber hat diese Schwierigkeiten erkannt und hat daher vorgesehen, dass der Arbeitnehmer in Fällen, in denen kein schriftlicher Arbeitsvertrag besteht, einen Anspruch auf Überlassung der wesentlichen Informationen zum Arbeitsvertrag hat. Die entsprechenden Regelungen finden sich im Nachweisgesetz. Nach § 2 des Nachweisgesetzes (NachwG) ist der Arbeitgeber verpflichtet, spätestens einen Monat nach dem vereinbarten Beginn des Arbeitsverhältnisses die wesentlichen Vertragsbedingungen schriftlich niederzulegen. Er muss diese schriftliche Niederlegung unterschreiben. Mindestens aufzunehmen sind: Wer arbeitet, wann hat das Arbeitsverhältnis begonnen, ist das Arbeitsverhältnis befristet, der Arbeitsort, eine Beschreibung der Tätigkeit, die Zusammensetzung und die Höhe des Arbeitsentgeltes einschließlich Zulagen u. Ä., die vereinbarte Arbeitszeit, die Dauer des jährlichen Erholungsurlaubes, die Fristen für die Kündigung des Arbeitsverhältnisses und ein eventueller Hinweis auf Tarifverträge, Betriebs- oder Dienstvereinbarungen, die auf das Arbeitsverhältnis anzuwenden sind. Kommt der Arbeitgeber der Verpflichtung nach § 2 des Nachweisgesetzes nicht nach, so hat der Arbeitnehmer einen – einklagbaren – Anspruch darauf, das entsprechende Dokument zu erhalten. Das bedeutet also, der Arbeitnehmer kann den Arbeitgeber verklagen – ihm ein Papier auszuhändigen, aus dem sich die Informationen ergeben. Dass passiert in der Praxis nicht häufig. Der Arbeitnehmer will es sich ja mit dem Arbeitgeber nicht verscherzen.

4 Der Weg zum Arbeitsverhältnis

8 In den allermeisten Fällen wird das Arbeitsverhältnis allerdings so zustande kommen, dass sich die Parteien zunächst kennenlernen und sich dann über die Inhalte des Arbeitsvertrages, wie sie in § 2 NachwG dargestellt sind, einigen oder aber jedenfalls im Vorfeld darüber reden.

4.1 Bewerbung

Dabei ist es typischerweise so, dass der Arbeitnehmer, etwa durch eine Anzeige im Internet oder durch Bekannte, darüber informiert wird, dass der Arbeitgeber einen Arbeitnehmer sucht. Typischerweise wird sich der Arbeitnehmer dann beim Arbeitgeber bewerben. Für die Bewerbung gilt, dass diese eine sog. Anbahnung des Arbeitsverhältnisses darstellt. Der Arbeitgeber wird seine Entscheidung, ob es zu einem Arbeitsvertragsschluss kommt, auch von der Bewerbung abhängig machen. Dies bedeutet, dass fehlerhafte Angaben in der Bewerbung dazu führen können, dass der Arbeitgeber später eine Kündigung auf solche fehlerhaften Angaben stützt. 9

4.2 Vorstellungsgespräch

4.2.1 Kosten

Schafft es der Arbeitnehmer, mit seiner Bewerbung das Interesse des Arbeitgebers zu wecken, so wird dieser typischerweise den Arbeitnehmer zum Vorstellungsgespräch einladen. Dabei gilt: Wenn der Arbeitgeber den Arbeitnehmer ohne Weiteres einlädt, hat dieser den Anspruch auf Erstattung der Reisekosten zum Gespräch. Gut beraten ist daher der Arbeitgeber, in dem Schreiben zur Einladung des Arbeitnehmers schon klarzustellen, ob er Reisekosten übernimmt - und wenn ja welche genau. Ansonsten hat der Arbeitnehmer den Anspruch auf übliche Kosten. Was üblich ist, kann durchaus unterschiedlich bewertet werden und zu Streit führen. Normalerweise dürften allerdings die Kosten für ein öffentliches Verkehrsmittel 2. Klasse sowie die steuerlichen Vorschriften zur Nutzung eines Fahrzeuges greifen, also 30 Cent pro Kilometer. Problematisch können Taxi- und Hotelkosten werden. Hier sollte der Arbeitnehmer vorsichtig sein und im Vorfeld fragen, welche Kosten übernommen werden. Gleiches gilt insbesondere auch für Flugkosten. Üblicherweise sollten auf keinen Fall Kosten ersetzt werden, die dem Lebensstil des Arbeitnehmers widersprechen. 10

4.2.2 Fragen im Vorstellungsgespräch

Im Vorstellungsgespräch selbst gilt, wie schon für die Bewerbung, dass der Arbeitnehmer zur Wahrheit verpflichtet ist. Dies gilt allerdings für einige Ausnahmen nicht. Einige Dinge darf der Arbeitgeber schlichtweg nicht fragen. Dabei gelten einerseits die Vorschriften des sog. Antidiskriminierungsgesetzes. Danach darf niemand aus Gründen seiner Rasse oder wegen seiner ethnischen Herkunft, des Geschlechts, der Religion oder Weltanschauung, einer Behinderung, des Alters oder der sexuellen Identität benachteiligt werden. Unzulässig sind dementsprechend Fragen, die direkt oder indirekt eine Benachteiligung von Frauen oder Männern zum Ziel haben können oder in die Privatsphäre der Bewerberinnen und Bewerber eingreifen, wie Fragen nach dem Bestehen einer Schwangerschaft, 11

Heiratsabsichten oder der Familienplanung, nach dem Familienstand oder der sexuellen Orientierung. Auch die Frage, ob die Bewerberin bzw. der Bewerber raucht oder nicht, ist unzulässig. Unzulässig sind auch Fragen nach Freizeitbeschäftigungen (auch, ob gefährliche Sportarten ausgeübt werden) und ehrenamtlichen Tätigkeiten wie politische oder gesellschaftliche Aktivitäten.[1]

12 Bei Fragen nach Krankheiten und Schwerbehinderungen ist es nicht ganz so leicht: Nach Krankheiten darf der Arbeitgeber nur fragen, wenn die Erkrankung die Eignung der Bewerberin bzw. des Bewerbers für die angestrebte Tätigkeit dauerhaft beeinträchtigt. Die Pflegefachperson, die aufgrund eines Rückenleidens nicht schwer heben darf, oder die unter HIV/Hepatitis leidet, darf nach derartigen Leiden gefragt werden. Auch die Frage nach einer Suchterkrankung ist jedenfalls für Pflegefachpersonen, die Verantwortung für andere Menschen übernehmen, zulässig. Unzulässig ist allerdings die Frage, ob Alkohol oder sonstige Suchtmittel allgemein konsumiert werden. Ähnlich wird man dies wohl auch für die Schwerbehinderung sehen müssen. Hier gilt, dass der Arbeitgeber insofern fragen darf, wie es für das Arbeitsverhältnis darauf ankommt. Das trifft auch auf Vorstrafen und Strafermittlungsverfahren zu. Dabei sind Vorstrafen, die nach entsprechenden Vorschriften aus den Vorstrafenregistern gelöscht worden sind, nicht mehr anzugeben. Im Übrigen darf der Arbeitgeber nach Vorstrafen nur fragen, wenn und soweit dies die Art des zu besetzenden Arbeitsplatzes erfordert. Damit gilt für Pflegefachpersonen, dass nach Vorstrafen in Bezug auf fahrlässige oder vorsätzliche Körperverletzungen oder Tötungen im Zusammenhang mit der Ausübung des Berufs gefragt werden darf. In diesem Bereich dürfte sogar schon die Frage nach einem entsprechenden Ermittlungsverfahren zulässig sein. Ob dies auch auf Eigentumsdelikte wie insbesondere Diebstahl oder Unterschlagung zutrifft, ist derzeit durch die Gerichte nicht entschieden. Auch hier kommt es auf den Einzelfall an. Soll in einem Pflegeheim eine Stelle besetzt werden, bei der der Inhaber unkontrolliert auf das Eigentum der Bewohner zugreifen kann, dürfte hier zumindest nach einer rechtskräftigen Verurteilung, nicht jedoch nach einem Ermittlungsverfahren gefragt werden. Bei denjenigen, die im Krankenhaus tätig sind, dürfte dies eher nicht zu bejahen sein.

13 Fragt nun der Arbeitgeber im Vorstellungsgespräch etwas, das nach dem gerade Dargestellten unzulässig ist, so darf diese Frage vom Arbeitnehmer unwahr beantwortet werden. Der Bewerber muss die Frage nicht zurückweisen, weil die Verweigerung der Beantwortung den Arbeitnehmer sofort schlecht stellen würde gegenüber anderen Bewerbern. Für den Bewerber sollte sich dann aber die Frage stellen, ob ein Arbeitgeber, der sich schon im Bewerbungsgespräch rechtswidrig verhält, der richtige Arbeitgeber ist. Umgekehrt gilt für den Arbeitgeber: Will man sich diese Blöße geben und ggf. qualifizierte Kräfte gleich abschrecken?

1 Lakies: Du darfst nicht lügen – oder doch? In: Der Personalrat 3/2015, S. 18–21.

Ansonsten sind gestellte Fragen richtig und ehrlich zu beantworten. Dies gilt sowohl für solche, die mündlich im Vorstellungsgespräch gestellt werden, als auch für Fragen, welche in Fragebögen vor der Unterzeichnung des Arbeitsvertrages gestellt werden.

5 Arbeitsverträge

Kann der Arbeitnehmer im Vorstellungsgespräch überzeugen und stimmen auch ansonsten die Kriterien, so kommt es zum Arbeitsvertragsschluss. Normalerweise wird nun ein schriftlicher Arbeitsvertrag aufgesetzt. Ein Entwurf wird in nahezu allen Fällen vom Arbeitgeber vorgelegt. Es sind auch klar die Arbeitgeber, die Interesse an einem Arbeitsvertrag haben: Wenn etwas nicht im Vertrag aufgeführt ist, gilt für die Nebenbestimmungen das, was das Gesetz vorsieht – und das ist fast immer besser für den Arbeitnehmer. 14

Arbeitsverträge sind sehr unterschiedlich umfangreich in der Tiefe der Details. Mindestens müssen sie die in § 2 NachwG enthaltenen Regelungen beinhalten oder aber, was gerade bei Krankenhäusern und großen Pflegeeinrichtungen häufig der Fall ist, sie nehmen Bezug auf einen Tarifvertrag. Tarifverträge werden häufig in zwei unterschiedlichen Formen vereinbart. Ein Teil des Tarifvertrages regelt die Höhe der Vergütung, der andere Teil die Art und Weise, wie die Arbeit zu leisten ist. Tarifverträge können sehr umfangreich sein. Die im Bereich der Pflege interessantesten Tarifverträge sind die der Kommunen (TV-L) und der Wohlfahrtsverbände und Kirchen (AVR-Caritas, Diakonisches Werk, Paritätischer Wohlfahrtsverband, Deutsches Rotes Kreuz und Arbeiterwohlfahrt). Dabei gilt, dass egal, ob ein Tarifvertrag oder ein individueller Vertrag abgeschlossen wird, einige Klauseln der Erläuterung bedürfen. Hier eine Auswahl: 15

5.1 Urlaub

Eine wesentliche Klausel ist die des Urlaubs. Ist zum Thema Urlaub nichts gesondert vereinbart, so gilt grundsätzlich das Bundesurlaubsgesetz. Dieses sieht vor, dass der Arbeitnehmer im Jahr mindestens vier Wochen Urlaub haben muss. Das bedeutet, dass bei einer Sechs-Tage-Woche 24 Arbeitstage im Jahr frei sind und bei einer Fünf-Tage-Woche 20 Arbeitstage. 16

Bei diesen Regelungen handelt es sich um den sog. gesetzlichen Urlaub, der insbesondere durch den Europäischen Gerichtshof besonders geschützt wurde. Der gesetzliche Urlaubsanspruch entspricht in der Regel nicht der Realität – die allermeisten Arbeitnehmer in der Pflege haben einen höheren Anspruch. Dieser wird zusätzlich gewährt. Daher unterscheiden moderne Arbeitsverträge zwischen dem gesetzlichen und dem zusätzlichen Urlaub. Dies führt zu teilweise recht komplizierten Klauseln, die dem Arbeitgeber ermöglichen sollen, dass so viel Urlaub wie möglich so schnell wie möglich verfällt (siehe hierzu Teil I Kap. 10). 17

Diese Klauseln sind aber üblich und wohl auch als angemessen für beide Parteien zu sehen, denn ansonsten droht für den Fall einer schwereren und längeren Erkrankung, dass der Arbeitnehmer sehr viel Urlaub anhäuft, was gerade für kleinere Arbeitgeber zu einer schweren Belastung führen kann.

5.1.1 Verfallsklauseln

18 Weiter finden sich in aktuellen Arbeitsverträgen typischerweise sog. Verfallsklauseln. Verfallsklauseln sollen dazu führen, dass möglichst schnell jeglicher Ärger aus dem Arbeitsverhältnis herausgenommen wird. Sie wirken derart, dass es nach einer bestimmten Frist nicht mehr möglich ist, weitere Forderungen (Ansprüche) wie Überstundenvergütung etc. anzumelden; diese verfallen. Dabei muss nach aktueller Rechtsprechung die Frist mindestens drei Monate sein. Innerhalb dieser Drei-Monats-Frist müssen Ansprüche schriftlich angemeldet werden. Dies bedeutet beispielsweise, dass man sich zeitnah um die Zahlung von eventuellen Weihnachtsgratifikationen u. Ä. kümmern muss. Ist eine Verfallsklausel wirksam in den Vertrag eingebunden, so ist es nicht möglich, den Urlaubsanspruch noch nachzufordern. Gleiches gilt beispielsweise auch für Überstunden, soweit nicht ein Überstundenkonto geführt wird.

19 Die Verfallsklausel wirkt nur zulasten des Arbeitnehmers, wenn folgende Kriterien erfüllt sind:

- Geltendmachung von innerhalb mindestens drei Monaten.
- Lehnt der Andere den Anspruch dann ab oder erklärt er sich hierzu nicht innerhalb eines Monats, so muss mindestens eine Frist von drei Monaten nach der Ablehnung oder dem Fristablauf durch die Ausschlussklausel vereinbart werden.
- Bei der Verfallsklausel muss beachtet werden, dass Ansprüche nach Mindestlohngesetz und Pflegearbeitsverordnung nicht vom Verfall betroffen sind, jedenfalls dann, wenn der Arbeitsvertrag nach Inkrafttreten der Pflegearbeitsverordnung geschlossen wurde.[2]
- Die Klausel darf nicht im Arbeitsvertrag „versteckt" sein. Möglichst ist sie drucktechnisch hervorgehoben.

Sind diese Kriterien nicht erfüllt, kann sich der Arbeitgeber auf die Klausel nicht berufen, wohl aber der Arbeitnehmer. Es ist also auf Arbeitgeberseite hier besondere Vorsicht angezeigt, dass die Klausel ordnungsgemäß verwendet wird.

5.1.2 Weihnachtsgeld/Gratifikation/Zielvereinbarung

20 Während es früher nahezu üblich gewesen ist, dass Arbeitsverträge sogenannte 13. oder sogar 14. Monatsgehälter vorsahen, ist dies im nicht-tarifgebundenen Bereich

2 BAG vom 24.8.2016, Az. 5 AZR 703/15.

heute eher weniger anzutreffen. Mitarbeiter haben in der Regel eine Idee davon, was sie am Ende des Monats netto, also nicht einmal brutto, verdienen möchten. Insofern wissen sie, was sie derzeit am Ende des Monats „herausbekommen“, und die Arbeitnehmer wollen sich typischerweise bei einem Arbeitgeberwechsel nicht verschlechtern, sondern mehr Netto am Ende des Monats haben. Zahlt der Arbeitgeber doch ein 13. Monatsgehalt, so hat dies keine Auswirkungen auf diese monatliche Nettozahlung. Dies führt dazu, dass das Angebot eines potentiellen neuen Arbeitgebers eventuell unattraktiv wirkt. Ferner kommt aus betriebswirtschaftlicher Sicht des Arbeitgebers hinzu, dass so zum Ende des Jahres, nämlich bei Fälligkeit, eine erhebliche Liquidität entzogen wird, da der Arbeitgeber das zusätzliche Gehalt dann „auf einmal“ bezahlen muss. In der Pflegewirtschaft, in der die Arbeitskosten einen erheblichen Anteil der Gesamtkosten ausmachen, ist dies ein erheblicher Faktor, den Arbeitgeber scheuen.

Wenn eine entsprechende Gratifikation bezahlt wird, gehen moderne Arbeitsverträge eher davon ab, diese als Weihnachtsgeld zu bezahlen, sondern der Anspruch auf Zahlung wird eher so gestaltet, dass er in einer wie auch immer gearteten Form vom Erfolg des Arbeitgebers abhängig ist. 21

Der Unterschied zwischen Weihnachtsgeld/Gratifikation und Erfolgsvergütung ist der, dass die Erfolgsbeteiligung an Zielen festzumachen ist, die klar zu definieren sind. Üblicherweise werden Zielvereinbarungen oder Ähnliches abgeschlossen, die dann über die Jahre weiterentwickelt werden. Dabei sehen die Verträge in der Regel vor, dass die Zielvereinbarungen einvernehmlich weiter fortgesetzt werden. Gelingt dies zwischen Arbeitgeber und Arbeitnehmer nicht, so wird die Weiterentwicklung nach sogenanntem „billigem Ermessen“ durch den Arbeitgeber vorgenommen. Dies bedeutet vereinfacht, dass der Arbeitgeber nach fairen Methoden und unter Berücksichtigung der Ideen der ursprünglichen Zielvereinbarung die Zielvereinbarung weiterentwickeln muss. Werden die entsprechenden Ziele ganz oder teilweise, je nach Vereinbarung, erreicht, wird ganz oder teilweise eine entsprechende Prämie fällig. Dabei können vollkommen unterschiedliche Ziele Gegenstand solcher Zielvereinbarungen sein. So kann dies genauso die Patientenzufriedenheit sein wie ein Betriebsergebnis oder ein Umsatz in gewissen Bereichen. Hier kann vereinbart werden, was der Arbeitgeber (und auch der Arbeitnehmer) wollen. 22

Demgegenüber steht die Gratifikation, die vom Arbeitgeber nach der Grundidee freiwillig bezahlt wird und eben nicht an Kriterien festgemacht wird. Grundsätzlich ist es auch möglich, dass der Arbeitgeber es sich vorbehält, Gratifikationen nicht zu bezahlen. Dazu ist wichtig, dass im Arbeitsvertrag in keiner Form sicher in Aussicht gestellt wird, dass die Gratifikation bezahlt wird. Es bedarf immer des Hinweises darauf, dass eine Gratifikation nicht Gegenstand der Bezahlung sein wird. Es ist aber nicht möglich, allein durch einen Arbeitsvertrag dauerhaft sicherzustellen, dass kein Rechtsanspruch des Arbeitnehmers auf eine Gratifikation entsteht. Werden Gratifikationen bezahlt, ist es zusätzlich notwendig, dass bei 23 jeder Auszahlung den Arbeitnehmern mitgeteilt wird, dass die Gratifikation freiwillig bezahlt wird. Auch in sonstigen Verhandlungen und Gesprächen ist immer sicherzustellen, dass kein Anspruch auf die Gratifikation dargestellt wird. Ob es einer Gratifikationsvereinbarung in Form eines Weihnachtsgeldes oder sonstiger Zahlungen heute noch bedarf, ist nach den einleitenden Bemerkungen fraglich. In der Regel wird die Zielvereinbarung das betriebswirtschaftlich interessantere Mittel sein.

5.2 Stellenbeschreibung/Tätigkeitsbeschreibung/ Tätigkeitskataloge

24 Ferner müssen die Verträge nach dem Nachweisgesetz zumindest eine kurze Beschreibung der Tätigkeit beinhalten. Häufig wird im Bereich der Pflege hier wohl zu erwarten sein, dass die Berufsbezeichnung verwendet wird, es also beispielsweise im Vertrag heißt: Gesundheits- und Krankenpflegerin, Pflegefachperson im gesamten üblichen Bereich dieser Tätigkeit“. Die meisten Verträge beinhalten insofern eine Möglichkeit der weitgehenden Verweisung. Dies ist auch häufig sachgerecht. Eine zu weite Verweisbarkeit kann den Arbeitgeber allerdings wieder „einholen“. Dies gilt immer dann, wenn eine betriebsbedingte Kündigung ausgesprochen werden soll (siehe hierzu Teil I Kap. 20.10). Die Tätigkeitsbeschreibung steht zudem regelmäßig im Konflikt mit dem Direktionsrecht (siehe hierzu Kap. 7). Auch hier gilt: Je genauer die Beschreibung der Tätigkeit, desto weniger rechtliche Auseinandersetzungen drohen bei der Frage, was der Arbeitnehmer zu tun hat. Umgekehrt ist es allerdings so, dass auch hier wieder Aspekte des Kündigungsschutzes eine Rolle spielen.

5.3 Haftung bei Nichtantreten des Arbeitsverhältnisses

25 Die bettreffende Klausel lautet beispielsweise: „Eine Kündigung des Arbeitsverhältnisses vor Arbeitsantritt ist unzulässig, und im Falle der Zuwiderhandlung ist eine Vertragsstrafe von ___ EUR zu bezahlen.“ Dies führt überproportional häufig zu Rückfragen bei der vertraglichen Beratung im Gegensatz zu der tatsächlichen Wichtigkeit dieser Regelung in der täglichen Rechtsanwendungspraxis. Damit will sich der Arbeitgeber in der Regel absichern, dass der Kandidat, der sich für den Arbeitsplatz entscheidet, diesen Job auch antritt. Denn insofern ist für den Arbeitgeber mit der Unterzeichnung des Arbeitsvertrages in der Regel die Mitarbeitersuche beendet. Er disponiert und verlässt sich darauf, dass der neue Mitarbeiter den Arbeitsplatz antritt. Macht der neue Arbeitnehmer dies nicht, so muss der Arbeitgeber mit der Suche eines Kandidaten neu beginnen. Ob die Klausel tatsächlich sinnvoll ist, ist allerdings fraglich. Zum einen kann auch der Arbeitgeber in die Situation kommen, dass er „einen besseren Arbeitnehmer“ findet. Dann muss auch er zunächst die erste – zweite – Wahl antreten lassen. Daneben gilt aus Arbeitgebersicht immer der Grundsatz, dass man Personen, die

das Unternehmen verlassen möchten, nicht aufhalten soll. Diese Mitarbeiter sind für den Arbeitgeber uninteressant. Wenn im Umkehrschluss jemand dazu genötigt wird, das Arbeitsverhältnis anzutreten, obwohl er dies nicht möchte, so ist das Arbeitsverhältnis von Beginn an derart belastet, dass mit einer positiven Gestaltung kaum zu rechnen ist. Hinzu kommt: Der Arbeitnehmer kann im Rahmen der üblicherweise vereinbarten Probezeit kündigen. Dann gilt, dass der Arbeitgeber die zusätzlichen Kosten für die Einarbeitung und die Meldung des Arbeitnehmers bei den entsprechenden Stellen hatte, ohne dass er irgendeinen Ertrag davon hatte. Tatsächlich hat die Klausel also wenig sinnvolle Wirkung. Sie schützt höchstens vor zu schneller Unterschrift auf dem Arbeitsvertrag.

5.4 Nebentätigkeiten

Im Gegensatz zu der eben diskutierten Frage der Kündigung des Arbeitsverhältnisses vor Antritt ist die Frage der Nebentätigkeiten eine regelmäßige wichtige Rechtsfrage. 26

Dabei gilt zunächst der Grundsatz: Du sollst nur einem Herrn dienen. Dies bedeutet, dass ein Nebentätigkeitsverbot für solche Tätigkeiten, die in direkter Konkurrenz zum Arbeitgeber stehen, immer zulässig ist. In der Praxis bedeutet das, dass die Altenpflegerin, die halbtags für einen ambulanten Pflegedienst arbeitet, nie etwa als auch nur geringfügig Beschäftigte (sogenannte 450-EUR-Basis) für einen anderen ambulanten Pflegedienst arbeiten darf – zumindest wenn dieser, wie üblich, in der gleichen Region tätig ist wie der Hauptarbeitgeber. Es ist offensichtlich, dass diese beiden Tätigkeiten nicht miteinander vereinbar sind. 27

Eine Nebentätigkeit neben einer Vollzeittätigkeit ist auch dann nicht zulässig, wenn damit eine Beeinträchtigung der Arbeitskraft einhergeht. Dies ist auf jeden Fall dann der Fall, wenn die höchstzulässige Arbeitszeit überschritten wird (siehe hierzu Teil I Kap. 15). Auch ansonsten würde eine Beeinträchtigung dann vorliegen, wenn die Arbeitsleistung des Arbeitnehmers beispielsweise aufgrund offensichtlicher Überarbeitung leiden würde. 28

Die vorbezeichneten Einschränkungen sind im Übrigen unabhängig davon, ob eine Nebenbeschäftigung nach dem Vertrag verboten ist oder nicht. Dagegen sind weitere Einschränkungen als die, die den Arbeitgeber vor Konkurrenz schützen sollen und den Arbeitnehmer vor Überforderung, nicht zulässig. Das bedeutet: Oft sind Nebentätigkeiten erlaubt; eine Klausel zur Nebentätigkeit im Arbeitsvertrag ist dennoch sinnvoll. Denn es ist zulässig, dass die Nebentätigkeit angezeigt und genehmigt werden soll. Damit sichert sich der Arbeitgeber die Möglichkeit der Kontrolle, ob Nebentätigkeiten die vorbezeichneten Grenzen überschreiten. Zwar nimmt die Rechtsprechung auch ohne eine entsprechende 29 vertragliche Vereinbarung an, dass eine Anzeigepflicht besteht.[3] Dennoch macht die entsprechende Klausel im Vertrag die Verpflichtung transparent und nachvollziehbar.

30 Ehrenamtliche Tätigkeiten (ehrenamtliche Tätigkeiten in öffentlich-rechtlichen Ämtern wie in der Pflegekammer, Schöffenrichter; keine ehrenamtliche Tätigkeit in diesem Sinne sind Tätigkeiten für Vereine wie Trainingsleiter etc.) und politisches Engagement sind im Übrigen vor dem Hintergrund der verfassungsrechtlichen Aspekte einer solchen Tätigkeit gesondert geschützt. Hier gilt, dass grundsätzlich mehr erlaubt ist. Aber auch hier ist immer die Grenze der grundsätzlichen Interessen des Arbeitgebers zu beachten.

6 Befristung

31 Vor dem Hintergrund der sehr eingeschränkten Möglichkeiten der Kündigung nach Ablauf der Probezeit bei einem unbefristeten Arbeitsverhältnis (siehe hierzu Teil I Kap. 20) gehen mehr und mehr Arbeitgeber dazu über, Arbeitsverhältnisse zunächst zu befristen. Eine Befristung bedeutet immer, dass das Arbeitsverhältnis sich mit Ablauf der Vertragszeit nicht automatisch verlängert, sondern automatisch endet und es daher einer Kündigung und mithin einer Rechtfertigung dafür nicht bedarf. Dabei gibt es zwei grundsätzliche Unterscheidungen. Einmal die zeitliche Befristung: Dies bedeutet, dass sich aus dem Vertrag klar ergibt, dass das Arbeitsverhältnis zu einem Zeitpunkt X endet. Die andere Variante ist die, dass eine sogenannte Zweckbefristung vorliegt. Bezüglich dieser beiden Formen ist zu unterscheiden:

6.1 Befristung ohne Sachgrund auf Zeit

32 Die Befristung ohne Sachgrund ist nach Vorschriften des Teilzeit- und Befristungsgesetztes (TzBfG) nur zulässig für die Dauer von bis zu zwei Jahren (§ 14 Abs. 2 TzBfG). Dabei gilt noch die weitere Einschränkung, dass innerhalb der zwei Jahre höchstens eine dreimalige Verlängerung des Arbeitsverhältnisses erfolgen darf und darüber hinaus innerhalb von drei Jahren vor Beginn des neuen Arbeitsverhältnisses keine Beschäftigung bei demselben Arbeitgeber stattgefunden haben darf. Dies sind verhältnismäßig enge Klauseln. Bei der Befristung ohne Sachgrund ist peinlich genau darauf zu achten, dass die Klauseln eingehalten werden.

33 Wird diese Beschränkung nicht eingehalten, wandelt sich das Arbeitsverhältnis automatisch in ein unbefristetes Arbeitsverhältnis um.

34 Das Gleiche gilt, wenn der Arbeitnehmer nach Befristung mit Wissen und Billigung des Arbeitgebers seine Tätigkeit fortsetzt. Auch dann entfristet sich das Arbeitsverhältnis. Das bedeutet, der Arbeitnehmer wird unbefristet beschäftigt.

3 BAG vom 18.11.1988, AZ. 8 AZR 12/86.

Wissen des Arbeitgebers liegt nur vor, wenn ein Mitarbeiter mit Personalverantwortung Kenntnis hatte. Die Kenntnis der Pflegedienstleitung (PDL) reicht also meist nicht aus.

Hierzu folgende Beispiele: 35

Der Arbeitgeber „Weißes Haus“ sucht einen Mitarbeiter. Pflegefachperson E. bewirbt sich. Der Arbeitgeber hat Bedenken, was die Fähigkeiten von E. angeht. Er vereinbart zunächst einen Vertrag mit Probezeit und einer Befristung auf ein Jahr. Die Probezeit besteht E. Danach nehmen ihre Leistungen allerdings ab. Beim Arbeitgeber bestehen Zweifel, ob er E. weiter einsetzen möchte. Die Befristung läuft ab. Pflegefachperson E. wird allerdings bei der Planung weiter in die Dienstpläne aufgenommen. Diese werden vom Geschäftsführer des Hauses abgezeichnet.
Durch die aktive Einteilung von Pflegefachperson E. über die Befristung hinaus ist diese Mitarbeiterin nunmehr unbefristet tätig. Dies muss auch die Geschäftsführung zur Kenntnis nehmen. Die Vereinbarung der Befristung spielt keine Rolle mehr.

Eine gefährliche andere Konstellation für den Arbeitgeber ist die, wenn zum Ende der Befristung verhandelt wird und man sich nicht sicher ist, ob die Befristung verlängert werden soll. Entgegen der Vorschriften des Teilzeit- und Befristungsgesetzes wird nunmehr die Verlängerung nicht schriftlich niedergelegt. Pflegefachperson E. wird weiter eingesetzt. Damit fehlt es an einer gemeinsamen Vereinbarung zur Verlängerung der Befristung. Diese ist zudem nicht schriftlich dargelegt. Die Konsequenz ist, dass das Arbeitsverhältnis entfristet wird.
Aber Achtung für den Arbeitnehmer: Ist er der Auffassung, dass das Arbeitsverhältnis entfristet worden ist, aber der Arbeitgeber pocht auf eine Beendigung, dann muss der Arbeitnehmer dringend – wie im Kündigungsschutzrecht – innerhalb von drei Wochen nach Ende der ursprünglichen Befristung oder der Erklärung des Arbeitgebers, das Arbeitsverhältnis habe sein Ende gefunden, Klage beim Arbeitsgericht einreichen. Versäumt er die Frist, steht die Beendigung des Arbeitsverhältnisses fest, obwohl dies nicht der Rechtslage entspricht.

Schließlich sieht das Gesetz noch eine weitere Falle vor: War der Arbeitnehmer in der Vergangenheit schon beim Arbeitgeber beschäftigt, ist die Befristung unwirksam. Früher ging man von einer lebenslangen Geltung aus. Dies wurde mittlerweile durch das Bundesarbeitsgericht relativiert: Die Rückwirkung gilt nun nur noch drei Jahre.[4]

4 BAG vom 6.4.2011, Az. 7 AZR 716/09.

6.2 Befristung mit Sachgrund

36 Gegenüber der Befristung ohne Sachgrund nach Zeitablauf steht die Befristung mit Sachgrund, die dann zulässig ist, wenn der Arbeitnehmer aufgrund eines besonderen Bedarfs beim Arbeitgeber benötigt wird. Das Gesetz spricht von einem sogenannten sachlichen Grund, der eine Befristung eines Arbeitsvertrages rechtfertigt. Dies sind nach den Beispielen (andere Möglichkeiten sind grundsätzlich zulässig) des § 14 Abs. 1 TzBfG die folgenden:

- Ein betrieblicher Bedarf an der Arbeitsleistung besteht vorübergehend.
- Die Befristung findet im Anschluss an ein Studium oder eine Ausbildung statt, um dem Arbeitnehmer einen Übergang in eine Anschlussbeschäftigung zu erleichtern.
- Der Arbeitnehmer wird zur Vertretung eines anderen Arbeitnehmers beschäftigt.
- Die Eigenart der Arbeitsleistung rechtfertigt die Befristung.
- Die Befristung erfolgt zur Erprobung.
- In der Person des Arbeitnehmers liegen Gründe, die die Befristung rechtfertigen.
- Der Arbeitnehmer wird aus Haushaltsmitteln (Drittmittel) vergütet, die haushaltsrechtlich für eine befristete Beschäftigung bestimmt sind oder
- die Befristung beruht auf einem gerichtlichen Vergleich.

37 Im Rahmen dieses Buches zu allen Möglichkeiten der zulässigen Sachbefristung Stellung zu nehmen, ist nicht möglich. Die häufigsten Gründe sind die des vorübergehenden betrieblichen Bedarfs und der Vertretung. Die Befristung zur Erprobung klingt aus Arbeitgebersicht interessant, ist es allerdings in der Regel nicht. Es bedarf schon guter Gründe, warum der Arbeitnehmer nicht innerhalb der sechsmonatigen Probezeit hinreichend geprüft werden kann und warum sich nicht eventuell die Zeitbefristung anbietet. Hier zu den häufigsten Befristungen:

6.2.1 Vorübergehender betrieblicher Bedarf

38 Bei dieser Variante der Zweckbefristung ist wichtig, dass es sich nur um einen vorübergehend erhöhten Arbeitsanfall handelt. Dies setzt also voraus, dass ein Ende des Mehrbedarfs absehbar ist. Ein typischer Fall wäre zum Beispiel ein erhöhter Personalbedarf eines Pflegedienstes in den Ferienzeiten, wenn mehr Patienten von den ansonsten die Menschen versorgenden Familienangehörigen in die Obhut von Pflegediensten gegeben werden (z. B. Verhinderungs- oder Kurzzeitpflege).

6.2.2 Die Vertretung eines anderen Arbeitnehmers

39 Bezüglich des Befristungsgrundes der Vertretung anderer Arbeitnehmer gilt, dass ein Arbeitnehmer ausfallen muss. Warum, ist zunächst nicht von Belang. Der

Arbeitnehmer kann erkrankt, beurlaubt, im Mutterschutz, in Familienpflegezeit oder der Erziehungszeit sein. Ausreichend ist auch, wenn der vertretene Arbeitnehmer lediglich teilweise ausfällt, beispielsweise weil es zu einer Reduzierung der Arbeitszeit oder Pflegezeit gekommen ist. Die Dauer spielt insofern weniger eine Rolle. Auch wenn mehrere Ausfälle des Arbeitnehmers sich hintereinander reihen, etwa längere Erkrankung und anschließender Mutterschutz und Erziehungszeit, ist die Vertretung des Arbeitnehmers befristungsrechtlich möglich. Wichtig ist nur, dass ein künftiger Wegfall des Vertretungsbedarfes voraussehbar ist.

Grundsätzlich nicht notwendig ist, dass der Vertreter die Arbeit des ausgefallenen 40
Arbeitnehmers übernimmt. Der Arbeitgeber kann so umstrukturieren, wie er es für geboten hält. Aber er muss in solchen Fällen immer darstellen können, wie die Umstrukturierung war und inwieweit der befristet tätige Mitarbeiter einen ausgefallenen Mitarbeiter vertritt.

Auch hierzu wieder ein Beispiel: 41

> Die langjährige und erfahrene Pflegefachperson K. ist schwer erkrankt. Sie wird die Arbeit zwar wieder aufnehmen können, dies wird aber lange dauern. Aufgrund ihrer großen Erfahrung wird K. für besondere Aufgaben auf der Station eingesetzt. Diese Aufgaben übernimmt jetzt Pflegefachperson J. Den Aufgabenbereich von J. bekommt die befristet eingestellte Pflegefachperson B. So kann die qualifizierte Mitarbeiterin J. ihre Kollegin K. ersetzen – und dies muss nicht von B. erledigt werden.
> Diese Gestaltung reicht aus: Es liegt eine sogenannte Vertretungskette vor. Der Arbeitgeber kann hier zeigen, dass Pflegefachperson B. eine Tätigkeit übernimmt, die deswegen frei geworden ist, weil es innerhalb der Arbeitsorganisation zu Verschiebungen gekommen ist und daher nun diese Stelle frei geworden ist.

6.3 Folgen bei Fehlern bei der Befristung

Kommt es zu Fehlern bei der Befristung, so ist dies für den Arbeitgeber aus- 42
gesprochen ungünstig. Solche Fehler führen dazu, dass das Arbeitsverhältnis unbefristet weiter fortgesetzt wird. Wichtig für den Arbeitnehmer ist allerdings, dass dies nicht automatisch passiert, sondern dass dieses Recht gerichtlich geltend gemacht werden muss. Wie auch bei der Kündigungsschutzklage ist binnen drei Wochen nach dem letzten Arbeitstag das Gericht anzurufen. Geschieht dies nicht, so gilt die Befristung, obwohl sie fehlerhaft gewesen ist, als richtig. Liegen mehrere hintereinander verkettete Befristungen vor, so überprüft das Arbeitsgericht immer nur die letzte Befristung.

43 Hier darf sich der Arbeitnehmer nicht auf Versprechungen des Arbeitgebers verlassen, sondern muss sich frühzeitig um eine ordnungsgemäße Klärung seines Arbeitsverhältnisses kümmern und notfalls das Gericht anrufen.

7 Direktionsrecht des Arbeitgebers

7.1 Grundlagen des Direktionsrechts

44 Kommt es zu zum Arbeitsvertragsschluss und zur Aufnahme der Arbeit, wird man – auch beim besten und umfangreichsten Arbeitsvertrag – feststellen, dass nicht jedes Detail des Arbeitsverhältnisses schriftlich festgehalten werden konnte. Das ist normal. Wie sich das Arbeitsverhältnis außerhalb der wichtigsten Teile – der Dauer an Arbeitszeit und der entsprechenden Vergütung – gestaltet, ist Sache des sogenannten Direktionsrechts des Arbeitgebers, sollte der Vertrag nicht Spezielleres vorsehen. Das Direktionsrecht des Arbeitgebers ist in § 106 GewO definiert. Dieser lautet wie folgt:

§ 106 Weisungsrecht des Arbeitgebers

Der Arbeitgeber kann Inhalt, Ort und Zeit der Arbeitsleistung nach billigem Ermessen näher bestimmen, soweit diese Arbeitsbedingungen nicht durch den Arbeitsvertrag, Bestimmungen einer Betriebsvereinbarung, eines anwendbaren Tarifvertrages oder gesetzliche Vorschriften festgelegt sind. Dies gilt auch hinsichtlich der Ordnung und des Verhaltens der Arbeitnehmer im Betrieb. Bei der Ausübung des Ermessens hat der Arbeitgeber auch auf Behinderungen des Arbeitnehmers Rücksicht zu nehmen.

45 Daraus ergibt sich schon Wesentliches. Der Arbeitgeber bestimmt, sollte im Vertrag oder in der zum Vertrag gehörenden verbindlichen Stellenbeschreibung nichts Anderweitiges genau bezeichnet sein, ausdrücklich selbst,

- wo,
- wann und
- wie der Arbeitnehmer zu handeln hat.

46 Der Arbeitgeber schreibt also vor, welche medizinische/pflegerische Tätigkeit angewendet wird und in welcher Art und Weise Patienten zu behandeln sind, auch beispielsweise die Reihenfolge der Patienten und Ähnliches. Nach welchen Kriterien er sich dabei grundsätzlich leiten lässt, ist Sache des Arbeitgebers, zumindest im Rahmen der darzustellenden Grenzen.

47 Auch die Arbeitszeiten sind Sache des Arbeitgebers. Er hat daher die Freiheit, Schichten beispielsweise anders zu legen als dies in der Vergangenheit der Fall gewesen ist. War früher Beginn der Frühschicht um 6:00 Uhr, kann die Früh-

schicht beispielsweise auf 9:00 Uhr verlegt werden. Auch kann der Arbeitgeber den Arbeitnehmer anweisen, die Schichten zu wechseln oder überhaupt erst ein Schichtmodell aufzunehmen.

Was der Arbeitnehmer tut, ist grundsätzlich seine Sache. Dabei kommt es bezüg- 48
lich der Grenzen wieder darauf an, was im Vertrag genau bezeichnet wird. Wer beispielsweise als Pflegefachperson eingestellt wird, hat keinen Anspruch darauf, als OP-Pflegefachperson beschäftigt zu werden. Übrigens auch dann nicht, wenn dies bereits viele Jahre der Fall gewesen ist. Denn die Tätigkeitsbeschreibung im Arbeitsvertrag bestimmt die Reichweite des Weisungsrechts. Ist dort lediglich Pflegefachperson bezeichnet, muss der Arbeitnehmer alle Tätigkeiten übernehmen, die im üblichen Berufsbild im Gesetz über die Berufe in der Krankenpflege (Krankenpflegegesetz – KrPflG) § 3 und der Berufsordnung der Pflegekammer der Pflegefachperson dargestellt sind.

Der Arbeitsvertrag ist auch dann interessant, wenn es um eine Versetzung in 49
räumlicher Form geht. Sieht der Arbeitsvertrag nichts vor, so kennt der § 106 GewO grundsätzlich die Versetzung bundesweit. Dies bedeutet, dass beispielsweise ein Einsatz in einem anderen Pflegeheim der gleichen Kette in einem anderen Bundesland anweisbar ist und vom Weisungsrecht gedeckt sein kann.

7.2 Einschränkung des Direktionsrechts

7.2.1 Billiges Ermessen

So frei der Arbeitgeber bei der Bestimmung der vorbezeichneten Kriterien ist, 50
muss er schon darauf achten, dass er die Interessen der Arbeitnehmer nicht über die Maßen tangiert. Das Weisungsrecht muss nach einem sogenannten „billigen Ermessen“ erfolgen. Dies setzt voraus, dass die wesentlichen Interessen sowohl des Arbeitgebers als auch des Arbeitnehmers abgewogen werden und die Interessen beider Parteien angemessen berücksichtigt werden.[5] Zu allererst gilt damit natürlich, dass willkürliche Versetzungen oder Änderungen unzulässig sind, vor allem dann, wenn sie als Strafe daherkommen. Eine willkürliche oder strafende Versetzung liegt zum Beispiel vor, wenn ein Arbeitnehmer berechtigt – unter Hinweis auf ein gesetzliches Verbot – die Ausübung einer Tätigkeit in der angewiesenen Form verweigert hat.

7.2.2 Gesetzliches Verbot

Eine weitere Grenze des Direktionsrechts ist insofern das Verstoßen des Arbeit- 51
gebers gegen ein gesetzliches Verbot. Daher darf die Pflegefachperson, von der der Arbeitgeber verlangt hatte, sie solle die Art und Weise der Medikamentierung auswählen, nicht dafür bestraft werden. Dies gilt auch, wenn die Strafe „versteckt“

5 BAG vom 24.4.1996, Az. 5 AZR 1031/94.

daherkommt und die Pflegefachperson zur „Strafe“ in Zeit und Raum versetzt wird. Statt der von ihr bisher geleisteten Frühschicht im Ort X soll sie nun beispielsweise im Krankenhaus im Ort Z nachmittags tätig sein, ohne dass dafür ersichtliche andere Gründe vorhanden sind.

7.2.3 Interessensausgleich zwischen den Parteien

52 Weiter muss der Arbeitgeber bei der Ausübung des Direktionsrechtes, soweit die Bedürfnisse des Arbeitnehmers durch seine Anweisungen tangiert werden, auf diese Rücksicht nehmen. Er muss sich also fragen, ob und welche Einflüsse auf die Tätigkeit und das Privatleben des Arbeitnehmers durch seine Anweisungen entstehen.

53 Die Rechtsprechung verlangt dabei, dass der Arbeitgeber auf die beiderseitigen Bedürfnisse, außervertragliche Vor- und Nachteile, Vermögens- und Einkommensverhältnisse sowie soziale Lebensverhältnisse und familiäre Belange Rücksicht nimmt. Auch gesundheitliche Einschränkungen sind zu beachten.[6] Diese Einschränkungen müssen ins Verhältnis zu den vom Arbeitgeber gesetzten Zielen gesetzt werden und ein Ausgleich gefunden werden. Hierzu ein Beispiel:

> Eine Altenpflegerin war in Vollzeit beschäftigt. Nach der Rückkehr aus der Elternzeit wollte sie ihr Arbeitsverhältnis auf 30 Stunden reduzieren und ihren Einsatz außerhalb von Samstagen, Sonntagen und Feiertagen ausschließlich in der Zeit von 8:00 Uhr bis 15:00 Uhr erreichen. Das beklagte Pflegeheim hatte akzeptiert, dass die Klägerin nur noch 30 Stunden arbeiten wollte. Die Einschränkung in den Dienstzeiten wollte das Pflegeheim allerdings nicht akzeptieren. Insofern hat es sich rechtlich korrekt verhalten. Zunächst hat es erkannt, dass es nach dem konkreten hier anwendbaren Tarifvertrag, aber auch insbesondere nach Teilzeit- und Befristungsgesetz, eine Reduktion der Arbeitszeit in dem Arbeitsverhältnis akzeptieren musste. Grundsätzlich besteht natürlich auch nach dem oben Gesagten ein familiäres Interesse der alleinerziehenden Mutter, die Arbeitszeiten wie von ihr erstrebt zu erhalten. Dies war im vorliegenden Beispiel so, weil sie außerhalb der von ihr benannten Zeiten keine Möglichkeit der Betreuung ihres Kindes hatte.
> Allerdings kann hier der Arbeitgeber entgegnen, dass ihm eine entsprechende Einschränkung der Arbeitszeiten im Rahmen des Betriebsfriedens nicht möglich ist. Nach dem Motto, es können ja dann alle kommen wie sie wollen, hat der Arbeitgeber eingewandt, die Zeit von 6:00 Uhr bis 8:00 Uhr sei eine sehr arbeitsreiche und wesentliche Arbeitszeit, da hier die Übergabe der Patienten erfolge. Es würde zu Missstimmungen im Betrieb kommen, würde Einzelne davon ausgenommen werden. Hier hat der Arbeitgeber Recht bekommen.

6 BAG vom 21.7.2009, Az. 9 AZR 404/2008; BAG vom 24.9.2009, Az. 5 AZR 282/02; BAG vom 28.8.2013, Az. 10 AZR 603/12.

Wenn eine entsprechende Gefährdung des Betriebsfriedens zu bejahen ist, so kann hier problemlos entsprechend die Arbeitszeit angewiesen werden.[7]

7.2.4 Arbeitsplatz im Unternehmen (Stationswechsel)

In einer weiteren Entscheidung strebte die Pflegefachperson eine Beschäftigung 54
auf einer bestimmten Station an. Sie wies darauf hin, dass sie in der Vergangenheit immer auf der gleichen Station gearbeitet habe. Die Pflegefachperson war hier längerfristig aus gesundheitlichen Gründen nicht zur Arbeit erschienen. Es war zu Umstrukturierungen gekommen und die Pflegefachperson war nun auf einer anderen Station eingesetzt worden, was sie nicht wollte und dagegen klagte. Das ist aber so zulässig, da eine Fokussierung des Arbeitsverhältnisses auf den Einsatz auf einer bestimmten Station nicht stattfindet.[8] Eine Strafe war hier nicht erkennbar.

7.2.5 Zusätzliche Aufgaben (Delegation ärztlicher Leistungen)

Die Pflegefachperson kann sich auch nicht erfolgreich dagegen wehren, dass 55
ihrem Tätigkeitsbereich zusätzliche Aufgaben zugewiesen werden. Entscheidet sich der Arbeitnehmer zur Durchführung der Delegation ärztlicher Leistungen auf Pflegefachpersonen [...] und bleibt dabei im gesetzlichen Rahmen, so kann der Mitarbeiter sich hiergegen nicht verwehren, es sei denn, er ist nicht in der Lage, die entsprechenden Leistungen durchzuführen. Dies wäre dann gegebenenfalls ein Fall der Leistungsminderung (siehe hierzu Teil I Kap. 20.7.1.5) und der Kündigung aus persönlichen Gründen (siehe hierzu Teil I Kap. 20.7.1). So gehört beispielsweise das Legen von Magensonden sowie transurethralen Blasenkathetern durchaus zum Tätigkeitsbereich einer Pflegefachperson und kann vom Arbeitgeber entsprechend angewiesen werden.[9]

7.2.6 Nur Arbeiten, die zum Berufsbild gehören

Dagegen kann die Pflegefachperson nicht dauerhaft zur Reinigung der Sanitär- 56
bereiche verpflichtet werden. Anders liegt der Fall, wenn bei einer kurzfristigen Verschmutzung der Toilette auf Station diese notwendigerweise gereinigt werden muss und Reinigungskräfte nicht schnell genug zur Verfügung steht. Zum regelmäßigen Tätigkeitsbereich darf das Toilettenreinigen für die Pflegefachperson nicht werden.[10]

7 BAG vom 16.12.2014, Az. 9 AZR 915/13.
8 LAG Rheinland-Pfalz vom 12.1.2005, Az. 10 Sa 612/04; LAG Köln vom 11.2.2015, Az. 11 Sa 849/14 (nahezu identischer Fall).
9 LAG Nürnberg vom 20.12.2011, Az. 6 TaBV 37/11 (zum kollektiven Arbeitsrecht).
10 LAG Niedersachen vom 6.4.2009, Az. 9 Sa 1303/2008 (zur Küchenhilfe).

7.2.7 Gewissensentscheidungen

57 Bezeichnend für die freiheitliche Grundordnung in Deutschland ist, dass davon insbesondere die Religionsfreiheit und damit auch eine Vielzahl von Lebenseinstellungen geschützt sind. In dem Bereich der Pflege kommt es immer wieder zu unterschiedlichen Lebensauffassungen, gerade in Spannungsfeldern der Religionsfreiheit oder der Ethik. Zu den typischen Problemfeldern gehören Abtreibung, Sterbehilfe, Unterlassung von Blutkonserven und Ähnliches.

58 Dabei gilt, dass grundsätzlich der Arbeitgeber bei seiner Ausübung des Direktionsrechtes eventuelle Gewissenskonflikte des Arbeitnehmers beachten muss – so er denn von solchen möglichen Konflikten weiß. Ein Mitarbeiter eines Krankenhauses darf nicht zu einer Behandlungsweise gezwungen werden, die er aus Gewissensgründen nicht anwenden möchte. Dies gilt zumindest solange, wie Kollegen zur Verfügung stehen, die die besagte Behandlungsmaßnahme durchführen können.[11]

59 Bei einer absehbaren Konfliktlage für den Mitarbeiter sollte das Direktionsrecht insofern so ausgeübt werden, dass der Mitarbeiter möglichst nicht in den Gewissenskonflikt kommt. Allerdings ist natürlich in diesem Zusammenhang notwendig, dass der Mitarbeiter glaubhaft macht, dass der entsprechende Konflikt tatsächlich besteht. Dabei wird er wohl darauf hinweisen müssen, dass er insgesamt einem Wertekanon folgt, der seine Entscheidung nachvollziehbar macht. „Rosinen picken“ wäre also nicht zulässig.

60 Dem bekennenden Katholiken wird man nicht zumuten können, dass er unmittelbar an dem Ausschalten von lebenserhaltenden Geräten beteiligt ist. Noch weniger wird man von ihm erwarten können, dass er die hochpotente Gabe von Analgetika unterstützt oder hilft, dass im Rahmen derer eine Verkürzung der Lebensdauer akzeptiert wird. Dies entspricht eben nicht den ethischen Vorstellungen der katholischen Kirche.

61 Für die Mitwirkung von Schwangerschaftsabbrüchen ist dies klar in § 12 Schwangerschaftskonfliktgesetz geregelt. Danach ist niemand verpflichtet, an einem Schwangerschaftsabbruch mitzuwirken, es sei denn, es liegt ein Notfall für das Leben der Mutter vor.

7.3 Gegenwehr bei rechtswidrigen Anweisungen des Arbeitgebers

62 Zunächst gilt – wie immer – in der Pflege: Liegt ein Notfall vor, so ist der Weisung des Arbeitgebers immer zu folgen. Es sind dann auch Weisungen hinzunehmen, die nicht vom Direktionsrecht umfasst sind. So ist es selbstredend so, dass der über praktische Kenntnisse verfügende Pflegedirektor auch in der Pflegetätigkeit einge-

11 Krankenhausrecht/*Ricken*, § 11, Rn. 47.

setzt werden kann, wenn ansonsten für die Patienten – beispielsweise aufgrund einer speziellen Katastrophenlage – Gefahren bestehen.

Ansonsten stellt sich die Frage: Was ist zu tun, wenn der Arbeitgeber rechtswidrig sein Direktionsrecht missbraucht und eine Tätigkeit abverlangt, die nicht vom Vertrag umfasst ist? Der richtige Weg in diesen Fällen ist, entweder rechtsanwaltschaftliche, gewerkschaftliche Hilfe oder Unterstützung bei der Mitarbeitervertretung bzw. dem Betriebsrat zu suchen. Denn kommt der Arbeitnehmer seiner Tätigkeit nicht nach, weil die Anweisung vermeintlich oder tatsächlich nicht vom Direktionsrecht umfasst ist, so wäre diese Arbeitsverweigerung ungerechtfertigt. Nach einer – zwar umstrittenen – Rechtsprechung des Bundesarbeitsgerichtes ist es nämlich so, dass der Arbeitnehmer an die Weisung des Arbeitgebers, die nicht offensichtlich rechtsunwirksam ist, vorläufig gebunden ist, bis durch ein rechtskräftiges Urteil die Unverbindlichkeit der Leistungsbestimmung festgestellt ist.[12] 63

Dies gilt dann nicht, wenn die Anweisung des Arbeitgebers offensichtlich rechtswidrig ist. Wenn der Arbeitgeber z. B. dazu auffordert, ein gesetzliches Verbot zu umgehen, Sicherheitsmaßnahmen auszuschalten, das Medizinproduktegesetz nicht zu beachten, Medikamente ohne Beachtung des ärztlichen Vorbehalts zu vergeben etc., dann liegen offensichtliche rechtswidrige Maßnahmen vor. Solche Weisungen muss der Arbeitnehmer nicht hinnehmen. Sind die Anweisungen nicht so klar rechtswidrig wie gerade gezeigt, so gilt, dass der Arbeitnehmer die Sache vor Gericht klären lassen muss. Die Versetzung der alleinerziehenden Mutter in den Spätdienst kann, wie oben gezeigt, rechtswidrig oder rechtmäßig sein. Die Klärung dieser Frage ist Sache des Arbeitsgerichtes. Solange hier keine Entscheidung vorliegt, ist die Arbeit anzutreten. Erscheint der Arbeitnehmer nicht, so droht ihm einerseits, dass er keine Vergütung bekommt, er darf hier nicht von einem Zurückbehaltungsrecht seiner Arbeitsleistung Gebrauch machen. Ein solches Handeln kann sogar bis zu einer Kündigung führen, da hier eine Arbeitsverweigerung vorliegen würde. Dies ist dringend zu beachten. 64

Im Zweifel ist hier unbedingt der Rat Dritter – am besten der eines Anwalts – einzuholen. 65

7.4 Änderungskündigung

Überschreitet der Arbeitgeber sein Direktionsrecht und möchte dennoch eine Änderung des Arbeitsverhältnisses in seinem Sinne erreichen, dann muss er eine sog. Änderungskündigung aussprechen. Im Prinzip ist die Änderungskündigung nichts anderes als eine normale Kündigung, weswegen die Regelung in Teil I Kap. 20 dieser Ausarbeitungen gilt. Die Kündigung muss also schriftlich erfolgen. Gegen die Kündigung muss sich der Arbeitnehmer innerhalb einer Frist von drei Wochen vor dem Arbeitsgericht wehren. 66

12 BAG vom 22.2.2012, Az. 5 AZR 249/11.

67 Die Änderungskündigung ist daran zu erkennen, dass sie zweigeteilt ist. Zum einen wird das ursprüngliche Arbeitsverhältnis gekündigt und gleichzeitig wird dem Arbeitnehmer eine Fortsetzung in einem anderen Arbeitsverhältnis beim gleichen Arbeitgeber oder das gleiche Arbeitsverhältnis zu geänderten Arbeitsbedingungen angeboten. Arbeitsbedingungen, die nicht vom Direktionsrecht umfasst sind, sind typischerweise natürlich die Vergütungsregelungen, aber auch wesentliche sonstige Änderungen.

68 Die Änderungskündigung spielt häufig eine Rolle, wenn es um die Frage eines minderschweren Mittels geht, also eine endgültige Kündigung ausgeschlossen werden soll. Dies beispielsweise gilt, wenn der Arbeitnehmer auf dem ursprünglichen Arbeitsplatz nicht mehr arbeiten kann, allerdings ihm durchaus eine Tätigkeit auf einem anderen Arbeitsplatz möglich wäre. Dann wäre eine vollumfängliche Kündigung nicht zulässig, da nicht im Rahmen des Ermessens möglich. Wohl aber wiederum die Änderungskündigung.

8 Schweigepflicht (speziell im Arbeitsverhältnis)

69 Im Arbeitsverhältnis gilt grundsätzlich die Schweigepflicht nach § 203 StGB. Es ist möglich, dass der Pflegefachperson im Rahmen ihrer Tätigkeit Dinge bekannt werden, die sie nicht an den Arbeitgeber weitergeben darf – auch wenn dieser danach fragt. Denn wie bei den grundsätzlichen Erwägungen zur Schweigepflicht genauer beschrieben wird (siehe hierzu Teil III Kap. 3), ist es so, dass grundsätzlich alle Kenntnisse, die die Pflegefachperson erhält, weil sie als solche tätig ist, unter die Schweigepflicht fallen. Weitergeben darf die Pflegefachperson die Kenntnisse, von denen offensichtlich ist, dass diese zur Erbringung der Arbeitsleistung weitergeben werden müssen; andere Informationen aber nicht.

70 Hierzu zwei Beispiele:

> Pflegefachperson S. nimmt beim Patienten die Vitalparameter auf und dokumentiert sie in der Patientenakte, damit die Ärzte und andere Pflegefachpersonen informiert sind. Da sowohl die Erhebung der Daten als auch deren Weitergabe an alle Kollegen für die Behandlung notwendig ist und der Patient damit unbedingt rechnen muss, liegt hier kein Verstoß gegen die Schweigepflicht vor.

> In einem anderen Fall kommt Pflegefachperson P. zum Patienten nach Hause und hört dort ein Familiengespräch mit, aus dem sich ergibt, dass in der Familie weiterer Pflegebedarf vorhanden ist und ob dieser nicht künftig von einem anderen Pflegedienst gedeckt werden soll. Diese Information fällt unter die Schweigepflicht, weil die Kenntnis wegen und bei Ausübung des Berufes entstanden ist.[13] Wenn dies für die weitere Behandlung des Patienten ohne

13 Spickhoff/*Spickhoff*, § 205 StGB, Rn. 26-28.

Belang ist, dann darf Pflegefachperson P. diese Kenntnisse – auch auf Fragen des Arbeitgebers – nicht weitergeben.

9 Nicht arbeitende Arbeitnehmer

Grundsätzlich gilt im Arbeitsrecht, dass den Arbeitgeber eine Vielzahl von 71
Pflichten treffen, während der Arbeitnehmer insbesondere dazu verpflichtet ist, seine Arbeitskraft ordnungsgemäß zu erbringen – oder wenn der Arbeitgeber sie nicht annehmen möchte, zumindest anzubieten. Kann oder will der Arbeitgeber die Arbeitskraft dann nicht annehmen, so muss er den Arbeitnehmer dennoch bezahlen. Das gilt zum Beispiel, wenn der Arbeitgeber nicht genug Arbeit für seien Mitarbeiter hat (Minusstunden im Dienstplan). Dies ist kein Grund, seine Mitarbeiter nicht zu beschäftigen. Vielleicht kann er hier Urlaub anweisen oder von seinem Direktionsrecht Gebrauch machen. Beides hat aber, wie wir wissen (siehe hierzu Teil I Kap. 7.2 und 10), seine Grenzen. Diese Situation tritt auch häufig im Kündigungsschutzprozess ein.

Allerdings gibt es Fälle, in denen der Arbeitnehmer seine Arbeitskraft nicht 72
anbieten kann, aber der Arbeitgeber umgekehrt doch die Leistungen vergüten muss. Insofern regelt § 616 BGB den Fall der sog. vorübergehenden Verhinderung. Danach muss der Arbeitgeber immer dann weiterbezahlen, wenn der Arbeitnehmer eine nicht erhebliche Zeit ohne sein Verschulden an der Dienstleistung gehindert wird. Daneben besteht das Entgeltfortzahlungsgesetz. Dieses regelt die Situation für den Fall, dass der Arbeitnehmer krank ist und macht hier den Anfang.

9.1 Krankheit

Krankenstände im Unternehmen sind immer ein besonderes Thema. Dabei 73
besteht auf Arbeitgeberseite natürlich ein Interesse, den Krankenstand niedrig zu halten. Was insoweit niedrig ist, kann den entsprechenden Vergleichszahlen entnommen werden, die etwa der jährliche Fehlzeiten-Report des Wissenschaftlichen Instituts der AOK (WIdO) liefert. Hierbei ist zu berücksichtigen, dass nur die Fälle erfasst werden können, die den Krankenkassen überhaupt bekannt werden.[14] Über Kurzerkrankungen werden die Kassen häufig nicht informiert. Dabei ist eines interessant: Hohe Krankenstände sind oft hausgemacht. So ist im Fehlzeiten-Report 2016 der Frage nachgegangen worden, welchen Einfluss die Unternehmenskultur auf die Gesundheit der Beschäftigten hat. Ergebnis war, dass jeder Vierte, der die Kultur in seinem Unternehmen als schlecht bewertet, auch mit der

14 Heider: Wirksame Maßnahmen des Arbeitgebers zur Verringerung von Fehlzeiten. In: NJW 2015, 1051.

eigenen Gesundheit unzufrieden ist. Bei den Befragten, die ihre Firma positiv sehen, war es nur jeder Zehnte. Die Krankenstände spiegeln also die Stimmungen im Unternehmen wider.[15]

74 Dabei regelt § 3 des Entgeltfortzahlungsgesetzes (EFZG), dass der Arbeitnehmer dann für sechs Wochen Anspruch auf Entgeltfortzahlung hat, wenn ihn eine Krankheit an seiner Arbeitsleistung hindert, ohne dass den Arbeitnehmer dafür ein Verschulden trifft. Dabei stellt das Gesetz klar, dass es insofern nicht auf sechs Wochen ununterbrochene Krankheit ankommt, sondern der Krankenstand durchaus unterbrochen werden kann. Es kommt insofern auf die Begrifflichkeit der Krankheit an. Dazu muss folgendes klar sein:

9.1.1 Arbeitsunfähigkeit/Krankheit/Entgeltfortzahlung

75 Zunächst stellt sich die Frage, was Arbeitsunfähigkeit ist.

76 Krankheit und Arbeitsunfähigkeit sind unterschiedliche Begriffe. Derjenige, der krank ist, muss nicht gleichzeitig arbeitsunfähig sein. Denn arbeitsunfähig ist nur, wer in seiner konkreten Berufstätigkeit gesundheitsbedingt nicht tätig werden kann oder nicht tätig werden sollte, weil die Heilung nach der ärztlichen Prognose verhindert oder verzögert würde. Daneben führt eine Krankheit auch dann zur Arbeitsunfähigkeit, wenn der Mitarbeiter zwar durchaus arbeiten könnte, von ihm aber das Risiko einer Ansteckung ausgeht.

77 Für die hier relevanten Fälle gilt also, dass der Arbeitnehmer in der Pflege oder im Krankenhaus konkret an der Leistungserbringung gehindert sein muss. Dabei kommt es im Wesentlichen auf den Arbeitsplatz an. Während die Pflegedirektorin durchaus mit einer Erkältung oder einer leichten Verletzung der Hand arbeiten kann, so ist diese Möglichkeit für die OP-Pflegefachpersonen sicherlich nicht gegeben. Hieran zeigt sich, wie stark sich der Begriff der Arbeitsunfähigkeit konkret auf den Arbeitsplatz bezieht.

78 Dabei ist die Frage, ob der Arbeitnehmer arbeitsfähig oder -unfähig ist, zunächst erstmal vom behandelnden Arzt zu beantworten. Der Arbeitsunfähigkeitsbescheinigung (auch „gelber Zettel" genannt) kommt insofern eine sehr große Wichtigkeit zu. Theoretisch beweist er die Arbeitsunfähigkeit zwar nicht, in den „Normalfällen" allerdings muss der Arbeitgeber bei Vorliegen einer Arbeitsunfähigkeitsbescheinigung eines Arztes zunächst akzeptieren, dass der Arbeitnehmer arbeitsunfähig erkrankt ist. Dies mit den entsprechenden Folgen: Er muss die Entgeltfortzahlung für sechs Wochen leisten. Die Bestätigung des Arztes erhält sozusagen „Vorschusslorbeeren".

15 Badura (2016) u. a.: Fehlzeiten-Report 2016: Unternehmenskultur und Gesundheit.

9.1.2 Zweifel an der Arbeitsunfähigkeitsbescheinigung

Es gibt aber Fälle, in denen ausnahmsweise und in sehr engen Formen Zweifel an der Arbeitsunfähigkeitsbescheinigung bestehen können. Gelingt es dem Arbeitgeber, die Zweifel an der Arbeitsunfähigkeit überzeugend darzustellen, so kann es zu einer Umkehr der Situation kommen und der Arbeitnehmer muss – trotz Vorliegens einer Arbeitsunfähigkeitsbescheinigung – nachweisen, dass er doch krank (gewesen) ist. Hierbei handelt es sich, wie schon gesagt, um einen Ausnahmefall. Wie immer im Arbeitsrecht gilt, dass es absolute Gründe nicht gibt. In der Vergangenheit hat die Rechtsprechung Zweifel an der Arbeitsunfähigkeit bejaht, soweit folgende Voraussetzungen erfüllt gewesen sind: 79

- Der Arbeitnehmer hat die Arbeitsunfähigkeit angekündigt oder für den Fall, dass er keinen Urlaub bekommt, mit Krankheit gedroht.[16]
- Der Arbeitnehmer ist einer anderen Tätigkeit nachgegangen, die dem Arbeitsbild des Hauptberufes nahekommt. So hat er z. B. körperliche Arbeit bei seinem „Häuslebau" geleistet oder in einem Nebenjob gearbeitet, der ähnlich dem Hauptberuf ist.[17]
- Es hat in der Vergangenheit eine auffällige Häufung von Krankheitstagen im Zusammenhang mit bestimmten Ereignissen gegeben: Urlaub, freie Tage, Feiertag, Jubiläen u. Ä.
- Oder es kann dem Arzt nachgewiesen werden, dass dessen Arbeitsunfähigkeitsbescheinigungen zweifelhaft sind. So beispielsweise, weil er dafür bekannt ist, dass er eine Vielzahl von Krankschreibungen durchgeführt hat oder dass der Mediziner den Arbeitnehmer überhaupt nicht richtig untersucht hat.[18] Zu dieser Gruppe zählen auch Auffälligkeiten, die der Arbeitsunfähigkeitsbescheinigung selbst innewohnen. So beispielsweise, wenn der Arbeitnehmer für einen länger zurückliegenden Zeitraum krankgeschrieben worden ist oder eine rückdatierte Arbeitsunfähigkeitsbescheinigung vorgelegt wurde.
- Auch das Verhalten des Arbeitnehmers kann gegen ihn sprechen. Wenn beispielsweise beim Mitarbeiter ein genesungswidriges Verhalten festgestellt wird oder der Arbeitnehmer von einem Arzt zum anderen springt (sog. Ärzte-Hopping).
- Auch widersprüchliche Angaben zur Frage der Erkrankung und den Umständen, aber auch wechselnde Begründungen zur Abwesenheit, können den Glauben an die Arbeitsunfähigkeitsbescheinigung erschüttern.[19]

Diese Liste ist nicht abschließend. Immer dann, wenn sich Besonderheiten ergeben, die den objektiven Betrachter an der Arbeitsunfähigkeitsbescheinigung zweifeln lassen, kann an diese Fallgruppe gedacht werden. 80

16 BAG vom 5.11.1992, Az. 2 AZR 147/92.
17 BAG vom 26.8.1993, Az. 2 AZR 144/93.
18 BAG vom 15.7.1992, Az. 5 AZR 312/92.
19 Aber: LArbG Berlin-Brandenburg vom 12.2.2015, Az. 21 Sa 1902/14.

81 Bei allen Gruppen, die im Zusammenhang mit dem Verhalten des Arbeitnehmers stehen, muss nochmals darauf hingewiesen werden, dass eine konkret auf den Arbeitsplatz bestehende Arbeitsunfähigkeit vorhanden sein muss. So kann der unter einem „Burnout" leidende Mitarbeiter am privaten Häuslebau genauso teilnehmen wie eine Fahrradtour absolvieren. Selbst die Nebenarbeit in einem anderen Job ist möglich, wenn dort z. B. die körperliche Belastung eine andere als im Hauptberuf ist. Es ist hier also Vorsicht angezeigt.

9.1.3 Detektive

82 Eine weitere Frage ist die, wie der Arbeitgeber von diesem Problem Kenntnis erhalten darf. Wenn der Arbeitgeber nur wegen des Verdachts „ins Blaue hinein" von einer vorgetäuschten Arbeitsunfähigkeit ausgeht und einem Detektiv die Überwachung eines Arbeitnehmers überträgt, so ist dies unzulässig – mit der Folge, dass die Erkenntnisse des Detektivs nicht im Gerichtsverfahren verwendet werden dürfen. Werden Fotos gemacht, kann das sogar zu einem Schadensersatzanspruch gegen den Arbeitgeber führen. Etwas anders kann gelten, wenn der Chef schon konkrete Tatsachen erfahren hat, die zu diesem Verdacht geführt haben.[20] Solche Verdachtsfälle können aus Zeugenaussagen folgen oder aber aus z. B. Zeitungsberichten bzw. Postings in sozialen Netzwerken. Liegt hier schon ein nachvollziehbarer Verdacht vor, dann darf der Arbeitgeber auch zu weiteren Maßnahmen greifen.

9.1.4 Die Untersuchung nach § 275 Abs. 1 Nr. 3 SGB V

83 Nicht immer sind die Fälle so klar – und dennoch hat der Arbeitgeber Zweifel bezüglich der Richtigkeit der Krankheit des Arbeitnehmers. In diesen Fällen kann er erreichen, dass die Krankenkasse eine Begutachtung nach § 275 SGB V durchführt. Danach ist bei Zweifeln an der Arbeitsunfähigkeit eine Prüfung durch den Medizinischen Dienst der Krankenkasse (MDK) durchzuführen. Zweifel an der Arbeitsunfähigkeit sind danach auf jeden Fall berechtigt, wenn der Arbeitnehmer auffällig häufig krank der auffällig häufig nur für kurze Zeit arbeitsunfähig ist und der Beginn der Arbeitsunfähigkeit häufig auf einen Arbeitstag am Beginn oder am Ende einer Woche fällt; oder auch, wenn die Arbeitsunfähigkeit von einem Arzt festgestellt wird, der durch die Häufigkeit der von ihm ausgestellten Bescheinigungen auffällig geworden ist. Außer in Ausnahmefällen wird die Krankenkasse den MDK beauftragen.

84 Damit geht sowohl an den Arzt als auch den Arbeitnehmer das (disziplinierende) Signal, dass es „Auffälligkeiten" gibt und diese beobachtet werden. Kommt der MDK zu einer vom krankschreibenden Arzt abweichenden Auffassung, hält den Arbeitnehmer also für gesund, muss dieser seine Arbeit wieder aufnehmen.[21]

20 BAG vom 19.2.2015, Az. 8 ARZ 1007/13.

21 Heider: Wirksame Maßnahmen des Arbeitgebers zur Verringerung von Fehlzeiten. In: NJW 2015, S. 1051.

Diese Entscheidung erstreckt sich allerdings nicht auf eine abweichende Diagnose, sondern lediglich auf die abweichende Auffassung zur Frage der Arbeitsunfähigkeit und ihrer Dauer. Sie darf keine Angaben über die Krankheit des Versicherten enthalten. Der krankschreibende Arzt kann hierzu Stellung nehmen. Jetzt reicht eine einfache Arbeitsunfähigkeitsbescheinigung nicht mehr aus. Der Mediziner muss nun schon genauer untermauern, wieso er der Auffassung ist, dass die Arbeitsunfähigkeit weiter anhält.[22] Legt der Arbeitnehmer in diesen Fällen keine weitere Stellungnahme eines Arztes vor, so wird in der Regel angenommen, dass die Arbeitsunfähigkeitsbescheinigung widerlegt ist.[23] Das bedeutet, dass der Arbeitnehmer nun, sollte es auf einen Prozess ankommen, beweisen muss, dass er arbeitsunfähig gewesen ist. Dies kann ihm gelingen oder auch nicht. Auf jeden Fall wird er dann wohl seine behandelnden Ärzte von der Schweigepflicht befreien müssen. Das gleiche gilt, wenn der Arbeitnehmer nicht zur Untersuchung erscheint.

Für privat krankenversicherte Patienten besteht die Möglichkeit der Anrufung des MDK leider nicht und es gibt auch keine ähnliche Einrichtung der privaten Krankenversicherungen. Als Alternativen bestehen hier Vertrauens- oder Betriebsärzte. Eine Vorstellung bei diesen kann aber nicht erzwungen werden – zumindest nicht zur Überprüfung der Arbeitsunfähigkeitsbescheinigung; auch nicht durch entsprechende Regelungen im Arbeitsvertrag.[24] **85**

9.1.5 Reaktion des Arbeitgebers bei erschütterter Arbeitsunfähigkeitsbescheinigung

Hat die Arbeitsunfähigkeit ihre „Vorschusslorbeeren", also die Vermutungswirkung, durch einen der gezeigten Fälle verloren, dann muss der Arbeitgeber reagieren. **86**

Hier sind zwei Wege denkbar. Wenn der Arbeitnehmer weiter fehlt, dann sollte der Arbeitgeber ihn auffordern zur Arbeit zur erscheinen. Dann kann der Arbeitgeber abwarten, was weiter passiert. Erscheint der Mitarbeiter nicht zur Arbeit, kann der Chef die Lohnzahlung einstellen. Der Arbeitnehmer wird nun normalerweise Klage auf seinen Lohn einreichen und muss dann beweisen, dass er tatsächlich arbeitsunfähig gewesen ist. **87**

Will es der Arbeitgeber hierauf nicht ankommen lassen, so sollte er den Arbeitnehmer abmahnen und zur Arbeitsaufnahme auffordern. Erscheint der Mitarbeiter nach einschlägiger Abmahnung nicht, wird in der Regel eine ordentliche **88**

22 BSG vom 8.11.2005, Az. B1 KR 18/04 R.

23 Heider: Wirksame Maßnahmen des Arbeitgebers zur Verringerung von Fehlzeiten. In: NJW 2015, 1051; Kühn: Die Vermeidung prozessualer Risiken bei Zweifeln an der Arbeitsunfähigkeit. In: NZA 2012, S. 1249.

24 Hierzu auch: Heider: Wirksame Maßnahmen des Arbeitgebers zur Verringerung von Fehlzeiten. In: NJW 2015, S. 1051 (der dies differenzieren möchte).

Kündigung mindestens gerechtfertigt sein. Auch in diesem Verfahren muss der Arbeitnehmer dann die Krankheit beweisen. So entgeht der Arbeitgeber einer „Hängepartie". Zur Frage der Möglichkeit der außerordentlichen Kündigung und zur Frage der Abmahnung siehe auch die Ausführungen zur Kündigung (siehe hierzu Teil I Kap. 20.8.3).

9.2 Wegfall des Entgeltfortzahlungsanspruchs bei Verschulden

89 Selbst wenn Arbeitsunfähigkeit vorliegt, besteht der Anspruch auf Entgeltfortzahlung gegen den Arbeitgeber in den Fällen nicht, in denen der Arbeitnehmer selbst für seine Erkrankung verantwortlich ist. Dafür reicht aber nicht, dass der Mitarbeiter nur leichtsinnig gehandelt hätte. Notwendig ist, dass er sich besonders leichtfertig oder vorsätzlich verhalten hat.[25] Es handelt sich hier also um einen Ausnahmefall. Typische Fälle sind die folgenden:

- Grobe Missachtung der Arbeitsschutzvorschriften. Hierzu würde beispielsweise ein Recapping der Kanülen trotz Verbots mit anschließender Infektion durch Krankheitserreger gehören. Dies allerdings nicht, wenn der Arbeitgeber den Arbeitnehmer dazu angehalten hat, sich über die entsprechenden Arbeitsschutzmaßnahmen hinwegzusetzen.
- Schwere Verstöße gegen die Verkehrsregeln, so z. B. stark überhöhte Geschwindigkeit, nicht angelegter Sicherheitsgurt, Telefonieren während der Autofahrt ohne Freisprecheinrichtung, Missbrauch von Alkohol und Tabletten, soweit dies nicht krankhaft ist.
- Strafbare Handlungen wie Körperverletzungen o. ä., wobei „nur" die Beteiligung an einer Auseinandersetzung noch nicht ausreicht, auch wenn der Arbeitnehmer sich in eine Situation begeben hat (Milieu), die immer wieder in Schlägereien enden kann. Nur wenn der Arbeitnehmer die Schlägerei selbst begonnen oder provoziert hat, kann im Einzelfall von einem Verhalten gegen die eigenen Interessen ausgegangen werden.[26]
- Verhalten, das die Heilung verhindert – und der Arbeitnehmer dies auch erkennen konnte.
- Bisher hat die Rechtsprechung dagegen bei keiner gefährlichen Sportart angenommen, dass diese – zumindest solange sie regelkonform ausgeführt wird – dazu führen könnte, dass ein Verschulden für die Erkrankung vorliegt.

90 Zusammenfassend ist also hier festzustellen, dass ein Verschulden die Ausnahme ist. Will sich der Arbeitgeber auf ein solches Verhalten berufen, so muss er zunächst darlegen, dass ein Verhalten vorliegt, das dazu geeignet ist, entweder krank zu sein oder die Genesung verhindert. Der Arbeitnehmer muss dann auf die

25 BAG vom 11.3.1987, Az. 5 AZR 139/85 (Arbeitsunfall, der lediglich auf Alkohol zurückzuführen ist und keine anderen Verfehlungen mit sich brachte).

26 ErfK/*Reinhard*. 2017. § 3 EFZG Rn. 29; MüKoBGB/*Müller-Glöge*. § 3 EFZG Rn. 41; MüArbR/*Schlachter*. 2009. § 73 Rn. 53.

Behauptung des Arbeitgebers hin, die natürlich nicht ins Blaue hinein erfolgen darf, diese entsprechend widerlegen.

9.3 Krankheit im Urlaub

Wird der Arbeitnehmer im Urlaub krank, so ist Folgendes zu beachten. 91

Zum einen ist es so, dass mit der Krankschreibung der Arbeitnehmer keinen 92 Urlaub mehr „verbraucht“. Diese Urlaubstage sind dem Arbeitnehmer wieder gutzuschreiben. Hierfür reicht, abgesehen von den gezeigten Ausnahmen, die Arbeitsunfähigkeitsbescheinigung.

Ist der Arbeitnehmer im Ausland, so muss er auch hier den Arbeitgeber sofort 93 darüber informieren. Mit sofort ist auch sofort gemeint. Ein einfacher Brief ist nicht ausreichend. In modernen Zeiten wird sich der Arbeitnehmer des Telefons oder der E-Mail bedienen müssen. Daneben steht noch das Fax zur Verfügung. Die entsprechenden Kosten trägt der Arbeitgeber, soweit sie ortsüblich sind. Das angeschaffte Satellitentelefon muss der Arbeitgeber dem Arbeitnehmer nicht ersetzen. Ansonsten gilt, dass nach den örtlichen Voraussetzungen eine Arbeitsunfähigkeitsbescheinigung durch den Arbeitnehmer eingeholt und weitergeleitet werden muss.

Nach der Rechtsprechung des Europäischen Gerichtshofs[27] ist die Überprüfung 94 der Arbeitsunfähigkeitsbescheinigung aus dem EU-Ausland schwieriger als die in Deutschland. Der Arbeitgeber muss unter diesen Voraussetzungen einen Nachweis erbringen, dass eine missbräuchliche oder betrügerische Arbeitsunfähigkeit vorgelegen hat. Zwischen Nachweis und Erschütterung des Glaubens in die Arbeitsunfähigkeitsbescheinigung ist insofern ein kleiner - aber in diesem Fall doch sehr wesentlicher - Unterschied zu sehen. Im EU-Ausland muss der Arbeitgeber also immer beweisen, dass der Arbeitnehmer nicht krank war. Die Erleichterungen wie „Doc Holiday“ greifen nicht. Für das nicht europäische Ausland gilt allerdings das deutsche Recht wie gezeigt.

9.4 „Dieselbe Krankheit"

Gerade in den Fällen, in denen Arbeitnehmer häufiger krank sind, kann die Frage 95 nach derselben Krankheit eine Rolle spielen. Die Pflicht zur Entgeltfortzahlung durch den Arbeitgeber endet, wie schon gezeigt, nach sechs Wochen mit derselben Krankheit.

27 EuGH vom 2.5.1996, Az. 10-206/94.

9.4.1 Missbrauch von Krankmeldungen

96 Gerade dann, wenn es um das Arbeitsverhältnis nicht besonders gut bestellt ist, passiert es immer wieder, dass Arbeitnehmer just genau fünfeinhalb Wochen krank sind. Dann einige Tage arbeiten, um sich dann wieder in den Krankenstand zu verabschieden. Hier kann zunächst klassisch angenommen werden, dass die Arbeitsunfähigkeitsbescheinigung nicht richtig sein könnte (siehe hierzu Teil I Kap. 9.1.2). Dies gilt besonders dann, wenn die Bescheinigung nun immer von anderen Ärzten kommt. In diesen Fällen kann der Arbeitgeber einwenden, dass die Arbeitsunfähigkeitsbescheinigung nichts beweist. Das bedeutet, er muss nichts bezahlen. Daneben kann dies natürlich auch bezüglich der Beendigung eines Arbeitsverhältnisses eine Rolle spielen.

9.4.2 Sechs-Monats-Frist

97 Bei nicht ganz so krassen Fällen gilt folgendes:

Grundsätzlich muss der Arbeitgeber nur pro Krankheit sechs Wochen Entgeltzahlung leisten. Dabei muss die Erkrankung nicht „am Stück sein". Ist der Arbeitnehmer krank und fängt wieder zu arbeiten an, weil er beispielsweise noch krank, aber nicht arbeitsunfähig ist, und wird dann wieder arbeitsunfähig wegen derselben (nicht der gleichen) Krankheit, so beginnt die Sechswochenfrist nicht neu. Dies soll den Arbeitgeber schützen. Ein Ausnahmefall gilt allerdings, wenn zwischen der ersten Arbeitsunfähigkeit und der nächsten ein Zeitraum von sechs Monaten abgelaufen ist. Auf die Frage derselben Krankheit kommt es nicht mehr an, wenn der Arbeitnehmer arbeitsunfähig war. Dann entsteht der Anspruch nach Entgeltfortzahlung auf jeden Fall neu.

98 Dazu die folgenden Beispiele:[28]

> Die Pflegefachperson K. hat einen Bandscheibenvorfall. Deswegen ist sie ab dem 1.7. arbeitsunfähig. Am 4.8. tritt noch eine Koronare Herzkrankheit (KHK) dazu. Auch wegen dieser wäre sie arbeitsunfähig. Nach dem Entgeltfortzahlungsgesetz ist der Arbeitgeber nur verpflichtet, sechs Wochen Entgeltfortzahlung zu leisten. Das bedeutet, dass die Herzerkrankung hier keine gesonderte Rolle spielt. Nach sechs Wochen ab dem 1.7. ist Schluss mit der Entgeltfortzahlung.

> Ist es allerdings so, dass K. gerade wieder genesen ist und es schließt sich dann die KHK an, so löst diese Erkrankung wegen des Herzens neu die Sechswochenfrist aus. Dabei kommt es nicht einmal darauf an, ob die K. zwischendrin gearbeitet hat oder nicht. Sie muss nur zunächst genesen sein.

28 Beispiele sind nachgebildet: Die Techniker Krankenkasse: Entgeltfortzahlung im Krankheitsfall. o. J. Online: www.tk-de/centaurus servlet/contentblob/15550/datei60554/Entgeltfortzahlung-im-Krankheitsfall.pdf [abgerufen am 11.11.2017].

Dies lässt sich sogar noch in einer Kette fortsetzen. Erkrankt K. nach der Bandscheibe und dem Herzen noch an einer dritten Krankheit, so kann auch diese nochmals die Sechswochenfrist auslösen.

Ist K. allerdings in einem Zeitraum vom 5.1. bis 26.2., vom 10.4. bis 8.5. und vom 10.8. bis 10.9. jeweils arbeitsunfähig an ihrer Bandscheibe erkrankt, so verliert sie den Anspruch auf Entgeltfortzahlung schon am 15.2. Denn hier liegt jeweils dieselbe Krankheit vor. Der Anspruch auf Entgeltfortzahlung beträgt nur sechs Wochen. Dies ist schon am 15.2. erreicht. Anders ist es wiederum, wenn K. zwar nicht nur vom 5.1. bis 26.2., sondern dann erst wieder ab dem 10.9. bis 10.10. aufgrund ihrer Bandscheibe erkrankt ist. Dann liegen zwischen den beiden Erkrankungen mehr als sechs Monate, weswegen der Anspruch auf Entgeltfortzahlung neu anläuft. Bei den vorbezeichneten Daten muss der Arbeitgeber also zweimal bezahlen. Dies gilt selbst dann, wenn zwischen dem 26.2. und dem 10.9. noch eine andere Erkrankung liegt. Ist die zweite Bandscheibenerkrankung länger als zwölf Monate her, so besteht jedenfalls ein neuer Anspruch auf Entgeltfortzahlung. Dies würde beispielsweise bedeuten, dass bei Arbeitsunfähigkeit wegen der Bandscheibenerkrankung von K. vom 5.1. bis 26.2. und 10.4. bis 8.5. sowie 10.9. bis 10.10. der Anspruch auf Entgeltfortzahlung wegen der Bandscheibe bei einer weiteren Erkrankung am 10.1. des Folgejahres wieder anlaufen würde. Nicht dieselbe Krankheit, sondern die gleiche und damit kein Fall der „alten" Sechs-Wochen Frist liegt vor, wenn K. an einer anderen Bandscheibe erkranken würde und dies nichts miteinander zu tun hätte.

9.4.3 Zweifelsfälle

Auch hier stellt sich vor allem die Frage, wie der Arbeitgeber herausfinden soll, 99
was nun die gleiche Krankheit ist und was nicht. Ist der Arbeitgeber ahnungslos, warum der Arbeitnehmer krank ist, sollte der Arbeitgeber die Möglichkeit nutzen, den Arbeitnehmer dazu aufzufordern, ein ärztliches Attest vorzulegen, dass es sich nicht um dieselbe Krankheit handelt. Darüber hinaus muss der Arbeitnehmer bei weiterem Bestreiten genau darstellen, wieso er der Meinung ist, dass es sich nicht um eine Fortsetzungserkrankung handelt. Dabei ist wesentlich, dass er den behandelnden Arzt von der Schweigepflicht entbinden muss.[29] Gibt der Arbeitnehmer eine Information heraus, dann empfiehlt sich für den Arbeitgeber, die Entgeltfortzahlung einzustellen.

Kommt es zu einem Rechtsstreit über die Fortzahlung des Entgelts, so muss das 100
Gericht diesem Punkt nachgehen. Wenn am Ende Zweifel bleiben, ob es sich um eine neue oder die alte Erkrankung handelt, so gilt, dass im Zweifel ein neuer Entgeltfortzahlungsanspruch entstanden ist und mithin der Arbeitgeber nochmals bezahlen muss.

29 BAG vom 10.9.2014, Az. 10 AZR 651/12.

101 Für die Praxis gilt insofern die Empfehlung an den Arbeitgeber, bei geringsten Anhaltspunkten den Arbeitnehmer aufzufordern darzustellen, dass es sich um die alte Erkrankung handelt. Reagiert dieser nicht, sollte im Zweifel konsequent nachgefragt werden.

9.5 Ersatz von Entgeltfortzahlungskosten (Ansprüche des Arbeitgebers)

102 Wenn die Krankheit aufgrund eines Verhaltens eines Dritten entstanden ist, z. B. bei einem Verkehrsunfall oder aber durch eine Körperverletzung, so muss der Arbeitgeber dennoch die Entgeltfortzahlung leisten. Aber er kann sich in diesem Falle den Schaden, den er hatte, beim Schädiger zurückholen. Handelt es sich um einen Verkehrsunfall, ist dies verhältnismäßig einfach. Es gelten die allgemeinen Regelungen des Verkehrsrechts. Da bei Verkehrsunfällen zunächst immer die Haftpflichtversicherung des Fahrzeughalters zahlen muss, kommt es insofern nicht darauf an, ob beim Schädiger „etwas zu holen" ist. Dies sieht anders aus, wenn der Mitarbeiter oder die Mitarbeiterin Opfer einer Straftat geworden ist. Hier trägt der Arbeitgeber das Ausfallrisiko des Schädigers. Typische weitere Fälle, in denen daran zu denken ist, ob seitens des Arbeitgebers Schadensersatz bei anderen realisiert werden kann, sind die Arzthaftung oder auch Verstöße gegen Verkehrssicherungspflichten. So etwa der Unfall bei nicht richtig gestreutem Weg im Winter oder anderen gefährlichen Zuständen, wie beispielsweise fehlende Handläufe etc. Gerade bei größeren Ausfällen sollte an diese Möglichkeit des Schadensersatzes unbedingt gedacht werden.

9.6 Wegfall des Entgeltfortzahlungsanspruches

103 Nachdem der Arbeitnehmer für sechs Wochen vom Arbeitgeber Entgeltfortzahlung erhalten hat, hat er im Anschluss daran einen Anspruch auf die Zahlung von Krankengeld. Hierfür ist bei gesetzlich Krankenversicherten die jeweilige Krankenkasse zuständig. Privat versicherte Patienten müssen selbst dafür sorgen, dass sie einen entsprechenden Anspruch auf Krankengeld haben.

104 Allerdings ist der Anspruch für die gesetzlich krankenversicherten Mitarbeiter ebenso begrenzt. Krankengeld wird wegen derselben Krankheit für längstens anderthalb Jahre innerhalb von drei Jahren gezahlt, und zwar gerechnet vom Beginn der Arbeitsunfähigkeit und nicht vom Beginn der Zahlung des Krankengeldes durch die Krankenkasse. Auch wenn sich in dieser Zeit eine weitere Krankheit ergibt, verlängert sich der Anspruch auf Krankengeld nicht. Das Krankengeld orientiert sich am regelmäßigen Nettoeinkommen. Im Allgemeinen sind das 70 Prozent vom Brutto. Es gibt Aufstockungsvorschriften, die dazu führen, dass bei Geringverdienern bis zu 90 Prozent des Nettos bezahlt werden können.

Endet der Anspruch auf Krankengeld, so ist das Arbeitsverhältnis nach wie vor nicht beendet. Es gibt verschiedene Möglichkeiten, wie in diesen Situationen vorzugehen ist. Zum einen ist daran zu denken, die Arbeit wiederaufzunehmen. Wenn dies nicht in dem Rahmen möglich ist, wie dies in der Vergangenheit der Fall gewesen ist, so ist an Alternativen zu denken. Grundsätzlich besteht die Möglichkeit, dass der Arbeitnehmer im Unternehmen versetzt wird. So ist bei einer Pflegefachperson beispielsweise denkbar, dass sie aufgrund ihrer Erfahrung als Dokumentationsassistentin tätig werden kann. Knackpunkt ist allerdings, dass eine entsprechende Stelle vorhanden sein muss. Im gewissen Rahmen muss der Arbeitgeber auch Umschulungsmaßnahmen ermöglichen. Hier gelten sinngemäß die entsprechenden Erläuterungen zur Frage der Kündigung wegen Krankheit (siehe hierzu Teil I Kap. 20.7.1.1 und Kap. 20.7.3). **105**

Nach Auslauf des Krankengeldes hat der Arbeitnehmer immerhin noch den Anspruch auf Arbeitslosengeld. Dieser Anspruch ist je nach Beschäftigungsdauer und Lebensalter verschieden lang. In diesem Falle ist die Agentur für Arbeit dazu verpflichtet, den Arbeitnehmer aufzufordern, eine Rehabilitation (auch umgangssprachlich Kur) durchzuführen. Folgt der Arbeitnehmer dem nicht, so gibt es keinen Anspruch auf Arbeitslosengeld. **106**

In der Rehabilitation wird auch geprüft, ob der Arbeitnehmer eventuell erwerbsgemindert ist, also eine teilweise oder vollständige Erwerbsminderung zu einer ganzen oder teilweisen Erwerbsminderungsrente führt. Dies bedeutet allerdings häufig eine deutliche Absenkung der sozialen Absicherung, da erhebliche Abschläge im Raum stehen. Hier war gut beraten, wer in jungen Jahren eine Berufsunfähigkeitsversicherung abgeschlossen hat (siehe hierzu Teil I Kap. X). **107**

Bei allen Verhandlungen mit dem Arbeitgeber in diesem Zusammenhang ist durch den Arbeitnehmer Eigeninitiative gefragt. Er muss sich mit der Frage auseinandersetzen, welche Arbeitsleistungen er sowohl körperlich als auch von seiner Ausbildung her im Unternehmen durchführen kann. In diesem Zusammenhang ist interessant, dass Rehabilitation nicht nur die gesundheitliche Reha bedeuten muss, sondern auch eine zusätzliche Qualifikation umfassen kann. So ist es beispielsweise für die examinierte Pflegefachperson häufig sinnvoll, sich im kaufmännischen Bereich, etwa als Fachwirt im Gesundheits- und Sozialwesen, fortzubilden, um dann nicht mehr „am Bett" arbeiten zu müssen, sondern in der Verwaltung. Je höher die zusätzliche Qualifikation ist, desto eher besteht die Möglichkeit, beim alten Arbeitgeber nochmals unterzukommen. **108**

9.7 Höhe des Entgeltfortzahlungsanspruchs

Solange ein Anspruch auf Entgeltfortzahlung besteht, ergibt sich aus § 4 EZFG, wie hoch die Zahlungen sein müssen. Dabei wird auf das Entgelt abgestellt, das in der regelmäßigen Arbeitszeit erwirtschaftet wird. Auszugehen ist dabei von der regelmäßigen Arbeitszeit des Mitarbeiters und nicht von der Zeit, die theoretisch **109** im Arbeitsvertrag festgeschrieben ist. Dabei kommt es darauf an, ob es sich um eine nicht berücksichtigungsfähige Schwankung handelt, das wären Überstunden, oder ob eine tatsächliche Veränderung vorliegt. Bei Schwankungen oder wenn die Änderung nicht sicher festgestellt werden kann, behilft sich die Rechtsprechung damit, dass sie den Durchschnitt der Arbeitszeit der vergangenen zwölf Monate ansetzt.[30] Allerdings nochmals: Dies gilt nur dann, wenn die regelmäßige Arbeitszeit und Überstunden nicht sauber zu trennen sind.

110 Ähnlich agiert die Rechtsprechung auch, wenn es sich um Teilzeitarbeit handelt, die nicht im regelmäßigen Rahmen geleistet wird, sondern bei der die Einsätze schwankend sind. Auch hier wird grundsätzlich auf die Durchschnittswerte der Vergangenheit zurückgegriffen. Der Arbeitgeber kann sich aber darauf berufen, dass der Arbeitnehmer im Zeitraum der Verhinderung gar nicht oder nur sehr wenig eingesetzt worden wäre.[31]

9.8 Zulagen

111 Bezüglich der Zulagen sind für Pflegefachpersonen Zuschläge für ungünstige Zeiten von Relevanz (Nachtzuschläge, Wochenendzuschläge). Diese sind bei der Bemessung der Höhe der Entschädigung bei Arbeitsunfähigkeit zu berücksichtigen. Andere Zulagen, die direkten zusätzlichen Kosten, die aufgrund der Arbeitsleistung entstehen, wie Zuschüsse zu Fahrtkosten oder Ähnliches, sind nicht zu bezahlen.

9.9 Weitere Ausnahmefälle von der Verpflichtung zur Arbeitsleistung

112 Neben der Krankheit des Arbeitnehmers gibt es noch weitere andere Fälle, bei denen der Arbeitnehmer nicht zur Arbeit erscheinen muss, der Arbeitgeber ihm dies allerdings nicht zum Vorwurf machen kann. Dabei ist zu unterscheiden zwischen den Fällen, in denen der Arbeitnehmer sogar weiter den Anspruch auf Zahlung hat und solchen, in denen er von der Arbeit fernbleibt, ohne dass ihm der Arbeitgeber einen Vorwurf dafür machen kann, er allerdings umgekehrt auch keine Vergütung leisten muss.

9.9.1 § 616 BGB und ähnliche: persönliche Verhinderung an der Arbeitsleistung in vorrübergehender Form

113 Die wesentlichen Punkte dazu sind in § 616 BGB geregelt. Dort heißt es, dass der Arbeitnehmer nicht erscheinen muss, wenn er ohne sein Verschulden eine

30 BAG vom 21.11.2001, Az. 5 AZR 296/00.
31 ErfK/*Reinhard*. 2017. § 4 EZFG Rn. 10.

verhältnismäßig nicht erhebliche Zeit durch einen in seiner Person liegenden Grund an der Arbeitsleistung gehindert ist.

9.9.1.1 Besondere Regelungen im Tarifvertrag oder Arbeitsvertrag

Dabei ist allerdings zu beachten, dass es hier möglich ist, durch arbeitsvertragliche Vereinbarungen speziellere und vor allem andere Regelungen festzulegen. Dies ist in einer Vielzahl der hier interessanten Tarifverträge so gemacht worden, insbesondere im § 29 TVöD. Daneben wird in einer Vielzahl von individualvertraglichen Arbeitsverträgen auch eine entsprechende Abänderung vorgenommen. Damit gilt, dass die folgenden Ausführungen nur dann so Bestand haben, wenn der Arbeitsvertrag nichts Anderes vorsieht. **114**

9.9.1.2 Ohne Verschulden und kurzzeitig

Der Anspruch nach § 616 BGB auf weitere Vergütung trotz der Tatsache, dass der Arbeitnehmer nicht zum Arbeitsplatz erscheint, ist nur denkbar, wenn dies ohne Verschulden – also ohne, dass man dem Arbeitnehmer dafür einen Vorwurf machen kann – der Fall ist. Bezüglich der Frage des Verschuldens ist auf die Ausführungen zur Krankheit zu verweisen (siehe hierzu Teil I Kap. 9.2). Das Verhalten muss ähnlich schwerwiegend sein. **115**

Daneben darf die Verhinderung nur kurzfristig sein. Wenn es um einzelne Tage geht, dann ist dies in der Regel kurzfristig. Ansonsten gilt, dass abgesehen von den Fällen, bei denen es um die Kinderbetreuung geht – hierzu gleich genauer – eine Verhinderung von fünf Tagen in der Regel bei „normalem" Arbeitsverhältnis als noch kurzzeitig im Sinne des § 616 BGB anzusehen ist. Dabei muss deutlich unterstrichen werden: Wenn rückwirkend die Verhinderung insgesamt länger andauert als fünf Tage, so entfällt der Vergütungsanspruch nicht nur für den sechsten Tag, sondern sogleich von Beginn an. **116**

9.9.1.3 Fallgruppen des § 616 BGB

9.9.1.3.1 Pflege naher Angehöriger

Einer der häufigsten Anwendungsfälle des § 616 BGB ist die Frage, ob und wie lange Mitarbeiter wegen der Betreuung von nahen Angehörigen, insbesondere von Kindern, zu Hause bleiben können. Da es hier jeweils sich überlagernde Vorschriften gibt, ist die Situation manchmal nicht ganz einfach. **117**

Die erste zu stellende Frage ist, ob der betroffene Arbeitnehmer tatsächlich zu Hause bleiben muss. Es könnte ja gegebenenfalls auch ein anderes Familienmitglied die Betreuung des Angehörigen übernehmen. Dabei ist nicht ausreichend, dass es „bequemer" ist, wenn ein bestimmter Arbeitnehmer zu Hause bleibt. Sind beispielsweise beide Eltern gegebenenfalls in der Lage, das erkrankte Kind zu **118** betreuen, so wird nicht nur ein Elternteil immer zu Hause bleiben können. Hier wird abgewogen werden müssen.

119 Kinder

Wird dies beachtet, ist das Kind tatsächlich krank und bedarf einer entsprechenden Betreuung zu Hause, dann kann der Arbeitnehmer zu Hause bleiben und das Kind betreuen. Eine Vergütung erhält er weiter, es sei denn, im Arbeitsvertrag oder im Tarifvertrag ist dies ausgeschlossen. Für Kinderbetreuung gilt nicht die Fünf-Tage-Regelung, sondern hier sind sogar zehn Tage möglich.

120 Wenn im Arbeitsvertrag oder im Tarifvertrag ein Ausschuss der Entgeltfortzahlung vorhanden ist, gilt § 45 SGB V. Danach haben Eltern Anspruch auf Krankengeld, wenn sie wegen der Betreuung des Kindes zu Hause bleiben müssen. Es kann hier also zu der Situation kommen, dass, wenn der Arbeitgeber seinen Arbeitsvertrag nicht entsprechend anpasst, er Kinderbetreuung bezahlen muss und so der gesetzlichen Krankenkasse Krankengeld erspart. Dies kann ärgerlich sein, kann allerdings auch eine klare Positionierung des Arbeitgebers für die Kinderbetreuung darstellen. Dies muss sich der Arbeitgeber im Vorfeld überlegen.

121 Sonstige Angehörige

Ein Zusammenspiel von unterschiedlichen Normen gibt es auch bei der Pflege von nahen Angehörigen.

122 § 2 des Pflegezeitgesetzes gibt dem Arbeitnehmer das Recht, zehn Arbeitstage vom Job fernzubleiben, wenn dies erforderlich ist, um für einen nahen Angehörigen die Pflegesituation zu klären. Was zunächst gut klingt, hat allerdings einen Haken. Das Pflegezeitgesetz verpflichtet den Arbeitgeber nicht zur weiteren Bezahlung. Der Arbeitnehmer kann zu Hause bleiben. Vergütet wird er allerdings nicht.

123 Während dieser Auszeit in Notfällen erhalten Beschäftigte als Lohnersatz das sog. Pflegeunterstützungsgeld. Diese Lohnersatzleistung müssen sie aber bei der Pflegekasse ihres pflegebedürftigen Angehörigen beantragen (§ 44a SGB XI). So fließt also nicht automatisch:

- 90 Prozent des ausgefallenen Nettoarbeitsentgelts oder
- 100 Prozent des ausgefallenen Nettoarbeitsentgelts, wenn in den letzten zwölf Kalendermonaten vor der Freistellung eine beitragspflichtige Einmalzahlung gezahlt wurde.
- Außerdem werden Kranken-, Renten- und Arbeitslosenversicherungsbeiträge entrichtet. Diese Leistungen werden von der Pflegekasse des Pflegebedürftigen erbracht.

124 Das tägliche Pflegeunterstützungsgeld darf dabei das Höchstkrankengeld von 101,50 EUR (2017) nicht überschreiten.

125 Unabhängig von § 44a SGB XII kommt es wieder auf § 616 BGB an. Soweit er nicht ausgeschlossen worden ist, gibt er den Anspruch auf Entgeltfortzahlung gegen den Arbeitgeber immerhin dann, wenn die Pflege von entsprechenden Angehörigen maximal fünf Tage notwendig ist.

126 Zu beachten ist aber, dass nach dem Pflegezeitgesetz sehr viel mehr Personen als nahe Angehörige gelten, als dies bei der Unterbrechung nach § 616 BGB der Fall ist. Nach § 616 BGB geschützt sind nur der Ehepartner, eingetragene Lebenspartner, Kinder, Geschwister und Eltern. Achtung: Wie eingangs gesagt, hat der Arbeitnehmer überhaupt keinen Anspruch mehr auf Entgeltfortzahlung, wenn er länger als fünf Tage mit der Organisation oder Kurzzeitpflege beschäftigt ist.

Längere Abwesenheit wegen Familienpflegezeit/Elternzeit

127 Kein Fall für § 616 BGB oder die kurzfristige Abwesenheit ist die Frage, ob der Arbeitnehmer wegen längerer Pflege seiner Angehörigen oder wegen Elternzeit zu Hause bleibt.

128 Beschäftigte können nicht nur für sechs Monate vollständig oder teilweise aus dem Job aussteigen, um einen nahen Angehörigen in häuslicher Umgebung zu pflegen (Pflegezeit), sondern sie haben auch einen Rechtsanspruch auf eine teilweise Freistellung von bis zu 24 Monaten bei einer Mindestarbeitszeit von 15 Wochenstunden (Familienpflegezeit).

129 Beschäftigte können für die Zeit, in der sie ganz oder teilweise für die Pflege aus dem Beruf aussteigen, beim Bundesamt für Familie und zivilgesellschaftliche Aufgaben (BAFzA) auf Antrag ein zinsloses Darlehen aufnehmen. Es wird in monatlichen Raten ausgezahlt und soll dabei helfen, den entstehenden Verdienstausfall abzufedern. Das zinslose Darlehen ist nach dem Ende der jeweiligen Freistellung ebenfalls in Raten wieder zurückzuzahlen.

9.9.1.4 Ehrenamt

130 Eine weitere Frage ist, was geschieht, wenn der Arbeitnehmer aufgrund der Ausübung eines Ehrenamtes die Arbeit nicht wahrnehmen kann. Auch dann hat er den Anspruch, nicht zu arbeiten und weiter vergütet zu werden. Aber: Der Begriff des Ehrenamtes wird im Rahmen der Entgeltfortzahlung sehr viel enger gesehen, als dies im allgemeinen Sprachgebrauch der Fall ist. Ehrenämter in diesem Sinne sind Tätigkeiten als ehrenamtliche Richter oder in der Selbstverwaltung der Sozialversicherungen.

131 Keine Ehrenämter, die den Arbeitgeber zur weiteren Zahlung verpflichten, sind öffentliche Ämter (z. B. Gemeinderat) oder gar die Tätigkeit in Vereinen, wie dem Sportverein. Auch die Gewerkschaften werden nicht privilegiert. All dies gilt immer, soweit nicht ein Tarifvertrag etwas anderes vorsieht.

132 Demgegenüber steht allerdings die Tatsache, dass häufig die Landesgesetze vorsehen, dass Arbeitnehmer für die Erbringung von solchen Leistungen freizustellen sind. Wenn das so ist, dann in der Regel für die Feuerwehr oder den Katastrophen-

schutz sowie für Träger öffentlicher Ämter in der Politik. Das Gemeinderatsmitglied ist von der Arbeitsleistung freizustellen. Nur vergütet werden diese Mitarbeiter dann nicht.

9.9.1.5 Arztbesuch

133 Ein weiterer Punkt, der unter den § 616 BGB fallen kann, ist die Frage nach dem Arztbesuch.

134 Hier gilt zunächst, dass derjenige, der arbeitsunfähig ist (siehe hierzu Teil I Kap. 9.1.1) ist, unproblematisch auch den Arzt aufsuchen kann.

135 Streitig sind immer wieder die Fragen, in denen der Mitarbeiter der Arbeit fernbleibt, weil er einen Arzttermin wahrnimmt. Dabei gilt der Grundsatz, dass der Arbeitnehmer versuchen muss, den Arztbesuch außerhalb seiner Arbeitszeiten zu legen. Nur dann, wenn der Arztbesuch medizinisch notwendig sofort durchzuführen ist oder es sich um besonders terminierte Untersuchungstermine handelt, etwa aufwendige Diagnostiken wie Röntgen oder Blutentnahme im nüchternen Zustand, kann er der Arbeit fernbleiben und wird trotzdem vergütet.

136 Letztlich kann auch ausnahmsweise in Betracht kommen, dass der Arbeitnehmer während der Arbeitszeit den Arzt aufsucht und trotzdem eine Vergütung dafür bekommt. Nämlich dann, wenn er plausibel machen kann, dass der von ihm ausgewählte Arzt keine Termine in zumutbarer Zeit außerhalb der Arbeitszeiten frei hat.

137 Dann besteht der Ausnahmefall, dass der Arbeitnehmer während der Arbeitszeiten fernbleiben kann und trotzdem seine Vergütung erhält.

9.9.1.6 Ladungen zur Gerichten/Zeugeneinvernahmen

138 Wird der Arbeitnehmer aufgrund staatlichen Handelns, etwa als Zeuge bei einem Gerichtstermin, verpflichtet und muss er dieser Aufforderung folgen, so ist selbstverständlich, dass der Arbeitgeber ihn auch gehen lassen muss. Dabei gilt wie bei allen vorherigen Punkten zunächst, dass der Arbeitnehmer versuchen muss, den Termin außerhalb seiner Arbeitszeiten wahrzunehmen. Für einen Vernehmungstermin bei der Polizei wird dies häufig noch möglich sein. Die Gerichte werden auf solche Bitten selten reagieren, es sei denn, der Arbeitnehmer hat die Möglichkeit, vormittags frei zu erhalten.

139 Auch hier gilt, dass arbeitsvertraglich vorgesehen werden sollte, dass der Arbeitnehmer zumindest soweit keine Vergütung erhält, wie ein Zeugenentschädigungsanspruch vor Gericht entsteht. Dies ist bei der vertraglichen Gestaltung des Arbeitsvertrags zu beachten.

9.9.1.7 Sonstige Tatbestände, insbesondere familiäre Ereignisse

Darüber hinaus wird der § 616 BGB auch angewendet, wenn außergewöhnliche Dinge im Leben des Arbeitnehmers passieren, so etwa die eigene Hochzeit, die Eintragung einer Lebenspartnerschaft, die Hochzeit von Kindern, die Wiederverheiratung eines Elternteils, die Goldene Hochzeit von Eltern, die Geburt von Kindern, die Kommunion und Konfirmation oder auch Begräbnisse im Familienkreis und persönliche Unglücksfälle wie Einbruch, Brand oder unverschuldete Verkehrsunfälle. In diesen Fällen kann der Arbeitnehmer zu Hause bleiben und erhält weiter seinen Anspruch auf Vergütung. Genaueres sollte der Arbeitsvertrag regeln. 140

10 Urlaub

10.1 Anzahl der Urlaubstage

Für die schönsten Tage im Jahr sieht der Gesetzgeber vor, dass jedem Mitarbeiter mindestens 24 Werktage Urlaub zur Verfügung stehen müssen. Dies gilt allerdings für die – vom Gesetz standardmäßig vorgesehene – Sechs-Tage-Woche. Sind nur fünf Tage in der Woche zu arbeiten, beträgt der Mindesturlaubsanspruch lediglich 20 Tage. Reduziert sich die Zahl der Arbeitstage weiter, wird verhältnismäßig auch der Urlaubsanspruch reduziert (siehe hierzu Teil I Kap. 5.1). Es ist insofern kein Geheimnis, dass eine Vielzahl von Tarifverträgen höhere Urlaubsansprüche als den gesetzlichen vorsieht und auch, soweit Tarifverträge nicht gelten, die meisten Arbeitsverträge einen höheren Urlaubsanspruch geregelt haben. Dies ist unproblematisch möglich. Zur Frage der Ausgestaltung im Vertrag ist auf das eingangs Gesagte (siehe hierzu Teil I Kap. 5.1) zu verweisen. 141

Zur Berechnung des anteiligen Urlaubsanspruchs multiplizieren Sie die Zahl, die über der 5 liegt (5 für Fünf-Tage-Woche) mit 52 (Wochen) und teilen das Ergebnis durch 249 (Arbeitstage 2017 in Rheinland-Pfalz/RLP). 142

Multiplizieren Sie nun den Wert mit den Urlaubstagen (bei vollem Anspruch, laut Tabelle) und addieren Sie den erhaltenen Wert mit dem vollen Urlaubsanspruch des Mitarbeiters aus der Fünf-Tage-Woche (Die Teilung durch 249 ergibt sich aus den durchschnittlichen Arbeitstagen inklusive Feiertagen pro Jahr in einem Bundesland). 143

Formel: ((Wert > 5) * 52 Wochen * Urlaubstage) / 249 Arbeitstage in RLP 2017[32] 144

Ein Mitarbeiter, 29 Jahre alt, arbeitet in der
5,5-Tagewoche. Er hätte in der Fünf-Tage-Woche Anspruch auf 26 Urlaubstage.

32 Angelehnt an: Lange, F. (1997): Formeln und Berechnung für Pflegedienstleistungen.

Rechnung:

(0,5 * 52 * 26) / 249 (Arbeitstage 2017 in RLP) = 2,71

= 2,71 + 26 = 28,71

= **29 Urlaubstage** (aufgerundet)

10.2 Unterjähriger Urlaub

145 Der Anspruch auf Urlaub wird erstmalig nach sechsmonatigem Bestehen des Arbeitsverhältnisses erworben. Danach entsteht ein Anspruch auf 1/12 des Jahresurlaubs für jeden vollen Monat des Bestehens des Arbeitsvertrages. Bruchteile von Urlaubstagen, die mindestens einen halben Tag ergeben, sind auf volle Urlaubstage aufzurunden. Dies gilt aber nicht mehr, wenn der Arbeitnehmer nach erfüllter Wartezeit in der zweiten Hälfte des Kalenderjahres ausscheidet. Im Falle des Ausscheidens nach dem 1.7. des Arbeitsjahres hat der Arbeitnehmer den Anspruch auf den gesamten Jahresurlaub (§ 5 BUrlG).

10.3 Zweck des Urlaubs/Missbrauch

146 Zweck des Urlaubs ist die Erholung und Wiederherstellung der Gesundheit. Zu diesem Zweck gehört, dass der Arbeitnehmer im Urlaub nicht erreichbar sein muss. Er muss also keine Urlaubsadresse hinterlassen.[33] Der Arbeitgeber muss sich darauf einstellen. Dabei muss nicht jede parallele Erwerbstätigkeit verboten sein. Dies gilt besonders dann, wenn der Arbeitnehmer mehrere Teilzeitarbeitsverhältnisse hat.

147 Wenn man sich den Zweck des Urlaubs vor Augen führt, dann ist auch klar, wie der Urlaub zu gestalten ist. Wer den Urlaub dafür verwendet, statt in seinem Vollzeitarbeitsverhältnis mehr in seiner Aushilfstätigkeit, die ebenfalls in der Pflege verrichtet wird, zu arbeiten, der nutzt den Urlaub nicht zur Erholung und Wiederherstellung. Deswegen handelt er nicht im Sinne des Arbeitgebers. Eine solche Gestaltung des Urlaubs kann der Arbeitgeber abmahnen und verlangen, dass der Arbeitnehmer sich vertragsgerecht verhält. Tut er das nicht, so kann dies im wiederholten Falle zu einer Kündigung führen (siehe hierzu Teil I Kap. 20.8). Natürlich kann eine rechtswidrige Gestaltung des Urlaubs auch dazu führen, dass eine verschuldete Erkrankung beim Arbeitnehmer eintritt (siehe hierzu Teil I Kap. 9.2). Dies wird allerdings im Einzelfall sehr schwierig zu beweisen sein. Ob im Urlaub überhaupt nicht gearbeitet werden darf, ist umstritten. Teilweise wird die Meinung vertreten, dass wenigstens im gesetzlichen Urlaub (also 20 Tage bei einer Fünf-Tage-Woche) gar nicht gearbeitet werden darf. Zwingend ist das aber nicht.

33 BAG vom 16.12.1980, Az. 7 AZR 1148/78.

Auch wenn der Urlaub als Fortbildungsurlaub missbraucht wird, kann dies dem Urlaubszweck zuwiderlaufen. Hier wird man im Einzelfall prüfen müssen, wie hoch die Belastung für den Arbeitnehmer ist. 148

Im Zweifel ist auch zu prüfen, ob der Arbeitnehmer nicht für solche Zwecke nach den landesrechtlichen Vorschriften einen Fortbildungsurlaub nehmen kann. 149

Nutzt der Arbeitnehmer seinen Urlaub nicht sachgerecht, so ist das kein Grund, die Zahlung einzustellen. Eine zweckwidrige Erwerbstätigkeit lässt den Anspruch auf Urlaubsentgelt nicht entfallen[34]. Insofern kann nur disziplinarisch gegen den Arbeitnehmer vorgegangen werden – d. h. es bleibt zunächst einmal nur das Mittel der Abmahnung und bei beharrlichen Verstößen die Kündigung. 150

10.4 Verfall von Urlaub

Nach § 7 Abs. 3 BUrlG ist der Urlaub grundsätzlich bis zum 31.3. des Folgejahres zu nehmen. Hiervon gibt es allerdings Ausnahmen. In den Fällen, in denen der Arbeitnehmer aus nicht von ihm verschuldeten Gründen an der Urlaubnahme gehindert gewesen ist oder gar der Arbeitgeber den Urlaub verhindert hat, indem er trotz Fragen des Arbeitnehmers keinen gegeben hat. Dies bedeutet allerdings umgekehrt: Wenn der Arbeitnehmer den Urlaub nicht geltend macht und der Arbeitgeber den Urlaub nicht gewährt, der Anspruch darauf erlischt. Hierzu sind andere Vereinbarungen allerdings möglich. 151

Der Urlaub verfällt ausdrücklich auch dann nicht, wenn der Arbeitnehmer dauerhaft arbeitsunfähig gewesen ist und deswegen den Urlaub nicht nehmen konnte. Das gilt aber nicht unbegrenzt: Hier ist zu sehen, dass es jedenfalls zu einem Verfall von Urlaubsansprüchen bei krankheitsbedingter Arbeitsunfähigkeit nach Ablauf von 15 Monaten nach dem Ende des Urlaubsjahres kommt. Länger kann der Urlaub also nicht „gesammelt" werden. 152

Den Urlaub muss der Arbeitgeber nicht von sich aus anbieten. Gewährt er von sich aus keinen Urlaub und fragt der Arbeitnehmer auch nicht danach, so verfällt der Urlaub wie gerade gezeigt. 153

10.5 Urlaubsgewährung – wann?

Wenn es zur Urlaubsbestimmung kommt, sind nach § 7 Abs. 1 BUrlG bei der zeitlichen Festlegung die Wünsche des Arbeitnehmers zu berücksichtigen. Berücksichtigen heißt aber nicht, dass der Arbeitgeber den Wünschen des Arbeitnehmers folgen muss. Er kann den Urlaub aufgrund dringender betrieblicher Belange anders legen. 154

34 LAG Rheinland-Pfalz vom 23.5.2014, Az. 7 Sa 66/14 unter Verweis auf die Rechtsprechung des BAG vom 25.2.1988, Az. 8 AZR 596/85.

155 Das bedeutet konkret, dass der Arbeitgeber verlangen kann, auf Schwankungen in der Arbeit Rücksicht zu nehmen. Auch in Sommermonaten müssen Krankenhaus/Altenheim/ambulanter Pflegedienst ihren Versorgungsauftrag erfüllen, daher kann der Arbeitgeber hier durchaus rechtfertigen, dass der Pflegefachperson kein Urlaub gegeben wird. Ähnlich ist es, wenn der Arbeitgeber regelmäßig Betriebsferien hat oder – wie in vielen Krankenhäusern üblich – wenigstens die Leistungen der Abteilungen stark reduziert werden, so etwa über die Feiertage. Dann kann der Arbeitgeber verlangen, dass der Urlaub in diesen Zeiten genommen wird. Ein weiteres Beispiel ist die Arztpraxis, die wegen Urlaub des Arztes schließt.

156 Wollen mehrere Arbeitnehmer gleichzeitig Urlaub, der aus betrieblichen Belangen nicht allen gegeben werden kann, dann muss der Arbeitgeber die sozialen Belange beachten. Zu berücksichtigen sind insbesondere Alter, Dauer der Betriebszugehörigkeit, Schulpflicht der Kinder, Berufstätigkeit des Ehegatten oder die aus einer Krankheit des Arbeitnehmers folgende Notwendigkeit der Erholung in einer bestimmten Jahreszeit.[35] Gibt es hier keinen entscheidenden Unterschied, so sollte abgewechselt werden.

157 Kommt es zum Streit über die Gewährung von Urlaub, ist es keine gute Idee, wenn sich der Arbeitnehmer selbst beurlaubt und nicht zur Arbeit kommt. Dieses Recht hat er nicht. Macht er dies doch, muss er ggf. mit ernsthaften Konsequenzen rechnen (Abmahnungen, Kündigung).

158 Eine endgültige Urlaubsgewährung ist dann erfolgt, wenn nach der betrieblichen Übung (vereinfacht also so, wie es immer gemacht worden ist) feststeht, dass der Urlaub so stattfinden wird wie besprochen. Die Eintragung auf einer Urlaubsliste muss nicht ausreichen. Hat der Arbeitgeber binnen einer angemessenen Frist keine Einwendungen gegen eine vom Arbeitnehmer vorgenommene Eintragung in die Urlaubsliste erhoben, kann nur ausnahmsweise davon ausgegangen werden, dass der angegebene Termin gelten soll. Nämlich dann, wenn in dem Betrieb immer so verfahren wird. Besser ist ein Urlaubsplan, der von den Arbeitnehmern vorbesprochen worden ist und dem Arbeitgeber lediglich zur Kenntnis vorgelegt wird; er gilt normalerweise.[36]

10.6 Widerruf von Urlaub

159 Ist allerdings einmal Urlaub gewährt geworden, so sind sowohl der Arbeitgeber als auch der Arbeitnehmer hieran gebunden. Die Änderung eines einmal erteilten Urlaubs ist nur im Einvernehmen möglich oder dann, wenn zwingende Notfälle beim Arbeitgeber eingewandt werden können.

35 MAH ArbR/*Jacobsen*. 2017. § 27 Rn. 64.
36 BAG vom 10.2.2015, Az. 9 AZR 455/13.

Zwingender Notfall bedeutet nicht, dass es für den Arbeitgeber nur praktisch oder nützlich wäre, wenn der Arbeitnehmer wieder bei der Arbeit erscheinen würde. Der Chef muss schon erhebliche Aspekte geltend machen können, die dazu führen, dass der Arbeitnehmer aus dem Urlaub zurückgeholt werden kann oder der Urlaub verlegt wird. Hierzu würde z. B. gehören, dass aufgrund der Erkrankung mehrerer Kollegen die Versorgung der Patienten nicht mehr gesichert wäre. Dabei muss der Arbeitgeber im Zweifel alle anderen Möglichkeiten prüfen, die ihm zur Verfügung stehen, bevor er den Urlaubsrückruf vornimmt. Im gewissen Maße kann sicher dem Arbeitgeber auch zugemutet werden, dass er auf Leiharbeitskräfte zurückgreift. Ist der Rückruf tatsächlich unumgänglich, so hat der Arbeitgeber die Kosten dafür zu tragen. Hierzu gehören beispielsweise die Stornokosten für eine bereits gebuchte Reise. **160**

10.7 Lohnzahlung im Urlaub

Bei der Höhe des Urlaubsentgelts (nicht des Urlaubsgeldes – das ist eine freiwillige Zulage zum Lohn und stellt eine Gratifikation dar (siehe hierzu Teil I Kap. 5.3)) gilt § 11 BUrlG, wonach sich das Urlaubsentgelt nach dem durchschnittlichen Arbeitsverdienst, das der Arbeitnehmer in den letzten 13 Wochen vor Beginn des Urlaubs erhalten hat, berechnet. Dabei stellt das Gesetz klar, dass Überstunden nicht zum Arbeitsverdienst im Sinne des Bundesurlaubsgesetzes gehören. Insofern gelten die Regelungen zur Entgeltfortzahlung im Krankheitsfall entsprechend (siehe hierzu Teil I Kap. 9.7). **161**

Zu der Berechnung des Urlaubsentgelts gehört allerdings die Vergütung für Bereitschaftsdienste und Rufbereitschaft.[37] Auch Nachtzuschläge und Zuschläge für Sonn- und Feiertagsarbeiten sind bei der Berechnung zu berücksichtigen.[38] Weihnachtsgelder und andere Gratifikationen werden nicht berücksichtigt. Sachbezüge für Verpflegung dagegen schon. **162**

Bei einer Fünf-Tage-Woche wird der zu ermittelnde Arbeitsverdienst so berechnet, dass der Durchschnitt der vergangenen 13 Wochen genommen wird. Dabei werden die letzten drei Monate addiert und durch 65 Tage (fünf Tage à 13 Wochen) dividiert. Dies entspricht dem zu bezahlenden Urlaubsentgelt. Wird der Urlaub ausgezahlt, weil er im Rahmen einer Beendigung des Arbeitsverhältnisses nicht genommen werden kann, errechnet sich auch so der Abgeltungsanspruch. **163**

Beim Urlaub gibt es Sonderregelungen für jugendliche Arbeitnehmer und Auszubildende sowie für Schwerbehinderte. Diese bekommen im Wesentlichen mehr Urlaub. **164**

37 BAG vom 24.10.2000, Az. 9 AZR 634/99.
38 BAG vom 20.6.2000, Az. 9 AZR 309/99.

10.8 Sonstiger Urlaub

165 Neben dem Erholungsurlaub gibt es auch die Möglichkeit, andere Urlaubsarten zu nehmen. So besteht neben dem Mutterschaftsurlaub, der Elternzeit/der Pflege- und Familienzeit auch die Möglichkeit des Bildungsurlaubs. Bei Letzterem sind die Regelungen vom jeweiligen Bundesland abhängig, weswegen hier auf eine Darstellung verzichtet werden muss.

11 Schwangerschaft/Mutterschaft

166 Kommt es während des Arbeitsverhältnisses zur Schwangerschaft und zur Entbindung sowie anschließender Mutterschaft, so ist die Mitarbeiterin durch entsprechende Schutzvorschriften umfassend geschützt. Hinzu kommen Rechte des Vaters.

11.1 Information des Arbeitgebers

167 Allerdings kann sich in der Schwangerschaft der Schutz erst entwickeln, wenn der Arbeitgeber davon weiß. Die werdende Mutter soll daher nach dem Gesetz ihre Schwangerschaft und den mutmaßlichen Tag der Entbindung mitteilen, sobald ihr die Schwangerschaft bekannt ist. Der Arbeitgeber muss diese Information dann an die zuständige Behörde weiterleiten. Auf Verlangen des Arbeitgebers hat die werdende Mutter – auf Kosten des Arbeitgebers – das Zeugnis eines Arztes oder einer Hebamme vorzulegen. Bezüglich der Zeugnisse gelten, was die Vermutung für die Richtigkeit angeht, die gleichen strengen Vorschriften wie bei der Arbeitsunfähigkeitsbescheinigung. Die Berechnung des Beginns der Schwangerschaft erfolgt schematisch, mit einer Regelung von 280 Tagen vor dem festgestellten voraussichtlichen Entbindungstermin. Es gilt insofern zunächst die Feststellung des Arztes. Erst wenn sich im Nachhinein herausstellt, dass eine Fehlerhaftigkeit vorliegt, verkürzen oder verlängern sich die entsprechenden Fristen. Legt die Mitarbeiterin trotz der Aufforderung des Arbeitgebers kein Attest vor, so muss der Arbeitgeber auch nicht von einer Schwangerschaft ausgehen.

11.2 Kündigungsschutz bei Schwangerschaft

168 Ab dem Zeitpunkt, zu dem der Arbeitgeber von der Schwangerschaft weiß bis vier Wochen nach der Schwangerschaft – oder wenn Elternzeit genommen wird, bis zum Ende der Elternzeit – darf der Frau ohne Genehmigung der zuständigen Behörde nicht gekündigt werden. Dies gilt selbst dann, wenn der Arbeitgeber von der Schwangerschaft noch keine Kenntnis hat, aber innerhalb von zwei Wochen nach der Kündigung die entsprechende Information erhält. Diese kann sogar noch später kommen, wenn es im Einzelfall nachvollziehbar ist, etwa weil die Frau im Urlaub gewesen ist. Hier gilt der Einzelfall. Nur ganz ausnahmsweise kann die

Kündigung durch die zuständige Landesbehörde erlaubt werden. Dazu müssen erhebliche Gründe vorliegen. Meist sind dies Gründe, die eine außerordentliche Kündigung rechtfertigen (siehe hierzu Teil I Kap. 20.7). Ansonsten ist der Kündigungsschutz sehr umfassend.

11.3 Beschäftigung während der Schwangerschaft

Neben dem Kündigungsschutz wird die Frau auch ansonsten geschützt. So ist eine Beschäftigung von Schwangeren ausgeschlossen, die nach ärztlicher Einschätzung Leben und Gesundheit von Mutter oder Kind bei Weiterbeschäftigung gefährden würden. Dies entscheidet der zuständige Arzt. Für Pflegefachpersonen wird dies in der Regel früher anzunehmen sein als das absolute gesetzliche Verbot. Auf jeden Fall darf die schwangere Frau nicht mehr sechs Wochen vor der voraussichtlichen Entbindung arbeiten, es sei denn, wenn sie dies ausdrücklich wünscht und eine entsprechende Erklärung abgibt. Diese Erklärung kann jederzeit widerrufen werden. 169

Konkret gilt, dass zunächst durch eine Arbeitsplatzanalyse festgestellt werden muss, wie hoch die Risiken für das Kind und die Mutter sind. Danach muss der Arbeitsplatz so gestaltet werden, dass die entsprechenden Tätigkeiten erbracht werden können. Es müssen Sitzpausen möglich sein, es darf keine sogenannte Zwangshaltung verlangt werden – also keine Arbeiten, die regelmäßiges oder häufiges Bücken, Strecken, Hocken erfordern. Außerdem muss das schwere Heben geregelt sein. Es dürfen nicht regelmäßig mehr als fünf Kilo und niemals mehr als zehn Kilo gehoben werden. Es muss ggf. Sicherheitskleidung zur Verfügung gestellt werden. Im Übrigen ist der Umgang mit Strahlen (Röntgen, C-Bogen) möglichst auszuschließen. Ausnahmen können zulässig sein, wenn in Absprache mit dem Strahlenschutzbeauftragten besondere Gründe eine Rolle spielen. Auch beim Umgang mit Gas oder Dämpfen (Anästhesie, Aufwachraum) ist besondere Vorsicht angezeigt. Ausgeschlossen ist jedenfalls der Umgang mit infektiösem Material oder infektiösen Patienten, mit erbgutveränderten Materialien (Zytostatika) oder mit Gegenständen, die zu Verletzungen führen können; typischerweise Spritzen, Skalpelle etc. 170

Damit zeigt sich schon, dass eine Vielzahl von klassischen Tätigkeiten in der Pflege nicht möglich sind. 171

Für die ambulante Pflege gilt Ähnliches, auch hier sind alle offenen Wunden zu verhindern, Blutentnahme und Punktionen zu vermeiden.[39] 172

Kooperiert der Arbeitgeber nicht, so muss ggf. mittels des behandelnden Arztes ein Beschäftigungsverbot erwirkt werden. 173

39 TargetVideo Parenting Media GmbH: Mutterschutz in der Krankenpflege. 2014. Online: https://www.hallo-eltern.de/schwangerschaft/mutterschutz-in-der-krankenpflege/ [abgerufen am 11.7.2017].

11.4 Änderung des Einsatzes der Schwangeren

174 Da eine Beschäftigung für Pflegefachpersonen schwierig ist, kann der Arbeitgeber in der Zeit, in der ein Beschäftigungsverbot auf dem angestammten Arbeitsplatz besteht, von einem erweiterten Direktionsrecht Gebrauch machen (siehe hierzu Teil I Kap. 7). Die sonst für das Direktionsrecht geltenden Grenzen sind dann gegenüber den allgemeinen, schon dargestellten Verpflichtungen reduziert. Auch hier muss natürlich auf die Belastbarkeit der Schwangeren Rücksicht genommen werden und zum anderen darf die Ausübung des Direktionsrechts nicht über die Maßen zulasten der Schwangeren gehen. So wäre beispielsweise der Einsatz einer Pflegefachperson in der Verwaltung für die Zeit der Schwangerschaft normalerweise möglich. Der Einsatz als Reinigungskraft ist allerdings auch vom erweiterten Direktionsrecht nicht umfasst. Zum einen könnte hierin eine „Strafe" für die Pflegefachperson zu sehen sein, zum anderen dürfte diese Tätigkeit zwar vielleicht vom Ansteckungspotenzial nicht so hoch sein wie die als Pflegefachperson selbst, allerdings ist auch dies eine anstrengende und belastende Tätigkeit.

11.5 Belastung des Arbeitgebers

175 Dabei sollten die Auswirkungen für den Arbeitgeber nicht überschätzt werden. Natürlich muss er das Entgelt fortzahlen – es gelten die Vorschriften wie bei der Krankheit (siehe hierzu Teil I Kap. 9.7). Allerdings besteht im Gegensatz dazu beim Mutterschutz immer eine Absicherung des Arbeitgebers über die Krankenkasse, und zwar mittels der sogenannten Umlage U2, bei der jedes Unternehmen mitmachen muss. Mit dem Umlageverfahren U2 zur Entgeltfortzahlung wird innerhalb der gesetzlichen Krankenversicherung dafür gesorgt, dass die finanziellen Belastungen eines Betriebes durch Mutterschaftszeiten abgefedert werden. Es handelt sich um eine Pflichtversicherung für Arbeitgeber. Sie zahlen monatlich einen Fixbetrag an die Krankenkasse. Diese springt dann ein, wenn der Arbeitgeber Entgeltfortzahlung leisten muss.

11.6 Sonstige Einschränkungen

176 Ansonsten dürfen werdende und stillende Mütter weder zur Mehrarbeit, Nachtarbeit (20:00 Uhr bis 6:00 Uhr) noch zur Sonn- und Feiertagsarbeit herangezogen werden. Dabei ist Mehrarbeit jede Arbeit, die von Frauen unter 18 Jahren über 8,0 Stunden täglich oder 80 Stunden unter der Woche, bei erwachsenen Frauen über 8,5 Stunden täglich oder 90 Stunden unter der Woche geleistet werden.

177 Nach der Entbindung besteht ein Beschäftigungsverbot von acht Wochen, bei Früh- und Mehrlingsgeburten von zwölf Wochen. Der Schutzfrist nach der Entbindung kann sich die Elternzeit anschließen. Diese kann bis zum vollendeten achten Lebensjahr des Kindes andauern. Die Ansprüche ergeben sich aus §§ 15 und 16 BEEG. Zur wirtschaftlichen Absicherung besteht der Anspruch auf Eltern-

geld. Die ausführliche Erläuterung würde den Rahmen der hiesigen Ausführungen sprengen.

12 Teilzeit

Auch wenn gelegentlich in der Presse von der sogenannten Teilzeitfalle gesprochen und immer wieder bemängelt wird, dass nicht genug Möglichkeiten zur Teilzeitarbeit bestehen würden, ist die gesetzliche Ausgestaltung zum Wechsel in die Teilzeit schon zum derzeitigen Zeitpunkt stark ausgebildet. Es gilt grundsätzlich, dass der Arbeitgeber Teilzeitarbeit fördern soll. Problematisch ist die Hochstufung von Teil- auf Vollzeit. 178

12.1 Information über freie Stellen

Grundsätzlich ist es so, dass jeder Arbeitnehmer zunächst einmal mitteilen kann, 179 dass er in Teilzeit arbeiten möchte. Der Arbeitgeber ist dann verpflichtet, dem Mitarbeiter die Stellen zu benennen, die im gesamten Unternehmen bestehen und in Teilzeit ausgeschrieben worden sind (§ 7 TzBfG). Dies gilt auch dann, wenn der Arbeitnehmer nur zu anderen Zeiten oder auch in Vollzeit arbeiten möchte (siehe hierzu Teil I Kap. 12.3).

12.2 Antrag auf Teilzeit

Mehr „bringt" dem Arbeitnehmer allerdings das Recht nach § 8 TzBfG. Danach 180 kann er die Verringerung seiner Arbeitszeit verlangen und der Arbeitgeber muss dem zustimmen, soweit betriebliche Gründe nicht entgegenstehen. Dies gilt allerdings erst, wenn mindestens 15 Arbeitnehmer im Unternehmen beschäftigt sind. Dabei gilt hier – anders als bei anderen Regelungen – die reine „Kopfzahl". Jeder im Unternehmen tätige Mitarbeiter zählt als voller Mitarbeiter im Sinne der 15 Personen, auch Teilzeit- und Halbtagsbeschäftigte.

Neben dem Wunsch, Teilzeit zu arbeiten und der genauen Anzahl der Stunden, 181 soll der Arbeitnehmer möglichst auch mitteilen, zu welchen Zeiten er die Arbeit leisten möchte. Der Antrag ist drei Monate vor dem gewünschten Beginn der Teilzeit zu stellen. Darauf muss der Arbeitgeber reagieren, und zwar spätestens einen Monat vor dem gewünschten Beginn. Die Entscheidung muss schriftlich erfolgen. Anderenfalls gilt der Antrag des Arbeitnehmers als angenommen.

Mögliche Gründe, warum der Arbeitgeber den Antrag ablehnen kann, sind solche, 182 wenn die Verringerung der Arbeitszeit die Organisation, den Arbeitsablauf und die Sicherheit im Betrieb wesentlich beeinträchtigt oder unverhältnismäßige Kosten verursacht.

Hierzu ein Beispiel:

Pflegefachperson S. möchte ihre Arbeitszeit reduzieren. Sie stellt sich vor, dass sie nur noch am Montag, Dienstag und Mittwoch den halben Tag arbeitet. Hierzu stellt sie einen schriftlichen Antrag, der genau dies gegenüber dem Arbeitgeber formuliert. Sie reicht den Antrag am 24.12. ein und möchte mit der Teilzeit am 1.4. beginnen. Der Arbeitgeber ist entsetzt. Er kann sich nicht vorstellen, eine weitere Teilzeitkraft anzustellen. Am Montag, Dienstag und Mittwoch hat er zudem genug Arbeitskräfte. Donnerstags und freitags fehlen ihm dringend die Leute, genauso wie am Wochenende. Da man sich gut versteht, bittet der Arbeitgeber Pflegefachperson S. zu einem persönlichen Gespräch und erläutert ihr die Gründe, warum die Umstellung auf keinen Fall möglich ist. S. nickt verständnisvoll, nimmt ihren Antrag aber nicht zurück. Der Arbeitgeber geht jedoch davon aus, dass die Sache sich erledigt hat.
Da der Chef hier nicht in Schriftform mitgeteilt hat, dass er den Antrag nicht akzeptiert, kann Pflegefachperson S. nun am 1.4. mit ihrer Tätigkeit Montag, Dienstag und Mittwochen beginnen und in Teilzeit arbeiten. Schriftform bedeutet im Arbeitsrecht immer eine durch einen zur Vertretung Bevollmächtigten handschriftlich unterschriebene Erklärung. Damit hätte auch nicht ausgereicht, wenn der Arbeitgeber das mit Pflegefachperson S. geführte Gespräch per E-Mail zusammengefasst und an S. geschickt hätte. Voraussetzung für die sogenannte Fiktionswirkung – also die Genehmigung durch Schweigen – ist, dass der geänderte Stellenumfang und die künftige Situation der Arbeit vom Arbeitgeber mit einem einfachen Ja oder Nein beantwortet werden kann. Der Antrag muss also sehr konkret gestellt werden.
Zur Frage des hinreichenden Grunds gilt, dieser kann nicht damit gleichgesetzt werden, dass die Umorganisation für den Arbeitgeber unangenehm oder aufwendiger ist als der Einsatz von ausschließlichen Vollzeitkräften. Vor allem, wenn im Unternehmen bereits Teilzeitkräfte vorhanden sind, muss der Arbeitgeber sich bei der Begründung schon erhebliche Mühe geben, wenn er die Auffassung vertreten möchte, dass es für ihn betrieblich nicht zumutbar ist, weitere Teilzeitkräfte einzusetzen. Dabei kommt es darauf an, welches Konzept der Chef verfolgt. So kann beispielsweise ein Konzept der Bezugspflege dazu führen, dass dies einer Teilzeitarbeit entgegensteht[40] oder auch die Tatsache, dass bestimmte Fachkräfte vorhanden sein müssen.[41] Unwesentlich ist, ob der Arbeitgeber die Idee einer „richtigen Arbeitskräfteverteilung“ verfolgt.[42]
Der Arbeitgeber muss sich sehr genau verteidigen. Er sollte ein Organisationskonzept vorlegen können, das mit plausiblen wirtschaftlichen und unternehmenspolitischen Gründen die Entscheidung trägt, dass Teilzeitkräfte nicht möglich sind und die entsprechenden Arbeitsplätze unteilbar. Kein Argument ist, dass er eine Vielzahl von Folgeanträgen befürchtet. Alles in allem wird man

40 BAG vom 16.12.2014, Az. 9 AZR 915/13.
41 BAG vom 14.10.2003, Az. 9 AZR 636/02.
42 BAG vom 13.10.2009, Az. 9 AZR 910/08.

die Formulierung des Gesetzes so zusammenfassen können, dass der Arbeitgeber plausible und tatsächlich gelebte Gründe vorbringen muss, aus denen gerade die Stelle des Arbeitnehmers mit Wunsch nach Teilzeit nicht reduziert werden kann. Für die Pflegeberufe dürfte dies bei einer besonderen Vertrauensstellung der Pflegefachperson gegenüber den Patienten oder Bewohnern eher der Fall sein. Für „austauschbare" Arbeiten dürfte wenig dagegen sprechen, dass diese grundsätzlich in Teilzeit geleistet werden können. Anders mag es sein, wenn die Wachübernahmen so organisiert sind, dass für Teilzeitkräfte eine vollkommene Umstrukturierung notwendig wäre. Dieses Argument ist allerdings nur dann plausibel, wenn keine anderen Teilzeitkräfte eingesetzt werden.

Der Antrag auf Teilzeit kann im Übrigen auch im Hinblick auf die Wieder- **183**
aufnahme der Arbeit nach einer Schwangerschaft oder nach einer Kinderbetreuungsphase und auch sonstigen Abwesenheitszeiten vom Arbeitsverhältnis gestellt werden.

12.3 Verlängerung der Arbeitszeit

Das Äquivalent zum Recht der Reduktion der Arbeitszeit nach § 8 TzBfG findet **184**
sich in § 9 TzBfG. Dieses Recht ist schwächer ausgestattet. Nach § 9 TzBfG hat der Arbeitgeber teilzeitbeschäftigter Arbeitnehmer, die ihm gegenüber erklärt haben, dass sie mehr arbeiten wollen, bei der Besetzung eines freien Arbeitsplatzes dann den Vorzug zu geben, wenn eine gleiche Eignung vorhanden ist. Daneben sind auch hier dringende betriebliche Gründe oder Arbeitszeiten anderer teilzeitbeschäftigter Arbeitnehmer zu berücksichtigen. Dabei gilt § 9 TzBfG für alle teilzeitbeschäftigten Arbeitnehmer. Voraussetzung ist also nicht, dass ihre Arbeitszeit zunächst nach § 8 TzBfG verkürzt worden ist. Das Recht auf „Hochstufung des Arbeitsverhältnisses" haben also auch solche Arbeitnehmer, die bereits in Teilzeit eingestellt worden sind.

Die Krux ist bei der Wiederhochstufung häufig die, dass das Berücksichtigungs- **185**
gebot nur greift, wenn der Arbeitgeber einen freien Arbeitsplatz hat. Anders als gerade zum Recht der Reduktion der Arbeitsteilzeit dargestellt, sind nicht nur die dringenden betrieblichen Gründe relevant, sondern es muss erst einmal ein Arbeitsplatz vorhanden sein. Der Arbeitnehmer kann den Arbeitgeber nicht zwingen, einen solchen einzurichten. Er kann ihn auch nicht dazu zwingen, zwei Arbeitsplätze, die er als Teilzeitarbeitsplätze angelegt hat, zu einem in Vollzeit zu verbinden.[43] Dies gilt natürlich nur im Rahmen der unternehmerischen Gestaltungsfreiheit. Diese darf nicht missbräuchlich zulasten des sich auf eine Vollzeitstelle bewerbenden Arbeitgebers genutzt werden – aber in diesem Zusammenhang gilt ein dauerhaft von einem Leiharbeiter besetzter Arbeitsplatz als frei.[44]

43 BAG vom 25.10.1994, Az. 3 AZR 10940/94.
44 LAG Hamm vom 25.2.2014, Az. 14 Sa 1174/13 (bisher ist diese Rechtsprechung vereinzelt).

186 Das Recht des Arbeitnehmers auf Hochstufung bezieht sich nur auf solche Arbeitstätigkeiten, die gleichwertig sind. Die Definition, welche Qualifikation für einen Arbeitsplatz verlangt werden, legt der Arbeitgeber fest. Hier kann er natürlich seinen Gestaltungsfreiraum zulasten des Arbeitnehmers nutzen. Schwierig wird dies bei klassischen Leistungszuschnitten für Pflegefachpersonen. Diese sind typischerweise austauschbar und mithin hat der Arbeitgeber hier nur eingeschränkte Möglichkeiten.

187 Häufiger Streitpunkt ist allerdings die Frage, ob ein Arbeitsplatz frei ist, denn wenn der Arbeitgeber einfach über den Wunsch des Arbeitnehmers hinweggeht und die Stelle vergibt, ist sie nicht mehr frei. Im Falle einer Auseinandersetzung mit dem Arbeitgeber um einen Arbeitsplatz muss der Mitarbeiter also sehr, sehr schnell handeln. Im Zweifel muss er durch ein sogenanntes einstweiliges – besonders schnelles – Rechtsschutzverfahren verhindern, dass der Chef die Stelle anderweitig besetzt. Macht er dies, bevor eine juristische Entscheidung getroffen ist, so liegt ein freier Arbeitsplatz nicht mehr vor. Nun kann der Arbeitnehmer ggf. einen Anspruch auf Schadensersatz gelten machen. Nur was ist der Schaden? Das Bundesarbeitsgericht hatte in der Vergangenheit durchaus einen Schaden in der Lohndifferenz zwischen Teilzeit- und Vollzeitbeschäftigung gesehen.[45]

188 Auch den Anspruch auf Vollhochstufung gibt es nur in Unternehmen, in denen mindestens 15 Arbeitnehmer beschäftigt sind.

12.4 Geplante Änderungen zum 1.1.2019

189 Kurz vor Drucklegung des Buches Mitte Juli 2018 wurde durch die große Koalition ein Gesetzesentwurf zur Gesetzentwurf zur Weiterentwicklung des Teilzeitrechts eingebracht (Regierungsentwurf vom13.06.2018). Dieser sieht Änderungen im Teilzeitrecht vor die zum 1.1.2019 gelten sollen. Folgende Änderungen waren geplant:

12.4.1 Brückenteilzeit

190 Es soll in Unternehmen die in der Regel mehr als 45 Arbeitnehmer beschäftigen und bei einem Arbeitsverhältnis von das länger als sechs Monate besteht die Möglichkeit bestehen die vertraglich vereinbarte Arbeitszeit (Vollzeit- oder bisherige Teilzeitarbeit) für einen bestimmten Zeitraum, der zwischen einem und fünf Jahren liegt, zu verringern. Es müssen keine bestimmten Gründe (z. B. Kindererziehung, Pflege) vorliegen. Dabei muss der Antrag mindestens drei Monate vor Beginn der gewünschten Verringerung in Textform gestellt werden. Der Arbeitgeber kann sich dem Antrag nur verwehren, wenn betriebliche Gründe, die die Organisation, den Arbeitsablauf oder die Sicherheit im Betrieb wesentlich beeinträchtigen vorliegen. Bei Arbeitgebern die weniger als 200 Arbeitnehmer haben,

45 BAG vom 16.9.2008, Az. 9 AZR 781/07.

gilt ein zusätzlicher Schutz. Diese müssen immer nur pro angefangenen 15 Arbeitnehmern einem Mitarbeiter den Anspruch auf Brückenteilzeit gewähren.

12.4.2 Erhöhung der Schwellen für die Ablehnung des Antrags auf Verlängerung der Arbeitszeit

Nach der geltenden Rechtslage musste der Arbeitnehmer, der von der Teilzeit auf die Vollzeit wechseln wollte – wie oben beschrieben – darlegen und eventuell beweisen, dass ein entsprechender freier Arbeitsplatz besetzt werden soll und das der der den Antrag stellt hierfür genauso geeignet ist wie andere Bewerber. Der Arbeitgeber musste darstellen, dass es dringende betriebliche Gründe gab den Antrag abzulehnen oder das andere Arbeitswünsche anderer Mitarbeiter dem entgegenstehen. Dies ändert sich nach dem Reformvorhaben so, dass der Arbeitgeber beweisen muss, dass der Arbeitsplatz nicht frei ist oder der den Antrag stellende Arbeitnehmer nicht mindestens gleich geeignet ist. 191

Der Antrag muss nicht mehr schriftlich gestellt werden, es reicht nun Textform. 192

13 Geringfügige Beschäftigung (450-Euro-Job)

13.1 Status des Minijobs

Bezüglich der geringfügigen Beschäftigung oder derzeit 450-Euro-Jobs bzw. Minijobbern wird oft davon ausgegangen, dass es sich bei diesen um Arbeitnehmer zweiter Klasse handelt. Dies ist aber falsch. Für Minijobber gilt das gesamte Arbeitsrecht genauso wie für alle anderen auch. Damit greifen die dargestellten Regelungen zum Urlaub, zur Lohnfortzahlung bei Krankheit, zum Mindestlohn oder zum Kündigungsschutz vollumfänglich. Es ist also ein Trugschluss, Minijobbern keinen Urlaub gewähren oder im Falle von Krankheit nicht vergüten zu müssen. Sie haben einen entsprechenden Anspruch. Hinzu kommt, wie später auch auszuführen sein wird (siehe hierzu Teil I Kap. 20.6): Minijobber stellen eine halbe Arbeitskraft im Sinne des Kündigungsschutzgesetzes dar. Sie sind also in diesem Sinne deutlich überproportional bewertet. Außerdem sind geringfügig Beschäftigte unfallversichert, aber versicherungsfrei in der gesetzlichen Krankenversicherung und der Arbeitslosenversicherung. Der geringfügig beschäftigte Arbeitnehmer hat außerdem nach § 9 TzBfG das Recht, unter den üblichen Einschränkungen seinen Arbeitsplatz auch zu einem Vollzeitarbeitsverhältnis wachsen zu lassen. 193

13.2 Haftung

Bei der Einstellung von Minijobbern ist weitere Vorsicht angezeigt. Werden mehrere geringfügig entlohnte Beschäftigungen bei verschiedenen Arbeitgebern nebeneinander ausgeübt, sind die entsprechenden Arbeitsentgelte aus den einzel- 194 nen Beschäftigungen zusammenzurechnen. Die Privilegierungen bei der Steuer und bei den gesetzlichen Sozialversicherungen fallen weg, wenn die 450 EUR überschritten werden (hier gibt es Schwankungsbreiten (siehe hierzu Teil I Kap. 13.3)). Hierauf muss bei der Einstellung von geringfügig Beschäftigten durch den Arbeitgeber geachtet werden, denn für die Abgaben von Steuern und Sozialversicherung haftet der Arbeitgeber. Das bedeutet, eine falsche Deklaration eines Mitarbeiters kann dazu führen, dass mindestens im Rahmen der sozialrechtlichen Verjährung, also vier Jahre rückwirkend, die zusätzlichen Sozialabgaben und Steuern vom Arbeitgeber und nicht vom Arbeitnehmer zu zahlen sind.

13.3 Berechnung Einkommen/Schwankungen

195 Die Einkünfte aus einem Minijob dürfen 5.400 EUR im Jahr nicht überschreiten – wichtig ist dabei allerdings, dass der normale Monatslohn nicht über 450 EUR liegen darf. Die Grundregel ist, dass das Arbeitsverhältnis über ein Jahr zu schätzen ist und innerhalb dieses Jahres der Monatsverdienst im Mittel nicht über 450 EUR liegen darf. Eine Grenze ist hier aber die Zwei-Monats-Regel: Überschreitet das Arbeitsentgelt die Grenze von 450 EUR über einen Zeitraum von zwei Monaten, so liegt ein gelegentliches Überschreiten der Arbeitsentgeltgrenze nicht mehr vor – es tritt dann vom Tage des Überschreitens eine Versicherungspflicht ein (GeringfügigkeitsRL 2013 Ziff. 3.1.; vgl. § 8 Abs. 2 S. 3).[46] Entscheidend ist bei der Schätzung nicht, wann das Geld ausbezahlt wird, sondern wann es verdient wird. Das ist anders als im Steuerrecht – dort kommt es auf den Zufluss des Geldes an.

196 Was Einkünfte in diesem Sinne sind, ergibt sich dagegen eins zu eins aus dem Steuerrecht. Steuerfreie zusätzliche Einnahmen zählen nicht zum Verdienst. Dies gilt für einmalige Zulagen, Zuschläge und Zuschüsse, wie z. B. Sonn-, Feiertags- und Nachtarbeitszuschläge. Zum Verdienst gehören dagegen einmalige Zahlungen, wie zum Beispiel Weihnachts- oder Urlaubsgeld.

197 Ist der monatliche Verdienst des Mitarbeiters nicht immer gleich, muss das regelmäßige monatliche Arbeitsentgelt geschätzt werden. Kommt es voraussichtlich zu einem Betrag, der maximal 5.400 EUR im Jahr nicht überschreitet, handelt es sich um einen 450-Euro-Minijob. Arbeitsentgeltschwankungen, die für betriebliche Arbeitsabläufe und -prozesse typisch sind, gefährden den Minijob in der Regel nicht, wenn der Minijobber die jährliche Verdienstgrenze von 5.400 EUR einhält. Dies gilt beispielsweise für im Jahresverlauf vorhersehbare Schwankungen des Arbeitsentgelts aufgrund anfallender Mehrarbeit wegen geplanter Urlaubsvertretungen.

46 KassKomm/*Seewald*. § 8 SGB IV Rn. 18.

Aber: Dauert die Beschäftigung nur wenige Monate im Jahr in Vollzeit und ist das restliche Jahr so stark reduziert, dass der Jahresverdienst die 5.400-EUR-Grenze nicht übersteigt, handelt es sich um eine erhebliche Schwankung. Damit hat der Arbeitnehmer insgesamt keinen Minijob. 198

Beispiel
Ein Arbeitnehmer verdient von Januar bis März monatlich 1.500 EUR und von April bis Dezember monatlich 100 EUR. Insgesamt beträgt sein Jahresverdienst 5.400 EUR. Von Januar bis März liegt kein Minijob vor, sondern nur von April bis Dezember.
Obwohl der Arbeitnehmer die jährliche Verdienstgrenze von 5.400 EUR einhält, entspricht ein derartig schwankender Verdienst nicht dem natürlichen Ablauf. Der Arbeitgeber hat die kurze dreimonatige Vollzeitbeschäftigung künstlich in die Länge gezogen, damit diese als geringfügig gilt. Bei einer Überprüfung kann so ein Fall beanstandet werden und es drohen Nachzahlungen.[47]

13.4 Übungsleiter- und Ehrenamtspauschale

Aufwandsentschädigungen bis zu 2.400 EUR im Kalenderjahr können steuerfrei sein. Das sind Einnahmen aus nebenberuflichen Tätigkeiten, beispielsweise als Übungsleiter in Sportvereinen oder als Ausbilder, Erzieher und Betreuer. Gleiches gilt auch für die Pflege alter, kranker oder behinderter Menschen. Hierbei handelt es sich um die sogenannte Übungsleiterpauschale. 199

Nebenberufliche Einnahmen bis zu 720 EUR im Kalenderjahr, die im Dienst oder Auftrag einer inländischen juristischen Person des öffentlichen Rechts oder einer Einrichtung zur Förderung gemeinnütziger, mildtätiger und kirchlicher Zwecke erzielt werden, sind ebenfalls steuerfrei. Diese Aufwandsentschädigung wird auch Ehrenamtspauschale genannt. 200

14 Mindestlohn in der Pflege

Passend zum unterschätzten Schutz der geringfügig beschäftigten Mitarbeiter ist auch die häufig fehlerhafte Einschätzung des Schutzes der Mitarbeiter in der Pflege durch den Mindestlohn. Für die Pflegebranche gilt ein gegenüber dem Mindestlohngesetz erhöhter Branchenmindestlohn für Hilfskräfte von 10,55 EUR seit 1.1.2018, der weiter steigen soll. Dabei gilt der Mindestlohn – vereinfacht gesagt – für alle, die regelmäßig mit Bewohnerinnen und Bewohnern und zu 201

47 Minijob-Zentrale: Verdienstgrenze bei 450-Euro-Minijobs im Gewerbe. Ihr Minijobber darf bis zu 450 Euro im Monat oder 5.400 Euro im Jahr verdienen. o. J. Online: https://www.minijob-zentrale.de/DE/01_minijobs/02_gewerblich/01_grundlagen/01_450_euro_gewerbe/01_Entgeltgrenze/node.html [abgerufen am 25.7.2017].

Pflegenden zu tun haben, nicht jedoch für die Tätigkeitsbereiche des „Facility Managements“, also der Hausmeister- und Hauswirtschaftstätigkeiten oder der Küche.

202 Nach § 2 Abs. 3 der Zweiten Pflegearbeitsbedingungsverordnung (PflegeArbbV) gilt dies – und dies wird oft übersehen – auch für Wegezeiten zwischen mehreren aufzusuchenden Patienten und für Bereitschaftsdienste, nicht jedoch für Rufbereitschaften. Dabei ist die Unterscheidung zum Bereitschaftsdienst diejenige, dass Bereitschaftsdienst dann vorliegt, wenn sich der Arbeitnehmer an einem vom Arbeitgeber bestimmten Ort aufzuhalten hat, um bei Bedarf sofort die Arbeit aufzunehmen. Dagegen verpflichtet Rufbereitschaft den Arbeitnehmer dazu, auf Abruf die Arbeit aufzunehmen, er kann sich aber an einem Ort seiner Wahl aufhalten. Dabei darf aber verlangt werden, dass zwischen dem Abruf und der Arbeitsaufnahme nur eine Zeitspanne liegen darf, durch die der Einsatz nicht gefährdet wird. Typischerweise geht man hier von 25 bis 30 Minuten aus.[48]

203 Ein klassischer Anwendungsfall dieser Abgrenzung ist die 24-Stunden-Pflege. Wird vom Arbeitnehmer verlangt, sich stetig bei dem zu Pflegenden zu Hause aufzuhalten, so handelt es sich um Bereitschaftsdienste, die entsprechend zu vergüten sind. Kann er die Wohnung verlassen, so dürfte es sich um Rufbereitschaft handeln, die typischerweise mit einer Aufwandsentschädigung vergütet wird, aber eben nicht zur Gänze als Arbeitszeit zu bezahlen ist.

204 Zur Vergütung bei der Bereitschaft gilt: Wenn mit einer Zeit ohne Arbeitsleistung von mindestens 75 Prozent zu rechnen ist, kann entweder im Tarifvertrag oder mit dem Arbeitnehmer schriftlich einzeln vereinbart werden, dass nur 25 Prozent des Mindestlohns bezahlt werden. Gibt es keine solche Vergütung, dann ist der volle Lohn zu zahlen. Werden allerdings im Kalendermonat mehr als acht solcher Bereitschaftsdienste geleistet, ist für jeden weiteren Bereitschaftsdienst, der über acht hinausgeht, auf die 25 Prozent ein Zuschlag von weiteren 15 Prozent Arbeitszeit vorzunehmen. Umfasst die Arbeitsleistung innerhalb des Bereitschaftsdienstes mehr als 25 Prozent, so ist in jedem Falle die gesamte Arbeitszeit zusätzlich voll mit dem Mindestentgelt zu vergüten. Hier ist also bei der Gestaltung und Berechnung der Arbeitsverträge sowie der entsprechenden Dokumentation im Dienstplan besondere Vorsicht angezeigt, um sich nicht erheblichen Nachforderungen ausgesetzt zu sehen.

15 Arbeitszeiten und Pausenzeiten

205 Auch die Gestaltung der Arbeitszeiten und Pausen ist immer wieder ein Zankapfel zwischen den Parteien. Hier gibt es einerseits die Frage, was Arbeitszeit ist und

48 BAG vom 31.1.2002, Az. 6 AZR 214/00.

wann diese genau beginnt, und andererseits, wie viel Arbeit maximal zu erbringen ist. Die zeitliche Lage der Arbeit dagegen ist Thema des Direktionsrechtes (siehe hierzu Teil I Kap. 7).

15.1 Beginn und Ende der Arbeitszeit

Grundsätzlich beginnt und endet die Arbeitszeit mit Betreten und Verlassen des 206
Betriebes, wobei das Umkleiden vor oder nach der Arbeit und der Weg auf dem Betriebsgelände nicht zur Arbeitszeit gehören. Hiervon gibt es allerdings Ausnahmen, die im Bereich der Pflege häufig greifen. So vor allem dann, wenn vonseiten des Arbeitgebers eine besondere Schutzkleidung (OP-, Intensivkleidung) verlangt wird, die außerhalb des Betriebsgeländes nicht getragen werden darf und so das Umkleiden im Betrieb erfolgen muss.[49] Insofern kommt es darauf an, ob die Arbeitskleidung im Betrieb verbleiben kann und ob sie eine Schutzfunktion hat. Das wird für die die Pflegekleidung so gesehen. Die Umkleidezeiten sind also Arbeitszeit. Für leitende Führungskräfte gilt dies nicht, wenn diese keine Berufskleidung mehr tragen müssen.

Hierzu das folgende Beispiel: 207

> Der Kläger muss nach einer Dienstvereinbarung Schutz- und Dienstkleidung tragen, die vom Arbeitgeber zur Verfügung gestellt wird. Der Arbeitgeber stellt auch Umkleideräume und abschließbare Schränke bereit. Außerdem gilt, dass das männliche Pflegepersonal jeweils sechs weiße Hosen und weiße Oberteile erhält. Das während des Dienstes zu tragende Namensschild ist mittels eines Clips abnehmbar. Bei der Beklagten gilt eine „Arbeitsanweisung Händehygiene", die eine hygienische Händedesinfektion von 30 Sekunden nach einer Standard-Einreibemethode vorsieht.
> Der Kläger wollte Überstundenvergütung wegen Umkleide- und dadurch veranlasster innerbetrieblicher Wegezeiten für 100 Arbeitstage. Er habe durchschnittlich zwölf Minuten pro Arbeitstag für das An- und Ablegen der Dienstkleidung und für die Wegezeiten vom Umkleideraum zur Arbeitsstelle und zurück benötigt. Darin enthalten seien auch jeweils 30 Sekunden für die Händedesinfektion. Daraus ergäben sich insgesamt 20 Überstunden. Weil die Hosen im Krankenhaus im Spind waren, sei klar, dass er nicht schon zu Hause die Dienstkleidung anziehen könne und auf dem Weg zur Arbeit getragen habe. Dies sei bei der Arbeitsplanung nicht vorgesehen gewesen.
> Das Bundesarbeitsgericht hat dem Kläger Recht gegeben. Das An- und Ablegen der Dienstkleidung und der damit verbundene Zeitaufwand des Arbeitnehmers – auch zum Aufsuchen der Umkleideräume – auf Anweisung des Arbeitgebers ist Arbeitszeit und zu vergüten. Daher schulde dieser Vergütung für die durch den Arbeitnehmer hierfür im Betrieb aufgewendete Zeit.[50]

49 Sächsisches LAG vom 10.12.2014, Az. 2 Sa 424/14.
50 BAG vom 6.9.2017, Az. 5 AZR 382/16.

15.2 Arbeitszeit, Ruf- und Bereitschaftsdienst

208 Gerade im Gesundheitswesen ist die Frage der Unterscheidung zwischen Arbeitszeit, Bereitschaftsdienst und Rufbereitschaft von besonderer Relevanz. Nicht umsonst wurden einige gerichtliche Entscheidungen, die vor einigen Jahren zu Umbrüchen – insbesondere im Krankenhauswesen – führten, in diesem Bereich erstritten. Man muss hier sehr vorsichtig sein, die Begrifflichkeiten sind unterschiedlich besetzt. Außerdem ist zu unterscheiden zwischen dem, was als Arbeitszeit im Sinne des Arbeitsschutzrechtes gilt, und wie dies jeweils zu bezahlen ist.

15.2.1 Abgrenzung Rufbereitschaft/Bereitschaftsdienst

209 Der Bereitschaftsdienst ist die Verpflichtung des Angestellten, sich auf Anordnung des Arbeitgebers außerhalb der regelmäßigen Arbeitszeit an einer vom Arbeitgeber bestimmten Stelle aufzuhalten und im Bedarfsfall die Arbeit aufzunehmen. Das besondere Merkmal des Bereitschaftsdienstes ist, dass dem Arbeitnehmer vorgegeben wird, wo er sich genau aufzuhalten hat und er verpflichtet ist, bei Bedarf aus diesem Aufenthaltsbereich sofort tätig zu werden. Typische Beispiele hierfür sind die Bereitschaft der OP-Pflegefachperson in der Nacht, die nicht weiß, ob sie abgerufen werden wird, sich allerdings in einem bestimmten Krankenhauszimmer aufhalten muss und von dort abgerufen wird, wenn es zu einer Operation kommt.

210 Davon abzugrenzen ist die sogenannte Rufbereitschaft. Bei ihr handelt es sich um die Verpflichtung, sich auf Anordnung des Arbeitgebers außerhalb der regelmäßigen Arbeitszeit an einer dem Arbeitgeber anzugebenden Stelle aufzuhalten, um auf Abruf die Arbeit aufzunehmen. Die Rufbereitschaft unterscheidet sich vom Bereitschaftsdienst also dadurch, dass die Stelle, an der sich der Angestellte zur Verfügung halten muss, nicht vom Arbeitgeber bestimmt wird. Der Angestellte kann sich vielmehr an einem Ort seiner Wahl aufhalten. Maßgebliches Unterscheidungskriterium ist nicht das Ausmaß der während des Dienstes anfallenden Arbeitsleistung, sondern lediglich, welche Aufenthaltsbeschränkungen sich aus der Anordnung des Arbeitgebers ergeben. Wer also vom Arbeitgeber im Hintergrunddienst gehalten wird für den Fall, dass es zu Ausfällen in der Arbeitsleistung kommt, sich allerdings aufhalten kann, wo er möchte, ist in Rufbereitschaft, aber eben nicht im Bereitschaftsdienst.

211 Die Grenzen verschwimmen, wenn der Arbeitgeber Reaktionszeiten vorgibt, innerhalb derer der Arbeitnehmer reagieren muss, und diese so kurz sind, dass zwar vom Arbeitgeber eigentlich kein Ort vorgegeben wird, an dem sich der Arbeitnehmer aufhalten muss. Aus der entsprechenden Reaktionszeit ergibt sich aber, dass tatsächlich der Arbeitnehmer in Bereitschaft und nicht in Rufbereitschaft ist.

Hierzu ein Beispiel: 212

> Pflegefachperson K. ist im beklagten Krankenhaus tätig. Er ist dort im Funktionsbereich Anästhesie beschäftigt. Das Krankenhaus hatte ihm vorgegeben, sich für bestimmte Schichten so aufzuhalten, dass er innerhalb von 20 Minuten nach Abruf vor Ort sein könne. In diesem Fall hat das Bundesarbeitsgericht entschieden, dass die 20 Minuten zu kurz sind. Wer Rufbereitschaft hat, muss die Möglichkeit haben, sich um persönliche und familiäre Angelegenheiten zu kümmern, an sportlichen oder kulturellen Veranstaltungen teilzunehmen, sich mit Freunden zu treffen und Ähnliches. Bei einer zeitlichen Vorgabe von 20 Minuten zwischen Abruf und Arbeitsaufnahme ist dies nicht möglich, denn eine solche Zeitvorgabe zwingt den Arbeitnehmer faktisch dazu, sich in unmittelbarer Nähe des Arbeitsplatzes aufzuhalten, um die Arbeit bei Bedarf fristgerecht aufzunehmen. Hier liegt also Bereitschaftsdienst vor – unabhängig davon, wo sich der Arbeitnehmer aufhalten muss[51].
> Es sollten dem Arbeitnehmer mindestens 30 Minuten bleiben – je länger, desto sicherer ist der Arbeitgeber.

15.2.2 Vergütung von Bereitschaftsdienst und Rufbereitschaft

213 Das eben zur Frage der Einordnung von Bereitschaftsdienst und Rufbereitschaft Gesagte hat im ersten Zusammenhang nichts mit der Vergütungspflicht zu tun. Denn bei dem ArbZG handelt es sich um eine Arbeitnehmerschutzvorschrift, die sich zunächst lediglich mit der Frage beschäftigt, wie viele Arbeitszeiten auflaufen dürfen. Da aber der Bereitschaftsdienst als Arbeitszeit gilt, ist er vergütungspflichtig. Da allerdings keine volle Arbeitsleistung erbracht werden muss, kann für den Bereitschaftsdienst eine andere, in der Regel schlechter bezahlte, Vergütung vorgesehen werden. Die Mindestlohnansprüche sind jedoch zu beachten (siehe hierzu Teil I Kap. 14). Fehlt es an einer differenzierten Regelung im Arbeitsvertrag, so sind die Zeiten der Bereitschaft im gleichen Umfang vergütungspflichtig wie die der Vollarbeit.[52]

214 Bei der Rufbereitschaft sieht diesbezüglich die Vergütung anders aus. Natürlich gilt auch hier der Grundsatz, dass wenn der Arbeitnehmer während der Rufbereitschaft zur tatsächlichen Arbeitsleistung herangezogen wird, er den Anspruch auf die für die Vollarbeit vorgesehene Vergütung hat und, wenn entsprechende Zulagen vorgesehen sind, auch für solche.[53] Da der Arbeitsweg nur im Ausnahmefall vergütet wird, ist dies auch bei der Rufbereitschaft nicht der Fall.[54]

51 BAG vom 31.1.2002, Az. 6 AZR 214/00 – Tarifvertrag Caritas.
52 Natzel: Bereitschaftsdienste – Nicht nur eine Frage der Arbeitszeit. In: Betriebsberater 2015, S. 2938 m. e. w. N.
53 Schaub/Koch/*Link* (2017), § 45 Arbeitspflicht, Rn. 53.
54 EuGH vom 9.9.2003, Az. C 51/02.

215 Davon gänzlich zu trennen ist die Frage, ob die alleinige Rufbereitschaft – ohne Abrufe – zu vergüten ist. Dies ist zwar grundsätzlich durch eine Pauschale denkbar und in vielen Tarifverträgen vorgesehen. Wenn im Arbeitsvertrag oder in der entsprechenden Vereinbarung mit dem Arbeitnehmer nichts Entsprechendes vereinbart ist, ist aber eine Vergütung nicht geschuldet. Umgekehrt ist allerdings auch der Arbeitnehmer, solange nichts vertraglich vereinbart ist, nicht verpflichtet, eine Rufbereitschaft zu erbringen. Ist das Arbeitsverhältnis so vom Arbeitgeber geplant, dass eine Rufbereitschaft vom Arbeitnehmer geleistet wird, tut er gut daran, dies entsprechend vertraglich vorzusehen. Umgekehrt tut der Arbeitnehmer gut daran, hier gleich auf eine entsprechende Vergütung zu drängen.

15.3 Reisezeiten zu Fort- und Weiterbildungen

216 Streitig ist auch häufig die Frage, wie Reisezeiten zu berücksichtigen sind. Dabei gilt, wenn nichts anderes geregelt ist, dass während der normalen Arbeitszeit zurückgelegte Wege voll vergütungspflichtig sind und als Arbeitszeit gelten, während außerhalb der üblichen Arbeitszeit zurückgelegte Dienstreisen nur bei einer gesonderten Vereinbarung vergütet werden.

15.4 Maximale Arbeitszeiten

217 Zur Frage der maximalen Arbeitsbelastung gilt das Arbeitszeitgesetz, soweit ein Tarifvertrag nichts anderes regelt. Vom Arbeitszeitgesetz betroffen sind nicht die sog. leitenden Angestellten, die im Wesentlichen daran gemessen werden, ob sie zur selbstständigen Einstellung oder Entlassung von Personen berechtigt sind oder ansonsten ähnlich „wichtig“ sind. Hierzu wird im Zusammenhang mit dem Arbeitszeitgesetz auch die Pflegedirektion gerechnet (Pflegedirektoren sind aber nicht immer leitende Angestellte im Sinne des Rechts). Das Arbeitszeitgesetz gilt auch nicht für Personen, die in häuslicher Gemeinschaft mit den ihnen anvertrauten Personen zusammenleben und sie eigenverantwortlich pflegen oder betreuen. Außerdem gibt es besondere Regelungen für Jugendliche unter 18 Jahren, auf die gleich noch eingegangen wird.

218 Das Arbeitszeitgesetz selbst schreibt vor, dass die werktägliche Arbeitszeit acht Stunden nicht überschritten darf. Sie kann aber ohne bestimmte Anlässe auf zehn Stunden verlängert werden, wenn innerhalb von sechs Kalendermonaten oder in einem Durchschnitt von 24 Wochen im Durchschnitt acht Stunden werktäglich nicht überschritten werden. Dies soll die Möglichkeit geben, auf hohe Arbeitsbelastung zu reagieren. Ob auf sechs Kalendermonate oder 24 Wochen abgestellt wird, ist Sache des Arbeitgebers. Aber Vorsicht: Das Gesetz geht von Werktagen aus und das sind auch Samstage, sodass der gesetzliche Höchstrahmen für die Arbeitszeit 48 Wochenstunden ist. Bei der Berechnung des Durchschnittes dürfen Urlaubs- und Krankheitstage sowie Tage, an denen aus anderen Gründen nicht

gearbeitet worden ist, nicht ins Mittel mit hineingerechnet werden. Bei ihnen ist eine Arbeitszeit von acht Stunden in Ansatz zu bringen.

15.5 Pausen

Die Arbeitszeit ist durch Pausen zu unterbrechen, die Pausen haben im Voraus festzustehen und müssen mindestens 30 Minuten bei einer Arbeitszeit von mehr als sechs bis neun Stunden und 45 Minuten bei einer Arbeitszeit von mehr als neun Stunden andauern. Es können mehrere Pausen von jeweils mindestens 15 Minuten gegeben werden. Der Anspruch auf Pausen ist bei einer Arbeitszeit von mindestens sechs Stunden gegeben. In der Pause darf der Arbeitnehmer zu keiner Arbeitsleistung verpflichtet werden. Keine Arbeitsleistung meint keine Arbeitsleistung. Auch ein klingelndes Telefon, das der Arbeitnehmer annimmt, ist Arbeit. Auf Pausen darf nicht verzichtet werden. **219**

15.6 Ruhezeiten

Von der Pausenzeit ist die Ruhezeit zu unterscheiden. Die Ruhezeit ist die Zeit zwischen zwei Arbeitsschichten. Das Arbeitszeitgesetz schreibt vor, dass zwischen Ende der einen Arbeitstätigkeit und Beginn der neuen Arbeitszeit mindestens eine Ruhezeit von elf Stunden liegen muss. Für die Pflege gilt hier allerdings eine Ausnahme. Hier kann die Ruhezeit um eine Stunde verkürzt werden, wenn die Verkürzung innerhalb eines Kalendermonats durch Verlängerung einer anderen Ruhezeit auf zwölf Stunden ausgeglichen wird. **220**

15.7 Nacht- und Schichtarbeit

Für die Nacht- und Schichtarbeit gelten diese zusätzlichen Vorschriften: **221**

- Grundsätzlich darf Nachtarbeit nicht länger als acht Stunden andauern, eine Verlängerung auf zehn Stunden ist aber dann möglich, wenn innerhalb eines Monats oder binnen vier Wochen der Durchschnitt von acht Stunden wieder erreicht wird. Außerdem soll die Nachtarbeit so gelegt werden, dass sie den Arbeitnehmer möglichst wenig belastet.
- Wer Nachtarbeiter ist, ist gesondert geschützt. Das ist nach § 2 Nr. 5 Abs. 5 ArbZG derjenige, der aufgrund der Arbeitszeitgestaltung normalerweise Nachtarbeit in Wechselschicht leistet oder Nachtarbeit an mindestens 48 Tagen im Kalenderjahr. Auf jeden Fall gilt für diese Arbeitnehmer, dass es möglichst kurze Nachtschichtfolgen geben soll, in der Regel nicht mehr als zwei bis vier Nachtschichten sowie ausreichende Ruhezeiten zwischen den Schichten und regelmäßig freie Wochenenden. Dafür soll es keine Arbeitsperioden von acht oder mehr Tagen, Vorwärtswechsel der Schichten – also Früh-, Spät- und Nachtschicht – geben. Erwünscht sind dagegen vom Gesetz

Flexibilität bei der Übergabezeit, Spielraum für individuelle Wünsche und rechtzeitige Information über den Schichtplan.[55] Außerdem haben Nachtarbeiter den Anspruch, sich in regelmäßigen Zeitabständen von nicht länger als drei Jahren arbeitsmedizinisch untersuchen zu lassen. Ab dem 50. Lebensjahr steht dieses Recht in Zeitabständen von einem Jahr zu. Zudem muss der Nachtarbeitende dann auf einen anderen Arbeitsplatz umgesetzt werden, wenn sich aus medizinischen Feststellungen ergibt, dass der Mitarbeiter durch die Nachtarbeit in seiner Gesundheit gefährdet, ein Kind im Haushalt unter zwölf Jahren zu betreuen oder ein schwer pflegebedürftiger Angehöriger zu versorgen ist. Allerdings kann der Arbeitgeber hier entgegnen, dass dringende betriebliche Erfordernisse dem entgegenstehen.

- Für die Bezahlung gilt: Solange nichts Anderweitiges in einem Tarifvertrag vereinbart ist, muss der Arbeitgeber entweder für die Nachtarbeit Zuschläge bezahlen oder Freizeitausgleich gewähren.

15.8 Verstöße gegen Arbeitszeitregelungen

222 Für den Fall, dass der Arbeitgeber sich nicht an die vorbezeichneten Vorschriften zu den Arbeitszeiten hält, kann der Arbeitnehmer die allgemeinen Schutzrechte in Anspruch nehmen (siehe hierzu Teil I Kap. 7.3). Zudem kann er auch die Gewerbeaufsicht einschalten. Diese ist die zuständige aufsichtführende Behörde. Tut er dies, so droht dem Arbeitgeber eine Strafe in Form eines Ordnungsgeldes, in ganz erheblichen Fällen sogar eine Strafverfolgung.

15.9 „Holen aus dem Frei"

223 Aus dem zum Arbeitszeitschutzgesetz gesagten erklärt sich auch die Frage wie mit der „Unsitte", dem „Holen aus dem Frei", umzugehen ist. Zunächst ist festzustellen, dass der Arbeitnehmer, soweit er nicht in Rufbereitschaft ist, für seinen Arbeitgeber nicht erreichbar sein muss. Wie schon dargestellt, ist eine solche Rufbereitschaftszeit zu vergüten (siehe hierzu Teil I Kap. 15.2). Wird der Mitarbeiter dann gerufen, so wird die zu erbringende Arbeitszeit vollumfänglich als Arbeitszeit im Sinne der Arbeitsschutzvorschriften gesehen. Insbesondere sind dann die Ruhezeiten (Unterbrechung der Arbeit zwischen zwei Schichten muss mindestens zehn Stunden sein (siehe hierzu Teil I Kap. 15.6)) und Arbeitsunterbrechungen zu sehen. Das kann zur Folge haben, dass die reguläre Arbeit – also z. B. die nächste geplante Schicht- nicht mehr aufgenommen werden kann. Dies muss der Arbeitgeber entsprechend abwägen. Keinesfalls dürfen die Vorschriften des Arbeitszeitgesetzes umgangen werden.

224 Keine ganz klaren Regelungen gibt es zu der Frage, ob ein Mitarbeiter immer auf Rufbereitschaft gehalten werden kann. Das Problem dürfte allerdings vor allem

55 Schaub/Koch/*Koch*. 2016. Stichwort Arbeitszeit IV Ziff. 3 (b).

vergütungsrechtlich zu greifen sein. Wer immer in Rufbereitschaft ist, dessen Freizeit ist stets tangiert. Daher muss die Entschädigung für die Rufbereitschaft umso höher sein, je mehr Rufbereitschaftsstunden dem Mitarbeiter abverlangt werden. Dazu kommt, dass eine Rufbereitschaft natürlich im Urlaub auf keinen Fall möglich ist.

16 Beschäftigung und Arbeitszeiten Jugendliche

Bezüglich der Arbeitszeit von Jugendlichen gilt, dass diese nicht mehr als acht Stunden täglich oder 40 Stunden wöchentlich arbeiten dürfen. Feiertage werden hinzugerechnet, und zwar mit der Zeit, die typischerweise an dem Tag gearbeitet worden wäre. Abweichend von den Regeln für Erwachsene dürfen Jugendliche auch nur an fünf Tagen in der Woche beschäftigt werden. Die beiden wöchentlichen Ruhetage sollen aufeinanderfolgen. In der Pflegebranche gilt aber wieder eine Ausnahme. Hier dürfen Jugendliche entgegen anderen Branchen samstags und sonntags arbeiten. Dabei ist aber zu beachten, dass zwei Samstage und Sonntage im Monat beschäftigungsfrei bleiben sollen (also nur mit sehr guten Gründen durchgearbeitet werden kann) und möglichst jeder zweite Sonntag beschäftigungsfrei bleiben muss. Ein weiterer freier Tag ist unter der Woche zu gewähren. Eine Nachtarbeit zwischen 20:00 Uhr und 06:00 Uhr ist Jugendlichen in der Regel verboten. 225

Weiter beachtenswert bei der Beschäftigung von Jugendlichen ist die Tatsache, dass Jugendliche, die in das Berufsleben eintreten – hierzu gehört auch die Aufnahme einer Ausbildung – nur dann beschäftigt werden dürfen, wenn eine ärztliche Bescheinigung vorliegt, dass die Gesundheit ausreichend ist. Zudem muss beim Einsatz von Jugendlichen beachtet werden, dass sie nicht für gefährliche Arbeiten herangezogen werden dürfen. Insofern sei hier auf den Katalog des § 22 JArbSchG verwiesen. 226

Für die Pflegebereiche ist außerdem wichtig, dass Tätigkeiten mit besonderen Unfallgefahren zu vermeiden sind sowie solche, die schädliche Einwirkungen von Strahlen, Gefahrstoffen oder biologischen Arbeitsstoffen betreffen. Häufig wird es allerdings so sein, dass zu Zwecken der Ausbildung die entsprechenden Arbeiten durchzuführen sind. Dann muss sichergestellt sein, dass eine entsprechende gesonderte Aufsicht für den Jugendlichen vorhanden ist. Die genauen Regeln ergeben sich aus den gesonderten Vorschriften wie der Strahlenschutzverordnung. 227

17 Weiter- und Fortbildung

Die Ausbildung für Pflegefachpersonen soll entsprechend dem allgemein anerkannten Stand pflegewissenschaftlicher, medizinischer und weiterer bezugswissenschaftlicher Erkenntnisse fachliche, personale, soziale und methodische Kom- 228 petenzen zur verantwortlichen Mitwirkung insbesondere bei der Heilung, Erkennung und Verhütung von Krankheiten vermitteln (§ 3 KrPflG, § 1 AltPflG). Dies ohne jegliche Verpflichtung, sein Wissen durch entsprechende Fort- und Weiterbildungsmaßnahmen auf dem aktuellen Stand zu halten Es liegt also hier in der alleinigen Verantwortung der Pflegefachperson, sich fort- und weiterzubilden.

229 Der kontinuierliche wissenschaftliche und medizinische Fortschritt, die gestiegenen Qualitätsansprüche und das Streben der Pflege nach mehr Eigenständigkeit führen zu der Forderung nach einer ständigen Aktualisierung des pflegerischen Wissens. Fort- und Weiterbildungen bieten die Chance, die Qualität der Pflege zu verbessern, das Arbeiten nach evidenzbasierten Erkenntnissen zu etablieren und die Arbeitsbelastungen für die Beschäftigten zu reduzieren.

230 Lebenslanges Lernen ist ein Stichwort, welches gerade in den Gesundheitsberufen von außerordentlicher Wichtigkeit ist. Für Ärzte ist schon lange klar, dass sie sich fortbilden müssen. Die Weiterbildung soll sicherstellen, dass die Erhaltung und Fortentwicklung der für die Berufsausübung erforderlichen Fachkenntnisse sichergestellt ist – es soll das bestehende Wissen „up to date" gehalten werden. Es ist damit zu rechnen, dass im Rahmen der Einführung von Pflegekammern diese eine ebensolche Fortbildungsverpflichtung wie die der Ärztekammern mit sich bringt.

231 Daneben steht die Weiterbildungsmöglichkeit in den Weiterbildungsordnungen. Hier wird durch eine Spezialisierung der Kenntnisse ein „neuer" Beruf gelernt (z. B. Fachpfleger für Palliativ- und Hospizpflege oder Fachaltenpfleger für Rehabilitations- und Langzeitpflege). Hierbei handelt es sich um zusätzliche Berufsausbildungen.

232 Rechtlich gilt in diesem Zusammenhang, dass der Arbeitgeber nur solche Kosten der Fortbildung tragen muss, die für den Erhalt des vorhandenen Wissens notwendig und gesetzlich vorgeschrieben sind. Hierfür muss der Arbeitgeber auch freistellen. Es gelten die Grenzen des Direktionsrechtes.

233 Ob und welche Kosten der Arbeitgeber ansonsten auf Wunsch des Arbeitgebers für eine Fort-/Weiterbildung übernimmt, kann nur zwischen den beiden Parteien auf freiwilliger Basis vereinbart werden – wobei sich dann die nächste Frage nach der Kostenübernahme und der eventuellen Rückzahlung von entstandenen Kosten anschließt, die ebenso frei verhandelbar sind. Eine Ausnahme sind hier die länderspezifischen Möglichkeiten des Bildungsurlaubes. Hier kann sich ein Anspruch auf Freistellung ohne Entgeltfortzahlung ergeben.

17.1 Rückzahlung von Weiter-, Aus- und Fortbildungskosten

234 Immer wieder streitig ist zwischen Arbeitgebern und Arbeitnehmern die Frage, unter welchen Voraussetzungen bei einer Beendigung des Arbeitsverhältnisses die Kosten für Ausbildung und Fortbildungen, die der Arbeitnehmer absolviert hat

und die vom Arbeitgeber bezahlt worden sind, vom Arbeitnehmer zurückzuerstatten sind.

Dabei ist vorweg zu sagen, dass es sich für den Arbeitnehmer in diesen Fragen fast immer lohnt, sich die Vereinbarung sehr genau anzuschauen. Die Vereinbarung so zu gestalten, dass ein Richter den Arbeitnehmer zur Rückzahlung der Fortbildungskosten verurteilt, ist sehr schwierig. Eine Vielzahl der getroffenen Vereinbarungen unterliegt Missverständnissen, Unklarheiten oder aber auch der Verwendung alter Formulare und alten Rechts. Wann ist also die entsprechende Vereinbarung möglich? 235

17.1.1 Art der Ausbildung

Zunächst ist festzustellen, dass Kosten, welche im Rahmen einer betrieblichen Ausbildung im Sinne eines Ausbildungsverhältnisses anfallen, nicht dem Arbeitnehmer bei Beendigung des Arbeitsverhältnisses oder des Ausbildungsverhältnisses aufgebürdet werden dürfen. Anders ist dies bei den Kosten einer dualen Ausbildung (also einem Studium an der Hochschule mit Praxisphasen). Hier kann eine Rückzahlung in Betracht kommen. Allerdings ist wichtig, dass der Arbeitnehmer auch tatsächlich die Möglichkeit erhält zu arbeiten, also einen Arbeitsvertrag angeboten bekommt. 236

17.1.2 Vorteil für Arbeitnehmer

Außerdem ist eine Erstattung von Kosten nur dann möglich, wenn der Arbeitnehmer einen Vorteil von der Maßnahme hat und es sich nicht lediglich um eine Einarbeitung oder ähnliches in den Betrieb des Arbeitgebers handelt. Die Rechtsprechung verlangt hier allgemein, dass der Arbeitnehmer einen geldwerten Vorteil erhält, also dass er aufgrund der durchlaufenen beruflichen Aus- oder Fortbildungsmaßnahme in Zukunft zumindest die Möglichkeit hat, eine bessere Vergütung zu erhalten. Wer also von der Pflegefachperson zur Pflegedienstleitung qualifiziert wird, kann grundsätzlich zur Erstattung der dadurch entstehenden Kosten hinzugezogen werden, da hier zumindest die Möglichkeit besteht, dass künftig ein besserer Verdienst anfällt. Wer zu Beginn eines Arbeitsverhältnisses als Pflegefachperson eingestellt wird und zunächst einen dreimonatigen Kursus beim Arbeitgeber absolviert, in dem ihm die betrieblichen Spezifika der Pflegeeinrichtung oder des Krankenhauses erklärt werden, muss keine Fortbildungskosten tragen. 237

17.1.3 Ordnungsgemäße Vereinbarung

Wenn nach dem Gesagten grundsätzlich eine Beteiligung an den Fortbildungskosten möglich ist, bedarf es einer ordnungsgemäßen Vereinbarung. Die Rechtsprechung verlangt hier, dass der Arbeitnehmer in der Regel vor Beginn der 238

Ausbildung über die Höhe der Kosten informiert wird, die von ihm zurückverlangt werden können und unter welchen Bedingungen dies der Fall ist. Dabei gilt, dass die Vereinbarung Zahlen beinhalten muss. Rechenwege und Anknüpfungspunkte darzustellen, reicht nicht aus. Zulässig ist eine Vereinbarung, die beinhaltet, dass die Kosten der Fortbildung 9.000 EUR betragen und diese zurückzuzahlen sind. Unzulässig wäre, dass eine Vereinbarung lediglich einen Text wie folgt beinhaltet: „verpflichtet sich der Arbeitnehmer, die tatsächlich angefallenen Kosten zu erstatten".

239 Schriftlich muss das nicht sein, aber dies ist sehr empfehlenswert. Denn die Anforderungen an die Deutlichkeit der Vereinbarung werden typischerweise im Arbeitsprozess nicht mittels Zeugenbeweis darstellbar sein.

240 Zusätzlich zu den Kosten, die zurückzuerstatten sind, ist festzuhalten, wie lange die Bindungsfrist sein soll und wie die Rückzahlung erfolgen muss. Dabei hängt die zulässige Bindungsfrist mit der Höhe der Rückzahlung zusammen.

- Für die Bindungsfrist gibt es für „übliche Fortbildungen" und „übliche Kosten" die grundsätzliche Regelung, dass bei einer Fortbildungsdauer
- von bis zu einem Monat ohne Verpflichtung zur Arbeitsleistung unter Fortzahlung der Bezüge eine Bindungsdauer von bis zu sechs Monaten,
- bei einer Fortbildungsdauer von bis zu zwei Monaten eine einjährige Bindung,
- bei einer Fortbildungsdauer von drei bis vier Jahren eine zweijährige Bindung,
- bei einer Fortbildungsdauer von sechs Monaten bis zu einem Jahr keine längere Bindung als drei Jahre und bei einer
- mehr als zweijährigen Dauer der Ausbildung von fünf Jahren

gerechtfertigt ist.[56]

241 Dabei geht es nicht um rechnerische Gesetzmäßigkeiten, sondern um Regelwerte, die einzelfallbezogen überprüft werden können. Wie gesagt, dabei kommt es insbesondere auf die aufgewandten Kosten des Arbeitgebers an. Diese sind in das Verhältnis zu den Arbeitskosten des Arbeitnehmers zu setzen. Hier gilt: Im Zweifel lieber eine kürzere Bindungsfrist als eine solche die einer Prüfung durch das Arbeitsgericht nicht Stand hält. Dabei gilt natürlich noch, dass die Fortbildung dem Arbeitnehmer auch die besonderen Vorteile bringt. Eine teure Fortbildung, die dem Arbeitnehmer nicht viel nutzt, führt nicht dazu, dass die Bindungsfristen zu verlängern sind.

242 Wurde dann die entsprechende zulässige Bindungsdauer gewählt, so müssen die Fortbildungskosten auch noch „abgeschmolzen werden". Dies erfolgt in der Art, dass die Fortbildungskosten durch die Dauer der Bindungsfrist in Monaten dividiert werden. Für jeden Monat, den der Mitarbeiter nach Abschluss der Fortbildung beim Arbeitgeber weitergearbeitet hat, ist entsprechend ein solcher Monatswert abzusetzen.

---

56 BAG vom 14.1.2009, Az. 3 AZR 900/07.

Ein Beispiel: 243

Pflegefachperson E. soll zur Stationsleitung qualifiziert werden. Hierzu muss sie eine Fortbildung von drei bis vier Monaten durchführen. Dafür wendet der Arbeitnehmer 9.000 EUR Kosten auf. Die Fortbildung endet im Dezember. Im Juni erhält Pflegefachperson E. ein tolles Angebot und kündigt zum Ende des Monats August fristgerecht ihr Arbeitsverhältnis. Vor Beginn der Qualifikation wurde zwischen dem Arbeitgeber und E. folgender Vertrag geschlossen und unterzeichnet:
„Pflegefachperson E. nimmt an der Fortbildung zur Stationsleitung von Oktober bis Dezember teil. Die Kosten hierfür betragen 9.000 EUR. Pflegefachperson E. verpflichtet sich insofern, weitere zwei Jahre für das Krankenhaus X zu arbeiten. Scheidet Pflegefachperson E. vor Ablauf von zwei Jahren aus dem Unternehmen aus, ohne dass ein unzumutbarer Grund hierfür vorliegt, so ist sie zur Rückzahlung der entstandenen Fortbildungskosten verpflichtet."
In diesem Beispiel gilt, dass aufgrund der Dauer der Fortbildung die zweijährige Bindungsfrist zulässig ist. Damit sind nach der vorbezeichneten Rechnung 9.000 EUR durch 24 Monate, gleich 375 EUR, zu berechnen. Dies ist der monatliche Betrag, den Pflegefachperson E. für jeden Monat, den sie früher als 24 Monate aus dem Unternehmen ausscheidet, zurückzubezahlen hat. Sie beendet ihr Arbeitsverhältnis zum Ende August. Dies sind acht Monate (Beginn der Bindungsfrist ist das Ende der Fortbildung). Damit ergibt sich als Rückzahlung für Pflegefachperson E.: 8 x 375 EUR = 3.000 EUR.

17.1.4 Bindung greift nur bei Grund der Kündigung beim Arbeitnehmer

Dabei ist noch wesentlich, dass der Arbeitnehmer den Grund für die Beendigung 244
des Arbeitsverhältnisses setzt. Das heißt, wenn der Mitarbeiter entweder selbst kündigt (Es kann hier Ausnahmen geben, weil das Arbeitsverhältnis für den Arbeitnehmer unzumutbar ist.) oder aber der Arbeitgeber dem Arbeitnehmer kündigt, weil er sich fehlerhaft verhält, kann auf die Gründe zur verhaltensbedingten Kündigung verwiesen werden (siehe hierzu Teil I Kap. 20.8.1).

17.2 Weiterbildungsordnungen

Die Weiterbildungsordnung liegt in der Zuständigkeit der Gesundheitsressorts 245
der Länder. Als einziges Bundesland hat Berlin 1979 ein Weiterbildungsgesetz beschlossen. In einigen anderen Bundesländern gibt es Einzelerlasse, die sich meist auf Fachweiterbildungen (z. B. Operationsdienst, Intensivpflege, Gemeindekrankenpflege, Psychiatrie, Stationsleitung) beziehen. Die Deutsche Krankenhausgesellschaft (DKG) hat Empfehlungen und Richtlinien für die Durchführung der meisten Weiterbildungsbereiche herausgegeben. Diese haben eine Orientierungs-

funktion in den anderen Bundesländern oder ersetzen gar die landesrechtlichen Vorschriften.

246 Die Fort- und Weiterbildungen der Pflegefachpersonen wird zukünftig die Pflegekammer regeln.

17.2.1 Aufgabe der Landespflegekammer am Beispiel Rheinland-Pfalz

247 Die Landespflegekammer Pflegekammer Rheinland-Pfalz muss nach § 3 Abs. 2 Nr. 7 HeilBG die berufliche Fort- und Weiterbildung der Kammermitglieder regeln und fördern. Ein Weiterbildungsregister für die in Weiterbildung befindlichen Kammermitglieder ist aufzustellen und laufend fortzuschreiben (§ 3 Abs. 2 Nr. 8 HeilBG). Weiterhin sind Anpassungslehrgänge und Eignungsprüfungen einschließlich einer Überprüfung der für die Berufsausübung erforderlichen Sprachkompetenz im Rahmen der Anerkennung ausländischer Bildungsnachweise zu organisieren (§ 3 Abs. 2 Nr. 9 HeilBG). Ebenso sind Belange der Qualitätssicherung durch die Landespflegekammer wahrzunehmen sowie die Mitwirkung der Kammermitglieder an der Sicherung der Qualität ihrer beruflichen Leistungen zu regeln. (§ 3 Abs. 2 Nr. 9 HeilBG). Die Landespflegekammer hat an der Aus- und Fortbildung von sonstigen in der Gesundheitsversorgung Tätigen mitzuwirken und die ihr insoweit nach Bundes- oder Landesrecht obliegenden Aufgaben wahrzunehmen. (§ 3 Abs. 2 Nr. 13 HeilBG).

248 Weitere Aufgaben der Landespflegekammer sind u. a. Fortbildungsveranstaltungen zu zertifizieren und Fortbildungszertifikate als Nachweis der Erfüllung der Fortbildungspflicht auszustellen (§ 3 Abs. 3 Nr. 1 HeilBG), von Kammermitgliedern betriebene Qualitätsmanagementsysteme zu zertifizieren (§ 3 Abs. 3 Nr. 2 HeilBG) und Daten über die Nachweise von Fort- und Weiterbildung sowie fachlichen Qualifikationen fortlaufend zu erfassen und an zuständige Stellen weiterzuleiten. (§ 3 Abs. 3 Nr. 3 HeilBG). Innerhalb der Satzung der Landespflegekammer ist im Rahmen besonderer Satzungen eine Weiterbildungsordnung zu erstellen. (§ 15 Abs. 4 Nr. 5 HeilBG).

249 Seit dem 1.1.2018 gibt es die erste Weiterbildungsordnung für Pflegefachpersonen in Deutschland, welche von der Profession Pflege selbst erstellt wurde.

250 Eine wichtige Neuerung durch die Weiterbildungsordnung ist die Kompetenzorientierung, die die Fächerorientierung in den bisherigen Weiterbildungen ablösen wird. Das Können sowie Werte und Einstellungen der Weiterbildungsteilnehmenden werden im Mittelpunkt stehen. Durch die in den Handlungsfeldern thematisierten Praxisinhalte können die Teilnehmenden bereits vorhandene Erfahrungen und Kompetenzen miteinbringen und weiterentwickeln. Durch den modularen Aufbau wird es für Pflegefachpersonen möglich, bereits geleistete Basismodule in weiteren Weiterbildungen anerkennen zu lassen. Gegebenenfalls sei dies auch an Hochschulen möglich, da diese durch den ähnlichen Aufbau

vergleichbarer sind. Praxisbegleitung und Praxisanleitung müssen nun verbindlich erfolgen, so bekommt der Praxisbezug in der Weiterbildung größere Bedeutung. Die Prüfungen werden von Pflegenden abgenommen werden; nicht mehr von Ärztinnen und Ärzten, wie es an einigen Weiterbildungsstätten derzeit noch üblich ist.

Die Weiterbildungsordnung regelt die Weiterbildung für Pflegefachpersonen, die in Rheinland-Pfalz ihren Beruf ausüben und nach § 1 Abs. 2 HeilBG berufsgruppenspezifische Fachkenntnisse anwenden oder verwenden (Kammermitglieder). Diese Ordnung regelt auch die Anerkennung im Ausland abgeschlossener Weiterbildungsabschlüsse. 251

Fortbildungen als besondere Berufspflichten der Kammermitglieder nach § 22 Abs. 1 Nr. 1 HeilBG werden gesondert in einer Fortbildungsordnung geregelt. Weiterbildungsbezeichnungen, die in anderen Ländern der Bundesrepublik Deutschland aufgrund staatlicher Regelungen erworben wurden, dürfen in Rheinland-Pfalz weitergeführt werden. 252

Die Anerkennung zum Führen einer Weiterbildungsbezeichnung nach dieser Ordnung wird auf Antrag von der Landespflegekammer als zuständiger Behörde nach § 50 HeilBG Personen erteilt, die nachweisen, dass sie 253

1. die Erlaubnis besitzen, die sie zum Führen der Berufsbezeichnung eines reglementierten Gesundheitsfachberufs, auf den sich die Weiterbildung bezieht, berechtigt,
2. den vorgeschriebenen Weiterbildungslehrgang abgeschlossen haben,
3. die vorgeschriebene Prüfung bestanden haben und
4. über die für die Ausübung der Berufstätigkeit erforderlichen Kenntnisse der deutschen Sprache verfügen.

Die Weiterbildungsordnung ist auf der Homepage der Landespflegekammer Rheinland-Pfalz zu finden.[57] 254

17.2.2 Fort- und Weiterbildung in den Versorgungsverträgen ambulante Pflege

Die Pflege wird fachlich kompetent nach dem allgemein anerkannten Stand medizinisch-pflegerischer Erkenntnisse bedarfsgerecht und wirtschaftlich erbracht. 255

Der Träger des ambulanten Pflegedienstes ist verpflichtet, die erforderliche fachliche Qualifikation der Leitung und aller in der Pflege tätigen Mitarbeiter auf Grund von Einarbeitungskonzepten und durch geplante funktions- und aufgabenbezogene Fort- und Weiterbildung sicherzustellen. Dazu erstellt der Träger einen 256

57 Siehe unter: http://www.pflegekammer-rlp.de/index.php/lpflk-rlp.html?file=files/pflegekammer/images/downloads/satzungen%20und%20ordnungen/Weiterbildunsgordnung.pdf.

schriftlichen Fortbildungsplan, der vorsieht, dass alle in der Pflege tätigen Mitarbeiter entsprechend der individuellen Notwendigkeiten in die Fortbildungen einbezogen werden. Das Fachwissen der Leitung und der Mitarbeiter ist regelmäßig zu aktualisieren. Fachliteratur ist zugänglich vorzuhalten (3.1.3 Maßstäbe und Grundsätze für die Qualität und Qualitätssicherung sowie für die Entwicklung eines einrichtungsinternen Qualitätsmanagements nach § 113 SGB XI in der ambulanten Pflege vom 27. Mai 2011, gilt bundesweit).

257 Konkreter wird hier der bundesweite Rahmenvertrag gemäß §§ 132 und 132a SGB V zur Erbringung von häuslicher Krankenpflege und Haushaltshilfe:

258 Fortbildungen sind regelmäßig durchzuführen. Die Fortbildungsmaßnahmen haben einen Mindestumfang von zehn Stunden pro Mitarbeitenden und Kalenderjahr zu umfassen. Art, Inhalt und Umfang sowie die namentliche Auflistung der teilnehmenden Mitarbeiter der einzelnen Fort- und Weiterbildungsmaßnahmen sind nachvollziehbar zu dokumentieren. Der Pflegedienst hat für seine Mitarbeiter bei Aufforderung durch die Krankenkasse innerhalb eines Monats den Nachweis zu erbringen, dass in dem zurückliegenden Dreijahreszeitraum der Fortbildungspflicht im Durchschnitt nachgekommen wurde. Längere Abwesenheitszeiten wie zum Beispiel Elternzeit und Krankheit und unterjährige Beschäftigungszeiten werden entsprechend berücksichtigt. Kann zu einem Mitarbeiter der Fortbildungsnachweis nicht oder nicht vollständig erbracht werden, ist die Krankenkasse berechtigt, die an den Pflegedienst zu zahlende Vergütung für die Tätigkeit dieses Mitarbeiters in der häuslichen Krankenpflege für die ersten sechs Monate, die auf den Dreijahreszeitraum folgen, in Höhe von bis zu fünf von Hundert zu kürzen, ab dem darauf folgenden Monat in Höhe von bis zu zehn von Hundert. Die Vergütungskürzung endet nach Ablauf des Monats, in dem der vollständige Fortbildungsnachweis erbracht wird.

17.2.3 Fort- und Weiterbildung in den Versorgungsverträgen stationäre Pflege

259 In den Landesgesetzen z. B. über Wohnformen und Teilhabe (LWTG) oder der Landespersonalverordnung finden sich Hinweise auf die Verpflichtung zu Fort- und Weiterbildung.

260 Eine stationäre Einrichtung darf nur betrieben werden, wenn der Träger und die Leitung ihre Leistungen nach dem jeweils allgemein anerkannten Stand fachlicher Erkenntnisse erbringen (§ 10 LWTG BaWü).

261 Der Träger der stationären Einrichtung ist verpflichtet, den Leitungskräften (Einrichtungsleitung und Pflegedienstleitung) und den sonstigen Beschäftigten die Gelegenheit zur Teilnahme an berufsbegleitender Fortbildung zu geben oder regelmäßige Fortbildungen in der stationären Einrichtung anzubieten, die sie für die Erfüllung der ihnen übertragenen Aufgaben nach dem allgemein anerkannten

Stand der fachlichen Erkenntnisse benötigen. Die Teilnahme an diesen Fortbildungen soll auch in der Arbeitszeit ermöglicht werden. Der Träger einer stationären Einrichtung oder die Einrichtungsleitung soll Weiterbildungsmaßnahmen der dort Beschäftigten unterstützen. Mehrjährig Beschäftigten, die die Anforderungen nach § 7 Absatz 2 bis 4 nicht erfüllen, ist Gelegenheit zur Nachqualifizierung zu geben (§ 5 LPersVO BaWü).

17.2.4 Fort- und Weiterbildung in den Versorgungsverträgen Krankenhaus

Krankenhäuser sind gesetzlich dazu verpflichtet, ihre Mitarbeiter regelmäßig zu Sicherheits- und Gesundheitsschutzthemen zu schulen. Nach § 12 Arbeitsschutzgesetz müssen Arbeitgeber ihre Beschäftigten ausreichend und angemessen über Sicherheit und Gesundheitsschutz bei der Arbeit unterweisen. Für die Mitarbeiter von Krankenhäusern werden darüber hinaus spezifische Schulungen gefordert, u. a. in § 12 Biostoffverordnung, § 14 Gefahrstoffverordnung, § 9 Betriebssicherheitsverordnung und § 5 Medizinproduktebetreiber-Verordnung sowie für den Umgang mit Röntgenstrahlen bzw. radioaktiven Substanzen § 36 Röntgenverordnung bzw. § 38 Strahlenschutzverordnung. Die Unterweisungen sind vor Aufnahme der jeweiligen Tätigkeit durchzuführen, insbesondere 262

- bei der Einstellung,
- bei Veränderung in den Aufgabenbereichen und
- bei Einführung neuer Arbeitsmittel oder Technologien.

Zudem sind sie in regelmäßigen Intervallen und bei aktuellen Anlässen, wie Unfällen, zu wiederholen. Darüber hinaus gibt es keine gesetzlichen Regelungen zur Fort- und Weiterbildung im Krankenhaus. 263

17.2.5 Freiwillige Registrierung für Pflegekräfte

Mit der Registrierung beruflich Pflegender besteht in Deutschland erstmals für alle Pflegefachpersonen die Möglichkeit, sich bei einer unabhängigen Registrierungsstelle zentral erfassen zu lassen. In vielen anderen europäischen Ländern und den USA ist eine Registrierung schon lange praktizierter Standard, um den Pflegeberuf überhaupt ausüben zu können. In Rheinland-Pfalz müssen sich alle Pflegefachpersonen bei der Landespflegekammer registrieren lassen, damit sie überhaupt in Rheinland-Pfalz arbeiten dürfen. Die Fort- und Weiterbildung wird durch die Landespflegekammer geregelt und überwacht. Das Projekt der Registrierung beruflich Pflegender wurde 2003 ins Leben gerufen. Aufgrund seiner zentralen Bedeutung für die Position der beruflich Pflegenden hat der Deutsche Pflegerat e. V. (DPR) im April 2006 bundesweit die Trägerschaft übernommen. Mit der Gründung der RbP – Registrierung beruflich Pflegender GmbH – im November 2008 wurde ein klares Zeichen gesetzt, das Projekt noch gezielter und effektiver 264 voranzutreiben. Der DPR spielt dabei als Hauptgesellschafter weiterhin eine wesentliche Rolle. Mit der Eröffnung der GmbH-Geschäftsstelle in Berlin 2009 wurde ein weiterer Meilenstein gelegt.

265 Für die Registrierung gibt es u. a. folgende Gründe:

- Schaffung und Sicherung eines einheitlichen Qualitätsstandards als Voraussetzung für mehr Patientensicherheit, als Basis für das berufliche Fortkommen und als Orientierung für den Arbeitgeber bei der Personalauswahl
- Erfassung des Berufsstands nach Anzahl, Altersstruktur, räumlicher Verteilung und Qualifikation für eine optimale, flächendeckende gesundheitliche Versorgung sowie für die gezielte Planung und Adaption der Ausbildungsmöglichkeiten

266 Die Registrierung erfolgt bei der RbP – Registrierung beruflich Pflegender GmbH mit der Geschäftsstelle in Berlin und ist unabhängig von einer Verbandszugehörigkeit. Für die Erstregistrierung muss man lediglich das Anmeldeformular zusammen mit einer Kopie der Berufsurkunde (Erlaubnis zur Führung der Berufsbezeichnung) einreichen. Die Kosten betragen 25 EUR. Innerhalb von zwei Jahren müssen dann mindestens 40 Fortbildungspunkte gesammelt werden, um sich für eine erneute Registrierung mit der Dauer von weiteren zwei Jahren zu qualifizieren. Die Gebühr für die Folgeregistrierung beträgt 50 EUR.

267 Die Erteilung der Fortbildungspunkte für die jeweiligen Veranstaltungen erfolgt ausschließlich über die Registrierungsstelle.

268 Bei nahezu jeder pflegerischen und/oder medizinischen Fort- und Weiterbildungsveranstaltung sowie bei Tagungen und Kongressen können Punkte erworben werden. Unabhängig davon, ob es sich um eine hausinterne oder externe Veranstaltung handelt. Entscheidend ist, dass der jeweilige Bildungsanbieter bei der Registrierungsstelle gemeldet ist und damit auf seinen Teilnahmebescheinigungen und Zertifikaten die Fortbildungspunkte ausweisen kann.[58]

269 Weitere Informationen zur Registrierung finden Sie im Internet.[59]

18 Schutzpflichten des Arbeitgebers

270 Der Arbeitgeber muss dafür sorgen, dass der Arbeitsplatz eingerichtet ist. Neben den notwendigen Arbeitsmitteln sind dabei natürlich alle Arbeitsschutznormen zu beachten. Darunter fallen das Arbeitsschutzgesetz und das Arbeitszeitgesetz, Jugendarbeitsschutz, Mutterschutz und die Einhaltung aller Arbeitsschutzvorschriften. Daneben sind auch die Unfallverhütungsvorschriften der Berufsgenossenschaften zu beachten.

58 Registrierung beruflich Pflegender. Online: www.regbp.de. [abgerufen am 11.3.2018].
59 Siehe unter: www.regbp.de.

Außerdem ist der Arbeitgeber auch dazu verpflichtet, den Arbeitnehmer vor Angriffen Dritter zu schützen. Sei es, dass die Pflegefachperson durch die Patienten belästigt wird oder durch einen Kollegen. Auch das sogenannte Mobbing stellt einen Angriff auf den Mitarbeiter dar. Auch hier muss der Arbeitgeber schützend eingreifen. Was ist hierbei zu beachten? Was kann der Arbeitnehmer tun, um seine Schutzansprüche durchzusetzen? 271

18.1 Arbeitssicherheit

Im Arbeitssicherheitsgesetz (ASiG) ist festgelegt, dass sich alle Betriebe arbeitsmedizinisch durch Betriebsärzte betreuen lassen müssen. Grundsätzlich soll der Betriebsarzt den Arbeitgeber in allen Fragen des Arbeits- und Gesundheitsschutzes unterstützen. Dazu gehört auch die Beratung und Unterstützung bei der Umsetzung aktueller und für den Pflegebereich relevanter Rechtsvorschriften (z. B. Arbeitsschutzgesetz, Biostoffverordnung, Lastenhandhabungsverordnung, Gefahrstoffverordnung, Arbeitszeitgesetz). 272

18.2 Arbeitsmedizinische Vorsorge

Arbeitsmedizinische Vorsorge ist eine individuelle Arbeitsschutzmaßnahme. Sie darf technische und organisatorische Arbeitsschutzmaßnahmen nicht ersetzen, kann diese aber wirksam ergänzen. 273

Die Schweigepflicht nach der ärztlichen Berufsordnung gilt vollumfänglich auch für Betriebsärzte, die das Ergebnis der arbeitsmedizinischen Vorsorge dokumentieren und die Beschäftigten dazu beraten. Die Kosten der arbeitsmedizinischen Vorsorge tragen die Arbeitgeber und sie finden während der Arbeitszeit statt. 274

Unterschieden wird zwischen Pflicht-, Angebots- und Wunschvorsorge. 275

18.2.1 Pflichtvorsorge

Der Arbeitgeber darf eine Tätigkeit nur ausüben lassen, wenn zuvor eine Pflichtvorsorge durchgeführt worden ist. Dies führt dazu, dass Beschäftigte faktisch verpflichtet sind, an dem Vorsorgetermin teilzunehmen. Die Pflichtvorsorge wird vom Arbeitgeber veranlasst und ist Voraussetzung für die Ausübung der Tätigkeit. Sie muss vor Aufnahme der Tätigkeit und auch danach meist in regelmäßigen Abständen veranlasst und durchgeführt werden. Auch bei der Pflichtvorsorge dürfen körperliche oder klinische Untersuchungen nicht gegen den Willen des oder der Beschäftigten durchgeführt werden. Wird Pflichtvorsorge 276 nicht oder nicht rechtzeitig veranlasst, droht dem Arbeitgeber ein Bußgeld und unter bestimmten Umständen sogar eine Strafe.[60]

18.2.2 Angebotsvorsorge

277 Angebotsvorsorge ist arbeitsmedizinische Vorsorge, die der Arbeitgeber den Beschäftigten bei bestimmten gefährdenden Tätigkeiten anzubieten hat. Diese Tätigkeiten sind im Anhang der Verordnung zur arbeitsmedizinischen Vorsorge konkret aufgeführt, z. B. Nachtarbeit.[61] Wird Angebotsvorsorge nicht oder nicht rechtzeitig angeboten, droht dem Arbeitgeber ein Bußgeld und unter bestimmten Umständen sogar eine Strafe. Selbst wenn die Beschäftigten die Angebotsvorsorge nicht wahrnehmen, muss sie in regelmäßigen Abständen erneut angeboten werden.

278 Darüber hinaus muss eine arbeitsmedizinische Vorsorge angeboten werden, wenn die Vermutung besteht, dass die Erkrankung eines oder einer Beschäftigten durch die Arbeitstätigkeit verursacht wurde. Dies könnte beispielsweise sein, wenn bei Beschäftigten Hautirritationen oder allergische Reaktionen im Rahmen der beruflichen Tätigkeit auftreten.

18.2.3 Wunschvorsorge

279 Wunschvorsorge ist arbeitsmedizinische Vorsorge, die der Arbeitgeber dem Beschäftigten über den Anhang der Verordnung zur arbeitsmedizinischen Vorsorge hinaus bei allen Tätigkeiten zu gewähren hat. Dieser Anspruch besteht nur dann nicht, wenn nicht mit einem Gesundheitsschaden zu rechnen ist. Im Streitfall muss der Arbeitgeber dies darlegen und beweisen. Wunschvorsorge kommt beispielsweise in Betracht, wenn Beschäftigte einen Zusammenhang zwischen einer psychischen Störung und ihrer Arbeit vermuten.[62]

280 Folgende Tabelle gibt eine Übersicht zu Pflicht- und Angebotsvorsorge zur arbeitsmedizinischen Vorsorge in der Pflege:

60 Bundesministerium für Soziales: Arbeitsschutz. Verordnung zur arbeitsmedizinischen Vorsorge (ArbMedVV). 2016, S. 8. Online: http://www.bmas.de/SharedDocs/Downloads/DE/PDF-Publikationen/a453-arbeitsmedizinischen-vorsorge.pdf?__blob=publicationFile&v=3 [abgerufen am 11.3.2018].

61 Bundesministerium für Soziales: Arbeitsschutz. Verordnung zur arbeitsmedizinischen Vorsorge (ArbMedVV). 2016, S. 9. Online: http://www.bmas.de/SharedDocs/Downloads/DE/PDF-Publikationen/a453-arbeitsmedizinischen-vorsorge.pdf?__blob=publicationFile&v=3 [abgerufen am 11.3.2018].

62 Bundesministerium für Soziales: Arbeitsschutz. Verordnung zur arbeitsmedizinischen Vorsorge (ArbMedVV). 2016, S. 9. Online: http://www.bmas.de/SharedDocs/Downloads/DE/PDF-Publikationen/a453-arbeitsmedizinischen-vorsorge.pdf?__blob=publicationFile&v=3 [abgerufen am 11.3.2018].

Tabelle 1: Arbeitsmedizinische Vorsorge

Exposition	Pflichtvorsorge	Angebotsvorsorge
Tätigkeiten mit erhöhter Verletzungsgefahr und Infektionsrisiko (z. B. Hepatitis B/Hepatitis C)	• Nachuntersuchung 6–12 Monate • weitere Nachuntersuchung maximal nach 24–36 Monaten • nach Schutzimpfung für die Dauer des Impfschutzes	• z. B. bei Kontakt mit einer akuten Infektionskrankheit • am Ende der Tätigkeit
Bei Kontakt mit Kindern: • Keuchhusten • Hepatitis A • Masern • Mumps • Röteln • Windpocken	Impfberatung und Impfangebot • Nachuntersuchung 6–12 Monate • weitere Nachuntersuchungen maximal nach 24–36 Monaten • nach Schutzimpfung für die Dauer des Impfschutzes	• z. B. bei Kontakt mit einer akuten Infektionskrankheit • am Ende der Tätigkeit
Feuchtarbeit (Arbeiten in Feuchtigkeit oder flüssigkeitsdichten Handschuhen)	Regelmäßig mehr als 4 Stunden pro Arbeitstag	Regelmäßig mehr als 2 Stunden pro Arbeitstag
Tätigkeiten mit erhöhter körperlicher Belastung, z. B. das Bewegen von Personen oder Lasten sowie Arbeiten, bei denen der Rumpf lange gebeugt oder gedreht werden muss	Entfällt	• z. B. bei Arbeiten in Rumpfbeuge von mehr als 1 Stunde pro Arbeitstag • Nachuntersuchung legt der Betriebsarzt oder die Betriebsärztin fest
Tätigkeit an Bildschirmgeräten	Entfällt	Beschäftigte • bis 40 Jahre nach 60 Monaten • über 40 Jahre nach 36 Monaten

Quelle: BGW, 2016, S. 2

Der Betriebsarzt muss im Einzelfall prüfen, welche körperliche oder klinische **281**
Untersuchung aus arbeitsmedizinischer Sicht für eine gute Aufklärung und Beratung des Beschäftigten erforderlich ist. Im Arbeitsschutzrecht gibt es bezüglich körperlicher oder klinischer Untersuchungen keine Duldungspflicht und damit auch keinen Untersuchungszwang. Damit der Beschäftigte eine informierte

Entscheidung treffen kann, muss ihn der Betriebsarzt über Inhalt, Zweck und Risiken einer jeden Untersuchung informieren.[63] Auf Wunsch muss der Betriebsarzt die ärztlichen Unterlagen dem Arbeitnehmer aushändigen.

18.2.4 Sind Eignungsuntersuchungen zulässig?

282 Ja, Eignungsuntersuchungen unterliegen insbesondere arbeitsrechtlichen und datenschutzrechtlichen Bestimmungen. Der Arbeitgeber darf den Abschluss eines Arbeitsvertrages vom Ausgang der Eignungsuntersuchung abhängig machen. Eignungsuntersuchungen können vonseiten des Arbeitgebers im bestehenden Beschäftigungsverhältnis verlangt werden, wenn tatsächliche Anhaltspunkte vorliegen, die Zweifel an der fortdauernden Eignung der Pflegefachperson begründen. Der Betriebsarzt darf dem Arbeitgeber einen Tätigkeitswechsel nur vorschlagen, wenn die Pflegefachperson eingewilligt hat.

283 Arbeitsmedizinische Vorsorge und Eignungsuntersuchungen sollen grundsätzlich getrennt durchgeführt werden. Ist das aus betrieblichen Gründen nicht möglich, dann müssen die unterschiedlichen Zwecke von Vorsorge und Eignungsuntersuchungen transparent gemacht werden.[64]

18.2.5 Kann der Arbeitgeber Impfungen vorschreiben?

284 Nein. Impfungen sind eine Präventionsmaßnahme des Arbeitgebers. Der Arbeitnehmer muss hier zustimmen. Im Arbeitsschutz gibt es keine Impfpflicht. Die Impfempfehlungen des Arbeitgebers richten sich nach der Gefährdungslage für die Pflegefachpersonen.

18.2.6 Betriebsärztliche Untersuchungen und das Arbeitszeitgesetz (ArbZG)

285 Nach § 6 ArbZG sind Pflegefachpersonen die nachts arbeiten (23:00–6:00 Uhr), berechtigt, sich vor Beginn der Beschäftigung und danach in regelmäßigen Zeitabständen von nicht weniger als drei Jahren arbeitsmedizinisch untersuchen zu lassen (Angebotsvorsorge). Nach Vollendung des 50. Lebensjahres sollte in Zeitabständen von einem Jahr eine arbeitsmedizinische Untersuchung durchgeführt werden. Das betrifft Pflegefachpersonen, die mindestens 48 Mal im Jahr mehr als

63 Bundesministerium für Soziales: Arbeitsschutz. Verordnung zur arbeitsmedizinischen Vorsorge (ArbMedVV). 2016. Online: http://www.bmas.de/SharedDocs/Downloads/DE/PDF-Publikationen/a453-arbeitsmedizinischen-vorsorge.pdf?__blob=publicationFile&v=3 [abgerufen am 11.3.2018]. S. 9.

64 Bundesministerium für Soziales: Arbeitsschutz. Verordnung zur arbeitsmedizinischen Vorsorge (ArbMedVV). 2016. Online: http://www.bmas.de/SharedDocs/Downloads/DE/PDF-Publikationen/a453-arbeitsmedizinischen-vorsorge.pdf?__blob=publicationFile&v=3 [abgerufen am 11.3.2018]. S. 10.

drei Stunden nachts arbeiten. Die Kosten dieser Untersuchungen hat der Arbeitgeber zu tragen.

18.2.7 Gesundheitsgefährdungen am Arbeitsplatz

Nach dem ArbSchG muss der Arbeitgeber in Zusammenarbeit mit dem Betriebsarzt u. a. ganz allgemein eine Beurteilung der Arbeitsplätze in der Pflege hinsichtlich möglicher Gesundheitsgefährdungen der Pflegefachpersonen im Zusammenhang mit der Tätigkeit (§§ 5, 6 ArbSchG) vornehmen. Die festgestellten Gesundheitsgefahren sind dann die Grundlage der festzulegenden Arbeitsschutzmaßnahmen. 286

Der Katalog möglicher Gesundheitsgefährdungen beinhaltet u. a. auch psychische/seelische Belastungen im Zusammenhang mit der pflegerischen Tätigkeit. Unterschiedlichste Belastungen können vielfältige körperliche Beschwerden auslösen und im Extremfall zur Berufsunfähigkeit führen (z. B. „Burnout-Syndrom"). Gefördert wird eine solche Entwicklung u. a. durch ein Missverhältnis zwischen dem Zeitbedarf für eine umfassende Pflege und dem Stellenplan. 287

Die hohen pflegerischen Belastungen im psychischen Bereich bedingen auch eine erhöhte Suchtgefährdung (Medikamente, Alkohol und andere Drogen). Innerbetrieblich muss unter Einbindung des Betriebsarztes ein Konzept entwickelt werden, um dieser Gefahr erfolgreich begegnen zu können.[65] 288

18.2.7.1 Biostoffverordnung – BioStoffV

Die „Verordnung über Sicherheit und Gesundheitsschutz bei Tätigkeiten mit biologischen Arbeitsstoffen (Biostoffverordnung – BioStoffV)" regelt den Schutz der Pflegefachpersonen beim gezielten und nicht gezielten Umgang mit biologischen Arbeitsstoffen. Biologische Arbeitsstoffe sind Mikroorganismen, die beim Menschen Infektionen oder allergisierende bzw. toxische Wirkungen hervorrufen können. Ein Risiko haben Pflegefachpersonen vor allem z. B. beim Verabreichen von Injektionen und der Wundversorgung. Die BioStoffV verlangt von den Einrichtungen die Durchführung einer Gefährdungsbeurteilung (§ 7 BioStoffV), deren Ergebnis unabhängig von der Anzahl der Beschäftigten zu dokumentieren ist. Die BioStoffV geht in diesem Punkt über die allgemeinen Anforderungen des ArbSchG zur Gefährdungsbeurteilung hinaus. 289

Aus der Gefährdungsbeurteilung leiten sich die erforderlichen Schutzmaßnahmen (§§ 10, 11 BioStoffV) ab: 290

65 Vgl. Gewerbeärztlicher Dienst (2017): Der Staatliche Gewerbearzt informiert. Betriebsärztliche Betreuung und arbeitsmedizinische Vorsorge in der ambulanten und stationären Pflege. Was ist darunter zu verstehen und welche Aufgaben hat der Betriebsarzt? Online: www.iaw.uni-bremen.de/pflege/pdf/baars.pdf. [abgerufen am 11.3.2018].

- **Vermeidung gefährlicher Verhaltensweisen**: Stichverletzungen sind im Pflegedienst eine häufige Ursache für Infektionskrankheiten. Vorbeugung vor Stichverletzungen mit benutzten Kanülen oder ähnlich verletzungsträchtigen Instrumenten ist deshalb oberstes Gebot, da es auch unerkannte Infektionsträger gibt. Für die Entsorgung gebrauchter Kanülen ist ein flüssigkeitsdichter, durchstichsicherer Behälter unverzichtbar. Besonders verletzungsträchtig ist das sogenannte „Recapping", wenn versucht wird, die gebrauchte Kanüle in die Schutzkappe zurückzustecken. Der ungeschützte Abwurf in Mülltüten oder andere nicht durchstichsichere Transportbehältnisse muss unterbleiben, damit nicht auch noch bei der Entsorgung Verletzungsgefahr durch aus dem Transportbehältnis herausragende spitze Gegenstände besteht. Sollte es trotz aller Vorsichtsmaßnahmen doch einmal zu einer Nadelstichverletzung gekommen sein, ist unbedingt einen Arzt aufzusuchen.
- **Arbeitsmedizinische Vorsorgeuntersuchungen**: Bei erhöhter Infektionsgefahr muss der Arbeitgeber alle betroffenen Personen vor Aufnahme und während der Tätigkeit arbeitsmedizinisch (siehe Kapitel „Arbeitsmedizinische Vorsorge") durch einen hierzu von den zuständigen Behörden speziell ermächtigten Arzt untersuchen und beraten lassen (§ 15 BioStoffV). Ziel dieser Untersuchung ist nicht die Feststellung der Freiheit von ansteckenden Krankheiten im Sinne eines Schutzes der Patienten, sondern die Beurteilung einer möglichen Gefährdung der Pflegefachperson und somit deren Schutz. Es soll durch gezielte Untersuchungen herausgefunden werden, ob die Pflegefachperson aufgrund besonderer Merkmale in erhöhtem Maße empfänglich für Infektionen ist, andererseits kann bei bestimmten Infektionskrankheiten durch gezielte Untersuchung festgestellt werden, ob eine Infektion bereits durchgemacht wurde und hieraus eine Immunität und damit ein Infektionsschutz resultiert. Inhalt der Untersuchungen und Anhaltspunkte zur ärztlichen Bewertung sowie zum Zeitpunkt der folgenden Nachuntersuchungen wurden in einem von den Unfallversicherungsträgern in einer Handlungsanleitung für die arbeitsmedizinische Vorsorge zusammengefasst – nach dem berufsgenossenschaftlichen Grundsatz G 42 „Tätigkeiten mit Infektionsgefährdung".[66]
- Über das Ergebnis der Untersuchung erhält der Arbeitgeber eine ärztliche Bescheinigung, aus der auch der Zeitpunkt der nächsten erforderlichen Untersuchung hervorgeht. Als Ergebnis wird dem Arbeitgeber lediglich mitgeteilt, ob gesundheitliche Bedenken gegen die Fortführung der Tätigkeit bestehen, nicht bestehen oder unter bestimmten Voraussetzungen nicht bestehen. Aufgrund der ärztlichen Schweigepflicht verbleiben die Untersuchungsbefunde grundsätzlich beim Betriebsarzt.

66 Online erhältlich: Deutsche Gesetzliche Unfallversicherung (DGUV): Handlungsanleitung für die arbeitsmedizinische Vorsorge. Nach dem Berufsgenossenschaflichen Grundsatz G 42 „Tätigkeiten mit Infektionsgefährdung". 2010. Online: www.publikationen.dguv.de/dguv/pdf/10002/i-504-42.pdf [abgerufen am 11.3.2018].

- **Impfungen:** Nach § 15 Abs. 4 BioStoffV sind den Beschäftigten Impfungen anzubieten, sofern eine Infektionsgefährdung besteht und eine Schutzimpfung verfügbar ist. Die Kosten der Impfung trägt der Arbeitgeber (siehe Kapitel „Arbeitsmedizinische Vorsorge").
- **Unterweisung:** Gefährdete Beschäftigte sind regelmäßig (spätestens jährlich) über die Infektionsgefahren sowie über die erforderlichen Schutzmaßnahmen und Verhaltensregeln zu unterweisen (§ 12 BioStoffV). Die Unterweisungen müssen dokumentiert werden. Daneben ist eine schriftliche Betriebsanweisung gleichen Inhalts zu erstellen und an geeigneter Stelle auszuhängen oder auszulegen.[67]

18.2.7.2 Lastenhandhabungsverordnung (LasthandhabV)

Pflegefachpersonen müssen schwere Patienten u. a. heben, stützen, umbetten und belasten damit ihren Rücken. Hier ist die LasthandhabV zu beachten, die Regelungen zur Sicherheit und zum Gesundheitsschutz bei der manuellen Handhabung von Lasten enthält. **291**

Der Arbeitgeber ist verpflichtet, Gefährdungen durch z. B. Heben von schweren Patienten mithilfe geeigneter Hebehilfen (z. B. sog. „kleine Hebehilfen" wie Patientenlifter, im weiteren Sinne auch höhenverstellbare Betten) oder organisatorische Maßnahmen (Durchführung zu zweit) zu verringern und die Pflegefachpersonen in der Verwendung der Hebehilfen und das richtige Hebeverhalten regelmäßig zu unterweisen. Hilfsmittel müssen am Einsatzort so verfügbar sein, dass ihr Einsatz keine Arbeitserschwernis beinhaltet. Ergänzend kommen auch Verfahren zur Aktivierung des Patienten wie z. B. Kinästhetik in Frage. Weiterhin muss der Arbeitgeber bei der Übertragung von Aufgaben bzw. der Unterweisung die individuelle (körperliche) Eignung der Pflegefachperson mitberücksichtigen (siehe hierzu Teil I Kap. 18.2). **292**

18.2.7.3 Gefahrstoffverordnung (GefStoffV)

Die GefStoffV regelt Arbeitsschutzmaßnahmen im Umgang mit Gefahrstoffen, welche z. B. durch den Kontakt im Einsatz mit Desinfektions- und Reinigungssubstanzen oder dem Applizieren von Medikamenten wie z. B. Zytostatika bestehen können. Schutzhandschuhe können keinen vollständigen Schutz gewähren und bergen zudem selbst Risiken durch die Feuchtigkeitsbelastung sowie Reizungen und Allergien der Haut. Hieraus resultiert die Vorgabe, gepuderte Latexhandschuhe aufgrund deren hohen Allergisierungspotentials zu ersetzen. **293**

67 Vgl. Gewerbeärztlicher Dienst (2017): Der Staatliche Gewerbearzt informiert. Betriebsärztliche Betreuung und arbeitsmedizinische Vorsorge in der ambulanten und stationären Pflege. Was ist darunter zu verstehen und welche Aufgaben hat der Betriebsarzt? Online: www.iaw.uni-bremen.de/pflege/pdf/baars.pdf. [abgerufen am 11.3.2018].

294 Der Arbeitgeber hat zunächst zu ermitteln, ob und welche gefährlichen Stoffe er verwendet und ob sich diese ggf. durch weniger gefährliche Stoffe ersetzen lassen. Anschließend sind die Pflegefachpersonen in schriftlicher (Betriebsanweisungen) und mündlicher Form (jährliche Unterweisungen) über mögliche Gesundheitsgefahren und geeignete Schutzmaßnahmen zu unterrichten.[68]

Biologische Arbeitsstoffe im Gesundheitswesen und in der Wohlfahrtspflege (TRBA 250)

Pflegerische Tätigkeiten sind der Schutzstufe 2 zugeordnet. Hierunter fallen Tätigkeiten, bei denen

- es regelmäßig und nicht nur in geringfügigem Umfang zum Kontakt mit potenziell infektiösem Material, wie Körperflüssigkeiten, -ausscheidungen oder -gewebe kommen kann,

oder

- eine offensichtliche sonstige Ansteckungsgefahr, etwa durch eine luftübertragene Infektion oder durch Stich- und Schnittverletzungen besteht.

Tätigkeiten, die der Schutzstufe 2 zugeordnet werden, sind z. B:

- Punktieren, Injizieren, Blutentnehmen,
- Legen von Gefäßzugängen,
- Entnehmen von Proben zur Diagnostik,
- Endoskopieren/Zystoskopieren,
- Katheterisieren,
- Operieren,
- Obduzieren,
- Nähen und Verbinden von Wunden,
- Intubieren, Extubieren,
- Absaugen respiratorischer Sekrete,
- Wechseln von Windeln und von mit Fäkalien verunreinigter Kleidung,
- Waschen, Duschen, Baden inkontinenter Patienten,
- Umgang mit fremdgefährdenden Menschen bei Gefahr von Biss- und Kratzverletzungen,

68 Vgl. Gewerbeärztlicher Dienst (2017): Der Staatliche Gewerbearzt informiert. Betriebsärztliche Betreuung und arbeitsmedizinische Vorsorge in der ambulanten und stationären Pflege. Was ist darunter zu verstehen und welche Aufgaben hat der Betriebsarzt? Online: www.iaw.uni-bremen.de/pflege/pdf/baars.pdf. [abgerufen am 11.3.2018].

- Zahnärztliche Behandlungen,
- Annahme und Desinfektion von kontaminierten Werkstücken in Dentallaboratorien,
- Umgang mit benutzten Instrumenten (Kanülen, Skalpelle),
- Umgang mit infektiösen bzw. potenziell infektiösen Abfällen,
- Umgang mit benutzter Wäsche von Patienten und Bewohnern (Ausziehen, Abwerfen, Sammeln), die mit Körperflüssigkeiten oder -ausscheidungen behaftet ist,
- Reinigen und Desinfizieren kontaminierter Flächen und Gegenstände,
- Arbeiten an kontaminierten Medizinprodukten (inkl. medizinischer Geräte), Hilfsmitteln (z. B. orthopädische Schuhe) und anderen Gegenständen, wenn diese aufgrund mangelnder Zugänglichkeit oder anderer nachvollziehbarer Gründe nicht vor Aufnahme der Tätigkeiten desinfiziert worden sind,
- Spritzenwechsel in Drogenambulanzen.

Um einer möglichen Gefährdung der Beschäftigten durch Infektionserreger entgegenzuwirken, hat der Arbeitgeber die erforderlichen Schutzmaßnahmen zu veranlassen.

Handwaschplatz

Den Beschäftigten sind leicht erreichbare Handwaschplätze mit fließendem warmem und kaltem Wasser, Spendern für Hautreinigungsmittel und Einmalhandtücher zur Verfügung zu stellen.

Die Handwaschbecken sind mit Armaturen auszustatten, welche ohne Handberührungen bedienbar sind. Geeignet sind z. B. haushaltsübliche Einhebelmischbatterien mit verlängertem Hebel, die mit dem Handgelenk bedienbar sind, oder selbstschließende Waschtisch-Armaturen (Druckknopf).

Hygienische Händedesinfektion

1. Dort wo eine hygienische Händedesinfektion erforderlich ist, sind Desinfektionsmittelspender bereitzustellen. Die Mindestanforderungen an einen hygienischen und sicheren Betrieb dieser Spender ist zu beachten.
2. Vor Verlassen des Arbeitsbereichs ist aus Gründen des Beschäftigtenschutzes nach

   - Patientenkontakt,
   - Kontakt zu potenziell infektiösen Materialien oder Oberflächen

   oder

   - Ausziehen der Schutzhandschuhe

eine hygienische Händedesinfektion durchzuführen.

Hinweis: Aus Patientenschutzgründen erfolgt eine hygienische Händedesinfektion auch vor Patientenkontakt bzw. vor aseptisch durchzuführenden Tätigkeiten.

Hautschutz und -pflege

Händewaschen ist grundsätzlich hautbelastend und daher auf ein notwendiges Minimum zu reduzieren. Auf den Vorrang der Desinfektion vor der Reinigung wird hingewiesen. Tätigkeiten in feuchtem Milieu führen zu einer erhöhten Hautbelastung. Der Arbeitgeber hat zu prüfen, ob solche Belastungen reduziert werden können. Insbesondere sollen Handschuhe nur so lange wie nötig getragen werden.

Der Arbeitgeber hat geeignete Hautschutz- und -pflegemittel zur Verfügung zu stellen. Er muss einen Hautschutzplan zur Auswahl von Präparaten für Hautreinigung, -schutz und -pflege erstellen und die Mitarbeiter in deren regelmäßiger und richtiger Anwendung unterweisen.

Wegen des Risikos einer Hautschädigung und wegen Perforationsgefahr sind Schutz- und OP-Handschuhe nur auf trockene Hände anzuziehen. Bei längerem Tragen von luftundurchlässigen Schutzhandschuhen können zusätzlich Unterziehhandschuhe aus Baumwolle oder aus anderen Geweben mit vergleichbaren Eigenschaften (Saugfähigkeit, Hautverträglichkeit) sinnvoll sein. Mitarbeitern, bei denen Hautschäden im Bereich der Unterarme und Hände vorliegen, ist eine Vorstellung beim Betriebsarzt anzuraten.

Oberflächen

Oberflächen (Fußböden, Arbeitsflächen, Oberflächen von Arbeitsmitteln) müssen leicht zu reinigen und beständig gegen die verwendeten Reinigungsmittel und gegebenenfalls Desinfektionsmittel sein.

Hygieneplan

Der Arbeitgeber hat für die einzelnen Arbeitsbereiche entsprechend der Gefährdungsbeurteilung neben geeigneten baulichen Voraussetzungen Maßnahmen zur Vermeidung einer Infektionsgefährdung in Form eines Hygieneplans schriftlich festzulegen und dessen Befolgung zu überwachen. Der Hygieneplan soll Regelungen zu Desinfektion, Reinigung und Sterilisation sowie zur Ver- und Entsorgung enthalten.

Nahrungs- und Genussmittel

Beschäftigte dürfen an Arbeitsplätzen, an denen die Gefahr einer Kontamination durch biologische Arbeitsstoffe besteht, keine Nahrungs- und Genussmittel zu sich nehmen oder lagern. Hierfür sind vom Arbeitgeber leicht erreichbare Pausenräume oder Pausenbereiche (abgetrennte Bereiche innerhalb von Räumen der Arbeitsstätte) zur Verfügung zu stellen.

Schmuck und Fingernägel

Bei Tätigkeiten, die eine hygienische Händedesinfektion erfordern, dürfen an Händen und Unterarmen z. B. keine

- Schmuckstücke,
- Ringe, einschließlich Eheringe,
- Armbanduhren,
- Piercings,
- künstlichen Fingernägel,
- sogenannten Freundschaftsbänder

getragen werden.

Fingernägel sind kurz und rund geschnitten zu tragen und sollen die Fingerkuppe nicht überragen. Lackierte Fingernägel können den Erfolg einer Händedesinfektion gefährden. Deswegen ist im Rahmen der Gefährdungsbeurteilung zu entscheiden, ob auf Nagellack verzichtet werden muss.

Umkleidemöglichkeiten und Arbeitskleidung

Der Arbeitgeber hat nach § 9 Absatz 1 Nummer 4 BioStoffV dafür zu sorgen, dass vom Arbeitsplatz getrennte Umkleidemöglichkeiten vorhanden sind, sofern Arbeitskleidung erforderlich ist; die Arbeitskleidung ist regelmäßig sowie bei Bedarf zu wechseln und zu reinigen. Die Beschäftigten haben die bereitgestellten Umkleidemöglichkeiten zu nutzen.

Jugendarbeits- und Mutterschutz

Der Arbeitgeber darf Jugendliche sowie werdende oder stillende Mütter mit Tätigkeiten mit biologischen Arbeitsstoffen nur beschäftigen, soweit dies mit den Bestimmungen des Jugendarbeitsschutzgesetzes und des Mutterschutzgesetzes mit zugehörigen Verordnungen, insbesondere den Mutterschutzverordnungen, vereinbar ist.

Toiletten

In Krankenhäusern, Praxen und sonstigen Einrichtungen, in denen regelmäßig Tätigkeiten der Schutzstufe 2 durchgeführt werden, müssen für die Beschäftigten und die Patienten gesonderte Toiletten vorhanden sein. Es ist darauf zu achten, dass die Toilettenräume ausreichend groß sind und entsprechend der Anzahl der Beschäftigten in angemessener Zahl zur Verfügung stehen.

Toiletten, die von Beschäftigten genutzt werden, müssen aus Gründen der Hygiene und des Infektionsschutzes bei Bedarf, mindestens aber arbeitstäglich, gereinigt und gegebenenfalls desinfiziert werden.

Studien zeigen, dass beim Spülvorgang erregerhaltige Aerosole freigesetzt werden können. Deshalb: Toilettendeckel vor dem Spülen runter.

Prävention von Nadelstichverletzungen

Beim Umgang mit benutzten medizinischen Instrumenten und Geräten sind Maßnahmen zu ergreifen, die eine Verletzungs- und Infektionsgefahr der Beschäftigten minimieren.

Dabei ist ein integrierter Ansatz zur Minimierung des Risikos von Nadelstichverletzungen (NSV) unter Ausschöpfung aller technischen, organisatorischen und persönlichen Maßnahmen notwendig. Dies schließt Fragen der Arbeitsorganisation und die Schaffung eines Sicherheitsbewusstseins sowie das Verfahren für die Erfassung von NSV und die Durchführung von Folgemaßnahmen mit ein.

Der Arbeitgeber hat fachlich geeignetes Personal in ausreichender Anzahl einzusetzen, um Stich- und Schnittverletzungen, z. B. durch Fehlbedienung aufgrund von Hektik, zu vermeiden. Vorrangig sind solche geeigneten und sicheren Arbeitsverfahren und Arbeitsmittel auszuwählen, die den Einsatz spitzer und scharfer medizinischer Instrumente überflüssig machen. Dies sind z. B.:

- Nadelfreie Infusionssysteme mit Rückschlagventil zur Konnektion mit Venenzugängen für das Zuspritzen von Medikamenten und für die Blutentnahme,
- Kunststoffkanülen für nadelfreies Aufziehen von Körperflüssigkeiten,
- Stumpfe Kanülen zum Spülen von Wurzelkanälen in der Endodontie,
- Stumpfe Rundkörper-Nadeln zum Nähen weniger dichter innerer Bindegewebe/ Faszien/Muskeln.

Ist der Einsatz spitzer und scharfer medizinischer Instrumente notwendig, sind Arbeitsgeräte mit Sicherheitsmechanismen (im Folgenden „Sicherheitsgeräte") zu verwenden, bei denen keine oder eine geringere Gefahr von Stich- und Schnittverletzungen besteht, soweit dies zur Vermeidung einer Infektionsgefährdung erforderlich und technisch möglich ist.

Sicherheitsgeräte sind bei folgenden Tätigkeiten bzw. in folgenden Arbeitsbereichen mit erhöhter Infektionsgefährdung oder Unfallgefahr einzusetzen:

- Behandlung und Versorgung von Patienten, die nachgewiesenermaßen durch Erreger der Risikogruppe 3 (einschließlich 3**) oder höher infiziert sind,
- Behandlung fremdgefährdender Patienten,
- Tätigkeiten im Rettungsdienst und in der Notfallaufnahme,
- Tätigkeiten in Krankenhäusern bzw. -stationen im Justizvollzug.

Unabhängig hiervon sind Sicherheitsgeräte bei allen Tätigkeiten einzusetzen, bei denen durch mögliche Stichverletzungen eine Infektionsgefahr besteht oder angenommen werden kann. Zu diesen Tätigkeiten gehören insbesondere

- Blutentnahmen,
- sonstige Punktionen zur Entnahme von Körperflüssigkeiten,
- Legen von Gefäßzugängen.

Bei allen sonstigen anfallenden Tätigkeiten hat der Arbeitgeber in der Gefährdungsbeurteilung das Unfallrisiko und das Infektionsrisiko zu bewerten und angemessene Maßnahmen zu treffen. Sofern von einem Infektionsrisiko auszugehen ist, das nicht durch organisatorische und persönliche Maßnahmen minimiert werden kann, sind vorrangig Sicherheitsgeräte einzusetzen.

Sicherheitsgeräte zur Verhütung von Stich- und Schnittverletzungen müssen folgende Eigenschaften erfüllen:

- Sie dürfen weder Patienten noch Beschäftigte gefährden.
- Sie müssen einfach und anwendungsorientiert zu benutzen sein.
- Der Sicherheitsmechanismus ist Bestandteil des Systems und kompatibel mit anderem Zubehör.

Die Aktivierung des Sicherheitsmechanismus muss:

- selbstauslösend sein oder einhändig erfolgen können,
- sofort nach Gebrauch möglich sein,
- einen erneuten Gebrauch ausschließen und
- durch ein deutliches Signal (fühlbar, sichtbar oder hörbar) gekennzeichnet sein.

Die Auswahl der Sicherheitsgeräte hat anwendungsbezogen zu erfolgen, insbesondere unter dem Gesichtspunkt der Handhabbarkeit und Akzeptanz durch die Beschäftigten.

Bei der Einführung der Sicherheitsgeräte ist sicherzustellen, dass die Beschäftigten in der Lage sind, diese richtig anzuwenden. Dazu ist es notwendig, über die Sicherheitsgeräte zu informieren und deren Handhabung in der praktischen Anwendung zu vermitteln.

Die Wirksamkeit der getroffenen Maßnahmen ist zu überprüfen. Dazu gehört auch ein Verfahren zur lückenlosen Erfassung und Analyse von NSV, um technische und organisatorische Unfallursachen erkennen und eine Abhilfe vornehmen zu können.

Gebrauchte Kanülen dürfen nicht in die Kanülenabdeckung (Schutzkappe) zurückgesteckt werden. Sie dürfen auch nicht verbogen oder abgeknickt werden, es sei denn, diese Manipulation dient der Aktivierung einer integrierten Schutzvorrichtung. Der Sicherheitsmechanismus darf nicht durch Manipulationen außer Kraft gesetzt werden.

Werden Tätigkeiten ausgeübt,

- die nach dem Stand der Technik eine Mehrfachverwendung des medizinischen Instruments erforderlich machen, z. B. bei der Lokalanästhesie in der Zahnmedizin,

und

- bei der die Kanüle in die Kanülenabdeckung zurückgesteckt werden muss, ist dies zulässig, wenn ein Verfahren angewendet wird, das ein sicheres Zurückstecken der Kanüle in die Kanülenabdeckung mit einer Hand erlaubt, z. B. Verwendung eines Schutzkappenhalters.

Das anzuwendende Verfahren ist in eine einer Arbeitsanweisung nach § 14 Absatz 4 Nummern 2 und 3 BioStoffV festzulegen.

Gebrauchte spitze und scharfe medizinische Instrumente einschließlich derer mit Sicherheitsmechanismus sind unmittelbar nach Gebrauch durch den Anwender in Abfallbehältnissen zu sammeln.

Die Abfallbehältnisse müssen den Abfall sicher umschließen. Dabei sind die Behälter so nah wie möglich am Verwendungsort der spitzen, scharfen oder zerbrechlichen medizinischen Instrumente aufzustellen. Sie dürfen nicht umgefüllt werden. Die Abfallbehältnisse müssen folgende Eigenschaften aufweisen:

- Sie sind fest verschließbare Einwegbehältnisse.
- Sie geben den Inhalt, z. B. bei Druck, Stoß, Fall, nicht frei.
- Sie sind durchdringfest.
- Ihre Beschaffenheit wird durch Feuchtigkeit nicht beeinträchtigt.
- Behältergröße und Einfüllöffnung sind abgestimmt auf das zu entsorgende Gut.
- Sie öffnen sich beim Abstreifen von Kanülen nicht.
- Sie sind eindeutig und verwechslungssicher als Abfallbehältnisse zu erkennen (Farbe, Form, Beschriftung).
- Die Abfallbehältnisse sind auf die Entsorgungskonzeption und auf die verwendeten Spritzensysteme (Abstreifvorrichtung für verschiedene Kanülenanschlüsse) abgestimmt.
- Ihre maximale Füllmenge ist angegeben, ihr Füllgrad ist erkennbar. Die DIN EN ISO 23907 beschreibt die Prüfanforderungen, die solche Abfallbehältnisse zu erfüllen haben.
- Gefüllte Abfallbehältnisse sind sicher zu entsorgen.

Bereitstellung und Einsatz Persönlicher Schutzausrüstung (PSA) (allgemein)

Der Arbeitgeber hat nach § 8 Absatz 4 Nummer 4 BioStoffV zusätzlich Persönliche Schutzausrüstung (PSA), einschließlich Schutzkleidung, gemäß den Nummern 4.2.7 bis 4.2.10 in ausreichender Stückzahl zur Verfügung zu stellen, wenn bauliche, technische und organisatorische Maßnahmen nicht ausreichen, um die Gefährdung durch Infektionserreger auszuschließen oder hinreichend zu verringern.

Die PSA ist auf der Grundlage des Ergebnisses der Gefährdungsbeurteilung auszuwählen. Die Beschäftigten sind bei der Auswahl der PSA in geeigneter Weise zu beteiligen. Der Einsatz belastender PSA ist auf das unbedingt erforderliche Maß zu beschränken und darf keine Dauermaßnahme sein.

Der Arbeitgeber hat die zur Verfügung gestellte PSA einschließlich geeigneter Schutzkleidung zu reinigen bzw. zu desinfizieren sowie instand zu halten und falls erforderlich sachgerecht zu entsorgen. Er hat die Voraussetzungen zu schaffen, dass PSA beim Verlassen des Arbeitsplatzes sicher abgelegt und getrennt von anderen Kleidungsstücken aufbewahrt werden kann.

Die Beschäftigten müssen die bereitgestellte PSA verwenden, solange eine Gefährdung besteht.

Schutzkleidung

Wenn bei einer Tätigkeit mit Kontaminationen der Arbeitskleidung gerechnet werden muss, ist eine vom Arbeitgeber gestellte Schutzkleidung zu tragen. Ein Kontakt mit Körperflüssigkeiten oder -ausscheidungen ist zu erwarten, z. B. beim Pflegen von Patienten

- mit Inkontinenz oder
- mit sezernierenden Wunden.

Die ausgewählte Schutzkleidung muss die Arbeitskleidung an allen Stellen bedecken, die tätigkeitsbedingt kontaminiert werden können. Bei möglicher Durchnässung der Kleidung bzw. des Schuhwerks ist vom Arbeitgeber gestellte flüssigkeitsdichte Schutzkleidung bzw. Fußbekleidung zu tragen.

Wird bei Tätigkeiten, bei denen nach Gefährdungsbeurteilung keine Schutzkleidung zu tragen ist, dennoch die Arbeitskleidung kontaminiert, ist sie zu wechseln und vom Arbeitgeber wie Schutzkleidung zu desinfizieren und zu reinigen.

Schutzkleidung oder kontaminierte Arbeitskleidung darf von den Beschäftigten nicht zur Reinigung nach Hause mitgenommen werden. Getragene Schutzkleidung ist von anderer Kleidung getrennt aufzubewahren. Pausen- und Bereitschaftsräume dürfen nicht mit Schutzkleidung oder kontaminierter Arbeitskleidung betreten werden.

Schutzhandschuhe

Wenn bei einer Tätigkeit mit einem Kontakt der Hände zu potenziell infektiösem Material gerechnet werden muss, sind Schutzhandschuhe zu tragen. Tätigkeiten mit möglichem Handkontakt zu Körperflüssigkeiten oder zu Körperausscheidungen können z. B. sein:

- Verbandswechsel,
- Blutabnahmen,
- Anlegen von Blasenkathetern,
- Waschen inkontinenter Patienten.

Als Handschuhe sind geeignet

- flüssigkeitsdichte, ungepuderte und allergenarme medizinische Handschuhe 5 mit einem Qualitätskriterium AQL (Accepted Quality Level) von 1,5 bei möglichem Kontakt zu Körperflüssigkeiten und -ausscheidungen;
- flüssigkeitsdichte, ungepuderte, allergenarme und zusätzlich reinigungs- bzw. desinfektionsmittelbeständige Schutzhandschuhe 6 mit verlängertem Schaft zum Umstülpen bei Reinigungs-und Desinfektionsarbeiten, damit das Zurücklaufen der kontaminierten Reinigungsflüssigkeit unter den Handschuh verhindert wird.

Das Tragen von flüssigkeitsdichten Handschuhen während eines erheblichen Teils der Arbeitszeit gilt als Feuchtarbeit. In Abhängigkeit von der Tätigkeit können weitere Handschuheigenschaften erforderlich sein.

Augen- und Gesichtsschutz

Wenn bei einer Tätigkeit mit Verspritzen oder Versprühen potenziell infektiöser Materialien oder Flüssigkeiten gerechnet werden muss und technische Maßnahmen keinen ausreichenden Schutz darstellen, ist der vom Arbeitgeber gestellte Augen- oder Gesichtsschutz zu tragen.

Dies kann beispielsweise der Fall sein bei:

- operativen Eingriffen, z. B. in der Gefäßchirurgie, in der Orthopädie (Fräsarbeiten an Knochen),
- endoskopischen Untersuchungsverfahren,
- Punktionen von Arterien,
- Intubationen, Extubationen, Trachealkanülenpflege und -wechsel,
- zahnärztlichen Tätigkeiten, wie Zahnsteinentfernen mit Ultraschall,
- Reinigung kontaminierter Instrumente von Hand oder mit Ultraschall,

- Tätigkeiten in der Pathologie, z. B. bei Arbeiten mit handgeführten Arbeitsmitteln oder bei der Kompression des Brustkorbes des Verstorbenen durch Anheben und Umlagern.

Als Augen- bzw. Gesichtsschutz sind z. B. geeignet

- Bügelbrille mit Seitenschutz, ggf. mit Korrekturgläsern,
- Überbrille,
- Korbbrille,
- Visier, Gesichtsschutzschild.

Atemschutz

Die geforderte Minimierung der Gefährdung durch luftübertragbare Krankheitserreger wird nach Ausschöpfung aller anderen technischen und organisatorischen Maßnahmen (insbesondere der Impfschutz der Beschäftigten, Hygienemaßnahmen) durch das Tragen von Atemschutz erreicht. Werden Patienten mit Verdacht auf eine Erkrankung durch luftübertragbare Erreger behandelt, hat der Arbeitgeber im Rahmen der Gefährdungsbeurteilung ein betriebsbezogenes Konzept zum Schutz der Beschäftigten vor luftübertragbaren Infektionen festzulegen.

Der Arbeitgeber hat für die zuvor genannten Zwecke geeignete FFP-Masken bereitzustellen. Durch filtrierende Halbmasken (FFP) kann eine Reduktion infektiöser Aerosole in der eingeatmeten Luft um bis zu 92 Prozent bei FFP2- und bis zu 98 Prozent bei FFP3-Masken erreicht werden.

Entscheidend für die Wirksamkeit der Maske ist neben den Filtereigenschaften vor allem der Dichtsitz der Maske. Die angegebenen Werte der Reduktion gelten nur für einen optimalen Sitz, der nur durch sorgfältiges, korrektes Aufsetzen erreicht wird. In der Regel stellt das Tragen einer gut angepassten FFP2-Maske einen geeigneten Schutz vor infektiösen Aerosolen, einschließlich Viren dar, da davon ausgegangen werden kann, dass diese an kleinste Tröpfchen oder Tröpfchenkerne gebunden sind.

Sind Patienten mit luftübertragbaren Krankheitserregern infiziert und müssen Tätigkeiten an diesen Patienten bzw. in deren Nähe ausgeführt werden, sind mindestens FFP2-Masken zu tragen. Solche Tätigkeiten sind z. B. die Versorgung und Pflege von Patienten mit Erkrankungen durch luftübertragbare Erreger, insbesondere wenn die Beschäftigten dabei Hustenstößen der Patienten ausgesetzt sein können. Auf das Tragen der FFP2-Masken kann im Einzelfall verzichtet werden, wenn bekannt ist, dass der betroffene Beschäftigte über einen ausreichenden Immunschutz, z. B. aufgrund einer Impfung, verfügt.

Mund-Nasen-Schutz (MNS) ist kein Atemschutz und kann nicht vor dem Einatmen von Aerosolen schützen, aber er ist ein wirksamer Schutz vor Berührung von Mund und Nase mit kontaminierten Händen. Werden Tätigkeiten an Patienten, die an luftübertragbaren Krankheiten erkrankt sind, ausgeführt und trägt der Patient einen

MNS, reicht für den Behandler das gleichzeitige Tragen eines MNS als geeignete Hygienemaßnahme in der Regel aus. Dies gilt nicht, wenn der Erreger der Risikogruppe 3 zugeordnet ist.

Das richtige Aufsetzen von FFP-Masken ist zu demonstrieren und zu üben. Hilfreich ist die Prüfung des Dichtsitzes mit Hilfe geeigneter Methoden (Fit-Test) während der Schulung.

Ambulante Pflege (Versorgung)

Einige dieser Tätigkeiten, z. B. Unterstützung beim An- und Auskleiden, sind mit Tätigkeiten der Schutzstufe 1, viele jedoch mit Tätigkeiten der Schutzstufe 2 vergleichbar, da es zu Kontakten mit potenziell infektiösem Material wie Blut, Exkreten, Sekreten, Ausscheidungen kommen kann.

Während der Pflege üben Beschäftigte auch Tätigkeiten im häuslichen Bereich der zu pflegenden Person aus. Dies können Privathaushalte sein oder in zunehmendem Maße auch neue Wohnformen wie ambulant betreute Wohngemeinschaften, in denen z. B. Demenzkranke betreut werden. Deswegen sind die Bedingungen innerhalb der „Kundenwohnung" in die Gefährdungsbeurteilung einzubeziehen. Die Bereitstellung von Schutzkleidung, Persönlicher Schutzausrüstung und Arbeitsmitteln erfolgt in der Regel in den Diensträumen des ambulanten Dienstes. Finden hier auch Tätigkeiten wie die Reinigung kontaminierter Arbeits- oder Schutzkleidung oder der PSA statt, sind diese in die Gefährdungsbeurteilung einzubeziehen.

Der Arbeitgeber hat in Arbeitsanweisungen Festlegungen zum Umgang mit Arbeitskleidung und persönlicher Schutzausrüstung sowie zu den erforderlichen Maßnahmen zur Hygiene und Desinfektion zu treffen. Während der Pflegetätigkeiten ist Arbeitskleidung zu tragen. Ist mit Kontaminationen der Arbeitskleidung zu rechnen, ist die vom Arbeitgeber gestellte Schutzkleidung sowie die jeweils notwendige persönliche Schutzausrüstung (Schutzhandschuhe, flüssigkeitsdichte Schürzen, FFP-Masken7 als Atemschutz, wenn infektiöse Aerosole freiwerden können) zu verwenden. Der Arbeitgeber hat festzulegen, bei welchen Tätigkeiten welche Schutzkleidung und Persönliche Schutzausrüstung (PSA) zu tragen ist. Er legt auch fest, wann Mund-Nasen-Schutz als Berührungsschutz erforderlich ist.

Kontaminierte Schutzkleidung und PSA sind – sofern es sich nicht um Einwegprodukte handelt – vom Arbeitgeber mit geeigneten Verfahren zu desinfizieren und zu reinigen. In der gleichen Weise ist mit kontaminierter Arbeitskleidung zu verfahren.

Behältnisse zum Sammeln kontaminierter Arbeitskleidung (z. B. mitwaschbarer ausreichend widerstandsfähiger Wäschesack) und benutzter wiederverwendbarer Schutzkleidung bzw. PSA sind vorzuhalten. Die notwendigen Hygienemaßnahmen sind entsprechend der Arbeitsanweisung umzusetzen, insbesondere die hygienische Händedesinfektion. Zudem sind den Beschäftigten Hautschutz- und -pflegemittel zur Verfügung zu stellen. Die Händedesinfektion soll tätigkeitsnah erfolgen. Dafür haben sich Kittelflaschen bewährt. Bei der Auswahl der Desinfektionsmittel ist neben dem Verwendungszweck und dem Wirkungsspektrum auch deren mögliche gesundheitsschädliche Wirkung zu berücksichtigen. Es sollte vertraglich sichergestellt sein, dass die vorhandene Waschgelegenheit im häuslichen Bereich des Pflegekunden genutzt werden kann.

Zur Vermeidung von Stich- und Schnittverletzungen sind Sicherheitsgeräte (Sicherheitslanzetten, Instrumente zur Blutabnahme mit Sicherheitsmechanismus) einzusetzen.

Zur Entsorgung verwendeter spitzer und scharfer Arbeitsgeräte sind die beschriebenen Behälter mitzuführen und zu benutzen. Gebrauchte Kanülen dürfen nicht in die Kanülenabdeckung zurückgesteckt werden. Auch Instrumente mit ausgelöstem Sicherheitsmechanismus müssen entsprechend entsorgt werden. Die Abfallbehältnisse können gegebenenfalls über den Hausmüll des Pflegekunden entsorgt werden. Für wiederverwendbare kontaminierte Arbeitsgeräte müssen geeignete Transportbehältnisse zur Verfügung stehen, falls die Geräte nicht vor Ort desinfiziert/aufbereitet werden können.

Treten besondere Infektionsgefährdungen aufgrund einer Erkrankung/Infektion des Pflegekunden/Patienten auf, sind weitergehende Schutzmaßnahmen unter Einbeziehung des Übertragungsweges im Rahmen der Gefährdungsbeurteilung festzulegen.

Umgang mit benutzter Wäsche

Benutzte Wäsche, die bei Tätigkeiten nach Nummer 3.4.2 Absatz 2 oder 3 anfällt, ist unmittelbar im Arbeitsbereich in ausreichend widerstandsfähigen und dichten sowie eindeutig gekennzeichneten Behältnissen zu sammeln. Eine Abstimmung zwischen den Arbeitsbereichen, in denen die Wäsche anfällt, und der Wäscherei ist zur richtigen Sammlung und Kennzeichnung erforderlich.

Entsorgung von Abfällen

Werden gefüllte Abfallbehältnisse bis zur weiteren Entsorgung zwischengelagert, müssen diese Sammelorte so gestaltet sein, dass durch die Art der Lagerung eine Gefährdung ausgeschlossen wird. Die Abfallbehältnisse müssen nach den Anforderungen der Entsorgung (transportfest, feuchtigkeitsbeständig, fest verschließbar) ausgewählt und für jedermann erkennbar gekennzeichnet sein. Beim innerbetrieblichen Transport der Abfälle zu zentralen Lagerstellen und Übergabestellen ist sicherzustellen, dass ein Austreten der Abfälle vermieden wird. Dabei ist der Aufbau des innerbetrieblichen Sammel- und Transportsystems auf die außerhalb der Einrichtung vorhandenen Entsorgungswege abzustimmen.

Multiresistente Erreger

Erreger mit Antibiotikaresistenzen, so genannte Multiresistente Erreger (MRE), unterscheiden sich bezüglich ihrer Übertragungswege und krankmachenden Wirkungen sowie ihrer Eigenschaften in der Umwelt und ihrer Empfindlichkeit gegenüber Desinfektionsmitteln nicht von gleichen Erregern ohne diese Resistenz. Für den Arbeitsschutz ist deshalb die strikte Einhaltung der allgemeinen Hygienemaßnahmen ausreichend.

Barriere-/Isolierungs-Maßnahmen allein können unzureichende oder nicht strikt eingehaltene allgemeine Hygienemaßnahmen nicht ersetzen. Werden Tätigkeiten durchgeführt, bei denen es Kontakt mit Körperflüssigkeiten kommt, z. B. bei Betreten des Patientenzimmers zum Austeilen von Essen, und dies auch akzidentiell, z. B. durch unkontrollierte Hustenstöße bei Tracheotomierten, nicht zu erwarten ist, ist keine persönliche Schutzausrüstung erforderlich. Sollte es bei diesen Tätigkeiten doch zu Kontakt mit Körperflüssigkeiten kommen, z. B. weil der Patient droht, aus dem Bett zu stürzen, so kann durch Wechsel gegebenenfalls kontaminierter Arbeitskleidung das Risiko der MRE-Übertragung vermieden werden. Beim Verlassen des Zimmers ist eine Händedesinfektion erforderlich.

Bei vorhersehbarem Kontakt zu Körperflüssigkeiten bei Tätigkeiten an MRE-tragenden Patienten sind Schutzmaßnahmen erforderlich, die dazu dienen, die Beschäftigten zu schützen und den Erreger innerhalb der Einrichtung nicht weiterzuverbreiten. Diese Maßnahmen müssen anhand individueller Risikoanalysen festgelegt werden. Ist ein Kontakt zu den Schleimhäuten von Nase oder Mund ausgeschlossen, ist ein Mund-Nasen-Schutz als Berührungsschutz im Allgemeinen entbehrlich.

Mit einem Auftreten von MRE in Arbeitsbereichen des Gesundheitswesens ist grundsätzlich immer zu rechnen. Treten in einem Bereich nachgewiesenermaßen MRE auf, sind die Schulungen gemäß Infektionsschutzgesetz und MedHygV8 sicherzustellen. Dies schließt auch die zeitnahe Kommunikation mit den jeweils an der Patientenbetreuung Beteiligten ein.

Im Patientenzimmer bereitgehaltene Schutzkleidung muss staub- und kontaminationsgeschützt sein.

An die Abfallentsorgung und Wäscheaufbereitung sind aus infektionspräventiver Sicht im Vergleich zu anderen Abfällen im Gesundheitswesen keine speziellen Anforderungen zu stellen.

18.3 Mutterschutzgesetz/Mutterschutzverordnung

295 Mutterschutzgesetz und Mutterschutzverordnung legen Beschäftigungsverbote für werdende oder stillende Mütter bei bestimmten Einwirkungen fest, die dazu führen, dass der Einsatzbereich dieser Pflegefachpersonen erheblich eingeschränkt ist (z. B. Infektionsgefahr, Heben und Tragen, bestimmte Körperhaltungen, ggf. Gefahrstoffe). Eventuell verbleibende Einsatzmöglichkeiten müssen mit dem Betriebsarzt abgesprochen werden.

18.4 Unfallverhütung

Der Arbeitgeber hat die erforderlichen Maßnahmen zur Verhütung von Arbeitsunfällen, Berufskrankheiten und arbeitsbedingten Gesundheitsgefahren sowie für eine wirksame Erste Hilfe zu treffen. (§ 2 DGUV Vorschrift 1). 296

Zudem hat der Arbeitgeber eine Beurteilung der für die Versicherten mit ihrer Arbeit verbundenen Gefährdungen entsprechend § 5 Absatz 2 und 3 Arbeitsschutzgesetz zu ermitteln (siehe oben), welche Maßnahmen erforderlich sind. Entsprechend § 6 Absatz 1 Arbeitsschutzgesetz ist das Ergebnis der Gefährdungsbeurteilung die festgelegten Maßnahmen und das Ergebnis ihrer Überprüfung zu dokumentieren. Der Arbeitgeber hat dem Unfallversicherungsträger alle Informationen über die im Betrieb getroffenen Maßnahmen des Arbeitsschutzes auf Wunsch zur Kenntnis zu geben (§ 3 DGUV Vorschrift 1).

Der Arbeitgeber hat die Arbeitnehmer über Sicherheit und Gesundheitsschutz bei der Arbeit, insbesondere über die mit ihrer Arbeit verbundenen Gefährdungen und die Maßnahmen zu ihrer Verhütung, zu unterweisen; die Unterweisung muss erforderlichenfalls wiederholt werden, mindestens aber einmal jährlich erfolgen; sie muss dokumentiert werden. 297

Der Arbeitgeber hat den Arbeitnehmern die für ihren Arbeitsbereich oder für ihre Tätigkeit relevanten Inhalte der geltenden Unfallverhütungsvorschriften und Regeln der Unfallversicherungsträger sowie des einschlägigen staatlichen Vorschriften- und Regelwerks in verständlicher Weise zu vermitteln (§ 4 DGUV Vorschrift 1). 298

Die Arbeitnehmer sind verpflichtet, nach ihren Möglichkeiten sowie gemäß der Unterweisung und Weisung des Arbeitgebers für ihre Sicherheit und Gesundheit bei der Arbeit sowie für Sicherheit und Gesundheitsschutz der Patienten zu sorgen, die von ihren Handlungen oder Unterlassungen betroffen sind. Die Arbeitnehmer haben die Maßnahmen zur Verhütung von Arbeitsunfällen, Berufskrankheiten und arbeitsbedingten Gesundheitsgefahren sowie für eine wirksame Erste Hilfe zu unterstützen und die entsprechenden Anweisungen des Arbeitgebers zu befolgen. Die Arbeitnehmer dürfen erkennbar gegen Sicherheit und Gesundheit gerichtete Weisungen nicht befolgen. Mitarbeiter dürfen sich durch den Konsum von Alkohol, Drogen, Medikamente oder anderen berauschenden Mitteln nicht in einen Zustand versetzen, durch den sie sich selbst oder andere gefährden können (§ 15 DGUV Vorschrift 1). 299

Der Arbeitgeber hat Vorkehrungen zu treffen, dass alle Arbeitnehmer, die einer unmittelbaren erheblichen Gefahr ausgesetzt sind oder sein können, möglichst frühzeitig über diese Gefahr und die getroffenen oder zu treffenden Schutzmaßnahmen unterrichtet werden. Bei unmittelbarer erheblicher Gefahr für die eigene Sicherheit oder die Sicherheit anderer Personen müssen die Arbeitnehmer die geeigneten Maßnahmen zur Gefahrenabwehr und Schadensbegrenzung selbst 300 treffen können, wenn der zuständige Vorgesetzte nicht erreichbar ist; dabei sind die Kenntnisse der Arbeitnehmer und die vorhandenen technischen Mittel zu berücksichtigen.

301 Der Arbeitgeber hat Maßnahmen zu treffen, die es den Arbeitnehmern bei unmittelbarer erheblicher Gefahr ermöglichen, sich durch sofortiges Verlassen der Arbeitsplätze in Sicherheit zu bringen (§ 21 DGUV Vorschrift 1).

302 Der Arbeitnehmer hat dem Arbeitgeber jede von ihnen festgestellte unmittelbare erhebliche Gefahr für die Sicherheit und Gesundheit sowie jeden an den Schutzvorrichtungen und Schutzsystemen festgestellten Defekt unverzüglich zu melden. Unbeschadet dieser Pflicht sollen die Arbeitnehmer von ihnen festgestellte Gefahren für Sicherheit und Gesundheit und Mängel an den Schutzvorrichtungen und Schutzsystemen auch der Fachkraft für Arbeitssicherheit, dem Betriebsarzt oder dem Sicherheitsbeauftragten mitteilen. Stellt ein Arbeitnehmer fest, dass im Hinblick auf die Verhütung von Arbeitsunfällen, Berufskrankheiten und arbeitsbedingten Gesundheitsgefahren:

- ein Arbeitsmittel oder eine sonstige Einrichtung einen Mangel aufweist,
- Arbeitsstoffe nicht einwandfrei verpackt, gekennzeichnet oder beschaffen sind oder
- ein Arbeitsverfahren oder Arbeitsabläufe Mängel aufweisen,

303 hat er, soweit dies zu seiner Arbeitsaufgabe gehört und er über die notwendige Befähigung verfügt, den festgestellten Mangel unverzüglich zu beseitigen. Andernfalls hat er den Mangel dem Vorgesetzten unverzüglich zu melden (hierzu Kapitel Überlastungsanzeigen).

304 Der Arbeitgeber hat Maßnahmen zu planen, zu treffen und zu überwachen, die insbesondere für den Fall des Entstehens von Bränden, von Explosionen, des unkontrollierten Austretens von Stoffen und von sonstigen gefährlichen Störungen des Betriebsablaufs geboten sind. Er hat eine ausreichende Anzahl von Arbeitnehmer durch Unterweisung und Übung mit dem Umgang mit Feuerlöscheinrichtungen zur Bekämpfung von Entstehungsbränden vertraut zu machen (§ 22 DGUV Vorschrift 1).

305 Der Arbeitgeber hat dafür zu sorgen, dass für die Erste-Hilfe-Leistung Ersthelfer mindestens in folgender Zahl zur Verfügung stehen:

- Bei zwei bis zu 20 anwesenden Versicherten ein Ersthelfer,
- bei mehr als 20 anwesenden Versicherten
- in Verwaltungs- und Handelsbetrieben fünf Prozent,
    - in sonstigen Betrieben zehn Prozent,
    - in Kindertageseinrichtungen ein Ersthelfer je Kindergruppe,
    - in Hochschulen zehn Prozent der Versicherten

Von der Zahl der Ersthelfer kann im Einvernehmen mit dem Unfallversicherungs- 306
träger unter Berücksichtigung der Organisation des betrieblichen Rettungswesens und der Gefährdung abgewichen werden.

Der Arbeitgeber hat dafür zu sorgen, dass zur Ersten Hilfe und zur Rettung aus 307
Gefahr die erforderlichen Einrichtungen und Sachmittel sowie das erforderliche Personal zur Verfügung stehen. Nach einem Unfall hat der Arbeitgeber dafür Sorge zu tragen, dass unverzüglich Erste Hilfe geleistet und eine erforderliche ärztliche Versorgung veranlasst wird. Weiterhin hat er dafür zu sorgen, dass Verletzte sachkundig transportiert werden. Der Arbeitgeber muss im Rahmen seiner Möglichkeiten darauf hinwirken, dass der Verunfallte einem Durchgangsarzt vorgestellt wird. Es sei denn, der erstbehandelnde Arzt hat festgestellt, dass die Verletzung nicht über den Unfalltag hinaus zur Arbeitsunfähigkeit führt oder die Behandlungsbedürftigkeit voraussichtlich nicht mehr als eine Woche beträgt (siehe hierzu Teil I Kap. 18.8) oder der Verunfallte bei einer schweren Verletzung einer BG-Unfallklinik zugeführt wird. Bei Vorliegen einer Augen- oder Hals-, Nasen-, Ohrenverletzung muss das Opfer dem nächsterreichbaren Facharzt zugeführt werden, es sei denn, dass sich die Vorstellung durch eine ärztliche Erstversorgung erübrigt hat. Der Arbeitgeber hat dafür zu sorgen, dem Versicherten durch Aushänge der Unfallversicherungsträger oder anderer geeigneter schriftlicher Form Hinweise über die Erste Hilfe und Angaben über Notruf, Erste-Hilfe- und Rettungs-Einrichtungen, über das Erste-Hilfe-Personal sowie über herbeizuziehende Ärzte und anzufahrende Krankenhäuser gemacht werden. Die Hinweise und die Angaben sind aktuell zu halten. Auch hat er dafür zu sorgen, dass jede Erste-Hilfe-Leistung dokumentiert (Verbandbuch) und diese Dokumentation fünf Jahre lang verfügbar gehalten wird. Die Dokumente sind vertraulich zu behandeln (§ 24 DGUV Vorschrift 1)

Der Arbeitgeber darf als Ersthelfer nur Personen einsetzen, die bei einer von dem 308
Unfallversicherungsträger für die Ausbildung zur Ersten Hilfe ermächtigten Stelle ausgebildet worden sind oder über eine sanitätsdienstliche/rettungsdienstliche Ausbildung bzw. eine abgeschlossene Ausbildung in einem Beruf des Gesundheitswesens verfügen, z. B. Pflegefachpersonen. Der Arbeitgeber hat dafür zu sorgen, dass die Ersthelfer in der Regel in Zeitabständen von zwei Jahren fortgebildet werden. Personen mit einer sanitätsdienstlichen/rettungsdienstlichen Ausbildung oder einer entsprechenden Qualifikation in einem Beruf des Gesundheitswesens gelten als fortgebildet, wenn sie an vergleichbaren Fortbildungsveranstaltungen regelmäßig teilnehmen oder bei ihrer beruflichen oder ehrenamtlich sanitätsdienstlichen/rettungsdienstlichen Tätigkeit regelmäßig Erste-Hilfe-Maßnahmen durchführen. Der Arbeitgeber hat sich Nachweise über die Fortbildung vorlegen zu lassen. Im Rahmen ihrer Unterstützungspflichten haben sich Arbeitnehmer zum Ersthelfer ausbilden und in der Regel in Zeitabständen von zwei Jahren fortbilden zu lassen. Sie müssen sich nach der Ausbildung für Erste-Hilfe-Leistungen zur Verfügung stellen (§ 28 DGUV Vorschrift 1).

309 Der Arbeitgeber hat dafür zu sorgen, dass mindestens ein Betriebssanitäter zur Verfügung steht, wenn

- in einer Betriebsstätte mehr als 1.500 Versicherte anwesend sind,
- in einer Betriebsstätte 1.500 oder weniger, aber mehr als 250 Versicherte anwesend sind sowie Art, Schwere und Zahl der Unfälle den Einsatz von Sanitätspersonal erfordern,

310 In Unternehmen kann im Einvernehmen mit dem Unfallversicherungsträger von Betriebssanitätern abgesehen werden, sofern ihr Einsatz nicht nach Art, Schwere und Zahl der Unfälle erforderlich ist. Der Arbeitgeber darf als Betriebssanitäter nur Personen einsetzen, die von Stellen ausgebildet worden sind, welche von dem Unfallversicherungsträger in personeller, sachlicher und organisatorischer Hinsicht als geeignet beurteilt werden.

311 Der Arbeitgeber darf als Betriebssanitäter nur Personen einsetzen, die

1. an einer Grundausbildung und
2. an einem Aufbaulehrgang

für den betrieblichen Sanitätsdienst teilgenommen haben.

312 Als Grundausbildung gilt auch eine mindestens gleichwertige Ausbildung wie z. B. als Pflegefachperson oder eine die Sanitätsaufgaben einschließende Berufsausbildung. Für die Teilnahme an dem Aufbaulehrgang darf eine an der Grundausbusbildung als Betriebssanitäter nicht mehr als zwei Jahre zurückliegen; soweit auf Grund der Ausbildung eine entsprechende berufliche Tätigkeit ausgeübt wurde, ist die Beendigung derselben maßgebend. Der Arbeitgeber hat dafür zu sorgen, dass die Betriebssanitäter regelmäßig innerhalb von drei Jahren fortgebildet werden (§ 27 DGUV Vorschrift 1).

313 Arbeitnehmer haben unverzüglich jeden Unfall der zuständigen betrieblichen Stelle zu melden (§ 28 DGUV Vorschrift 1).

18.5 Meldung von Arbeitsunfällen und Berufskrankheiten

314 Anzeigepflichtig ist der Arbeitgeber oder sein Bevollmächtigter. Bevollmächtigte sind Personen, die vom Arbeitgeber zur Erstattung der Anzeige beauftragt sind, z. B. die Personalabteilung. Die Anzeige ist innerhalb von drei Tagen nach Kenntnis schriftlich zu erstatten, wenn ein Arbeitsunfall oder ein Wegeunfall (z. B. Unfall auf dem Weg zwischen Wohnung und Arbeitsstätte) eine Arbeitsunfähigkeit von mehr als drei Kalendertagen oder den Tod eines Versicherten zur Folge hat. Die betroffene Pflegefachperson kann eine Kopie der Anzeige verlangen. Die Fachkraft für Arbeitssicherheit und der Betriebsarzt sind durch den Unternehmer oder seinen Bevollmächtigen über die Unfallanzeige zu informieren.

Bei Berufskrankheiten ist die schriftliche Anzeige binnen drei Tagen zu erstatten, nachdem der Arbeitgeber von den Anhaltspunkten für eine Berufskrankheit Kenntnis erlangt hat. Für jeden Erkrankungsfall ist eine gesonderte Anzeige auszufüllen. Auch wenn die Berufskrankheit plötzlich wie ein Arbeitsunfall auftritt, ist die Berufskrankheits-Anzeige und nicht eine Unfall-Anzeige zu verwenden. Die Anzeige ist vom Betriebsrat mit zu unterzeichnen. Die Sicherheitsfachkraft und der Betriebsarzt sind über jede Anzeige in Kenntnis zu setzen. Auf Verlangen des betroffenen Arbeitnehmers ist der Arbeitgeber verpflichtet, diesem eine Kopie der Anzeige zu überlassen. **315**

Raubüberfälle müssen so schnell als möglich, hier ausnahmsweise auch telefonisch, an den zuständigen Unfallversicherer durch den Arbeitgeber gemeldet werden, auch wenn es zu keinen äußerlich sichtbaren Verletzungen gekommen ist und keine Arbeitsunfähigkeitsbescheinigung vorliegt. So kann die betroffene Pflegefachperson schnell betreut und möglichen gesundheitlichen Folgen vorgebeugt werden. **316**

Nach einem Arbeits- oder Wegeunfall sollte die verletzte Pflegefachperson unbedingt einen Arzt aufsuchen und hat jetzt den Status eines Privat-Patienten. **317**

Jeder an der vertragsärztlichen Versorgung teilnehmende Arzt, somit jeder Haus- und Facharzt, darf Unfallverletzte nach Arbeitsunfällen/Wegeunfällen behandeln. (§ 4 Vertrag Ärzte/Unfallversicherungsträger). Jeder Haus- oder Facharzt darf Arzneimittel, Verbandsstoffe oder häusliche Krankenpflege auf Kosten der Unfallversicherung verordnen (§§ 19, 21 Vertrag Ärzte/Unfallversicherungsträger). Alle Verordnungen sind von der gesetzlichen Zuzahlung befreit. **318**

Dabei ist zu beachten, dass Unfallverletzte einem Durchgangsarzt zwingend vorzustellen sind, wenn **319**

- die Unfallverletzung über den Unfalltag hinaus zur Arbeitsunfähigkeit führt, d. h. der Haus-oder Facharzt darf nur für den Unfalltag eine Arbeitsunfähigkeit ausstellen, oder
- die notwendige ärztliche Behandlung voraussichtlich über eine Woche andauert, oder
- Heil- und Hilfsmittel zu verordnen sind, oder
- es sich um eine Wiedererkrankung aufgrund von Unfallfolgen handelt (§ 26 Vertrag Ärzte/Unfallversicherungsträger)

Vielfach wird der Unfallverletzte nach der ergänzenden durchgangsärztlichen Untersuchung dem vorstellenden Haus- oder Facharzt zur weiteren Behandlung zurücküberwiesen. Sofern erforderlich, begleitet der Durchgangsarzt den Heilverlauf an bestimmten Terminen (Nachschau). Werden Heil- und Hilfsmittel erforderlich, kann der Durchgangsarzt diese bei der Nachschau verordnen. **320**

321 Unfallverletzte mit isolierten Augenverletzungen oder Hals-, Nasen-, Ohrenverletzungen sind direkt einem entsprechenden Facharzt vorzustellen, der hier nun automatisch als Durchgangsarzt tätig wird.[69]

322 Eine ärztliche Unfallmeldung mit Arztvordruck F 1050 ist von dem behandelnden Arzt auszufüllen. Die Feststellungen des Arztes sind bedeutsam für die rechtliche Entscheidung des Unfallversicherungsträgers, ob ein Arbeitsunfall vorliegt und welche Leistungen dem Unfallverletzten zustehen. Deshalb sind eine sorgfältige Befragung des Unfallverletzten und ebenso eine sorgfältige Dokumentation/Berichterstattung und umgehende Übersendung der ärztlichen Unfallmeldung (Arztvordruck F 1050) an den zuständigen Unfallversicherungsträger wichtig.

323 Der behandelnde Arzt ist verpflichtet, die erforderlichen Daten insbesondere zu Unfallhergang und sonstigen erheblichen Umständen, zu Art und Umfang der Verletzungen (Befunde, Diagnosen) sowie zu den durchgeführten Behandlungsmaßnahmen zu erheben und bei Bedarf zu übermitteln (§ 5 Vertrag Ärzte/Unfallversicherungsträger).

324 Der behandelnde Mediziner erstattet am Tage der ersten Inanspruchnahme durch den Unfallverletzten, spätestens am nächsten Werktag, dem Unfallversicherungsträger die Ärztliche Unfallmeldung nach Formtext F 1050 (§ 14 Vertrag Ärzte/Unfallversicherungsträger).

325 Der erstversorgende Arzt erstattet auf Verlangen des Unfallversicherungsträgers diesem Bericht über den Zustand des Unfallverletzten und die Art der geleisteten Versorgung (§ 15 Vertrag Ärzte/Unfallversicherungsträger).

326 Der behandelnde Arzt informiert den Unfallversicherungsträger (§ 16 Vertrag Ärzte/Unfallversicherungsträger) am Tag der Feststellung, spätestens am nächsten Werktag über folgende Sachverhalte:

- Unerwartete Heilkomplikationen,
- fehlender Heilungsfortschritt,
- Verlegung,
- wesentliche Änderung der Diagnose,
- Notwendigkeit orthopädischer Schuhversorgung,
- Notwendigkeit prothetischer Versorgung,
- Notwendigkeit häuslicher Krankenpflege (siehe § 19),
- Abbruch der Heilbehandlung seitens des Unfallverletzten,
- ungenügende Unterstützung bzw. fehlende Mitwirkung des Unfallverletzten bei der Durchführung der Heilbehandlung.

327 Der behandelnde Arzt gibt dem Unfallversicherungsträger frühzeitig einen Hinweis, wenn eine Belastungserprobung oder Arbeitstherapie angezeigt ist oder die

69 Deutsche Gesetzliche Unfallversicherung (DGUV) Landesverbände (2017): Erstversorgung. Online: http://www.dguv.de/landesverbaende/de/med_reha/erstversorgung/index.jsp. [abgerufen am 11.3.2018].

Einleitung von Maßnahmen der Arbeits- und Berufsförderung/schulischen Förderung notwendig erscheint bzw. Probleme bei der beruflichen Wiedereingliederung zu erwarten sind (§ 17 Vertrag Ärzte/Unfallversicherungsträger).

18.6 Übergriffe durch Patienten

Aggressives Verhalten wird als Teil des Krankheitsbildes der Patienten angesehen. 328
Übergriffe in der Pflege werden somit oft als hinzunehmendes Berufsrisiko angesehen. Aber jeder Mitarbeiter hat ein Recht auf Leben und körperliche Unversehrtheit. Niemand muss Angriffe auf seine Person als berufliches Risiko hinnehmen. Doch häufig sind Gewalterlebnisse mit Scham verbunden und mit einem Tabu belegt, weil die Meinung vorherrscht, dass Profis diese Übergriffe „aushalten" müssen. Dabei können sich dadurch langfristige Gesundheitsstörungen bis hin zur Arbeitsunfähigkeit herausbilden – etwa in Form von posttraumatischen Belastungsstörungen, Depressionen oder psychosomatischen Erkrankungen.[70]

Jeder Vorfall sollte dokumentiert und im Team aufgearbeitet werden. Pflegefach- 329
personen sollten in Deeskalationstechniken geübt sein und Handgriffe beherrschen, um körperliche Attacken von Patienten abwehren zu können. Der Arbeitgeber sollte eine Rettungskette installieren, damit der Pflegefachperson sofort Hilfe zuteilwird, wenn diese in Not gerät, z. B. Notfallmelder oder Paniktaste.

Außerdem kann sich die eingesetzte Pflegefachperson im Rahmen der Notwehr 330
verteidigen. Die Rechte werden hier dargelegt (Teil III Kap. 1. 6).

Die betroffene Pflegefachperson muss sich zudem an den Vorgesetzten wenden. 331
Hier ist dann im Einzelfall zu prüfen, welche Möglichkeiten bestehen, auf den Patienten einzuwirken, um die entsprechenden Übergriffe zu stoppen. Handelt es sich um eine Schwierigkeit, die sich auf die Person der bis dato eingesetzten Pflegefachperson bezieht, so wird naheliegend sein, die betroffene Pflegefachperson abzuziehen. Ist der Patient nicht einsichtig, so sollte die personelle Ausstattung verstärkt werden, um den einzelnen Mitarbeiter vor Übergriffen zu schützen. Gegebenenfalls sind auch Maßnahmen der Freiheitsentziehung notwendig. Der Rahmen hierfür wird in diesem Buch geklärt (siehe hierzu Teil I Kap. 18.9 und Kap. 18.10).

70 Vgl. BGW: Gewalt richtet sich oft gegen Pflegekräfte. 2015. Online: https://www.bgw-online.de/DE/UeberUns/Infoletter/2015-5/Gewalt-gegen-Pflegekraefte.html [abgerufen am 11.3.2018].

18.7 Übergriffe durch Kollegen

332 Neben Übergriffen durch Patienten sind auch zwischenmenschliche Schwierigkeiten unter Kollegen möglich. Zwei der häufigsten Fälle sollen hier besprochen werden:

18.7.1 Mobbing

333 Dabei ist erst einmal der Begriff des Mobbings vorsichtig zu verwenden. Mobbing ist nicht ein normaler Konflikt am Arbeitsplatz. Voraussetzung ist, dass das Mobbing ein von Einschüchterung geprägtes Verhalten ist. Bei dessen Definition tun sich die Gerichte immer noch schwer. Vorausgesetzt wird aber, dass es sich nicht um ein einmaliges, sondern um ein fortdauerndes Verhalten handeln muss. Auch wesentlich ist, dass eine gewisse Systematik, also ein gezieltes Handeln, vorausgesetzt wird, das ein bestimmtes Umfeld erreichen soll.[71] Ob die Grenze zum Mobbing erreicht ist, wird man in der Regel nur feststellen können, indem man ein Mobbing-Tagebuch führt. Hierzu gibt es Übersichten, die typisches Mobbinghandeln aufführen und so dem Geschädigten die Möglichkeit geben, die meist kaum in Worte zu fassenden Handlungen zu protokollieren. So schwer es fallen mag – ohne ein Mobbing-Tagebuch, in dem nach möglichen Beweismitteln gefragt wird, ist ein Mobbing-Verfahren so gut wie nicht zu führen. Zu oft wird sich der Gemobbte am Ende selbst schaden, wenn er ins Blaue hinein den Vorwurf des Mobbings aufstellt und dieses verfolgen lassen will. Denn es gilt, wie so oft im Recht: Wer nicht beweisen kann, was er behauptet, fällt mit seiner Behauptung durch und verliert den Prozess. Gerade beim Mobbing ist typisch, dass der Gemobbte kaum darauf bauen kann, dass die Kollegen gerne und bereitwillig als Zeugen aussagen.

334 Ein gut geführtes Mobbing-Tagebuch gibt im Übrigen auch dem qualifizierten Anwalt, den man in diesem Falle sicherlich einschalten sollte, die Möglichkeit zu entscheiden, ob ein Verfahren Aussicht auf Erfolg hat und ob ein Mobbing vorliegt oder nicht vielmehr berechtigte Kritik, auf die überempfindlich reagiert wird. Letzteres ist in der Anwaltspraxis nicht ganz unüblich.

335 Für den Arbeitgeber gilt insofern, dass abgesehen von den gleich darzustellenden rechtlich möglichen Konsequenzen, der Arbeitgeber auf jeden Vorwurf von Mobbing, der im Unternehmen erhoben wird, reagieren muss. Denn egal, ob tatsächlich Mobbing vorliegt oder sich der betroffene Arbeitnehmer nur entsprechend belästigt fühlt: Mobbing führt dazu, dass die Arbeitsleistung der Mitarbeiter sowohl in der Qualität als auch in der Quantität sinkt. Die Arbeitnehmer beginnen, sich mit sich selbst zu beschäftigen. In extremen Fällen lassen die Kollegen den gemobbten Mitarbeiter ins offene Messer laufen und halten Fehler nicht auf, um die Reputation des gemobbten Mitarbeiters zu schwächen.

71 BAG vom 25.10.2007, Az. 8 AZR 593/06.

Mobbing muss also für den Arbeitgeber ein Interventionsgrund sein. Wie er reagiert, mit Mitarbeitergesprächen, einer Mediation oder sonstigen Möglichkeiten, ist den betrieblichen Belangen geschuldet. Es hat aber etwas zu geschehen.

18.7.2 Sexuelle Übergriffe durch Patienten

Neben allen Handlungen, die nach dem 13. Abschnitt des Strafgesetzbuches (StGB) Straftaten sind, werden auch „Handlungen unterhalb der Schwelle der Strafbarkeit, die im erzieherischen sowie im betreuenden oder pflegerischen Umgang mit Kindern und Jugendlichen und erwachsenen Schutzbefohlenen eine Grenzverletzung darstellen“, als sexualisierte Gewalt bezeichnet.[72] 336

Grenzverletzung ist einmaliges oder gelegentliches unangemessenes Verhalten, das meist unbeabsichtigt geschieht. Maßstab für die Bewertung ist neben objektiven Kriterien auch das subjektive Erleben der Betroffenen. 337

Sexuelle Übergriffe sind wiederholte beabsichtigte Grenzverletzungen, bei denen abwehrende Reaktion der Betroffenen sowie Kritik Dritter missachtet wird. 338

Die Erscheinungsformen sexualisierter Gewalt sind vielfältig. Dies kann mit eindeutigen Worten, Gesten, Bildern, Symbolen oder Entzug der Lebensgrundlagen geschehen. Das Ziel ist Einschüchterung, Angst oder gar Belohnung. Bei der betroffenen Pflegefachperson kann dies Schuldgefühle auslösen und hierin seine Ausprägung finden: falsches und nachlässiges Verhalten, Schuldzuweisung, Stimmungsschwankungen plötzlich und emotionalen Charakters ohne ersichtlichen Grund, Vertrauensverlust in den sachlichen Arbeitsplatz und die schützende Rolle der Pflegekraft, distanziertes Verhalten bis Ablehnung gegenüber alten Menschen und Rückzug in ein asexuelles Leben[73]. 339

Soziale Isolation: Interessenlosigkeit, Enttäuschung, Traurigkeit, Antriebslosigkeit, Infragestellung des Lebens 340

Auf folgende Frühwarnsymptome, welche oft assoziiert sind mit dementiellen oder psychiatrischen Erkrankungen, sollte geachtet werden: 341

- unnötige Unselbstständigkeit
- absichtliches Einnässen
- Boykottieren der nötigen Pflegehandlungen
- permanentes Klagen und Nörgeln
- maßlos überzogene Erwartungs- und Forderungshaltung

72 Angelehnt an Sekretariat der Deutschen Bischofskonferenz (2013): Prävention gegen sexualisierte Gewalt an Minderjährigen und erwachsenen Schutzbefohlenen im Bereich der Deutschen Bischofskonferenz, Rahmenordnung, Bonn, S. 2

73 Tschan (2005): Missbrauchtes Vertrauen. Sexuelle Grenzverletzungen in professionellen Beziehungen.

- Pflegekräfte gegeneinander ausspielen
- Verleumdung
- Beschimpfungen[74]

342 Die Pflegefachperson kann sich hiervor schützen, wenn sie

1. als ersten Schritt die Situation beschreibt: „Sie berühren mich auffällig oft“,
2. dann die Wirkung benennt: „Das ist mir unangenehm“, und
3. schließlich das erwünschte Verhalten fordert: „Ich möchte nicht, dass Sie mich anfassen.“
4. Ganz wichtig ist es, sich auf keine Diskussion einzulassen. Es ist unerheblich, wie der andere sein Verhalten gemeint hat oder meint, er hat es ganz einfach zu unterlassen.

343 Im Erstgespräch bei Aufnahme eines Patienten sind nicht nur Wünsche, Gewohnheiten und Fähigkeiten abzufragen, sondern es ist auch mögliches Konfliktpotenzial zu ermitteln. Wenn dieses von der Pflegefachperson erkannt wird, sollten Vereinbarungen mit dem Klienten/Angehörigen zur Vermeidung getroffen und die Machbarkeit der pflegerischen Versorgung geprüft werden.

344 Anbahnungen brenzliger Konfliktsituationen im Erstgespräch sind sofort der PDL mitzuteilen. Bei Fortsetzung der pflegerischen Versorgung erfolgt zeitnah eine Fallbesprechung zur Ableitung von deeskalierenden Maßnahmen. Die vereinbarten Schritte werden in der Pflegeplanung des Klienten dokumentiert und von allen Pflegekräften verbindlich umgesetzt. Die Mitarbeitenden werden regelmäßig zu deeskalierenden Maßnahmen sowie zum professionellen Umgang mit Aggression und Gewalt geschult (Deeskalationstraining), mit dem Ziel, dass sich die Pflegekräfte sicher fühlen.[75]

345 Im Fall von Gewalterfahrung ist eine sofortige professionelle Hilfe sicherzustellen

346 Sollte es zur einer sexualisierten Gewalt kommen, wird als Sofortreaktion empfohlen:

1. Erste Hilfe bei körperlicher Verletzung durch den Durchgangs-Arzt
2. Information der 24-Stunden-Rufbereitschaft-PDL zur Einleitung der Sofortintervention.
3. Benachrichtigung Angehöriger des/r Mitarbeitenden
4. Auffanggespräch mit PDL/Vertrauensperson
5. Eintrag in das Verbandbuch
6. Unfallanzeige

74 Angelehnt an: Diakonie Idstein (2015): Deeskalationsmanagement. Online: https://www.bgw-online.de/DE/Arbeitssicherheit-Gesundheitsschutz/Umgang-mit-Gewalt/Schutzmaßnahmen/Praxisbeispiele_FRankfurt.html. [abgerufen am 21.1.2018.]

75 Angelehnt an: Diakonie Idstein (2015): Deeskalationsmanagement. Online: https://www.bgw-online.de/DE/Arbeitssicherheit-Gesundheitsschutz/Umgang-mit-Gewalt/Schutzmaßnahmen/Praxisbeispiele_FRankfurt.html. [abgerufen am 21.1.2018.]

Priorität hat, schnellstmöglich die persönliche Sicherheit der Betroffenen zu gewährleisten und für eine angstfreie Atmosphäre zu sorgen. Ist eine ärztliche Behandlung notwendig, erfolgt diese beim Durchgangsarzt, da es sich in der Regel um einen Arbeitsunfall handelt. Es ist zu bedenken, dass Betroffene häufig unter Schock stehen und zur ärztlichen Praxis oder nach Hause begleitet werden sollten. Im Vordergrund steht eine „Erste Hilfe für die Seele", meint, die psychische Entlastung der Betroffenen. Vorgesetzte sowie Kolleginnen und Kollegen sollten hier unterstützend wirken. Eine erlebte Anteilnahme ist hilfreich – daher sollte immer ein Auffanggespräch angeboten werden. Diese ersten lindernden Worte sind sehr wichtig, können allerdings nicht das Gespräch mit einem Psychologen oder einer Psychologin ersetzen. 347

Im Aufnahmegespräch ist es wichtig, dass sich die Vertrauensperson Zeit nimmt. Es sollte immer zuerst zu einem Arztbesuch geraten werden. Die Gefühle des Betroffenen sollten wahrgenommen werden und Bagatellisierungen („Das kann doch mal passieren") sollten unterbleiben. Auf keinen Fall sollte kritisiert oder getadelt werden. Die Frage, nach dem „Warum ist das passiert?" sollte unterlassen werden. Die Vertrauensperson sollte während des Gespräches immer ernst bleiben. Dem Opfer sollte sich vollumfänglich gewidmet werden. Gemeinsam sollte das weitere Vorgehen geplant werden.[76] 348

Das Arbeitsschutzgesetz verpflichtet jeden Arbeitgeber, die Arbeit so zu gestalten, dass eine Gefährdung für Leben und Gesundheit möglichst vermieden und die verbleibende Gefährdung möglichst gering gehalten wird. Hierfür hat der Arbeitgeber die möglichen Risiken zu erfassen, zu dokumentieren und „an ihrer Quelle zu bekämpfen".[77] 349

Zwölf Tipps: 350

1. Ignorieren Sie sexuelle Belästigung nicht. Über die Anmache oder unangemessene Berührung nicht hinweggehen und sie auch nicht wie einen Scherz behandeln!
2. Wählen Sie deutliche Worte. „Das beleidigt mich, lassen Sie es sein" oder: „Ich möchte nicht, dass Sie mich anfassen."
3. Machen Sie eine abwehrende Bewegung. Strecken Sie ihm ihren Arm mit offener Handfläche entgegen.
4. Wenn der Patient onaniert, sofort das Zimmer verlassen. Versuchen Sie unter keinen Umständen so zu tun, als bemerkten Sie nichts: Die Bilder können Sie wochenlang verfolgen, der Ekel kann unerträglich werden.
5. Spannen Sie Ihre männlichen Kollegen ein.
6. Suchen Sie sich eine Vertrauensperson.

---

76 Konflikfeld-Pfelge.de (2011): Gewalt gegen Pflegekräfte. Online: https://fachpflegewissen.de/2011/12/25/gewalt-gegen-pflegekraefte. [abgerufen am 21.1.2018].

77 BGW (2017): Hilfe für Betroffene nach Gewaltvorfällen. Online: https://www.bgw-online.de/DE/Arbeitssciherheit-GEsundheitsschutz/Umgang-mit-Gewalt/Hilfe-fuer-Betroffene/Hilfe-fuer-Betroffene-html. [abgerufen am 13.1.2018].

7. Sprechen Sie im Team über sexuelle Belästigung.
8. Denken Sie über ein Alarmsystem nach.
9. Pochen Sie auf ein Deeskalationstraining.
10. Auch bei Demenz entschieden auftreten.
11. Kein Duzen und Kosenamen wie „Schwester Manu“ zulassen.
12. Dokumentieren Sie sexuelle Belästigung.[78]

18.7.3 Sexuelle Übergriffe durch Kollegen

351 Ein weiteres in der Praxis häufiges Problem ist der sexuelle Übergriff.

352 Dieser beginnt schon früher als bei klarem „Begrabschen“. Schon die Aufforderung zu sexuellem Handeln, Äußerungen über sexuelles Verhalten oder Neigungen sowie die Partnerwahl oder anzügliche Bemerkungen über An- und Abwesende können hierunter fallen. Auch das Zeigen oder Anbringen von pornographischen Darstellungen fällt hierunter. Einige Einzelfälle hierzu:[79]

353 Der Mitarbeiter, der gegenüber einer Mitarbeiterin äußert, sie habe einen schönen Busen und sie an jenem berührt,[80] belästigt diese sexuell. Eine Kollegin, die die Mitteilung macht „Ich will dich ficken“,[81] handelt sexuell belästigend, genauso wie derjenige, der einem Mitarbeiter von hinten in die Weichteile greift und dabei „scherzhaft“ äußert: „Du hast aber dicke Eier, will noch jemand?“.[82]

354 Dies dürfte Sie nicht überraschen. Überraschend ist, dass in allen Verfahren die jeweiligen Täter zumindest ihren Arbeitsplatz behalten haben, obwohl sie teilweise strafrechtlich belangt worden sind. Das heißt, der Arbeitgeber hat nicht gekündigt. Der Betroffene hat weiter den übergriffigen Kollegen im Betrieb. Das Opfer sollte sich davon nicht beeindrucken lassen und folgende Konsequenzen ziehen:

- Jeglicher sexuelle Übergriff ist sofort und unmissverständlich zurückzuweisen (auch, „wenn es nicht so schlimm“ erscheint).
- Kommt es zum Übergriff, ist sofort der Vorgesetzte darüber zu informieren.
- Reagiert der Vorgesetzte nicht adäquat, ist der wiederum ihm Vorgesetzte zu informieren.
- Haben Zeugen die Handlung gesehen, sollten sie sofort darauf angesprochen und darum gebeten werden, die Beobachtungen dem Vorgesetzten mitzuteilen.
- Den Vorgesetzten bitten, eine Aktennotiz zu machen.

---

78 Schambortski/Fasold (2018): Diese 12 Tipps helfen Ihnen bei sexueller Belästigung. Online: https://www.pflegen-online.de/diese-12-tipps-helfen-ihnen-bei-sexueller-belaestigung?utm_source=pflegebrief_newsletter&utm_medium=newsletter&utm_content=Link%20zu%3Ahttps%3A%2F%2Fwww.pflegen-online.de%2Fdiese-12-tipps-helfen-ihnen-bei-sexueller-belaestigung&utm_campaign=201801d. [abgerufen am 24.1.2018].

79 gebildet nach: Schrader/Thoms: „Sexuelle Belästigung“ – Denn sie wissen nicht, was sie tun? In: ArbRAktuell 2017, S. 31 und S. 60.

80 BAG vom 20.11.2014, Az. 2 AZR 651/13.

81 LAG Rheinland-Pfalz vom 13.6.2016, Az. 3 Sa 24/16.

82 LAG Bremen vom 16.12.2015, Az. 3 Sa 60/15.

18.8 Möglichkeiten des betroffenen Arbeitnehmers

Da das Arbeitsverhältnis kein rechtsfreier Raum ist, kann sich der betroffene Mitarbeiter unterschiedlich wehren. Sowohl das Mobbing als auch insbesondere die sexuelle Belästigung ist in der Regel strafrechtlich relevant. Das bedeutet, dass durchaus versucht werden kann, sich über eine Anzeige bei der Polizei Abhilfe zu schaffen. Voraussetzung ist allerdings in beiden Fällen, dass die Beweise gut gesichert sind. Dies sollte möglichst auch mithilfe eines Rechtsanwalts durchgeführt werden. Parallel zu der Möglichkeit einer strafrechtlichen Verfolgung kann auch zivilrechtlich vorgegangen werden. Das bedeutet, dass vom Schädiger selbst Schadensersatz in Form von Schmerzensgeld und Begleichung sonstiger sogenannter materieller Schäden gefordert werden kann (siehe hierzu Teil II Kap. 5.2). Darüber hinaus kann die künftige Unterlassung verlangt werden. In diesen Fällen muss der Schädiger eine Unterlassungserklärung unterzeichnen. Verstößt er künftig gegen die diese Unterlassungserklärung, muss er eine Vertragsstrafe bezahlen. Diese Strafen sind recht hoch. Hierbei handelt es sich um ein wirkungsvolles Element. Die Rechtpraxis zeigt, dass es effizienter ist als die Anzeige bei der Polizei. 355

18.9 Reaktion des Arbeitgebers

Daneben muss auch der Arbeitgeber helfen. Erhält er Kenntnis von entsprechenden Übergriffen, so muss er zu einem wirksamen Mittel greifen Hier muss im Einzelfall geprüft werden, was ausreicht. Erscheint glaubhaft, dass der Geschädigte mit einer Vereinbarung mit dem Schädiger leben kann und erscheint dies ausreichend, um künftige Belästigungen zu unterbinden, kann dies ausreichen. 356

Ein Beispiel hierzu:

> Assistenzarzt A. hat Pflegefachperson S. einmalig auf dem Gang hinterhergerufen: „Du hast ja einen geilen Arsch!“. Pflegefachperson S. hat sich hierüber beschwert. Assistenzarzt A. entschuldigt sich für seine Entgleisung, was auf Pflegefachperson S. einen aufrichtigen und ehrlichen Eindruck macht. A. kann erklären, wie es zu der Äußerung gekommen ist und verpflichtet sich schriftlich, sexuelle Belästigungen nicht zu wiederholen. Er hat sich ausdrücklich entschuldigt und auf Wunsch von Pflegefachperson S. eine Spende von 500 EUR an den Tierschutzverein geleistet. S. ist damit sichtlich und glaubhaft zufrieden. Dies kann im vorliegenden Fall eine ordnungsgemäße Lösung sein.
> Andererseits muss natürlich auf die häufig vorhandene schwächere Position des Geschädigten Rücksicht genommen werden. Hat die Stationsleitung A. gegenüber der Pflegefachperson P. dauerhaft Mobbing ausgeübt, indem sie beispielsweise P. jeweils vor „versammelter Mannschaft“ massiv und mehrfach auch ohne entsprechenden Grund kritisiert hat, sie jeweils zu demütigenden Arbeiten eingeteilt hat und auch ansonsten bei jeder Gelegenheit ihre Stärke hat fühlen lassen, so muss der Arbeitgeber sehr kritisch mit der Äußerung umge-

hen, wenn P. ihrem Vorgesetzten nun plötzlich „vergibt". In dieser Konstellation könnte die Grundlage für das „Vergeben" auch die sein, dass P. vor weiteren Übergriffen von L. Angst hat. Hier erscheint eine Versetzung von L. als mindestens probates Mittel, neben einem klaren Gespräch und einer Abmahnung. Ist die Versetzung von L. nicht möglich, so kann – wenn dies nicht mit einer weiteren Demütigung von P. einhergeht – auch eine Versetzung von P. möglich sein. Ist all dies nicht möglich, so muss auch die Kündigung von L. geprüft werden.

18.10 Nicht ausreichende Reaktion des Arbeitgebers

357 Handelt der Arbeitgeber nicht oder nicht ausreichend, hat der Arbeitnehmer die Möglichkeit, seine Arbeitsleistung zurückzubehalten, also schlichtweg nicht zur Arbeit zu gehen. Er muss dies natürlich entsprechend gegenüber dem Arbeitgeber begründen. Der Chef wird, wenn er davon ausgeht, dass Mobbing nicht vorhanden ist, typischerweise damit reagieren, den Mitarbeiter abzumahnen und mit Kündigung zu drohen und vor allem keinen Lohn bezahlen. Sowohl gegen eine eventuell ausgesprochene Kündigung als auch bei der Lohnklage muss der Arbeitnehmer den Beweis führen. Wiederum zeigt sich hier, dass entsprechende Dokumentation vorhanden sein muss.

358 Weiter hat der Arbeitnehmer auch die Möglichkeit, gegenüber dem Arbeitgeber Schadensersatz in Form von Schmerzensgeld geltend zu machen. Daneben besteht auch die Möglichkeit, eine Unterlassung geltend zu machen. All diese Schritte sollten nach reiflicher Überlegung und in Begleitung eines Rechtsanwalts durchgeführt werden.

19 Missstände

359 Neben der Tatsache, dass sich die Arbeitnehmer nicht an Arbeitnehmerschutzvorschriften halten, spielt in der Pflege auch immer wieder ein anderes Thema eine Rolle: Dass Mitarbeiter bei ihrer Tätigkeit feststellen, dass im Umgang mit Patienten, Bewohnern oder auch Pflegefachpersonen Missstände bestehen. Etwa dass Fixierungen vorgenommen werden – nicht, weil diese medizinisch notwendig sind (siehe hierzu Teil II Kap. 4.2), sondern weil der Personalschlüssel dazu führt, dass eine annähernd adäquate Versorgung der Patienten nur dadurch möglich scheint, dass fixiert wird. Ebenso ist ein bekannter Missstand eine unzureichende Personalausstattung, die dazu führt, dass die Versorgung der Patienten gefährdet ist oder war.

360 Schon aus Eigenschutz muss der Arbeitnehmer dagegen vorgehen, um sich nicht dem Vorwurf eigenen strafrechtlich relevanten Handelns auszusetzen (siehe hierzu Teil II Kap. 4.2). Darüber hinaus ist gerade bei Pflegefachpersonen die ethisch gefühlte Verpflichtung, sich eines Missstandes anzunehmen, sehr hoch.

Probates Mittel ist hier zunächst die Überlastungsanzeige. Reagiert der Arbeitgeber auf eine Überlastungsanzeige nicht, stellt sich die Frage nach der Anzeige bei den Aufsichtsbehörden oder der Staatsanwaltschaft/Polizei. Hier kommt die Problematik des Whistleblowers (Enthüller) in Betracht.

19.1 Überlastungsanzeige

„Die Überlastungsanzeige dient dazu, dem Arbeitgeber bzw. dem Dienstherren Mängel in der persönlichen Organisation zu verdeutlichen. Hierbei handelt es sich regelmäßig um eine unzureichende personelle Besetzung bzw. um Fehler bei der Verteilung der vorhandenen Arbeitsmenge. Die Anzeige hat das Ziel, Verbesserungen zu erreichen. Der Anzeigende macht dem Arbeitgeber oder Dienstherren deutlich, dass das vorhandene Pensum durch ihn nicht mehr bewältigt werden kann und deshalb Fehler im Geschäftsgang nicht auszuschließen sind.“[83] 361

Überlastungsanzeigen, auch Remonstrationen genannt, sollten zwingend schriftlich formuliert sein. Sie dienen zum einen der Dokumentationssicherheit, zum anderen muss die Pflegefachperson die entsprechende Remonstration im Falle eines Streites beweisen können. Es ist sinnvoll, Kopien der Überlastungsanzeige aufzubewahren, da es schon im Falle eines Streits mit dem Arbeitgeber möglich sein kann, dass Unterlagen „verschollen“ sind. Auf den Kopien sollte man sich zusätzlich mindestens vermerken, wann die Überlastungsanzeige übergeben worden ist. Besser ist, man lässt sich den Erhalt schriftlich bestätigen oder wenn dies nicht möglich ist, dass die Missstände in einer Besprechung – über die möglichst ein Protokoll geführt wird – angesprochen und schriftlich geschildert übergeben werden. Wird kein Protokoll geführt, dann sollte man sich notieren, wer in der Besprechung anwesend war und wann und wo diese stattgefunden hat. Es empfehlen sich deutliche Worte! 362

Inhalte einer Überlastungsanzeige sollten sein: 363

- Datum und Name des Beschäftigten
- Betroffene Station
- Konkrete Beschreibung der Lage in den jeweiligen Bereichen (kritische Situationen, zum Beispiel fixierte unruhige Patienten, besondere Auffälligkeiten)
- Anzahl der zu betreuenden Patienten, Pflegeaufwand, Mindestbesetzung, notwendige Besetzung und tatsächliche Anzahl der Pflegefachpersonen/ Beschäftigten/ Auszubildenden/ Praktikanten unter Angabe der Qualifikation
- Benennung der konkreten Überlastungsmerkmale folgend entweder aus dem Bereich der qualitativen oder quantitativen Überlastung

83 Baßlsperger: Überlastungsanzeige: Rechtliche Wirkung und notwendiger Inhalt. 2011. Online: http://www.rehmnetz.de/Personal/Beamtenrecht/Beamten-BLOG/Ueberlastungsanzeige-Rechtliche-Wirkung-und-notwendiger-Inhalt-5676.html [abgerufen am 23.5.2013].

- Bei qualitativer Überlastung: fehlende Qualifikation von Mitarbeitern, ungenügende Ausstattung von Hilfsmitteln (z. B. Lifter)
- Bei quantitativer Überlastung: keine Pausen, zu lange Arbeitszeiten, Schilderung der Ursachen zu hoher Arbeitsbelastung, mangelnder Personalausstattung
- Risiken für Patienten und für den Mitarbeiter selbst
- Aufzählen der Arbeiten, die nicht erledigt werden können oder vorrangig vorgenommen werden
- Vorheriger ergebnisloser telefonischer Hinweis an den Arbeitgeber
- Begehren auf unverzügliche Abhilfe der Situation durch den Arbeitgeber

364 Ist es zu einem Schaden bei einem Patienten gekommen und der Delegationsempfänger dokumentiert diesen in der Überlastungsanzeige, räumt er schriftlich ein, dass er selbst einen Fehler gemacht hat, nämlich die falsche Gewichtung vorgenommen oder aber zu spät die Überlastung angezeigt hat. Für beide Fehler steht er selbst ein und diese würden hierdurch schriftlich eingestanden. Würde ein solches Dokument – etwa bei einer Durchsuchung – zur Kenntnis der Staatsanwaltschaft gelangen, so müsste diese die Ermittlungen aufnehmen. Daher sollte hier vorsichtig formuliert werden.

365 Dabei reicht aus, dass eine „gefühlte" – also subjektive Gefährdungslage vorliegt. „Eine examinierte Krankenpflegerin wurde im September 2016 von ihrem Arbeitgeber, … , als Vertretung auf einer ihr fremden Station zusammen mit einer Auszubildenden eingesetzt. Dem Dienstplan zufolge hätte die Station mit zwei examinierten Fachkräften besetzt werden sollen. Dies war jedoch krankheitsbedingt nicht möglich. Vor Dienstbeginn meldete die Krankenpflegerin der Pflegedienstleitung, dass sie die Personaleinteilung auf der Station für nicht ausreichend halte. Der Pflegedienstleiter teilte der Station daraufhin noch einen Pflegeschüler zu. Er sagte der Pflegerin zudem zu, sie könne im Bedarfsfall zusätzliche Unterstützung von der Nachbarstation anfordern. … Da die Krankenpflegerin die personelle Besetzung dennoch weiterhin für unzureichend hielt, schrieb sie kurz nach Dienstbeginn eine Gefährdungsanzeige. Der Schüler und sie würden die Patienten nicht und die Auszubildende nur teilweise kennen, schrieb sie darin: „Ich kann nicht ausschließen, dass Patienten in ihren Krisen nicht erkannt werden und durch ihr eigenes Verhalten zu Schaden kommen können."[84] Die Pflegefachkraft wurde abgemahnt, da der Arbeitgeber – richtigerweise – der Auffassung war, dass die Situation nicht objektiv gefährlich gewesen sei. Zur Begründung verwies der Arbeitgeber darauf, dass Gefährdungsanzeigen geeignet seien, dem Betrieb erheblichen Schaden zuzufügen. Nicht selten würden diese in der Öffentlichkeit dazu genutzt, vermeintliche Missstände, wie personelle Unterbesetzung insbesondere auch im Bereich der Gesundheitsfürsorge, aufzuzei-

84 Deutsches Ärzteblatt, „Mitarbeiter, die Gefahrenlage anzeigen, dürfen nicht abgemahnt werden", 29.5.2018 unter Berufung auf eine Entscheidung des Arbeitsgericht Göttingen aus dem Dezember 201, (Az.: 2 Ca 155/17)

gen. Das Arbeitsgericht hat diese Abmahnung aufgehoben, insoweit reiche aus, dass die Arbeitnehmerin nachvollziehbar die Gefahr empfunden habe.

19.2 Whistleblower

Whistleblower geben Informationen über (vermeintlich) rechtswidriges Tun des Arbeitgebers an die Aufsichtsbehörde, Polizei oder Staatsanwaltschaft. Man spricht hier neudeutsch vom Whistleblower. Hierzu folgendes Beispiel:[85] 366

> Pflegefachperson P. war in einem Wohnpflegeheim beschäftigt. Auf sechs Etagen gab es etwa 160 Bewohner der Pflegegrade 3 bis 5. Auf Überlastungsanzeigen, in denen die Pflegefachperson P. – wie andere auch – bemängelte, sie könne die Pflege nicht ordnungsgemäß erbringen, reagierte der Arbeitgeber nicht. Es blieb auch bis zuletzt offen, ob die Beschwerden korrekt wären. Unstreitig war es aber so, dass der MDK mit dem Arbeitgeber bezüglich der Leistung der Pflege im Konflikt stand. Bei einer unangemeldeten Qualitätsprüfung des MDK, der auch die Personalstärke anhand der Dienstpläne prüfte, kam der MDK allerdings zu dem Ergebnis, dass Personalsituation zwar angespannt, jedoch nicht zu bemängeln sei.
> Nachdem auf die Überlastungsanzeige nichts geschehen war, schaltete P. einen Anwalt ein, der den Arbeitgeber dazu aufforderte darzulegen, wie strafrechtliche Folgen für alle Beteiligten vermieden werden könnten. Soweit entsprechende Darlegungen nicht erfolgen würden, kündigte der prozessbevollmächtigte Anwalt eine arbeitsrechtliche Auseinandersetzung sowie die Einleitung eines staatsanwaltschaftlichen Ermittlungsverfahrens an. Als wieder nichts geschah, wandte sich der Anwalt von P. an den Aufsichtsrat der Beklagten, erstattete allerdings gleichzeitig Strafanzeige wegen besonders schweren Betruges. Außerdem nahm P. Kontakt zu anderen Pflegefachpersonen und ihrer Gewerkschaft auf. Es wurde ein Flugblatt verfasst, in dem die Vorwürfe wiederholt wurden und auf dem die Nichtreaktion des Arbeitgebers auf die Überlastungsanzeigen thematisiert wurde. Das Flugblatt wurde im Betrieb des Arbeitgebers verteilt. Daraufhin wurde das Arbeitsverhältnis außerordentlich gekündigt. Der Arbeitgeber berief sich darauf, dass die erhobenen Vorwürfe unwahr seien. Es komme nur bei ganz kurzfristigen Ausfällen zu Engpässen. Die Strafanzeige enthalte unzutreffende, bewusst wahrheitswidrige und leichtfertige Angaben.
> P. klagte gegen die Kündigung.
> Zunächst bekam der Arbeitgeber vor den Gerichten Recht. Die Situation sei unklar gewesen. Daher sei P. nicht erlaubt gewesen, derart massiv gegen den Arbeitgeber vorzugehen. Diese Entscheidung korrigierte allerdings der Europäische Gerichtshof für Menschenrechte. Dieser stellte fest, dass das Handeln von P. nicht böswillig gewesen sei und hob daher die entsprechende Kündigung auf.

85 EGMR vom 21.7.2011, Az. 28274/08.

Die Entscheidung zeigt allerdings auch, wie schmal der Grat bei Anzeigen ist. Die Anzeige muss die allerletzte Möglichkeit bleiben. Der Arbeitnehmer muss vorher alles versuchen, was möglich ist. Das heißt, der Mitarbeiter muss sich nicht nur bei seinem direkten Vorgesetzten oder auch beim Leiter der Einrichtung, in der er selbst tätig ist, beschweren. Notwendig ist zudem, dass die Eigentümer der Einrichtung informiert werden. Dies war hier durch die Beteiligung des Aufsichtsrates geschehen. Problematisch war, dass man dessen Reaktion nicht abgewartet hatte.
Außerdem sollte man beweisen können, was man behauptet. Die Wiedergabe von falschen Fakten oder leichtfertig ohne Faktenbasis aufgestellten Behauptungen ist sehr problematisch und kann nach hinten losgehen. Im vorliegenden Fall rettete die Arbeitnehmerin die Tatsache, dass auch der MDK Schwierigkeiten bei der Personalausstattung festgestellt hatte und der Arbeitgeber diese Behauptung der Arbeitnehmerin nicht widerlegen konnte.
Mit anderen Worten: Wer sich bei einer externen Anzeige auf den „Tratsch" der Kollegen verlässt oder diesen ungeprüft übernimmt, wie „Wir sind nicht genug" und „Wir können nicht mehr", der läuft Gefahr, seinen Arbeitsplatz zu verlieren. Wer seinen Arbeitgeber so extern belasten will, darf sich nicht auf dünnem Eis bewegen.

367 Auch beim Whistleblowing sollte der Arbeitnehmer sich anwaltschaftlichen Rat hinzuziehen, da gerade die Abgrenzung zwischen einer Vermutung und einer hinreichenden Sicherheit für den Laien meist sehr schwierig ist.

368 Dabei gelten die vorgenannten Grundsätze, die hier am Beispiel der mangelnden Personalausstattung dargestellt worden sind, wie eingangs schon gesagt, für alles rechtlich fehlerhafte Tun. Also z. B. Anweisung von rechtswidriger Delegation, Einsatz von nicht oder nicht ordnungsgemäß gewarteten Medizinprodukten oder auch der Betrieb unzulässiger Kooperationen. Es kommt allerdings nicht auf die Wertevorstellung des Arbeitnehmers an. Solange das Handeln im rechtlichen Rahmen bleibt, steht dem Arbeitnehmer der Weg nach außen eben nicht zu.

20 Die Beendigung des Arbeitsverhältnisses

369 Arbeitsverhältnisse können aufgrund verschiedener Gründe ihre Beendigung finden. Zum einen kann es sich um ein befristetes Arbeitsverhältnis handeln, welches einfach ausläuft, zum anderen kann das Arbeitsverhältnis auch aufgrund der Erreichung des Rentenalters sein Ende finden. Außerdem können sowohl der Arbeitgeber als auch der Arbeitnehmer das Arbeitsverhältnis ordentlich kündigen. Eine andere Variante ist die, dass sich Arbeitgeber und Arbeitnehmer darauf einigen, dass das Arbeitsverhältnis beendet werden soll. Hier benötigt es einen schriftlichen Aufhebungsvertrag.

Von allen Streitigkeiten um die Art und Weise, wie das Arbeitsverhältnis durchzuführen ist, wer wann krank und wie Urlaub zu nehmen ist, ist die nach dem Ende eines Arbeitsverhältnisses diejenige, die am häufigsten vor den Arbeitsgerichten verhandelt wird. Bei diesem Verfahren handelt es sich um sogenannte Kündigungs- oder Bestandsschutzverfahren. 370

20.1 Die Kündigung durch den Arbeitgeber

Der häufigste streitige Fall ist der, dass der Arbeitgeber eine Kündigung ausspricht, die der Arbeitnehmer nicht akzeptieren möchte. 371

20.2 Mythen um die Kündigung des Arbeitgebers

Vorweg ist mit einigen Mythen aufzuräumen. Es ist grundsätzlich so, dass ein Arbeitsverhältnis kündbar ist, und zwar auch ohne dass der Arbeitgeber eine Abfindung bezahlt. Das häufig vermutete „Recht auf Abfindung“ gibt es nicht. Ein weiterer Mythos ist, dass einem Arbeitnehmer während der Krankheit oder wegen Krankheit nicht gekündigt werden darf. Auch dies ist falsch. Ganz im Gegenteil: Krankheit ist grundsätzlich sogar ein anerkannter Kündigungsgrund. 372

Dennoch ist natürlich richtig, dass es bei einer Vielzahl von Kündigungen zur Zahlung einer Abfindung kommt. Dies ist entweder der Fall, wenn aufgrund einer Vielzahl von ausgesprochenen Kündigungen bei Verhandlungen zwischen Arbeitgeber- und Arbeitnehmerseite, also zwischen dem Betriebsrat und dem Unternehmer, ein Sozialplan entwickelt wird, auf dessen Basis eine Abfindung vereinbart wird. Daneben ist ein häufiger Grund zur Zahlung von Abfindungen ein sogenannter gerichtlicher Vergleich oder eine einem solchen Vergleich vorweggenommene Aufhebung/Abwicklung des Arbeitsverhältnisses. 373

In diesen Fällen wird zur Vermeidung von weiteren Streitigkeiten und insbesondere vor dem Hintergrund der Tatsache, dass letztlich eine gerichtliche Entscheidung häufig schlecht prognostizierbar ist, das Risiko des Arbeitgebers, eine Kündigung könnte nicht durchgreifen, durch die Zahlung einer Abfindung aufgefangen. Zu den Details des Kündigungsschutzes mit der Art und Weise eines Gerichtsverfahrens vor dem Arbeitsgericht beschäftigt sich dieses Buch an anderer Stelle (siehe hierzu Teil I Kap. 20.11) – hier soll es zunächst um die Frage gehen, wie das Arbeitsverhältnis aufgelöst werden kann. 374

20.3 Grundsatz Kündbarkeit des Arbeitsverhältnisses

Dabei gilt grundsätzlich, dass ein Arbeitsverhältnis wie jedes andere sogenannte Dauerschuldverhältnis, also beispielsweise ein Mietvertrag über Wohnräume, ordentlich kündbar ist. Dabei ist für die Kündigung nur grundsätzlich zu beachten, dass die entsprechenden Kündigungsfristen eingehalten werden und die 375

Kündigung schriftlich erfolgen muss. Dabei ist es im Arbeitsrecht so, dass die Kündigungsfrist sich für den Arbeitgeber nach § 622 BGB immer mehr verlängert. Die Grundkündigungsfrist, die eine Frist von vier Wochen zum 15. oder zum Ende eines Kalendermonats vorsieht (vier Wochen sind nicht ein Monat!), verlängert sich im längsten gesetzlich geregelten Fall auf sieben Monate zum Ende eines Kalendermonats, wenn das Arbeitsverhältnis 20 Jahre bestanden hat.

376 Die anderen Fristen entnehmen Sie bitte dem § 622 BGB. Die Arbeitsverträge können etwas anderes vorsehen. Der Arbeitgeber darf für sich nur keine kürzere Frist zur Kündigung vorsehen, als die, die für den Arbeitnehmer gesetzlich gilt. Typisch ist, dass gleichlange Fristen für beide Parteien vereinbart werden. Häufig wird zugunsten des Arbeitgebers auch der § 622 BGB vereinbart. Tarifverträge sehen oft besondere Regelungen vor.

20.4 Formelle Voraussetzungen der Kündigung und Zugang

377 Neben den Kündigungsfristen ist für die Aussprache einer ordnungsgemäßen Kündigung nur noch notwendig, dass diese formell korrekt durchgeführt wird. Formell korrekt durchgeführt ist eine Kündigung, die von demjenigen, der sich vom Arbeitsverhältnis lösen will, schriftlich ausgesprochen worden ist.

378 Schriftlich ist die Kündigung dann nicht, wenn sie per SMS, anderen Messenger-Diensten oder per Fax ausgesprochen wird. Schon gar nicht ist eine Kündigung verbindlich - und auch nicht im Ausnahmefall [!] –, wenn sie mündlich erklärt wird.

379 Hierzu der folgende Fall:

> Pflegefachperson K. ärgert sich über eine Arbeitsanweisung ihres Arbeitgebers. Erregt rennt sie in das Büro der Pflegedirektion und ruft: „Hier arbeite ich nicht mehr. Ich kündige!“. Auf der Fahrt nach Hause schreibt sie noch mit ihrem Handy eine Nachricht an den Geschäftsführer und teilt mit, dass sie kündigen wolle. Um ganz sicher zu gehen, schreibt sie sogar noch eine E-Mail von zu Hause aus. Keine dieser Kündigungen greift. Denn es fehlt an der Schriftform im Sinne des Gesetzes. Schriftlich ist nur das, was auf einem Blatt Papier geschrieben wird und handschriftlich unterzeichnet wird. Dabei muss nicht der ganze Brief per Hand geschrieben werden, sondern lediglich die Unterschrift. Aus dem Text muss klar ersichtlich werden, dass man sich vom Arbeitsverhältnis lösen möchte. Auf das Wort Kündigung kommt es insofern nicht unbedingt an. Dies gilt für den Arbeitgeber und den Arbeitnehmer gleichermaßen.

380 Weiter muss dieses Schriftstück zugehen. Das bedeutet, dass der Adressat es auch tatsächlich erhalten muss. Dabei empfiehlt sich vor allem auf Arbeitgeberseite ein gewisser Aufwand. Es ist überraschend, wie viele Kündigungen tatsächlich in der Rechtspraxis ihren Adressaten (angeblich) nicht erreichen. Daher sollte man sich den Empfang der Kündigung möglichst bestätigen lassen. Am besten ist, wenn der Arbeitnehmer eine Kopie des Schreibens unterzeichnet, in dem er bestätigt, dass er das gleichlautende Schreiben erhalten hat.

Wenn dies nicht möglich ist oder der Arbeitnehmer die entsprechende Bestätigung verweigert, so sollte jedenfalls ein „neutraler“ Zeuge hinzugezogen werden. Der Geschäftsführer oder der Inhaber des Unternehmens ist kein Zeuge. Es bedarf einer dritten Person. Da die Gerichte sehr genau nachfragen, ob eine entsprechende unterschriebene Kündigung übergeben worden ist, empfiehlt sich auch, dass sich der Zeuge anschaut, ob die übergebene Kündigung auch wirklich unterschrieben worden ist. Er oder sie sollte hierüber eine entsprechende Aktennotiz ausfertigen. 381

Gleiches gilt für den Fall, in dem die Kündigung in den Briefkasten eingeworfen werden soll. In diesem Fall sollte der Zeuge nicht nur sehen, dass die Kündigung tatsächlich eingeworfen worden ist. Er sollte auch als Zeuge dafür zur Verfügung stehen, dass in dem eingeworfenen Briefumschlag tatsächlich eine Kündigung gewesen ist und diese auch unterschrieben war. Neben der Tatsache, dass verhältnismäßig häufig Kündigungen gar nicht zugehen, ist erstaunlich, wie häufig vor Gericht eingewandt wird, es seien leere Briefumschläge in Briefkästen gefunden worden oder aber im Briefkasten sei eine nicht unterschriebene Kündigung gefunden worden. 382

Dabei gilt bezüglich des Zeugen: Je neutraler dieser ist, desto besser. Das heißt, dass die rechte Hand des Firmeneigentümers vielleicht nicht der optimale Zeuge ist. Empfehlenswert ist jedenfalls, wenn der potenzielle Zeuge zeitnah entsprechende Vermerke bezüglich der vorbezeichneten Punkte, also Sicherstellung des Schreibens nebst Unterschrift und Einwerfen des Briefumschlages, anfertigt. 383

Eine Begründung benötigt die Kündigung in der Regel nicht und sollte aus taktischen Gründen auch nicht formuliert werden. Aber Vorsicht: Das gilt nicht bei Ausbildungsverträgen und nach manchen Tarifverträgen oder Arbeitsverträgen. Hier wird eine Begründung manchmal verlangt. Schauen Sie also nach! 384

Besteht im Unternehmen ein Betriebsrat, dann muss dieser zur Kündigung angehört werden. 385

Geht die Kündigung zu, dann beendet Sie das Arbeitsverhältnis mit Ablauf der Kündigungsfrist. Es sei denn, der Arbeitnehmer wehrt sich dagegen erfolgreich. Dazu muss er binnen drei Wochen das Arbeitsgericht anrufen. Die Frist muss unbedingt beachtet werden. 386

20.5 Vorliegen von Kündigungsschutzgründen

Der gerade dargestellte theoretische Grundsatz, dass ein Arbeitsverhältnis ordnungsgemäß kündbar ist, deckt sich mit der Rechtswirklichkeit längst nicht 387 immer. Zum Schutz der Arbeitnehmer bestehen gesetzliche Kündigungsschutzgründe, die dazu führen, dass die Regel nahezu zur Ausnahme wird. Daneben sind in Tarifverträgen häufig Kündigungsschutzgründe festgelegt.

388 Die wesentlichen Einwendungen sind:

- Kündigungsschutzgesetz
- Kündigungsschutz bei Schwangerschaft
- Kündigungsschutz bei Schwerbehinderung
- Kündigungsschutz für Betriebsräte und Kandidaten für diese Ämter
- Kündigungsschutz des Datenschutzbeauftragen, § 38 iVm § 6 DSVGO
- Keine oder mangelnde Beteiligung des Betriebsrates
- In Tarifverträgen oder im Arbeitsvertrag zusätzlich häufig: lange Betriebszugehörigkeit

389 Vor dem Hintergrund dieser Kündigungsschutzgründe ergibt sich ein weites Feld, mit dem der Arbeitnehmer vor dem Arbeitsgericht sein Arbeitsverhältnis verteidigen kann.

20.6 Kündigungsschutzgesetz

20.6.1 Anwendbarkeit Kündigungsschutzgesetz

390 Wichtigster Anwendungsfall des Vorliegens von Kündigungsschutzgründen ist die Anwendbarkeit des Kündigungsschutzgesetzes. Jedes Arbeitsverhältnis, das länger als sechs Monate mit einem Unternehmen besteht, das mehr als zehn Vollzeitarbeitsplätze im Sinne des Kündigungsschutzgesetzes hat, kann nur dann gekündigt werden, wenn die Kündigung sozial gerechtfertigt ist. Dies schreibt das Kündigungsschutzgesetz so vor.

20.6.1.1 Mehr als zehn Mitarbeiter

391 Während der Bestand von sechs Monaten ohne weitere Erklärung verständlich ist (zur Klarstellung, es reicht aus, wenn die Kündigung innerhalb dieser sechs Monate beim Arbeitnehmer zugeht – es muss also nicht das Ende der Kündigungsfrist in den Zeitraum fallen), ist die Frage, was mehr als zehn Arbeitnehmer bedeutet, schon nicht so einfach. Gezählt wird nicht nach Köpfen, sondern nach Arbeitszeit. Anders als in anderen Gesetzen ist es allerdings so, dass alle Mitarbeiter, die weniger als 20 Stunden arbeiten, 50 Prozent zählen, alle Mitarbeiter, die weniger als 30 Stunden in der Woche arbeiten, 75 Prozent zählen und alle ansonsten vorhandenen Mitarbeiter 100 Prozent zählen.

392 Dabei werden all diejenigen Mitarbeiter zu den zehn Personen gerechnet, die im Unternehmen beschäftigt sind. Auf zufällige Schwankungen wird dabei keine Rücksicht genommen, sondern auf den „Sollbestand" abgestellt. Das bedeutet, dass sogar nicht vorhandene Mitarbeiter dazugezählt werden, wenn nämlich ein regelmäßiger Beschäftigungsbedarf für diese besteht.

Nicht mitgezählt werden Auszubildende, Mitarbeiter, die im Rahmen einer Arbeitsförderung oder ähnlichem im Unternehmen tätig sind, und die Geschäftsführung sowie die Familienmitglieder des Unternehmenseigentümers. Einbezogen werden hingegen Arbeitnehmer, die sich in der Elternzeit, im Mutterschutz, im Wehrdienst oder ähnlichen ruhenden Arbeitsverhältnissen befinden. Sofern für sie eine Ersatzkraft eingestellt worden ist, findet keine Doppelzählung statt.[86] 393

Die Praxis zeigt, dass findige Arbeitgeber beim Zählen von Zeit zu Zeit Mitarbeiter „vergessen“. Auch die geringfügig Beschäftigten (450-EUR-Kräfte) zählen mit 50 Prozent bei der Kündigungsschutzberechnung hinzu. Dies gilt auch für Reinigungskräfte, die bei den Berechnungen häufig vergessen werden. 394

20.6.1.2 Zweigstellen

Die zehn Mitarbeiter gelten dabei pro Betrieb – und nicht wie oft gedacht – an dem jeweiligen Betriebsort. Hierzu ein Beispiel: 395

> Pflegedienst P. hat zwei Zweigstellen:
> In der Zweigstelle X in der Stadt Z beschäftigt er acht Halbtagskräfte mit 20 Stunden in der Woche und eine Vollzeitkraft mit 40 Stunden sowie in der Zweigstelle Y (250 km entfernt) beschäftigt er eine Auszubildende, der Inhaber des Unternehmens ist dort selbst tätig, sowie wiederum acht Halbtagskräfte und eine Vollzeitkraft. Die Leitung der beiden Filialen wird vom Inhaber zentral ausgeführt. Insbesondere werden die Dienstpläne jeweils von ihm gefertigt.
> Die gemeinsame Personalführung ist das entscheidende Kriterium für das Vorliegen eines Betriebes. Daher liegt hier trotz der örtlichen Trennung ein Betrieb vor. Es ergibt sich die folgende Rechnung:
> Standort X hat fünf Mitarbeiter im Sinne des KSchG.
> Halbtagskräfte: 8 x 0,5 = 4
> Vollzeitstelle = 1
> Standort Y hat ebenso fünf Mitarbeiter im Sinne des KSchG
> Geschäftsführer
> Auszubildender = 0
> Halbtagskräfte = 8 x 0,5 = 4
> Vollzeitkraft = 1
> Die Standorte X und Y werden addiert, sodass zehn Mitarbeiter im Sinne des Kündigungsschutzgesetzes vorhanden wären. Da das Gesetz von mehr als zehn spricht, greift das KSchG nicht.

86 MüKoBGB/*Hergenröder*. § 23 KSchG Rn. 24-27.

Käme nun eine Reinigungskraft hinzu, die in der Woche das Büro mit einem Aufwand von zwei Stunden reinigt und dafür 120 EUR im Monat erhält, so wäre diese mit 0,5 hinzuzurechnen, sodass sich ein Personalbestand von 10,5 ergäbe, der dazu führen würde, dass das Kündigungsschutzgesetz Anwendung findet.

20.6.1.3 Alte Arbeitsverhältnisse

396 Eine Randbemerkung noch hierzu: Nach altem Recht besteht für manche Mitarbeiter, die noch vor dem 31.12.2003 ihr Arbeitsverhältnis begonnen haben, ein Kündigungsschutz bei fünf Mitarbeitern. Dies betrifft nur noch sehr wenige Mitarbeiter, sodass hierzu hier keine weiteren Ausführungen vorgenommen werden – bei alten Arbeitsverhältnissen sollte hier aber darauf geachtet werden.

20.7 Die Kündigungsgründe des KSchG

397 Liegt Kündigungsschutz nach dem Kündigungsschutzgesetz vor, so bedarf es, wie schon gesagt, einer sozialen Rechtfertigung für die Kündigung.

398 Das heißt, der Arbeitgeber braucht einen Kündigungsgrund. Dabei gibt es drei Gruppen von Kündigungsgründen. Diese sind:

- betriebsbedingte Kündigung
- verhaltensbedingte Kündigung
- personenbedingte Kündigung

399 Alle Kündigungen haben ihre spezifischen eigenen Voraussetzungen. Unterscheiden kann man sie mit den folgenden Beispielen:

Der ambulante Pflegedienst Sanimann Pflege hat in letzter Zeit Schwierigkeiten. Der Pflegedienst verliert fortwährend Patienten und findet keine neuen. Bisher hatte er zehn Touren. Nunmehr braucht er lediglich noch acht Touren. Die Chefin des Pflegedienstes entscheidet sich in der Folge dazu, dass sie nunmehr weniger Mitarbeiter beschäftigen möchte. Statt der bisher notwendigen 20 Mitarbeiter, also zwei pro Tour, benötigt sie nur noch 16, denn sie möchte sich von zwei Touren dauerhaft trennen. Das bedeutet, der Personalbedarf an Pflegefachpersonen sinkt von 20 auf 16. Hier liegt ein betriebsbedingter Kündigungsgrund vor. Der Arbeitgeber hat nicht mehr genug Personalbedarf.

Anders dieser Fall:

Bei Sanimann Pflege arbeitet die Pflegefachperson S. S. geht ihr Job ganz schön an die Nieren. Hinzu kommt die Belastung in der Familie. Sie flieht in Alkohol und trinkt abends mehr als sie verträgt. Am nächsten Morgen kommt sie schlecht aus dem Bett, verspätet sich und – viel schlimmer – riskiert wegen des Restalkohols ihren Führerschein und die Gesundheit der Patienten. Obwohl Sanimann Pflege bereits mehrfach Abmahnungen ausgestellt hat, wiederholt sich das Verhalten von Pflegefachperson S. Schließlich kündigt ihr Sanimann Pflege.

Hier liegt eine verhaltensbedingte Kündigung vor. Es kann es zu Abgrenzungsschwierigkeiten zu dem folgenden Fall kommen:

Der vorherige Fall setzt sich statt mit einer Kündigung folgendermaßen fort: Der Arbeitgeber hat reagiert und setzt Pflegefachperson S. nicht mehr bei Patienten ein. Dies ist dem Pflegedienst zu gefährlich. Mittlerweile kommt S. morgens mit Alkoholfahne und trinkt während der Arbeitszeit. Sie leidet unter einem Leberschaden, hat die Nerven schwer geschädigt und kann ihren Alkoholkonsum und ihr Verhalten nicht mehr steuern.
Wird nun gekündigt, dann kann S. kein verhaltensbedingter Vorwurf mehr gemacht werden – sie kann ja ihr Verhalten nicht mehr steuern. Es kommt aber eine Kündigung wegen einer Krankheit in Betracht. Hierbei handelt es sich um Gründe, die in der Person des Arbeitnehmers liegen, also eine personenbedingte Kündigung.

Schaut man sich die einzelnen Kündigungsgründe genauer an, so gilt Folgendes: **400**

20.7.1 Personenbedingte Kündigung

Die personenbedingte Kündigung setzt voraus, **401**

- dass bei einem Mitarbeiter eine Leistungsminderung oder ein Leistungsausfall vorhanden ist, also der Mitarbeiter seine Tätigkeit nicht mehr oder nicht mehr richtig erledigen kann – egal, ob ihn daran eine Schuld trifft.
- dass eine negative Prognose vorliegt, also dass auch künftig mit einer Senkung der Leistungsminderung oder des Ausfalls nicht zu rechnen ist,
- dass keine milderen Maßnahmen möglich sind und
- eine erhebliche Beeinträchtigung des Arbeitgebers, die nicht hinnehmbar ist, vorliegt.

402 Neben dem Beispiel der Alkoholkrankheit oder anderer Krankheitsfälle kann die personenbedingte Kündigung auch dann ausgesprochen werden, wenn die Leistung eines Mitarbeiters erheblich abfällt oder er aus anderen Gründen für das Unternehmen objektiv nicht mehr tragbar ist.

403 Schließlich kommt eine personenbedingte Kündigung auch dann in Betracht, wenn der Mitarbeiter notwendige berufliche Qualifikationsmerkmale (nicht mehr) erreicht oder entsprechende notwendige Prüfungen nicht bestanden werden. Zu diesen Fallgruppen wie folgt:

20.7.1.1 Krankheit

404 Entgegen langläufiger Meinung ist es so, dass es nicht nur möglich ist, einem Mitarbeiter während der Krankheit zu kündigen, sondern auch gerade wegen Erkrankungen. Dabei ist allerdings nicht die Krankheit selbst der Kündigungsgrund, sondern die Einschränkungen, die Ausfälle des Mitarbeiters für das Unternehmen mit sich bringen.

20.7.1.2 Erhebliche Fehlzeiten

405 Wenn man eine schematische Prüfung vornehmen möchte (was im Arbeitsrecht eigentlich nicht möglich ist), so kommt eine Kündigung eines Mitarbeiters entweder wegen häufiger Kurzerkrankungen oder aber wegen einer lang andauernden Erkrankung in Betracht. Im Extremfall fällt der Arbeitnehmer dauerhaft aus. Von einer lang andauernden Arbeitsunfähigkeit wird gesprochen, wenn der Arbeitnehmer etwa 1,5 Jahre arbeitsunfähig und ein Ende der Krankheit nicht abzusehen ist. Oder wenn der Mitarbeiter erkrankt ist und für die nächsten 24 Monate nicht mit einer Verbesserung zu rechnen ist. In der Praxis sind dies die weniger problematischen Fälle – denn Mitarbeiter, die so lange fehlen, stören meist gar nicht so erheblich den Betrieb. Problematischer sind die Fälle, in denen die Mitarbeiter wegen häufiger wiederholter, kurz andauernder Erkrankung nicht erscheinen. Die Rechtsprechung geht hier davon aus, dass bei einer solchen Situation dann an Kündigung gedacht werden kann, wenn der Arbeitgeber über einen Zeitraum von mindestens zwei Jahren in jedem Jahr Entgeltfortzahlung für mehr als sechs Wochen leisten musste. Dabei ist auch das keine feststehende Grenze. Ein kürzerer Zeitraum von 15 Monaten reicht zum Beispiel schon aus, wenn die Störungen seit Beginn des Arbeitsverhältnisses vorlagen.

406 Sind die vorliegenden Fehlzeiten erfüllt, kann man allerdings nicht automatisch von der Zulässigkeit der Kündigung ausgehen. Vielmehr liegt nur ein erstes Indiz vor, dass eine Kündigung möglich ist und man muss sich den Fall genauer anschauen. Wichtig ist auch, dass die Fehlzeiten seitens des Arbeitgebers genau dargelegt werden können. Also nicht nur die Summen der letzten Jahre, sondern taggenau rückwirkend für die vergangenen drei bis fünf Jahre.[87] Hier sollte man sich nicht auf die Daten der Krankenkasse verlassen, diese beinhalten oft nicht die häufigen Kurzerkrankungen.

20.7.1.3 Negative Prognose speziell bei Krankheit

407 Entscheidend ist im Arbeitsrecht aber normalerweise nicht die Vergangenheit, sondern die Zukunft. Es kommt also darauf an, ob der Arbeitnehmer auch künftig häufig fehlen wird. Hier wird von einer sogenannten negativen Prognose gesprochen.

87 BeckOK ArbR/*Rolfs*. § 1 KSchG Rn. 164-175

Nun ist es für den Arbeitgeber ausgesprochen schwierig festzustellen, ob der Arbeitnehmer in Zukunft wieder krank sein wird. Typischerweise erfährt er ja nicht einmal die Ursache der Erkrankung. Hier empfiehlt sich, mit dem Mitarbeiter zu sprechen und ihm gegenüber zu eröffnen, dass die Fehlzeiten zu hoch sind und eventuelle Ursachen herauszufinden. Dies kann formlos geschehen oder aber im Rahmen eines sogenannten betrieblichen Eingliederungsmanagements (siehe hierzu Teil I Kap. 20.6.4). 408

Für die Aussprache der Kündigung reicht aus, dass der Arbeitgeber entsprechende Fehlzeiten darstellen kann. Es ist dann Sache des Arbeitnehmers, in einem eventuellen Kündigungsschutzprozess darzulegen, dass die negative Prognose nicht vorhanden ist. Hierzu wird er im Prozess seine behandelnden Ärzte von der Schweigepflicht befreien müssen. Er kann dies erst im Prozess tun, macht er es nicht spätestens dann, so kann er die Vermutung der negativen Prognose nicht widerlegen. 409

20.7.1.4 Sucht/Alkohol

Besonderheiten gelten bei der Kündigung wegen einer Suchterkrankung. Wie schon eingangs am Beispiel des Pflegedienstes Sanimann gezeigt (siehe hierzu Teil I Kap. 20.6.2), kann Alkoholkonsum einerseits dazu führen, dass ein Mitarbeiter sich falsch verhält. Dann ist ihm ggf. verhaltensbedingt wegen seines fehlerhaften Tuns zu kündigen. Spätestens dann jedoch, wenn sich der Mitarbeiter darauf beruft, dass er abhängig sei, kann er für sein Verhalten nicht mehr verantwortlich gemacht werden. Eine Abhängigkeit liegt dann vor, wenn der gewohnheitsmäßige, übermäßige Genuss des Suchtmittels trotz besserer Einsicht nicht aufgegeben oder sehr reduziert werden kann. Wesentliches Merkmal der Erkrankung ist die psychische oder physische Abhängigkeit. Sie äußert sich im Verlust der Selbstkontrolle. Für den Alkoholkonsum ist typisch, dass der Alkoholiker, wenn er zu trinken beginnt, den Alkoholkonsum nicht mehr kontrollieren kann. Dazu kommt die Unfähigkeit zur Abstinenz. Der Alkoholiker kann auf Alkohol nicht verzichten.[88] 410

Beruft sich der Arbeitnehmer auf die Suchterkrankung, ist der Arbeitgeber in der Regel dazu verpflichtet, dem Mitarbeiter zuerst die Chance einer Entziehungskur zu geben. Dies, weil die negative Gesundheitsprognose erst dann gestellt werden kann, wenn der Arbeitnehmer entweder zur Therapie nicht bereit ist oder trotz der vorausgegangenen Therapie rückfällig geworden ist. Teilweise wird sogar vertreten, dass zwei Therapiechancen zu bieten sind. Bei Alkohol- und Suchterkrankungen ist mithin vor Ausspruch der Kündigung ein entsprechendes Gespräch nebst einer Abmahnung notwendig, worin dem Arbeitnehmer gegenüber klar dargestellt wird, dass ihm die Kündigung droht, sollte er keine Entziehungskur durchführen. 411

88 BAG vom 9.4.1987, Az. 2 AZR 210/86.

412 Es bleibt die Frage, wie die Alkoholisierung festzustellen ist. Da eine zwangsweise Atemalkoholkontrolle unzulässig ist, muss auf die Alkoholerkrankung durch Indizien geschlossen werden. Ist vernehmbar Alkoholgeruch oder sind sonstige Ausfallerscheinungen feststellbar, so kann der Arbeitnehmer darauf angesprochen werden. Kommen noch typische andere Ausfallerscheinungen wie Zuspätkommen etc. hinzu, kann beispielsweise – ggf. nach entsprechender Abmahnung – mit einer verhaltensbedingten Kündigung gedroht werden, um so den Arbeitnehmer zur Erklärung bezüglich seines Alkoholkonsums zu zwingen. Alles Vorbezeichnete gilt natürlich bei andern Süchten entsprechend.

20.7.1.5 Leistungsminderung

413 Den Krankheiten ist gleichgestellt, dass die Leistung eines Mitarbeiters deutlich unter der Normalleistung der vergleichbaren Kollegen im Betrieb ist. Die Rechtsprechung bejaht eine Grenze von 66 Prozent der Leistungsfähigkeit der Kollegen.[89] Während dies in der Produktion oder auch im (Bau)Handwerk mittels eines messbaren Arbeitsergebnisses (z. B. verlegte Meter Kabel pro Stunde) recht einfach messbar sein kann, ist dies im Bereich der Pflege schwieriger. Das liegt an der Individualität der Patienten und zu Pflegenden. Zwar können grundsätzlich für gewisse Handlungen allgemeine Zeitvorgaben gegeben werden, allerdings wird sich der Arbeitnehmer ggf. damit verteidigen, dass seine Patienten oder Bewohner besonders aufwendig sind oder die Situation insgesamt schwierig war. Hier gilt es, die entsprechenden Feststellungen gegen solche Verteidigungsansätze sicher zu machen und zu verhindern, dass der Arbeitnehmer sich mit wenigen Leistungen für wenige Patienten oder Bewohner befasst. Er muss einen gewissen Durchschnittswert erfüllen.

20.7.1.6 Sonstige Gründe

414 Neben der krankheitsbedingten Kündigung können sonstige personenbedingte Kündigungen in der Person oder in der Ausbildung des Arbeitnehmers begründet sein.

20.7.1.7 Bezug auf Arbeitsverhältnis

415 Dabei müssen diese personenbedingten Kündigungen Bezug auf das Arbeitsverhältnis haben. So kommt es nicht darauf an, dass ein Mitarbeiter einer psychiatrischen Abteilung eines Krankenhauses offen dazu steht, dass er sadomasochistische Sexualpraktiken pflegt. Denn solange dies außerhalb der Klinik geschieht und keine Auffälligkeiten bestehen, ist dies für den Arbeitgeber irrelevant. Dies gilt auch dann, wenn der Mitarbeiter sich sogar in einer Fernseh-Talkshow dazu äußert.[90]

89 HdB ArbeitsR/*Schiefer/Pogge*. Kapitel 6 § 3 Rn. 156-159
90 ArbG Berlin vom 7.7.1999, Az. 36 Ca 30545/98.

20.7.1.8 Einzelfälle

Eine personenbedingte Kündigung kommt dann in Betracht, wenn notwendige Voraussetzungen zur Ausübung der jeweiligen Tätigkeit fehlen. So beispielsweise dann, wenn die ambulante Pflegefachperson ihre Fahrerlaubnis verliert oder aufgrund fehlender Fortbildung die Berechtigung zur Führung der Berufsbezeichnung verliert.[91] Unter die Begrifflichkeit der personenbedingten Kündigung fällt auch ein eventuell bestehender Glaubenskonflikt. Dies ist gerade im Gesundheitsrecht bei ethischen Entscheidungen häufig der Fall. Es kann sein, dass sich die Problematik erst nach Jahren zeigt, wenn sich entweder die religiösen Überzeugungen des Arbeitnehmers ändern oder aber auch die medizinischen Möglichkeiten neue Fragen im Unternehmen aufwerfen. Aber Achtung! Diese Gründe sind nicht per se dazu geeignet, eine Kündigung auszusprechen. Es müssen immer noch – wie bei Krankheit und Leistungsminderung auch – die Gründe Interessensbeeinträchtigung und fehlende Umsetzbarkeit des Arbeitnehmers im Betrieb vorliegen. 416

20.7.1.9 Erhebliche Beeinträchtigung betrieblicher oder wirtschaftlicher Interessen

Liegen personenbedingte Gründe vor, muss in einem nächsten Schritt dargestellt werden, dass das Unternehmen unter den Erkrankungen auch „leidet“. Unterschieden wird zwischen betrieblichen Interessen oder einer erheblichen wirtschaftlichen Belastung, wobei diese Positionen meist ineinander übergehen. Während bei Kleinbetrieben eher häufiger die betrieblichen Interessen eine Rolle spielen dürften, da hier durch den häufigen Ausfall von Arbeitnehmern der Betriebsablauf gestört ist, werden größere Unternehmen eher erhebliche wirtschaftliche Belastungen geltend machen. Hierzu zwei kurze Beispiele: 417

> Pfleger P. fehlt im Krankenhaus häufig. Er ist grundsätzlich einer bestimmten Station zugeteilt. Wenn er fehlt, ist dort die Arbeit gestört. Dies reicht allerdings nicht aus, denn von einem großen Unternehmen wird erwartet, dass es entsprechende Vorkehrungen trifft, die Erkrankungen aufzufangen, zum Beispiel die Schaffung einer Personalreserve (Springerpool). Hat das Krankenhaus eine solche, so wird das Fehlen des Pflegers P. typischerweise nicht allzu störend sein. Er wird dann durch einen Mitarbeiter des Springerpools ersetzt. Besteht kein Springerpool, muss anderweitig umgesetzt werden. Dies sieht in einem kleinen Unternehmen anders aus. Im ambulanten Pflegedienst besteht die Möglichkeit zwar grundsätzlich, dass Pfleger P. durch einen Mitarbeiter einer anderen Tour ersetzt wird, dann fehlt dort aber ein Mitarbeiter. Ein Kleinunternehmen wird in der Regel nicht die notwendige Personalreserve haben, um dies dauerhaft aufzufangen. Dort ist also der betriebliche Ablauf gestört.

91 Dies ist derzeit noch nicht denkbar, könnte aber in den Regelungen der Pflegekammern aufgenommen werden (Siehe hierzu Teil IX).

Aber auch das Krankenhaus muss kein dauerhaftes Fehlen hinnehmen, welches es wirtschaftlich belastet. Die krankheitsbedingten Fehlzeiten müssen durch Beschäftigung von Aushilfskräften aufgefangen werden. Im Übrigen ist das Großunternehmen mit der Entgeltfortzahlung belastet. Typischerweise reicht aus, dass für die Zukunft mit Entgeltfortzahlungskosten zu rechnen ist, die pro Jahr jeweils für einen Zeitraum von mehr als sechs Wochen aufzuwenden sind.

20.7.2 Keine milderen Maßnahmen – Umsetzung im Betrieb

418 Damit ist eine Kündigung aber nicht „durch", denn es gilt immer der Grundsatz, dass die Möglichkeit Umsetzung des Arbeitsverhältnisses vor der Kündigung des steht. Dabei muss der Arbeitgeber diese Möglichkeiten prüfen, um eine Kündigung zu vermeiden. Die typischen Möglichkeiten sind die Versetzung innerhalb des Unternehmens, die Umschulung, die Rehabilitation oder eine Änderung der Arbeitsplatzeinrichtung.

419 Zu prüfen hat der Arbeitgeber, ob in seinem Unternehmen ein freier Arbeitsplatz vorhanden ist, an dem er den Arbeitnehmer weiterbeschäftigen kann. Das bedeutet, dass der Arbeitgeber nicht dazu verpflichtet ist, Arbeitsplätze für den erkrankten Mitarbeiter zu schaffen. Es kommt nur auf die Frage an, ob der Arbeitsplatz frei ist.

Hierzu ein Beispiel:

Pflegefachperson S. hat es böse erwischt. Aufgrund einer Erkrankung der Wirbelsäule ist sie unstreitig nicht mehr in der Lage dazu, ihrer Tätigkeit als examinierte Pflegefachperson nachzukommen, ohne in Zukunft wieder häufig zu erkranken. S. hat aufgrund ihrer großen Berufserfahrung, aber auch einer von der Rentenversicherung bezahlten Fortbildung, die Qualifikation, auch Abrechnungen für den Pflegedienst und sonstige administrative Tätigkeiten durchzuführen. Als der Pflegedienst sich zur Kündigung entscheidet, wendet Pflegefachperson S. ein, sie könne doch im Büro des Pflegedienstes arbeiten. Zum Zeitpunkt des Zugangs der Kündigung ist dort aber kein Arbeitsplatz frei. Die Einwendung geht also ins Leere. Wird allerdings absehbar während der Kündigungsfrist ein Arbeitsplatz im Büro frei und Pflegefachperson S. kann diesen tatsächlich einnehmen, so muss der Arbeitgeber S. auf dieser Position einsetzen. Was der Arbeitgeber allerdings nicht tun muss ist, in der Verwaltung einem Mitarbeiter zu kündigen, um für Pflegefachperson S. den Arbeitsplatz freizubekommen.

Von der Kündigung des Mitarbeiters, der die mögliche Stelle innehat, ist aber die Ausübung des Direktionsrechts zu unterscheiden (siehe hierzu Teil I Kap. 7). Kann der Arbeitgeber einen Arbeitsplatz durch die Ausübung seines Direktionsrechts freimachen, so kann dies ein Ansatzpunkt sein. Ist dem Arbeitnehmer, der den angestrebten Platz für den erkrankten Arbeitnehmer

innehatte, die Umsetzung zumutbar, muss dies entsprechend auch durchgeführt werden. Auch hierzu ein Beispiel:
Nach wie vor ist Pflegefachpersonen S. der Meinung, die Kündigung sei ungerechtfertigt, sie könne in der Verwaltung arbeiten. Diese Stelle hat aber die Bürokraft B. inne. B. wäre allerdings auch qualifiziert, den freien Arbeitsplatz in der Leistungsabrechnung zu besetzen. Hier sucht der Pflegedienst gerade dringend einen Mitarbeiter. Er hat entsprechende Stellenausschreibungen veröffentlicht. Pflegefachperson S. kann diese Stelle wegen ihrer dafür fehlenden Qualifikation nicht annehmen. Kann der Arbeitgeber nun allerdings B. auf die freie Stelle setzen, so wird ein möglicher Arbeitsplatz für Pflegefachpersonen S. frei und diese könnte auf diesem ursprünglichen Arbeitsplatz von B. tätig werden. Pflegefachperson S. müsste also wegen Krankheit hier nicht gekündigt werden.
Dabei gilt zudem, dass der Ersatzarbeitsplatz nicht unbedingt den bisherigen Qualifikationen und Einkünften des erkrankten Arbeitnehmers entsprechen muss. Der Arbeitnehmer hat evtl. auch Anspruch auf einen schlechter bezahlten oder nicht so interessanten Arbeitsplatz wie den bisherigen. Kommt er allerdings auf einen „schlechteren" Arbeitsplatz, so besteht nicht weiter der Anspruch auf die gleiche Vergütung. Diese wird angepasst.
Ist der erkrankte Arbeitnehmer nicht sofort in der Lage, einen Ersatzarbeitsplatz anzunehmen, weil ihm spezifische Kenntnisse des Arbeitsverhältnisses fehlen, muss der Arbeitgeber den Arbeitnehmer ggf. auch entsprechend qualifizieren. Dabei sind Einarbeitungsphasen und Qualifikationsphasen von drei Monaten in jedem Falle sachgerecht.

Ein weiteres Beispiel hierzu:

Die Altenpflegerin A. war durch verschiedene Erkrankungen am Stütz- und Bewegungssystem deutlich limitiert belastbar. Dazu zählten ein Bandscheibenvorfall, die Implantation einer Gelenkendoprothese im linken Hüftgelenk sowie Beschwerden an der Lendenwirbelsäule bei beginnenden degenerativen Veränderungen. Dadurch war ein vollschichtiges Leistungsbild nur noch für leichte körperliche Tätigkeiten im Wechselrhythmus der Arbeitshaltung unter Beachtung bestimmter Einschränkungen vorhanden. Das ist eine ganz typische Situation. Eine Stelle in der Verwaltung war nicht gegeben, aber von der Arbeitgeberin wurde durch A. verlangt, den Arbeitsvertrag leidensgerecht, gegebenenfalls mit reduzierter Stundenzahl, einzuschränken. Hierauf erwiderte das Gericht, dass die Haupttätigkeit einer Altenpflegerin untrennbar mit der Erbringung schwerer körperlicher Arbeit (z. B. Heben und Wenden der Bewohner) verbunden und diese schwere körperliche Arbeit vielfach auch nicht planbar ist, sondern sich überraschend während einer leichteren Tätigkeit ergeben kann. Eine Altenpflegerin könne ihren Beruf daher nur ausüben, wenn sie jederzeit in der Lage sei, auch körperlich schwere Tätigkeiten vorzunehmen.

> Es ist dem Arbeitgeber auch nicht zumutbar, der Klägerin lediglich Aufgaben zuzuweisen, die keine schweren körperlichen Arbeiten erfordern. Dies wäre mit der Schaffung eines völlig neuen Tätigkeitsbildes verbunden. Hierzu kann der Arbeitgeber aufgrund seiner unternehmerischen Freiheit nicht gezwungen werden, denn er hat sich entschieden, eine bestimmte Reihe von Tätigkeiten von Altenpflegern durchführen zu lassen. Es ist dem Arbeitgeber auch organisatorisch nicht zuzumuten, dass der Arbeitnehmer in der Altenpflege jedes Mal in einer Situation mit schwerer körperlicher Arbeit einen Kollegen ruft.[92]

20.7.3 Betriebliches Eingliederungsmanagement (BEM)

420 Die Möglichkeiten der Umsetzung sind auch Gegenstand des § 84 Abs. 2 des SGB IX, der ein Betriebliches Eingliederungsmanagement (= BEM) vorsieht. Das BEM ist zwar nicht verpflichtend, allerdings stellt sich der Arbeitgeber in einem eventuellen Kündigungsschutzprozess deutlich schlechter, wenn er das BEM nicht durchführt.

421 Innerhalb eines BEM wird in der Regel in einer großen Runde, soweit vorhanden mit Personal-/Betriebsrat, Schwerbehindertenvertretung, Arbeitgebervertretern und ggf. des Werks- oder Betriebsarztes sowie ggf. auch eines Anwalts, soweit der Arbeitnehmer dies wünscht, genau das überprüft, was gerade dargestellt worden ist: Also die Frage, unter welchen Voraussetzungen und wie der Arbeitnehmer evtl. im Unternehmen weiterbeschäftigt werden kann.

422 Führt der Arbeitgeber vor der Kündigung kein BEM durch, kann er sich nicht pauschal darauf berufen, dass ihm keine alternativen, der Erkrankung angemessenen Einsatzmöglichkeiten bekannt seien. Es ist dann Sache des Arbeitgebers darzustellen, dass eine leidensgerechte Anpassung und Veränderung des Arbeitsplatzes oder eine Umsetzung ausgeschlossen ist; und warum durch gesetzlich vorgesehene Hilfen oder Leistungen der Reha-Träger eine Reduzierung der krankheitsbedingten Fehlzeiten nicht hätte erreicht werden können.[93] Das sind sehr hohe Hürden für den Arbeitgeber. In großen Unternehmen muss dadurch faktisch ein BEM durchgeführt werden. In kleinen Unternehmen muss dies nicht unbedingt sein.

20.8 Verhaltensbedingte Kündigung

423 Neben der Möglichkeit der personenbedingten Kündigung, bei der es, wie gerade dargestellt, um Störungen des Arbeitsverhältnisses geht, die vom Arbeitnehmer ausgehen, die dieser allerdings nicht beherrschen kann, besteht auch die Möglichkeit, ein Arbeitsverhältnis aufgrund verhaltensbedingter Gründe zu kündigen. Die verhaltensbedingte Kündigung unterscheidet sich von der personenbedingten

92 LAG Mecklenburg-Vorpommern vom 13.5.2009, Az. 2 Sa 15/09
93 ErfK/*Rolfs*. § 84 SGB IX Rn. 10-12.

dahingehend, dass der Arbeitnehmer gezielt gegen seine Verpflichtungen aus dem Arbeitsverhältnis verstoßen haben muss. Dies kann einmal im Rahmen der sogenannten Hauptleistungspflicht sein, also der Verpflichtung ordnungsgemäß zu arbeiten und zur Arbeit zu erscheinen, oder aber dadurch, dass ansonsten gegen Pflichten aus dem Arbeitsverhältnis verstoßen wird. Hier kann es zu ganz klaren Verstößen kommen, zum Beispiel, dass der Arbeitgeber bestohlen wird oder Vorgesetzte beleidigt oder gar geschlagen werden (auch das kommt vor). Es kann sich allerdings auch um weniger gravierende Gründe handeln, die zu einer Kündigung führen können. So kann beispielsweise auch das Nichtvorlegen von Krankmeldungen letztlich dazu führen, dass ein Arbeitsverhältnis gekündigt wird.

Insbesondere bei der verhaltensbedingten Kündigung kommt es allerdings immer **424** auf die Einzelgründe an. Mehr noch als bei allen anderen Kündigungen spielt der sogenannte Interessensausgleich bei der verhaltensbedingten Kündigung eine Rolle. Es ist zwar für den Arbeitgeber nicht sehr schön, allerdings gilt auch bei der verhaltensbedingten Kündigung immer: Außer in klaren Einzelfällen sind die gerichtlichen Entscheidungen häufig sehr schwer zu prognostizieren.

Nach dieser Einleitung die folgenden Einzelerläuterungen: **425**

20.8.1 Verhalten des Arbeitnehmers

Wie schon gesagt, der Arbeitnehmer muss gegen Regeln verstoßen. Hier kann die **426** Abgrenzung zur personenbezogenen Kündigung sehr eng sein. Dies beispielsweise, wenn der Arbeitnehmer absichtlich besonders langsam arbeitet und sich so seine Leistungen reduzieren. Er könnte also mehr arbeiten, tut dies aber absichtlich nicht. In diesem sogenannten Unterlassen liegt ein steuerungsfähiges Verhalten. Das ist der Unterschied zur personenbedingten Kündigung – bei dieser kann der Arbeitnehmer nicht besser.

Hierzu zwei Beispiele: **427**

Pflegefachperson Erika ist es leid. Ständig sind Kollegen krank. Es gibt nicht genug Vertretungen – alles bleibt an ihr hängen. Sie ist – ganz objektiv – vollkommen überlastet und hat sich bereits über diese Situation beschwert. Geschehen ist allerdings nichts. Sie entschließt sich daher, nunmehr „Dienst nach Vorschrift“ zu machen. Dabei übertreibt sie es etwas und arbeitet deutlich weniger, als ihr möglich ist. Dies ist ihr zwar klar, nur sie ändert daran nichts.
Hier stellt Pflegefachperson Erika aktiv ihr Tun ein oder reduziert ihre Arbeitsleistung. Es handelt sich um ein absichtliches weniger Arbeiten. Sie verhält sich hier arbeitsrechtswidrig.

Anders liegt der Fall, wenn sich Pflegefachperson Erika mit Rückenschmerzen zur Arbeit zwingt, weil sie weiß, dass viele Kollegen krank sind. Wegen ihres Rückens leistet sie nun bei der Arbeit deutlich weniger, als sie dies normalerweise tun könnte. In diesem Falle liegt bei Erika kein vorzuwerfendes Verhalten vor. Wenn sich die Leistungsminderung allerdings manifestiert, sie also dauerhaft weniger arbeiten kann, dann könnte hier schon wieder die Möglichkeit einer personenbedingten Kündigung vorliegen. Natürlich wäre im Einzelfall insbesondere zu berücksichtigen, dass sich Pflegefachpersonen Erika zur Arbeit „gequält hat", um ihrem Arbeitgeber einen Gefallen zu tun.

20.8.2 Vorsatz (Wissen, dass man etwas Falsches tut)

428 Außerdem setzt die verhaltensbedingte Kündigung voraus, dass man weiß, dass man etwas Falsches tut. Für viele Dinge ist dies offensichtlich. Natürlich darf man den Patienten nicht bestehlen und niemanden schlagen. Hierüber muss nicht gesprochen werden. Auch dass man pünktlich zur Arbeit zu erscheinen hat, ist klar. Allerdings ist durchaus denkbar, dass aufgrund einer Vielzahl von Regeln ein Mitarbeiter eine der Vorschriften nicht kennt oder nicht hinreichend fortgebildet worden ist. In diesen Fällen kommt es dann darauf an, ob er die Regeln „hätte wissen müssen". Etwas, was offensichtlich ist oder was hätte leicht in einer Arbeitsanweisung gelesen werden können, hätte man sich als Arbeitnehmer entsprechend aneignen müssen. Anders ist es, wenn es zwar beispielsweise eine Regelung gibt, sich allerdings ersichtlich niemand der Kollegen an diese Vorschrift hält. Dies ist ein Zustand, der nicht ganz unüblich sein soll.

429 Der übermäßige Alkoholkonsum ist ein „Zwitter". Wie schon gezeigt (siehe hierzu Teil I Kap. 20.7.1.4), kann es sich beim Alkoholkonsum um eine Suchterkrankung handeln. Dann ist es eine Erkrankung und mithin ein personenbedingter Kündigungsgrund. Ist der Alkoholkonsum allerdings durch den Arbeitnehmer noch steuerbar und setzt er sich lediglich darüber hinweg, dass es notwendig ist, nüchtern und ausgeruht zur Arbeit zu erscheinen, dann handelt es sich (noch) nicht um eine Krankheit. In diesen Fällen ist es wiederum eine verhaltensbedingte Tätigkeit.

20.8.3 Abmahnung

430 Grundsätzlich gilt: Jeder Verstoß gegen die Regelungen im Arbeitsrecht kann eine Kündigung rechtfertigen. Voraussetzung ist allerdings immer, wie dies auch für die personenbedingte Kündigung gilt, dass der Arbeitgeber darlegen kann, dass das Arbeitsverhältnis durch den Verstoß gegen die Regelung in der Vergangenheit auch in Zukunft so belastet wäre, dass es nicht mehr weiter fortgesetzt werden kann.

431 Eine wesentliche Rolle bei der entsprechenden Beurteilung, ob das Arbeitsverhältnis schon so – Juristen sagen – zerrüttet ist, dass es kündbar ist, spielt die Frage, ob der Arbeitnehmer in der Vergangenheit bereits wegen Fehlverhalten abgemahnt worden ist. Dabei gilt, dass die Abmahnung grundsätzlich dann erforderlich ist, wenn durch eine Abmahnung eine künftige Wiederherstellung

des Vertrauensverhältnisses im Arbeitsverhältnis zu erwarten und davon auszugehen ist, dass das Arbeitsverhältnis nach der Abmahnung künftig wieder ordentlich läuft.

Damit ist es klar, dass eine Abmahnung nicht notwendig ist, wenn eine Ver- 432
haltensänderung in Zukunft nicht zu erwarten ist. Dies kann zum Beispiel dann sein, wenn der Arbeitnehmer sogleich zu erkennen gibt, dass er sein Fehlverhalten nicht ändern wird oder wenn jedem verständigen Arbeitnehmer klar sein musste, dass sein Fehlverhalten von dem Arbeitgeber nicht akzeptiert werden würde (schwere Verfehlungen). Hierzu ein Beispiel:

20.8.4 Beharrliches Verweigern

Pflegefachperson Erika ist hoch qualifiziert. Sie ist bei ihren Kolleginnen und Kollegen sehr angesehen. Dies gilt auch für ihre Vorgesetzten. Gegen eine arbeitsrechtlich und fachlich vollkommen korrekte Arbeitsanweisung eine, Entlassplanung bei Patienten mit positivem erweiterndem Assessment zu erstellen, wehrt sich allerdings Erika mit absolut nicht nachvollziehbaren Gründen. Sie sagt, so einen Quatsch mache sie nicht! Sofort nachdem die entsprechende neue Weisung erteilt wurde, teilt die Pflegefachperson allen mit, daran werde sie sich auf keinen Fall halten. Dies könne man von ihr nicht erwarten, die Zeit habe sie dazu überhaupt nicht. Im anschließenden Personalgespräch untermauert Erika nochmals, dies werde sie auf keinen Fall akzeptieren.

Pflegefachperson Erika geht hier auf einem schmalen Grat, denn sie kündigt an, sich in Zukunft arbeitsvertragswidrig zu verhalten. Dies kann, gerade wenn es sich um eine Handlung im medizinischen Bereich handelt, die verhaltensbedingte Kündigung schon ohne Abmahnung rechtfertigen. In den meisten Fällen wird man allerdings nochmals die Pflegefachperson sehr genau mittels einer Arbeitsanweisung schriftlich darauf aufmerksam machen müssen, dass hier ihr Arbeitsplatz in Gefahr ist. Wehrt sie sich auch gegen die schriftliche Anweisung mit dem klaren Hinweis, dass man ihr kündigen werde, so ist der fristlosen verhaltensbedingten Kündigung auch ohne aktives Tun am Patienten die Tür geöffnet. Aber Achtung: Dies gilt beispielsweise dann eventuell nicht, wenn Pflegefachperson Erika Gewissenskonflikte für sich geltend machen kann, welche im o. g. Beispiel aber eher unwahrscheinlich sind.

20.8.5 Schwere Verletzung der Pflichten

Wie schon gesagt, bedarf es einer Abmahnung auch dann nicht, wenn es sich um 433
eine schwere Vertragsverletzung gehandelt hat. Bei dieser Gruppe handelt es sich in der Regel um die Gründe, die auch zu einer außerordentlichen Kündigung führen können. Deswegen werden sie dort dargestellt (siehe hierzu Teil I Kap. 20.9.2).

20.8.6 Richtige Abmahnung

434 Kommt man zu dem Ergebnis, dass eine Abmahnung – wie normalerweise – notwendig ist, muss zunächst geprüft werden, ob eine Abmahnung schon in der Vergangenheit ausgesprochen worden und ob diese ordnungsgemäß gewesen ist.

20.8.6.1 Notwendiger Inhalt der Abmahnung

435 Eine Abmahnung ist eben keine Ermahnung und auch kein Hinweis und auch kein Arbeitsgespräch. Eine Abmahnung muss vier Elemente beinhalten:

- Es muss das beanstandete Verhalten konkret festgestellt werden. Zum Beispiel muss es darin heißen: „Sie sind am 28.8.2017 um 6:32 Uhr und damit 32 Minuten zu spät zur Arbeit erschienen."
- Es muss ganz klargestellt werden, dass konkret die bezeichnete Pflichtverletzung gerügt wird und diese muss auch so benannt werden. Es empfiehlt sich zu formulieren: „Sie haben damit Ihre Arbeitsvertragspflichten verletzt."
- Es muss dann dargestellt werden, dass künftig verlangt wird, dass der Mitarbeiter sich an die Regeln hält. Es muss also konkret die korrekte Arbeitserbringung vorgehalten werden. Im Beispiel der Arbeitszeit muss festgehalten werden, dass die Arbeit künftig pünktlich um 6:00 Uhr aufzunehmen ist (oder wann auch immer). Und schließlich:
- Es muss für den Wiederholungsfall eindeutig auf arbeitsrechtliche Konsequenzen hingewiesen werden. Hier darf nicht, wie so häufig, „um den heißen Brei herum" geredet werden. Es empfiehlt sich die Formulierung: „Im Wiederholungsfall behalten wir uns arbeitsrechtliche Sanktionen bis zur Kündigung vor."[94]

436 Für den Arbeitnehmer muss klar erkennbar sein, dass im Wiederholungsfall auch eine Kündigung möglich ist. Es muss keine konkrete Kündigung angekündigt werden.

437 So klar und eindeutig muss die Abmahnung sein. Anderenfalls geht der Arbeitgeber das Risiko ein, dass es in einem Kündigungsschutzprozess heißt, es hätte zunächst eine Abmahnung ausgesprochen werden müssen, und zwar eine ordnungsgemäße. Es ist sehr ärgerlich, wenn dies nicht bejaht werden kann.

20.8.6.2 Persönliches Gespräch statt Abmahnung – oder muss die Abmahnung schriftlich sein?

438 Grundsätzlich gilt bezüglich der Abmahnung auch, dass diese nicht schriftlich erfolgen muss. Es reicht also aus, ein entsprechendes Personalgespräch zu führen. Ein solches wird von der Wirkung oft auch besser sein als eine schriftliche Abmahnung, denn die sogenannte Warnfunktion, die die Abmahnung haben

94 LAG Hamm vom 30.5.1996, Az. 4 Sa 2342/95.

und die sich aus den vorbezeichneten vier Positionen ergeben soll, ist im persönlichen Gespräch gegebenenfalls sogar besser zu transportieren. Aber auch das persönliche Gespräch benötigt dringend die vier bezeichneten Punkte, also die Darstellung des konkreten Fehlers, die Beschreibung des richtigen Verhaltens, die Tatsache, dass abgemahnt und künftig ein regelgerechtes und richtiges Verhalten erwartet wird sowie schließlich, dass für den Fall der Zuwiderhandlung auch eine Kündigung in Betracht kommt.

Während bei der schriftlichen Abmahnung der Beweis (siehe hierzu auch Zugang 439 der Kündigung (siehe hierzu Teil I Kap. 20.4)) ausreicht, dass der Arbeitnehmer sie erhalten hat, bedarf es bei der mündlichen Abmahnung im Gespräch, dass diese anderweitig beweisbar ist. Das wird man normalerweise so realisieren, das Gespräch nicht alleine zwischen dem Arbeitgeber und dem abzumahnenden Mitarbeiter geführt wird, sondern dass der Chef entsprechend einen Zeugen für die Unterredung hinzuzieht. Über das Gespräch sollte ein Protokoll geführt werden, das genau die geschilderten vier Punkte darstellt. Das Protokoll kann dem Arbeitnehmer in Kopie überlassen werden. In diesem Fall erreicht man dann die entsprechende Absicherung wie bei einer schriftlichen Abmahnung.

Gefährlich ist es, sich in einem arbeitsrechtlichen Prozess auf ein Gespräch 440 „zwischen Tür und Angel" über ein Fehlverhalten des Arbeitnehmers zu berufen. Es ist zwar – gerade in kleinen Betrieben – häufig so, dass seitens des Arbeitgebers eine ordnungsgemäße Abmahnung „vergessen" wurde, allerdings über das Fehlverhalten gesprochen wird. Dies allein reicht aber nicht aus. Die Rechtsprechung ist hier „eisern".

20.8.6.3 Wie lange habe ich für die Abmahnung Zeit?

Abgemahnt werden muss im Übrigen zeitnah nach dem Verstoß. Wann dies 441 genau ist, ist nicht klar zu beantworten. Auf jeden Fall sind zwei Wochen, nachdem man das Fehlverhalten entdeckt hat und es untersuchen konnte, möglich. Es wird auch – je nach Aufwand und Schwierigkeit des Falles – etwas länger dauern dürfen. Abmahnungen, die allerdings erst ein halbes Jahr nach dem entsprechenden Tun ausgesprochen worden sind, dürften vom Arbeitsgericht nicht mehr unbedingt mit besonders hoher Warnfunktion erachtet werden.

20.8.6.4 Viel hilft viel?

Vorsichtig muss man auch mit etwas anderem sein. Viele Arbeitgeber mahnen 442 wiederholt Fehler ab. So wird – gerade in kleineren Unternehmen – häufig nach „Lust und Laune" das Vorgehen immer mal wieder abgemahnt, wenn etwas dem Vorgesetzten gerade nicht passt, so beispielsweise das häufig als „Kavaliersdelikt" empfundene Rauchen außerhalb einer Arbeitspause oder Ähnliches. Mahnt der Arbeitgeber immer wieder solches Fehlverhalten ab, kündigt aber nicht, kann dies dazu führen, dass die Abmahnung ihren Wert verliert. In diesen Fällen kann der Arbeitnehmer argumentieren, er sei nicht mehr davon ausgegangen, dass die Abmahnung jemals zu einer Kündigung führen werde. Denn wenn häufig angebliches schweres Fehlverhalten akzeptiert wird, widerspricht sich der Arbeitgeber in gewissem Maße selbst. Soweit sich Gerichte damit befasst haben, wurde jedenfalls in einem Fall von sieben Abmahnungen wegen verspäteter Arbeitsaufnahme in immerhin 13 Jahren gegen den Arbeitgeber entschieden.[95] In solchen Fällen muss der Arbeitgeber zumindest in der letzten Abmahnung deutlich zu erkennen gegeben haben, dass sich künftig „etwas ändern wird". Als Schwelle wird hier häufig die dritte Abmahnung gesehen.[96]

20.8.6.5 Drei Abmahnungen und du musst gehen?

443 Damit stellt sich die letzte Frage zur Abmahnung, nämlich wie viele Abmahnungen notwendig sind. Im „Volksmund" findet sich immer wieder die Vermutung, dass man mit der zweiten – alternativ auch dritten – Abmahnung „raus" sei. Dies ist so schematisch betrachtet jedenfalls falsch. Es kommt immer auf die Schwere des Verstoßes an. Wie schon gesagt, im Einzelfall kann sogar ohne Abmahnung gekündigt werden. Mahnt der Arbeitgeber allerdings ab, so reicht meist schon eine Abmahnung – zumindest, wenn diese im unmittelbaren zeitlichen Zusammenhang steht (sechs Monate) –, um für den Wiederholungsfall eine Kündigung grundsätzlich zu rechtfertigen. Dabei gilt, dass es sich um ein vergleichbares Verhalten handeln muss. Wird beispielsweise ein Mitarbeiter einmal wegen Zuspätkommens abgemahnt und in einem anderen Fall wegen fehlerhaften Verhaltens in den Arbeitsabläufen, so handelt es sich hierbei um zwei unterschiedliche Handlungen, die nicht zu einer Kündigung führen können. Ein Beispiel hierzu:

> Pflegefachperson Erika kam zu spät. Sie wurde daher vom Arbeitgeber abgemahnt. Etwa vier Wochen später passt Erika nicht richtig auf und ihr fällt daher ein eine Zahnprothese beim Reinigen hinunter. Diese wird dabei beschädigt. Es ist ein nicht unerheblicher Schaden entstanden. Die Pflegefachperson hat hier gegen die entsprechenden Vorschriften gehandelt. Es kommt nun ein zweiter Pflichtverstoß von Erika hinzu. Dieser wird, da er nicht schwerwiegend genug ist, nicht für eine direkte Kündigung ausreichen. Aber auch auf die vorher ausgesprochene Abmahnung wegen Zuspätkommens kann sich der Arbeitgeber hier nicht berufen. Denn es handelt sich um eine ganz andere Art und Weise von Fehlverhalten. Die Fehler sind nicht vergleichbar. Es müsste sich schon um ähnliche Nachlässigkeiten handeln, aber dies ist hier nicht der Fall. Trotz einer entsprechenden Abmahnung kann der Arbeitgeber also nicht kündigen. Dabei kommt erschwerend hinzu, dass bei einem einfachen Zuspätkommen auch eine Abmahnung noch nicht ausreichen könnte.

95 BAG vom 15.11.2001, Az. 2 AZR 609/00.
96 BAG vom 16.9.2004, Az. 2 AZR 406/03.

20.8.7 Interessenabwägung bei Kündigung

Selbst wenn die Voraussetzungen für eine verhaltensbedingte Kündigung erfüllt sind, nämlich ein Verstoß gegen arbeitsvertragliche Pflichten in der Vergangenheit, dies trotz einer einschlägigen Abmahnung, ist immer noch ein sogenannter insgesamter Interessenabgleich notwendig. Die Kündigung ist nur rechtmäßig, wenn ein wohlwollender Arbeitgeber eine entsprechende Kündigung unter Berücksichtigung der Details des Falles vorgenommen hätte. Dabei muss der Sachverhalt nochmals vor dem Hintergrund der arbeitsvertraglichen Situation geprüft werden. Vor allem spielt dabei die Frage eine Rolle, wie intensiv und wie beharrlich der Arbeitnehmer gegen arbeitsvertragliche Pflichten verstoßen hat und wie „schlimm" er gehandelt hat, also wie verwerflich oder wie fehlerhaft sein Handeln gewesen ist. Das muss dann zusammen mit anderen Faktoren gewichtet werden. Dabei spielt die Dauer der Betriebszugehörigkeit eine wesentliche Rolle. Zusätzlich steht immer die Frage im Raum, inwieweit eine konkrete Störung des Betriebsablaufs oder des Betriebsfriedens eingetreten ist. Damit stellt sich umgekehrt wieder die Frage nach der Menge der notwendigen Abmahnungen. Je geringer der Verstoß, desto eher ist mehr als eine Abmahnung notwendig. Nimmt man dies wieder für das Beispiel der geringfügigen Verspätung, so wird man zwei bis drei Abmahnungen erwarten können, da es sich hier nur um geringfügige Störungen handelt. Etwas anderes ist es natürlich dann, wenn durch die Verspätung des Arbeitnehmers erhebliche Störungen im Betriebsablauf entstehen, beispielsweise dass Operationen nicht ordnungsgemäß durchgeführt werden können oder aber die Wachablösungen nicht angemessen laufen kann. In diesem Zusammenhang wäre allerdings auch wieder zu beachten, wie hoch der Grad des Verschuldens ist. Kommt der Arbeitnehmer beispielsweise nicht deswegen zu spät, weil er sich schlecht organisiert hat, sondern weil nachts ein krankes Kind zu versorgen war, so ist dies wieder zu seinen Gunsten zu gewichten.[97] 444

Das zeigt nochmal: Eine Prognose, ob eine Kündigung „durchgehen" wird, ist schwer. Es sind viele Faktoren zu beachten und der Arbeitgeber darf nicht nur an seine eigenen Interessen denken. 445

20.8.8 Verhältnis Abmahnung – Kündigung – Verbrauch des Grundes

Wesentlich ist bei dem Verhältnis zwischen der Abmahnung und der Kündigung die Tatsache, dass man entweder abmahnen oder kündigen kann. Hierzu ein Beispiel: 446

> Pflegedienstleitung X. erwischt Pflegefachperson Y. dabei, dass diese sich in ihre Handtasche Kaffeekekse steckt, die noch verschlossen waren und grundsätzlich dafür da sind, bei Gesprächen mit Angehörigen von Bewohnern angeboten zu werden. Dies würde einen Diebstahl darstellen und grundsätzlich eine außer-

97 BAG vom 27.2.1997, Az. 2 AZR 302/96.

ordentliche Kündigung rechtfertigen (siehe hierzu Teil I Kap. 20.9.2.5). Die Pflegedienstleitung überlegt sich allerdings, zunächst noch Gnade vor Recht ergehen zu lassen und mahnt das entsprechende Verhalten ab. Über Nacht ärgert sie sich und meint nun, dass doch die Kündigung das adäquate Mittel wäre. Sie kündigt dementsprechend am nächsten Tag das Arbeitsverhältnis. Vor Gericht kann sich nun die Pflegefachperson damit verteidigen, dass der Kündigungsgrund des Diebstahls „verbraucht" war: Wer einmal abgemahnt hat, kann nicht noch einmal wegen des gleichen Grundes kündigen. Mit diesem Argument wird die Pflegefachperson vor Gericht Erfolg haben. Der Arbeitgeber verliert hier den Prozess aus diesem formellen Grund.

20.9 Außerordentliche Kündigung

447 Ein Sonderfall der fristlosen Kündigung ist die fristlose und außerordentliche Kündigung aus wichtigem Grund. Sie unterscheidet sich von der ordentlichen Kündigung dadurch, dass keine Kündigungsfrist eingehalten werden muss. Egal wie lange der Arbeitnehmer im Unternehmen tätig ist, was der Vertrag ansonsten vorsieht oder was das Gesetz für den Arbeitnehmer regelt: Das Arbeitsverhältnis endet bei einer solchen Kündigung sofort. Damit muss allerdings der Grund für die Kündigung so schwerwiegend sein, dass die Beendigung des Arbeitsverhältnisses ohne Einhaltung der Frist wegen eines wichtigen Grundes vorliegt, der die Einhaltung von Kündigungsfristen oder das Abwarten eines vereinbarten Vertragsendes unzumutbar macht. Dies bedeutet also, dass eine Zusammenarbeit schlichtweg nicht mehr möglich sein muss.

448 Auch hier gilt wieder, dass der wichtige Grund in diesem Sinne unter Berücksichtigung aller Umstände des Einzelfalls unter Abwägung aller Interessen überprüft werden muss.

20.9.1 Form der fristlosen außerordentlichen Kündigung/Frist

449 Bezüglich der Form der fristlosen außerordentlichen Kündigung gilt nichts anderes als bei einer normalen Kündigung. Auch die außerordentliche Kündigung muss also schriftlich sein. Der Zugang der Kündigung muss nachweisbar sein (siehe hierzu Teil I Kap. 20.4).

450 Wichtig ist allerdings – und dies ist anders als bei sonstigen verhaltensbedingten Kündigungen –, dass die Kündigung innerhalb einer Frist von 14 Tagen nach gesicherter Kenntnis über das Fehlverhalten erfolgen muss. Dabei können die Kenntnis des Arbeitgebers von einer Tat und die Tat selbst zeitlich auseinanderliegen. Dies gilt beispielsweise für folgenden Fall:

451 Pflegefachpersonen Erika erfasst ihre Arbeitszeiten in einer Zeiterfassung selbst. Sie macht davon reichlich zu ihren Gunsten Gebrauch. Dabei „schießt sie über das Ziel hinaus". Sie erfasst Arbeitszeiten zu Zeiten, in denen sie – wie man aus dem

Dienstplanprogramm entnehmen kann – sicher nicht gearbeitet hat. Nun ist es so, dass dies zunächst nicht auffällt. Der Arbeitgeber erhält dann aber einen „Tipp“, woraufhin er sich die Dokumente nochmal genauer anschaut und seit drei Monaten zurückliegende fehlerhafte Erfassungen der Arbeitszeit beim Abgleich mit den Dokumentationen entdeckt.

Hier sperrt die Zweiwochenfrist die Kündigung nicht, denn fundierte Kenntnis 452
hat der Arbeitgeber nicht einmal durch den „Tipp“ erhalten, sondern erst durch die Auswertungen der entsprechenden Software. Hierbei dürfte er sich nur nicht allzu viel Zeit lassen. Im Übrigen ist der Arbeitszeitbetrug natürlich ein wichtiger Grund, der in aller Regel eine Kündigung trägt. Es handelt es sich um einen möglichen wichtigen Grund.

20.9.2 Wichtige Gründe

Bezüglich der wichtigen Gründe gilt, dass ohne Frage alles, was als Straftaten 453
gegen den Arbeitgeber zu sehen ist, als schwere Verfehlungen im Sinne des Kündigungsrechtes zu bewerten ist, die typischerweise die außerordentliche Kündigung – und damit auch eine solche ohne Abmahnung – rechtfertigen. Hierzu zählt, wie schon dargestellt, jede Form von Arbeitszeitbetrug. Dazu gehören alle Fälle, in denen Arbeitszeiten anders dokumentiert werden, als diese stattgefunden haben, und zwar zulasten des Arbeitgebers. Auch Diebstähle stellen regelmäßig einen außerordentlichen Kündigungsgrund dar.

20.9.2.1 Tätlichkeiten

Auch bei Tätlichkeiten gegenüber Arbeitgebern oder Kollegen liegt in der Regel 454
ein außerordentlicher Kündigungsgrund vor. Hier kommt es natürlich auch darauf an, wie schwer die Tätlichkeit ist. Ein gezielter Schlag dürfte allerdings in der Regel ausreichen. Wurde der Arbeitnehmer gereizt oder gar provoziert, kann die Situation wieder anders aussehen.

20.9.2.2 Beleidigungen

Auch ist anerkannt, dass grobe Beleidigungen von Arbeitskollegen eine außer- 455
ordentliche fristlose Kündigung rechtfertigen können. Im Einzelfall kommt es hier immer wieder zu Abgrenzungen zwischen dem Recht der freien Meinungsäußerung und auch der Frage, wem gegenüber die Äußerung erfolgt ist. Dies ist im Einzelfall zu prüfen.

20.9.2.3 Selbstbeurlaubung/Arbeitsverweigerung/Schlechtarbeit

Weitere mögliche außerordentliche Kündigungsgründe sind die beharrliche 456
Arbeitsverweigerung und auch die vorsätzliche Schädigung des Arbeitgebers

durch besonders schlechte oder langsame Arbeit. Ein Klassiker unter den außerordentlichen Kündigungsgründen ist auch die Selbstbeurlaubung. Die Frage, ob Urlaub gegeben wird oder nicht, ist eine Sache des Arbeitgebers. Jedenfalls für den Fall, in denen der Arbeitgeber den Urlaub korrekt nicht gewährt und der Arbeitnehmer sich selbst beurlaubt, liegt normalerweise ein fristloser Kündigungsgrund vor (siehe hierzu Teil I Kap. 10.3).

457 Auch unentschuldigtes Fehlen und Unpünktlichkeit können letztlich zu einer außerordentlichen Kündigung führen. Gleiches gilt beispielsweise für alkoholisiertes Arbeiten, vor allem, wenn es für die Patienten gefährlich ist.

20.9.2.4 Geschäftsschädigendes Verhalten

458 Auch ein geschäftsschädigendes Verhalten, z. B. wenn der Arbeitnehmer ohne entsprechende Gründe gegen seinen eigenen Arbeitgeber vorgeht oder Patienten/ Bewohner aktiv zur Konkurrenz verweist, kann ein möglicher Kündigungsgrund sein (siehe hierzu Teil I Kap. 19.2).

20.9.2.5 Verstöße gegen das Vermögen – Diebstahl, Betrug

459 Alles was den Arbeitgeber finanziell schädigt und unter das Strafrecht (siehe hierzu Teil III) fällt, also Betrug oder Diebstahl darstellt, bedeutet normalerweise einen Kündigungsgrund. Das fängt schon beim Kugelschreiber an und setzt sich auf jeden Fall bei Verbandmaterialien/Medikamenten/Toilettenpapier, Einmalhandschuhen usw. fort. Auch Arbeitszeit- und Spesenbetrug sind klare Fälle.

460 Dabei ist die Rechtsprechung sehr viel genauer, als man sich normalerweise vorstellt. Ein Beispiel aus der Praxis verdeutlicht, wie wichtig den Arbeitsgerichten der Schutz des Vermögens des Arbeitgebers ist. Hierbei handelt es sich um eine Situation, die immer wieder zu Auseinandersetzungen führt.

461 In dem Beispielfall war die 58-jährige Klägerin mehr als 15 Jahre als Altenpflegerin beschäftigt. Die Mitarbeiterin war mit der Essensausgabe betraut. Dabei hatte sie Maultaschen aus einem Sammelbehälter in Einzelteller geschöpft. Nach Erledigung der Essensausgabe und der Aufräumarbeiten hatte sich die Arbeitnehmerin einige Maultaschen aus einem Behälter geschöpft und sich zur Seite gestellt. Für die Maultaschen hätte es ansonsten keine Verwendung mehr gegeben – sie wären in den Müll geworfen worden. Die Arbeitnehmerin verließ dann den Arbeitsbereich und wurde mit den Maultaschen „gestellt“. Die Mitarbeiterin berief sich darauf, dass sie nachmittags auf eine Schulung gemusst hätte und die Maultaschen für sich verwenden wollte. Sie habe nicht gewusst, dass es ihr nicht erlaubt sei, die Reste mitzunehmen. Der Arbeitgeber berief sich hier auf einen Aushang, der kurz vor dem Sachverhalt veröffentlicht worden sein soll und in dem die Arbeitnehmer darauf hingewiesen worden sein sollen, dass es nicht erlaubt sei, Reste mitzunehmen. Obwohl mit den Maultaschen für den Arbeitgeber etwas „Geldwertes“ nicht

mehr zu erzielen war, kündigte der Arbeitgeber. Die Mitarbeiterin rief das Gericht an.

Das zuständige Arbeitsgericht hat in erster Instanz die Arbeitnehmerin mit ihrer Klage auf Wiederherstellung des Arbeitsverhältnisses abgewiesen. Es kam dem Gericht weder auf den Wert der Maultaschen (Größenordnung zwischen zwei und drei EUR) noch auf die Tatsache an, dass es sich bei den Maultaschen um „Müll" gehandelt hätte, an.[98] Die Arbeitnehmerin rief die zweite Instanz an. Dort wurde ein Vergleich geschlossen. Wie die Entscheidung in zweiter Instanz ausgegangen wäre, ist nicht ganz klar. Dennoch dürfte man wohl davon ausgehen, dass die Kündigung „gehalten" hätte. Die beste Verteidigungsposition der Arbeitnehmerin war hier noch ihre langjährige Betriebszugehörigkeit. **462**

20.9.2.6 Telefon/Intenetnutzung

Bei der Frage, ob eine unerlaubte Nutzung des Telefons oder des Internetzugangs einen Kündigungsgrund rechtfertigt, kommt es auf den Einzelfall an. **463**

Grundsätzlich ist die Nutzung des Internets und des Telefons auch für private Zwecke erlaubt, selbst dann, wenn sie ansonsten verboten ist, aber dies aus betrieblichen Gründen notwendig wird. Etwa deswegen, weil der Arbeitnehmer einem Angehörigen Bescheid geben muss, dass er später von der Arbeit zurückkommt. **464**

Auch ansonsten wird man davon ausgehen können, dass, wenn kein ausdrückliches Verbot besteht, ein geringer Umfang der privaten Nutzung sowohl des Telefons als auch des Internets zulässig ist. Natürlich wird dies anders, wenn der Umfang so groß wird, dass die Arbeitsleistung darunter leidet oder entsprechende Sachkosten entstehen. Dann sollte allerdings zunächst an eine Abmahnung gedacht werden. Erst dann, wenn die Nutzung ein derartiges Ausmaß annimmt, dass der Arbeitnehmer schlechterdings nicht mehr damit rechnen konnte, dass der Arbeitgeber dies in irgendeiner Form hinnehmen würde, so stellt dies auch im Einzelfall einen nicht abmahnungspflichtigen Grund für eine außerordentliche Kündigung dar. Etwa bei der umfassenden Nutzung zum Bezug von pornografischen Inhalten, bei hohen Kosten, die durch kostenpflichtige Sonderrufnummern entstehen, oder aber beim Telefonieren zu völlig unpassenden Augenblicken, beispielsweise des OP-Personals während einer Operation – wobei es auch hier auf den Einzelfall ankommt.[99] **465**

98 ArbG Lörrach vom 16.10.2009, Az. 4 Ca 248/09.
99 BAG vom 25.10.2012, Az. 2 AZR 495/11.

20.9.2.7 Vollbeweis für die Kündigungsgründe

466 Bei der Verdachtskündigung gilt grundsätzlich, dass der Arbeitgeber den Vorwurf vollumfänglich beweisen muss. Die Arbeitsgerichte sind hier sehr streng. Es muss sehr detailliert der Vorwurf zum einen beschrieben werden, also beispielsweise wann wer wie viel Geld genommen haben soll. Auch das Verwenden von Videokameras ist nur eingeschränkt erlaubt. Geheim dürfen sie nur eingesetzt werden, wenn es wirklich keine anderen Möglichkeiten gibt, die entsprechende Verfehlung nachzuverfolgen. Auch die Verwendung von Programmen, die Eingaben des Benutzers an der Tastatur eines Computers protokollieren, um damit Eingaben zu überwachen oder zu rekonstruieren (Keyloggern), ist so gut wie nicht gestattet. Als Beweismittel bleiben meistens nur Zeugen und Dokumente. Gerade Zeugen sind aber oft keine so guten Beweise wie man annehmen möchte. Deren Erinnerung ist oft schnell verblasst und von Eigeninteresse getragen. Zweifel gehen immer zu Lasten desjenigen, der etwas beweisen muss. Das ist hier der Arbeitgeber.

20.9.3 Kein Beweis – aber Verdachtskündigung

467 Daher bleibt es häufig bei einem Verdacht gegen einen Mitarbeiter. Insofern kann dieser aber auch ausreichen. Denn wenn ein sehr schwerer Verstoß gegen die arbeitsrechtlichen Verpflichtungen vermutet wird, reicht auch der Verdacht eines solchen Verstoßes aus. Streng genommen handelt es sich hierbei nicht um eine Verhaltenskündigung, sondern um eine personenbedingte Kündigung – worüber sich die Juristen allerdings auch streiten.

20.9.3.1 Nur bei schwerem Vorwurf

468 Allerdings sind die Voraussetzungen für eine Verdachtskündigung natürlich sehr viel höher. An eine Verdachtskündigung ist grundsätzlich nur dann zu denken, wenn in einem Einzelfall die Verdachtsmomente dazu geeignet sind, das für die Fortsetzung des Arbeitsverhältnisses erforderliche Vertrauen zu stören. Dies setzt sich aus zwei Teilen zusammen. Zum einen müssen sehr schwere Vorwürfe im Raum stehen. Im Normalfall wird es sich hierbei um strafrechtliche Aspekte handeln. So beispielsweise der Vorwurf eines Diebstahls, bei dem nicht sicher bewiesen werden kann, dass der beschuldigte Arbeitnehmer tatsächlich derjenige ist, der gestohlen hat. Dies kann häufig sehr schwierig sein. Mögliche andere Aspekte sind beispielsweise die, dass die Rechte von Patienten oder Bewohnern nicht hinreichend beachtet worden sind, insbesondere was unerlaubte Fixierungen oder sonstige Einschränkungen der Freiheit von Patienten und Bewohnern angeht.

20.9.3.2 Alle Ermittlungsoptionen ausgeschöpft

Neben dem schweren Vorwurf kommt eine zweite Voraussetzung. Es müssen alle zumutbaren Anstrengungen zur Aufklärung des Sachverhalts unternommen worden sein. Hierzu gehört vor allem auch, dem Arbeitnehmer Gelegenheit zur Stellungnahme zu geben. Dazu ein Beispiel: **469**

Der betreuende Hausarzt stellt fest, dass bei einigen Patienten immer wieder Melperon® verabreicht wurde, bei dem der Arzt davon ausgeht, dass es dabei helfen soll, die Patienten „ruhigzustellen". Entsprechende Verordnungen gibt es nicht. Der Mediziner nimmt mit der Pflegedienstleitung Kontakt auf und es werden weitere Untersuchungen angestellt. Diese erhärten den Verdacht. Die Patienten werden mit Melperon® behandelt, das ihnen nicht verordnet wurde.
Der Arbeitgeber versucht nun zu ermitteln, wie dies passieren konnte. Zunächst überprüft er über die Dienstpläne, welche Mitarbeiter jeweils vor Ort waren, als die Vorfälle passierten. Der Zufall will es so: Es bleibt eigentlich nur eine Mitarbeiterin übrig, die immer dann, wenn ein entsprechender Missbrauch nachgewiesen werden kann, Dienst hatte. Die Patienten werden befragt, können allerdings nichts weiter zur Aufklärung beitragen. Der Einsatz einer Kamera scheitert daran, dass man dabei die Patientenzimmer überwachen müsste, was ein unerlaubter Eingriff in die Persönlichkeitssphäre der Menschen wäre. Die Einrichtung hilft sich also dann damit, dass die Dienstpläne nochmals zur Überprüfung so erstellt werden, dass nun kein Zweifel mehr daran bestehen kann, dass es die betreffende Mitarbeiterin ist. Nur bei einem Patienten wird sie „erwischt".
Hier liegt nun ein derart starkes Verdachtsmoment vor, dass eine Verdachtskündigung zulässig ist. Denn dass eine verschreibungspflichtige Medikamentengabe ohne entsprechende Absprache mit den behandelnden Ärzten für eine Pflegefachperson unzulässig ist, ist klar.

20.9.3.3 Anhörung

Nun darf allerdings der Pflegefachperson hier nicht direkt gekündigt werden. **470** Denn für die Verdachtskündigung bedarf es noch mehr. Zunächst muss wieder die 14-Tages-Frist eingehalten werden. Insofern kann auf das oben Gesagte verwiesen werden (siehe hierzu Teil I Kap. 20.9.1).

Für die Verdachtskündigung ist aber zusätzlich notwendig, dass die zu kündigende Pflegefachperson noch angehört wird. Denn die vorherige Anhörung des Arbeitnehmers ist Wirksamkeitsvoraussetzung für eine Verdachtskündigung. **471**

Dabei ist der Mitarbeiter zu einem Gespräch einzuladen. Nicht notwendig ist es, in der Einladung den Gegenstand des Gesprächs bereits mitzuteilen.[100] Was aber **472**

100 Erfk/*Müller-Glöge*, § 626 BGB, Rn. 178; Vossen: Kündigungsrecht. 2017. § 626 BGB, Rn. 352.

dem Arbeitnehmer ermöglicht werden muss ist, dass er eine Vertrauensperson mitnehmen darf. Auch bezüglich dieser Vertrauensperson ist es nicht so, dass auf diese Möglichkeit gleich in der Einladung hingewiesen werden muss, aber zumindest auf Fragen des Arbeitnehmers vor oder während des Gesprächs ist ihm das zu ermöglichen. Nicht zulässig ist es, den Arbeitnehmer zu „täuschen", ihm also einen anderen Grund mitzuteilen, über den man mit ihm sprechen möchte.

473 Im Gespräch muss dem Arbeitnehmer dann umfassend der Sachverhalt vorgetragen werden und es muss ihm auch mitgeteilt werden, welche Ermittlungen gegen ihn geführt worden sind und warum man zu dem erheblichen Verdacht kommt. Der Mitarbeiter muss dann die Möglichkeit haben sich zu äußern. Er muss sich allerdings nicht äußern. Schweigt der Arbeitnehmer zu den Vorwürfen, ergeben sich für den Arbeitgeber keine weiteren Ermittlungsansätze. Deshalb kann die Kündigung jetzt ausgesprochen werden. Äußert sich der Mitarbeiter, ist auf seine Erklärung zu reagieren. Erscheinen seine Hinweise plausibel, dann fällt der Verdacht. Ggf. muss noch weiterermittelt werden.

20.9.3.4 Zusammenfassung Verdachtskündigung

474 Die Verdachtskündigung ist eine sehr schwierige Angelegenheit. Der Arbeitgeber muss die Vielzahl der formellen Voraussetzungen erfüllen, um eine entsprechende Kündigung auszusprechen. Dies wird im Zweifel juristischen Rat notwendig machen.

475 Unangenehm ist die Situation auch für den Arbeitnehmer. Denn dieser kann sich nach der Rechtsprechung des Bundesarbeitsgerichts plötzlich nach der Einladung zu einem Gespräch in einem solchen wiederfinden, von dem er erst einmal gar nicht weiß, um was es geht – und unvermittelt dem Vorwurf ausgesetzt sein, dass gegen ihn ein erheblicher Verdacht besteht. Er muss hier entgegen den üblichen Grundsätzen, dass es zunächst besser ist zu schweigen, sich gleich zur Sache erklären und versuchen, den Verdacht gegen sich zu zerstreuen.

476 Ist man sich in dieser Situation als Arbeitnehmer aber nicht sicher, so sollte man sich besser nicht zur Sache äußern und selbst erst juristischen Rat hinzuziehen. Dies ist allemal besser als übereilt Argumente vorzubringen, die sich letztlich als nicht haltbar erweisen.

20.10 Betriebsbedingte Kündigung

477 Neben den Kündigungen aus personenbedingten und verhaltensbedingten Gründen gibt es auch Kündigungsgründe, die aus dem Unternehmen kommen. Hierbei handelt es sich um die betriebsbedingten Kündigungsgründe. Das sind für den Arbeitnehmer die schwierigsten Fälle, denn es handelt sich sowohl bei den personenbedingten als auch den verhaltensbedingten Gründen um Gründe, die dem Arbeitnehmer bewusst sind. Ob und was man in der Vergangenheit falsch

gemacht hat, weiß man in der Regel selbst. Man weiß insofern auch, wo man eventuelle Entschuldigungsgründe finden kann. Auch über seinen Gesundheitszustand ist man in der Regel informiert. Die Verschlechterung der Arbeitsleistung und Ähnliches kennt man ebenso und kann entsprechend darauf reagieren und sich erklären.

Bei der betriebsbedingten Kündigung ist dies anders. Hier entscheidet der Arbeitgeber, dass er sein Unternehmen umbauen möchte. Der Arbeitgeber trifft eine unternehmerische Entscheidung, die (angeblich) zum Wegfall des Arbeitsplatzes eines Arbeitnehmers führt. Fällt dann der Arbeitsplatz tatsächlich innerhalb der Kündigungsfrist weg und ist die Entscheidung dafür die Ursache, so kann sich der Arbeitnehmer nur noch darauf berufen, dass er sozial schützenswerter als andere Kollegen ist. Hierbei handelt es sich um die sogenannte Sozialauswahl. 478

20.10.1 Unternehmerische Entscheidung

Es bedarf also zunächst einmal einer unternehmerischen Entscheidung. Im medizinischen Bereich sind typische unternehmerische Entscheidungen, die Arbeitsplätze tangieren oder die Auslagerung von ganzen Abteilungen, so etwa die Vergabe der hauswirtschaftlichen Abteilung eines Krankenhauses an einen externen Dienstleister oder der Wegfall „einer Tour" des ambulanten Pflegedienstes wegen fehlender entsprechender Aufträge. Auch die Einführung von rationelleren Arbeitsmethoden kann dazu führen, dass weniger Mitarbeiter benötigt werden. Die alleinige Entscheidung, künftig weniger Personal einzusetzen, wird grundsätzlich ebenso als unternehmerische Entscheidung akzeptiert. Die Grenze ist hier natürlich dann gefunden, wenn gesetzliche Verpflichtungen nicht eingehalten werden.[101] Das ist zum Beispiel der Fall, wenn der Arbeitgeber ersichtlich plant, gegen das Arbeitszeitgesetz zu verstoßen. 479

Dabei darf es allerdings nicht Ziel der unternehmerischen Entscheidung sein, sich von missliebigen Arbeitnehmern zu trennen. Es muss die betriebliche Umgestaltung im Vordergrund stehen und eben nicht missbräuchliche Aspekte, wie beispielsweise reine Steuereinsparungen eine Rolle spielen;[102] oder sogar Mitarbeiter zu strafen. Hierzu ein Beispiel. 480

Die Kurzliegerstation für das ambulante Operieren in einem Krankenhaus ist stark belastet. Die Arbeitnehmer wollen sich dies nicht mehr länger gefallen lassen. Es „rumort" in der Abteilung. Der Geschäftsführung hat ernsthafte Bedenken, dass sich hier bald erheblicher Ärger für das Unternehmen zusammenbrauen wird. Man beschließt also, diese Station aufzulösen und die Kurzlieger in die operativen Stationen einzugliedern. Nun kommt es darauf an: Wer kann was beweisen? Gelingt es dem Arbeitgeber darzustellen, dass es sich alleine um eine 481

101 BAG vom 18.5.2006, Az. 2 AZR 207/15.
102 BAG vom 26.9.2002, Az. 2 AZR 636/01 (Zum Missbrauch bei einer steuerrechtlich privilegierten Servicegesellschaft).

unternehmerische Entscheidung handelt – es also nicht um die „rumorenden" Arbeitnehmer geht? Letzteres würde dazu führen, dass betriebsbedingte Entlassungen nicht zulässig wären.

20.10.2 Mildere Mittel: z. B. Abbau von Mehrarbeit/Umgestaltung der Arbeit

482 Liegt eine unternehmerische Entscheidung vor, gilt wie immer im Arbeitsrecht, dass zunächst überprüft werden muss, ob ein milderes Mittel vorhanden ist. Zu den milderen Mitteln gehören auf jeden Fall die Möglichkeit einer Änderungskündigung und die Frage, ob andere Möglichkeiten vorhanden sind. Hierzu zählen auch der Abbau von Überstunden und eventuell auch die Möglichkeit des Abbaus von Leiharbeit.[103]

483 Natürlich ist zu prüfen, ob im Unternehmen oder im Betrieb noch eine andere Beschäftigungsmöglichkeit besteht. Dabei ist auch zu beachten, dass diese Arbeit beherrscht wird. So muss beispielsweise die Weiterbeschäftigung in allen Krankenhäusern einer Klinikkette geprüft werden. Im öffentlichen Dienst wird auf die Dienststelle abgestellt. Bei der Krankenhauskette kommt es allerdings darauf an, inwieweit die Unternehmen so organisiert sind, dass sie rechtlich selbstständig sind. Werden die personenbezogenen Entscheidungen zentral von der Unternehmensspitze getroffen, so kann man davon ausgehen, dass es sich um ein Unternehmen handelt.

484 Die Versetzung kann hier nur auf solche Arbeitsplätze erfolgen, die frei sind. Ein freier Arbeitsplatz muss vorhanden sein, wenn die Kündigung dem Arbeitnehmer zugeht. Keinen Anspruch hat der Arbeitnehmer darauf, dass ihm ein Arbeitsplatz „freigekündigt" wird, also einem anderen Kollegen gekündigt wird. Natürlich darf der Arbeitgeber dies wiederum nicht umgehen, indem er schnell kurz vor Aussprache der Kündigung noch externe Bewerber auf eventuelle freie Stellen setzt.

20.10.2.1 Vergleichsgruppen

485 Dabei muss die Auswahl nur unter vergleichbaren Arbeitsplätzen erfolgen. Hier spielt wieder das Direktionsrecht (siehe hierzu Teil I Kap. 7) eine Rolle. Denn vergleichbare Arbeitsplätze sind solche, an denen der betroffene Arbeitnehmer ohne Abänderung seines Arbeitsplatzvertrages weiterbeschäftigt werden kann. Grundsätzlich kann also die Pflegefachperson auf einer anderen Pflegefachperson-Position beschäftigt werden, allerdings hat sie keinen Anspruch auf Weiterbeschäftigung etwa als Putzkraft, denn auf diese Position kann sie nicht delegiert werden. Die Reinigungskraft kann dagegen ggf. Arbeitsplätze in der Küche für sich reklamieren.

---

103 BeckOK ArbR/*Rolfs*. 44. Edition vom 1.6.2017, § 1 KSchG Rn. 78.

20.10.2.2 Qualifikation des betroffenen Arbeitnehmers

Der Arbeitnehmer hat den Anspruch, dass er qualifiziert wird. Das gilt aber nur eingeschränkt. Der Mitarbeiter muss nicht für einen „neuen Beruf" fortgebildet werden – er muss „nur" für die Anforderungen des Arbeitsplatzes geschult werden. Der Mitarbeiter hat also nicht den Anspruch darauf, so qualifiziert zu werden, dass er eine anspruchsvollere Stelle oder eine gänzlich andere Tätigkeit übernehmen kann. Er kann nur „Anpassungsmaßnahmen" verlangen. Wie lange und mit welchem Aufwand der Arbeitgeber solche Umschulungen vornehmen muss, hängt wieder von den Umständen des Einzelfalles ab. Insbesondere spielen auch hier wieder die Betriebszugehörigkeit und besonderer sozialer Schutz des Arbeitnehmers eine Rolle. Dreimonatige Weiterbildungen werden meist angemessen sein. **486**

20.10.3 Sozialauswahl

Dreh- und Angelpunkt der Richtigkeit einer betriebsbedingten Kündigung ist häufig die Frage nach der sozialen Auswahl. Dies wird immer dann virulent, wenn nicht alle Arbeitsplätze einer bestimmten Qualifikation wegfallen oder wenn nicht für alle betroffenen Mitarbeiter genug Ersatzarbeitsplätze vorhanden sind. In diesen Fällen muss dann unterschieden werden, wem gekündigt werden darf oder wer umzusetzen ist. **487**

20.10.3.1 Sozialkriterien

Hierzu die folgenden Beispiele: **488**

> Das Krankenhaus W. hat drei Standorte und wird zentral verwaltet. Es entscheidet sich, für alle drei Standorte, die „Facility Services", also die Reinigung, Hol- und Bringdienste sowie Küchendienste auszulagern. Damit fallen in allen Häusern die einfachen Reinigungstätigkeiten weg. Es handelt sich hierbei um eine unternehmerische Entscheidung. Dies ist nicht in irgendeiner der dargestellten Formen rechtswidrig. Das Krankenhaus kann nun – abgesehen vom Tarifvertrag – die Kündigung für alle Reinigungskräfte aussprechen. Die Stellen entfallen komplett.

> Anders ist die Situation, wenn sich das Krankenhaus nur für einen Standort entscheidet, entsprechend vorzugehen. Dann fallen die Stellen nur an diesem einen Krankenhaus weg. Da aber eine zentrale Verwaltung vorliegt, muss nun zwischen allen drei Standorten ausgewählt werden. Gekündigt werden muss den Mitarbeitern, die am wenigsten „schutzwürdig" sind. Dabei kennt das Gesetz die Auswahlkriterien Dauer der Betriebszugehörigkeit, Lebensalter und Unterhaltspflichten. Zusätzlich spielt eine eventuell vorhandene Schwerbehinderung eine Rolle. Die ermittelten Sozialdaten müssen gegeneinander abgewogen werden. Gesetzlich ist nicht vorgeschrieben, wie dies vorzunehmen ist.

Da aber die Gerichte nur erhebliche Fehler überprüfen dürfen, kann sich der Arbeitnehmer nur darauf berufen, dass er deutlich schutzwürdiger ist. So ist natürlich der „klassische“ alleinverdienende Ehemann mit zwei unterhaltspflichtigen Kindern und einer nicht arbeitstätigen Frau, der seit zehn Jahren im Unternehmen ist, schutzwürdiger als der erst seit fünf Jahren im Unternehmen arbeitende Single, den keine Unterhaltspflichten treffen. Oft wird in der Praxis hier mit Punktetabellen gearbeitet. Dabei ist die folgende Punkteskala richterlich anerkannt und wird dementsprechend häufig verwendet.[104]

1. Betriebszugehörigkeit	je Dienstjahr	1 Punkt
	ab dem 11. Dienstjahr je Dienstjahr	2 Punkte
	bis max. zum 55. Lebensjahr	d. h. maximal 70 Punkte
2. Lebensalter	für jedes volle Lebensjahr	1 Punkt
	bis max. zum 55. Lebensjahr	d. h. maximal 55 Punkte
3. Unterhaltspflichten	je unterhaltsberechtigtem Kind	4 Punkte
	Verheiratet	8 Punkte
4. Schwerbehinderung	bis 50 Prozent	5 Punkte
	über 50 Prozent je 10 Prozent	1 Punkt
5. (fakultativ): endgültige Auswahl unter Abwägung weiterer Gesichtspunkte wie z. B. Pflegebedürftigkeit von Familienmitgliedern, Schwierigkeiten bei der Arbeitsvermittlung, Alleinverdienerschaft, soziale Härten im Einzelfall		

489 Im obigen Beispiel der Sozialauswahl über drei Standorte eines Krankenhauses würden die entsprechenden Sozialdaten von allen Mitarbeitern erfasst und für jeden Mitarbeiter die entsprechenden Punktwerte erhoben. Diejenigen mit den höchsten Punktwerten wären dann die, denen zuletzt gekündigt werden dürfte. Hätte man also derzeit 60 Mitarbeiter und benötigt in der Zukunft noch 40, so würden die „Tabellenplätze“ ab 41 wegfallen. Bei Gleichheit auf den Positionen 40 und 41 wäre zu überprüfen, ob es noch weitere Gründe dafür gibt, den einen oder anderen zu bevorzugen.

490 Der gleiche Ablauf ist auch in kleinerem Rahmen möglich. Sollen beispielsweise in einem ambulanten Pflegedienst die Arbeitsplätze von drei Pflegefachpersonen wegfallen, so sind alle Pflegefachpersonen in einen Pool zu setzen und die entsprechenden Sozialdaten zu ermitteln.

20.10.3.2 Besondere Interessen des Arbeitgebers

491 Häufig kommt diese schematische Betrachtungsweise allerdings zu einem Ergebnis, das für das Unternehmen nicht tragbar ist. Daher können in einem dritten Schritt auch betriebliche Interessen eine Rolle spielen. Der Arbeitgeber kann hier

104 BAG vom 18.1.1990, Az. 2 AZR 357/89.

darauf bestehen, dass besondere Arbeitnehmer, deren Weiterbeschäftigung wegen ihrer Kenntnisse, Fähigkeiten und Leistungen zur Sicherung einer ausgewogenen Personalstruktur des Betriebes erforderlich sind, beibehalten werden. Dabei gelten hier tatsächlich die betrieblichen Interessen als vorrangig. Grund hierfür ist gerade, dass die schematische Betrachtung der Sozialauswahl aufgefangen werden soll. Anerkannte entsprechende Kriterien sind:

- Besondere Fähigkeiten und Kenntnisse von Mitarbeitern
- Besondere qualitative und quantitative Leistungen
- Personalstruktur, etwa gleichmäßige Altersdarstellung zur Verhinderung von Altersspitzen

Allerdings darf die Berufung auf die besonderen betrieblichen Bedürfnisse letztlich **492** nicht dazu führen, dass eine „Wunschliste" an wertvollen Arbeitnehmern entsteht.

20.10.4 Praxishinweise betriebsbedingte Kündigung

Der Arbeitgeber darf sich keiner Illusion hingeben. Zwar hat man über das zuletzt **493** benannte Kriterium der betrieblichen Bedürfnisse eine Möglichkeit, sich besonders wertvolle Mitarbeiter zu erhalten. Allerdings sind diese Möglichkeiten überschaubar. Der richtige Weg ist also zunächst festzustellen, wer überhaupt alles in die Sozialauswahl mit einzubeziehen ist. Hat das Unternehmen verschiedene Standorte, ist hierbei zunächst zu überprüfen, inwieweit es sich um den gleichen Betrieb oder das gleiche Unternehmen in diesem Sinne handelt. Entscheidende Kriterien sind hierbei die gemeinsame Personalführung und die entsprechende strategische Ausrichtung auch von zentraler Stelle. Dabei muss für die eigene Risikobewertung Ehrlichkeit als Grundsatz gelten. Wenn der Inhaber, der Chef oder die Chefin an den verschiedenen Standorten immer wieder „nach dem Rechten sieht", so etwa beim Pflegedienst mit mehreren Zweigstellen, wird man kündigungsschutzrechtlich in der Regel nicht zu unterschiedlichen Betrieben kommen. Alle Mitarbeiter sind mithin gleichzeitig in die Auswahl einzubeziehen. Nun zeigt sich, inwieweit der Arbeitsvertrag günstig „geschnitten" wurde. Hat man es beim Direktionsrecht übertrieben (siehe hierzu Teil I Kap. 7), so rächt sich dies nun. Denn es muss die Sozialauswahl mit einer zu großen Arbeitnehmergruppe durchgeführt werden. Dies gilt insbesondere auch dann, wenn eine regionale Weiterverweisungsklausel aufgenommen worden ist.

Umgekehrt stellt sich die Situation allerdings auch für den Arbeitnehmer verhält- **494** nismäßig schwierig dar. Auf dessen Seite bestehen meistens Schwierigkeiten, die Sozialdaten der Mitarbeiter zu benennen, vor allem, wenn diese Kollegen nicht am gleichen Standort tätig sind. Auch bei der Frage der eigenen Qualifikation tun sich die Mitarbeiter häufig verhältnismäßig schwer. Daher gilt für die Arbeitnehmer, dass diese möglichst viele Informationen sammeln und auch insbesondere schauen sollten, ob der Arbeitgeber gleichzeitig die „Todsünde" begeht, nämlich Stellen ausschreibt, auf die sich der Arbeitnehmer ggf. bewerben könnte.

20.11 Schwangerschaft

495 Die Schwangere hat einen besonderen Kündigungsschutz. Dieser geht noch über den des Kündigungsschutzgesetzes hinaus. Insbesondere gibt es keine Eingangshürden. Weder ist es also notwendig, dass der Arbeitgeber eine gewisse Anzahl von Arbeitnehmern hat noch muss das Arbeitsverhältnis eine gewisse Zeit angedauert haben. Insofern kann auf die Ausführungen in diesem Buch unter Teil I Kap. 11.2 verwiesen werden. Soll dennoch einer Schwangeren gekündigt werden, muss ein Antrag bei der im jeweiligen Bundesland zuständigen Behörde gestellt werden. Liegt eine Zustimmung dieser Behörde nicht vor, ist die Kündigung unzulässig – das gilt auch, wenn der Arbeitgeber von der Schwangerschaft erst nach Ausspruch der Kündigung Kenntnis erhält.

20.12 Schwerbehinderung und Gleichstellung mit der Schwerbehinderung

496 Ähnlich wie bei der Schwangerschaft sieht das Gesetz auch ein Sonderkündigungsrecht für Schwerbehinderte vor.

497 Dabei ist grundsätzlich im Sinne des Rechtes derjenige schwerbehindert, der mindestens einen Grad der Behinderung von 50 von der zuständigen Behörde anerkannt bekommen hat. Da es zusehends schwieriger wird, diesen entsprechenden Grad zu erreichen, spielt eine andere Regelung eine immer größere Rolle: die Möglichkeit der Gleichstellung. Eine Gleichstellung kann dann in Betracht kommen, wenn ein Grad der Behinderung von 30 erreicht ist. Der Gleichstellungsantrag muss bei der Bundesagentur für Arbeit gestellt werden. Ist die Gleichstellung zuerkannt worden, gilt der vollumfängliche Kündigungsschutz.

498 Voraussetzung ist insofern, dass behinderte Arbeitnehmer ohne die Gleichstellung einen geeigneten Arbeitsplatz nicht erlangen oder nicht behalten können. Die Schwelle ist verhältnismäßig niedrig. Hierzu das folgende Beispiel:

> Ein Mitarbeiter ist seit 27 Jahren in der Logistik eines Krankenhauses tätig. Er packt dabei dicke und schwere Kisten aus den Lieferungen auf die Stationswagen um. Diese Arbeit fällt ihm aus gesundheitlichen Gründen immer schwerer. Wegen verschiedener Krankheiten wie Bronchialasthma, Schwindel und degenerative Veränderungen der Wirbelsäule hat er allerdings bis dato lediglich einen Behinderungsgrad von 30 anerkannt bekommen. Die Arbeitsagentur verweigert zunächst die Gleichstellung mit einem Schwerbehinderten. Das sah das Bundessozialgericht anders und wies darauf hin, dass vor allem dann die Gleichstellung in Betracht kommt, wenn solche Gründe vorliegen, die als Indizien für die Möglichkeit einer personenbedingten Kündigung gelten –

also wiederholte oder häufige Fehlzeiten, verminderte Arbeitsleistung oder Belastbarkeit oder aber die Tatsache, dass der Arbeitnehmer für gewisse Tätigkeiten insgesamt ausfällt.[105]

Liegt eine Schwerbehinderung oder aber auch eine entsprechende Gleichstellung vor, so ist eine Kündigung – selbst dann, wenn der Arbeitgeber von der Schwerbehinderung oder der Gleichstellung bis dato nichts weiß – unzulässig. Der Arbeitnehmer kann noch im Kündigungsschutzverfahren vortragen, dass eine Schwerbehinderungseigenschaft oder Gleichstellung vorliegt. Dann fällt der Arbeitgeber mit seiner Kündigung hinten runter und verliert den Arbeitsprozess. Voraussetzung für die Kündigung eines schwerbehinderten oder gleichgestellten Arbeitnehmers ist die Zustimmung zur Kündigung bei der zuständigen Behörde. Welche Behörde zuständig ist, ist von Land zu Land anders. **499**

Bevor eine entsprechende Zustimmung zur Kündigung erklärt wird, wird die Behörde überprüfen, ob Maßnahmen möglich sind, die einen leidensgerechten Arbeitsplatz schaffen. Insofern werden beispielsweise die Ertüchtigungen des Arbeitsplatzes geprüft, so z. B. die Anschaffung von Trageerleichterungen o. Ä. Ggf. kann auch anderweitig eine Entlastung für den Arbeitgeber geschaffen werden. **500**

In der Praxis ist es allerdings auch bei Vorliegen einer Schwerbehinderungseigenschaft häufig so, dass sogar unter Einbeziehung der zuständigen Behörde über eine Abfindung verhandelt wird, sie insofern zum Kapitel der Kündigungsschutzprozesse gehören (Siehe hierzu Teil I Kap. 20.12). **501**

20.13 Kündigung eines Betriebsratsmitgliedes oder des internen Datenschutzbeauftragen

Personen die dem Arbeitgeber in besonderer Stellung gegenüberstehen, weil sie gegenüber dem Arbeitgeber Interessen Dritter vertreten sollen und so Konflikte entstehen können, sollen davor geschützt werden, dass sie ordentlich gekündigt werden. Geschützt sind in diesem Zusammenhang Betriebsräte und solche Personen die für einen Betriebsrat kandidieren wollen sowie die Datenschutzbeauftragen (so lange sie Arbeitnehmer sind). Der Kündigungsschutz gilt auch für die ersten drei Arbeitnehmer, die sich für die Wahl des Betriebsrates und die Einberufung einer Wahlversammlung zur Wahl des Wahlvorstandes im Betrieb einsetzen (durch Aushang zur Einberufung der Wahlversammlung),§ 15 Abs. 3a (KSchG) und auch für diejenigen Arbeitnehmer, die in den Wahlvorstand gewählt sind. Eine Kündigung ist in diesen Fällen nur aus wichtigem Grund möglich, bei Betriebsräten muss der Betriebsrat zustimmen (oder die Zustimmung eingeklagt werden). **502**

105 BSG vom 6.8.2014, Az. B 11 AL 16/13 – für einen „Umspuler“ (der Fall wurde leicht angepasst).

20.14 Anhörung Betriebsrat, Mitarbeitervertretung oder Personalrat

503 Ferner ist vor einer Kündigung, soweit vorhanden, der Betriebsrat zu hören. Dabei muss diese Anhörung richtig erfolgen. Eine falsche Anhörung reicht nicht aus. Wird eine Anhörung nicht oder nicht richtig durchgeführt, ist die ausgesprochene Kündigung unwirksam, egal wie gut die für sie sprechenden Gründe sind (§ 102 Abs. 1 BetrVG).

504 Dem Betriebsrat muss die Möglichkeit gegeben werden, sich über die Kündigung eine eigene Meinung bilden zu können. Er benötigt also die Informationen, die es ermöglichen, die Stichhaltigkeit und Gewichtung der Kündigungsgründe zu überprüfen.[106] Es müssen zumindest die folgenden Angaben gemacht werden:

- Person des Arbeitnehmers, dessen Kündigung beabsichtigt ist; zu den Angaben zur Person gehören: Name des Arbeitnehmers, Beschäftigungsort, Arbeitsplatz, Vergütung, Alter, Familienstand, Dauer der Betriebszugehörigkeit, Unterhaltspflichten, ggf. Schwerbehinderung, ggf. Sonderkündigungsschutz, ggf. besondere persönliche Belastungen des Arbeitnehmers
- die Art der Kündigung
- Kündigungsfrist oder soziale Auslauffrist
- Termin, zu dem gekündigt werden soll, sowie
- die Gründe für die Kündigung.[107]

505 Insofern ist bei den Gründen das vorzutragen, was den Arbeitgeber zur Kündigung motiviert hat, und nicht alle anderen sonstigen Informationen. Dabei ist der Arbeitgeber zur Ehrlichkeit angehalten. Bestehen etwa Zweifel an der Richtigkeit einer Angabe, so muss der Arbeitgeber darauf hinweisen.[108]

506 Der Betriebsrat kann bei ordnungsgemäßer Information entweder der Kündigung ausdrücklich zustimmen oder auch sich einfach gar nicht äußern. Spätestens nach einer Woche hat er dann der Kündigung zugestimmt.

507 Die Rüge der fehlerhaften Betriebsratsanhörung wird in der Regel standardgemäß bei Anrufung des Arbeitsgerichts durch den Anwalt des Arbeitnehmers erhoben. Die Erfahrung zeigt allerdings, dass nicht immer mit der notwendigen Akribie überprüft wird, ob die entsprechenden formellen Voraussetzungen der Betriebsratsanhörung erfüllt sind.

20.15 Kündigungsschutz aus Tarifvertrag

508 Viele Tarifverträge haben einen gesonderten Kündigungsschutz ab einer gewissen betrieblichen Zugehörigkeit. Dazu heißt es in den entsprechenden Tarifverträgen,

106 BAG vom 23.10.2014, Az. 2 AZR 736/13.
107 Anwalts-Formularhandbuch für ArbR/Lingemann, Kap. 22 Rn. 29 ff.
108 BAG vom 16.7.2015, Az. 2 AZR 15/15.

dass eine ordentliche Kündigung zumindest aus betriebsbedingten Gründen ab einer gewissen Betriebszugehörigkeit ausgeschlossen ist. Aber auch dies schützt nicht immer umfassend.

Die Rechtsprechung geht davon aus, dass der entsprechende Ausschluss der 509 Kündigung nur für die ordentliche Kündigung gilt. In Ausnahmefällen kann eine außerordentliche Kündigung greifen, die dazu führt, dass auch der Kündigungsschutz aufgelöst werden kann. Natürlich ist dies nur unter sehr strengen Voraussetzungen denkbar. Alle schon zum Kündigungsschutzgesetz dargestellten Aspekte greifen hier natürlich gesondert. Die Rechtsprechung lässt eine derartige Kündigung nur dann zu, wenn ein sinnentleertes Arbeitsverhältnis aufrechterhalten werden müsste.[109]

Eine außerordentliche Kündigung gegenüber einem tariflich unkündbaren Arbeit- 510 nehmer aus betriebsbedingten Gründen ist also ausnahmsweise unter Einhaltung der – fiktiven – ordentlichen Kündigungsfrist zulässig, wenn der Arbeitsplatz weggefallen ist und der Arbeitnehmer auch unter Einsatz aller zumutbaren Mittel, ggf. zu geänderten Bedingungen und – anders als bei der ordentlichen betriebsbedingten Kündigung – unter Durchführung einer entsprechenden Umschulung und Umorganisation des Betriebes nicht weiterbeschäftigt werden kann. Dabei kann notwendig werden, dass der Arbeitnehmer sich in ein völlig neues Sachgebiet längere Zeit einarbeiten bzw. eingearbeitet werden muss.[110] Das ist ein Unterschied zur betriebsbedingten Kündigung. Hier muss der Arbeitgeber nur die Zeit für eine Einarbeitung gewähren. Der typische Fall hierfür ist der Wegfall des Arbeitsplatzes infolge von Rationalisierungsmaßnahmen. So kann etwa bei Schließung eines spezialisierten Klinikteils oder einer spezialisierten Pflegeeinrichtung dennoch eine Kündigung durchgreifen, wenn es an der Verwendbarkeit fehlt.[111] Ein anderes Beispiel ist die vollständige Auslagerung der Küche an einen externen Anbieter (hier kann ein Betriebsübergang vorliegen).

20.16 Druckkündigung

Eine weitere Sonderform der Kündigung ist die sog. Druckkündigung. 511

Hierbei handelt es sich um eine Situation, in der nicht der Arbeitnehmer das 512 Problem ist, sondern die Einstellung der Kolleginnen und Kollegen zum Arbeitnehmer oder anderen Dritten. Hierzu gehören beispielsweise eine Gewerkschaft, der Betriebsrat oder aber eine Aufsichtsbehörde.

Wenn sich solche Personengruppen dagegen wehren, künftig mit dem Arbeitneh- 513 mer zusammenzuarbeiten, kann hier ein Kündigungsgrund vorliegen. Dies darf natürlich nicht nur dahingesagt werden. Die Hürden sind sehr hoch. Der Arbeit-

109 z. B. BAG vom 18.3.2010, Az. 2 AZR 337/08.
110 Kündigungsrecht/Vossen, § 626 Rz. 66.
111 BAG vom 6.10.2005, Az. 2 AZR 362/04, zur Schließung einer Krankenhausabteilung.

geber muss zunächst versuchen, die Situation zu schlichten und Abhilfemaßnahmen durchzuführen. So muss beispielsweise die Möglichkeit einer Mediation geprüft werden. Alle Beteiligten müssen gehört werden, insbesondere auch der betroffene Arbeitnehmer. Es sind wie üblich im Arbeitsrecht minderschwere Maßnahmen, insbesondere die Versetzung oder die Zuweisung zu anderen Kunden/Kontaktpersonen, zu prüfen. Die Druckkündigung kann sogar außerordentlich möglich sein.

20.17 Änderungskündigung

514 An verschiedenen Stellen ist schon darauf hingewiesen worden, dass im Gegensatz zur ordentlichen Kündigung häufig die Änderungskündigung in Betracht kommt. Die Änderungskündigung wird unter Teil I Kap. 7.4 besprochen. Hierauf wird verwiesen.

515 Prozessual ist die Änderungskündigung besonders komplex. In der Regel empfiehlt sich die Annahme der Änderungskündigung unter Vorbehalt. Der betroffene Arbeitnehmer sollte sich hier beraten lassen.

20.18 Wenn es zur Kündigung kommt: Der Kündigungsschutzprozess

516 Ist es zur Kündigung gekommen, so folgt in der Regel ein Kündigungsschutzprozess. Dieser Prozess hat einige Besonderheiten, die im Ablauf dargestellt werden sollen. Zunächst ist allerdings auf das Formelle hinzuweisen:

20.18.1 Formelle Aspekte

517 Bezüglich der formellen Voraussetzungen des Verfahrens ist vor allem wichtig, dass eine Kündigungsschutzklage binnen einer Frist von drei Wochen beim Gericht eingegangen sein muss. Ist die Frist nicht gewahrt, so ist nur im allergrößten Ausnahmefall eine spätere Erhebung der Klage möglich. Entschuldigungsgründe gibt es wenige. Diese Frist muss unbedingt eingehalten werden.

518 Die Ansprüche an die Erhebung der Klage sind verhältnismäßig niedrig. Zum einen kann jeder Arbeitnehmer selbst zum Arbeitsgericht gehen und dort bei der sog. Rechtsantragstelle darum bitten, dass eine Klage erhoben wird. Für die Erhebung der Kündigungsschutzklage braucht es also keinen Rechtsanwalt. Man kann auch selbst eine entsprechende Klage formulieren und an das Gericht schicken (nicht per Mail und die Unterschrift nicht vergessen!). Klar muss dann sein, gegen welche Kündigung man sich wendet und dass man die Weiterbeschäftigung erbittet. Dies sollte nur die Notlösung sein. Am besten ist es, sich rechtzeitig um die Beratung eines Anwalts zu bemühen, der dann die entsprechende Klage beim Arbeitsgericht einwendet.

Nichts ist ärgerlicher, als einen Prozess nicht führen zu können oder mit guten Argumenten vom Prozess ausgeschlossen zu werden, weil man die Dreiwochenfrist nicht eingehalten hat. Nehmen Sie diese dringend ernst! 519

20.18.2 Ablauf

Geht es vor Gericht, so spielen die ganzen theoretischen Erwägungen häufig zunächst eine überraschend untergeordnete Rolle. 520

Der Arbeitsprozess ist dadurch gezeichnet, dass Arbeitnehmer verhältnismäßig stark geschützt werden. Ein weiteres wesentliches Kennzeichen des Arbeitsschutzprozesses ist, dass die Gerichte mit großer Vehemenz zu einem Vergleichsschluss kommen wollen. Dies ist noch häufiger der Fall als bei sonstigen Gerichten. 521

Im Arbeitsgericht ist dem „normalen Verfahren“ der sogenannte Gütetermin vorgeschoben. Hier ist es so, dass beim Kündigungsschutzverfahren innerhalb von drei Wochen (eine Soll-Vorschrift) ein sogenannter Gütetermin stattfinden soll. Hierbei ist die Vorsitzende Richterin oder der Vorsitzende Richter alleine. Sie führen diese Verhandlung noch ohne die beisitzenden Richter, die später hinzukommen, sollte man sich im Gütetermin nicht einigen. Der Gütetermin ist dadurch gekennzeichnet, dass der Sachverhalt noch nicht in der Tiefe dargestellt wird. Meist wird die Kündigungsschutzklage mit einem formalen Schriftsatz erhoben, in dem gerügt wird, dass die Kündigung unzulässig sei. Kurz vor dem Gütetermin oder im Gütetermin selbst wird dann der Arbeitgeber darstellen, warum er gekündigt hat. 522

Häufig gehen dem Gütetermin schon die ersten Verhandlungen zwischen den Prozessbevollmächtigten (Anwälte, Gewerkschaftssekretäre/DGB-Rechtsschutz und Justiziare der Arbeitgeberverbände) voraus. Hier wird schon frühzeitig versucht, den Rechtsstreit gütlich zu lösen. Im Kündigungsschutzverfahren sieht die gütliche Einigung meist so aus, dass über eine Abfindung verhandelt wird. Wie schon eingangs zu diesem Kapitel dargestellt, ist es grundsätzlich so, dass es einen Anspruch auf eine Abfindung nicht gibt. Der Prozessantrag im Kündigungsschutzprozess und damit dessen „offizielles Ziel“ ist darauf gerichtet, dass die Kündigung nicht zulässig gewesen ist. Für den Fall, dass der Arbeitnehmer gewinnt, müsste der Arbeitgeber den Arbeitnehmer weiterbeschäftigen. 523

Die Erfahrung zeigt aber, dass gerade je kleiner ein Unternehmen ist, desto weniger die Parteien genau dies wollen. Vor allem auch die Arbeitnehmer wollen häufig nicht mehr zum Arbeitgeber zurück. In diesem Spannungsfeld wird dann die s Abfindung verhandelt. Die Anwälte und das Gericht sprechen häufig von einer sogenannten „Regelabfindung“. Dabei wird die Abrechnung so berechnet, dass für jedes volle Beschäftigungsjahr ein halbes Monatsbruttogehalt als Abfindung berechnet wird. Hat also der Arbeitnehmer zehn Jahre in einem Unternehmen gearbeitet, so erhält er bei der Regelabfindung fünf Monatslöhne. 524

525 Wenn eine fristlose Kündigung ausgesprochen worden ist oder eine verhaltensbedingte Kündigung insgesamt ausgesprochen wurde, ist neben der Abfindung ein weiterer Verhandlungsposten im Kündigungsverfahren die Frage, ob die entsprechenden Gründe durch den Arbeitgeber zurückgenommen werden. Dies ist insbesondere für ein Zeugnis, aber vor allem auch für den Bezug von Arbeitslosengeld in der Zukunft wichtig. Denn wer eine verhaltensbedingte Kündigung bekommt, der erhält häufig eine Sperrzeit bei der Bundesagentur für Arbeit auf sein Arbeitslosengeld. Daher wird auch häufig aus der fristlosen eine sogenannte ordentliche „gemacht". Das bedeutet, dass die vertraglich vereinbarte Kündigungsfrist auf das Arbeitsverhältnis angewendet wird und der Arbeitgeber erklärt, er werde sich nicht mehr auf die Gründe berufen, die er für die Kündigung hinzugezogen hat. In der Regel wird dies damit verbunden, dass der Arbeitnehmer dennoch nicht weiterarbeiten muss, sondern von der Erbringung der Arbeitsleistung freigestellt wird. Mit dieser Freistellung werden häufig die Überstunden- und Mehrarbeitsansprüche abgegolten, daneben auch eventuell noch offenstehende Urlaubsansprüche. All dies allerdings können auch finanzielle Positionen sein, die in anderer Form in eine eventuelle gütliche Einigung einfließen können.

526 Weiter wird in der Regel auch über ein Arbeitszeugnis vor Gericht bereits verhandelt. Nicht ganz unüblich ist, dass der Arbeitnehmer einen entsprechenden Vorschlag für ein Arbeitszeugnis macht.

527 Sicherlich gibt es im einen oder anderen Fall noch spezifische andere Einzelpunkte, die in die gütliche Einigung einbezogen werden.

528 Vor dem Hintergrund der einzelnen Positionen, die in eine Gesamtlösung einzubeziehen sind, gewichten die Verhandelnden – aber insbesondere auch das Gericht – die Positionen des Rechtsstreits und überlegen, wer vermutlich mit welcher Position eher die Chance hat, den Prozess zu gewinnen oder zu verlieren. Kommt das Gericht zu der Einschätzung, dass der Prozess eher zu Gunsten des Arbeitnehmers ausgeht, wird es eher eine hohe Abfindung vorschlagen (oder eine lange Freistellung oder beides).

529 Aber wenn es zu keiner gütlichen Einigung kommt und der Arbeitnehmer gewinnt den Prozess, ist sein Erfolg, dass er wieder beim Arbeitgeber arbeiten „darf". Oft ist es so, dass es der Arbeitnehmer eher als Drohung verstehen wird, wenn er zum Arbeitgeber zurückkehren darf (muss). Wie gesagt: Eine gesetzliche Regelung zur Abfindungshöhe gibt es nicht, verlangt der Arbeitnehmer allerdings zu viel, so steht im Raum, dass keine gütliche Einigung zustande kommt. Wenn er dann den Prozess gewinnt, hat er häufig den Eindruck eines Pyrrhussieges. Denn in der Regel ist ein Arbeitsverhältnis durch die Streitigkeit vor Gericht sehr stark belastet – das ist oft keine gute Basis für ein entspanntes Arbeiten.

530 Umgekehrt gilt es für den Arbeitgeber ein ganz anderes Problem. Sobald der Arbeitnehmer wegen der Kündigung nicht mehr arbeiten kann oder auch muss,

trägt der Arbeitgeber während des durchaus bis zu einem Jahr andauernden Prozesses das Risiko des Annahmeverzugslohnes. Ein Beispiel:

Der Arbeitgeber kündigt zum 31.3. das Arbeitsverhältnis. Ab dem 1.4. arbeitet der Arbeitnehmer nicht mehr, der Arbeitgeber hat ihm ja gekündigt. Der Arbeitsprozess entscheidet sich aber erst zum 30.9. (das ist sehr realistisch). Verliert der Arbeitgeber nun den Prozess, so muss er den Arbeitnehmer nicht nur ab dem 1.10. wieder beschäftigen, sondern auch noch die Zeit zwischen dem 1.4. und dem 30.9. bezahlen, obwohl der Arbeitnehmer nicht gearbeitet hat. Das stellt natürlich für den Arbeitgeber ein erhebliches Risiko dar (sogenanntes Annahmeverzugsrisiko).
Im Gütetermin geht es im Übrigen recht „handfest" zu. Es werden Vorwürfe erhoben, die so nicht oder nur schwer haltbar sind und auch Kraftausdrücke sind schon gefallen. Die Emotionen liegen oft auf beiden Seiten blank und das zeigt sich auch in der Wortwahl. Dabei ist es auch nicht selten so, dass von Seiten der Anwälte oder sonstigen Vertreter noch zusätzlich (auch bewusst) Provokationen in den Raum gestellt werden. Der Vergleich mit einem Viehmarkt ist manchmal gar nicht so weit hergeholt. Es gilt: Ruhe bewahren und immer die eigenen Interessen im Mittelpunkt zu halten. Auch der Annahmeverzugslohn spielt natürlich eine Rolle. Wenn nämlich im Gütetermin klar wird, dass der Arbeitnehmer entweder krank ist (also eine Entgeltfortzahlung nicht droht) oder gar schon einem anderen Job nachgeht, so wird der Arbeitgeber entspannter in den Prozess gehen. Als Arbeitnehmer sollte man ihm diese Entspannung taktisch möglichst nicht bieten.
Häufig finden bei gleichem Richter verschiedene Verhandlungen gleichzeitig statt, das heißt, eine Verhandlung beginnt, wird dann zur Vergleichsberatung unterbrochen und in dieser Verhandlungspause wird bereits der nächste Prozess durch den Richter aufgerufen. Wenn dann dieser Prozess unterbrochen wird, verhandeln die Parteien aus dem vorherigen Prozess weiter und Ähnliches. Kommt es zu einem Vergleich, so wird dieser von dem Richter oder der Richterin in ein Diktiergerät gesprochen und nochmals vorgespielt. Alle Beteiligten genehmigen dann das vom Richter Diktierte. Damit ist das Verfahren, sollte es nicht ein Widerrufsvergleich sein, beendet. Einwendungen können gegen den Vergleichsschluss nur noch im sehr, sehr eingeschränkten Rahmen erhoben werden. Beide Seiten sollen also schon vor dem Termin tunlichst überlegen, wohin die Reise gehen soll.
Kommt es nicht zum Vergleich, so bestimmt das Gericht einen sogenannten „Kammertermin". Der Kammertermin wird mit Schriftsätzen vorbereitet – das heißt, die Parteien (also in der Regel die Prozessbevollmächtigten) schreiben „Briefe" an das Gericht, in denen die Positionen aufgearbeitet und wichtig – Beweismittel angeboten werden. Nun gilt es, akribisch die eigenen Argumente vorzutragen. Im Arbeitsgericht wird erwartet, dass alles sehr genau geschrieben werden muss. Bei den Schriftsätzen ist wichtig, dass vom Gericht entsprechende Fristen gesetzt werden. Diese Fristen sind von den Anwälten akribisch ein-

zuhalten. Zwar können diese verlängert werden. Dies allerdings nur auf Antrag des Anwalts oder des sonstigen Prozessbevollmächtigten und auch nur im begrenzten Rahmen. In diesem Zusammenhang: Ihr Prozessbevollmächtigter oder Ihr Anwalt lebt von Ihren Informationen. Helfen Sie ihm damit, dass Sie ihn ordentlich informieren. Lassen Sie nichts weg. Insbesondere schlechte Überraschungen sind für den Anwalt vor Gericht schwierig. Weiß er, wo Ihr Problem liegt, kann er versuchen, den Prozess an dem Problem vorbeizuführen - kennt er es nicht, so fehlt ihm eine wesentliche Information.

Nach Ablauf der Schriftsatzfristen kommt es zum Kammertermin. Im Kammertermin versucht das Gericht nunmehr in voller Besetzung, also mit einem Berufsrichter, den Sie schon aus der Güteverhandlung kennen, und zwei Laienrichtern, von denen einer dem Arbeitgeberlager und einer dem Arbeitnehmerlager zuzurechnen ist, nochmals den Fall erst mal gütlich zu einigen. Gelingt dies nicht, weiß das Gericht nun mehr über den Sachverhalt. Es wird die entsprechenden Schriftsätze, die die Parteien ausgetauscht haben, für seinen weiteren Vergleichsvorschlag gewichten.

Kommt wieder keine gütliche Einigung zustande, so wird das Gericht, soweit dies notwendig ist, Beweis erheben, häufig also Zeugen hören, Sachverständige beauftragen oder auch die Örtlichkeit besichtigen. Nach Abschluss der Beweisaufnahme - die auch in einer zweiten Sitzung des Gerichtes stattfinden kann - wird es eine Entscheidung fällen. Diese Entscheidung findet in der Regel nicht in der Sitzung statt, sondern wird im sogenannten schriftlichen Verfahren erfolgen. Das bedeutet, dass ein Tag zur Verkündung einer Entscheidung festgesetzt wird, an dem das Gericht die entsprechende Entscheidung schriftlich absetzt. Ab diesem Tage kann die Entscheidung im Gericht direkt abgeholt werden. Die Prozessbevollmächtigten erhalten sie dann kurzfristig per Post.

Der Arbeitsgerichtsprozess hat nach alledem häufig etwas von einem „Pokerspiel". Für den unerfahrenen Laien lohnt es sich, sich im Vorfeld bereits einen Gerichtstermin anzuschauen, um die Atmosphäre im Gerichtssaal kennenzulernen. Die Gerichtsverhandlungen sind öffentlich. Jeder, der interessiert ist, kann sich vor dem eigenen Gerichtstermin in das Gericht setzen. Dazu ist es empfehlenswert, zunächst bei Gericht anzurufen und zu fragen, wann die Kammer Gütetermine verhandelt. An einem solchen Tag ist es möglich, einfach in das Gericht zu gehen und sich mit den Abläufen vertraut zu machen.[112]

112 BGW: Gefahrstoffe. 2016. Online: https://www.bgw-online.de/SharedDocs/Downloads/DE/Arbeitssicherheit_und_Gesundheitsschutz/Gesund-und-sicher-Arbeiten/Sichere-Seiten/Pflege/Gefstoffe_Ambulante_Pflege_Artikel_Download.pdf?__blob=publicationFile [abgerufen am 11.3.2018].

21 Tendenzbetrieb – die Arbeit für Kirche und Wohlfahrtsverbände

21.1 Die Tätigkeit im Tendenzbetrieb/in der Kirche

Eine Vielzahl von Arbeitsverhältnissen in der Pflege befindet sich in sogenannten Tendenzbetrieben. Solche Unternehmen sind vor allem konfessionelle und karitative Einrichtungen. Wer in einem Tendenzbetrieb arbeitet, muss zum einen hinnehmen, dass die Rechte des Betriebsrats oder der Personalvertretung deutlich eingeschränkt sind. Und zum anderen, dass die grundsätzliche Einschätzung der Tendenz des Unternehmens, also die karitativen oder konfessionellen Aspekte der Tätigkeit, arbeitsrechtlich eine besondere Rolle spielen. 531

21.2 Konfessioneller oder karitativer Tendenzbetrieb

Dabei stellt sich in einer ersten Stufe die Frage, was konfessionelle und karitative Betriebe sind. 532

Konfessionelle Betriebe sind solche, deren Zielsetzung Ausdruck eines Glaubens im Hinblick auf eine bestimmte Religionsgemeinschaft ist. Ein konfessionelles Unternehmen ist beispielsweise die Caritas. Nicht zu den konfessionellen Einrichtungen zählen allerdings Krankenhäuser, selbst dann, wenn ihr Betrieb in konfessioneller Trägerschaft steht. 533

Allerdings liegt in diesen Fällen und auch in allen weiteren, in denen das Gewinnstreben nicht im Vordergrund steht, im pflegerischen Bereich eine karitative Einrichtung vor, die ebenso einen Tendenzbetrieb darstellt. Solche karitative Einrichtungen sind alle Unternehmen, die einen sozialen Dienst am körperlich oder seelisch leidenden Menschen zum Ziel haben und auf Heilung oder Minderung innerer oder äußerer Nöte des Einzelnen oder auf deren vorbeugende Abwehr ausgerichtet sind.[113] Nicht ausreichend ist jedoch, wenn lediglich Dienstleistungen für Unternehmen erbracht werden, die karitativ am Patienten arbeiten. Einen karitativen Zweck kann weder ein Unternehmensberater noch ein Lieferant haben. Ein Gewinnstreben schließt die karitative Zielsetzung nicht aus, es darf aber nicht im Vordergrund der unternehmerischen Ziele stehen. Wesentlich ist, dass die karitative Zielsetzung des Betriebs an konkreten Handlungen feststellbar und der tägliche Betrieb des Unternehmens erkennbar von der Umsetzung des Prinzips der Nächstenliebe gegenüber Hilfsbedürftigen getragen ist.[114] Es reicht insofern nicht aus, wenn das Unternehmen mit einem karitativen Träger in irgendeiner Form verbunden ist, wenn die entsprechenden Zielsetzungen nicht im Vordergrund stehen. So ist nach der vorbezeichneten Rechtsprechung der DRK-Blutspendendienst kein Tendenzunternehmen mehr, da hier die Gewinner- 534

113 BAG vom 22.7.2014, Az. 1 ABR 93/12.
114 BAG vom 22.5.2012, Az. 1 ABR 7/11, DRK-Blutspendendienst.

zielungsabsicht der konkreten Nächstenhilfe gegenüber zurücktritt. Dementsprechend können auch private Pflegedienste, die ausschließlich unter kommerziellen Gesichtspunkten geführt werden, nicht als karitative Einrichtungen angesehen werden.

535 Demgegenüber werden in der Regel Einrichtungen der Kranken- und Altenpflege der Wohlfahrtsverbände als karitative Einrichtungen betrachtet.

21.3 Einschränkungen betriebsverfassungsrechtlicher Art

536 Liegt ein Tendenzunternehmen vor, sind die Mitwirkungsmöglichkeiten des Betriebsrats stark eingeschränkt. So ist ein Wirtschaftsausschuss nicht zu bilden. Auch bei Betriebsänderungen, vor allem Einschränkungen und Stilllegungen des Betriebs oder Verlegungen von Betriebsteilen, ist die Mitbestimmung stark eingeschränkt. Die Rechte des Betriebsrates bei den sonstigen Mitwirkungsmöglichkeiten sind ebenso niedriger. Hier gilt, dass die Rechte des Betriebsrats dann beschnitten sind, wenn in die Eigenart des Tendenzbetriebes eingegriffen wird. Nicht betroffen davon sind die Anhörungs-, Beratungs- und Informationsrechte des Betriebsrates. Das bedeutet, dass etwa die Anhörung des Betriebsrates bei Ausspruch einer Kündigung eines Mitarbeiters nicht von der Frage der Eigenschaft als Tendenzbetrieb betroffen ist. Denn der Betriebsrat kann letztlich die Kündigung nicht aufhalten.

537 Anders ist dies, wenn es beispielsweise um Mitwirkungsrechte des Betriebsrates etwa bei Versetzungen oder Ähnlichem geht. Dies jedenfalls dann, wenn wesentliche Leistungsträger des Unternehmens betroffen sind. Hierbei wird von sogenannten Tendenzträgern gesprochen.

538 „Einfache" Pflegefachpersonen sind hiervon sicherlich nicht betroffen. Anders könnte dies bei der Pflegedienstleitung der Fall sein.

21.4 Besondere Ausgestaltung des Arbeitsverhältnisses

539 In Tendenzbetrieben ist neben der eingeschränkten Mitwirkungsmöglichkeit und Mitbestimmung des Betriebsrates insbesondere auch wesentlich, dass die Tendenz bei der Gestaltung des Arbeitsverhältnisses eine Rolle spielen kann.

540 So hat derjenige, der für einen kirchlichen Träger tätig ist, hinzunehmen, dass er sich auch privat an die tragenden Grundsätze des Kirchenrechts zu halten hat. Ungeklärt ist allerdings, was dies im Einzelnen bedeutet. So steht nach wie vor die Überprüfung der Kündigung eines Chefarztes eines katholischen Krankenhauses in der gerichtlichen Überprüfung, der eine Kündigung wegen einer zweiten Heirat erhalten hatte. Bundesverfassungsgericht und Bundesarbeitsgericht haben hier die Kündigung grundsätzlich als gerechtfertigt angesehen, da das Institut der Ehe für die die katholische Kirche von außerordentlicher Wichtigkeit sei. Zudem wirke

der Verstoß dauerhaft, da der nach der Auffassung der katholischen Kirche illegitime Zustand nicht nur kurzfristig gelte, sondern einen dauerhaften Verstoß gegen katholische Grundprinzipien darstellen würde. Außerdem spielte eine Rolle, dass es sich um einen exponierten Arbeitnehmer handelt.[115] Allerdings liegt die Sache noch beim Europäischen Gerichtshof zur weiteren Überprüfung. Es kann durchaus sein, dass dieser die Kündigung für unzulässig erachtet.

Vor dem Hintergrund der in diesem Zusammenhang ergangenen Entscheidung **541**
des Bundesverfassungsgerichts[116] dürften in der Vergangenheit akzeptierte Entscheidungen der Kirchen fraglich sein. So wurde in der Vergangenheit als ein wichtiger Grund für eine Kündigung zum Beispiel Folgendes akzeptiert:

- der Ehebruch bei Mormonen
- Kirchenaustritt einer Sozialpädagogin aus der evangelischen Kirche und der
- Austritt eines Mitarbeiters eines vom katholischen Caritasverband getragenen Arbeitgebers aus der katholischen Kirche[117]

Ob dies nach den Entscheidungen zum Chefarzt immer noch so gesehen würde, **542**
ist unklar.

Dagegen dürften auf jeden Fall weiter zulässige Kündigungen solche sein, die **543**
illegitimes Handeln gegenüber der Kirche, wie etwa das Werben für eine Religionsgemeinschaft, die von den eigenen Glaubenssätzen erheblich abweicht, darstellen. In die gleiche Richtung geht auch die Verpflichtung bei sonstigen karitativen Einrichtungen. Wer dem Grundsatz der Nächstenliebe nicht in der Arbeit im karitativen Unternehmen nachkommt und dessen Ideen nicht trägt, der muss mit entsprechenden Maßnahmen rechnen, die bis zur Kündigung gehen können. Dies gilt – anders als in übrigen Arbeitsverhältnissen – auch außerhalb des Arbeitsverhältnisses selbst. Ähnliche Fälle würden heute sicherlich noch die Kündigung rechtfertigen. Zulässig ist die Kündigung der Mitarbeiterin, die ein nichteheliches Verhältnis zu dem einrichtungsleitenden Mönch unterhält und dazu in einer Pressekonferenz öffentlich Stellung nimmt.[118] Auch sexuelle Handlungen mit einer Minderjährigen rechtfertigen die außerordentliche Kündigung eines kirchlichen Mitarbeiters.

115 Zuletzt BAG vom 28.07.2016, Az. 2 AZR 746/14.
116 BVerfG vom 22.10.2014, Az. 2 BvR 661/12.
117 Beispiele nach Schaub/Linck, § 127 Rz. 101
118 BVerfG vom 31.1.2001, Az. 1 BvR 619/92.

II Haftung

Viele Pflegefachpersonen treibt die Angst um, dass ihnen ein Fehler passiert und sie hierfür persönlich „büßen“ müssen. Manche Pflegefachpersonen berichten davon, sich immer so zu fühlen, als stünden sie „mit einem Bein im Knast“. Außerdem haben viele Pflegekräfte Angst ihr Vermögen zu verlieren, weil sie in die persönliche Haftung für einen Fehler genommen werden könnten. In Verbindung mit den Zuständen auf den Stationen oder in den Heimen - zu wenig Personal, zu lange Schichten u. Ä., erscheint es vielen als unabweisbares Schicksal, irgendwann „selbst dran zu sein“. Das ist aber maßlos übertrieben. Wer sich an die Grundregeln hält, der wird sein Berufsleben ohne Haftungsfall verbringen, nicht etwas zahlen müssen und erst recht nicht im Gefängnis zu landen. Zum einen kann man sich hiergegen arbeitsrechtlich schützen (Siehe hierzu Teil I Kap. 19), zum anderen ist die Haftung nicht so weitgehend, wie dies häufig angenommen wird. 1

1 Unterschied zwischen Zivil- und Strafrecht

Dabei muss zunächst eines unterschieden werden, nämlich die Haftung aus dem Zivil- und aus dem Strafrecht. Hierbei handelt es sich um zwei „vollkommen verschiedene Paar Schuhe“. Im Zivilrecht geht es darum, dass ein Bürger von dem anderen etwas möchte, in der Regel Geld. In unseren Fällen handelt es sich typischerweise um Schadensersatz in Form von Schmerzensgeld, aber auch zusätzlich aufzuwendenden Behandlungskosten (häufig nicht vom Patienten selbst sondern durch dessen Krankenkasse geltend gemacht, übergegangenes Recht) oder für Pflege- und Umbaumaßnahmen. Auch kann hierunter Unterhalt zählen. Diese Ansprüche werden vom Patienten selbst oder dessen Angehörigen bzw. Nachkommen oder eben von den gesetzlichen Krankenkassen geltend gemacht. Hier geht es „nur“ ums Geld. Typischerweise tritt die Haftpflichtversicherung des Arbeitgebers ein und übernimmt auch die Verteidigung gegen Ansprüche. 2

Daneben steht die sog. strafrechtliche Haftung. Bei der strafrechtlichen Haftung geht es darum, dass gegen Regeln verstoßen worden ist, die der Staat aufgestellt hat. Solche Regelverstöße verfolgt der Staat selbst und bestraft die Bürger dafür. Die im Bereich der Behandlungsfehler relevanten Regeln, die der Staat aufgestellt hat, sind die Körperverletzungsdelikte, allen voran die fahrlässige Körperverletzung und die sog. Tötungsdelikte. Uns interessiert hier vor allem die fahrlässige Tötung. Wer gegen diese Regeln verstößt, wird bestraft. Dabei kommen sowohl sog. Geldstrafen als auch Haftstrafen in Betracht. Bei den Haftstrafen ist noch zu unterscheiden. In den allermeisten Fällen, die im Rahmen der strafrechtlichen Haftung von Pflegekräften ausgesprochen werden, wird, wenn es überhaupt zu einer Haftstrafe kommt, diese zur Bewährung ausgesetzt. Dies bedeutet, dass, wenn kein weiteres Fehlverhalten in einem im Urteil definierten Zeitraum, 3 meistens zwei oder drei Jahre, passiert, das ebenso strafrechtlich relevant ist, dann wird die Strafe erlassen und eine Haftstrafe muss nicht „abgesessen werden".

4 Verfolgt werden die Rechte des Staates vom Staatsanwalt. Er ermittelt mithilfe der Polizei und Sachverständigen eigenständig, sobald er Kenntnis von einem Behandlungsfehlervorwurf hat. Man kann – entgegen weit verbreiteter Auffassung – diesen Prozess nicht mehr stoppen. Man kann die „Anzeige" nicht zurücknehmen. Hat der Staat einmal Kenntnis, dann entscheidet letztlich der Staatsanwalt, ob es zu einer Anklage kommt oder nicht.

2 Was ist ein Behandlungsfehler?

2.1 Standards

5 Die Frage, ob ein Behandlungsfehler und damit die Grundlage für eine Haftung vorliegt, ist allerdings vom Straf- und Zivilrecht unabhängig. Für beide Rechtsgebiete werden die gleichen Grundlagen angewandt. Ein Behandlungsfehler liegt dann vor, wenn der besonnene und umsichtige Kollege des gleichen Fachgebietes so nicht gehandelt hätte und von diesem theoretischen Handlungsanspruch abgewichen wird. Man spricht auch von der guten und von Verantwortung getragenen pflegerischen Übung – vom Standard. Der Standard beruht auf zwei Säulen: auf wissenschaftlich gesicherten Erkenntnissen und Erfahrungen einerseits und auf der Anerkennung dieses Wissensstandes in der Praxis andererseits.[119] Es kommt also nicht nur auf die Erkenntnisse der Wissenschaft an, sondern auch darauf, ob die Praxis diese entsprechend umgesetzt hat. Daneben (siehe hierzu Teil II Kap. 3.1.1 und Teil II Kap. 3.1.2) ist noch ein zweiter Aspekt wichtig. Die Leistung ist nicht schon dann fehlerhaft, wenn sie nicht optimal ist oder dem besten Standard entspricht. Denn gefordert wird „nur" eine durchschnittliche Leistung (Note 4)

6 Kein Standard in diesem Sinne sind klinik- oder einrichtungsinterne Verfahrensanweisungen. Bei diesen handelt es sich typischerweise um allgemeine arbeitsrechtliche Anweisungen, in denen der Träger vorgibt, wie mit welcher Situation umzugehen ist. Dabei sollten die entsprechenden internen Verfahrensanweisungen natürlich den entsprechenden Standards entsprechen. Sie müssen dies allerdings nicht maßgeblich. Liegen sie unterhalb der Standards, so muss man sich hiergegen arbeitsrechtlich wehren (Siehe hierzu Teil I Kap. 19).

2.2 Zeitpunkt

In der Praxis kommt noch häufig etwas hinzu. Gerade Haftungsprozesse zeichnen sich dadurch aus, dass sie oft Jahre später vor Gericht kommen. Dies gilt für Zivil-,

119 Ulsenheimer: Arztstrafrecht in der Praxis. 2015, Teil 1 Rn. 56.

aber auch für strafrechtliche Verfahren. Dabei ist die Fortentwicklung in der Medizin und auch in der Pflege bekanntermaßen sehr schnell. Bei der Bestimmung, ob ein fehlerhaftes Pflegen vorgelegen hat, ist auf den Standard zurückzugreifen, der zum Zeitpunkt des Vorwurfs eines Behandlungsfehlers gegriffen hat. Denn vorwerfen kann man ein Verhalten nur dann, wenn es derjenige, dem es vorgehalten wird, besser hätte wissen können. Wenn aber der damals vorherrschende Standard eingehalten worden ist und man erst später über neue Erkenntnisse verfügt, so kann dies dem Betroffenen nicht vorgehalten werden. Das wird in der Praxis häufig übersehen. Denn es ist erfahrungsgemäß recht schwer, die neuen Erkenntnisse auszublenden.

2.3 Konkrete Situation

Auch ein zweiter Aspekt wird häufig übersehen. Es ist leicht, im Nachhinein ein 7
Handeln zu überprüfen und als fehlerhaft zu werten, wenn man weiß, wie die Sache ausging und alle Daten und Erkenntnisse auf dem Tisch liegen. Das ist aber nicht der Maßstab, an dem das Handeln zu messen ist. Die Pflegefachpersonen entscheiden eben nicht am grünen Tisch im Nachhinein. Sie müssen ad hoc am Bett des Patienten entscheiden, was zu tun ist, sie müssen gleich zugreifen. Auch dies ist bei der Überlegung, ob ein Fehler gegen die Standards vorhanden war, zu berücksichtigen. Wie stellte sich die Situation zum Zeitpunkt der Entscheidung dar? Welche Daten waren erhoben und standen zur Verfügung? Dabei kann ein Fehler auch darin liegen, dass Daten nicht erhoben werden. Dies ist dann allerdings ein anderer Fehler, der gesondert zu überprüfen ist.

Damit ist in puncto „mit einem Bein im Knast" schon einmal eine wesentliche 8
Einschränkung vorzunehmen: Gemessen wird das Handeln nicht an einer im Nachhinein unter optimalen Bedingungen prüfenden Instanz, sondern es wird mit den Augen der Pflegefachperson geprüft und es wird nicht Übermenschliches verlangt.

3 Beispiele für Standardabweichungen

Nach dieser allgemeinen Einführung ist nun genauer zu beleuchten, wann ein 9
Fehler vorliegt.

3.1 Pflegefehler

Ein Pflegefehler ist jede geplante Vorgehensweise, die nicht plangemäß ausgeführt 10
wurde (d. h. Ausführungsfehler) oder das Anwenden einer Vorgehensweise, die zum Erreichen eines Ziels ungeeignet war (Planungsfehler). Ein Pflegefehler kann bei einer pflegediagnostischen oder pflegerischeren Maßnahme vorliegen,

- die pflegerisch nicht indiziert war
- oder bei der die nach den Erkenntnissen der Pflegewissenschaft und der pflegerischen Praxis unter den jeweiligen Umständen erforderliche Sorgfalt objektiv außer Acht gelassen wurde
- oder bei der eine nach diesem Maßstab pflegerisch gebotene Handlung unterlassen wurde.[120]

11 Pflegefehler ist der Oberbegriff für alle Gesundheitsschäden, die nicht durch krankheitsimmanente Komplikationen, sondern entweder durch vermeidbare Pflegefehler oder durch nicht-vermeidbare, so genannte pflegeimmanente Wirkungen (unerwünschte Ergebnisse) entstanden sind. Diese Schadensarten voneinander abzugrenzen, kann im Einzelfall sehr schwierig sein. Beispiele: mangelnde Hygiene, falsche Bewegungen zur Dekubitusprophylaxe.[121]

Expertenstandards

12 Die nationalen Expertenstandards des DNQP (Deutsches Netzwerk für Qualitätsentwicklung in der Pflege) sind evidenzbasierte, monodisziplinäre Instrumente, die den spezifischen Beitrag der Pflege für die gesundheitliche Versorgung von Patienten bzw. Bewohnern sowie ihren Angehörigen zu zentralen Qualitätsrisiken aufzeigen und als Grundlage für eine kontinuierliche Verbesserung der Pflegequalität in Gesundheits- und Pflegeeinrichtungen dienen. Sie stellen ein professionell abgestimmtes Leistungsniveau dar, das dem Bedarf und den Bedürfnissen der damit angesprochenen Bevölkerung angepasst ist und Kriterien zur Erfolgskontrolle dieser Pflege mit einschließt. Expertenstandards zeigen die Zielsetzung komplexer, interaktionsreicher pflegerischer Aufgaben sowie Handlungsalternativen und Handlungsspielräume in der direkten Patienten- bzw. Bewohnerversorgung auf. Sie erheben den Anspruch, wirksame Instrumente der Qualitätsentwicklung zu sein und durch aktiven Theorie-Praxis-Transfer zur Entwicklung und Professionalisierung der Pflegepraxis beizutragen.[122]

13 Folgende Expertenstandards sind zurzeit zu beachten:

- Dekubitusprophylaxe in der Pflege. 2. Aktualisierung Juni 2017
- Entlassmanagement in der Pflege. Zurzeit in der Überarbeitung
- Schmerzmanagement in der Pflege bei akuten Schmerzen. 1. Aktualisierung Dezember 2011

---

120 Angelehnt an ÄZQ (2007): Von absolute Risikoreduktion bis Zuverlässigkeit von Leitlinien. äzq Schriftenreihe Band 30. Online: http://www.aezq.de/mdb/edocs/pdf/schriftenreihe/schriftenreihe30.pdf [abgerufen 11.11.2017].

121 Arbeitsgemeinschaft der Wissenschaftlichen Medizinischen Fachgesellschaften/Ärztliches Zentrum für Qualität in der Medizin (Hrsg.): Von absolute Risikoreduktion bis Zuverlässigkeit von Leitlinien. Online: http://www.aezq.de/mdb/edocs/pdf/schriftenreihe/schriftenreihe30.pdf [abgerufen am 11.11.2017].

122 DNQP (2017): Deutsches Netzwerk für Qualitätsentwicklung in der Pflege, DNQP. Online: https://www.dnqp.de/de/dnqp/ [abgerufen 11.11.2017].

- Schmerzmanagement in der Pflege bei chronischen Schmerzen. Implementierung Mai 2015
- Sturzprophylaxe in der Pflege. 1. Aktualisierung Januar 2013
- Förderung der Harnkontinenz in der Pflege. 1. Aktualisierung März 2014
- Pflege von Menschen mit chronischen Wunden. 1. Aktualisierung September 2015
- Ernährungsmanagement zur Sicherung und Förderung der oralen Ernährung in der Pflege. 1. Aktualisierung Januar 2017
- Förderung der physiologischen Geburt
- Erhaltung und Förderung der Mobilität. Bisher nicht in Kraft getreten.

Bleibt die Versorgungsleistung oder Behandlung hinter den Zusicherungen der 14
Expertenstandards zurück, so kann die Pflegefachperson im Schadensfall eine Einstandspflicht für die Folgen des Eingriffs treffen, durch das Arbeitnehmerprivileg haftet aber in der Regel der Arbeitgeber (siehe hierzu Teil II Kap. 5.3). Regelmäßig werden die in den Expertenstandards festgeschriebenen Maßstäbe über die Bezugnahme der gerichtlichen Sachverständigen in einen Schadensersatzprozess einbezogen. Anhand der Inhalte wird über das Sachverständigengutachten ermittelt, warum es zu dem Schaden gekommen ist und ob die Rechtsgutverletzung auf eine Abweichung vom leitlinien- oder standardgemäßen Verhalten zurückzuführen ist. Werden Gründe geltend gemacht, nach denen eine bewusste Abweichung erfolgt ist, muss von der Behandlungsseite Stellung bezogen werden, ob diese Gründe vertretbar waren. Auch wenn also über die Expertenstandards keine unmittelbare Rechtswirkung herbeigeführt wird, sollte die haftungsrechtliche Bedeutung der evaluierten Qualitätsnormen nicht unterschätzt werden; sie konkretisieren immerhin die Sorgfaltspflicht i. S. d. § 276 Abs. 2 BGB und die Anforderung des § 630a Abs. 2 BGB.[123]

3.1.1 Expertenstands in Pflegediensten und -heimen im SGB XI

Mit dem Mitte 2008 in Kraft getretenen Pflege-Weiterentwicklungsgesetz hat der 15
Gesetzgeber die Entwicklung und Aktualisierung von Expertenstandards den Vertragspartnern auf der Bundesebene, also den Vertretern von Pflegeeinrichtungen und Pflegekassen, übertragen. Bei den Vereinbarungen wirken die Vertreter der Pflegebedürftigen beratend mit. Die Expertenstandards werden künftig für alle Pflegeheime und Pflegedienste in Deutschland unmittelbar verbindlich.

123 Großkopf/Schanz: Haftungsrechtliche Verbindlichkeit von Richtlinien, Leitlinien und Expertenstandards. Expertenstandards und Leitlinien. 2017. Online: https://www.hartmann.info/de-DE/Medizinisches-Wissen/local/de/Politik-und-Recht/Haftungsrechtliche-Verbindlichkeit-von-Richtlinien [abgerufen am 11.11.2017].

16 Der Auftrag zur Entwicklung des ersten Expertenstandards nach § 113a SGB XI wurde im März 2013 an das Deutsche Netzwerk für Qualitätsentwicklung in der Pflege (DNQP) vergeben. Der Expertenstandard befasst sich mit dem Thema „Erhaltung und Förderung der Mobilität".[124]

17 Die Vertragspartner nach § 113 SGB XI entscheiden noch darüber, wann die verbindliche Einführung des Expertenstandards in den zugelassenen Pflegeeinrichtungen startet. Erst mit der Veröffentlichung im Bundesanzeiger ist der Expertenstandard für alle Pflegedienste und -heime in Deutschland verbindlich und verpflichtend durch diese umzusetzen.[125]

18 Somit ist dieser Expertenstandard der erste und bisher einzige, welcher von den Pflegediensten und -heimen nach der Veröffentlichung im Bundesanzeiger umzusetzen ist.

3.1.2 Expertenstandards und der MDK

19 Seit dem Pflege-Weiterentwicklungsgesetz (PfWG) von 2008 gehören die Qualitätssteigerung und die Erhöhung der Transparenz zu den zentralen Zielen in der Pflegeversicherung. Zur Umsetzung dieser Ziele wurden regelmäßige Qualitätsprüfungen von ambulanten und stationären Pflegeeinrichtungen eingeführt, deren Ergebnisse in Form von Transparenzberichten – die auch die sogenannten „Pflegenoten" beinhalten – allgemeinverständlich veröffentlicht werden. Damit erhalten Versicherte die Möglichkeit, sich unabhängig und neutral über die Qualität von Pflegeeinrichtungen zu informieren.

20 Die Instrumente der Qualitätssicherung und der Qualitätsberichterstattung einschließlich der Pflegenoten werden derzeit durch den Qualitätsausschuss neu justiert. Im zweiten Pflegestärkungsgesetz (PSG II) wurde hierfür ein Zeitplan festgelegt. Auf der Grundlage von überarbeiteten Maßstäben und Grundsätzen sowie einer angepassten Qualitätsprüfungsrichtlinie soll für den stationären Bereich bis Ende 2017 eine neue Qualitätsdarstellungsvereinbarung geschlossen werden. Diese steht noch aus. Für den ambulanten Bereich ist dies bis Ende 2018 vorgesehen. Bis dahin bestehen die derzeitigen Instrumente fort.[126]

21 Nach „Maßstäbe und Grundsätze für die Qualität und die Qualitätssicherung sowie für die Entwicklung eines einrichtungsinternen Qualitätsmanagements nach § 113 SGB XI in der vollstationären Pflege vom 27. Mai 2011" (gilt ent-

---

124 GKV Spitzenverband: Expertenstandards nach § 113a SGB XI. 2017. Online: https://www.gkv-spitzenverband.de/pflegeversicherung/qualitaet_in_der_pflege/expertenstandards/expertenstandards.jsp [abgerufen am 11.11.2017].

125 Verband der Ersatzkassen e. V. (vdek): Transparenz und Qualität in der Pflege. 2017. Online: https://www.vdek.com/vertragspartner/Pflegeversicherung/grundlagen.html [abgerufen am 11.11.2017].

126 VdeK (2017): Transparenz und Qualität in der Pflege. Online: https://www.vdek.com/vertragspartner/Pflegeversicherung/grundlagen.html [abgerufen am 11.11.17].

sprechend auch für die ambulante Pflege) muss die Pflegedokumentation praxistauglich sein und sich am Pflegeprozess orientieren. Veränderungen des Pflegezustandes (und nur diese) sind aktuell (bis zur nächsten Übergabe) zu dokumentieren (Teil II Kap. 3.1.3). Hieraus wird deutlich, dass nur Veränderungen zu dokumentieren sind. Wenn nichts vorgefallen ist, ist nichts zu dokumentieren. Vorgaben vom MDK, mindestens einmal in der Woche oder einmal im Monat zu dokumentieren, besonders wenn nichts vorgefallen ist, entbehren jeder pflegewissenschaftlichen oder juristischen Diktion und sind von der Leitung abzulehnen.

Verdeutlicht wird dies am folgenden Fall, welchen das OLG Köln[127] zu entschei- 22
den hatte.

> Bei der Patientin war die Magensonde verstopft und wurde vom Pflegepersonal auf der Intensivstation gewechselt. Die Lage der Magensonde wurde durch den „Blubbertest“ (Einspritzen von Luft und Abhorchen mittels Stethoskop in der Magengegend) überprüft, der positiv war. Die Pflegekräfte gingen von einer korrekten Lage der Magensonde aus und diese wurde genutzt. Der Sondenwechsel wurde in der Dokumentation nicht erwähnt. Danach klagte die Patientin über Bauchschmerzen, Luftnot und Fieber. Am Folgetag wurde über die Magensonde eine weiß-cremige Flüssigkeit abgesaugt. Es folgte ein CT. Hier wurde die Fehllage der Magensonde im Pleuraspalt entdeckt. Die Patientin klagte auf Schadensersatz in Höhe von mindestens 50.000 Euro, auch mit der Behauptung, das Pflegepersonal hätte aufgrund des Dokumentationsmangels ihre Beschwerden nicht mit dem Sondenwechsel in Verbindung gebracht.
> Das OLG hat die Klage mit der Begründung abgewiesen, die Fehllage der Magensonde sei nach Auffassung des Gerichts ein misslungener Eingriff bei einer selten vorkommenden, aber tragischen Komplikation. Gemäß § 630f Abs. 2 BGB müssen nur die aus fachlicher Sicht wesentlichen Maßnahmen und deren Ergebnisse protokolliert werden. Da es bei dem Sondenwechsel zu keinen Komplikationen kam, musste dieser auch nicht dokumentiert werden. Die Lage der Sonde wurde sach- und fachgerecht nach den allgemeinen Standards überprüft. Das Pflegepersonal konnte die atypische Lage der Magensonde nicht erkennen.

Die Anforderungen an die Pflege und insbesondere an den individuellen Doku- 23
mentationsaufwand müssen verhältnismäßig sein und dürfen für die vollstationäre Pflegeeinrichtung über ein vertretbares und wirtschaftliches Maß nicht hinausgehen. Das Dokumentationssystem beinhaltet zu den folgenden fünf Bereichen Aussagen, innerhalb dieser Bereiche werden alle für die Erbringung der vereinbarten Leistungen notwendigen Informationen im Rahmen des Pflegeprozesses erfasst und bereitgestellt.

127 OLG Köln vom 6.7.2015, Az. 5 U 181/14.

24 Diese Bereiche sind:

- Stammdaten,
- Pflegeanamnese/Informationssammlung inkl. Erfassung von pflegerelevanten Biografiedaten,
- Pflegeplanung,
- Pflegebericht,
- Leistungsnachweis.

25 Das Dokumentationssystem ist in Abhängigkeit von bestehenden Pflegeproblemen innerhalb der vereinbarten Leistungen ggf. zu erweitern.

26 Die Pflegeeinrichtung handelt bei ärztlich verordneten Leistungen im Rahmen des ärztlichen Behandlungs- und Therapieplanes. Diese Leistungen sind in der Pflegedokumentation zu dokumentieren.

27 Zu Beginn der Versorgung erstellt die vollstationäre Pflegeeinrichtung eine umfassende Informationssammlung über Ressourcen, Risiken, Bedürfnisse, Bedarfe und Fähigkeiten. Hierbei sind die notwendigen Prophylaxemaßnahmen (z. B. gegen Dekubitalgeschwüre, Pneumonien, Stürze und Kontrakturen) in der Dokumentation zu berücksichtigen. Bezugspersonen sind in die Pflegeplanung einzubeziehen (Teil I Kap. 3.1.3).

28 Das Ergebnis von Pflege, sozialer Betreuung, Unterkunft und Verpflegung ist regelmäßig zu überprüfen. In der Pflegedokumentation ist nachvollziehbar und aktuell dargestellt, ob und wie das geplante Ziel erreicht wurde.

29 Kriterien für eine gute Ergebnisqualität sind:

- dic Pflcgcintcrventionen sind erkennbar auf Wohlbefinden, Unabhängigkeit, Lebensqualität, Gesundheitsförderung und Prävention gerichtet,
- dem Bewohner entsteht kein körperlicher Schaden (Sekundärschaden),
- die Ernährung (im Besonderen auch die Flüssigkeitszufuhr) ist auf die spezifischen ernährungsphysiologischen Bedürfnisse des Bewohners abgestimmt,
- der Ernährungszustand ist angemessen,
- die Flüssigkeitsversorgung ist angemessen,
- die Standards von Hygiene und Sauberkeit sind eingehalten,
- der Bewohner entscheidet in den alltäglichen Verrichtungen selbst und wird in seiner Eigenständigkeit unterstützt,
- der Bewohner verfügt im Rahmen der Körperpflege unter Beachtung der Selbstpflegefähigkeit über die notwendige Unterstützung,
- die Selbstbestimmung im Bereich der Blasen- und Darmentleerung ist gewahrt und der Bewohner verfügt über die angemessene Unterstützung zur Erhaltung der Kommunikationsfähigkeit sowie zur Beteiligung am sozialen und kulturellen Leben innerhalb und außerhalb der Einrichtung,
  - die Privat- und Intimsphäre des Bewohners ist berücksichtigt (Teil II Kap. 4).

Ein Hinweis auf Überprüfung der Expertenstandards durch den MDK findet sich hier nicht. 30

Nach den Qualitätsprüfungs-Richtlinien (QPR) vom 6.9.2016 sind die Expertenstandards nach § 113a SGB XI zu prüfen (Punkt 6). Prüfinhalte und Umfang der Prüfung, Ziffer 6). Da es, wie aufgezeigt, bisher keine Expertenstandards nach § 113a SGB V gibt, darf der MDK auch keine prüfen. 31

4 Unterschiede zwischen Straf- und Zivilrecht

Wenn nun eine Differenzierung zwischen der Unterschreitung des Standards und des dann vorliegenden Fehlers im Straf- und Zivilrecht nicht vorgenommen wird, könnte man auf die Idee kommen, dass jeder zivilrechtliche Fehler auch eine strafrechtliche Haftung mit sich bringt. Aber das ist nicht der Fall. Dafür gibt es zwei wesentliche Gründe. Zum einen existieren im Zivilrecht andere Beweisregeln, als dies im Strafrecht der Fall ist. Die Beweisregeln spiegeln sich recht gut in dem Sprichwort „Recht haben und Recht bekommen sind zweierlei Dinge" wider (hierzu sogleich unter Teil II Kap. 4.2). Denn Beweislast ist die Frage, was wer zu beweisen hat. Dies ist häufig der Schlüssel dazu, wie ein Verfahren letztlich ausgeht. Zum anderen wird beim Straf- und Zivilrecht bezüglich der subjektiven Möglichkeiten der Pflegefachperson in der jeweiligen Situation unterschieden: 32

4.1 Individuelle Umstände

Im Strafrecht kommt es zunächst wesentlich darauf an, dass der Behandler die Möglichkeit gehabt haben muss, anders handeln zu können. Kann also die Pflegefachperson, aus welchen Gründen auch immer, nicht den Standard erreichen, der notwendig wäre, so ist dies kein vorwerfbarer Fehler. Ist also die handelnde Person in der konkreten Situation subjektiv überfordert, etwa weil sie dieser Situation nicht mehr gewachsen war, so haftet sie strafrechtlich nicht. Zivilrechtlich bleibt es allerdings bei der Frage, ob es ein objektiver Fehler war, der begangen worden ist. Der Einwand im Zivilrecht, „ich hatte so viel zu tun", greift nicht. 33

4.1.1 Übernahmeverschulden

Hier könnte man also strafrechtlich vielen Verfolgungen aus dem Wege gehen, indem man sich auf den Standpunkt stellt: Ich konnte es nicht besser. Dafür gibt es ein Korrektiv. Das ist das sog. Übernahmeverschulden. 34

Wer eine Aufgabe übernimmt, die er auch ablehnen hätte können und die er mangels eigener Persönlichkeit und Fähigkeiten oder Sachkunde nicht beherrscht oder die er trotz vorhandenen Könnens und Erfahrungen „aus anderen Gründen, etwa Übermüdung, Trunkenheit, Erkrankung, Medikamenteneinwirkung u. a. nicht 35 sachgerecht erfüllen kann, der haftet hierfür. Es wird also von der pflegenden Person verlangt, im Zweifel die Tätigkeit nicht zu übernehmen (remonstrieren), wenn für sie erkennbar ist, dass der Fall zu kompliziert ist, oder aber auch, dass man selber „nicht mehr kann". Auch arbeitsrechtlich kann man zu einem solchen Tun nicht verpflichtet werden. Es bestehen die Möglichkeiten sich zu wehren. deswegen kann man sich im Falle einer strafrechtlichen Verfolgung dann auch nicht mehr damit verteidigen, dass man Angst vor arbeitsrechtlichen Konsequenzen hatte: Der Schutz des Patienten oder Bewohners geht vor. Es wird von der Pflegefachperson verlangt, sich mit allen Möglichkeiten einer Aufgabe zu entledigen, die sie nicht durchführen kann. Dies bezieht sich, wie schon dargestellt, auf die „Tagesform" genauso wie auf das tatsächliche Können. Hierzu zählt auch die Situation, dass die Tätigkeit „zu schwierig" wird. Also eine Tätigkeit, die man eigentlich kann, im konkreten Fall nicht mehr beherrschbar ist. Hierzu folgendes Beispiel:

Ohne Frage ist der Katheterwechsel bei entsprechender Einweisung der Pflegefachperson eine Tätigkeit, die diese durchführen kann. Es handelt sich um eine delegationsfähige Leistung. Im konkreten Fall erkennt nun allerdings die Pflegefachperson aufgrund spezieller Umstände z. B. wenn der Ballon am Katheterende nicht vollständig entblockt werden kann, dass hier eine kompliziertere Situation vorliegt, als sie diese üblicherweise vorfindet und überschauen kann. Versucht sie dennoch selbst, den Katheter zu entfernen, weil sie keinen Arzt stören möchte, und kommt es hier zu einem Gesundheitsschaden, so haftet die Pflegefachperson hierfür aus dem sog. Übernahmeverschulden. Denn sie übernimmt hier ohne Not eine Tätigkeit, die sie nicht ausführen kann. Das begründet die Haftung.

Anders liegt die Situation, wenn die Pflegefachperson auf eine unhaltbare personelle Ausstattung in der eigenen Abteilung trifft. Im konkreten Fall war ein Psychiatriefachpfleger für 35, teilweise suizidgefährdete Patienten zuständig. Es kam zu einem Suizidversuch. Der Psychiatriefachpfleger hatte mit allen Mitteln versucht, zusätzliches Personal hinzuzuziehen, dies war ihm allerdings nicht gelungen. Dennoch hatte er seinen Dienst aufgenommen und versucht, sein Bestes zu tun. Es wäre natürlich falsch, davon auszugehen, dass ein Übernahmeverschulden immer in Betracht kommt. Hier hätte die Pflegefachperson die Situation ja noch schlechter gemacht, wäre er auch gegangen. Das würde die Situation noch verschlimmern.

Im Zweifel muss allerdings auch zu rabiaten Maßnahmen gegriffen werden. So kann es durchaus notwendig werden, dass die Pflegefachperson den Notarzt in das Krankenhaus oder in die Pflegeeinrichtung ruft. Denn wenn ein Fall vorliegt, in dem die Pflegefachperson erkennt, dass ihre Kompetenzen überschritten werden, und es ihr trotz Versuchs nicht gelingt, im Haus selbst einen Arzt zuzuziehen, so muss die Pflegefachperson im Zweifel hier auch extern um Hilfe nachsuchen.

4.1.2 Berufserfahrung, besonders hohe Qualifikation

Eine Rolle bei den eigenen Fähigkeiten spielt natürlich auch die Frage der Berufserfahrung. So darf sich natürlich die berufserfahrene Pflegefachperson mehr zutrauen, als dies beim beruflichen Neueinsteiger (Umschüler) der Fall ist. 36

Allerdings geht die erfahrene Pflegefachperson auch kein höheres Risiko ein, wenn sie besonders schwierige Leistungen übernimmt. Insofern könnte man ja der Meinung sein, dass derjenige, der besonders qualifiziert ist, nach dem, was gerade gesagt worden ist, auch besonders gute Arbeit leisten muss. Dies ist aber nicht der Fall. Die individuelle Verantwortlichkeit endet bei der durchschnittlichen Leistungsfähigkeit der Berufsgruppe. Allerdings ist natürlich darauf zu achten, dass derjenige, der Spezialkenntnisse hat, diese auch einsetzen muss und die Vergleichsgruppe dann die Kolleginnen und Kollegen sind, die die entsprechenden Spezialkenntnisse auch haben. 37

4.2 Beweiserleichterung

Der zweite wesentliche Unterschied zwischen Zivil- und Strafrecht ist die Frage der sog. Beweiserleichterungen. Ursprünglich durch die Rechtsprechung in den letzten Jahrzehnten entwickelt, findet sich diese nun im Bürgerlichen Gesetzbuch und ist dort innerhalb des Patientenrechtegesetzes aufgenommen worden. 38

4.2.1 Was ist Beweiserleichterung?

In einem Zivilprozess gilt grundsätzlich, dass man all das beweisen muss, was für einen günstig ist. Dies bedeutet im Falle des Pflegefehlers, dass der Patient beweisen muss, dass ein Fehler, also ein Abweichen vom Standard, vorgelegen hat – und dass er selbst einen Gesundheitsschaden erlitten hat, der auf diesem Fehler beruht. 39

In der Praxis muss über den Schaden selten gestritten werden, denn: wo kein Kläger, da kein Richter. Und derjenige, der keinen Schaden hat, wird in der Regel auch nicht gegen jemanden vorgehen wollen. Fehlerhaftigkeit kann häufig noch bewiesen werden. Die Hauptproblematik im Prozess ist in der Regel, zu beweisen, dass nur der bewiesene Fehler die Ursache für den Schaden gewesen sein kann. Kommen auch alternative Ursachen in Betracht, so verliert der Patient den Prozess. Da der Mensch eine sehr komplexe „Maschine“ ist und häufig auch Vorerkrankungen bei der Überprüfung des Pflegefehlers eine Rolle spielen, ist es oft so, dass der Beweis nicht geführt werden kann. Die Folge ist dann, dass der Patient den Prozess verliert. 40

4.2.2 Gruppen der Beweiserleichterung

41 Für gewisse Fallgruppen wird dies allerdings als nicht richtig empfunden, weswegen die Beweiserleichterungen eingeführt wurden. Die entsprechende Regelung findet sich in § 630h BGB.

42 Es gibt folgende Gruppen von Beweiserleichterungen:

1. Ein Fehler des Behandelnden wird vermutet, wenn sich ein allgemeines Behandlungsrisiko verwirklicht hat, das für den Behandelnden voll beherrschbar war.
2. War ein Behandler für die von ihm vorgenommene Behandlung nicht befähigt, wird vermutet, dass die mangelnde Befähigung für den Eintritt der Verletzung ursächlich war.
3. Die dritte Gruppe der Beweiserleichterungen ist, dass das Beruhen des Schadens auf einem Fehler vermutet wird, wenn der Behandlungsfehler grob gewesen ist. Oder wenn ein medizinisch gebotener Befund nicht erhoben worden ist und dieser Befund mit hinreichender Wahrscheinlichkeit ein Ergebnis erbracht hätte, das Anlass zu weiteren Maßnahmen gegeben hätte; und wenn wiederum das Unterlassen dieser Maßnahmen grob fehlerhaft gewesen wäre.
4. Weiter bestehen Beweislastumkehrungen im Falle der Einwilligung und der Dokumentationsfehler. Dabei gilt, dass eine medizinische Maßnahme nicht stattgefunden hat, wenn diese nicht entsprechend dokumentiert wurde, zumindest wenn diese dokumentationspflichtig gewesen wäre. Zudem besteht eine Vermutung, dass der nicht oder nicht richtig aufgeklärte Patient der Maßnahme nicht zugestimmt hätte.

43 Beweiserleichterungen gibt es also sowohl für die Frage des Behandlungsfehlers als auch für das Beruhen des Schadens auf dem Fehler. Zu den einzelnen Gruppen im Detail:

4.2.3 Voll beherrschbares Risiko

44 Ansatzpunkt für die Beweislastumkehr ist hier die Tatsache, dass es um Angelegenheiten geht, die aus dem organisatorischen Bereich stammen. Es handelt sich also anders als normalerweise bei der Behandlerhaftung nicht um solche Schwierigkeiten, die aus „den Tücken des menschlichen Körpers“ stammen, sondern um reine Organisationsfragen. So muss sich der Operateur beispielsweise vor dem Eingriff vergewissern, dass er genug Operationsmaterial zur Verfügung hat. Beispielsweise müssen die in Betracht kommenden Größen eines Implantats in unterschiedlichen Ausführungen vorrätig sein. Es muss auch genug Personal vorhanden sein. Die eingesetzten medizinischen Geräte und Pflegehilfsmittel müssen ordnungsgemäß gewartet und eingesetzt werden. Zudem darf nur solches Personal mit den entsprechenden Hilfsmitteln arbeiten, das ordnungsgemäß

eingewiesen worden ist etc. Die Wirkung der Beweislastumkehr bezüglich des voll beherrschbaren Risikos bezieht sich lediglich auf den Fehler. Das bedeutet, der Fehler wird vermutet. Alle anderen Beweise, vor allem der wesentliche Beweis der Kausalität, also des Beruhens des Schadens auf dem Fehler, muss der Patient weiterführen.

4.2.3.1 Dekubitus

Zu der Frage des beherrschbaren Risikos gehört auch, dass Grundregeln der Lagerung des Patienten beachtet werden. Dabei ist auch hier Vorsicht angezeigt. Wird ein Patient bei einer Operation so gelagert, dass es nach dem Eingriff zu einem Schaden kommt, so wird vermutet, die Lagerung sei falsch gewesen. Das bezieht sich aber „nur" auf die Lagerung bei einer Operation und nicht auf den für die Pflege viel wichtigeren Dekubitus. 45

Letzterer ist ein zweischneidiges Schwert. Häufig wird hier – auch von den Krankenkassen – behauptet, das Auftreten eines Dekubitus sei immer ein Pflegefehler – denn es würde sich hierbei um ein voll beherrschbares Risiko handeln. Das ist aber nicht der Fall. Auch bei sorgsamer Behandlung des Patienten kann es zu Komplikationen kommen. Dies ist von Mensch zu Mensch unterschiedlich – es handelt sich also – um es in den einleitenden Worten zu sagen – um eine „Tücke des Menschen". Hier gilt die Beweiserleichterung also nicht. 46

Aber ein organisatorischer Fehler liegt vor, wenn eine entsprechende Dekubitusprophylaxe nicht stattfindet. Zur Organisation der Pflege gehört dabei auch, die aktuellen Dekubitusrisiken des Patienten jeweils zu überwachen (siehe hierzu Teil II Kap. 3.2). Ist die Arbeit dem entsprechend und korrekt organisiert, liegt kein Organisationsverschulden vor und mithin auch keine Beweiserleichterung. Natürlich kann dennoch ein Fehler vorliegen, der zum Dekubitus geführt hat. Aber das muss der Patient nun wieder beweisen. Es würde sich dann wieder ändern, wenn auf eine erkannte Gefahr nicht oder nicht richtig reagiert wird. Wird zum Beispiel bei der Überprüfung des Dekubitusrisikos festgestellt, dass eine Weichlagerungsmatratze notwendig ist und ist eine nicht schnell greifbar, so handelt es sich – zumindest im stationären Bereich – um eine fehlerhafte Organisation der Einrichtung, denn das eine Weichlagerungsmatratze in einer stationären Einrichtung notwendig ist, ist nicht überraschend. 47

4.2.3.2 Stürze

Eine weitere Problematik, die im Zusammenhang mit der Pflege und der Beweislastumkehr eine Rolle spielt, ist die Frage der Haftung bei Stürzen von Bewohnern und Patienten. In der Praxis kommt es hier immer wieder zu der Annahme, dass für den Fall, dass ein Patient stürzt, die Pflegefachperson hierfür verantwortlich ist und entsprechend haften muss. Das ist so aber nicht richtig. 48

49 Nicht jeder Sturz ist die Folge eines Fehlers des eingesetzten Personals. Es kann auch durchaus sein, dass ein Patient stürzt, obwohl die Pflegefachperson grundsätzlich alles richtig gemacht hat. Häufig wird auch hier die Frage nach dem „wer hat was zu beweisen" eine Rolle spielen. Dabei sind zwei unterschiedliche Sturzkonstellationen zu unterscheiden. Stürzt der Patient im normalen Alltag, so gilt in der Regel Beweislastumkehr nicht. Die Grenze ist dann erreicht, wenn das Sturzrisiko des Patienten deutlich erhöht ist, man mit einem Sturz ernsthaft rechnen muss und vor allem auch ernsthaft mit einem Sturz, bei dem es zu erheblichen Folgen kommt. Hier handelt es sich um ein erhöhtes Sturzrisiko. In solchen Fällen sind entsprechende vorbeugende Maßnahmen notwendig (siehe hierzu Expertenstandard Sturz). Es ist beispielsweise denkbar, dass das Bett mit Bettgittern versehen wird oder auch der Patient fixiert wird. Hierbei handelt es sich allerdings um freiheitseinschränkende Maßnahmen (FEM). Diese sind entweder dann möglich, wenn der Patient einwilligungsfähig ist und die entsprechende Maßnahme akzeptiert oder aber bei nicht einwilligungsfähigen Patienten, beispielsweise dem demenzkranken Menschen, der Betreuer und das Gericht zustimmen. Der Pflegefachperson obliegt insofern allein die Aufgabe, festzustellen, ob ein erhöhtes Risiko vorhanden ist und es in solchen Fällen zu organisieren, dass entsprechend des Sturzrisikos gehandelt wird. Dies muss ordnungsgemäß organisiert sein. Kann bei einem Prozess später nicht dargestellt werden, dass eine entsprechende ordnungsgemäße Organisation vorgehalten worden ist, so greift hier die Beweislastumkehr.

50 Dabei wird allerdings von der Rechtsprechung nicht zu viel verlangt. Wie eingangs schon gesagt, werden nur diejenigen Maßnahmen verlangt, die in Pflegeeinrichtungen üblich sind. Üblich sind nach der Rechtsprechung solche Maßnahmen, die mit einem vernünftigen finanziellen und personellen Aufwand realisierbar sind. Maßstab ist insofern das Erforderliche und auch für die Heimbewohner und das Pflegepersonal Zumutbare. Dabei ist insbesondere zu beachten, dass beim Wohnen in einem Heim die Würde sowie die Interessen und Bedürfnisse der Bewohner vor Beeinträchtigungen zu schützen sind und die Selbstständigkeit, Selbstbestimmung und Selbstverantwortung der Bewohner zu wahren und zu fördern sind.[128] Vereinfacht gesagt: Ein Sturz ist ein allgemein bestehendes Lebensrisiko in jedem Alter und in jeder gesundheitlichen Lage. Einen vollständigen Schutz kann es nicht geben oder nur dann, wenn man sich nicht bewegt. Das wiederum wird aber von den meisten Menschen als nicht lebenswert erachtet und als nicht würdevoll empfunden. Man braucht hier also einen Mittelweg und bei besonderen Situationen muss dann entsprechend besonders reagiert werden.

51 Eine andere besondere Situation ist gegeben, wenn nicht mehr das allgemeine Lebensrisiko betroffen ist, sondern sich der Patient in einer gefährlichen Situation befindet. Die Rechtsprechung nennt dies eine konkrete Gefahrensituation, die gesteigerte Obhutspflichten auslösen und zu deren Beherrschung es einer beson-

128 BGH vom 28.4.2005, Az. III ZR 399/09.

deren Kenntnis bedarf. Typische Beispielsfälle sind die Bewegungs- und Transportmaßnahmen von Patienten. So zum Beispiel der Transfer aus dem Rollstuhl zu einem anderen Stuhl[129]. Stürzt der Bewohner oder Patient im Zusammenhang mit einer solchen Transferleistung oder einer anderen Situation, in der ein erhöhtes Risiko besteht, ist es grundsätzlich so, dass dann die Ansätze der Beweislastumkehr greifen. Das bedeutet also, es wird zunächst vermutet, ein entsprechender Fehler der Pflegefachperson habe vorgelegen. Der Pflegefachperson oder deren Arbeitgeber bleibt dann immer noch die Möglichkeit darzustellen, dass dies nicht der Fall gewesen ist.

Zusammenfassend zum Sturzrisiko gilt also:

In einer ersten Stufe ist immer zu prüfen, ob ein Patient ein erhöhtes Sturzrisiko hat. Der tägliche Betrieb muss so organsiert sein, dass entsprechende Prüfungen stattfinden und diese auch wiederholt werden. Wiederholungen sollten regelmäßig in Zeitabständen und bei Verschlechterung des Gesundheitszustandes erfolgen. Es ist sehr sinnvoll, hier betriebsintern einen entsprechenden Ablauf festzulegen. Die Durchführung der Prüfung sollte dokumentiert werden - ein Ergebnis muss nur dann dokumentiert werden, wenn ein erhöhtes Risiko festgestellt worden ist.

Das erhöhte Sturzrisiko bezieht sich nicht nur auf die Frage, ob ein Patient potentiell eher stürzt, sondern auch auf die möglichen Folgen eines Sturzes. Patienten mit Osteoporose, „Marcumarpatienten" oder solche mit ähnlichen Einschränkungen sind potentiell früher vor Stürzen zu sichern als „gesunde" Patienten.

4.2.3.3 Sonstige Fallgruppen

Sonstige typische Fallgruppen der Gefahrerhöhung in der Pflege sind der Einsatz von weniger qualifizierten Hilfskräften oder aber auch das Zusammenstellen von Medikamenten in der Nacht. 52

4.2.4 Mangelnde Befähigung des eingesetzten Mitarbeiters

Eine andere und für den Patienten „bessere" Beweiserleichterung tritt ein, wenn 53
das eingesetzte Personal für die entsprechende Behandlung oder Tätigkeit nicht befähigt gewesen ist. Hier wird nämlich vermutet, dass der Gesundheitsschaden auf einem (gesondert festzustellenden) Fehler beruht. Mit anderen Worten: Es ist dann Sache der Pflegefachperson darzustellen, dass es nicht der Fehler gewesen ist, sondern ein anderer Grund vorlag, der zu dem vom Patienten beklagten Fehler

129 Hierzu: LG Görlitz, Az. 1 O 453/13; Müller/Schabbeck: Die omnipräsente Pflegekraft. In: Pflegezeitschrift, 215, Jahrgang 68, Heft 6, 371.

geführt hat. Dies ist – wie schon gesagt – deswegen problematisch, weil gerade hierfür der Beweis in vielen Haftungsprozessen für den Patienten ausgesprochen schwierig bleibt (es handelt sich hier um die Kausalität).

54 Wann aber ist eine Pflegefachperson nicht ausreichend befähigt? Bei der Beurteilung dieser Frage wird natürlich auf die Ausbildung geachtet und festgestellt, ob der Mitarbeiter formell die entsprechende Befähigung zu der Tätigkeit hatte. Ist eine examinierte Pflegefachperson eingesetzt worden und hat diese im Rahmen ihrer beruflichen Ausbildung gehandelt, so ist von einer Befähigung zunächst einmal auszugehen. Die Beweiserleichterung tritt dann nicht ein. Kann allerdings vonseiten des betroffenen Patienten bewiesen werden, dass die Pflegefachperson beispielsweise seit Jahren nicht mehr eingesetzt worden ist oder entsprechende Fortbildungen nicht absolviert hat, so würde es dann wiederum an der Befähigung fehlen und die entsprechende Haftungserleichterung könnte greifen.

55 Umgekehrt muss es aber auch nicht sein, dass derjenige, dem formell die entsprechende Befähigung fehlt, grundsätzlich nicht im Sinne des BGB zu etwas befähigt ist. So kann es durchaus sein, dass eine langjährig eingesetzte Kraft z. B. Krankenpflegehelfer (KPH), die über hinreichende praktische Erfahrung verfügt und eine Tätigkeit übernommen hat, die auch gut angelernt werden kann, z. B. Wechseln von Stomabeuteln, dazu befähigt ist. Hier muss dann allerdings wiederum umgekehrt die betroffene Pflegefachperson respektive der Arbeitgeber beweisen, dass die entsprechende Befähigung vorhanden gewesen ist.

56 Bezüglich der entsprechenden Nachweise der Befähigung kann grundsätzlich auf das zurückgegriffen werden, was zur Frage der Delegationsfähigkeit von Leistungen gilt (siehe hierzu Teil XI). Insofern muss die Qualifikation desjenigen, der eine Delegation empfängt, entsprechend vom Arzt, der die Delegation ausspricht, überprüft werden. Diese Überprüfung sollte dokumentiert werden, auch im Hinblick auf die hiesigen Haftungsvorschriften.

4.2.5 Grober Fehler

57 Eine Beweiserleichterung besteht auch, wenn ein grober Fehler passiert ist. Dabei liegt auch bei einem groben Pflegefehler eine Umkehr der Beweislast in Bezug auf die Kausalität vor. Es wird also wiederum vermutet, dass der festgestellte Fehler Ursache für den Gesundheitsschaden beim Patienten ist.

58 Ein grober Pflegefehler ist insofern einer, der einem Fachkundigen „schlechterdings nicht unterlaufen darf".[130] Mit anderen Worten: Von einem groben Fehler ist dann auszugehen, wenn die Kollegen die Hände über dem Kopf zusammenschlagen und einfach nicht verstehen, wie ein solcher Fehler geschehen sein kann.

130 BGH in lfd. Rechtsprechung, etwa vom 10.5.1983, Az. VI ZR 70/81.

Das kann ein Fehler sein, es kann allerdings auch eine Kette von kleineren Fehlern dazu führen, dass in der Gesamtschau das Handeln einfach nicht mehr nachvollziehbar ist und zu erheblichem Kopfschütteln führt.[131] 59

Grobe Pflegefehler werden beispielsweise dann angenommen, wenn die ernste Gefahr der Entstehung von Dekubitus deswegen nicht erkannt worden ist, weil eine entsprechende Gefahrenanalyse nur sehr rudimentär durchgeführt worden ist.[132] Ähnlich ist die Situation immer dann zu beurteilen, wenn entsprechende Vorkehrungen gar nicht vorgenommen worden sind. Vergleichbar mit dem Fall der rudimentären Gefahrenanalyse beim Dekubitus dürfte auch das Übersehen eines Sturzrisikos beim Patienten sein – zumindest dann, wenn der Patient in irgendeiner Weise einer Risikogruppe zuzuordnen ist. Andere Beispiele grober Fehler: 60

- Intramuskuläre Injektionen mit zu kleiner Nadel, z. B. Ch 12
- Blutentnahmen ohne Hautdesinfektion
- Reinigen von Instrumenten mit nicht zugelassenen Desinfektionsmitteln

4.2.6 Beweislastumkehr bei Dokumentationsmängeln

Eine weitere Beweislastumkehr bezieht sich auf die Frage, was wie tatsächlich stattgefunden hat. Grundsätzlich ist es so, dass bei Vorwürfen gegenüber Pflegekräften die Dokumentation immer eine große Rolle spielt. Sie ist die Informationsgrundlage für das Geschehen, welches zu dem Vorwurf des Pflegefehlers führt. Dieser wird in der Regel aus der Dokumentation rekonstruiert. Dabei darf davon ausgegangen werden, dass das, was in der Dokumentation steht, einerseits richtig ist und wenn es dort nicht steht, es nicht stattgefunden hat. 61

Dies bedeutet allerdings nicht, dass alles aufzuschreiben ist, was jemals geschehen ist. Tatsächlich ist die Dokumentation – jedenfalls aus haftungsrechtlicher Sicht – nur insofern zu führen, als dass tatsächlich etwas Besonderes geschehen ist. Es ist nicht notwendig, irgendwelche unwichtigen Informationen zu notieren. Ziel der Dokumentation ist, dass diejenige Pflegefachperson, die die Pflege übernimmt, anhand der Dokumentation eine ordnungsgemäße weitere Behandlung durchführen kann. Die Dokumentation wird nicht für den Haftungsfall geführt, sondern zur Sicherung der Pflege. 62

Zu dokumentieren sind dementsprechend die notwendigerweise zu erhebenden Daten, daneben alle Besonderheiten. Es kann bei der Dokumentation auch auf vorhandene interne Abläufe verwiesen werden. Wird beispielsweise regelmäßig eine Gefährdungsanalyse durchgeführt, was die Sturzgefahr oder einen drohenden Dekubitus angeht, so kann dies entsprechend vermerkt und auf den internen Ablauf verwiesen werden. In der Pflegeplanung würde dann entsprechend stehen: 63

131 BGH beispielsweise vom 20.9.2011, Az. VI ZR 55/09 (aus der Arzthaftung).
132 OLG Düsseldorf vom 16.6.2004, Az. 15 U 116/03.

„Das Risiko wurde erhoben gemäß interner Richtlinie." Oder es würde ein entsprechendes Kürzel bzw. eine interne Richtlinie eingetragen. Dies kann natürlich auch anders formuliert werden. Die nachfolgende Pflegefachperson wird dann wissen, was geschehen ist und insbesondere auch erkennen, dass, da keine weiteren Vermerke aufgenommen worden sind, ein erhöhtes Sturzrisiko nach der durchgeführten Prophylaxe nicht zu bejahen war. Ansonsten wäre eine entsprechende weitere Dokumentation nämlich notwendig gewesen.

64 Typische zu dokumentierende Tatsachen sind beispielsweise auch:

- Herausforderndes Verhalten
- Patient hält sich nicht an die medizinischen/pflegerischen Anordnungen
- Aufstehversuche ohne Hilfsmittel

4.2.7 Aufklärung

65 Eine weitere große Gruppe der Beweiserleichterung ist die mangelnde Aufklärung des Patienten. Wie aufzuklären ist, wird unter Kapitel 7 ausgeführt. Wird der Patient nicht ordnungsgemäß aufgeklärt, so liegt – wie hier (Siehe hierzu Teil III Kap. 1.3) dargestellt – eine Körperverletzung vor. Für die ordnungsgemäße Einwilligung bedarf es einer entsprechenden Aufklärung. All dies muss der Behandler beweisen. Kann er dies nicht, so hat er das Problem, dass eine Körperverletzung, Freiheitsberaubung oder andere Straftatbestände vorliegen und er dafür unter den weiteren Voraussetzungen haftet.

66 Allerdings gibt es auch hier „Auswege". Einen nennt das Gesetz ausdrücklich. Dabei handelt es sich um die sogenannte hypothetische Einwilligung. Hier wird davon ausgegangen, dass der Patient der Behandlung auch dann zugestimmt hätte, wenn er ordnungsgemäß aufgeklärt worden wäre. Dies liegt beispielsweise nahe, wenn entsprechende schwere gesundheitliche Folgen zu befürchten gewesen wären, wenn ein – vielleicht auch nicht besonders gefährlicher – Eingriff nicht vorgenommen worden wäre. Eine andere Möglichkeit ist, dass der Patient sowieso ordnungsgemäß informiert gewesen ist und dementsprechend zugestimmt hätte.

4.2.8 Befunderhebungsfehler

67 Nur der Vollständigkeit halber soll hier noch kurz auf den Befunderhebungsfehler eingegangen werden. Dies ist für die Pflege von untergeordneter Relevanz, da die Diagnosestellung und mithin auch die Befunderhebung nach wie vor Sache des Arztes und auch nicht delegationsfähig ist (siehe hierzu Teil XI). Mithin kann der Pflegefachperson kein Fehler bei der Befunderhebung geschehen. Denn Befunderhebungsfehler bedeutet, dass ein Befund nicht erhoben wurde, obwohl dieser medizinisch notwendig und angebracht gewesen wäre. Der Hintergrund ist hier der, dass der Patient nicht dadurch schlechter stehen soll, dass er etwa ein beispielsweise notwendiges Röntgenbild nicht anfertigen lassen hat.

Der Effekt des Befunderhebungsfehlers ist, dass ein Ergebnis fingiert wird, welches für den Patienten im Prozess positiv ist. Dies setzt nur voraus, dass der Befund mit hinreichender Wahrscheinlich ein Ergebnis erbracht hätte, das Anlass zu weiteren Maßnahmen gegeben hätte. In diesen Fällen wird dann wiederum vermutet, dass der Behandlungsfehler zum Körperschaden geführt hat. Ein Beispiel hierzu: 68

Der alleinlebende, gesundheitlich stark eingeschränkte Patient stürzt in der Wohnung. Er hatte im Vorfeld bereits einen Schlaganfall. Der Patient wird ins Krankenhaus eingeliefert. Aufgrund der neurologischen Ausfälle diagnostiziert der Arzt sogleich wieder einen Schlaganfall und behandelt den Patienten entsprechend. Die Symptome werden allerdings nicht besser. Erst nach einigen Tagen wird differenzialdiagnostisch geprüft, ob ggf. auch eine knöcherne Verletzung vorliegen könnte. Tatsächlich ergibt das entsprechende MRT, dass eine Wirbelsäulenfraktur vorliegt.
Im konkreten Fall war auf Grund der Situation und der Ausfälle beim Kläger naheliegend, dass auch eine Wirbelfraktur vorhanden sein könnte, daher wurde hier ein Befunderhebungsfehler bejaht. Insoweit hätte das MRT früher vorgenommen werden müssen und die frühere Untersuchung hätte gezeigt, dass eine operative Versorgung der Fraktur notwendig gewesen wäre.
Dabei ist beim Befunderhebungsfehler immer darauf zu achten, dass dieser nahe am sogenannten Diagnoseirrtum liegt. Für den Diagnoseirrtum gilt keine Beweiserleichterung, ganz im Gegenteil, erste fehlerhafte Diagnosen werden häufig als nicht behandlungsfehlerhaft angesehen, da aufgrund der Komplexität des Menschen die Diagnose einer Erkrankung schwierig ist.

4.2.9 Kombination von Beweiserleichterungen

Möglich ist im Übrigen auch die Kombination von Beweislastumkehren. Ein Beispiel: 69

Der sturzgefährdete Patient war lediglich von einer nicht qualifizierten Hilfskraft zur Toilette gebracht worden. Auf dem Rückweg stürzte dieser. Hier liegen zwei Besonderheiten vor. Zum einen liegt eine besondere Gefahrensituation vor, auf die die Einrichtung entsprechend reagieren muss. Auf Basis des Organisationsverschuldens ist also eine angemessene Betreuung notwendig. Da die entsprechende Betreuung nicht ordnungsgemäß geregelt wurde, liegt zunächst ein Organisationsverschulden vor. Nach den gesetzlichen Voraussetzungen wird nun vermutet, dass der Sturz auf das Organisationsverschulden zurückzuführen ist.
Davon unabhängig ist der Patient auch von einer nicht qualifizierten Person begleitet worden. Diese Beweislastumkehr führt zu der Vermutung, dass auch die gesundheitlichen Folgen zu dem Schaden geführt haben, es wird also die Kausalität vermutet.
Zugunsten des Patienten greifen hier also zwei Beweiserleichterungen.[133]

133 LG Heilbronn vom 29.7.2009, Az. 1 O 195/08.

5 Gemeinsame Begriffe Straf- und Zivilrecht

70 Über die Frage, was ein Behandlungsfehler ist, hinaus, bedient sich das Zivil- und das Strafrecht auch an verschiedenen anderen Stellen der gleichen Kriterien.

5.1 Gemeinsames Tun

71 So ist es nicht notwendig, dass immer genau derjenige identifiziert werden kann, der konkret den jeweiligen Fehler begangen hat. Handeln mehrere Mitarbeiter zusammen, und zwar im Wissen und Wollen, so haften ggf. alle gemeinsam. Dabei muss nicht der gesamte Tatbeitrag von allen ermittelt werden. Ein Beispiel: Zwei Pflegefachpersonen wollen entgegen ihrer Fähigkeiten einen Dauerverweilkatheter entfernen wollen. Sie stellen fest, dass es zu Schwierigkeiten kommt, aber beide gemeinsam beschließen dennoch, dass der Dauerverweilkatheter entfernt werden soll. Hier haften beide Pflegefachpersonen, obwohl eine Pflegefachperson nur assistiert hat. Denn in diesem Fall wurde die Tat gemeinsam beschlossen. Dass sie dann zufällig nur von einer Pflegefachperson realisiert wurde, ändert nichts daran, dass beide haften. Zivilrechtlich folgt hieraus die sogenannte gesamtschuldnerische Haftung. Strafrechtlich wird man gemeinsam, ggf. als Mittäter, bestraft. Dies gibt es auch in einer etwas niedrigschwelligeren Ausprägung. Ist ein Beteiligter lediglich auf die Idee gekommen, etwas Verbotenes zu tun, macht aber nicht mit, so handelt es sich hierbei um den Anstifter. Auch dieser haftet, ggf. im Strafrecht, allerdings mit einer geringeren Bestrafung. Wer lediglich assistiert, ohne dass die Tat ohne ihn nicht denkbar wäre, der ist nur Helfer – in der strafrechtlichen Diktion Beihelfer. Zivilrechtlich haften tut auch er. Der sogenannte Tatbeitrag spielt beim Zivilrecht dann eine Rolle, wenn es darum geht, wer wieviel im Innenverhältnis haftet (Gesamtschuldnerausgleich).

5.2 Garantenpflicht

72 Grundsätzlich ist die Bundesrepublik ein freier Staat. Niemand ist dazu verpflichtet, etwas zu tun. Daher ist es die Ausnahme, dass ein Nichtstun – der Jurist spricht von Unterlassen – zu einer Strafe führen kann. Denn vor dem Hintergrund, dass man nicht dazu verpflichtet ist, etwas zu tun, wird man zu etwas Erlaubtem – also dem Nichtstun – natürlich normalerweise auch nicht gezwungen werden und also auch nicht bestraft.

73 Anders ist die Situation allerdings, wenn eine Hilfeleistung zu erbringen ist (unterlassene Hilfeleistung) oder wenn man eine Verpflichtung für einen Patienten oder Bewohner oder Klienten übernommen hat. Oder eine solche Verpflichtung an einen im Rahmen des üblichen Geschäftslaufs herangetragen wird. Man spricht hier von einer Garantenpflicht.

Wer sich in die Obhut eines Pflegeheims begibt, hat einen Anspruch darauf, dass vonseiten der Einrichtung die entsprechenden Maßnahmen durchgeführt werden, um körperlichen Schaden von ihm abzuwenden. Wer die Notaufnahme eines Krankenhauses aufsucht, verlässt sich ja auch darauf, dass ihm dort geholfen wird – und er nicht vergessen oder nicht behandelt wird. 74

Wer von einem ambulanten Pflegedienst betreut wird, kann Folgendes erwarten: 75
Wenn die Mitarbeiter des Pflegedienstes jemanden aufsuchen und feststellen, dass es dem Klienten deutlich schlechter geht, müssen sie entsprechend einen Arzt hinzurufen. Geschieht dies nicht, so verstoßen die Mitarbeiter des Pflegedienstes gegen ihre Verpflichtung, aktiv zu handeln. Dieses aktive Handeln wird dem Tun gleichgesetzt. Kommt es also beispielsweise bei dem Patienten, der in der Notaufnahme nicht versorgt wird – und sei es wegen einer Fehleinschätzung – zu einer schweren Konsequenz, so haftet das Krankenhaus hierfür.

Die Garantenstellung entsteht insofern verhältnismäßig früh. Schon wenn ein 76
Patient mit einem möglichen Leiden eine Einrichtung betritt, beispielsweise die Notaufnahme eines Krankenhauses, und um entsprechende Hilfe bittet, entsteht die Garantenstellung. Diese endet erst dann, wenn die eventuell bestehende Gefahr beendet ist. Hierzu ein Beispiel:

> In der Notaufnahme des Krankenhauses erscheint ein Patient, der Suizidabsichten äußert und auch schon versucht hat, sich selbst zu schädigen. Im Warteraum möchte der Patient die Behandlung wieder abbrechen und das Krankenhaus verlassen. Vor dem Hintergrund der offensichtlich ernsthaften Suizidabsicht des Patienten ist es nun Sache des Krankenhauses zu verhindern, dass der Patient das Krankenhaus verlassen kann. Er muss gegebenenfalls daran gehindert werden – also notfalls seiner Freiheit beraubt werden.

Ähnlich der folgende Beispielfall: 77

> Hier war es so, dass der Patient sich einer Magenspiegelung unterzogen hatte. Vor der Sedierung und zuvor vom Hausarzt war er darüber belehrt worden, dass er nach dem Eingriff kein Kraftfahrzeug führen dürfe. Der Patient erklärte, mit seinem eigenen Wagen ins Krankenhaus gekommen zu sein und mit dem Taxi nach Hause fahren zu wollen. Der große und schwergewichtige Patient erhielt anschließend eine Sedierung mit 20 mg Buscopan und 30 mg Dormicum. Nach der gegen 8:30 Uhr vorgenommenen Untersuchung verblieb er eine halbe Stunde im Untersuchungszimmer unter Aufsicht. Nach dieser halben Stunde wurden ihm 0,5 mg Anexate intravenös verabreicht. Danach hielt sich der Patient auf dem Flur vor dem Wachszimmer des Krankenhauses auf, wo wiederholt Blick- und Gesprächskontakte mit ihm geführt wurden. Ohne vorher entlassen worden zu sein, entfernte sich der Patient kurz vor 11:00 Uhr und fuhr mit seinem Kraftfahrzeug weg. Es kam zum Unfall. Er verstarb noch an der Unfallstelle.

Der Bundesgerichtshof[134] hat hier einen Behandlungsfehler bejaht. Dies vor dem Hintergrund, dass aufgrund der Situation, in die der Patient durch das Krankenhaus verbracht worden war, nämlich die Gabe der entsprechenden Medikamente, damit zu rechnen gewesen sei, dass der Patient nicht steuerungsfähig wäre und insbesondere sich nicht an das erteilte Fahrverbot halten würde. Hier hätte der Patient entsprechend unter einer engeren Aufsicht gehalten werden und gegebenenfalls daran gehindert werden müssen, das Krankenhaus zu verlassen. Jedenfalls hätte man wohl von ihm die Autoschlüssel zunächst verlangen müssen.

78 Zur Garantenpflicht gilt mithin zusammenfassend, dass diese sehr früh entsteht und erst durch die Beseitigung der Gefahrenlage beendet ist. Dabei muss auch mit unvernünftigem Handeln gerechnet werden, wenn es zu der Krankheit dazugehört oder wegen ihr vorhersehbar ist. Nach Beendigung der Gefahrenlage kann allerdings die Behandlung auch jederzeit beendet werden.

6 Folgen der Haftung

6.1 Strafrecht

79 Bei einer strafrechtlichen Verurteilung steht am Ende entweder eine Geld- oder eine Freiheitsstrafe. Bei letzterer wird in den allermeisten Fällen im Gesundheitswesen eine Verurteilung auf Bewährung erfolgen.

6.1.1 Einstellung, Strafbefehl oder Hauptverhandlung

80 Allerdings enden nicht alle Strafverfahren mit einem Urteil. Selbst dann, wenn von einem fehlerhaften und strafwürdigen Verhalten der Pflegefachperson ausgegangen wird, können die Verfahren häufig ohne eine Gerichtsverhandlung beendet werden und häufig auch ohne eine entsprechende „Strafe“. Insofern gibt es die Möglichkeit, das Verfahren einzustellen. Der Grund hierbei ist der, dass die Staatsanwaltschaft davon ausgeht, dass das Verschulden (also der persönliche und von der Pflegefachperson zu vertretene Fehler) des Täters verhältnismäßig gering ist. In diesen Fällen kann entweder das Verfahren ganz eingestellt werden oder aber gegen eine Auflage. Eine Auflage bedeutet in der Regel, dass eine Geldleistung zu zahlen ist. Diese kann entweder an die Staatskasse bezahlt werden – häufig wird allerdings ein gemeinnütziger Zweck hierfür benannt. Daneben ist auch möglich, dass eine Schadenswiedergutmachung auferlegt wird – so beispielsweise eine Zahlung an den Geschädigten. Die Einstellung hat den Vorteil, dass es hier zu keiner Vorstrafe kommt. Eine Eintragung passiert nicht. Man gilt weiter als ungestraftes und unbeflecktes „Blatt“.

134 BGH vom 8.4.2003, Az, VI ZR 265/02

81 Falls es zu einer Verurteilung kommen muss, weil der Staatsanwalt den Fehler für so wesentlich hält, dass eine Einstellung nicht in Betracht kommt, kann häufig die Peinlichkeit eines öffentlichen Strafverfahrens für den vermeintlichen Täter vermieden werden. So gibt es die Möglichkeit, dass die Staatsanwaltschaft bei Gericht einen sogenannten Strafbefehl beantragt. Hier wird dann in einem schriftlichen Verfahren eine Strafe verhängt. Wehrt sich der Betroffene hiergegen nicht, so wird der Strafbefehl rechtskräftig. Einer Gerichtsverhandlung bedarf es dann nicht. Achtung! Dies wird oft als Druckmittel eingesetzt. Dem „Täter" wird durch die Staatsanwaltschaft angeboten seinen Ruf zu schützen, indem es nicht zu einer öffentlichen Hauptverhandlung kommt.

82 Wenn diese beiden Maßnahmen nicht eingesetzt werden, folgt dann eben jene Hauptverhandlung. Diese ist in aller Regel öffentlich. Das bedeutet, jeder kann bei der entsprechenden Verhandlung dabei sein, der dies möchte. Je nachdem wie breit die Angelegenheit in der Öffentlichkeit bekannt geworden ist, wird von dem Recht des Zuschauens auch Gebrauch gemacht. Auch die Presse kann in den Gerichtssaal kommen und von dem Verfahren berichten.

83 Das Strafverfahren zeichnet sich dadurch aus, dass es mündlich geführt wird. Im Gegensatz zu den Gerichtsverfahren im Zivilrecht wird im Strafprozess alles mündlich im Gerichtssaal erörtert.

84 Zwar werden auch hier im Vorfeld Schriftstücke ausgetauscht und vor allen Dingen auch ein schriftliches Sachverständigengutachten eingeholt. Dieses wird dann allerdings in der öffentlichen Verhandlung erläutert. Auch das einmal begonnene Verfahren kann noch – dies geschieht häufig – eingestellt werden. Kommt es hierzu nicht, endet das Verfahren mit dem Urteil. Ist das Gericht davon überzeugt, dass eine Strafe verhängt werden muss, so hat es die Auswahl zwischen einer Geld- oder einer Freiheitsstrafe. Es kann den Angeklagten aber auch freisprechen.

6.1.2 Strafen im Strafverfahren

85 Bei einer Strafe muss das Gericht (auch im Strafbefehl) sich an den sogenannten Strafrahmen halten. Jeder Paragraf, der ein entsprechendes Verbot im Strafgesetzbuch oder an anderer Stelle regelt, hat einen solchen Strafrahmen. So lautet beispielsweise der § 223 StGB „Körperverletzung":

„Wer eine andere Person körperlich misshandelt oder an der Gesundheit schädigt, wird mit Freiheitsstrafe bis zu fünf Jahren oder mit Geldstrafe bestraft."

86 Beim Strafrahmen handelt es sich um den Bereich von einer Geldstrafe bis zu einer Freiheitsstrafe von fünf Jahren. Dabei soll das Gericht die Strafe an der entsprechenden persönlichen Schuld des Täters orientieren und natürlich an den Folgen der Tat. Für die uns interessierenden Fälle wird in der Regel eher ein unterschwelliges Strafmaß angewandt werden, denn die Körperverletzung ist natürlich auch

für solche Fälle anwendbar, in denen es zu erheblichen und absichtlichen Verletzungen kommt. Dies wird typischerweise im Bereich des Gesundheitsrechtes nicht der Fall sein.

6.1.2.1 Geldstrafe

87 In den allermeisten Fällen wird sich das Gericht in der Pflegehaftung für eine Geldstrafe entscheiden. Die Geldstrafe wird so errechnet, dass auch die Schwere der Schuld anhand von Tagen angesetzt wird. Das Gericht sucht sich einen Zeitrahmen heraus, den es für angemessen hält. Dies können fünf Tage sein, es sind aber auch bis zu 360 Tage möglich. Für jeden Tag wird dann eine sogenannte Tagessatzhöhe bestimmt. Hierbei handelt es sich vereinfacht gesagt um 1/30 des Nettoeinkommens, das dem jeweiligen Täter pro Monat zur Verfügung steht. Die Idee hierhinter ist, dass der Täter die Früchte seiner Arbeit für die Tage, die er eine Geldstrafe erhält, entzogen bekommen soll. Wenn also eine Verurteilung zu 90 Tagessätzen à 30 EUR verhängt wird, so bedeutet dies, dass der Verurteilte ansonsten drei Monate ins Gefängnis hätte gehen müssen (90 Tage). Weiter geht das Gericht von einem Nettoeinkommen von 900 EUR netto im Monat aus (900 EUR/ 30 Tage = 30 EUR). Bei der Nettolohnberechnung werden beispielsweise Unterhaltskosten abgezogen, sodass eine Verurteilung zu 30 EUR Tagessatzhöhe gar nicht so unüblich ist.

88 Zahlt der Verurteilte nicht, so muss er die entsprechende Tagessatzmenge tatsächlich „absitzen".

89 Dabei ist auch die Verurteilung zu 90 Tagessätzen nicht unüblich. Der Grund: Eine Verurteilung von 90 Tagessätzen wird nicht in das Führungszeugnis eingetragen, welches übersandt wird, wenn man es beispielsweise für eine Bewerbung anfordert.

6.1.2.2 Freiheitsstrafe und Bewährung

90 Die zweite typische Grenze ist – dann bei der Verurteilung zu einer Haftstrafe – die von zwei Jahren. Bis zu zwei Jahren können nämlich Freiheitsstrafen zur Bewährung ausgesetzt werden. Dies bedeutet, dass die Haft nicht angetreten werden muss und nur für den Fall, dass während der Bewährungszeit (typischerweise zwei bis drei Jahre) der Täter nochmals eine Tat begeht, die Bewährung widerrufen wird. Der Täter muss dann nicht nur für die aktuelle Tat, sondern auch für die Bewährungstat in das Gefängnis. Die Frage, ob eine Bewährung gegeben wird, hängt davon ab, inwieweit dem Täter eine positive Prognose unterstellt werden kann, also damit zu rechnen ist, dass künftig keine weiteren Taten stattfinden werden. Entscheidende ist hier, ob es sich um einen sogenannten Ersttäter handelt oder ob dieser bereits in der Vergangenheit entsprechende Taten verübt hat. Typischerweise werden die Strafen im Gesundheitsbereich zur Bewährung

ausgesetzt, wenn es überhaupt zu einer Haftstrafe kommt – es kann in der Regel von einer positiven Prognose ausgegangen werden.

6.1.2.3 Beispiele für strafrechtliche Verurteilung

91 Dementsprechend wurde beispielsweise eine Pflegerin, die einen Patienten in mindestens sieben Fällen mit einem Benzodiazepin außer Gefecht gesetzt hatte, zu einer Freiheitsstrafe von zwei Jahren auf Bewährung verurteilt.[135] Dagegen ist eine Bewährung dann nicht mehr zu erwarten, wenn es dazu kommt, dass dem Patienten durch die Pflegefachperson mehrfach in das Gesicht geschlagen wurde, der Patient aufgrund dieser Schläge eine Hirnblutung erlitten hat und verstirbt. In diesem Fall wurde die Pflegefachperson zu sieben Jahren Haft ohne Bewährung verurteilt. Das Urteil berücksichtigte noch zugunsten der Pflegefachperson, dass diese vollkommen überlastet und auch zeitweise wegen Suizidgefahr in einem psychiatrischen Krankenhaus untergebracht gewesen war,[136] die Tat hatte sie an ihrer selbst gepflegten Mutter verübt.

92 In einem anderen Fall kam es nicht zu einer Haftstrafe. Hier klagte ein betagter, pflegebedürftiger Altenheimbewohner mit schlechtem gesundheitlichem Allgemeinzustand, anderthalb bis zwei Tage über starke Schluckbeschwerden und Halsschmerzen. Es stellte sich heraus, dass sich seine Unterkieferprothese in den Rachenraum verlagert hatte. Dies führte dazu, dass beim Schlucken Essen in die Lunge gelangte. Hieraus resultierte später eine Pneumonie, die zum Tod des Heimbewohners führte. Dem Pflegepersonal warf man hier vor, dass bei ungeklärten Beschwerdebildern kein Arzt hinzugezogen worden war. Auch die gebotene körperliche Kontrolle sei nicht ordnungsgemäß durchgeführt worden. Es war nur der äußere Körperbereich geprüft worden. Die Strafe war letztlich 3.000 EUR.[137]

93 Zu 80 Tagessätzen zu je 30 EUR wurde die Leiterin eines Seniorenheims wegen Beihilfe verurteilt, weil sie einen gelernten Kfz-Mechaniker zur Durchführung von subkutanen Injektionen einsetzte. Dieser verfügte ehemals über Erfahrungen oder Qualifikationen diesbezüglich. Eine zulässige Delegation ärztlicher Leistungen lag hier aber natürlich nicht vor. Daher wurde sowohl die Heimleiterin bestraft als auch der Kfz-Mechaniker.[138]

6.1.2.4 Auflagen

94 Zusätzlich kann neben der eigentlichen Strafe auch eine weitere Auflage erteilt werden. So kann beispielsweise zu einer Strafe auf Bewährung die Zahlung eines

135 LG Frankfurt vom 29.2.2012, Az. 3530 Js 202270/09.
136 LG Bochum vom 22.9.2016, Az. 7 Ks 16/15.
137 AG Bühl vom 21.4.2004, Az. 1 Cs 200 Js 698/03.
138 LG Waldshut-Tiengen vom 23.3.2004, Az. 2 Ns 13 Js 10959/99.

Schmerzensgeldes an den Geschädigten verhängt werden. Möglich ist auch, je nach Schwere der Schuld, dass einem die Berufstätigkeit untersagt wird.

6.1.3 „Mittäter"

95 Auch das Strafrecht kennt „arbeitsteiliges Tun“. Nicht jeder muss alles selbst tun. Es reicht aus, wenn mehrere gemeinsam handeln. So wäre beispielsweise die Pflegefachperson, die weiß, dass der Patient nicht in die Behandlung eingewilligt hat und trotzdem dem Arzt bei der Operation hilft, ebenso die Täterin einer Körperverletzung wie der Arzt selbst. Ein anderes Beispiel wäre, wenn die Operation begonnen wird, obwohl allen Beteiligten bekannt ist, dass der vorhandene Anästhesist nicht die ausreichende Qualifikation für die Tätigkeit hat oder aber, dass ein entsprechendes medizinisches Gerät nicht funktionstüchtig ist. In diesen Fällen wären dann alle Beteiligten als gemeinsame Täter, sogenannte Mittäter, zu verurteilen.

96 Wenn der Tatbeitrag allerdings nur unterstützend bei der Handlung wirkt, würde nur eine Beihilfe vorliegen. Letztere wird weniger hart bestraft als die Mittäterschaft.

6.2 Zivilrechtliche Ansprüche

97 Neben dem Strafbegehren des Staates beschäftigt sich die Justiz häufiger mit den Problemen der zivilrechtlichen Haftung. Bei diesen Verfahren wird juristisch das Verfahren in „zwei Teile“ zerlegt. Zunächst wird die sogenannte Haftung dem Grunde nach überprüft. Dies ist die Frage, ob ein Behandlungsfehler vorliegt und hierdurch ein Schaden entstanden ist, der auf dem Behandlungsfehler beruht. Wird die Frage, die hier im Kapitel 2 Thema war, mit „ja“ beantwortet, so ergibt sich in der nächsten Stufe die sogenannte Prüfung der Haftung der Höhe nach. Hier werden die Schadensersatzansprüche berechnet. Dabei gilt der Grundsatz, dass der Geschädigte so zu stellen ist, wie wenn er ordnungsgemäß behandelt worden wäre. Dies ist nicht ganz einfach zu entscheiden, denn wenn ein schwerkranker Patient behandelt wird, kann es häufig sein, dass zwar sein Gesundheitszustand sich verschlechtert. Es stellt sich dann allerdings die Frage, wie viel davon krankheitsbedingt ist.

98 Kommt man zu einem nachweisbaren Schaden, so sind verschiedenste Schadenspositionen möglich, die auch addiert werden können.

6.2.1 Schmerzensgeld

99 Am bekanntesten dürfte das sogenannte Schmerzensgeld sein. Das Schmerzensgeld soll den Geschädigten dafür entschädigen, dass ihm etwas widerfahren ist. Er soll sich für seine entgangene Lebensfreude etwas „kaufen“ können. Die Schmer-

zensgelder in Deutschland sind – insbesondere im Vergleich mit dem US-amerikanischen Recht – sehr niedrig. Dies hat verschiedene Ursachen. Zunächst wohnt dem amerikanischen Zivilrecht mehr eine bestrafende Funktion zu, als dem deutschen. Zudem ist das Schmerzensgeld in Deutschland meist der geringste Teil des Gesamtschadens, der geltend gemacht werden kann. Dies wird häufig beim Vergleich der Ergebnisse der Rechtssysteme übersehen. Wie gesagt: Das Schmerzensgeld soll nur die entgangenen Lebensfreuden abdecken.

So wurde beispielsweise ein Krankenhaus wegen eines Dekubitus zu 20.000 EUR **100** Schmerzensgeld verurteilt. Das ist allerdings ein außergewöhnlich hohes Schmerzensgeld. Im vorliegenden Fall hatte der Patient einen Dekubitus mit Schweregrad IV im Bereich des Steißbeins entwickelt. Dies machte eine operative Versorgung nebst längerer stationärer Behandlungen notwendig. Insgesamt litt der Kläger seit mehr als zwei Jahren an dem Sakraldekubitus.[139] Im Übrigen ist auf die weiteren Beispiele zu verweisen (siehe hierzu Teil II Kap. 5.2.10).

6.2.2 Erwerbsausfall

Wer aufgrund eines Pflegefehlers krankgeschrieben ist, deswegen nicht arbeiten **101** kann und insofern einen finanziellen Verlust erleidet (Selbstständige oder aber auch geringere Krankengeldzahlung), der kann dieses Geld vom Schädiger verlangen. Hier können durchaus erhebliche Schadenspositionen entstehen. Fällt etwa ein Selbstständiger mit einem monatlichen Gewinn von etwa 10.000 EUR für zwei Jahre aus, so entsteht hier ein Schaden von 240.000 EUR. Aber auch kleinere Positionen können sich aufgrund einer eventuell längeren Dauer des Ausfalls sehr hoch summieren.

Fällt die Arbeitskraft des Geschädigten dauerhaft aus, so muss auch entsprechend **102** dauerhaft bezahlt werden.

Zahlen andere, etwa der Arbeitgeber oder die Rentenversicherung entsprechende **103** Leistungen, so haben diese den Anspruch gegen den Schädiger auf Zahlung im Wege des sogenannten Regresses.

6.2.3 Haushaltsführungsschaden

Selbst wenn der Geschädigte nicht oder nicht mehr einer Erwerbstätigkeit (also **104** einer Tätigkeit mit Geldanspruch) nachgegangen ist, allerdings einen Haushalt ganz oder teilweise geführt oder auch nur regelmäßig Hausmeisterdienste in dem privaten Haushalt geleistet hat, hat derjenige Anspruch auf einen sogenannten Haushaltsführungsschaden, wenn er die Tätigkeiten aufgrund eines Pflegefehlers nicht mehr verrichten kann.

139 LG Bonn vom 23.12.2011, Az. 9 O 364/08.

Ein Beispiel hierzu. Die Mutter zweier Kinder, fünf und acht Jahre, ist Hausfrau. Auf Grund eines Pflegefehlers ist sie ein Jahr nicht in der Lage, im Haushalt tätig zu sein. Danach bessert sich die Situation langsam. Sie ist drei Monate zu 25 Prozent wieder in der Lage den Haushalt zu führen und nach weiteren drei Monaten zu 50 Prozent. Schließlich kann sie nach einer weiteren Einschränkung von 25 Prozent nach zwei Jahren wieder voll anpacken.

105 Bekanntlich ist es so, dass es ein Fulltimejob ist, zwei Kinder und eventuell den Ehegatten zu versorgen. Es gibt insoweit Erfahrungstabellen, wie hoch die Arbeitsbelastung für verschiedene Haushalte ist oder aber es wird eine konkrete Analyse der Arbeitsbelastung vorgenommen. Beides kommt in diesem Beispiel in der Regel zu einer Arbeitsbelastung von min. 40 Stunden in der Woche (Sieben-Tage-Woche). Das heißt, dass im Monat 172 Stunden anfallen (4,3 Wochen im Monat). Das bedeutet folgenden Schaden:

	Erstes Jahr				**Zweites Jahr**			
	1. Quartal	2. Quartal	3. Quartal	4. Quartal	1. Quartal	2. Quartal	3. Quartal	4. Quartal
Einschränkung	100 %	100 %	100 %	100 %	75 %	50 %	25 %	25 %
Stunden/Quartal	516	516	516	516	387	258	129	129
Summe Stunden	2.967							

106 Je nach Gericht werden unterschiedliche Entschädigungen für den Haushaltsführungsschaden bezahlt. Die Reichweite ist hier zwischen 8,00 EUR bis 14,00 EUR. Auch hier kann es zu erheblichen Summen kommen, was den Dauerschaden angeht. Nimmt man einen unteren Wert von 10 EUR an, dann läge in diesem Beispiel ein Haushaltsführungsschaden von 29.670 EUR vor.

6.2.4 Behandlungskosten

107 Zusätzlich können hierzu auch die Behandlungskosten gehören, die beispielsweise nicht von der gesetzlichen Krankenkasse übernommen werden, allerdings ist hier eine gewisse Wesentlichkeit Voraussetzung.

6.2.5 Unterhaltsschaden

108 Zum Schaden gehören auch Unterhaltsansprüche, die der Geschädigte nicht mehr oder nicht mehr in voller Höhe bedienen kann. Hier kommen die Kinder in Betracht, aber auch die Ehefrau und sogar die geschiedene Ehefrau. Im Falle des Versterbens des Geschädigten können diese die Ansprüche auch direkt geltend machen.

6.2.6 Hinterbliebenengeld

Erst seit 2017 besteht auch die Möglichkeit, dass nahe Angehörige Schadensersatzansprüche geltend machen können, als eine Art von Schmerzensgeld für den Verlust des nahen Angehörigen. Hierbei handelt es sich um das sogenannte Hinterbliebenengeld. 109

6.2.7 Pflegeschaden

Umfasst vom Schadensersatz sind auch die Pflegekosten. Hierbei handelt es sich einerseits um Pflegepersonal, welches eingestellt werden kann, und andererseits auch natürlich um Kosten, die bei einem notwendigen Umbau des Wohnumfeldes entstehen können oder aber auch Heimkosten. Hier sind die Leistungen der Pflegeversicherungen – die aber sowieso nicht als sogenannte Vollkaskoversicherung anzusehen sind, sondern nur unterstützend wirken sollen – schnell aufgebraucht. Es bestehen deutlich höhere Ansprüche gegenüber dem Schädiger. 110

6.2.8 Sonstiger materieller Schaden

Darüber hinaus besteht ein Anspruch auf alle Aufwendungen, die man aufgrund des entsprechenden Behandlungsfehlers hatte. Hierzu gehören insbesondere Zuzahlungen und Fahrtkosten zu behandelnden Ärzten etc. 111

6.2.9 Gesetzlicher Forderungsübergang

Dabei ist es durchaus möglich, dass gar nicht der Patient selbst Forderungen geltend macht, sondern dies durch Dritte geschieht. Neben dem Kind, das seinen Unterhalt einklagt, besteht die Möglichkeit, dass insbesondere Sozialversicherungen und Sozialleistungsträger den sogenannten Regress durchführen, sich also die Gelder vom Verursacher wiederholen möchten. Dazu sind sie gesetzlich berechtigt und auch in ihren Satzungen verpflichtet. Alle Leistungen, die sie aufgrund der vorliegenden Kranken- und Pflegeversicherung geleistet haben, aber auch solche wie etwa Unterhaltsvorschuss u. Ä. können dann von den Sozialhilfeträgern oder Krankenkassen beispielsweise geltend gemacht werden. 112

6.2.10 Beispiele aus der Rechtsprechung

6.2.10.1 Sturz aus dem Toilettenstuhl[140]

Der zum Behandlungszeitpunkt 66 Jahre alte Kläger wurde im Februar 2010 wegen eines Prostatakarzinoms behandelt. In der Abteilung für Urologie des Krankenhauses wurde am 9. Februar 2010 laparoskopisch eine radikale Prostataektomie durchgeführt. Am 10. Februar 2010 wurde der Kläger vor das Bett 113

140 OLG Koblenz vom 28.9.2015 Az. 5 U 810/15.

mobilisiert. Für diesen Tag sind Kreislaufbeschwerden und Übelkeit dokumentiert. Am 11. Februar 2010 konnte der Kläger ausweislich der Dokumentation im Rahmen der Körperpflege bis an die Bettkante mobilisiert werden. Am gleichen Tag wurde der Kläger wegen Stuhldrangs von dem Pfleger Wilhelm K. in Gegenwart der Ehefrau des Klägers auf einem erhöhten, fahrbaren Toilettenstuhl gesetzt und rückwärts in den Toilettenraum über die Toilette geschoben. Dort ließ der Pfleger den Kläger und dessen Ehefrau allein. In der Folge stieß der Kläger mit seinem rechten Auge gegen den Metallbügel eines am Waschbecken befindlichen Seifenspenders und erlitt Verletzungen am rechten Auge.

114 Nach dem Unfall wurde der Kläger notfallmäßig im Zentrum für Augenheilkunde im Krankenhaus behandelt, da er sturzbedingt eine Bulbusruptur mit Irisprolaps und Vorderkammerblutung des rechten Auges erlitten hatte. Am 12. Februar 2010 erfolgte eine Vorderkammerspülung mit Hornhautnaht. Weitere Operationen erfolgten am 29. Juni 2010 (Durchtrennung des Glaskörperstrangs, der zum Kammerwinkel bei 4 Uhr zog, mittels Yag-Laser) sowie am 24. November 2010 (Implantation einer Irisblende).

115 Das Auge des Klägers war hier vorgeschädigt – glücklicherweise verschlechterte sich die Sehfähigkeit nicht weiter, dennoch erhielt der Kläger hier ein Schmerzensgeld von 7.500 EUR. Das Krankenhaus haftet hier wegen eines Pflegefehlers:

> „Angesichts des hohen Sturzrisikos, das zum Unfallzeitpunkt insbesondere durch die ohnehin bestehende Hypertonie und die Beeinträchtigung des Sehvermögens, aber auch durch die nach der Behandlung noch nicht erfolgte hinreichende Mobilisation sowie die am Vortag geklagten Beschwerden geprägt wurde, durfte die Pflegefachperson den Kläger nicht im Toilettenraum mit seiner Ehefrau allein lassen. […] Ergänzend [ist] anzumerken, dass vor dem Pflegemanöver keine Kontrolle der Vitalzeichen vorgenommen wurde. Insoweit kann sich der Beklagte nicht darauf zurückziehen, der Kläger habe über keine Beschwerden geklagt. Denn es ist seine Aufgabe, zu kontrollieren, ob und in welchem Umfang eine Mobilisation erfolgen kann. Es liegt auf der Hand, dass hierzu neben der Vitalzeichenkontrolle die Frage nach dem Befinden des Patienten gehört."

116 Der Fehler war hier also nicht nur, dass der Patient mit seiner Frau alleine gelassen worden war, sondern auch die Tatsache, dass nicht nochmal die Vitalparameter gemessen worden sind. Dass der Patient nicht die Bettpfanne nutzen wollte und sich so „selbst" in die Gefahr gebracht, hat konnte hier nicht helfen – trotzdem musste natürlich das Krankenhaus für die Sicherheit sorgen.

117 Auch das Beruhen des Schadens auf dem Fehler bejahte das Gericht. Das Krankenhaus hatte eingewendet, dass auch wenn der Pfleger im Bad geblieben wäre, es hier zu einem Sturz und der entsprechenden Verletzung gekommen wäre. Richtig wies das Oberlandesgericht Koblenz hier darauf hin, dass es gerade Teil des Berufswissens des Pflegers ist, Stürze zu verhindern. Im Wortlaut heißt es:

„Denn die verlangte Anwesenheit der Pflegefachperson am Sanitärraum bedeutet nicht, dass sich die Pflegefachperson auf eine körperliche Anwesenheit beschränken konnte. Vielmehr war es ihre Aufgabe, den Kläger, der auf einem erhöhten Toilettenstuhl saß, abzusichern, weshalb der Senat keinen Zweifel daran hat, dass bei korrektem Verhalten der Sturz hätte vermieden werden können. Allein der Umstand, dass die Ehefrau des Klägers den Sturz nicht verhindert hat, führt – anders als der Beklagte meint – nicht zu einem anderen Ergebnis. Denn die Ehefrau des Klägers ist keine geschulte Pflegefachperson, die gelernt hat, Patienten mit der gebotenen Achtsamkeit zu beobachten und zu versorgen und auf typische Gefahrensituationen adäquat zu reagieren."

Das Urteil zeigt noch zwei weitere Dinge auf: Zum einen, dass zivilrechtlich nicht gegen den Pfleger vorgegangen worden ist. Verklagt wurde das Krankenhaus und nicht der Pfleger. Zum zweiten zeigt das Urteil auch, wie lange derartige Verfahren sich hinziehen. Der Sturz war 2010 und das Urteil 2015. Das ist im Verhältnis zu anderen Verfahren sogar recht flott. **118**

6.2.10.2 Sturz nur mögliche Schadensursache

Eine weitere Entscheidung zum Thema Sturz zeigt zusätzlich, dass dem Kläger hier auch eine Beweiserleichterung geholfen hätte, denn hier handelte es sich um Risiken insbesondere aus dem Krankenhausbetrieb, die von dem Träger der Klinik und dem dort tätigen Personal voll beherrscht werden können. Insbesondere liegt die Ursache für den Sturz des Patienten im Rahmen der Bewegungs- und Transportmaßnahme der ihn betreuenden Pflegefachperson im voll beherrschbaren Gefahrenbereich des Krankenhausträgers, mit der Folge, dass dieser den Nachweis eines pflichtgemäßen Verhaltens der Pflegefachperson zu führen hat.[141] Dies führte in einem anderen Fall sogar dazu, dass zwar die Schadensursache nicht bekannt war, aber dennoch die Einrichtung haften musste. Hier lag bei einem bewegungsunfähigen Heimbewohner eine Humerusfraktur vor, die entweder bei einer durch das Pflegepersonal durchgeführten Mobilisierungs- oder Transportmaßnahme entstanden war oder aber bei der Krankengymnastik eingetreten sein konnte. Das Gericht hat hier die Ursache der Verletzung im voll beherrschbaren Gefahrenbereich des Heimträgers gesehen, mit der Folge, dass dieser den Nachweis eines pflichtgemäßen Verhaltens seiner Mitarbeiter zu führen hat.[142] **119**

Die Bewohnerin wurde erst am Morgen des auf den Tag der Verletzung folgenden Tages einer ärztlichen Behandlung zugeführt, obwohl die Frau am Abend und während der Nacht mehrfach über Schmerzen im Arm klagte. Das führte hier zu einer Erhöhung des Schmerzensgeldes, das an sich bei ca. 2.500 EUR (heute ca. 3.000 EUR) hätte liegen sollen, auf das Doppelte – also 5.000 EUR. **120**

141 BGH vom 8.1.1991 Az. VI ZR 102/90.
142 LG Landau (Pfalz) vom 27.9.2002 A. 1 S 85/02.

6.2.10.3 Weglauftendenzen[143]

121 In einer offenen Kurzzeitpflegeeinrichtung wurde 2008 die 1935 geborene Klägerin, die aufgrund ihrer Demenzerkrankung von ihrer Tochter betreut wurde, für den Zeitraum 21.9.2008 – 4.10.2008 aufgenommen. Damals lebte sie tagsüber in ihrer eigenen Wohnung und wurde durch ihre berufstätige Tochter unterstützt.

122 Am Nachmittag des 21. und des 22.9.2008 verließ die Klägerin ohne Rücksprache die Pflegeeinrichtung der Beklagten, konnte aber in der näheren Umgebung gefunden und zur Rückkehr überredet werden.

123 Am 23.9.2008 verließ die Klägerin erneut unbemerkt die Pflegeinrichtung. Ihr Verschwinden wurde gegen 20.00 Uhr bemerkt. Eine eingeleitete Suche – auch der Polizeikräfte – verlief zunächst erfolglos.

124 Die Klägerin wurde erst zufällig am Morgen des 26.9.2008 am Ortsrand von L. verletzt auf einer Wiese liegend aufgefunden. Sie war gestürzt und hatte eine proximale Luxationsfraktur des Humerus, Weichteilschäden und ein Delir erlitten. Sie war auch unterkühlt. weil sie lediglich mit einer Stoffhose, Pullover und Sommerschuhen bekleidet war. Sie befand sich vom 26.9.2008–10.10.2008 in stationärer Behandlung im H. Klinikum. Die Humerusfraktur wurde dort operativ behandelt. Nach Auftreten einer Humeruskopfnekrose musste ihr ein künstliches Schultergelenk eingesetzt werden. Die Beweglichkeit der rechten Schulter und des rechten Armes sind dauerhaft erheblich eingeschränkt, in häuslichen Arbeiten ist der Arm nicht einsatzfähig. Eine Verbesserung der Funktion war nicht mehr zu erwarten. Aufgrund der Bewegungseinschränkung des Armes wurde sie in die Pflegeklasse 2 eingestuft. Sie leidet unter Schmerzen am Arm, die medikamentös behandelt werden müssen, und erhält regelmäßig Ergo- und Physiotherapien.

125 Hier wurde ein Schmerzensgeld von 20.000 EUR ausgeurteilt.

Die Einrichtung hatte sich damit verteidigt, dass man von der Weglauftendenz durch die Tochter nicht informiert worden sei. Dem entgegnete das Gericht, dass die Einrichtung spätestens nach dem zweimaligen Weglaufen Maßnahmen hätte ergreifen müssen. Ob die Tochter die Einrichtung informiert habe, sei insoweit unwesentlich. Es seien nur zwei Mitarbeiter vor Ort gewesen. Damit sei damit zu rechnen, dass wenn diese mit den anderen Pflegebedürftigen zu tun hätten – wonach nach der Entscheidung zu rechnen gewesen wäre – die Klägerin unbeaufsichtigt wäre, was bei den massiven Weglauftendezen nicht hinzunehmen gewesen sei.

126 Den Einwand der Einrichtung, sie sei für einen derartigen Personaleinsatz nicht eingerichtet gewesen, lässt das Gericht nicht gelten. Ausdrücklich weist es darauf hin, dass dann der Vertrag zu kündigen gewesen wäre. Da dies nicht zur „Unzeit" geschehen darf – also insbesondere der betreuenden Tochter genug Zeit zu geben

143 Thüringer OLG vom 23.3.2011 Az. 2 U 567/10.

war, eine neue Einrichtung zu finden – hätte entweder personell vorübergehend aufstockt werden müssen oder aber es hätten freiheitsentziehende Maßnahmen bei Gericht beantragt werden müssen.

Das Gericht deutet auch an, dass bereits aufgrund des Umstandes, dass sie in ihre Kurzzeitpflegeeinrichtung demente Menschen aufnahm, auch organisatorische Vorkehrungen gegen ein unbemerktes Weglaufen dieser Bewohnergruppe (bspw. durch eine besetzte Pforte, verschlossene Außentüren, die auf Klingeln geöffnet werden) treffen musste bzw. diese notwendig hätten sein können. Dem ist wohl zuzustimmen (es kam aber in dieser Entscheidung auf die Frage nicht an). 127

6.2.10.4 Arzt zu spät hinzugerufen[144]

Bei der am 13. Februar 1988 geborenen Klägerin wurde für den 8.9.1988 eine Operation der Mitralstenose angesetzt. Wegen des allgemein schlechten Zustands der Klägerin, insbesondere Fiebers in Höhe von 38,8 Grad, wurde die Operation wieder abgesetzt. Für den 11. September findet sich folgender Eintrag: „Kind ist schlapp und zentralisiert. Leber drei Zentimeter unterhalb des Rippenbogens tastbar, leichte Tachypnoe, keine Rasselgeräusche, Puls deutlich tastbar, Rachen leicht gerötet, Trommelfell rechts leichte Gefäßinjektion links o.B.“ Die nächsten Eintragungen betreffen den 14. September und lauten: „5.30 Uhr erhöhte Temperatur, Kind jammert, grau-blasses Aussehen“. Darüber in anderer Schrift und Farbe: „5.30 Uhr 100g Brei“. Der Eintrag „AZ schlechter“ in deutlich größerer Schrift hat keinen Vermerk über die Uhrzeit und befindet sich direkt neben der vorgedruckten Tabelle und über den Eintragungen für 5.30 Uhr. Neben diesen Eintragungen (für 5.30 Uhr) ist in wieder anderer Schrift vermerkt: „7.30 Uhr plötzliches Erbrechen“, darüber „PF Absaugen Station 3“. Der zu dieser Zeit herbeigerufene Arzt stellte einen Herzstillstand fest. Er leitete die Reanimation in Form einer Herzmassage ein. Die Klägerin wurde auf die Intensivstation gebracht, wo sie weiterbehandelt wurde. 128

Seit diesem Vorfall leidet die Klägerin an schweren Gehirnschäden. Insbesondere liegt ein massiver Cerebralschaden mit Hirnatrophie, verbunden mit einem erheblichen mentalen und motorischen Entwicklungsrückstand (Verdacht auf apallisches Syndrom), linksbetonter spastischer Tetraparese sowie ein sekundäres cerebrales Anfallsleiden vor. 129

Das Gericht hat hier ein Schmerzensgeld von 300.000 DM als sachgerecht angesehen (daneben dürften für Krankenbehandlung und Pflege noch deutliche Zusatzkosten angefallen sein, die in der Entscheidung keine Rolle gespielt haben – eventuell haben sich hier aber auch Krankenhaus und Versicherung zusätzlich geeinigt. Die Urteilssumme entspricht heute einer Summe von ca. 200.000 EUR. 130

144 OLG München vom 17.9.1998, Az. 1 U 5294/92.

131 Das Gericht rügt zunächst, dass die erhobenen Befunde bei der Klägerin nicht ausreichend waren und kommt zusätzlich zu dem Ergebnis, ein weiterer Fehler habe darin gelegen, dass das Pflegepersonal erst um 7.30 Uhr am 14. September einen Arzt vom schlechten Zustand der Klägerin verständigte. Nach der Meinung des Gerichtes besteht für das Pflegepersonal die allgemeine Pflicht, bei einer Verschlechterung des Zustands einen Arzt herbeizuholen. Gegen diese grundsätzliche Verhaltensnorm wurde von derjenigen Person verstoßen, die den Eintrag „AZ schlechter" in deutlich größerer Schrift in die Krankenunterlagen vornahm. Dass der Eintrag nicht vom Pflegepersonal, sondern von einem Arzt stamme, hat das Gericht verneint.

132 Damit wäre der Prozess aber noch nicht gewonnen gewesen, denn die Gegenseite wendete ein, dass die Klägerin den Gesundheitsschaden bereits vor dem Schadensereignis hatte. Das hätte die Klägerin nicht widerlegen können. Aber: Das Gericht hat den Behandlungsfehler als grob eingeschätzt und so eine Beweislastumkehr vorgenommen das Krankenhaus konnte auch nicht beweisen, dass der Schaden sicher nicht vor der Verschlechterung des Gesundheitszustandes entstanden ist – daher kam es zu der Verurteilung.

6.3 Arbeitnehmerhaftung

133 Eine häufige Angst von Mitarbeitern in der Pflege ist die, dass sie für Fehler gegenüber den Patienten haftbar gemacht werden könnten. Wie in den Kapiteln zur zivilrechtlichen und strafrechtlichen Haftung dargestellt, ist dies ja auch grundsätzlich nicht falsch. Zunächst haftet im sogenannten Außenverhältnis der Arbeitnehmer auch für Schäden, die dem Patienten entstanden sind. Schließlich hat die Pflegefachperson bei der Behandlung mitgearbeitet und muss deswegen auch für Fehler einstehen.

6.3.1 Grundsatz – der Arbeitgeber haftet

134 Zu trennen ist allerdings die Haftung nach außen von sogenannten Haftung im Innenverhältnis. Aufgrund der Privilegierung des Arbeitnehmers im Arbeitsverhältnis ist der Arbeitgeber verpflichtet, die Pflegefachperson von einer solchen Inanspruchnahme Dritter, also des geschädigten Patienten, freizustellen.

135 Um sich davor zu schützen, wird der Arbeitgeber normalerweise auch die Verteidigung gegen derartige Ansprüche übernehmen. Hat der Arbeitgeber, was ebenso typisch wäre, eine Haftpflichtversicherung für diese Situation abgeschlossen, so greift auch diese Arbeitgeberhaftpflichtversicherung. Diese übernimmt dann auch die Verteidigung gegenüber ungerechtfertigten Ansprüchen.

136 Es bleibt der Pflegefachperson allerdings immer unbenommen, sich selbst zu verteidigen. Dies ist insbesondere dann empfehlenswert, wenn neben eventuellen alleinigen zivilrechtlichen Folgen auch eine Bestrafung aus dem Strafrecht in Betracht kommt.

6.3.2 Ausnahme: (Mit-)Haftung des Arbeitnehmers

137 Keine Regel ohne Ausnahme allerdings. Das arbeitnehmerrechtliche Haftungsprivileg gilt vollständig und ohne Ausnahme im Zivilrecht, solange der Arbeitnehmer nur einfach fahrlässig gehandelt hat. Etwas anderes gilt bei grober Fahrlässigkeit. Ob und in welchem Umfang der Arbeitnehmer in diesen Fällen an den Schadensfolgen zu beteiligen ist, richtet sich im Rahmen einer Abwägung der Gesamtumstände, insbesondere nach Schadensanlass und Schadensfolge sowie nach Billigkeits- und Zumutbarkeitskriterien. Vor allem geht es in diesem Zusammenhang also darum, wie falsch die Pflegefachperson im Vergleich zu einer „normalen" Fahrlässigkeit gehandelt hat, welcher Schaden eingetreten ist und wie leistungsfähig der Arbeitnehmer ist, also wie viel Geld der Arbeitnehmer hat. Auch hier handelt es sich – wie so oft im Arbeitsverhältnis – um eine Einzelfallentscheidung. Zu den Umständen, denen je nach Lage des Einzelfalls ein unterschiedliches Gewicht beizumessen ist und die im Hinblick auf die Vielfalt möglicher Schadensursachen auch nicht abschließend bezeichnet werden, werden neben schon genannten Punkten auch die Gefahrgeneigtheit der Arbeit und vor allem auch die Frage, wie weit ein durch die Versicherung gedecktes Risiko vorliegt. Wie immer im Arbeitsrecht können auch die persönlichen Verhältnisse des Arbeitnehmers, wie die Dauer der Betriebszugehörigkeit, und die Häufigkeit von Fehlern in der Vergangenheit zu berücksichtigen sein.[145]

138 Was heißt dies wiederum für die Praxis? Vereinfacht: Kommen bei einer neutralen Schilderung des Sachverhalts durchschnittliche Kolleginnen und Kollegen zu dem Ergebnis, dass es sich um einen Fehler handelt, der grundsätzlich nicht ausschließbar ist und einer durchschnittlichen Pflegefachperson passieren kann, so ist eine Haftung grundsätzlich ausgeschlossen. Hier handelt es sich um den typischen Fall der einfachen Fahrlässigkeit.

139 Ist es allerdings so, dass die Kollegen mit dem Kopf schütteln und sagen: „Wie konnte dies überhaupt geschehen?", so handelt es sich um einen Fall der groben Fahrlässigkeit. Dann haftet der Arbeitnehmer im vorbezeichneten Sinne entweder ganz oder zumindest teilweise mit.

140 Es gibt hierzu aus der Pflege wenig entschiedene Fälle. Klare Signale für grobe Fahrlässigkeit und eine Haftung der Arbeitnehmer liegen allerdings immer dann vor, wenn Sicherheitsmaßnahmen oder Arbeitsanweisungen mehr oder weniger bewusst ignoriert werden. Beispielsweise das Ignorieren der Patientenklingel, das

145 zum Ganzen beispielsweise: BAG vom 25.9.1997, Az. 8 AZR 288/96.

Ignorieren von Alarmtönen bei z. B. EKG-Monitoring oder aber auch, wenn eigenmächtig Entscheidungen durch das Pflegepersonal getroffen werden, die klar des Einschreitens eines Arztes bedürfen. Ähnlich kann der Fall gelagert sein, wenn zwar grundsätzlich die Tätigkeit in der Kompetenz der Pflegefachperson liegt, allerdings die Sachlage so schwierig geworden ist, dass klar ein Arzt hinzugezogen werden muss.

141 Beispiele sind folgende:

- Das Nichtführen einer Inventarliste bei einer Operation bzw. die nicht ordnungsgemäße Überprüfung, ob Instrumente, die eingesetzt worden sind, auch wieder zurückgeführt worden sind. Hierzu zählt nicht unbedingt das Verzählen, sondern das Nichtzählen.
- Das Nichteinhalten von klinischen Behandlungspfaden oder Hygienestandards
- Gewaltsames Entfernen eines Blasendauerkatheters (DK), wenn dieser nicht wie üblich zu entfernen ist (im konkreten Fall zogen zwei Pflegekräfte an dem DK).

142 Es gilt: Die häufige Angst, für Fehler während der Arbeit finanziell selbst in Anspruch genommen zu werden, ist meist unbegründet. Die Fehler müssen schon so gelagert sein, dass sie einer üblichen Pflegefachperson nicht geschehen. In Anbetracht der Tatsache, dass es sehr wenig Rechtsprechung zu diesen Themen gibt, zeigt sich schon, dass wenig derartige Fälle passiert sind. Das Risiko ist also niedrig. Wer es komplett meiden möchte, sollte sich gegebenenfalls versichern (siehe hierzu Teil X).

7 Einwilligungsfähigkeit und deren Ausfall

143 Die Einwilligung des Patienten ist an unterschiedlichen Stellen im Gesundheitsrecht von Belang. Dementsprechend spielt diese Frage an unterschiedlichen Stellen eine Rolle, nämlich bei:

- Einwilligung in eine Behandlung (insbesondere auch durch einen nichtärztlichen Behandler),
- Einwilligung in eine freiheitsentziehende Maßnahme und
- Entbindung von einer Schweigepflicht.

144 Zu den Einzelheiten, welche Ansprüche bezüglich der Einwilligung jeweils greifen, sind die Details jeweils dort ausgeführt. Trotz der Unterschiede bleibt es aber bei den gleichen Grundlagen:

- Wesentlich für die Einwilligung ist immer der Gedanke, dass die Autonomie und Entscheidungsfreiheit des einzelnen Patienten im Raume steht. Um dieses Recht, über sich selbst zu entscheiden, nutzen zu können, benötigt es allerdings zum einen die Einwilligungsfähigkeit, also die Kompetenz schon oder aber noch über sich selbst ordnungsgemäß entscheiden zu können. Es stellt sich also die Frage, ob ein Jugendlicher bereits die Entscheidung selbst treffen kann und ob ein kranker Erwachsener die Entscheidung derzeit oder noch für sich selbst treffen kann.

- Es reicht allerdings nicht aus, grundsätzlich einwilligungsfähig zu sein. Jeder, der eine Entscheidung treffen möchte, benötigt dafür die entsprechenden Informationen. Wer eine Alternative zu einer vorgeschlagenen Behandlung nicht kennt und nicht genannt bekommt, der kann sich für eine solche Alternative nicht entscheiden. Wer die Risiken einer möglichen Behandlung nicht dargestellt bekommt, wird sich vielleicht für eine andere Behandlung entscheiden als für die diejenige, die ihm vorgeschlagen wird, ohne die entsprechenden Risiken erklärt zu bekommen. Wem suggeriert wird er benötige ein Implantat, obwohl ein Zuwarten und Physiotherapie durchaus noch vertretbar wären, der entscheidet sich ggf. für das Implantat.

Deswegen ist es die Aufgabe des „Behandlers“, die entsprechenden Informationen zur Verfügung zu stellen. **145**

7.1 Einwilligungsfähigkeit

Zunächst zurück zur Frage der Einwilligungsfähigkeit. Sie hängt nicht, wie oft fälschlich angenommen, am Alter. Anders als im Geschäftsleben kommt es nicht auf das Erreichen des 18. Lebensjahres an. Auch die immer wieder benannte Altersgrenze von 14 Jahren, die in anderen gesetzlichen Bereichen angewandt wird, ist keine feste Grenze. Wesentlich ist immer die Frage, ob – egal welchen Alters – der Patient aufgrund seiner intellektuellen Fähigkeiten die Bedeutung und Tragweite des Eingriffs und seiner Risiken verstehen kann. Dabei kommt es nicht darauf an, dass der medizinische Eingriff bis ins kleinste Detail vom Patienten nachvollzogen werden kann. Wesentlich ist, dass der Patient „im Großen und Ganzen“ die entsprechende Behandlung verstehen kann. Es kommt also auf die konkrete Behandlung im konkreten Zusammenhang an. Dies kann durchaus dazu führen, dass für unterschiedliche Eingriffe eine Einwilligungsfähigkeit besteht oder auch nicht – je nachdem, wie groß die Risiken sind und wie komplex der Eingriff ist. **146**

7.2 Jugendliche Patienten

Dies bedeutet konkret, dass bei Patienten unter dem 18. Lebensjahr bei der Einholung von Einwilligungen darauf geachtet werden muss, ob der Patient versteht, um was es geht. Je leichter der Eingriff, umso eher wird er in der Lage sein, die Tragweite der Behandlung nachzuvollziehen. Im Gespräch mit dem Patienten empfiehlt sich nachzufragen, ob dieser die entsprechende Entscheidung treffen kann. Dabei muss im Dialog mit dem Patienten entsprechend festgestellt werden, ob dieser hinreichend reflektiert über die Behandlung nachdenkt. Inso- **147** fern kommt es nicht auf die Frage an, ob die Entscheidung des Patienten letztlich unvernünftig ist. Auch das Treffen von unvernünftigen Entscheidungen, hinsichtlich gesundheitlicher Behandlungen ist jedem unbenommen. Es kommt darauf an, ob die entsprechende Entscheidung reflektiert getroffen werden kann. Dabei ist es so, dass man je jünger der Patient ist, desto kritischer bei der Beurteilung der Entscheidung sein sollte. Die getroffene Entscheidung, ob ein Patient einwilligungsfähig ist oder nicht, muss bei Patienten unter dem 18. Lebensjahr dokumentiert werden. Je anspruchsvoller der Eingriff, desto mehr empfiehlt es sich auch, die Begründung für die getroffene Entscheidung in der Akte zu dokumentieren. Kommt man zu dem Ergebnis, dass auch ein Jugendlicher unterhalb des 14. Lebensjahres einwilligungsfähig ist, so bedarf dies eines zusätzlichen Begründungsaufwandes.

148 Man könnte nun der Auffassung sein, dass man sich der Problematik der Einwilligungsfähigkeit bei Jugendlichen leicht dadurch entziehen kann, indem man im Zweifel zu dem Ergebnis kommt, der Patient sei nicht einwilligungsfähig und deswegen die Eltern zu der Entscheidungsfindung hinzugezogen werden sollen. Denn, dies ist insofern richtig, wenn der Jugendlich selbst nicht entscheiden kann, haben die sorgeberechtigten Eltern den Beschluss zu treffen. Aber Vorsicht: Wer die Eltern involviert, der verstößt gegen seine Schweigepflicht, wenn der Patient einwilligungsfähig ist. Häufig wird es gerade bei Jugendlichen so sein, dass diese ihre Eltern in gewissen Behandlungssituationen nicht informiert wissen wollen, da sie sich „Ärger von zu Hause“ ersparen möchten. Wer in dieser Situation die Eltern vorschnell einschaltet, muss damit rechnen, dass es in der Folge zu Verfahren gegen den Aufklärenden selbst kommt und zwar wegen eines Verstoßes gegen die Schweigepflicht. Allerdings gilt wiederum: Wer eine gute und nachvollziehbare Begründung für sein Ergebnis, eine Einwilligungsfähigkeit liegt vor oder nicht, gefunden und diese entsprechend dokumentiert hat, dem wird im Nachhinein keine Verfolgung drohen. Dies ist ähnlich wie die Beurteilung eines Fehlers (siehe hierzu Teil II Kap. 2.3). Nachvollzogen wird die Situation zwar im Nachhinein am Schreibtisch. Maßstab ist aber die Lage am Behandlungstag zur Behandlungsstunde und die Begleitumstände.

149 Kommt man zu dem Ergebnis, dass Einwilligungsfähigkeit nicht vorliegt, so muss die Aufklärung gegenüber den Sorgeberechtigten erfolgen, die dann auch die entsprechende Einwilligung abgeben oder auch nicht. Dabei gilt, dass bei mehreren Sorgeberechtigten – dies sind typischerweise Mutter und Vater – beide die Einwilligung abgeben müssen, was gleichzeitig bedeutet, dass beide Eltern aufgeklärt werden müssen.

150 Da dies in der Praxis nicht immer möglich sein wird, hilft sich die Rechtsprechung damit, dass man bei einfachen Eingriffen und solchen, bei denen Eile geboten ist, davon ausgehen darf, dass der Elternteil, der mit dem Kind erscheint, auch dazu berechtigt ist, den anderen Elternteil zu vertreten. Dies gilt allerdings nur bis zu der Grenze der „Gutgläubigkeit“. Wird bekannt, dass der andere Elternteil einer entsprechenden Behandlung sicherlich nicht zustimmen würde, so fehlt es an einer Einwilligung und es gelten die allgemeinen Grundsätze hierzu. Bei geplanten, dauerhaften und schwierigen Eingriffen ist immer die Einwilligung beider Elternteile einzuholen.

7.3 Einwilligungsunfähige erwachsene Patienten

Bei volljährigen Patienten darf man zunächst davon ausgehen, dass diese einwil- **151**
ligungsfähig sind – es sei denn, es ergeben sich Zweifel hieran. Das kann durchaus sein. Ist zum Beispiel der Patient auf Grund seines akuten Zustandes nicht ansprechbar, ist er natürlich auch nicht einwilligungsfähig.

Aber nicht alle Fälle sind so eindeutig und dann kommt es wieder auf den **152**
Einzelfall an. Auch beim volljährigen Patienten gilt, wie beim Jugendlichen, dass derjenige einwilligungsunfähig ist, der Art, Bedeutung und Tragweite – auch die Risiken – der Maßnahme nicht erfassen und seinen Willen dazu nicht kompetent bestimmen kann. Dies ist natürlich eine Klausel, die sehr breit ist und im Einzelfall zu Schwierigkeiten führen wird. Beim akuten Notfall kann das sicherlich schon auf den Schmerzpatienten zutreffen, der aufgrund der entsprechenden Schmerzen oder aber auch der gegebenen Medikamente nicht mehr in der Lage ist, einen klaren Willen zu äußern. Hier gilt, wie auch schon beim Jugendlichen, dass ad hoc in der Behandlungssituation eine Entscheidung getroffen werden muss. Dabei kommt es im Einzelfall immer nur darauf an, dass die Entscheidung nachvollziehbar getroffen worden ist und sich niemand über die Interessen und Rechte des Patienten hinweggesetzt hat.

Kritisch ist in diesem Zusammenhang natürlich die große Gruppe der Erkrankten, **153**
die grundsätzlich nicht mehr selbst über sich entscheiden können, allen vorweg die Demenzkranken. Auch hier ist die zitierte Richtschnur anzusetzen. Problematisch ist in diesem Zusammenhang häufig, dass sich gerade zu Beginn der Demenz lichte Augenblicke zeigen können, die den Eindruck vermitteln, der Patient sei grundsätzlich einwilligungsfähig. Es kommt dann auf diesen Zeitpunkt an. Bei Bedenken muss auch hier so agiert werden wie beim Jugendlichen. Durch ein Gespräch und eine Auseinandersetzung des Patienten mit den entsprechenden Fragestellungen zur Art und Weise des Eingriffs sowie zu Reichweite und Risiken ist herauszufinden, ob der Patient entsprechend eine Meinung treffen kann. Handelt es sich um schwerwiegende Entscheidungen, empfiehlt es sich, den Beschluss nicht alleine zu treffen, sondern jemanden dazu zu holen. Für die Pflegefachperson heißt dies vom Grundsatz, dass ein Arzt einzuschalten ist, wenn die Entscheidung nicht selbst getroffen werden kann beziehungsweise sich Zweifel ergeben.

7.4 Verfahren beim nichteinwilligungsfähigen Patienten

154 Ist der Patient nicht einwilligungsfähig, so stellt sich die Frage, wie zu verfahren ist, wenn der Patient selbst seine Einwilligung geben müsste – so zum Beispiel, wenn eine Operationsindikation vorliegt, aber auch ein Zuwarten gut vertretbar ist.

155 In diesem Fall wird dennoch versucht, sich an dem Willen des Patienten zu orientieren. Dieser Wille kann sich aus einer Patientenverfügung ergeben. Tut er dies nicht, ist nach dem sogenannten mutmaßlichen Willen des Patienten zu entscheiden. Bei dauerhaft einwilligungsunfähigen Patienten ist im Übrigen dafür zu sorgen, dass der Patient einen Führsprecher erhält. Dies kann entweder ein vom Patienten benannter Bevollmächtigter sein oder aber ein vom Gericht (eventuell nach Vorschlag des Patienten) benannter Betreuer.

7.4.1 Patientenverfügung

156 Bei der Ermittlung des Willens des Patienten ist zuerst zu überprüfen, ob eine wirksame und verbindliche Patientenverfügung vorliegt. Bei einer Patientenverfügung handelt es sich um eine vorweggenommene Einwilligung in verschiedene Behandlungsmöglichkeiten. Man muss sich dies so vorstellen, dass der Patient zu einem Zeitpunkt, in dem er noch bei vollem Bewusstsein ist, Überlegungen dazu anstellt, wie er behandelt werden möchte, wenn er nicht mehr selbst darüber entscheiden kann.

157 Die Ansprüche, die die Rechtsprechung hierzu hat, sind verhältnismäßig hoch.

7.4.1.1 Form der Patientenverfügung

158 Zunächst ist wichtig, dass es sich um eine schriftliche Verfügung handeln muss. Es muss also ein Schriftstück vorhanden sein. Dieses kann auch mit dem Computer geschrieben sein, nicht ausreichend sind allerdings eine E-Mail oder ein Fax. Das entsprechende Schriftstück muss handschriftlich unterzeichnet sein und aus der Unterschrift muss sich ergeben, dass das gesamte Schreiben damit für richtig gehalten wird. Möglich ist auch eine notarielle Urkunde.

159 Da es sich bei der Patientenverfügung um eine vorweggenommene Einwilligung handelt, muss der Patient wie vor jeder Einwilligung entsprechend aufgeklärt werden. Diese Idee konsequent weiter fortschreibend ist es daher notwendig, dass für eine Patientenverfügung eine entsprechende vorherige ärztliche Beratung eingeholt wird. Auch diese muss sich in der Patientenverfügung wiederfinden. Dies gilt allerdings wiederum nur für ein Tun, nicht für den Fall, dass eine Behandlung unterlassen wird.[146]

146 BT-Drucksache. 17/10488.

Wichtig und sinnvoll ist auch in der Patientenverfügung, Zeit und Ort ihrer Erstellung anzugeben und sie bei Bedarf zu aktualisieren, wobei es sich hier nicht um Wirksamkeitsvoraussetzungen handelt. 160

7.4.1.2 Inhalt der Patientenverfügung

Daneben hat der Bundesgerichtshof im Frühjahr 2017[147] sehr genau festgelegt, welche Voraussetzungen er an eine entsprechende Patientenverfügung stellt. Nicht ausreichend sind nach der Auffassung des Bundesgerichtshofs allgemeine Anweisungen, wie die Auffassung, ein würdevolles Sterben zu ermöglichen oder eine Behandlung wegzulassen, wenn ein Therapieerfolg nicht mehr zu erwarten ist. Auch die Äußerung, „keine lebenserhaltenden Maßnahmen" zu wünschen, ist in ihrer Allgemeinheit nicht ausreichend. 161

Nach Auffassung des Bundesgerichtshofes ist es so, dass eine Patientenverfügung nur dann verbindlich ist, wenn sie Erklärungen des Erstellers beinhaltet zu den Maßnahmen, in die er einwilligt oder die er untersagt. Daneben muss klar sein, dass eben dieses Handeln auch in der konkreten Behandlungssituation gelten soll. Eine Patientenverfügung ist nur ausreichend bestimmt, wenn sich feststellen lässt, in welcher Behandlungssituation welche ärztlichen Maßnahmen durchgeführt werden bzw. unterbleiben sollen. Eine Patientenverfügung ist also verbindlich, wenn sie einerseits konkret die Behandlungssituation beschreibt, in der sie gelten soll – und andererseits die ärztlichen Maßnahmen genau bezeichnet, in die der Ersteller einwilligt oder die er untersagt. Beispielsweise kann dies durch Angaben zur Schmerz- und Symptombehandlung, zur künstlichen Ernährung, Flüssigkeitszufuhr, Wiederbelebung, künstlicher Beatmung, Antibiotikagabe oder Dialyse möglich sein. Da allerdings niemand weiß, wie es ihm konkret künftig ergehen wird und auch nicht jeder Fortschritt der Medizin voll berücksichtigt werden kann, sieht der Bundesgerichtshof vor, dass gewisse Unschärfen zulässig sein sollen. 162

Zusammenfassend ist festzustellen, dass Entscheidungen des Bundesgerichtshofes eine Vielzahl von Patientenverfügungen „gekippt" hat. Diese sind nun nicht mehr verbindlich. Verbindlich sind nur solche Patientenverfügungen, die dem gerade gezeigten Anspruch genügen. 163

Auch hier gilt wiederum: Im Zweifel sollte sich die Pflegefachperson nicht auf die eigene rechtliche Wertung verlassen, sondern die Entscheidung anderweitig einholen. Gerade im Hinblick auf die neue Rechtsprechung des Bundesgerichtshofes sind die juristischen Ansprüche mit vielen Finessen und Fallstricken versehen, sodass bei irgendwelchen Zweifeln eine weitere Meinung eingeholt werden sollte. 164

147 BGH vom 8.2.2017, Az. XII ZB 604/15.

7.4.1.3 Wirkung der Patientenverfügung

165 Dies gilt insbesondere vor dem Hintergrund der weitreichenden Folgen einer Patientenverfügung. Liegt eine gültige Patientenverfügung vor, die auch auf die konkret eingetretene Lebens- und Betreuungssituation zutrifft, ist diese Patientenverfügung verbindlich. Das heißt, es muss sich an diese Verfügung gehalten werden, egal ob diese Patientenverfügung für sinnvoll oder nicht sinnvoll erachtet wird. Die Grenzen ergeben sich erst dann, wenn die Patientenverfügung sittenwidrig ist, so z. B. eine unzulässige Sterbehilfe verlangt (siehe hierzu Teil II Kap. 6.7.1.1).

7.4.2 Mutmaßlicher Wille

166 Liegt keine Patientenverfügung vor, kommt es wieder auf den mutmaßlichen Patientenwillen an. Denn der eigene konkret geäußerte Wille des Patienten für und gegen bestimmte Maßnahmen ist stets vorrangig und bindend. Zur Feststellung des mutmaßlichen Willens des Betroffenen bedarf es konkreter Anhaltspunkte. Zu den Kriterien zählen insbesondere frühere mündliche oder schriftliche Äußerungen, die ethischen oder religiösen Überzeugungen und sonstige persönliche Wertvorstellungen des Patienten. Diese Anhaltspunkte werden sich insbesondere durch Aussagen von nahen Angehörigen oder Vertrauenspersonen gewinnen lassen. Ist ein mutmaßlicher Wille nicht feststellbar, so ist nach „durchschnittlichen“ Grundsätzen zu verfahren. Vor allem kommt es auf die Wünsche und das Wohl des Patienten und seine Würde an. Im Zweifel hat der Lebensschutz Vorrang. Nur in zweiter Linie, also subsidiär, kann nach den „allgemeinen Erfahrungen“ verfahren und die entsprechende Behandlung wie „üblich“ veranlasst werden. Auch eine ungültige Patientenverfügung kann eine Rolle spielen, denn daraus können sich Ansatzpunkte für einen mutmaßlichen Willen ergeben.

7.4.3 Betreuer und Bevollmächtigter

167 Wie schon eingangs gesagt, wird dem Patienten zur Umsetzung seiner Patientenverfügung oder des mutmaßlichen Willens ein Sachwalter zur Seite gestellt. Dies kann entweder ein gerichtlich bestellter Betreuer sein oder aber ein Bevollmächtigter.

168 Der Unterschied zwischen einem Betreuer und einem Bevollmächtigen ist zunächst der, dass der Patient den Bevollmächtigten selbst bestimmt. Mit einer Vollmacht erlaubt der Vollmachtgeber, dass der Bevollmächtigte für ihn handeln, ihn also vertreten darf. Dies ist für die Zukunft möglich und sogar über den Tod hinaus. Mit einer Vorsorgevollmacht bestimmt der Bevollmächtigende also eine Vertrauensperson, die für ihn handelt, wenn er selber nicht handeln kann. Dies führt dazu, dass eine Betreuung aus rechtlicher Sicht nicht notwendig ist.

Die Bevollmächtigung ist in Gesundheits- und Unterbringungsangelegenheiten immer in Schriftform – also auf einem Blatt und persönlich unterschrieben – zu erteilen. Häufig werden die Vollmachten auch bei einem Notar erstellt. **169**

Möglich ist ebenso, dass nicht nur eine Person als Bevollmächtigter bestellt wird, sondern mehrere Personen auch für einen Bereich wie die Gesundheits- und Unterbringungsangelegenheiten. In diesen Fällen müssen diese – wenn nicht ausdrücklich etwas anderes geregelt wird – gemeinsam entscheiden. **170**

Wenn eine solche Bevollmächtigung vorliegt, dann ist ein Betreuer nicht notwendig. Das Gericht wird also keinen bestellen. In diesem Zusammenhang typische Probleme sind: **171**

- Die Vollmacht ist nur für den Fall der Geschäftsunfähigkeit bzw. Betreuungsbedürftigkeit erteilt. Dies führt dazu, dass ohne die Feststellung genau dieser Zustände die Vollmacht keine Wirkung hat. Daher ist die Wirkung zumindest bei Grenzfällen durch das Gericht festzustellen.[148]
- Ebenso kommt es immer wieder zu der Frage, ob die Vollmacht eindeutig genug ist, um die (vermeintlich) gewünschte Wirkung zu entfalten. Als Pflegefachperson sollte man im Zweifel hier immer auf eine Anrufung des Gerichtes bestehen. Aber: Das Gericht wird nicht positiv entscheiden, dass die Vollmacht wirksam ist. Denn bei Gericht muss ein Betreuer für den Patienten beantragt werden. Das Gericht wird dann prüfen, ob die Bestellung eines Betreuers notwendig ist. Kommt es zu dem Ergebnis, dass die Vollmacht ausreichend ist, dann wird es den Antrag auf eine Betreuung als unzulässig ablehnen. Nun weiß man, dass die Vollmacht ausreicht. Diese Problematik zeigt sich immer wieder beim Umgang mit Banken und Sparkassen (Bankvollmacht).
- Wenn sich mehrere Bevollmächtigte nicht einigen können oder der die Patientenverfügung des Patienten oder dessen mutmaßlicher Wille durch den oder die bestellten Bevollmächtigten nicht eingehalten wird, ist ein Kontrollbetreuer zu bestellen – das Gericht muss hier aktiv werden, wenn ihm Mitteilung über solche Sachverhalte gemacht werden. Es kommt dabei nicht darauf an, aus welchem Grund die „Leistung" des Bevollmächtigten schlecht ist. Er muss auch nicht absichtlich falsch oder schlecht handeln – eine reine Überforderung reicht aus.

7.5 Funktion des Vertreters und des Betreuers

7.5.1 In puncto ärztlicher Behandlung

Die Funktion des Betreuers oder Bevollmächtigten ist es, im Rahmen der ärztlichen Behandlung die Patientenverfügung oder den mutmaßlichen Patientenwillen durchzusetzen. **172**

148 BeckOK BGB/*Müller, G.* § 1896 BGB Rn. 26-33.

7.5.1.1 Prüfung der Patientenverfügung/Ermittlung des mutmaßlichen Willens

173 Dabei ist bei der Patientenverfügung zunächst zu prüfen ob ihre Festlegungen noch auf die aktuelle Lebens- und Behandlungssituation zutreffen. Falls nicht, kann eine Patientenverfügung jederzeit formlos ausdrücklich oder stillschweigend widerrufen werden.

174 Häufig ergibt sich hier zusätzlich zu den allgemeinen Ansprüchen an die Patientenverfügung noch das Problem, dass fraglich ist, ob sich der Patient noch zu der Patentenverfügung bekennt. Denn oft ist es so, dass zwischen dem Zeitpunkt der Formulierung der Patientenverfügung und ihrem möglichen „Einsatz" ein längerer Zeitraum vergangen ist (ohne dass die Urkunde geändert oder bestätigt worden wäre). Das ändert grundsätzlich zunächst nichts daran, dass die Patientenvollmacht zunächst weiter gilt. Aber das ist häufig nur die Theorie, praktisch ist es häufig so, dass angesichts einer Änderung der persönlichen Lebensumstände (insbesondere der Gesundheitssituation, wie beispielsweise Eintritt einer lebensgefährlichen Erkrankung) sich eine neue Situation ergibt, die dazu führen kann, dass der einmal niedergelegte Wille so nicht mehr gelten soll[149] – aber es schlichtweg vergessen wurde. die Verfügung anzupassen. Dann kann es durchaus sein, dass die Verfügung eben nicht mehr greift. Dies festzustellen. ist Aufgabe des Betreuers oder Bevollmächtigten.

175 Es ist zwar nicht erforderlich, dass der Patient seine Unterschrift in bestimmten Zeitabständen wiederholt, aber je älter die Verfügung ist und je mehr im Leben eines Menschen seit Erlass der Verfügung geschehen ist, desto fraglicher ist, ob die Verfügung so noch Gültigkeit haben soll. Denn der Beweiswert und die Bindungswirkung einer Patientenverfügung sind umso größer, je konkreter die Behandlungssituation ist, auf die sie sich bezieht.[150]

176 Hierzu ein Beispiel:

> Ein begeisterter Sportler und Motoradfahrer überlegt für sich mit Mitte 20, dass er bei einem schweren Unfall bei seinen Hobbys und einer drohenden Behinderung als Folge eines solchen Unfalls nicht mehr leben wolle. Er verfügt dies entsprechend in seiner Patientenverfügung. Zehn Jahre später – der Patient hat mittlerweile geheiratet und Kinder, lebt für diese und seinen Beruf, ein Motorrad hat er schon lange nicht mehr – erleidet er einen schweren Unfall. Zwar ist hier die Patientenverfügung formell noch in der Welt, allerdings bestehen doch erhebliche Bedenken, ob diese noch gelten soll, denn der Lebensmittelpunkt des Patienten hat sich ja vom Sport und Motorrad auf seine Familie und den Beruf verschoben. Daher dürfte nun die Verfügung nicht mehr bindend sein. Hier

149 BeckOK BGB/*Müller, G.* § 1901a BGB Rn. 16-18.

150 Montgomery/Wiesing: Empfehlungen der Bundesärztekammer und der Zentralen Ethikkommission bei der Bundesärztekammer. Umgang mit Vorsorgevollmacht und Patientenverfügung in der ärztlichen Praxis. In: DÄBl. Jg. 110, 2013, Heft 33-34, A 1580 ff.

liegt der Schluss nahe, dass auch ein Leben mit einer Behinderung durch den Verfügenden hingenommen werden wird.

177 Liegt keine wirksame Patientenverfügung (mehr) vor, dann ist es Aufgabe des Betreuers oder des Bevollmächtigten, den mutmaßlichen Willen zu ermitteln – wie gesagt, dabei kann auch eine unwirksame Patientenverfügung eine Rolle spielen.

7.5.1.2 Einholung gerichtlicher Genehmigung

178 Immer dann, wenn es um Behandlungen geht, in deren Zusammenhang der Patient sterben oder einen schweren und länger dauernden gesundheitlichen Schaden erleiden kann, muss sowohl der Betreuer als auch der Bevollmächtigte die entsprechende Maßnahme vom Gericht genehmigen lassen. Ohne eine solche Genehmigung liegt keine zulässige Einwilligung vor. Gleiches gilt für freiheitsentziehende Maßnahmen.

179 Was danach genehmigungsbedürftig ist, ist immer eine Frage des Einzelfalles. Die Amputation des Beines im Unterschenkel wurde als genehmigungspflichtig angesehen, genauso nachteilige Nebenwirkungen von Medikamenten, die sich z. B. bei Langzeitbehandlung mit Neuroleptika hinsichtlich Spätfolgen in Form eines Parkinsonoids oder von Spätdyskinesien ergeben. Genehmigungsbedürftig kann (je nach Form und Dauer) auch die Elektrokrampfbehandlung psychisch Kranker sein. Nicht genehmigungspflichtig ist nach h. M. das Legen einer PEG-Sonde. Gleiches gilt für ein objektiv geringes Risiko, z. B. im Hinblick auf die zur Behandlung erforderliche Vollnarkose. „Länger dauernd“ ist nach Auffassung der amtl. Begr. ein Schaden im Regelfall ab einer Dauer von einem Jahr, wobei z. B. bei außergewöhnlich starken Schmerzen ein kürzerer Zeitraum ausreichend sei.[151]

180 Dem Betreuungsgericht kommt dabei eine Art Supervisionsfunktion für die Beteiligten, insbesondere die rechtlichen Betreuern oder Bevollmächtigten, zu. Das Betreuungsgericht trifft keine eigene Entscheidung im Sinne der Zweckmäßigkeit, sondern vollzieht die vorbereitete Entscheidung eines Betreuers nach und genehmigt diese. Nach § 319 FamFG hat das Gericht den Betroffenen persönlich anzuhören und sich einen persönlichen Eindruck von ihm zu verschaffen. Den persönlichen Eindruck verschafft sich das Gericht, soweit dies erforderlich ist, in der üblichen Umgebung des Betroffenen. Im Rahmen des Verfahrens ist dem Leiter der Einrichtung, in der der Betroffene lebt, Gelegenheit zur Äußerung zu geben. Zudem hat das Gericht einen Arzt (der Erfahrung auf dem Gebiet der Psychiatrie hat oder Facharzt für Psychiatrie ist) mit der Erstellung eines Gutachtens zu beauftragen, das auf einer persönlichen Untersuchung basieren soll. Bei Maßnahmen nach § 1906 Abs. 4 BGB reicht ein mündliches

151 nach BeckOK BGB/*Müller; G.*: § 1904 BGB Rn. 22. (dort auch weitere Fundstellen).

ärztliches Attest aus, in schweren Fällen wird auch hier ein schriftliches Attest erforderlich sein.[152]

7.5.2 In puncto sonstiger Vertretung

181 Neben den gesundheitlichen Fragen werden Betreuer und Bevollmächtigte oft auch auf anderen Feldern eingesetzt. Das kann beispielsweise dann wichtig werden, wenn es um die Frage geht, wie eine Rechnung für Leistungen bezahlt wird, die nicht oder nicht gänzlich von einem Kostenträger übernommen wird. Hier kann es notwendig werden, dass neben einem Bevollmächtigten, der nur und alleine für gesundheitliche Fragen bevollmächtigt worden ist, zusätzlich für den Kontakt mit der Bank ein anderer Bevollmächtigter bestellt worden ist oder jetzt ein solcher Betreuer notwendig wird.

7.5.3 Kontrolle des Betreuers und Bevollmächtigten

182 Der Betreuer untersteht der gerichtlichen Kontrolle. Zwar kann er grundsätzlich, außer in den im Gesetz geregelten Fällen, ohne das Gericht entscheiden – insgesamt wird sein Handeln aber durch das Gericht überprüft. Entsteht also der Eindruck, dass der Betreuer nicht im Sinne des Patienten handelt und/oder den Willen des Patienten nicht umsetzt, so ist eine entsprechende Anfrage bei Gericht sachgerecht.

183 Für den Bevollmächtigten gilt das so einfach nicht. Hier besteht lediglich die Möglichkeit, einen Kontrollbetreuer bestellen zu lassen. Dies ist der Fall, wenn konkrete Verdachtsmomente für eine nicht ordnungsgemäße Geschäftsführung im Sinne des Bevollmächtigten oder einen Vollmachtsmissbrauch vorliegen.[153] Dabei muss der Bevollmächtigte nicht böswillig handeln, es reicht aus, dass er eventuell nicht (mehr) dazu in der Lage ist, die entsprechende Bevollmächtigung umzusetzen.

184 In beiden Fällen wird das Gericht allerdings nur dann handeln, wenn ein entsprechend konkreter Sachverhalt vorgetragen wird. Behauptungen „ins Blaue hinein“ wird das Gericht meist nicht nachgehen.

7.6 Gefahr im Verzug

185 Ist keine Zeit dafür, einen Betreuer zu bestellen oder auch nur eine entsprechende Meinung eines Betreuers oder eines Gerichts einzuholen, so spielt auch hier der

152 Köpke/Gerlach/Möhler/Haut/Meyer: Leitlinie FEM – Evidenzbasierte Praxisleitlinie. Vermeidung von freiheitseinschränkenden Maßnahmen in der beruflichen Altenpflege. Universität Hamburg & Universität Witten/Herdecke 2009. Stand Januar 2012. Online: http://www.leitlinie-fem.de/download/LeitlinieFEM.pdf [abgerufen am 10.11.2017]. S. 81 ff.

153 BeckOK BGB/*Müller, G.*: § 1896 BGB Rn. 45-47.

sogenannte mutmaßliche Wille eine Rolle. Es ist also so zu handeln, wie dies von einem vernünftigen und typisch denkenden Patienten zu erwarten wäre.

Das heißt im Zweifel, lebenserhaltende Maßnahmen durchzuführen, um den Patienten möglichst am Leben zu halten. Dies gilt immer dann, wenn aus medizinischen Gründen nicht abgewartet werden kann, bis die Behandlung fortgesetzt wird. 186

7.7 Zentrales Vorsorgeregister

Die eigene Patientenverfügung, Vorsorgevollmacht oder Betreuungsverfügung kann man beim Zentralen Vorsorgeregister, welches von der Bundesnotarkammer geführt wird, hinterlegen. Dort werden erfasst: 187

- Vorsorgevollmachten,
- Betreuungsverfügungen,
- gegebenenfalls auch in Verbindung mit einer Patientenverfügung.

Es werden der Name des Vollmachtgebers bzw. Erklärenden, der Umfang der Vollmacht sowie die Daten der jeweiligen Vertrauensperson gespeichert. Die Vorsorgeurkunde selbst wird nicht hinterlegt. Die Registrierung ersetzt auch nicht die Erteilung der Vollmacht selbst. Zugreifen kann hier lediglich das Gericht, um festzustellen, ob es eine entsprechende Erklärung gibt, die beachtet werden muss – also zum Beispiel keinen Betreuer zu bestellen, wenn eine Bevollmächtigung vorliegt. 188

7.7.1 Sonderfälle des Patientenwillens

7.7.1.1 Sittenwidrige Patientenverfügung, insbesondere Sterbehilfe

Bezüglich der Sterbehilfe galt früher, dass zwischen (unter bestimmten Bedingungen) erlaubter „passiver“ und „indirekter“ sowie stets verbotener „aktiver“ Sterbehilfe zu unterscheiden war. Danach war das bloße Einstellen künstlicher Ernährung schon wegen seines äußeren Erscheinungsbildes, jedenfalls aber nach dem Schwerpunkt des relevanten Verhaltens, nicht als aktives Handeln, sondern als Unterlassen und damit als „passives“ Verhalten angesehen worden, während das Durchtrennen des Schlauches einer PEG-Sonde ein aktives Tun gewesen wäre. Dies führte dazu, dass es „dem Zufall“ überlassen war, ob ein Handeln zulässig war oder nicht. Daher hat der Bundesgerichtshof diese Rechtauffassung aufgeben. 189

Sterbehilfe ist nun immer dann erlaubt, 190

- wenn der eindeutige Wille des Patienten vorliegt
- und die betroffene Person lebensbedrohlich erkrankt ist und
- die betreffende Maßnahme medizinisch zur Erhaltung oder Verlängerung des Lebens geeignet ist.

191 Nur in diesem engen Zusammenhang hat der Begriff der „Sterbehilfe“ einen systematischen und strafrechtlich legitimierenden Sinn. Vorsätzliche lebensbeendende Handlungen, die außerhalb eines solchen Zusammenhangs mit einer medizinischen Behandlung einer Erkrankung vorgenommen werden, sind einer Rechtfertigung durch Einwilligung dagegen von vornherein nicht zugänglich“.[154] Auf die Frage, ob es für die Umsetzung des Willens eines aktiven Tuns oder Unterlassens bedarf, kommt es nicht mehr an. Jede Behandlungsunterlassung, -begrenzung oder -abbruch ist nunmehr möglich.

7.7.1.2 Tödliche Dosis Medikamente

192 Auch ansonsten ist die Rechtsprechung, was die Sterbehilfe angeht, deutlich offener geworden. So besteht nach dem Bundesverwaltungsgericht[155] die Möglichkeit, die Erlaubnis zum Erwerb einer tödlichen Dosis Natrium-Pentobarbital zur Selbsttötung zu erhalten (oder auch eines ähnlich potenten Mittels), wenn sich der suizidwillige Erwerber wegen einer schweren und unheilbaren Erkrankung in einer extremen Notlage befindet. Eine extreme Notlage ist nach der Rechtsprechung gegeben, wenn

1. die schwere und unheilbare Erkrankung mit gravierenden körperlichen Leiden, insbesondere starken Schmerzen verbunden ist, die bei dem Betroffenen zu einem unerträglichen Leidensdruck führen und nicht ausreichend gelindert werden können,
2. der Betroffene entscheidungsfähig ist und sich frei und ernsthaft entschieden hat, sein Leben beenden zu wollen und ihm
3. eine andere zumutbare Möglichkeit zur Verwirklichung des Sterbewunsches nicht zur Verfügung steht.

7.7.1.3 „Unvernünftiger" Willen des Patienten, Verweigerung der Bluttransfusion

193 Der Wille des Patienten ist auch dann verpflichtend, wenn er unvernünftig oder gar lebensgefährlich für ihn selbst ist.

194 Dies soll hier am Beispiel der Religionsgemeinschaft der Zeugen Jehovas dargestellt werden, die bekanntlich die Auffassung vertritt, sich des Empfangs von fremdem Blut zu enthalten. Das ist ein klar formulierter Behandlungswille des Patienten und dieser ist damit verbindlich. Allerdings kann niemand zu einer Behandlung gezwungen werden, die den medizinischen oder pflegerischen Standards nicht entspricht. Steht vor oder bei Behandlungsbeginn schon fest, dass im Laufe der Behandlung z. B. eine Bluttransfusion zwingend erforderlich wird, muss der Arzt die Behandlung ablehnen, wenn er den Patientenwillen nicht respektie-

154 BGH vom 25.6.2010, Az. 2 StR 454/09.
155 BVerwG vom 2.3.2017, Az. 3 C 19/15.

ren will. Ansonsten würde er sich bei Durchführung dieser Maßnahme wegen vorsätzlicher Körperverletzung strafbar machen.[156] Ihm liegt ja keine Einwilligung zur Bluttransfusion vor.

Die Option des Ablehnens gibt es nicht bei einem Notfall – hier besteht die Pflicht 195
zur Hilfe. Dennoch ist auch in diesem Fall die klare Aussage des Patienten zu beachten. Will er keine Hilfe – z. B. im Form von Blut – so ist ihm keine zukommen zu lassen. Der Patient ist dann mit den verbleibenden Mitteln zu behandeln.

Im Falle der Bewusstlosigkeit kommt es darauf an, ob der Patient unter diesen 196
Umständen auch noch bei seinem Willen geblieben wäre. Es spricht in diesen Fällen einiges dafür, dass der Patient, der ansonsten eine gute Chance zum gesunden Überleben hat, sich dann doch zu der lebenserhaltenden Maßnahme entscheiden würde. Die Praxis neigt dazu, dies dann anzunehmen und sich über den Willen des Patienten hinwegzusetzen.

Bei Minderjährigen gilt, dass in der Verweigerung der angemessenen Therapie ein 197
Missbrauch der elterlichen Sorge liegt. Hier ist dann vom Familiengericht wegen Gefährdung des Kindeswohls die Erklärung zur Zustimmung für eine Operation einzuholen. Ist es aus zeitlichen Gründen nicht möglich, das Gericht anzurufen oder ist dieses nicht besetzt, dann ist das Veto des Trägers der elterlichen Sorge nicht zu beachten. Wer rechtswidrig mit der elterlichen Sorge umgeht, der missbraucht sie. Der Missbrauch führt automatisch zum Verlust der elterlichen Sorge. Die Ärzte sollten also, wenn sie ein Kind von den Zeugen Jehovas behandeln, entweder das Vormundschaftsgericht einschalten oder im Eilfall das Verbot der Bluttransfusion durch die Eltern missachten. Ihr Veto ist familienrechtlich unerheblich.[157] Das gilt für alle anderen unvernünftigen und gefährlichen Entscheidungen der Eltern auch.

7.7.1.4 Suizid

Bei einem Suizidversuch könnte man davon ausgehen, dass hier eine sehr 198
deutliche Willensäußerung des Patienten vorliegt zu sterben und mithin auch die klare Äußerung, dass eine Behandlung nicht gewünscht ist. Das ist aber mitnichten der Fall. Grundsätzlich ist anzunehmen, dass der Suizidversuch selbst Ausdruck einer Krankheit ist und deswegen keine wirksame und verbindliche Erklärung des Willens vorliegt – im Gegenteil: Der Suizidversuch wird als Unfall gewertet und damit besteht für jeden, der hinzukommt, grundsätzlich eine Hilfspflicht.

156 Ulsenheimer: Arztstrafrecht in der Praxis. 2015. Kapitel 1 Teil 1 Rn. 387.
157 Spickhoff/*Deutsch*. § 13 TFG Rn. 17–20.

199 Etwas anderes gilt aber bei folgendem Fall[158]:

> Ein Arzt ging davon aus, dass die von ihm nach einem Suizidversuch aufgefundene 76-Jährige hochgradig herzkranke Patientin im Falle einer Rettung schwere Dauerschäden erleiden werde. Er wusste, dass sie aufgrund eines monatelangen, nicht krankhaften Erkenntnisprozesses die grundsätzliche Entscheidung getroffen hatte, eine Einweisung in ein Pflegeheim, ein Krankenhaus, insbesondere eine Intensivstation sowie die Einnahme lebensverlängernder Medikamente, abzulehnen, und an dieser Entscheidung bis zum Eintritt der Bewusstlosigkeit festgehalten hat. Der Arzt entschied sich nicht einzugreifen und verblieb bei der Patientin, bis sie gestorben war. Hier ging das Gericht von einer Straffreiheit aus. Insoweit war wesentlich, dass der Arzt wusste, dass die Patientin tatsächlich einen Freitod wollte und dieser Wunsch nicht krankhaft war. Zusätzlich spielte das voraussichtlich schlechte Outcome der Patientin eine Rolle.

8 Art und Weise der Aufklärung

8.1 Inhalt

200 Aus der Funktion der Aufklärung ergibt sich, dass der Patient keineswegs zu einem medizinischen Spezialisten ausgebildet werden muss. Dem Patienten muss nur so viel Information zur Verfügung gestellt werden, dass er für sich selbst die entsprechende Entscheidung treffen kann.

201 Typischerweise ist es so, dass der Arzt oder die Pflegefachperson über die Notwendigkeit der Behandlung besser Bescheid wissen als der Patient. Auch kennen diese die Risiken der entsprechenden Behandlung besser. Es gehört daher zur Behandlung dazu, dem Patienten die nötigen Informationen zur Verfügung zu stellen.

202 Dabei ist der Patient über die wesentlichen Umstände während der Behandlung aufzuklären. Dazu gehören insbesondere Art, Umfang, Durchführung, zu erwartende Folgen und Risiken der Maßnahme sowie ihre Notwendigkeit, Dringlichkeit, Eignung und Erfolgsaussichten im Hinblick auf die Diagnosen oder die Therapie. Der Patient ist ferner auf Alternativen zur Maßnahme hinzuweisen, sobald es mehrere medizinisch gleichermaßen indizierte und übliche Methoden gibt, die zu wesentlich unterschiedlichen Belastungen führen können, § 630e BGB.

8.2 Gespräch

203 Die Aufklärung hat mündlich zu erfolgen. Die „Unsitte", dass dem Patienten ein Aufklärungsbogen in die Hand gedrückt und er aufgefordert wird, die entspre-

158 BGH vom 4.7.1984, Az. 3 StR 96/84.

chenden Informationen zu lesen und den Erhalt der Informationen zu unterzeichnen, reicht nicht aus. Natürlich haben diese Aufklärungsbögen ihre Rechtfertigung. Sie dürfen zur Vorbereitung des Gesprächs genauso verwendet werden wie als Leitfaden für die Gespräche selbst. Wenn ein solcher Leitfaden verwendet wird, dann ist dem Patienten eine Abschrift der Unterlagen mitzugeben und dies zu dokumentieren.

8.3 Aufklärung durch den Behandler

Die Aufklärung hat durch den Behandler selbst oder durch die Person zu erfolgen, 204
die die zur Durchführung der Maßnahme notwendige Ausbildung hat. Das bedeutet, dass soweit Leistungen an nichtärztliches Personal zulässig delegiert werden können (siehe hierzu Teil XI Kap. 7), dürfen die Personen, die die entsprechende Qualifikation für die Annahme der Delegation haben, auch die entsprechende Aufklärung durchführen.

Die Aufklärung muss ferner verständlich sein. Dies bedeutet, dass der Patient 205
nicht mit „Ärztelatein" beeindruckt werden soll, sondern dass man ihm in seinen Worten die entsprechenden Informationen zukommen lässt. Das wird typischerweise dazu führen, dass bei höher gebildeten Personen ein anspruchsvolleres Aufklärungsgespräch stattfindet, als dies bei nicht ausgebildeten Personen der Fall ist. Zudem kann es durchaus sein, dass je nach Lebensalter die Aufklärung unterschiedlich ausfällt. Letztlich gilt Folgendes:

„Als Richtschnur gilt, dass der Patient Wesen, Bedeutung und Tragweite der Behandlung erfassen und das Für und Wider in den Grundzügen so verstehen können muss, dass ihm eine verständige Abwägung und damit Ausübung seines Selbstbestimmungsrechtes überhaupt möglich ist. Der Patient muss „im Großen und Ganzen" wissen, worin er einwilligt. Dazu brauchen ihm die Risiken nicht medizinisch exakt und nicht in allen denkbaren Erscheinungsformen dargestellt werden, vielmehr genügt ein allgemeines Bild von der Schwere und Richtung des konkreten Risikospektrums."[159]

8.4 Patient will nicht aufgeklärt werden oder ist informiert

Wer nicht aufgeklärt werden möchte, der muss auch nicht aufgeklärt werden. 206
Viele Patienten verlassen sich darauf, dass man schon das Richtige mit ihnen machen werde. In diesen Fällen muss der Patient entsprechend nicht aufgeklärt werden. Ihm muss allerdings ausdrücklich angeboten werden, dass man ihn aufklären könne und immer wieder dann, wenn es einer neuen Aufklärung

159 Katzenmeier: Arzthaftung. 2002. S. 322 ff.

bedürfen würde, sich also ein neuer Behandlungsabschnitt oder ein neues Behandlungsrisiko ergibt. Dann muss der Patient erneut gefragt werden, ob er aufgeklärt werden möchte.

207 Ähnliches gilt auch für den gut informierten Patienten. Der Patient, der offensichtlich über die Art und Weise der Behandlung schon Bescheid weiß, muss – erst recht nicht gegen seinen Willen – nicht über die entsprechenden Behandlungsmaßnahmen informiert werden. In beiden Ausnahmefällen ist es allerdings wiederum wichtig, dass nun entsprechend ordnungsgemäß dokumentiert wird, dass die eine Aufklärung versucht wurde und sie entweder nicht gewollt worden oder aber aufgrund des vorhandenen Wissens klar nutzlos gewesen ist.

9 Vorgehen bei Pflegefehlervorwurf

208 Der Pflegefehlervorwurf kommt in unterschiedlichen Varianten auf die Pflegefachperson zu. Selten trifft die Einrichtung oder den Mitarbeiter der Pflegefehler aus „heiterem Himmel“. Es ist außergewöhnlich, wenn beispielsweise die erste Kontaktaufnahme des Patienten oder seiner Angehörigen über die Polizei mittels einer Zeugeneinvernahme oder gar einer Beschlagnahmung von Behandlungsunterlagen bei einer Hausdurchsuchung geschieht. Meist ist es so, dass eine Beschwerde gegenüber der Pflegedienstleitung erfolgt, im Rahmen derer die Pflege/Behandlung des Patienten oder Bewohners gerügt wird.

9.1 Eingehen auf Beschwerden

209 Es ist wichtig, auf solche Beschwerden einzugehen. Es ist ein Bedürfnis des Betroffenen, ein klärendes Gespräch mit der verantwortlichen Pflegefachperson zu führen. Geht man auf solche Beschwerden aktiv ein und gibt den Angehörigen oder der betroffenen Person selbst das Gefühl, dass die Beschwerde ernst genommen wird und dass es sich nicht nur um einen Standardvorgang handelt, so kann eine Vielzahl von Beschwerden vom Verfahren aufgefangen werden. Es ist in der anwaltschaftlichen Praxis nicht unüblich, dass die Patienten nach einem enttäuschenden Gespräch mit der Pflegedienstleitung sich einen Termin beim Anwalt geben lassen und mitteilen, dass allein das arrogante Handeln der Pflegedienstleitung dazu geführt habe, dass man nun einen Anwalt aufsuche. Jetzt wolle man aber maximale Satisfaktion. Der Anwalt oder die Anwältin solle alles machen, was überhaupt möglich ist, damit die Schädiger ihrer „gerechten Strafe“ zugeführt werden.

210 Bezüglich des Gesprächs ist eine Einschränkung zu machen. Die Versicherungsbedingungen sehen immer die Obliegenheit vor, dass gegenüber dem Patienten kein Schuldanerkenntnis abgegeben werden darf. Diese Einschränkung führt dazu, dass die Gespräche mit den Patienten, die zu Beginn geführt werden sollen und die häufig streitvermeidende Wirkung haben, etwas einem Eiertanz gleichen

können. Denn einerseits muss man dem Patienten oder dessen Angehörigen vermitteln, dass man die Beschwerde durchaus ernst nimmt und auch entsprechende Konsequenzen ziehen wird. Andererseits darf man aber ein abschließendes Eingeständnis eines Fehlers nicht machen, da ansonsten der eigene Versicherungsschutz in Gefahr ist. Ggf. ist es sinnvoll, wenn man einen eigenen Fehler erkennt, schon vor dem Gespräch mit der Haftpflichtversicherung Rücksprache zu halten.

9.2 Strafverfahren

211 Wenn ein solcher Vorwurf bei einem kompetenten Anwalt landet, so hat man als Betroffener in der Regel noch Glück. Kompetente Anwälte werden in einer Vielzahl von Fällen darauf verzichten, eine Strafanzeige zu erstatten, da diese Strafanzeige im Bereich des Pflegefehlers meist für die Arbeit des Anwalts eher kontraproduktiv ist. Denn im Zivilrecht ist aufgrund der diskutierten Beweiserleichterung und des höheren objektiven Maßstabs der Beurteilung des vermuten Pflegefehlers eher ein Ergebnis für den vermeintlich oder tatsächlich Geschädigten zu erreichen, als dies im Strafverfahren der Fall ist. Die Standardanzeigen aufgrund eines vermuteten Pflegefehlers verlaufen im Sande oder brauchen Jahre. Solange die Staatsanwaltschaft ermittelt, wird allerdings zivilrechtlich nichts vorwärtsgehen. Häufig steht am Ende nach drei, vier Jahren Ermittlungen die Einstellung des Verfahrens, ohne dass irgendwelche Auflagen erteilt werden. Der „gute Anwalt“ wird also versuchen, den zivilrechtlichen Weg zu gehen. Hier kann er mehr erreichen.

212 Strafrechtliche Ermittlungen sind eher dann zu erwarten, wenn entweder ein erhebliches Fehlverhalten vorliegt oder mehrere gleiche oder ähnliche Fehler in der Einrichtung publik werden, die die Staatsanwaltschaft vermuten lassen, es werde systematisch fehlerhaft gehandelt. Natürlich ist auch damit zu rechnen, wenn grobe Missstände in der eigenen Einrichtung vorhanden sind.

9.3 Einholung von Gutachten

213 Kann also die Beschwerde des Patienten nicht durch ein Gespräch aufgefangen werden, so wird sich das Verfahren weiterentwickeln, im idealen Falle über einen Anwalt oder aber über das Anrufen der Pflegekammer. Da auch bei der Pflegekammer grundsätzlich ein Jurist die Entscheidung trifft, ob ein Behandlungsfehler vorliegt, benötigen sowohl der Anwalt als auch die Pflegekammer zunächst ein entsprechendes Gutachten. Es gibt verschiedene Möglichkeiten, Gutachten einzuholen:

9.3.1 Gutachten des Medizinischen Dienstes der Krankenkassen

214 Die gesetzlichen Krankenkassen sind verpflichtet, ihre Mitglieder bei der Verfolgung von Schadensersatzansprüchen, die bei der Inanspruchnahme von Versicherungsleistungen aus Pflegefehlern entstanden sind, kostenlos zu unterstützen. Sie können bei Verdacht auf einen Pflegefehler ein Sachverständigengutachten des Medizinischen Dienstes der Krankenkassen (MDK) einholen, um zu klären, ob überhaupt ein Behandlungsfehler vorliegt. Dazu benötigt der MDK natürlich die entsprechende Pflegedokumentation. Die Pflegedokumentation kann entweder von dem Betroffenen selbst eingeholt werden oder durch den von ihm eingeschalteten Anwalt oder letztlich auch vom MDK selbst. Die MDK-Gutachten unterscheiden sich in der Qualität sehr stark. Allerdings gilt immer, dass diese eher günstig für den Versicherten ausgehen respektive für die Kranken- oder Pflegeversicherung. Die Tatsache, dass ein MDK-Gutachten einen Behandlungsfehler attestiert, führt in der gerichtlichen Praxis keineswegs automatisch dazu, dass letztlich auch ein gerichtlicher Sachverständiger zur Entscheidung für einen Pflegefehler kommt. Es lohnt sich also aus Sicht der Pflegefachperson grundsätzlich, das MDK-Gutachten aufwändig zu hinterfragen.

9.3.2 Schlichtungsausschuss bei der Pflegekammer

215 Bei den Landespflegekammern ist zur Beilegung von Streitigkeiten, die sich aus der Berufsausübung von Pflegefachpersonen oder anderen Beschäftigten und Dritten ergeben, ein Schlichtungsausschuss errichtet worden. Der Vorsitzende des Schlichtungsausschusses muss die sogenannte Befähigung zum Richteramt haben. Dies entspricht auch der Qualifikation, die ein Rechtsanwalt haben muss. Zusätzlich ist der Schlichtungsausschuss weiter mit zwei Kammermitgliedern besetzt und darüber hinaus mit zwei weiteren Mitgliedern, die als Vertreter oder Vertreterinnen auf Vorschlag der Arbeitsgemeinschaft der Patientenrechteorganisation berufen werden.[160] Der Schlichtungsausschuss soll neben der Einholung eines Gutachtens die Beteiligten persönlich anhören und einen Einigungsversuch unternehmen.

9.3.3 Privatgutachten

216 Die dritte Variante der Einholung eines Gutachtens ist aus anwaltschaftlicher Sicht die „Königsvariante‘, nämlich die Einholung eines Privatsachverständigengutachtens. Ein solches ist allerdings selbst zu bezahlen und regelmäßig auch nicht vom Versicherungsschutz der privaten Rechtsschutzversicherung umfasst. Die Kosten für ein Gutachten bezüglich eines Pflegefehlers sind in der Regel mit nicht unter 2.000 EUR zu beziffern. In der anwaltschaftlichen Praxis zeigt sich immer wieder, dass die entsprechenden Kosten von den vermeintlich geschädigten

160 Das gilt für Rheinland-Pfalz.

Mandanten nicht aufgebracht werden können. Der Vorteil des privaten Gutachtens für den Anwalt ist, dass er beraten wird und nicht nur einzelne Fragen beantwortet bekommt, wie dies bei den anderen Typen der Gutachten in der Regel der Fall ist. So besteht gegenüber dem Privatsachverständigen eben die Möglichkeit, allgemein anzufragen ob ein Behandlungsfehler vorliegt und der private Gutachter sucht, gegebenenfalls auch mit eigener Kreativität, nach Fehlern. Dies wird in der Regel bei den anderen Gutachtern nicht so oder wenigstens nicht so ausgeprägt der Fall sein.

9.4 Einschalten der Haftpflichtversicherung

Werden entsprechende Ansprüche gegenüber der eigenen Einrichtung geltend 217
gemacht, sollte man das Verfahren spätestens dann, wenn die Ansprüche konkret benannt werden, also entweder von den Angehörigen konkrete Forderungen aufgestellt werden oder aber ein Anwaltsschreiben eingeht, an die eigene Haftpflichtversicherung abgeben. Die Haftpflichtversicherung ist dazu verpflichtet, auch die Verteidigung gegen nicht berechtigte Ansprüche zu übernehmen. Es handelt sich dabei um hochqualifizierte Personen, die dies in der Regel auch besser können als man selbst. In diesem Zusammenhang ist noch darauf zu verweisen, dass auch eine Versicherung nur so gut arbeiten kann, wie sie die entsprechenden Informationen von ihnen erhält.

9.5 Gerichtsverfahren

Kann sich die Versicherung letztlich nicht mit dem angeblich Geschädigten 218
einigen, so wird dieser gegebenenfalls eine Klage vor dem Gericht einreichen. Die Gerichtsverfahren zeichnen sich durch eine gewisse Dauer aus. Ein Haftungsprozess von unter einem Jahr in erster Instanz wäre sehr kurz. Ab einem Streitwert von 5.000,01 EUR ist im Übrigen das Landgericht zuständig, darunter das Amtsgericht. Egal wie viele Gutachten bereits vor der Anrufung des Gerichts eingeholt worden sind: Kommt es zu einem Gerichtsverfahren und können sich die Parteien nicht zu Beginn des Prozesses einigen, so wird in der Folge das Zivilgericht ein weiteres Gutachten einholen. Es ist dazu verpflichtet, ein neutrales Gutachten in Auftrag zu geben. Das MDK-Gutachten oder ein Gutachten, welches von einem Schlichtungsausschuss eingeholt worden ist, ist letztlich nicht entscheidend. Zwar können diese Gutachten in das Verfahren eingebracht werden und das Zivilgericht muss sich mit deren Aussagen beschäftigen. Letztlich zählt aber in der Regel die Meinung des Gerichtsgutachters. Nur dann, wenn der vom Gericht eingesetzte Sachverständige das Gericht nicht überzeugen kann oder Unklarheiten in der Auseinandersetzung mit den anderen Gutachten bleiben, wird gegebenenfalls ein „Obergutachten“ eingeholt.

Das Verfahren vor dem Zivilgericht ist im Übrigen von diesem Gutachten geprägt. 219

220 Die juristischen Streitigkeiten beziehen sich meist auf die Beweislastumkehren und die Höhe des Streitwerts. Entscheidet das Landgericht, so kann dieser Beschluss noch vor dem Oberlandesgericht überprüft werden. Da eine Vielzahl von Haftpflichtprozessen rechtsschutzversichert ist, ist mit der Anrufung der zweiten Instanz für den Fall der Niederlage des Patienten in erster Instanz häufig zu rechnen.

221 Neben dem Urteil werden allerdings auch eine Vielzahl von Verfahren mittels eines Vergleiches erledigt. Das bedeutet, dass beide Parteien von ihren Maximalpositionen, keine Zahlung und ein meist sehr hoch kalkulierter Schadenersatzanspruch, abrücken und sich auf eine Zahlung einigen. Dies wird in der Regel von den Haftpflichtversicherungen koordiniert und übernommen. Neben der Information der Versicherung und vor allem des von ihr benannten Anwalts kann man im Zivilverfahren verhältnismäßig wenig tun.

9.6 Sachverständigenauswahl

Da die Sachverständigen in den Verfahren eine große Wichtigkeit haben, ist dringend darauf zu achten, dass die Auswahl des Sachverständigen korrekt ist. Ein häufiger Fehler ist, dass ein zu qualifizierter Sachverständiger gewählt wird. Wer sich seit Jahren nur noch akademisch mit der Pflege auseinandersetzt, der wird eventuell nicht den richtigen Standard ansetzen, was die Überprüfung der Leistung angeht. Insofern war schon dargestellt worden, dass die Ansprüche niedriger sind, als dies häufig angenommen wird (siehe hierzu Teil II Kap. 5.2).

III Die einzelnen Straftatbestände

1 Körperverletzung

Strafrechtlich relevant ist für die Pflegefachperson insbesondere die Körperverletzung. Eine Körperverletzung begeht derjenige, der eine andere Person körperlich misshandelt oder sie in der Gesundheit beschädigt. Die Körperverletzung ist vorsätzlich oder auch fahrlässig möglich. Vorsätzlich heißt in der Regel, dass sozusagen im untechnischen Sinne „absichtlich gehandelt wird“. Wer fahrlässig handelt, „passt nicht gut genug auf“. 1

Das bedeutet, strafbar im Sinne einer Körperverletzung hat derjenige gehandelt, der jemandes Gesundheit schädigt oder ihn körperlich misshandelt. Aber nicht in allen Fällen kommt es zu einer Bestrafung. Denn solange eine rechtmäßige Einwilligung des Patienten vorliegt, ist die Körperverletzung nicht strafbar. Außerdem kann noch ein sogenannter Rechtfertigungsgrund vorhanden sein. Häufigster Fall eines Rechtfertigungsgrundes ist die Notwehr, also die Verteidigung gegen einen Angriff oder die Nothilfe, also einem Dritten gegen einen Angriff zur Seite zu stehen. 2

1.1 Vorsatz und Fahrlässigkeit

Vorsätzlich handelt immer der, der absichtlich einen anderen verletzt. Das Setzen einer Spritze etwa passiert zunächst immer erst einmal absichtlich (das ist die stärkste Form des Vorsatzes). Die Pflegefachperson die die Spritze geben will, will die Haut verletzen und das ist zunächst immer eine Körperverletzung. Anders liegt der Fall, wenn auf Grund eines Fehlers der Pflegefachperson beim Abstützen der Bewohner fällt und sich verletzt. Man wird hier nicht davon ausgehen dürfen, dass die Verletzung gewollt war – selbst wenn die Pflegefachperson wusste, dass sie fehlerhaft handelte, etwa weil für einen Außenstehenden klar war, dass sie auf Grund des Gewichtes des Patienten diesen kaum halten können würde – und die Pflegefachperson das auch als Risiko gesehen hatte, aber dennoch davon ausging, den Bewohner schon halten zu können. 3

Das zeigt: Die Grenze zwischen fahrlässiger und vorsätzlicher Körperverletzung ist gerade dann problematisch, wenn ein sehr schwerer Fehler vorliegt. Denn dann ist das „Wissen“ so stark, dass es das „Wollen“ mit sich bringt. Vorsatz ist gegeben, wenn mindestens der „Taterfolg [noch] für möglich gehalten und billigend in Kauf genommen“[161] wird. Nicht vorsätzlich handelt dagegen, wer ernsthaft auf den Nichteintritt eines tatbestandlichen Erfolgs vertraut.[162] 4

Die Unterscheidung soll hier nicht weiter ausgeführt werden, macht aber vom Strafrahmen her einen wesentlichen Unterschied aus. 5

161 BGH vom 20.9.2012, Az. 3 StR 158/12.
162 BGH vom 18.10.2007, Az. 3 StR 226/07.

1.2 Wann liegt eine Körperverletzung vor?

6 Eine Körperverletzung begeht derjenige, der eine andere Person körperlich misshandelt oder an der Gesundheit schädigt. Was das im Einzelnen heißt, ist sehr umstritten. Klar ist, dass immer dann, wenn Haut durchtrennt wird, eine Körperverletzung vorliegt, aber auch, wenn eine Behandlung Schmerz bereitet, und zwar nicht nur in erheblicher Form. Damit gehört eine Vielzahl von Verbandswechseln ohne Frage zu einer möglichen Körperverletzung. Aber auch das Waschen oder das Haareschneiden gegen den Willen des Patienten kann durchaus zunächst einmal eine Körperverletzung darstellen.

1.3 Einwilligung

7 In der Regel bleiben diese Maßnahmen allerdings alle straffrei, weil der Patient in die Behandlung ordnungsgemäß eingewilligt hat.

8 Dabei gilt für die Art und Weise der Einwilligung ein Unterschied. Für das Waschen eines Patienten muss nicht jedes Mal eine Einwilligung mit entsprechender vorausgehender Aufklärung durch eine Pflegefachperson erfolgen.

9 Je höher der Eingriff in die Integrität des Patienten ist, desto größer ist auch der Anspruch an die Einwilligung. Wer mit der Schere auf einen Patienten zugeht und diesem mitteilt: „so, nun werden die Haare geschnitten“, der muss den Patienten nicht zusätzlich über mögliche Risiken des Haareschneidens aufklären, sollte es diese geben. Das Gleiche gilt beispielsweise für ein rein pflegendes Waschen. Auch hier wird ausreichen, wenn man den Patienten einfach fragt, ob er gewaschen werden möchte. Auch wenn sogar ein schweigendes Hinnehmen des Waschens oder des Haareschneidens ausreichen könnte, sollte man es hierauf nicht ankommen lassen. Denn auch die Höflichkeit dürfte es wohl gebieten, dass der Patient gefragt wird, ob er gewaschen werden möchte.

10 Etwas anderes gilt sofort dann, wenn die Pflege in eine Behandlung umschlägt oder ein spezifisches Risiko vorliegt. Möchte beispielsweise ein frisch operierter Patient gewaschen werden und steigert sich hierdurch das Risiko einer Infektion oder ist sonstwie der Genesungsablauf gestört, so muss der Patient explizit darauf hingewiesen werden.

11 Handelt es sich um ein medizinisches Thema, mit dem eine Delegation der Leistung nicht an die Pflegefachperson möglich ist, so ist ein entsprechender Arzt hinzuzurufen, da die Aufklärung in diesem Fall vom Arzt vorzunehmen wäre.

1.4 Grenzen der Einwilligung

Liegt eine entsprechende Einwilligung vor, bleibt das Handeln der Pflegefachperson straffrei. Dies gilt allerdings nur bis zu dem Punkt, an dem die Einwilligung noch rechtmäßig eingeholt worden ist. Natürlich darf die Einwilligung nicht durch Drohungen eingeholt werden. Die Pflegefachperson darf außerhalb des Anwendungsbereichs der zulässigen Delegation ärztlicher Leistungen an nicht ärztliches Pflegepersonal (siehe hierzu Teil XI. Kap. 7) auch keinen ärztlichen Heileingriff vornehmen. Das heißt, spätestens dann, wenn ein ärztlicher Eingriff vorgenommen werden müsste, aber die Pflegefachperson tätig wird, nutzt die Einwilligung des Patienten nichts. Es bleibt bei der Strafbarkeit. Dies ist auch der Fall, wenn eine an sich zulässige Delegation in eine unzulässige Delegation umschwenkt, diese also zu schwierig wird und die behandelnde Pflegefachperson erkennen muss, dass sie für diese Leistung doch nicht qualifiziert ist. 12

1.5 Körperverletzung bei Behandlungsfehler

Trotz vorliegender Einwilligung besteht eine Körperverletzung auch dann, wenn bei der Behandlung des Patienten der pflegerische Standard nicht erreicht wird. Denn die Einwilligung erlaubt die Behandlung nur im Rahmen des pflegerischen Standards. Liegt ein Pflegefehler vor, so ist eine Körperverletzung ebenso zu bejahen. 13

1.6 Rechtfertigung: Notwehr/Nothilfe

Selbst dann, wenn eine Einwilligung nicht vorliegt, kann eine Körperverletzung ausnahmsweise zulässig sein. Dies nämlich immer dann, wenn ein Angriff auf sich selbst oder einen Dritten abgewehrt werden muss. Man spricht von Notwehr und Nothilfe. 14

Niemand muss sich selbst verletzen lassen oder zusehen, wie ein Dritter verletzt wird. Greift also ein Patient die Pflegefachperson oder einen Dritten an, so sind entsprechende Verteidigungsmaßnahmen zulässig. Dabei muss die Maßnahme verhältnismäßig sein. In vielen Fällen wird es ausreichen, den Patienten zunächst „in seiner Freiheit zu berauben", also zum Beispiel einzusperren. Im Einzelfall kann es durchaus notwendig sein, dass gegen den Patienten auch Gewalt eingesetzt wird. Greift also der Patient gerade an oder droht anzugreifen und ist eine andere Option – weggehen oder beruhigend auf den Patienten einzuwirken – nicht vorhanden oder ist dies nicht erfolgsversprechend, so darf die Pflegefachperson sich auch körperlich vehement zur Wehr setzen (obwohl es häufig nicht geglaubt wird). 15

2 Freiheitsentziehende Maßnahmen

2.1 Einführung

16 Neben der Körperverletzung spielt für die Pflegefachpersonen insbesondere die Freiheitsberaubung eine wesentliche Rolle. Eine Freiheitsberaubung liegt nach § 239 StGB vor, wenn ein Mensch eingesperrt oder auf andere Weise der Freiheit beraubt wird. Neben der Freiheitsberaubung kann eine freiheitsentziehende Maßnahme auch eine Nötigung darstellen. Eine Nötigung nach § 240 StGB liegt immer dann vor, wenn ein Patient zu einem Verhalten gedrängt werden soll, dass er eigentlich nicht haben möchte. Die Paragraphen hierzu sind:

17 Die Willens- und Fortbewegungsfreiheit ist von den Grundrechten des Grundgesetzes sowie den internationalen Menschenrechten entsprechend geschützt und in allen Lebensbereichen unbedingt zu achten. Die Achtung dieser Freiheit ist auch eine wesentliche Aufgabe für Pflegefachpersonen. Die Willens- und Fortbewegungsfreiheit einzuschränken, unabhängig von Umfang und Intensität, ist rechtlich gesehen immer begründungsbedürftig. Die Freiheitsbeschränkung muss das letzte Mittel der Wahl sein. Zuvor müssen alle anderen Maßnahmen ergriffen werden, die nicht oder weniger intensiv in die individuelle Freiheit eingreifen.[163]

2.2 Freiheitsberaubende Maßnahmen

18 Der Anwendungsbereich der Freiheitsberaubung ist insofern verhältnismäßig hoch. Die Freiheitsberaubung soll die potenzielle Fortbewegungsfreiheit schützen. Darunter fallen die Möglichkeit des Ortswechsels und der umfassende Schutz der Fortbewegungsfreiheit, der auch für kranke und ruhebedürftige Menschen gilt. Grundsätzlich muss der der Freiheit Beraubte auch nicht merken, dass er sich derzeit nicht fortbewegen kann. Es reicht aus, dass er potenziell in seiner Bewegungsfreiheit beschränkt ist.

19 Dabei unterliegen viele Handlungen dem Maßstab der Freiheitsberaubung. Zunächst ist es selbstverständlich unzulässig, einen Patienten in seinem Zimmer einzuschließen oder auch nur dem Patienten vorzugaukeln, dass er eingeschlossen wäre. Unstreitig gehört auch das Anbinden mittels Hand- oder Fußfesseln zur Freiheitsberaubung. Dies gilt dann nicht, wenn die Sitzgurte an einem Stuhl oder einem Rollstuhl die bloße Aufgabe haben, dass der Patient nicht aus dem Stuhl fällt. Dies jedenfalls dann, wenn der Patient aus eigener Kraft den Rollstuhl nicht verlassen kann. Zu den Maßnahmen der Freiheitsberaubung gehören auch sedierende Medikamente, Bettgitter, das Entfernen oder Abschalten der Rufanlage oder die Wegnahme eines Hilfsmittels, wie Rollstuhl, Rollator oder Unterarmgehstüt-

163 Köpke u. a.: Leitlinie FEM – Evidenzbasierte Praxisleitlinie. Vermeidung von freiheitseinschränkenden Maßnahmen in der beruflichen Altenpflege. Universität Hamburg & Universität Witten/Herdecke 2009, S. 13. Stand Januar 2012. Online: http://www.leitlinie-fem.de/download/LeitlinieFEM.pdf [abgerufen am 10.11.2017].

zen, das Verbot zu telefonieren oder das Verbot, Besuch zu empfangen. Noch nicht einig ist sich die Rechtsprechung dahingehend, ob sogenannte Personenortungsanlagen die Freiheit berauben oder nicht.

Hierzu folgender Beispielfall: 20

> Frau P. lebt als Bewohnerin in einem Seniorenheim. Sie ist aufgrund eines Schlaganfalls mit Hemiparese gesundheitlich stark beeinträchtigt und kann nur noch einen Arm und ein Bein bewegen, sodass sie grundsätzlich zur Fortbewegung auf einen Rollstuhl angewiesen ist und sich selbstständig nur wenige Meter mit ihrem gesunden Bein mit dem Rollstuhl abstoßen und fortbewegen kann. Aufgrund ihres Schlaganfalls ist sie nicht in der Lage, die Bremsen des Rollstuhls selbstständig zu lösen.
> P. soll von ihrer Tochter abgeholt werden. Die Pflegefachperson hat die Frau bereits in den Rollstuhl gesetzt und die Handbremse festgestellt. Daraufhin hat sich die Pflegefachperson entfernt. Hier ist die Rechtsprechung von einer Freiheitsberaubung ausgegangen.[164]
> Vor dem Hintergrund, dass die Einschränkung auch eine gewisse Wesentlichkeit mit sich bringen muss, erscheint diese Entscheidung zweifelhaft. Wer nur für wenige Minuten zu warten hat, der ist zwar in der Freiheit beschränkt. Ob es allerdings eine wesentliche Einschränkung ist, kann stark bezweifelt werden. Die Entscheidung zeigt aber, wie weit die Gerichte die Freiheit des Einzelnen schützen.

2.3 Konflikt zwischen Freiheit und Gefahr

21 Aus dieser umfassenden Sicherstellung der Bewegungsfreiheit des Patienten ergibt sich für die Pflegefachpersonen: Einerseits schützt § 239 StGB und hilfsweise auch § 240 StGB sehr umfassend die Bewegungsfreiheit des Patienten, zum anderen kann allerdings ein Zuviel an Bewegungsfreiheit für den Patienten gefährlich werden. Außerdem kann von Patienten, die frei beweglich sind, eine gewisse Gefahr ausgehen. Wenn ein Patient beispielsweise aggressiv ist und er nicht eingesperrt wird, wäre es möglich, dass dieser Dritte attackiert. Damit ginge für den Patienten nicht nur Gefahr für sich selbst, sondern auch von sich auf andere aus.

2.3.1 Garantenpflicht oder Übernahmeverschulden

22 Da durch die Übernahme der Pflege einer Person eine Verantwortung dafür entsteht, dies nennt sich Übernahmeverschulden, muss seitens der Pflegefachperson oder des Arztes oder der Einrichtung entsprechend reagiert werden. Das bedeutet, sowohl der Patient muss vor sich selbst geschützt werden als auch andere

164 AG Brandenburg vom 30.10.2014, Az. 31 C 106/13 unter Berufung auf OLG Düsseldorf vom 2.3.2016, Az. I-8 U 163/04.

müssen vor dem Patienten geschützt werden. Hierbei handelt es sich um die sogenannte Garantenstellung (siehe hierzu Teil II Kap. 4.2).

2.3.2 Schutz Dritter vor dem Patienten

23 Wenn vom Patienten eine konkrete, aktuelle Gefahr für Dritte ausgeht, so haben alle Beteiligten das Recht der sogenannten Notwehr oder Nothilfe. Dies bedeutet, dass sie sich auch verbotenen – rechtswidrigen – Handelns bedienen dürfen, um den Patienten in den Griff zu bekommen. Dazu gehört natürlich im Zweifel auch ein entsprechender Eingriff in die Bewegungsfreiheit des Patienten durch das Abschließen des Raums oder durch eine Fixierung, entweder mittels Gurten oder aber auch mit Medikamenten.

24 Hier gilt aber eine Abstufung der möglichen Mittel. Die Fixierung oder das Abschließen des Raumes dürfen nur dann vorgenommen werden, wenn andere Mittel vorher nicht gegriffen haben. Zunächst ist beispielsweise bei einem Patienten, der gegenüber einer Pflegefachperson erheblich aggressiv geworden ist, die eingesetzte Pflegefachperson auszutauschen. Es ist gegebenenfalls je nach Einzelfall zu versuchen, durch eine andere Pflegefachperson auf den Patienten einzuwirken oder aber auch den Arzt hinzuzurufen. Auch das Verlassen des Raums kann ein probates Mittel sein (Achtung beim suizidgefährdeten Patienten, dass er nicht aus dem Fenster springen kann).

25 Hier spricht man von der Verhältnismäßigkeit der Mittel. Es muss immer das mildeste Mittel eingesetzt werden, das mit hinreichender Sicherheit zum Erfolg führt. Es kann weder der Pflegefachperson selbst zugemutet werden, die eigene Gesundheit zu riskieren, noch ist es zulässig, dass zugunsten des Patienten die Gesundheit anderer Patienten riskiert wird. Also darf das sichere Mittel genommen werden. Niemand muss riskieren, selbst geschlagen zu werden und sich dabei ernsthaft verletzen zu lassen. Hier können ruhig auch starke Mittel eingesetzt werden, um einen Angriff zu stoppen. Die Tür abschließen gehört auf jeden Fall dazu. Als letzte Maßnahme darf sich die Pflegefachperson auch mit Gewalt wehren.

2.3.3 Gefahr gegen sich selbst

2.3.3.1 Einwilligungsfähiger Patient

26 Neben den Fällen, in denen der Patient drittgefährdend ist, ist in der Praxis auch regelmäßig die Gefahr der Selbstgefährdung gegeben. Hier gilt zunächst, dass grundsätzlich „jeder seines Glückes Schmied ist“. Vor dem Hintergrund, dass die Freiheit des Menschen weitgehend geschützt ist, bleibt es jedem Patienten unbenommen, sich unvernünftig zu verhalten. Solange jemand einwilligungsfähig ist und er das Risiko der Eigengefährdung hinnehmen möchte, bleibt ihm dies unbenommen. Mit anderen Worten, auch für den hoch sturzgefährdeten Patien-

ten, für den ein Sturz mit hohen gesundheitlichen Risiken verbunden wäre, gilt, dass dieser für dieses Risiko selbst einstehen kann, solange er einwilligungsfähig ist. Für die Einwilligungsfähigkeit gelten die allgemeinen Grundsätze (siehe hierzu Teil II Kap. 6). Erkennt der Patient oder Bewohner die Risiken und entscheidet er sich dafür diese einzugehen, dann ist dies seine Sache. In Grenzfällen gilt: Dokumentieren, dass das Thema angesprochen worden ist.

Hierzu ein weiteres Beispiel. Stellt die Pflegefachperson bei einem Sturz fest, dass in der Wohnung des Klienten zahlreiche lose Teppiche liegen und dass der Klient hierdurch erheblich sturzgefährdet ist, muss die Pflegefachperson den Klienten darauf hinweisen, dass dies gefährlich ist und die losen Teppiche zu entfernen sind. Weigert sich der Klient, wie so häufig in diesen Fällen, verantwortet die Pflegefachperson dies nicht. Zu Beweiszwecken ist allerdings dringend zu dokumentieren, dass die entsprechende Empfehlung ausgesprochen worden ist. In diesem konkreten Fall ist ggf. sogar die Quittierung des Hinweises durch eine entsprechende Unterschrift auf einem Formular durch den Klienten gegenüber der Pflegefachperson empfehlenswert. 27

2.3.3.2 Nicht einwilligungsfähige Patienten

Etwas anderes gilt allerdings, wenn der Patient nicht mehr einwilligungsfähig ist. 28
Dann ist es so, dass im Zweifel freiheitsberaubende oder freiheitseinschränkende Maßnahmen durchzuführen und diese von der Pflege einzuleiten sind. Hier besteht ein Spannungsfeld: Wenn nicht gehandelt wird, kommt eine Haftung wegen Körperverletzung in Betracht.

2.3.3.2.1 Überraschend notwendige Maßnahme

Bei der Frage, inwieweit diese Maßnahmen ohne die Einschaltung des Betreuers/ 29
Bevollmächtigten (siehe hierzu Teil I Kap. 7.4.3) und weiter dann auch des Richters zulässig sind, kommt es ganz erheblich darauf an, wie stark mit einer freiheitsberaubenden Maßnahme zu rechnen gewesen ist. Nur wenn eine Maßnahme überraschend notwendig ist, ist überhaupt denkbar, die Maßnahme ohne entsprechende Einschaltung eines Betreuers und eine entsprechende Anrufung des Gerichtes durchführen zu dürfen. Dabei ist „überraschend" nur das, was nicht voraussehbar war.

Hierzu ein Beispielfall: 30

> Patient P. ist eigentlich unauffällig. Nur von Zeit zu Zeit, etwa alle vier Wochen, „flippt" er nachts aus, verlässt sein Zimmer und weckt alle Bewohner. Dabei ist er allerdings so schlecht zu Fuß, dass ihm jederzeit etwas geschehen könnte. Die Schwestern helfen sich dann unbürokratisch damit, dass sie sicherheitshalber die Tür abschließen und P. so das Zimmer nicht mehr verlassen kann.

In diesem Fall nutzen die Pflegefachpersonen zwar richtig ein minderschweres Mittel, sie schließen den Patienten „nur" ein. Allerdings können sie dies nicht tun, ohne entsprechend vorher die Zustimmung eines Betreuers einzuholen. Denn dadurch, dass P. regelmäßig ausflippt und eingeschlossen werden muss, handelt es sich nicht mehr um überraschend notwendige Maßnahmen, sondern um eine voraussehbare Maßnahme. Dass diese regelmäßig nur alle vier Wochen geschieht, ändert daran nichts.
Das Gleiche gilt bei allen anderen Maßnahmen, bei denen eben nicht überraschend mit einer Freiheitsberaubungsmaßnahme zu rechnen ist, sondern die Notwendigkeit einer freiheitsberaubenden Maßnahme voraussehbar ist und eine entsprechende Einwilligung schon vor einer eventuellen Operation oder Maßnahme eingeholt werden kann, da der Patient nicht mehr einwilligungsfähig ist.

2.3.3.2.2 Maßnahme länger als 24 Stunden

31 Weiter muss ein Betreuer immer dann angerufen werden, wenn eine freiheitseinschränkende Maßnahme länger als 24 Stunden andauert. Hieraus kann man sich auch nicht dadurch befreien, dass der Patient alle 23 Stunden gelöst wird und dann von einer angeblich neuen Fixierung ausgegangen wird. Das stellt eine klare und unzulässige Umgehung dar.

32 Hat der Patient noch keinen Betreuer/Bevollmächtigten, so ist ein Antrag an das Betreuungsgericht zu stellen und dies sofort, wenn der Bedarf an einer entsprechenden Entscheidung erkannt worden ist. Der Antrag kann insofern formlos gestellt werden. Das Gericht muss lediglich davon in Kenntnis gesetzt werden, dass ein Patient vorhanden ist, der nach der eigenen Einschätzung nicht mehr einwilligungsfähig ist und absehbar einer freiheitsentziehenden Maßnahme zu unterziehen ist. Sollte die Maßnahme sofort notwendig werden, dann empfiehlt es sich, auf die entsprechende Eiligkeit in dem Schreiben auch hinzuweisen.

33 Besteht dagegen bereits ein Betreuer oder Bevollmächtigter, so muss dieser über die Notwendigkeit der freiheitsentziehenden Maßnahme informiert werden. Der Betreuer selbst muss wiederum nach § 1906 Abs. 3 BGB eine Genehmigung des Richters einholen, solange sich der Patient in einem Krankenhaus oder in einem Heim oder einer sonstigen Einrichtung aufhält. Je nach örtlicher Rechtsprechung (das kann durchaus unterschiedlich gesehen werden) wird die Zustimmung für solche Maßnahmen nicht nur in Einrichtungen notwendig sein, sondern auch bei Maßnahmen im häuslichen Umfeld. Der Betreuer/Bevollmächtigte tut gut daran, sich hier entsprechend die Genehmigungen einzuholen.

34 Für die die Fixierung oder die freiheitsberaubende Maßnahme ausführende Pflegefachperson empfiehlt sich jedenfalls, darauf zu achten, dass eine entsprechende Genehmigung eingeholt wird oder aber eine Stellungnahme des Gerichts

vorliegt, wonach dies grundsätzlich im eigenen Einzugsbereich nicht notwendig ist.

Die Frage, ob und wie eine entsprechende freiheitseinschränkende Maßnahme durchgeführt wird, orientiert sich wiederum am bereits dargestellten mutmaßlichen Willen (siehe hierzu Teil I Kap. 7.4.2). Dabei wird darauf abgestellt, wie der Patient sich entschieden hätte, wenn er noch entscheiden könnte. Als Anknüpfungspunkte werden hier beispielsweise Äußerungen des Patienten herangezogen, die aus einer Zeit stammen, in der er noch für sich entscheiden konnte. 35

Ist ein solcher Wille nicht festzustellen, gilt nach aktueller Rechtsprechung, dass das allgemeine Lebensrisiko hinzunehmen ist und im Fall eines erhöhten Risikos Maßnahmen zu ergreifen sind. Ein erhöhtes Risiko kann entweder darin liegen, dass sehr stark mit Stürzen zu rechnen ist oder aber, dass entsprechende Stürze eine schwere Komplikation mit sich bringen würden. 36

2.3.4 Verfahrenspflegschaft

Die rechtlich gültige Entscheidung über freiheitseinschränkende Maßnahmen wird nicht von Ärzten und Pflegefachpersonen getroffen, sondern, wenn vorhanden, von rechtlichen Betreuern der Bevollmächtigten. Eine stellvertretende Entscheidung der Pflegefachpersonen oder der Angehörigen ohne formelle Legitimation ist nach deutscher Rechtsordnung nur für Notfälle zulässig, nicht aber für regelmäßig wiederkehrende oder dauerhafte Maßnahmen. 37

Dem Betreuungsgericht kommt in den §§ 312 ff FamFG geregelten Verfahrensschritten eine Art Supervisionsfunktion für die Beteiligten, insbesondere die rechtlichen Betreuer oder Bevollmächtigten zu. Das Betreuungsgericht trifft keine eigene Entscheidung im Sinne der Zweckmäßigkeit, sondern vollzieht die vorbereitete Entscheidung eines Betreuers nach und genehmigt diese. Nach § 319 FamFG hat das Gericht den Betroffenen persönlich anzuhören und sich einen Eindruck von ihm zu verschaffen. Den persönlichen Eindruck verschafft sich das Gericht, soweit dies erforderlich ist, in der üblichen Umgebung des Betroffenen. Im Rahmen des Verfahrens ist dem Leiter der Einrichtung, in der der Betroffene lebt, Gelegenheit zur Äußerung zu geben. Zudem hat das Gericht einen Arzt (der Erfahrung auf dem Gebiet der Psychiatrie hat oder Facharzt für Psychiatrie ist) mit der Erstellung eines Gutachtens zu beauftragen, das auf einer persönlichen Untersuchung basieren soll. Bei Maßnahmen nach § 1906 Abs. 4 BGB reicht ein ärztliches Attest aus, in schweren Fällen wird auch hier ein schriftliches Attest erforderlich sein[165] 38

Das Gericht hat dem Betroffenen einen Verfahrenspfleger zu bestellen (§ 317 FamFG, wenn dies zur Wahrnehmung der Interessen des Betroffenen erforderlich 39

165 Universität Hamburg/Universität Witten-Herdecke (2012): Leitlinie FEM. Online: www.leitlinie-fem.de/download/LeitlinieFEM.pdf. Abgerufen am 10.11.2017

ist. Die Bestellung ist insbesondere erforderlich, wenn von einer Anhörung des Betroffenen abgesehen werden soll. Bei der Genehmigung einer Einwilligung in eine ärztliche Zwangsmaßnahme oder deren Anordnung ist die Bestellung eines Verfahrenspflegers stets erforderlich. Diese Verfahrenspfleger können durch Beschluss des Gerichts auch Pflegefachpersonen sein. Verfahrenspfleger bringen ihre Fachkenntnisse in den Entscheidungsprozess ein und schlagen bestimmte Maßnahmen vor, auch um eine Freiheitsentziehende Maßnahme (FEM) zu verhindern.

40 Bestellt das Gericht dem Betroffenen keinen Verfahrenspfleger, ist dies in der Entscheidung, durch die eine Unterbringungsmaßnahme genehmigt oder angeordnet wird, zu begründen.

41 Wer Verfahrenspflegschaften im Rahmen seiner Berufsausübung ausführt, soll nur dann zum Verfahrenspfleger bestellt werden, wenn keine andere geeignete Person zur Verfügung steht, die zur ehrenamtlichen Führung der Verfahrenspflegschaft bereit ist.

42 Die Bestellung eines Verfahrenspflegers soll unterbleiben oder aufgehoben werden, wenn die Interessen des Betroffenen von einem Rechtsanwalt oder einem anderen geeigneten Verfahrensbevollmächtigten vertreten werden.

2.3.4.1 Verfahrenspfleger nach dem Werdenfelser Weg

43 Der Werdenfelser Weg bemüht sich darum, vermeidbare Freiheitsbeschränkungen konsequent zu unterbinden. Und er bemüht sich, verbleibende Risiken gemeinsam abzuschätzen und gemeinsam verantwortungsvolle Einzelfallentscheidungen zu treffen.

44 Der Werdenfelser Weg hat das Ziel, die Entscheidungsprozesse über die Notwendigkeit freiheitsentziehender Maßnahmen wie Bauchgurte, Bettgitter und Vorsatztische zu verbessern sowie Fixierungen in stationären Einrichtungen der Altenpflege und für Menschen mit Behinderungen sowie in somatischen und psychiatrischen Krankenhäusern auf ein unumgängliches Minimum zu reduzieren. Er setzt in erster Linie auf Professionalität und Kommunikationsoptimierung. Der Werdenfelser Weg ist ein verfahrensrechtlicher Ansatz im Rahmen des geltenden Betreuungsrechts, der ohne Fördermittel und ohne Budget im Landkreis Garmisch-Partenkirchen entwickelt worden ist.

45 Spezialisierte Verfahrenspfleger mit pflegefachlichem Grundwissen für das gerichtliche Genehmigungsverfahren von Fixierungen werden fachlich fortgebildet, so dass sie über eine Kombination von pflegefachlichem Wissen über Vermeidungsstrategien und gehobenem juristischen Informationsstand über die rechtlichen Kriterien zu diesem Thema verfügen. Dieser Verfahrenspfleger diskutiert im gerichtlichen Auftrag jeden Fixierungsfall individuell und geht über den Zeitraum mehrerer Wochen Alternativüberlegungen gemeinsam mit dem Heim und den Angehörigen/Betreuern durch, im Einzelfall regt er auch Erprobungen von Alternativmaßnahmen an.

Im Vordergrund steht die Optimierung des Kommunikationsprozesses und das Bewusstwerden von Ängsten, die pflegefachlich fundierte und juristisch sowie menschlich vertretbare Lösungen überlagern[166]. 46

2.4 Sturzrisiko

Bezüglich des Sturzrisikos hat die Rechtsprechung in den letzten Jahren eine klare Position bezogen und einer übermäßigen Einschränkung der Freiheitsrechte der Patienten und Bewohner einen Riegel vorgeschoben. Der Tenor der Rechtsprechung ist klar der, dass das Stürzen zum allgemeinen Lebensrisiko und auch zum Recht eines Patienten gehört. 47

2.4.1 Notwendigkeit von Fixierungsmaßnahmen bei Sturzrisiko

Grundsätzlich bejaht dabei die Rechtsprechung natürlich eine Pflicht der Krankenhäuser und Einrichtungen und auch von ambulanten Diensten, das Sturzrisiko zu überprüfen und gegebenenfalls nach den Ergebnissen zu handeln. Die Notwendigkeit des Handelns wird allerdings erst dann gesehen, wenn eine konkrete Gefahrensituation vorliegt, die gesteigerte Obhutspflichten auslöst. Zu den Beweiserleichterungen, die hier greifen können, siehe Teil I Kap. 4.2). 48

Hierzu die folgenden Beispielfälle: 49

> Die Patientin war Bewohnerin eines Pflegeheims und in ihrem 82. Lebensjahr fünfmal gestürzt, und zwar ab August jeden Monat einmal. In Gesprächen war über die Notwendigkeit von Sturzprophylaxe geredet worden. In der Folge wurden ein Niederflurbett eingesetzt und vor dem Bett eine Matratze ausgelegt. Über die Möglichkeit einer gerichtlichen Genehmigung der Fixierung war mit dem Sohn gesprochen worden. Umgesetzt wurde eine solche allerdings nicht. Am 28. Oktober erhielt die Patientin noch ein rutschfestes Schuhwerk und rutschfeste Socken. Ferner bat das Heim am 2. November den Betreuer darum, einen Antrag auf Genehmigung einer Fixierung zu stellen. Am 9. November kam es nochmals zu einem Sturz und am 12. November wurde die Patientin vor ihrem Bett auf dem Bauch liegend mit einer Platzwunde aufgefunden. Sie verstarb am 16. November an einem subduralen Hämatom.
> Selbst in dieser Konstellation hat das Oberlandesgericht Koblenz[167] entschieden, dass die Pflicht des Heims zur Sturzprophylaxe auf das Erforderliche und für Heimbewohner und Pflegepersonal Zumutbare beschränkt ist. Dabei ist

166 Werdenfelser Weg (2017): Das Orignial. Online: werdenfelser-weg-original.de/ [abgerufen am 10.11.2017].

167 OLG Koblenz vom 17.6.2013, Az. 3 U 240/13, folgend der laufenden Rechtsprechung u. a. BGH, vom 28.4.2005, Az. III ZR 399/04.

insbesondere auch zu beachten, dass bei einem Wohnen in einem Heim die Würde sowie die Interessen und Bedürfnisse der Bewohner vor Beeinträchtigung zu schützen und die Selbstständigkeit, die Selbstbestimmung und die Selbstverantwortung der Bewohner zu wahren und zu fördern sind.
Welchen konkreten Inhalt die Verpflichtung hat, kann nur aufgrund einer sorgfältigen Abwägung sämtlicher Umstände des Einzelfalls entschieden werden. Dabei verbleibt hinsichtlich der zu treffenden Entscheidung sowohl für das Pflegepersonal eines Altenheims als auch für Betreuer, Vorsorgebevollmächtigte und Familienangehörige ein Beurteilungsspielraum. Wird eine Entscheidung im Rahmen des Vertretbaren getroffen, kann sie nicht im Nachhinein als falsch bezeichnet werden, wenn es zu einem Unfall kommt. Befindet sich ein Patient nicht krankheitsbedingt permanent in einer Gefahrenlage, ist er zur Vermeidung eines Sturzes im normalen Tagesablauf nicht ständig zu fixieren oder ununterbrochen zu überwachen.
Es kommt also darauf an, dass eine Sturzgefahr erkannt wird und entsprechend vertretbare Entscheidungen getroffen werden. Die Entscheidungen werden im Nachhinein nur darauf überprüft, ob sie vor dem Hintergrund der damaligen Informationen vertretbar und sinnvoll gewesen sind.

Anders ist die Situation allerdings dann, wenn eindeutig eine Sturzgefahr festgestellt wird. Wird diese bejaht, sind entsprechende Maßnahmen notwendig und müssen auch umgesetzt werden. Entscheidend ist es insofern, dass es nicht um die normalen, teils täglichen Gefahren geht. Denn diese verbleiben grundsätzlich beim Patienten. Bei einer klaren Sturzgefahr sind die entsprechenden Sicherheitsmaßnahmen notwendig.

50 Die zu stellenden Fragen sind also:

- Besteht eine besondere Gefahrenlage?
- Bestehen weniger einschneidende Alternativen?

2.4.2 Umsetzen von Fixierungsmaßnahmen bei Sturzrisiko

51 Wenn die zweite Frage verneint werden kann, ist eine Fixierung grundsätzlich möglich. Die Gefahrenlage ist mit entsprechenden Assessments zu ermitteln. Die Entscheidung ist unbedingt zu dokumentieren. Dabei sollten auch die entsprechenden Gründe dokumentiert werden und auch die Frage der unterschiedlichen anderweitigen Fixierungsmöglichkeiten. Letztlich muss sich aus der ärztlichen Dokumentation zusätzlich Folgendes ergeben:

- Wer ordnet an?
- Wer ist zu fixieren?
- Warum?
- Wie (Art, Umfang und Dauer der Maßnahme)?
- Wie lange (voraussichtliche Dauer der einzelnen Maßnahme, ohne Zusage des Betreuers, genehmigt vom Richter, maximal 24 Stunden)?

Ferner ist die Durchführung der Fixierung im Pflegebericht zu dokumentieren. 52

Bei der Durchführung der Fixierung gelten die folgenden Regelungen: 53

- Überprüfen mindestens alle zwei Stunden (bei Bedarf auch öfter)
- keine „Arbeitserleichterung", Bett im Flur etc.
- sofort beenden, wenn nicht notwendig, oder sofort minderschwere Maßnahmen, wenn möglich

2.5 Einzelfälle

2.5.1 Bettgitter

Sonderproblem in der Pflege ist die ganzseitige Seitensicherung (Eingitterung). 54
Dabei ist in der Regel davon auszugehen, dass es sich um eine freiheitsentziehende Maßnahme im Sinne der Freiheitsberaubung handelt. Dies gilt allerdings nur, wenn der Betroffene zu einer willensgesteuerten Aufenthaltsveränderung in der Lage ist. Zum Beispiel aber nicht, wenn der Betroffene sicher nicht in der Lage ist, einen natürlichen Fortbildungswillen zu entwickeln. Anders ist die Situation, wenn jederzeit damit zu rechnen ist, dass ein solcher Wille wieder entsteht.

2.5.2 Halbseitige Seitensicherung

Im Gegenteil dazu ist bei der halbseitigen Kopfsicherung in der Regel zu unter- 55
scheiden. Bei Patienten mit eingeschränkter Beweglichkeit kann es sich um eine freiheitsentziehende Maßnahme handeln, weil zumindest nicht ausgeschlossen werden kann, dass der Betroffene zu einer willensgesteuerten Aufenthaltsveränderung in der Lage war, aber die Mittellücke ihn daran hinderte, sein Bett zu verlassen. Dies gilt umso mehr, wenn die Pflegefachpersonen, die so vorgehen, erkennen, dass der Betroffene aufgrund seiner Beweglichkeitseinschränkungen auf ein Verlassen des Bettes verzichten wird, wenn die Seitensicherung angebracht ist.

Hierfür gibt es einen einfachen Test: Kann der Betroffene auf Aufforderung das 56
Bett verlassen, auch wenn die halbseitige Seitensicherung hochgeklappt ist, so liegt in der Regel keine freiheitsberaubende Maßnahme vor. Kann er es nicht, so ist davon auszugehen, dass es sich um eine solche handelt.

Die Seitensicherung mit nur fußseitiger Lücke ist demgegenüber verschärft und 57
eher noch mehr eine freiheitsentziehende Maßnahme.[168]

168 Kirsch in FeM-Beurteilungsbogen, typisierende Einschätzung hinsichtlich der freiheitsentziehenden Wirkung von Bettgittern bei pflegebedürftigen Heimbewohnern im Pflegebett – Wann handelt es sich um eine freiheitsentziehende Maßnahme?

2.6 FEM in der Einrichtung als Thema der Außenwirkung und Haftung

58 Auch im Sinne der Außenwahrnehmung des Unternehmens sollte der Einsatz von freiheitsentziehenden Maßnahmen gut überlegt werden. Diese schrecken sicherlich Besucher ab. Es ist für den Laien ein nur schwer erträglicher Anblick, Angehörige aber auch Freunde im Bett fixiert zu erleben. Tritt dies in einer Einrichtung gehäufter auf als in einer anderen, so kann es durchaus sein, dass sich künftige Bewohner ernsthaft überlegen, ob sie die entsprechende Einrichtung wählen.

59 Zwar wird man grundsätzlich davon ausgehen können, dass die Fixierung zum Schutz der Patienten eingesetzt wird. Allerdings sind Fixierungen nicht ungefährlich. Es sind zahlreiche Fälle dokumentiert, in denen es zu Strangulationen und schwersten Schädigungen der Betroffenen durch Fixierungen gekommen ist. Die Fixierung ist in ihrer Durchführung dringend ordnungsgemäß durchzuführen. Die entsprechende Haftung ist zu beachten.

2.7 Beschaffung

60 Bei den Fixierungsmitteln handelt es sich um Hilfsmittel im Sinne des SGB V und SGB XII. Das bedeutet, diese können im Zweifel sogar ohne ärztliche Verordnung bezogen werden. Auch ist es – entgegen der Auffassung vieler Mitarbeiter in den Krankenkassen – nicht notwendig, dass die entsprechenden Hilfsmittel im Hilfsmittelverzeichnis gelistet sind. Grundsätzlich hat der Versicherte einen Anspruch auf das entsprechende Hilfsmittel, wenn der Erwerb erforderlich ist. Erforderlich bedeutet im Sinne des § 33 SGB V, dass das Hilfsmittel geeignet ist (sogenannte „objektive Erforderlichkeit“) und unter Berücksichtigung der individuellen Verhältnisse der/des Betroffenen notwendig (sogenannte „subjektive Erforderlichkeit“). Ferner muss das Hilfsmittel im Vergleich zu anderen Behandlungsmöglichkeiten wirtschaftlich sein, um entweder den Erfolg der Krankenbehandlung zu sichern oder einer drohenden Behinderung vorzubeugen oder eine solche auszugleichen. Sind diese Voraussetzungen erfüllt, so kann nach SGB V die entsprechende Versorgung erfolgen. Die Versorgung zulasten der Pflegekasse erfolgt gemäß § 40 SGB XII. Auch die Pflegekasse überprüft die Notwendigkeit der Versorgung der beantragten Hilfsmittel grundsätzlich nach den gleichen vorbezeichneten Grundsätzen.

2.8 Heimrecht

61 Die Durchführung der freiheitsentziehenden Maßnahmen unterliegt zusätzlichen landesrechtlichen Vorschriften, die im Detail hier nicht dargestellt werden können. Allerdings verpflichten die Heimgesetze dazu, die freiheitsentziehenden Maßnahmen so gering wie möglich zu halten und dabei den anerkannten Stand

der Pflegewissenschaften umzusetzen. Dies sind allerdings Lippenbekenntnisse, denn diese Vorschriften gelten, wie gezeigt, sowieso und insbesondere auch strafrechtlich. Die Heimgesetze verlangen allerdings eine entsprechende Dokumentation. Zudem verlangen sie in der Regel, dass durch ein Qualitätsmanagement und Qualitätssicherungsstrategien die Eingriffe in die persönliche Freiheit der Bewohner nach pflegerischen Standards erfolgt und jeweils aktuelle Erkenntnisse beachtet werden.[169]

3 § 203 StGB Schweigepflicht und Datenschutz

Häufig unterschätzt wird die berufsrechtliche Schweigepflicht. Dabei ist vielen bekannt, dass sie einer solchen nach § 203 StGB unterliegen – aber die Reichweite des Verbotes ist oft nicht klar. 62

3.1 Wer unterliegt der Schweigepflicht?

Bei Lektüre des § 203 StGB des Strafgesetzbuchs fällt zunächst auf, dass dieser Straftatbestand verhältnismäßig kompliziert aufgebaut ist. Dies liegt daran, dass er eine sehr große Reichweite hat. Von dem § 203 StGB sind nicht nur die Personen aus dem Gesundheitswesen betroffen, sondern viele andere Berufsgruppen. Dabei kann zusammenfassend wohl gesagt werden, dass nahezu jeder im Gesundheitswesen Tätige vom § 203 StGB betroffen ist. Unter den Anwendungsbereich des § 203 Abs. 1 Nr. 1 fallen die akademischen Gesundheitsberufe, aber auch alle anderen Heilberufe, für die die Berufsausführung und die Berufsbezeichnung eine staatliche geregelte Ausbildung erfordert. Hierzu zählen auf jeden Fall die Pflegefachpersonen. Bei Pflegehelfern gibt es unterschiedliche Meinungen, ob diese unter die Berufsgruppe der anderen Heilberufe fallen. Darauf kommt es allerdings nicht an, denn im Anwendungsbereich des § 203 StGB werden nach § 203 Abs. 3 S. 2 StGB die berufsmäßig tätigen Hilfskräfte und solche Personen gleichgestellt, die zur Vorbereitung auf den Beruf tätig sind. Grundsätzlich ist von einer sehr weitgehenden Anwendung des § 203 StGB auszugehen. 63

In diesem Zusammenhang ist übrigens seitens der Arbeitgeber empfehlenswert, ihre Mitarbeiter auf § 203 StGB und auch dessen Reichweite hinzuweisen. Zwar ist grundsätzlich bei Pflegefachpersonen davon auszugehen, dass diese in ihrer Ausbildung darüber informiert worden sind, dass sie die Schweigepflicht und das Schweigerecht haben. Bei weniger gut ausgebildeten Mitarbeitern oder solchen, die aus einer anderen Branche kommen, ist dies allerdings nicht selbstverständlich. Aber auch bei den Pflegefachpersonen ist es sicherlich nicht falsch, diese von Zeit zu Zeit an ihre Schweigepflicht zu erinnern. 64

169 Universität Hamburg/Universität Witten-Herdecke: Leitlinie FEM. 2012, S. 80. Online: www.leitlinie-fem.de/download/LeitlinieFEM.pdf. [abgerufen am 10.11.2017].

65 Setzt das Unternehmen jedenfalls solche Mitarbeiter ein, die nichts von ihrer Schweigepflicht wegen der Berufsausbildung wissen müssen, so kommt eine Strafbarkeit des Unternehmensinhabers nach § 203 StGB deswegen in Betracht, weil er nicht dafür gesorgt hat, dass die Informationen in seinem Unternehmen bleiben.

3.2 Was unterliegt der Schweigepflicht?

66 Was heißt nun Schweigepflicht? Das Gesetz formuliert, dass unter die Schweigepflicht ein fremdes Geheimnis fällt, welches der Pflegefachperson bei der Berufsausübung im Heilberuf anvertraut worden ist oder auf andere Weise bekannt geworden ist. Das ist eine ebenso weite Formulierung wie auch der Personenkreis, der nach § 203 Abs. 1 Nr. 1 StGB zum Schweigen verpflichtet ist. Was heißt das konkret?

67 Zunächst bedeutet es, dass schon allein die Tatsache der Behandlung selbst Gegenstand der beruflichen Verschwiegenheitspflicht ist. Schon die telefonische Nachfrage in der Praxis, im Pflegeheim oder im Krankenhaus durch wen auch immer, ob sich ein gewisser Patient dort befindet, darf ohne entsprechende Einwilligung des Patienten nicht beantwortet werden. Die Frage darf nicht mal mit einem Ja oder Nein beantwortet werden. Sie muss ausdrücklich unter Verweis auf die Schweigepflicht zurückgewiesen werden. Dabei ist es egal, wer anruft. Selbst wenn die Polizei oder die Staatsanwaltschaft anruft, sogar wenn Gerichte oder der Ehegatte oder Kinder anrufen oder vor Ort fragen, ist ohne entsprechende Einwilligung des Patienten die Frage zurückzuweisen. Erst wenn der Patient eingewilligt hat, darf die Frage entsprechend beantwortet werden. Die meisten Krankenhausaufnahmeverträge und Pflegeheimverträge beinhalten heute die entsprechende Erklärung, dass Informationen weitergegeben werden dürfen. Dies wird auch als rechtmäßig anerkannt. Dabei ist allerdings auf eines zu achten: Die Einwilligung zur Weitergabe der Daten kann jederzeit – und auch mündlich – widerrufen werden. Ist also offensichtlich, dass die Interessen des Patienten sich seit der Unterzeichnung der entsprechenden Erklärung zur Einwilligung geändert haben, so kann die Information nicht einfach wieder herausgegeben werden. Selbstverständlich ist in diesem Zusammenhang auch, dass die Patientenakten nicht anderen Patienten oder Besuchern „in die Hände fallen dürfen". Das heißt, bei Verlassen des Zimmers sind die Akten mitzunehmen. Die Computer, an denen die Daten der Bewohner/Patienten ausgelesen werden können, müssen verschlüsselt sein und nur mit Passwort zugänglich sein – der Rechner sollte sich selbst schützen, wenn er für einen gewissen Zeitraum nicht genutzt wird, jedenfalls dann, wenn auch Dritte auf ihn zugreifen können (z. B. am Pflegestützpunkt). Im Pflegeheim müssen nachts die Akten so weggeschlossen sein, dass sie von Dritten nicht eingesehen werden können. Ist dies nicht möglich, ist eine Zugangskontrolle für das Heim notwendig.

Ferner umfasst der § 203 StGB auch, dass die Daten möglichst wenig publik werden. Natürlich ist es nicht immer auszuschließen, dass Informationen über den Patienten an Dritte weitergelangen. Beispielsweise ist es natürlich so, dass der Zimmergenosse eines Patienten in einem Krankenhaus über dessen Gesundheitszustand Informationen erhält. Auch wenn ein Patient gemeinsam mit anderen Patienten im Wartezimmer einer Arztpraxis sitzt, wird auf jeden Fall für andere Beteiligte klar, dass derjenige sich dort aufhält und eventuell krank ist. Dies wird sich nicht verhindern lassen. Auch hier gilt allerdings, dass die Informationen auf diejenigen beschränkt werden sollten, die auch tatsächlich notwendigerweise mitwarten müssen. Das zumindest früher übliche Ausrufen eines Patienten mittels Lautsprecheranlage durch die gesamte Praxis oder den gesamten Wartebereich eines Krankenhauses muss nicht sein und ist mithin schon ein Verstoß gegen den § 203 StGB. Denn soweit müssen die Daten nicht verteilt werden. Soweit organisatorisch möglich, sollte auch vermieden werden, dass die im Wartezimmer mitwartenden Patienten davon Kenntnis erhalten, was die nächste Diagnoseprozedur sein wird und insbesondere auch, wegen welcher Erkrankung der Patient sich beim Arzt befindet. 68

Bei größeren Einheiten gilt weiter der Grundsatz der Datenverschwiegenheit. Dies führt dazu, dass zu empfehlen ist, beispielsweise kein zentrales Faxgerät vorzuhalten. Bei einem zentralen Gerät wäre es so, dass diejenigen Personen, die das zentrale Fax im Blick haben, unnötig viele Informationen über Patienten im Haus erhalten. Auch hier gilt: so wenig wie möglich, so viel wie notwendig. Wer diese frühe Grenze des Beginns der Schweigepflicht verinnerlicht, dem ist entsprechend klar, wie weit die Schweigepflicht geht. Natürlich darf auch nebenbei nicht gegenüber Dritten geäußert werden, man habe den Patienten X behandelt oder auch nur erwähnt werden, dass dieser die eigene Einrichtung besucht hat. Dabei gilt dies schon ab dem Zeitpunkt, an dem auf den Patienten in irgendeiner Form Rückschlüsse vorgenommen werden können. 69

3.3 Schweigepflicht gegenüber Dienstleistern wie IT-Firmen, Telefondienstleistern etc.

Neben den Beschäftigten selbst kommen häufig Dienstleister mit durch § 203 StGB geschützten Daten in Kontakt und erhalten sie zur Kenntnis. Dies ist zulässig, soweit es notwendig ist. Dabei darf der Zugang zu Geheimnissen nur soweit gegeben werden, wie dies für Dienstleistung erforderlich ist. Dies setzt voraus, dass 70

- die Dienstleistung nicht ohne Kenntnis des fremden Geheimnisses durchführbar ist,
- Zweck der Dienstleistung sonst nicht erreichbar ist und keine zumutbare Alternative bestehen und die

- Dienstleistung sonst nur unter unverhältnismäßig großen Schwierigkeiten, unvertretbar hohem Aufwand oder verspätet durchgeführt werden kann.

71 Dabei sind die Alternativen zu prüfen wobei immer die Frage zu stellen ist, gibt es eine Möglichkeit die Dienstleistung ohne Kenntnis von Geheimnissen zu erbringen? Insbesondere die Anonymisierung und Pseudonymisierung der Daten ist dabei eine gangbare Alternative – jedoch wird keine „doppelte Buchführung" erwartet. Es ist also nicht notwendig beispielsweise eine zweite Datenbank mit anonymisierten Daten anzulegen mit denen externe Dienstleister die Fehler suchen können. Dies würde einen unvertretbar höheren Aufwand bedeuten der nicht verlangt wird.

3.4 Schweigepflicht gegenüber Angehörigen und Polizei/ Ermittlungsbehörden

72 Immer ignoriert wird auch, dass eine Verschwiegenheitspflicht gegenüber der Polizei und auch den Ehegatten und sonstigen Angehörigen der Patienten und Bewohner besteht. So lange der Patient nicht zu erkennen gegeben hat, dass er wünscht, dass Auskünfte erteilt werden, so hat dies zu unterbleiben. Dabei ist es gerade bei Polizisten nicht ganz unüblich, dass diese auf den Hinweis auf die Schweigepflicht etwas unwirsch reagieren. Hiervon darf man sich nicht beeindrucken lassen.

3.5 Schweigepflicht gegenüber Krankenkassen/Pflegekasse – gesetzliche Ausnahmen

73 Häufig verlangen die Krankenkassen medizinische und/oder pflegerische Auskünfte, die klar unter die Schweigepflicht fallen – grundsätzlich gilt auch hier: Auskünfte dürfen nicht erteilt werden, es sei denn, es liegt eine Erlaubnis vor. Eine solche kann der Patient erteilen oder aber sich aus Gesetzen ergeben.

74 Im Bereich des SGB V und XI handelt es sich bei solchen gesetzlichen Regelungen um § 301 SGB V für Krankenhäuser, § 302 SGB V unteren anderem für Pflegedienste und § 104 SGB XI, was die Übermittlung der Abrechnungsdaten angeht, wobei jeweils die Einschaltung von Abrechnungsstellen auf Seiten der Kassen zulässig ist. Die Befugnis nach diesen Vorschriften die Daten weiterzugeben, bezieht sich genau und ausschließlich auf die Daten, die in diesen Paragraphen benannt sind, nicht auf andere Daten. Soweit die Paragraphen auf zusätzliche Vereinbarungen abstellen, beziehen sie sich nicht auf die Art der Daten, sondern nur auf die Art und Weise der Übertragung.

75 Soweit Wunddokumentationen, Bilder, Medikamentenpläne angefordert werden, um eine ärztliche Verordnung zur Behandlungspflege zu genehmigen, darf diese Art Unterlagen nur vom MDK angefordert und beurteilt werden. Auch einem

angestellten Arzt oder einer Pflegefachperson bei der Krankenkasse ist diese Befundung nicht erlaubt.

Eine weitere Verpflichtung zur Übermittlung von Informationen ergibt sich aus § 294a SGB V. Danach müssen Informationen herausgegeben werden, wenn eine Krankheit als Folge eines Unfalls, für den die gesetzliche Unfallversicherung eintreten muss, oder deren Spätfolge vorliegt oder die Spätfolge eines Arbeitsunfalls, sonstigen Unfalls, einer Körperverletzung, einer Schädigung im Sinne des Bundesversorgungsgesetzes oder eines Impfschadens im Sinne des Infektionsschutzgesetzes ist oder Hinweise auf sonstige drittverursachte Gesundheitsschäden vorliegen. Grund hierfür ist, dass in all diesen Fällen ggf. die Krankenkasse Regress nehmen kann. 76

3.6 Entbindung von der Schweigepflicht

Grundsätzlich können Patienten und Bewohner auf die Schweigepflicht verzichten. Dabei muss die Einwilligung nicht schriftlich vorliegen und nicht einmal ausdrücklich erklärt werden. Es reicht aus, wenn das Verhalten des Patienten darauf schließen lässt, dass er mit der Herausgabe der Informationen einverstanden ist. Wenn der Patient beispielsweise ausdrücklich seinen Ehepartner ins Gespräch hinzugezogen hat und er keine Einschränkungen erklärt, dass Informationen nicht an den Ehepartner weitergegeben werden dürfen, kann davon ausgegangen werden, dass auch weitere Informationen an den Ehepartner weitergegeben werden dürfen – nicht aber zum Beispiel automatisch an die Kinder. 77

Verlassen sollte man sich auf solche sogenannten konkludenten Erklärungen allerdings nicht. Aus Beweisgründen ist es immer besser, wenn eine schriftliche Erklärung des Patienten oder seiner Vertretungsberechtigten vorliegt. 78

Viele Einrichtungen sehen im Übrigen in ihren Verträgen Klauseln vor, nach denen der Patient oder Bewohner sein Einverständnis damit erklärt, dass und an wen entsprechende Auskünfte erteilt werden können. Dies kann dann problematisch werden, wenn der Patient oder Bewohner ersichtlich nicht mehr wünscht, dass die entsprechenden Auskünfte erteilt werden – darin kann dann ein Widerruf der Einwilligung gesehen werden. An einen solchen sollte man sich vorläufig halten und mit dem Patienten/Bewohner eine Klärung anstreben. 79

3.7 Schweigepflicht und Honorarprozess

Gegenüber Gerichten gilt grundsätzlich genauso die Schweigepflicht – es sei denn, es greift einer der bezeichneten Ausnahmefälle. Allerdings ist es auch zulässig, die Schweigepflicht zu brechen, um eine offene Honorarforderung durchzusetzen. Ansonsten gäbe es die Möglichkeit nicht, einen entsprechenden erfolgreichen Honorarprozess zu führen. Dies ist nur mit entsprechenden Dokumentationen möglich. 80

3.8 Schweigepflicht gegenüber Mitbehandlern

81 Die Schweigepflicht besteht nicht innerhalb der kollegialen und notwendigen Zusammenarbeit, soweit der Patient im Rahmen seiner Wahlfreiheit damit rechnen muss, dass eine entsprechende Kommunikation stattfindet. Typischerweise darf also der Pflegedienst sich mit dem Hausarzt, bei dem sich der Patient üblicherweise in Behandlung befindet, austauschen. Umgekehrt ist dies schon etwas schwieriger – denn insoweit geht zwar der Patient wohl üblicherweise davon aus, dass der Arzt durch den Pflegedienst informiert wird. Ob er damit umgekehrt rechnen muss, ist aber eher fraglich. Es empfiehlt sich daher auch hier, entsprechende schriftliche Entbindungen von der Schweigepflicht einzuholen, und zwar für beide Richtungen.

3.9 Weitere Durchbrechungen der Schweigepflicht

82 Im Übrigen sind eine Vielzahl weiterer Durchbrechungen der Schweigepflicht vorhanden. Vor allem gilt dies für die Vorschriften, die sogar entsprechende Meldepflichten beinhalten. So beispielsweise das Infektionsschutzgesetz. Bestraft wird sicherlich nie das, was der Gesetzgeber verlangt.

3.10 Schweigerecht – Aussage vor Gericht

83 Dem § 203 StGB steht auch ein entsprechendes Schweigerecht gegenüber. Immer wieder kommt es dazu, dass Angehörige von Heilberufen zu Zeugenaussagen aufgefordert werden, sei dies durch die Polizei, teilweise auch nur schriftlich, sei es durch die Gerichte. Dabei ist immer wieder festzustellen, dass jedenfalls der Polizei – aber auch Gerichten und Staatsanwaltschaften – die Bandbreite des Zeugnisverweigerungsrechtes oft nicht bekannt ist. Wie auch bezüglich des § 203 StGB umfasst das Zeugnisverweigerungsrecht alles, was anlässlich des Berufes in den Kenntnisbereich des Zeugen gekommen ist. Also nicht nur die medizinischen Daten, sondern ggf. auch ein Geständnis, welches beispielsweise der Patient im Krankenwagen abgegeben hat. Hier gilt im Zweifel, dass anwaltschaftliche Hilfe hinzugerufen werden sollte, wenn ein Gericht, ein Staatsanwalt oder ein Polizist eine Zeugenaussage haben möchten.

3.11 Verstoß ausnahmsweise: Keine Bindung an die Schweigepflicht

84 Ausnahmsweise hat die Rechtsprechung anerkannt, dass der Heilberuf im Fall eines sogenannten Notstandes die eigene Schweigepflicht brechen darf. Dies gilt immer dann, wenn Rechtsgüter betroffen sind, die über der Schweigepflicht stehen. Hierzu gehören ausschließlich sehr gefährliche Handlungen, wie gefährliche Körperverletzungen und Totschlag. Die Rechtsprechung hat folgende Fälle

entschieden, in denen der Heilberuf nicht an seine Schweigepflicht gebunden ist. Er kann – muss aber nicht – seine Schweigepflicht brechen und Angaben machen:

3.11.1 Ansteckende Krankheit – HIV

Zunächst wurde ein Hausarzt nicht verurteilt, der gegen § 203 StGB verstoßen 85
hatte, als er der Ehegattin eines Patienten, die auch bei ihm Patient war, davon Mitteilung machte, dass der Patient HIV-positiv gewesen ist. Dem ging allerdings voraus, dass der Arzt ein ausführliches Gespräch mit dem erkrankten Patienten geführt hatte und der Patient im Gespräch erklärt hatte, er werde trotz HIV keine Schutzmaßnahmen vornehmen. Seine Begründung: Dies würde dazu führen, dass seine Frau davon Kenntnis erhalten würde, dass er ihr untreu geworden ist. Es würde die Ehe gefährden, das wolle er nicht riskieren. Nachdem der Arzt hier versucht hatte, den Patienten davon abzubringen und er glaubhafterweise davon ausgehen musste, dass er den Ehemann überzeugt hatte, brach der Mediziner seine Schweigepflicht und eröffnete die Krankheit des Mannes gegenüber seiner Patientin, der Ehefrau. Hier hat das Gericht das hohe Risiko der weiterführenden Infektion der Ehefrau mit HIV durch den Ehemann als ausreichend erachtet, um die Verletzung der Schweigepflicht zu rechtfertigen. Es galt in diesem Fall noch die zusätzliche Besonderheit, dass beide Ehegatten Patienten des Arztes waren. Hier hat das Gericht sogar eine Verpflichtung zur Mitteilung der HIV-Erkrankung für den anderen – gesunden – Patienten und Ehepartner angenommen.[170]

3.11.2 Kindesmisshandlung

Eine weitere Ausnahme nimmt die Rechtsprechung an, wenn ein ernst zu 86
nehmender Verdacht einer Kindesmisshandlung vorliegt. So hat sich das Kammergericht Berlin[171] mit der Frage beschäftigt, ob Heilberufe an ihre Schweigepflicht gebunden sind, wenn sie ernsthafte Anhaltspunkte dafür haben, dass ein Kind Opfer einer Misshandlung geworden ist. Es war im dortigen Fall so, dass der Verdacht eines „Schütteltraumas" im Raum stand. Die Kindeseltern hatten sich darauf berufen, das Kind habe sich den Kopf lediglich gestoßen. Aufgrund der Mitteilung der Behandler an das Jugendamt kam es zunächst zur Festnahme der Eltern, aber dann schließlich zu einer Einstellung des Verfahrens, da sich herausstellte, dass die Eltern sich nichts zuschulden hatten kommen lassen bzw. dies nicht beweisbar war. In der Folge wurde allerdings auch kein Verschulden bei den Behandlern gesehen, da diese vor dem Hintergrund der Verletzungen einen ernst zu nehmenden Verdacht haben konnten, dass die Verletzung des Kindes sich nicht durch einen Stoß erklären ließ, sondern eher dem „Schütteltrauma" zuzuschreiben war. Im vorliegenden Fall war es so, dass das Kind unter einer sub-

170 Für das Zivilrecht: OLG Frankfurt vom 8.7.1999, Az. 8 U 67/99 und vom 5.10.1999, Az. 8 U 67/99.

171 KG Berlin vom 24.6.2013, Az. 20 U 19/12, auch hier für das Zivilrecht.

duralen Blutung bds., Netzhautablösung bds. und einer vorgewölbten Fontanelle litt.

3.11.3 Teilnahme am Straßenverkehr

87 Weiter kann der Heilberuf seine Schweigepflicht beispielsweise dann ignorieren, wenn ein Patient trotz eindringlicher Warnung weiter am Straßenverkehr teilnimmt und dies absehbar zu einer erheblichen Gefährdung Dritter führt. So hat das Oberlandesgericht Düsseldorf[172] in einer Entscheidung die Rechtsauffassung vertreten, dass ein Inhaber eines Heilberufs trotz seiner grundsätzlichen Schweigepflicht berechtigt sein kann, der Straßenverkehrsbehörde Tatsachen mitzuteilen, die Bedenken hinsichtlich der körperlichen Kraftfahrtauglichkeit des Patienten anführen. So hatte ein Patient, der einen Hirninfarkt mit Halbseitenlähmung hatte erleiden müssen, mitgeteilt, er wolle wieder Kraftfahrzeuge fahren. Dies reicht grundsätzlich dazu aus, eine entsprechende Meldung zu machen. Im konkreten Fall des Oberlandesgerichts Düsseldorf war der dortige Beschuldigte, ein Arzt, nicht ganz korrekt vorgegangen. Er hatte wohl nicht hinreichend versucht, auf den Patienten einzuwirken und insbesondere hatte er zu umfangreiche Meldungen an die Fahrerlaubnisbehörde gemacht. In diesen Punkten ist die Rechtsprechung nämlich klar: Neben dem Vorhandensein der fehlenden Fähigkeit, ein Kraftfahrzeug zu führen, bedarf es eines Einwirkens des Heilberufsinhabers auf den Patienten. Für Pflegefachpersonen gilt in solchen Fällen, dass sie einen Arzt hinzuziehen muss, wenn sie den Patienten nicht selbst überzeugen und von seinem Plan abbringen kann. Erst, wenn auch der Arzt nichts erreichen kann, darf auch die Pflegefachperson letztlich eine Meldung zur Fahrerlaubnisbehörde vornehmen. Diese muss sich allerdings auf das unbedingt Notwendige beziehen, also den Hinweis, dass Bedenken bezüglich der Fahrtüchtigkeit bestehen. Da es sich allerdings hierbei wiederum um eine Diagnoseleistung handeln kann, sollte im Zweifel die Pflegefachperson hiervon absehen.[173]

3.11.4 Pflicht zur Weitergabe von Informationen

88 Nicht mehr an die Schweigepflicht gebunden, sondern im Gegenteil sogar zum Agieren verpflichtet ist man, wenn der Patient letztlich nicht mehr in der Lage ist, die Tragweite seines Handelns zu erkennen. Dies gilt sowohl für den dauerhaft eingeschränkten Patienten als auch für einen, der nur zeitweise in seinen kognitiven Fähigkeiten limitiert ist. In diesem Fall hat der Heilberufsinhaber eine Garantenpflicht, die ihn dazu zwingt, im Sinne des Interesses des Patienten entsprechende Maßnahmen vorzunehmen.

---

172 OLG Düsseldorf vom 2.4.2015, Az. III-2 Ws 101/15.

173 Zu dem Gesamtkomplex auch BGH vom 8.10.1968, Az. VI ZR 168/67.

3.11.5 Zusammenfassung Schweigepflicht

Damit gilt zusammenfassend für die Problematik der Durchdringung der Schweigepflicht, dass jedenfalls bei einem Brechen der Schweigepflicht Vorsicht geboten ist. Sie darf nur dann gebrochen werden, wenn für Dritte erhebliche Gefahren bestehen und diese Gefahren sehr wahrscheinlich eintreten können. Es muss ein nachvollziehbarer und begründeter Verdacht vorliegen. Wenn es zu einer entsprechenden Situation kommt, dann sollten so wenige Daten wie möglich weitergegeben werden. 89

3.12 Formelle Aspekte des Datenschutzes, die Datenschutz-Grundverordnung

3.12.1 Umsetzung der EU-DSVGO in Deutschland

Zum 28.5.2018 ist die neue europäische Datenschutzgrundverordnung in Kraft getreten und hat für viel Wirbel gesorgt, da sie einerseits die Anforderungen an den Datenschutz auch für private Unternehmen sehr stark angehoben hat und andererseits sehr hohe Strafen in Aussicht stellt. Die EU-DSVGO ist dabei eine europäische Vorschrift die aber in Deutschland nicht direkt gilt wurde das europäische Recht in Deutschland im neuen Bundesdatenschutzgesetz umgesetzt. Dieses gilt nicht für die Kirchen, diese haben ihre eigenen Datenschutzgesetze. Da es sich aber bei der EU-DSVGO um Mindeststandards handelt, die auch für die Kirchen gelten, sind die Unterschiede überschaubar. 90

Das BDSG und damit auch die EU-DSVGO geben aber keinen genauen Rahmen vor, was im Einzelnen zum Datenschutz zu tun ist, sondern es werden nur formelle Regeln vorgegeben, aus denen sich ergibt was zum Datenschutz zu veranlassen ist. Wer also im Gesetz sucht, wie lange er die Daten von Patienten speichern darf (oder muss), der wird diese Information dort nicht finden. Das Gesetz setzt vielmehr formelle Voraussetzungen und will die Sicherung Grundprinzipien des Datenschutzes erreichen: 91

3.12.2 Grundprinzipien

Rechtmäßigkeit

Die Verarbeitung der Daten muss „rechtmäßig“ sein, d. h. es muss es bedarf einer Rechtsgrundlagen zur Verarbeitung der Daten. Diese sind in der Regel in der Pflege die Einwilligung oder der Behandlungs-/Pflegevertrag oder aber auch der Arbeitsvertrag. 92

Transparenz & Information

93 Die Verarbeitung personenbezogener Daten muss transparent erfolgen. Die betroffenen, deren Daten verarbeitet werden, müssen wissen, welche Daten von wem und für welchen Zweck verarbeitet werden.

Zweckbindung

94 Daten dürfen nur für einen eindeutigen, festgelegten Zweck verwendet werden.

Grundsatz der Datenvermeidung und Datensparsamkeit

95 Es sollen nur diejenigen Daten verarbeitet werden, die für den (definierten) Zweck notwendig sind, und nicht darüber hinausgehen. Die Daten sind zu löschen, wenn sie nicht mehr benötigt werden, es ist die Möglichkeit der Anonymisierung oder Pseudonymisierung zu prüfen

Richtigkeit

96 Die Daten müssen richtig sein (und auch auf dem neuesten Stand, wenn dies für den Verarbeitungszweck erforderlich ist).

Integrität & Vertraulichkeit

97 Dieser Grundsatz meint, dass die vorhandenen Daten durch angemessene technische und organisatorische Maßnahmen zu schützen sind.

3.12.3 Maßnahmen zur Umsetzung der Prinzipen

98 Um diese Grundprinzipen umzusetzen, verlangt das Gesetz Maßnahmen, die auf die Unternehmensgröße und das Risiko bei Datenpannen abgestimmt sind. Ferner schreibt das Maßnahmen vor, wenn es zu einer Datenpanne gekommen ist. Die einzelnen Schritte sind die folgenden:

3.12.3.1 Datenschutzbeauftragter

99 Ab einer gewissen Unternehmensgröße verlangt das Gesetz einen Datenschutzbeauftragen. Dabei kommt es auf die Anzahl der Personen an, die stetig mit der automatisierten Verarbeitung personenbezogener Daten beschäftigt sind. Das sind auf jeden Fall alle Personen, die mit der Patienten/Bewohnerdokumentation zu tun haben – allerdings in der Regel nicht die hauswirtschaftlichen Mitarbeiter. Die Grenze liegt bei 10 Personen wobei hier nach „Köpfen" gezählt wird, auch eine Teilzeitkraft ist also eine Person in diesem Sinne und auch der Unternehmer selbst gehört dazu. Automatisiert ist eine Verarbeitung, wenn hierzu mit Computern, Tablets oder ähnlichen Geräten gearbeitet wird. Es kommt nicht darauf an, wann dies geschieht. Wird zum Beispiel beim Patienten erst eine handschriftliche Dokumentation angefertigt und diese dann auf den Rechner übertragen, dann bleibt es bei einer automatisierten Verarbeitung.

Der Datenschutzbeauftragte kann aus dem Unternehmen selbst stammen, er hat dann einen Sonderkündigungsschutz, er kann aber auch extern benannt werden. Für viele Unternehmen dürfte nicht nur deswegen die Wahl eines externen Datenschutzbeauftragen die bessere Wahl sein, denn die Anforderungen an den Datenschutzbeauftragen sind recht hoch. **100**

> „Zum Datenschutzbeauftragten darf nur bestellt werden, wer die notwendige Fachkunde und Zuverlässigkeit besitzt. Die verantwortliche Stelle ist ausdrücklich verpflichtet, dem betrieblichen Datenschutzbeauftragten für die Erhaltung seiner Fachkunde die Teilnahme an Fort- und Weiterbildungsveranstaltungen zu ermöglichen und deren Kosten zu übernehmen. Die erforderliche Zuverlässigkeit erfordert, dass kein Interessenkonflikt bei der Wahrnehmung der Funktion besteht. Ein solcher besteht vor allem bei allen Personen, die ein eigenes Interesse am Unternehmen (etwa wegen Beteiligung an seinem Vermögen, wie z. B. Teilhaber oder Gesellschafter) oder Leitungsfunktion haben. Geschäftsführer oder Abteilungsleiter, vor allem der Personal- oder der IT-Abteilung, scheiden deshalb regelmäßig aus. … [Auch] ein externer Datenschutzbeauftragter, welcher selbst einem Interessenkonflikt unterliegen könnte, wenn dieser beispielsweise bei der Firma beschäftigt ist, die auch die IT-Lösung oder andere Lösungen für das Unternehmen realisiert hat, und somit hier Interessenkonflikte und die Gefahr der Selbstkontrolle gegeben sind. Die Aufsichtsbehörden können die Fachkunde des Datenschutzbeauftragten prüfen und sich nachweisen lassen und in berechtigten Fällen auch die unwirksame Bestellung feststellen oder den Datenschutzbeauftragten von seiner Bestellung entheben.“[174]

Der Datenschutzbeauftrage ist zu melden. Dem Datenschutzbeauftragten obliegen nach Art. 39 Abs. 1 DSGVO zumindest folgende Aufgaben: **101**

- Unterrichtung und Beratung des Verantwortlichen/des Auftragsverarbeiters und der Beschäftigten hinsichtlich der datenschutzrechtlichen Pflichten,
- Überwachung der Einhaltung des Datenschutzrechts sowie der Strategien für den Schutz personenbezogener Daten, der Sensibilisierung und Schulung der Mitarbeiter und der diesbezüglichen Überprüfungen,
- Beratung – auf Anfrage – im Zusammenhang mit der Datenschutz-Folgenabschätzung,
- Zusammenarbeit mit der Aufsichtsbehörde,
- Tätigkeit als Anlaufstelle für die Aufsichtsbehörde,
- Tätigkeit als Betroffenen-Ansprechpartner[175].

174 https://de.wikipedia.org/wiki/Datenschutzbeauftragter [abgerufen am 14.7.2018].

175 von Schenck/Mueller-Stöfen: „Die Datenschutz – Grundverordnung: Auswirkungen in der Praxis“, GWR 2017, 171.

3.12.3.2 Sicherheitskonzept

102 Weiter ist ein Datensicherheitskonzept zu erarbeiten. Hierbei handelt es sich um eine interne Darstellung der Maßnahmen, die zur Sicherheit der Daten vorgenommen werden. Dazu gehören der Schutz der Daten bei Versendung (im Internet), Sicherheit bei der Vergabe von telefischen Auskünften und Fragen der Datensicherung und zum Zugang Dritter zum eigenen Datennetzwerk.

103 Zahlreiche spezifische technische Maßnahmen aus dem Bereich der Pflege stellt Leuchtner vor.[176]

3.12.3.3 Verzeichnis von Verarbeitungstätigkeiten

104 Ein wesentlicher Punkt des Datenschutzes ist das Verzeichnis von Verarbeitungstätigkeiten. Es dient in erster Linie zum Nachweis der Einhaltung der datenschutzrechtlichen Vorgaben der DS-GVO und soll vor allem gegenüber der Behörde den Nachweis erbringen, dass die gesetzlichen Regelungen eingehalten worden sind. Auch für die internen eigenen Abläufe ist ein solches Verzeichnis sinnvoll – so dient das Verarbeitungsverzeichnis dem Verantwortlichen zur Überprüfung, dass andere Vorschriften der DS-GVO, die es ebenfalls erfordern, sich einer bestimmten Datenverarbeitung bewusst zu werden, nicht verletzt sind. Das Verarbeitungsverzeichnis kann, über die Rechtmäßigkeitsprüfung hinaus, als Ausgangspunkt für viele andere nach der DS-GVO vorgesehene Pflichten dienen, zB für die Datenschutz-Folgenabschätzung, die Auftragsverarbeitung, die Informationspflichten oder die Umsetzung technisch-organisatorischer Maßnahmen.[177]

105 Die Liste muss folgendes beinhalten: Die Benennung der Verarbeitungstätigkeit, den Ansprechpartner, das Datum der Einführung, den oder die Zwecke der Verarbeitung, wer von der Erfassung betroffen ist (z. B. Patienten/Bewohner, Mitarbeiter oder Websitenbesucher, welche Daten werden gespeichert, wohin werden diese übermittelt (Lohndaten zum Beispiel an das Finanzamt, Abrechnungsdaten an die Kassen), Löschfristen und Schutzmaßnahmen gegen unberechtigte Zugriffe.

106 Zur Erstellung des Verzeichnisses sollte man sich Checklisten und Muster bedienen. So können zum Beispiel die folgenden Schritte abgearbeitet werden. Wer ein Qualitätsmanagement mit dokumentierten Arbeitsabläufen hat, der kann auch hierauf aufbauen und diese Abläufe überprüfen.

107 **Schritt 1:** Wo werden in der Praxis personenbezogene Daten verarbeitet?

108 Dabei bietet es sich an, Tätigkeiten, die demselben Zweck dienen, zusammenzufassen.

176 Leuchtner: Datenschutz in der Pflege, 2018.
177 Kühling/Buchner/Hartung: DS-GVO Art. 30 Rn. 12, beck-online)

Typischerweise 109

- Branchensoftware zum Zwecke der Dokumentation, der Qualitätssicherung, der Terminplanung und der Abrechnung.
- Personalakten

Schritt 2: Grund der Erfassung und Dauer? 110

- Zweck der Verarbeitung (z. B. ärztliche Dokumentation)
- betroffene Personengruppen (z. B. Patienten, Beschäftigte)
- Datenkategorien (z. B. Gesundheitsdaten, Personaldaten)
- Empfängergruppen, gegenüber denen die personenbezogenen Daten offengelegt werden (z. B. Krankenkassen, Kassenärztliche Vereinigungen)
- Fristen für die Löschung (meist 10 Jahre aber Ausnahmen bestehen – eine Sammlung von Fristen im Gesundheitsbereich findet sich bei https://www.kvhb.de/aufbewahrungsfristen und bei Leuchtner[178])

Schritt 3: Zusätzliche Angaben die in das Verzeichnis aufgenommen werden müssen 111

- Namen und die Kontaktdaten Praxis
- Datenschutzbeauftragten

3.12.3.4 Datenschutz-Folgenabschätzung

112 Deutlich komplizierter ist die Pflicht zur Datenschutz-Folgenabschätzung. Sie verpflichtet bei risikoreichen Arten der Verarbeitung personenbezogener Daten eine Datenschutz-Folgenabschätzung durchzuführen. Als risikoreich wird angesehen, wenn Gesundheitsdaten in großem Maßstab verarbeitet werde, z. B in

- Krankenhäusern,
- großen überregionale MVZ und ÜBAG ,
- stationären Pflegeeinrichtungen,
- ggf. ambulanten Pflegedienste oder
- medizinischen Abrechnungsdiensten.

113 Es ist in diesen Einheiten zusätzlich zu prüfen, ob eine Form der Verarbeitung voraussichtlich ein hohes Risiko für die Bewohner/Patienten zur Folge haben kann. In diesem Fall muss vorab eine Abschätzung der Folgen der vorgesehenen Verarbeitungsvorgänge für den Schutz personenbezogener Daten durchgeführt werden. Risiko meint hier eine ernst zu nehmende Eintrittswahrscheinlichkeit eines Schadens. Kommt die Prüfung zu dem Ergebnis eines hohen Risikos für die Betroffenen, muss er die Datenschutzaufsichtsbehörde konsultieren, bevor er mit der Verarbeitung beginnen darf.

178 Leuchtner: Datenschutz in der Pflege, 2018, S. 146

3.12.3.5 Datenschutz-Verpflichtung von Beschäftigten

114 Die Mitarbeiter sind über die Einhaltung von Schweigepflicht und Datenschutz zu informieren. Es ist festgelegt, was bei Datenpannen und Datenschutzverstößen zu tun ist. Dies ist in der Personalakte dokumentiert.

3.12.3.6 Information- und Auskunftspflichten

115 Den Grundprinzipen des Datenschutzes folgend sind die Personen, deren Daten gespeichert werden, entsprechend zu informieren. Es bestehen die folgenden Informationspflichten:

- Namen und Kontaktdaten des Verantwortlichen;
- die Kontaktdaten des Datenschutzbeauftragten, falls einer benannt wurde;
- die Zwecke, für die die personenbezogenen Daten verarbeitet werden sollen sowie die Rechtsgrundlage für die Verarbeitung;
- gegebenenfalls die Empfänger oder Kategorien von Empfängern der personenbezogenen Daten;
- die Dauer, für die die personenbezogenen Daten gespeichert werden;
- das Bestehen eines Rechts auf Auskunft seitens des Verantwortlichen über die betreffenden personenbezogenen Daten sowie auf Berichtigung oder Löschung oder auf Einschränkung der Verarbeitung oder eines Widerspruchsrechts gegen die Verarbeitung sowie des Rechts auf Datenübertragbarkeit;
- wenn die Verarbeitung auf einer Einwilligung beruht, das Bestehen eines Rechts, die Einwilligung jederzeit für die Zukunft zu widerrufen;
- das Bestehen eines Beschwerderechts bei der Datenschutzaufsichtsbehörde;
- ob die Bereitstellung der personenbezogenen Daten gesetzlich oder vertraglich vorgeschrieben oder für einen Vertragsabschluss erforderlich ist, ob die betroffene Person verpflichtet ist, die personenbezogenen Daten bereitzustellen, und welche mögliche Folgen die Nichtbereitstellung hätte.

116 Werden die Daten nicht direkt beim den Betroffenen, sondern bei Dritten erhoben, so muss zusätzlich mitgeteilt werden,

- um welche Kategorien von Daten es sich handelt und
- aus welchen Quellen diese Daten stammen.

117 Auch hier gibt es zahlreiche Muster die verwendet werden können. Die Information ist im zeitlichen Zusammenhang mit der Speicherung zu erteilen. Dabei reicht es aus, wenn z. B. Flyer oder Handzettel herausgegeben wird, ggf. auch mit Hinweis auf Homepage oder einen Aushang wo sich die Einzelheiten finden lassen. Die Information selbst unterliegt keiner Form, d. h. also der Erhalt muss nicht quittiert werden. Wie so oft kann es hier aber ein Beweisproblem geben so dass es nicht schadet, wenn quittiert wird.

Übrigens: Übertreiben muss man auch hier nicht. Soweit teilweise schon die Meinung vertreten worden ist, dass schon bei einer Terminvereinbarung am Telefon die entsprechenden Informationen zu erteilen sind (man schreibt sich ja in der Regel Namen und Rückrufnummer auf), so ist das nicht notwendig. 118

3.12.3.7 Auftragsverarbeitung

Auftragsverarbeitung bedeutet, dass ein Dritter, die personenbezogene Daten im Auftrag des Verantwortlichen verarbeitet. Wichtig ist, dass die Verarbeitung allein im Auftrag des Verantwortlichen erfolgt. Dies soll sicherstellen, dass dieser weiterhin Herr der Verarbeitung ist. Dies wird vor allem durch die Weisungsgebundenheit des Auftragnehmers zum Ausdruck gebracht. Der Auftragsverarbeiter hat die Daten zwar in seinem Machtbereich, er darf sie jedoch nur dem Willen des Verantwortlichen entsprechend verarbeiten[179]. Typische Beispiele[180] sind: 119

- Outsourcing des Rechenzentrums
- Marketingaktionen, Kunden Umfragen, Newsletter-Versand durch eine externe Agentur
- externe Lohn und Gehaltsabrechnung
- externe Rechnungsbearbeitung oder Buchhaltung
- Wartung von Fersen Servern und Computern durch einen externen Dienstleister, auch bei Fernwartung!
- Cloudsoftwarelösungen (z.B, gmail u. ä.).

Eine solche Auftragsdatenverarbeitung ist nur zulässig, wenn mit dem Dienstleister ein entsprechender Vertrag abgeschlossen worden ist. Die meisten großen Dienstleister haben im Zusammenhang mit der Einführung der Datenschutz-Grundverordnung entsprechende Vertragsmuster vorgelegt. Falls der eigene Dienstleister dies nicht getan hat, so empfiehlt sich ein entsprechendes Muster zu verwenden. Solche finden sich im Internet, beispielsweise beim Branchenverband Bitkom. Wer hiermit nicht zurechtkommt, sollte einen Rechtsanwalt beauftragen. 120

3.12.3.8 Verfahren bei Datenschutzverletzungen

Im Rahmen der Mitarbeiterbelehrung war schon darauf hingewiesen worden, dass zu den notwendigen Voraussetzungen nach der Datenschutzgrundverordnung auch gehört, dass ein Meldeverfahren im Fall von Datenpannen festgelegt wird. Typische Datenpannen wären beispielsweise der Verlust von USB-Sticks, das Versenden von E-Mails an falsche E-Mail Empfänger oder der Verlust größerer Datenmengen durch einen Serverausfall oder Diebstähle. Im Rahmen dieses Fehlermanagement werden in den allermeisten Pflegebetrieben die Meldungen 121

179 BeckOK DatenschutzR/Spoerr DS-GVO Art. 28 Rn. 16–21, beck-online.

180 teilweise nach Leuchtner: Datenschutz in der Pflege, 2018, S. 83.

an den Datenschutzbeauftragten zu erbringen sein. Dieser hat dann zu unterscheiden, ob es sich um eine wesentliche Datenpanne gehandelt hat oder aber um eine unwesentliche. Liegt eine wesentliche Datenpanne vor, so muss er diese beim Datenschutzbeauftragten melden. Dort wird eine entsprechende Überprüfung durchgeführt werden. Die meisten Datenpannen dürften allerdings von weniger großem Umfang sein. In diesem Falle werden sie schlichtweg archiviert. Es stellt keine gute Idee dar, einfach keine Datenpannen zu dokumentieren. Sollte es zu einer Prüfung kommen und nach einigen Jahren mit dem entsprechenden Prüfer mitgeteilt werden, dass es im eigenen Unternehmen keine Datenschutzpannen gegeben hat, so dürfte es sich hierbei nicht um einen glaubhaften Vortrag handeln. Der Prüfer würde mit großer Wahrscheinlichkeit hier stutzig werden.

122 Wesentliche Verstöße sind binnen 72 Stunden bei der Aufsichtsbehörde zu melden.

4 Abrechnungsbetrug

123 Wer im Gesundheitswesen über Strafrecht spricht, der sollte neben den Körperverletzungs- und Tötungsdelikten keineswegs die Problematiken des Abrechnungsbetruges und der Korruption im Gesundheitswesen übersehen. Die sehr viel härteren Strafen im Gesundheitswesen wurden in den letzten Jahren in der Regel – von Ausnahmen wie vorsätzliche Tötungen abgesehen – eher im Bereich des Abrechnungsbetruges verhängt als bei den Verfahren gegen das Leben.

124 Dabei spielt eine wesentliche Rolle, dass „das Gesundheitswesen" geschützt werden soll gegen kriminelles Handeln. Wegen seiner spezifischen Eigenarten ist das Gesundheitswesen verhältnismäßig anfällig für fehlerhafte Abrechnungen einerseits und für Korruption andererseits. Dies liegt insbesondere in einer Tatsache begründet: Dass in der Regel nicht derjenige, der eine Behandlung bestellt, diese bezahlen muss, sondern die private bzw. gesetzliche Kranken- oder Pflegeversicherung. Die „Bestellung" erfolgt in der Regel durch einen Arzt, der Patient profitiert hiervon und ein Dritter, die Kasse, bezahlt.

4.1 Abrechnen nicht erbrachter oder nicht notwendiger Leistungen

125 Bezüglich des Abrechnungsbetruges gibt es einerseits die klaren kriminellen Fälle. So werden Leistungen abgerechnet, die nicht erbracht worden sind, oder es werden wissentlich Leistungen erbracht, die so nicht notwendig sind. Dass es sich hierbei um strafbares Tun handelt, liegt auf der Hand und wird wohl in der Regel auch von jedem als strafwürdig angesehen.

4.2 Falsch abgerechnete Leistungen und Regresse

Viele Fälle des Abrechnungsbetruges haben ihre Ursache allerdings woanders. 126
Häufig ist nur eine schlechte Abrechnung Grund der dafür, dass es zu einer strafrechtlichen Verfolgung kommt. Um das zu verstehen ist wichtig zu wissen, dass die Rechtsprechung davon ausgeht, im Gesundheitswesen dürften nur solche Leistungen abgerechnet werden, die im Einklang mit der Vielzahl der vorhandenen Vorschriften erbracht worden sind.

4.2.1 Streng formale Betrachtungsweise

Das hat folgende Bewandtnis: Die Rechtsprechung des Bundessozialgerichts ist, 127
was die Abrechnung angeht, sehr korrekt. Sie spricht von der sogenannten streng formalen Betrachtungsweise im Gesundheitswesen. Nach der Auffassung des Bundessozialgerichts ist es so, dass alle Bestimmungen, die die Vergütung von Leistungen von der Erfüllung bestimmter formaler oder inhaltlicher Voraussetzungen abhängig machen, die Funktion haben zu gewährleisten, dass sich die Leistungserbringung nach den für diese Art der Versorgung geltenden gesetzlichen und vertraglichen Bestimmungen vollzieht. Trotz aller Kritik, die vor allem darin besteht, dass die vielen Vorschriften oft kaum noch überschaubar sind, bleibt das oberste Sozialgericht bei dieser Auffassung. Das wäre nicht weiter schlimm, wenn das Bundessozialgericht nicht eine so rabiate Konsequenz für entsprechende Verstöße aufzeigen würde. Denn nach Auffassung der Richter ist eben die korrekte Konsequenz aus entsprechenden Verstößen, dass keine Vergütung geleistet wird. Dabei kommt es nicht darauf an, ob die Leistungen ordnungsgemäß erbracht worden oder für den Versicherten in irgendeiner Form geeignet oder nützlich gewesen sind. Es gibt einfach keine Vergütung.[181]

Auch wenn man das häufig nicht glauben möchte – das bedeutet in der Kon- 128
sequenz, wie sie vom Bundessozialgericht seit Jahrzehnten durchgehalten wird: Der ambulante Pflegedienst bekommt beispielsweise für Leistungen, die er nicht mit dem entsprechenden Personal erbracht hat, keine Vergütung. Noch schlimmer ist Folgendes: Der Pflegedienst muss sogar bereits erhaltene Vergütung zurückbezahlen. Und dies nicht nur für die konkrete streitige Versorgung, sondern die Pflegekasse hat in dieser Situation auch die Möglichkeit, Vermutungen aufzustellen, dass auch gewisse andere Leistungen nicht ordnungsgemäß erbracht worden sind. Kann beispielsweise die Pflegekasse beim Patienten X nachweisen, dass dieser in mehreren konkreten Fällen von einer nicht hinreichend qualifizierten Pflegekraft versorgt worden ist, so entfällt nicht nur die Vergütung für die Fälle, in denen dies für die konkrete Pflegekraft nachweisbar ist, sondern für alle Versorgungsfälle jedenfalls dieses Patienten – und das für die vergangenen vier Jahre. Ein kleines Beispiel:

181 St. Rspr. des BSG, zum Beispiel vom 17.3.2005, Az. B 3 KR 2/05.

Auf eine Beschwerde einer Angehörigen einer Kundin des ambulanten Pflegedienstes hat sich die AOK-Pflegekasse die Personalausstattung des Pflegedienstes genauer angeschaut. Bei entsprechender Überprüfung stellte die Krankenkasse fest, dass eine Hilfskraft Injektionen vornimmt, die an sich einer Pflegefachperson vorbehalten wären. Die AOK prüft weiter und findet heraus, dass die Hilfskraft Gleiches nicht nur bei der einen Patientin durchführt, bei der die Beschwerde vorliegt, sondern dass die Hilfskraft täglich fünf Personen angefahren hat. Pro Versorgung hat der Pflegedienst 15 EUR abgerechnet. Die Hilfskraft ist bereits seit Jahren beim Pflegedienst beschäftigt. Die Patienten teilen mit, dass die entsprechende Versorgung ausschließlich durch die Pflegehilfskraft X und die Hilfskraft Y durchgeführt worden ist. Qualifizierte Pflegefachpersonen hätten die entsprechende Leistung nicht durchgeführt. Nun kann die Pflegekasse durchweg davon ausgehen, dass ein Vergütungsanspruch nicht mehr besteht und das Geld entsprechend zurückfordern, und zwar innerhalb der vierjährigen sozialrechtlichen Verjährung. Gelingt ihr dies für fünf Patienten, gilt folgende Rechnung:
Bescheid vom Dezember 2018, das heißt, dass letzte nicht verjährte Jahr ist 2014 (die Verjährung beginnt zum Ende des Jahres, in dem der Sachverhalt stattgefunden hat). Es ergibt sich also die Rechnung: fünf Jahre à 365 Tage (die Versorgung war täglich notwendig) à 15 EUR pro Versorgung (Änderungen der Wertigkeit der Leistungen im Rahmen von Preiserhöhungen sind ausgeklammert) = 136.875 EUR (fünf Jahre à 365 Tage à fünf Patienten à 15 EUR). Diese Forderung muss nun der Pflegedienst zurückbezahlen. (Das Beispiel ist aus didaktischen Gründen vereinfacht).
Das Bundessozialgericht fasst dies wie folgt zusammen:
„Dic Steuerungsaufgabe würde nicht erfüllt, wenn die Leistungserbringer die gesetz- oder vertragswidrig erbrachte Leistung [...] im Ergebnis doch vergütet bekämen.“[182]

4.2.2 Streng formale Betrachtungsweise auch im Strafrecht

129 Damit allerding nicht genug, denn die Rechtsprechung überträgt die streng formale Betrachtungsweise auch in das Strafrecht. Durch die Einreichung der Abrechnung bei der Pflegekasse und die entsprechende Unterschrift sowie die Bestätigung der – damit formularmäßig abgegebenen – Versicherung, dass die Abrechnung richtig ist und die entsprechenden Leistungen so erbracht worden sind, geht die Rechtsprechung davon aus, dass hierin eine Täuschungshandlung liegt, die zu einem Irrtum und zu einer Zahlung, also einer Vermögensverfügung, führt. Dies sind die Voraussetzungen für einen Betrug. Die Strafjustiz übernimmt insofern die Rechtsprechung zur streng formalen Betrachtungsweise und bejaht auch dadurch, dass der Vergütungsanspruch entfällt, auch hier einen Vermögens-

182 BSG vom 4.5.1994, Az. 6 RKa 40/93.

schaden. Das bedeutet, dass nicht nur der Regress greift, sondern auch eine Strafe wegen Betruges verhängt wird.[183] Das wissen nicht nur viele Pflegefachpersonen nicht, sondern auch viele Anwälte (!); hier muss unbedingt kompetenter Rechtsrat eingeholt werden.

4.2.3 Abrechnungsbetrug auch bei privaten Leistungen

Die entsprechende Rechtsprechung gilt auch für die privaten Abrechnungen, was lange streitig war, aber nun auch definitiv entschieden ist.[184] 130

4.2.4 Anwendungsfälle der streng formalen Betrachtungsweise

Die Rechtsprechung ist insofern eine Katastrophe, als die Abrechnung häufig nicht bewusst, sondern aus Unkenntnis falsch gemacht wird, aber doch die entsprechende Strafjustiz in der Regel zuschlägt. 131

Die „Haupteinfallstore" für Verstöße gegen die streng formale Betrachtungsweise sind die folgenden: 132

4.2.4.1 Höchstpersönliche Leistungserbringung

Leistungen werden erbracht, aber nicht durch die Personen, die diese Leistungen eigentlich erbringen müssen. Dies ist das Stichwort für die sogenannte höchstpersönliche Leistungsverpflichtung. 133

Hierunter fällt beispielsweise die Verpflichtung des ermächtigten Krankenhausarztes, seine Leistungen selbst zu erbringen und nicht durch seine Assistenzärzte. Rechnet er dennoch Leistungen gegenüber der gesetzlichen Krankenversicherung ab, die er nicht selbst erbracht hat, so liegt ein Abrechnungsbetrug vor. 134

Gleiches gilt, wenn nicht delegierbare Leistungen (siehe hierzu Teil XI Kap. 7.2) durch Pflegekräfte erbracht und abgerechnet werden. In beiden Fällen kommt es nicht darauf an, ob die Leistung tatsächlich ordnungsgemäß erbracht worden ist. Aufgrund der vorbezeichneten streng formalen Betrachtungsweise ist dies egal. 135

Typische Beispielfälle für die fehlende höchstpersönliche Leistungserbringung in der Pflege finden sich vor allem bei den ambulanten Pflegediensten, wenn diese auf nicht ausreichend qualifiziertes Personal zurückgreifen. Hierzu ist beispielsweise die Injektion, die der Pflegefachperson vorbehalten ist, zu nennen oder aber auch – in der Praxis häufig anzutreffen – der Einsatz von Hilfskräften anstelle von Pflegefachpersonen im Nachtdienst in der häuslichen Intensivpflege. 136

183 BGH vom 12.7.2017, Az. 1 StR 535/16; und für den Pflegedienst BGH vom 16.6.2014, Az. 4 StR 21/14.
184 BGH vom 25.1.2012, Az. 1 StR 45/11.

4.2.5 Falsche oder nicht ausreichende Dokumentation

137 Weiter kann ein Abrechnungsbetrug auch dadurch entstehen, dass der Arzt zwar hervorragend behandelt, aber die Voraussetzungen für die Abrechnung nicht vorhanden sind. Im gesetzlichen Versichertenbereich kann dies einerseits deswegen der Fall sein, weil die entsprechende Qualifikation der eingesetzten Pflegefachperson nicht oder noch nicht vorliegt. Oder der Grund kann sein, dass der Pflegedienst den Leistungskatalog des einheitlichen Bewertungsmaßstabes (EBM) nicht vollständig abgearbeitet hat. Auf die tatsächliche Leistung kommt es hier nicht an. Wegen der streng formalen Betrachtungsweise hat er keinen Anspruch auf die Vergütung, wenn er nicht den gesamten EBM erfüllt. Daran ist auch ein entsprechender strafrechtlicher Vorwurf gekoppelt.

4.2.6 Freie Wahl des Leistungserbringers

138 Häufig unterschätzt wird auch der Verstoß gegen den Grundsatz der freien Wahl des Leistungserbringers. Auch dieser Grundsatz ist gesetzlich festgelegt. Wird dagegen verstoßen, so kann auch hier ein Fall des Verstoßes gegen die streng formale Betrachtungsweise vorliegen.

4.2.7 Grundsatz keine Empfehlung

139 Typischer Fall ist hier die Zusammenarbeit mit Ärzten und anderen Leistungserbringern im Gesundheitswesen. Dass dies grundsätzlich notwendig und zu befürworten ist, dieser Erkenntnis ist in diesem Buch ein ganzes Kapitel gewidmet (siehe hierzu Kapitel VIII). Der große Einfluss, den die Ärzte auf die Patienten haben, wird allerdings von Zeit zu Zeit dazu genutzt, unzulässig in die freie Wahl des Leistungserbringers einzugreifen. Einer der tragenden Grundsätze des deutschen Gesundheitswesens ist der Grundsatz, dass die Patienten ihren Leistungserbringer frei wählen können sollen. Dies ist an verschiedensten Stellen im Recht definiert, so im SGB V, aber auch in den Berufsordnungen der Ärzte. Dabei sind zwei Varianten zu unterscheiden:

- Zum einen darf der Arzt ohne hinreichenden Grund überhaupt keine Empfehlung an den Patienten geben (hierzu gleich unter Teil III Kap. 4.2.8).
- Zum anderen darf der Arzt, selbst wenn ein hinreichender Grund für eine Empfehlung besteht, dadurch nie einen geldwerten Vorteil erhalten (siehe hierzu Teil III Kap. 5).

140 Bei den vorbezeichneten Spiegelstrichen handelt es sich um formelle Regelungen im Sinne der streng formalen Betrachtungsweise. Verstöße hiergegen führen dazu, dass die Vergütung zurückzubezahlen ist. In der Regel greift auch die vorgestellte strafrechtliche Rechtsprechung hierzu ebenso.

Es würde den Umfang dieser Ausarbeitungen sprengen, wenn die komplexen Regelungen zu den Verweisungen des Arztes vollumfänglich dargestellt werden würden. Allerdings in der Kürze wie folgt. 141

4.2.8 Empfehlung mit hinreichendem Grund

Zunächst darf es ohne hinreichenden Grund überhaupt keine Empfehlung geben. 142
Die Rechtsprechung erkennt folgende hinreichende Gründe an:

- Der Patient fragt aktiv nach einer Empfehlung. Wird z. B. der Arzt vom Patienten gefragt, welchen Pflegedienst der Arzt empfehlen würde, so kann der Arzt einen Pflegedienst empfehlen. Soweit in der Vergangenheit teilweise behauptet worden ist, der Mediziner müsse dann mehrere Pflegedienste, die er für gleich qualifiziert halten würde, empfehlen, so ist diese Auffassung nicht mehr aufrechtzuerhalten. Allerdings darf der Arzt eine solche Frage nicht „herausfordern". Fragt der Arzt den Patienten, ob er denn schon einen Pflegedienst kenne, den er beauftragen wolle, oder ob er eine Empfehlung benötige, so würde dies eine entsprechende Herausforderung einer Empfehlung darstellen. Dies ist zumindest nach herrschender und sicherer Meinung nicht erlaubt.
- Der Leistungserbringer darf eine Empfehlung geben, wenn die entsprechende Versorgung besonders aufwendig ist. Definiert der Arzt aber plötzlich eine Vielzahl seiner Patienten als so schwierig, dass er ihnen eine besondere Empfehlung geben muss, ist dies in der Regel eine Umgehung der Vorschrift. Zwar mag im Einzelfall dies sogar möglich sein, wenn der Arzt über eine besonders komplexe und schwierige Patientenklientel verfügt, so etwa der Phlebologe, der sich auf einen besonderen Eingriff spezialisiert hat.[185] Aber wie gesagt, das ist der absolute Ausnahmefall. Die Rechtsprechung geht dabei immer davon aus, dass jeder Leistungserbringer – also um im Beispiel zu bleiben jeder Pflegedienst – für den „Normalfall" qualifiziert ist. Nach Meinung der Rechtsprechung ist dies deswegen der Fall, weil die Ausbildungs- und Zulassungskriterien dafür sorgen würden, dass der Mindeststandard immer gewahrt ist. Dies gilt entsprechend auch für alle anderen Gruppen, wie beispielsweise Wundmanager und Ähnliches.
- Ähnlich ist die Problematik zu sehen, dass ein sogenannter erweiterter Notfall vorliegt. Der Arzt darf an einen Leistungserbringer verweisen, ohne dass er gefragt wird, wenn es ohne die Verweisung dazu käme, dass der Patient über die Maßen belastet würde. Dies spielt im Zusammenhang mit der Pflege selten eine Rolle, Hauptanwendungsfall dieser Problematiken sind die Notfalldepots der Arztpraxen und Krankenhäuser. Häufig wird es dem Patienten zwar möglich, aber nicht zumutbar sein, dass dieser sich sein Hilfsmittel noch

185 Müller/Schabbeck: Sanitätshaus und Phlebologe dürfen zusammenarbeiten, In: Der Phlebologe, 4/2016, S. 266.

„selbst besorgt“. Wer jedoch beispielsweise ohne Unterarmgehstützen kaum laufen kann, dem wird man nicht den Gang ins nächste Sanitätshaus – und sei es auch nur 200 Meter entfernt – zumuten können. Diesen darf man eben direkt verweisen. Möglich ist ein solcher Verweis, wenn der Patient ins häusliche Umfeld entlassen werden soll und es zeitlich keine Möglichkeit gibt, dass er sich selbst um eine entsprechende Versorgung kümmert.

- Schließlich dürfen Empfehlungen seitens des Arztes dann ausgesprochen werden, wenn sich der Mediziner und der Patient in einer vom Sozialrecht akzeptierten Kooperationsform befinden. Dies gilt beispielsweise für die früher „Integrierte Versorgung“ genannten Verträge, die jetzt als besondere Versorgungsform im SGB V benannt sind. Dem ähnlich wären auch die Teilnahme an Disease-Management-Programmen oder aber der speziellen ambulanten palliativen Versorgung, wenn diese in einem Netzwerk stattfindet.

143 In allen anderen Fällen ist die Empfehlung des Arztes nicht erlaubt. Sie stellt einen unerlaubten Ratschlag dar, der wiederum zum Wegfall der Vergütung und mithin zu einem Abrechnungsbetrug führen kann.

144 Neben der entsprechenden strafrechtlichen Haftung und des drohenden Regresses kommt hinzu, dass hier Empfehlungen auch im Sinne des Gesetzes wegen des unlauteren Wettbewerbs vorliegen können. Dafür können Unterlassungen und unter sehr engen Voraussetzungen auch Schadensersatz verlangt werden.

5 Korruption im Gesundheitswesen § 299a/b StGB

145 Bezüglich des Verbotes, dass der Arzt für seine Empfehlung keine Vergütung erhalten darf, war schon gesagt worden, dass dieses ausnahmslos gilt. Zuwendungen im Zusammenhang mit Vergütungen sind nie zulässig. Sie verstoßen gegen das Recht des freien Leistungserbringers. Und sie bringen, wenn sie bewiesen werden können, immer den Regress und auch im Übrigen meist eine strafrechtliche Verfolgung wegen Betruges mit sich.

146 Im Rahmen der Verfolgung von Korruption im Gesundheitswesen wurden über die dargestellten Vorschriften zur Frage und Sanktion der Garantie des freien Leistungserbringers hinaus aufgrund einer Entscheidung des Bundesgerichtshofs aus dem Jahr 2012[186] mehrere neue Straftatbestände in das Strafgesetzbuch aufgenommen. Der Kern der – sehr komplizierten – Regelungen in diesem Paragrafen ist genau der, der schon bisher galt: Nämlich dass der Arzt oder die sonstigen Heilberufsinhaber, also auch Pflegefachpersonen, keine Empfehlung gegen Entgelt geben dürfen. Falls dies dennoch geschieht und beweisbar ist, ist sowohl der Gebende als auch der Nehmende nunmehr strafrechtlich zu belangen. Es kommt auf den „Umweg“ über die streng formelle Betrachtungsweise und den Abrechnungsbetrug, wie gerade dargestellt, nicht mehr an.

186 Sogenannter Arzt als Amtsträger Entscheid BGH vom 29.3.2012, AZ. GSSt 2/11.

5.1 Vorteil

Dabei ist der Gesetzgeber nicht naiv. Ausdrücklich muss der Empfehlungsgeber kein Geld annehmen, es reicht ein Vorteil aus. Dabei ist die Gestaltungsvielfalt von Vorteilen breit gefächert. Zu den Vorteilen gehören natürlich alle Geldleistungen oder geldwerten Vorteile, hierzu gehört beispielsweise der Verzicht auf eine Rechnungsstellung, die Zahlung von überhöhten Honoraren für Beratungsleistungen oder auch die Übernahme von Schönheitsreparaturen in der Arztpraxis. Auch das „Ausleihen" eines Autos stellt einen Vorteil dar, der unzulässig ist. Selbst wenn der Pflegedienstinhaber mit dem Arzt befreundet ist, darf er dies nicht tun, zumindest wenn es im Hinblick auf die Empfehlungen erfolgt. Die Ideen sind hier vielfältig – aber auch noch so viel Kreativität nutzt nichts, wenn damit das Verbot umgangen werden soll. 147

Die Formulierung „Vorteil" geht über das rein Finanzielle hier hinaus. So wird beispielsweise argumentiert, dass ein Arzt, der die Möglichkeit erhält, in einer renommierten Klinik zu operieren, wenn er Patienten dorthin empfiehlt, einen Reputationszuwachs erhält, der in seinem Berufsleben einen Vorteil darstellt. Diese Auffassung wird hier als zu weitgehend erachtet, allerdings durchaus und namenhaft vertreten. 148

5.1.1 Zuwendung an Dritte

Das Verbot umfasst auch Leistungen an Dritte. Das wiederum bedeutet, dass der Umweg über die Ehefrau des Arztes, der früher über die sogenannte Ehegattinnengesellschaft häufig verwendet worden ist, von dem § 299a/b genauso umfasst wird wie die Beschäftigung der Tochter oder des Sohnes ohne Gegenleistung zur Finanzierung des Studiums. 149

5.1.2 Beraterverträge

Häufiger Streitpunkt ist, welche Beratungsleistungen dem Empfehlenden gegenüber vergütet werden dürfen. Hierbei handelt es sich um eine Einzelfallenscheidung, die sehr von der Reputation des Empfehlungsgebers und seinen besonderen Kenntnissen abhängt. Sollte man derartige Vertragskonstellationen anstreben, so gilt, sich jedenfalls anwaltschaftlich beraten zu lassen. Denn die gescheiterte Kooperation in diesem Bereich hat ein derartig hohes Risiko, dass der Einzelfall sehr gesondert überprüft werden muss. 150

5.1.3 Fortbildungsveranstaltungen

Zulässig ist weiterhin nach speziellen Regelungen in den Berufsordnungen der Ärzte das angemessene Sponsoring von Fortbildungsveranstaltungen. Dabei gilt, dass dem Arzt die Anreise und Abreise sowie die Übernahme von Tagungs- und 151

Hotelkosten vor Ort in dem üblichen Rahmen vergütet werden dürfen. Üblich sind die nationale Bahnfahrt erster Klasse sowie eine Unterbringung in einem Vier-Sterne-Hotel oder einem adäquat vergleichbaren Niveau. Jüngst sind Hotels dazu übergegangen, auf ihre Sternequalifikation zu verzichten, um entsprechende Empfehlungen der Antikorruptionsvorschriften zu umgehen. Das ändert natürlich im Ergebnis nichts. Auch wenn das Fünf-Sterne-Grandhotel seine Stellung als ein solches nicht mehr ausweist, aber die entsprechenden Leistungen doch noch in Rechnung stellt, ist die Leistung nicht mehr adäquat und mithin unzulässig.

5.2 Verbindung Vorteil/Empfehlung

152 Wesentliche Krux an den §§ 299a/b ff StGB ist allerdings die Tatsache, dass die Konnexität zwischen der Empfehlung des Arztes und der Zuwendung von der Staatanwaltschaft im Einzelfall bewiesen werden muss. Je nachdem wie offensichtlich bestochen wird, kann dies der Staatsanwaltschaft natürlich gelingen. Bei einer Vielzahl von Zuwendungen wird man sich jedoch letztlich darauf zurückziehen, diese seien sozial adäquat gewesen und hätten in überhaupt keinem Verhältnis zur entsprechenden Empfehlung des Arztes gestanden. Nimmt man hier das Beispiel der Weihnachtsfeier, so ist die Übernahme der Kosten einer solchen Feier beispielsweise eines Arztes nur dann strafbar, wenn der Pflegedienst die Weihnachtsfeier deswegen bezahlt, weil eine Abrede zwischen dem Arzt und dem Pflegedienst besteht, dass auf die Feier Empfehlungen des Pflegedienstes erfolgen. Zahlt der Pflegedienst die Weihnachtsfeier nur deswegen, weil er „Gesichtspflege“ betreiben möchte, so ist dies zumindest nicht im Sinne des § 299a/b strafbar (dennoch an verschiedenen Stellen verboten und deswegen nicht empfehlenswert). Die Reichweite des § 299a/b für eine Vielzahl von Fällen, für die er geschaffen ist, ist fraglich.

6 Was tun bei strafrechtlicher Verfolgung?

153 Wird man strafrechtlich verfolgt, so gilt der Grundsatz:
Schweigen und einen Anwalt einschalten!

154 Man kennt die entsprechende Formulierung aus amerikanischen Filmen: Bei der Festnahme wird den Delinquenten in der Regel mitgeteilt, dass sie schweigen können, aber wenn sie dies nicht tun, alles gegen sie verwendet werden kann, was sie sagen. Die entsprechende Aufklärungsformel in Deutschland lautet etwas anders. Der Inhalt ist allerdings der gleiche: Niemand muss sich selbst belasten oder kann zu einer Aussage gezwungen werden. Von diesem Recht sollte unbedingt Gebrauch gemacht werden.

155 Zwar kann ein frühes Geständnis in einem Strafverfahren durchaus Vorteile in der Strafzumessung mit sich bringen. Die Bewertung, ob es sich „lohnt“, sollte man allerdings einem Anwalt überlassen. Es ist nahezu kein Fall denkbar, in dem eine Aussage erfolgen sollte, bevor man die Gelegenheit genutzt hat, in die staats-

anwaltschaftliche Ermittlungsakte Einsicht zu nehmen. Denn dieses Recht hat der Beschuldigte in einem Strafverfahren zumindest dann, wenn er einen Anwalt eingeschaltet hat. Niemand würde beim Kartenspielen auf das Recht verzichten, in die Karten des Gegners zu schauen. Warum sollte man dies in einem strafrechtlichen Ermittlungsverfahren gegen sich selbst tun?

Es ist auch durchaus Vorsicht angebracht, wenn die Ermittlungen sich (zunächst) 156 gar nicht gegen einen selbst richten, sondern gegen den Arbeitgeber oder sonstige Dritte. Durch eine Gesetzesänderung besteht mittlerweile eine Pflicht auch gegenüber von der Staatsanwaltschaft beauftragen Polizeibeamten (oder auch dem Zoll oder der Steuerfahndung) Angaben zu machen. Das lädt natürlich dazu ein, einen Überraschungsmoment zu nutzen und ohne besondere Ankündigung Vernehmungen durchzuführen, zum Beispiel im Rahmen einer Hausdurchsuchung, wenn sowieso schon Aufregung herrscht. Auch hier gilt: Im Zweifel auf ein Schweigerecht berufen, sei es die ärztliche Schweigepflicht oder den Grundsatz das sich niemand selbst belasten muss und nichts sagen auch wenn „Druck“ gemacht wird.

Vorsicht in angebracht, wenn „clevere“ Ermittlungsbeamte tätig sind. Der Hin- 157 weis dieser, dass es sich bei dem Ermittlungsverfahren um eine reine Formsache handle, die sicherlich schnell einzustellen wäre, wenn man sich zur Sache äußert, ist nicht selten und sogar zulässig. Zumindest dann, wenn eine entsprechende Belehrung voranging. Es handelt sich allerdings häufig um eine „taktische“ Falle des vernehmenden Beamten. Hier möchte dieser sich eventuell die Arbeit erleichtern, aber nicht unbedingt zugunsten des Beschuldigten.

Jede Aussage und jeder Schritt im Strafverfahren sollte mit dem Verteidiger 158 abgesprochen werden.

IV Gesetz über Medizinprodukte (Medizinproduktegesetz – MPG)

Das Medizinproduktegesetz(MPG) ist seit dem 1. Januar 1995 in Kraft; zuletzt wurde es durch Artikel 7 des Gesetzes vom 18. Juli 2017 (BGBl. I S. 2757) geändert. Mit dem Medizinproduktegesetz und der auf seiner Grundlage erlassenen Medizinprodukte-Verordnung wurden die europäischen Richtlinien über aktive implantierbare medizinische Geräte (90/385/EWG), über Medizinprodukte (93/42/EWG) und über In-vitro-Diagnostika (98/79/EG) in nationales Recht umgesetzt. Zweck dieses Gesetzes ist es, den Verkehr mit Medizinprodukten zu regeln und dadurch für die Sicherheit, Eignung und Leistung der Medizinprodukte sowie die Gesundheit und den erforderlichen Schutz der Patienten, Anwender und Dritter zu sorgen. Das Medizinproduktegesetz regelt insbesondere die Voraussetzungen für das Inverkehrbringen und die Inbetriebnahme von Medizinprodukten. Neben der Umsetzung europäischen Rechts enthält das MPG eine Reihe von nationalen Vorschriften, z. B. zur Durchführung der Überwachung und zum Betreiben und Anwenden von Medizinprodukten. Weitere Einzelheiten zum Errichten, Betreiben, Anwenden und Instandhalten von Medizinprodukten regelt die Medizinprodukte-Betreiberverordnung (MPBetreibV) (BMG, 2018[187]). 1

1 Zweck und Geltungsbereich

Zweck des MPG ist es, den Umgang mit Medizinprodukten zu regeln und dadurch für die Sicherheit, Eignung und Leistung der Medizinprodukte sowie die Gesundheit und den erforderlichen Schutz der Patienten, Anwender und Dritter zu sorgen (§ 1 MPG). 2

Das Gesetz gilt für Medizinprodukte und deren Zubehör. Wobei das Zubehör als eigenständiges Medizinprodukt behandelt wird. Dieses Gesetz gilt auch für das Anwenden, Betreiben und Instandhalten von Produkten, die nicht als Medizinprodukte in Umlauf gebracht wurden, aber mit der Zweckbestimmung eines Medizinproduktes im Sinne der Anlagen 1 und 2 der Medizinprodukte-Betreiberverordnung (MPBetreibV) eingesetzt werden. Sie gelten als Medizinprodukte im Sinne dieses Gesetzes. 3

Hierunter fallen folgende Medizinprodukte: 4

- Nichtimplantierbare aktive Medizinprodukte zur Erzeugung und Anwendung elektrischer Energie zur unmittelbaren Beeinflussung der Funktion von Nerven und/oder Muskeln beziehungsweise der Herztätigkeit einschließlich Defibrillatoren,

187 BMG (2018): Medizinproduktegesetz. Online: https://www.bundesgesundheitsministerium.de/themen/gesundheitswesen/medizinprodukte/definition-und-wirtschaftliche-bedeutung/?L=0. [abgerufen am 25.3.2018].

- Intrakardiale Messung elektrischer Größen oder Messung anderer Größen unter Verwendung elektrisch betriebener Messsonden in Blutgefäßen beziehungsweise an freigelegten Blutgefäßen,
- Erzeugung und Anwendung jeglicher Energie zur unmittelbaren Koagulation, Gewebezerstörung oder Zertrümmerung von Ablagerungen in Organen,
- Unmittelbare Einbringung von Substanzen und Flüssigkeiten in den Blutkreislauf unter potentiellem Druckaufbau, wobei die Substanzen und Flüssigkeiten auch aufbereitete oder speziell behandelte körpereigene sein können, deren Einbringen mit einer Entnahmefunktion direkt gekoppelt ist,
- Maschinelle Beatmung mit oder ohne Anästhesie,
- Diagnose mit bildgebenden Verfahren nach dem Prinzip der Kernspinresonanz,
- Therapie mit Druckkammern,
- Therapie mittels Hypothermie
- Säuglingsinkubatoren sowie
- externe aktive Komponenten aktiver Implantate.
- Medizinprodukte zur Bestimmung der Hörfähigkeit (Ton- und Sprachaudiometer)
- Medizinprodukte zur Bestimmung von Körpertemperaturen (mit Ausnahme von Quecksilberglasthermometern mit Maximumvorrichtung)
  - medizinische Elektrothermometer
  - mit austauschbaren Temperaturfühlern
  - Infrarot-Strahlungsthermometer
- Messgeräte zur nichtinvasiven Blutdruckmessung
- Medizinprodukte zur Bestimmung des Augeninnendrucks (Augentonometer)
- Therapiedosimeter bei der Behandlung von Patienten von außen
- mit Photonenstrahlung im Energiebereich bis 1,33 MeV
  - mit geeigneter Kontrollvorrichtung, wenn der Betreiber in jedem Messbereich des Dosimeters mindestens halbjährliche Kontrollmessungen ausführt, ihre Ergebnisse aufzeichnet und die bestehenden Anforderungen erfüllt werden
- mit Photonenstrahlung im Energiebereich ab 1,33 MeV und mit Elektronenstrahlung aus Beschleunigern mit messtechnischer Kontrolle in Form von Vergleichsmessungen
- Mit Photonenstrahlung aus Co-60-Bestrahlungsanlagen
- Diagnostikdosimeter zur Durchführung von Mess- und Prüfaufgaben, sofern sie nicht nach § 34 Absatz 3 der Röntgenverordnung dem Mess- und Eichgesetz unterliegen
- Tretkurbelergometer zur definierten physikalischen und reproduzierbaren Belastung

5 Dieses Gesetz gilt auch für Produkte, die dazu bestimmt sind, Arzneimittel zu verabreichen. Werden die Medizinprodukte so in den Verkehr gebracht, dass Medizin-

produkt und Arzneimittel ein einheitliches, miteinander verbundenes Produkt bilden, das ausschließlich zur Anwendung in dieser Verbindung bestimmt und nicht wiederverwendbar ist, gilt die MPG.

Das MPG gilt nicht für 6

- Arzneimittel
- Kosmetische Mittel
- Menschliches Blut, Produkte aus menschlichem Blut, menschliches Plasma oder Blutzellen menschlichen Ursprungs oder Produkte
- Transplantate oder Gewebe oder Zellen menschlichen Ursprungs und Produkte, die Gewebe oder Zellen menschlichen Ursprungs enthalten oder aus solchen Geweben oder Zellen gewonnen wurden
- Transplantate oder Gewebe oder Zellen tierischen Ursprungs, es sei denn, ein Produkt wird unter Verwendung von abgetötetem tierischen Gewebe oder von abgetöteten Erzeugnissen hergestellt, die aus tierischen Geweben gewonnen wurden (§ 2 MPG).

2 Begriffsbestimmungen

Der folgende § 3 definiert Begriffe, welche in der MPG genannt werden. 7

Medizinprodukte sind alle einzeln oder miteinander verbunden verwendeten 8
Instrumente, Apparate, Vorrichtungen, Software, Stoffe und Zubereitungen aus Stoffen oder andere Gegenstände einschließlich der vom Hersteller speziell zur Anwendung für diagnostische oder therapeutische Zwecke bestimmten und für ein einwandfreies Funktionieren des Medizinproduktes eingesetzten Software, die vom Hersteller vorgesehen sind zur Anwendung für Menschen mittels ihrer Funktionen zum Zwecke

- der Erkennung, Verhütung, Überwachung, Behandlung oder Linderung von Krankheiten,
- der Erkennung, Überwachung, Behandlung, Linderung oder Kompensierung von Verletzungen oder Behinderungen,
- der Untersuchung, der Ersetzung oder der Veränderung des anatomischen Aufbaus oder eines physiologischen Vorgangs oder
- der Empfängnisregelung
- zu dienen bestimmt sind und deren bestimmungsgemäße Hauptwirkung im oder am menschlichen Körper weder durch pharmakologisch oder immunologisch wirkende Mittel noch durch Metabolismus erreicht wird, deren Wirkungsweise aber durch solche Mittel unterstützt werden kann.
- Medizinprodukte sind auch solche, die einen Stoff oder eine Zubereitung aus Stoffen enthalten oder auf die solche aufgetragen sind, die bei gesonderter Verwendung als Arzneimittel angesehen werden können und die in Ergän-

zung zu den Funktionen des Produktes eine Wirkung auf den menschlichen Körper entfalten können.

- Medizinprodukte sind, die als Bestandteil einen Stoff enthalten, der gesondert verwendet als Bestandteil eines Arzneimittels oder Arzneimittel aus menschlichem Blut oder Blutplasma geändert worden ist, betrachtet werden und in Ergänzung zu dem Produkt eine Wirkung auf den menschlichen Körper entfalten kann.
- In-vitro-Diagnostikum ist ein Medizinprodukt, das als Reagenz, Reagenzprodukt, Kalibriermaterial, Kontrollmaterial, Kit, Instrument, Apparat, Gerät oder System einzeln oder in Verbindung miteinander nach der vom Hersteller festgelegten Zweckbestimmung zur In-vitro-Untersuchung von aus dem menschlichen Körper stammenden Proben einschließlich Blut- und Gewebespenden bestimmt ist und ausschließlich oder hauptsächlich dazu dient, Informationen zu liefern
  - über physiologische oder pathologische Zustände oder
  - über angeborene Anomalien oder
  - zur Prüfung auf Unbedenklichkeit oder Verträglichkeit bei den potentiellen Empfängern oder
  - zur Überwachung therapeutischer Maßnahmen.

9 Probenbehältnisse gelten als In-vitro-Diagnostika. Probenbehältnisse sind luftleere oder sonstige Medizinprodukte, die von ihrem Hersteller speziell dafür gefertigt werden, aus dem menschlichen Körper stammende Proben unmittelbar nach ihrer Entnahme aufzunehmen und im Hinblick auf eine In-vitro-Untersuchung aufzubewahren. Erzeugnisse für den allgemeinen Laborbedarf gelten nicht als In-vitro-Diagnostika, es sei denn, sie sind auf Grund ihrer Merkmale nach der vom Hersteller festgelegten Zweckbestimmung speziell für In-vitro-Untersuchungen zu verwenden.

10 In-vitro-Diagnostikum zur Eigenanwendung ist ein In-vitro-Diagnostikum, das nach der vom Hersteller festgelegten Zweckbestimmung von Laien in der häuslichen Umgebung angewendet werden kann.

11 Neu im Sinne der MPG ist ein In-vitro-Diagnostikum, wenn

- ein derartiges Medizinprodukt für den entsprechenden Analyten oder anderen Parameter während der vorangegangenen drei Jahre innerhalb des Europäischen Wirtschaftsraums nicht fortwährend verfügbar war oder
- das Verfahren mit einer Analysetechnik arbeitet, die innerhalb des Europäischen Wirtschaftsraums während der vorangegangenen drei Jahre nicht fortwährend in Verbindung mit einem bestimmten Analyten oder anderen Parameter verwendet worden ist.

12 Als Kalibrier- und Kontrollmaterial gelten Substanzen, Materialien und Gegenstände, die von ihrem Hersteller vorgesehen sind zum Vergleich von Messdaten oder zur Prüfung der Leistungsmerkmale eines In-vitro-Diagnostikums im Hinblick auf die bestimmungsgemäße Anwendung. Zertifizierte internationale Referenzmaterialien und Materialien, die für externe Qualitätsbewertungsprogramme verwendet werden, sind keine In-vitro-Diagnostika im Sinne des MPG.

Eine Sonderanfertigung ist ein Medizinprodukt, das nach schriftlicher Verordnung nach spezifischen Auslegungsmerkmalen eigens angefertigt wird und zur ausschließlichen Anwendung bei einem namentlich benannten Patienten bestimmt ist. Das serienmäßig hergestellte Medizinprodukt, das angepasst werden muss, um den spezifischen Anforderungen des Arztes, Zahnarztes oder des sonstigen beruflichen Anwenders zu entsprechen, gilt nicht als Sonderanfertigung. 13

Zubehör für Medizinprodukte sind Gegenstände, Stoffe sowie Zubereitungen aus Stoffen, die selbst keine Medizinprodukte sind, aber vom Hersteller dazu bestimmt sind, mit einem Medizinprodukt verwendet zu werden, damit dieses entsprechend der von ihm festgelegten Zweckbestimmung des Medizinproduktes angewendet werden kann. Invasive, zur Entnahme von Proben aus dem menschlichen Körper zur In-vitro-Untersuchung bestimmte Medizinprodukte sowie solche, die zum Zweck der Probenahme in unmittelbaren Kontakt mit dem menschlichen Körper kommen, gelten nicht als Zubehör für In-vitro-Diagnostika. 14

3 Abgabe und Inverkehrbringen von Medizinprodukten

Inverkehrbringen ist jede entgeltliche oder unentgeltliche Abgabe von Medizinprodukten an Andere. Erstmaliges Inverkehrbringen ist die erste Abgabe von neuen oder als neu aufbereiteten Medizinprodukten an Andere im Europäischen Wirtschaftsraum. Als Inverkehrbringen nach diesem Gesetz gilt nicht: 15

- die Abgabe von Medizinprodukten zum Zwecke der klinischen Prüfung,
- die Abgabe von In-vitro-Diagnostika für Leistungsbewertungsprüfungen,
- die erneute Abgabe eines Medizinproduktes nach seiner Inbetriebnahme an Andere, es sei denn, dass es als neu aufbereitet oder wesentlich verändert worden ist.

Eine Abgabe an Andere liegt nicht vor, wenn Medizinprodukte für einen Anderen aufbereitet und an diesen zurückgegeben werden. 16

Inbetriebnahme ist der Zeitpunkt, zu dem das Medizinprodukt dem Endanwender als ein Erzeugnis zur Verfügung gestellt worden ist, das erstmals entsprechend seiner Zweckbestimmung im Europäischen Wirtschaftsraum angewendet werden kann. Bei aktiven implantierbaren Medizinprodukten gilt als Inbetriebnahme die Abgabe an das medizinische Personal zur Implantation. 4

Das Ausstellen ist das Aufstellen oder Vorführen von Medizinprodukten zum Zwecke der Werbung, z. B. auf Messen, aber kein Inverkehrbringen. 17

Ebenfalls kein erneutes Inverkehrbringen ist die Aufbereitung von bestimmungsgemäß keimarmen oder steril zur Anwendung kommenden Medizinprodukten, 18 die nach deren Inbetriebnahme, zum Zwecke der erneuten Anwendung durchgeführte Reinigung, Desinfektion und Sterilisation einschließlich der damit zusammenhängenden Arbeitsschritte sowie die Prüfung und Wiederherstellung der technisch-funktionellen Sicherheit.

19 Hersteller ist die natürliche oder juristische Person (GmbH, AG), die für die Auslegung, Herstellung, Verpackung und Kennzeichnung eines Medizinproduktes im Hinblick auf das erstmalige Inverkehrbringen im eigenen Namen verantwortlich ist, unabhängig davon, ob diese Tätigkeiten von dieser Person oder stellvertretend für diese von einer dritten Person ausgeführt werden. Die dem Hersteller nach diesem Gesetz obliegenden Verpflichtungen gelten auch für die natürliche oder juristische Person, die ein oder mehrere vorgefertigte Medizinprodukte montiert, abpackt, behandelt, aufbereitet, kennzeichnet oder für die Festlegung der Zweckbestimmung als Medizinprodukt im Hinblick auf das erstmalige Inverkehrbringen im eigenen Namen verantwortlich ist.

20 Bevollmächtigter ist die im Europäischen Wirtschaftsraum niedergelassene natürliche oder juristische Person, die vom Hersteller ausdrücklich dazu bestimmt wurde, im Hinblick auf seine Verpflichtungen nach diesem Gesetz in seinem Namen zu handeln und den Behörden und zuständigen Stellen zur Verfügung zu stehen.

21 Fachkreise sind Angehörige der Heilberufe, des Heilgewerbes oder von Einrichtungen, die der Gesundheit dienen, sowie sonstige Personen, soweit sie Medizinprodukte herstellen, prüfen, in der Ausübung ihres Berufes in den Verkehr bringen, implantieren, in Betrieb nehmen, betreiben oder anwenden.

22 Medizinprodukte aus Eigenherstellung sind Medizinprodukte einschließlich Zubehör, die in einer Gesundheitseinrichtung hergestellt und angewendet werden, ohne dass sie in den Verkehr gebracht werden.

23 In-vitro-Diagnostika aus Eigenherstellung sind solche, die in Laboratorien von Gesundheitseinrichtungen hergestellt und in diesen Laboratorien oder Räumen in unmittelbarer Nähe zu diesen angewendet werden, ohne dass sie in den Verkehr gebracht werden. Für In-vitro-Diagnostika, die im industriellen Maßstab hergestellt werden, sind die Vorschriften über Eigenherstellung nicht anwendbar. Entsprechend anzuwenden ist dies auf in Blutspende-Einrichtungen hergestellte In-vitro-Diagnostika, die der Prüfung von Blutzubereitungen dienen, sofern sie innerhalb der arzneimittelrechtlichen Zulassung der Prüfung durch die zuständige Behörde des Bundes unterliegen.

24 Sponsor ist eine natürliche oder juristische Person, die die Verantwortung für die Veranlassung, Organisation und Finanzierung einer klinischen Prüfung bei Menschen oder für eine Leistungsbewertungsprüfung von In-vitro-Diagnostika übernimmt.

Prüfer ist in der Regel ein für die Durchführung der klinischen Prüfung bei Menschen in einer Prüfstelle verantwortlicher Arzt oder in begründeten Ausnahmefällen eine andere Person, deren Beruf auf Grund seiner wissenschaftlichen Anforderungen und der seine Ausübung voraussetzenden Erfahrungen in der Patientenbetreuung für die Durchführung von Forschungen am Menschen qualifiziert. Wird eine Prüfung in einer Prüfstelle von mehreren Prüfern vorgenommen, so ist der verantwortliche Leiter der Gruppe der Hauptprüfer. Wird eine Prüfung in mehreren Prüfstellen durchgeführt, wird vom Sponsor ein Prüfer als Leiter der klinischen Prüfung benannt. 25

Klinische Daten sind Sicherheits- oder Leistungsangaben, die aus der Verwendung eines Medizinproduktes hervorgehen. Klinische Daten stammen aus folgenden Quellen: 26

- einer klinischen Prüfung des betreffenden Medizinproduktes oder
- klinischen Prüfungen oder sonstigen in der wissenschaftlichen Fachliteratur wiedergegebenen Studien über ein ähnliches Produkt, dessen Gleichartigkeit mit dem betreffenden Medizinprodukt nachgewiesen werden kann, oder
- veröffentlichten oder unveröffentlichten Berichten über sonstige klinische Erfahrungen entweder mit dem betreffenden Medizinprodukt oder einem ähnlichen Produkt, dessen Gleichartigkeit mit dem betreffenden Medizinprodukt nachgewiesen werden kann.

Einführer im Sinne dieses Gesetzes ist jede in der Europäischen Union ansässige natürliche oder juristische Person, die ein Medizinprodukt aus einem Drittstaat in der Europäischen Union in Verkehr bringt. 27

4 Verbote zum Schutz von Patienten, Anwendern und Dritten

Der § 4 beschäftigt sich mit Verboten zum Schutz von Patienten, Anwendern und Dritten. Verboten ist es, Medizinprodukte in den Verkehr zu bringen, zu errichten, in Betrieb zu nehmen, zu betreiben oder anzuwenden, wenn 28

- der begründete Verdacht besteht, dass sie die Sicherheit und die Gesundheit der Patienten, der Anwender oder Dritter bei sachgemäßer Anwendung, Instandhaltung und ihrer Zweckbestimmung entsprechender Verwendung über ein nach den Erkenntnissen der medizinischen Wissenschaften vertretbares Maß hinausgehend unmittelbar oder mittelbar gefährden oder
- das Datum abgelaufen ist, bis zu dem eine gefahrlose Anwendung nachweislich möglich ist.

Es ist ferner verboten, Medizinprodukte in den Verkehr zu bringen, wenn sie mit irreführender Bezeichnung, Angabe oder Aufmachung versehen sind. Eine Irreführung liegt insbesondere dann vor, wenn 29

- Medizinprodukten eine Leistung beigelegt wird, die sie nicht bieten,
- fälschlich der Eindruck erweckt wird, dass ein Erfolg mit Sicherheit erwartet werden kann oder dass nach bestimmungsgemäßem oder längerem Gebrauch keine schädlichen Wirkungen eintreten,
- eine Täuschung über geeignete Bezeichnungen, Angaben oder Aufmachungen vorliegt.

30 Verantwortlicher für das erstmalige Inverkehrbringen von Medizinprodukten ist der Hersteller oder sein Bevollmächtigter. Werden Medizinprodukte nicht unter der Verantwortung des Bevollmächtigten in den Europäischen Wirtschaftsraum eingeführt, ist der Einführer der Verantwortliche. Der Name oder die Firma und die Anschrift des Verantwortlichen müssen in der Kennzeichnung oder Gebrauchsanweisung des Medizinproduktes enthalten sein (§ 5 MPG).

31 Medizinprodukte, mit Ausnahme von Sonderanfertigungen, Medizinprodukte aus Eigenherstellung, solche zur klinischen Prüfung oder In-vitro-Diagnostika, die für Leistungsbewertungszwecke bestimmt sind, dürfen in Deutschland nur in den Verkehr gebracht oder in Betrieb genommen werden, wenn sie mit einer CE-Kennzeichnung versehen sind.

32 Gelten für das Medizinprodukt zusätzlich andere Rechtsvorschriften als die des MPG, deren Einhaltung durch die CE-Kennzeichnung bestätigt wird, so darf der Hersteller das Medizinprodukt nur dann mit der CE-Kennzeichnung versehen, wenn auch diese anderen Rechtsvorschriften erfüllt sind. Bei sterilen Medizinprodukten müssen diese Unterlagen, Hinweise oder Anleitungen ohne Zerstörung der Verpackung, durch welche die Sterilität des Medizinproduktes gewährleistet wird, zugänglich sein (§ 6 MPG).

33 Medizinprodukte dürfen nur an den Anwender abgegeben werden, wenn die für ihn bestimmten Informationen in deutscher Sprache verfasst sind. In begründeten Fällen kann eine andere für den Anwender des Medizinproduktes leicht verständliche Sprache vorgesehen oder die Unterrichtung des Anwenders durch andere Maßnahmen gewährleistet werden. Dabei müssen jedoch die sicherheitsbezogenen Informationen in deutscher Sprache oder in der Sprache des Anwenders vorliegen (§ 11 MPG).

34 Medizinprodukte dürfen nicht betrieben und angewendet werden, wenn sie Mängel aufweisen, durch die Patienten, Beschäftigte oder Dritte gefährdet werden können (§ 14 MPG).

5 Durchführung der Überwachung der Betriebe und Einrichtungen

35 Der § 26 beschäftigt sich mit der Durchführung der Überwachung der Betriebe und Einrichtungen in Deutschland, in denen Medizinprodukte hergestellt, kli-

nisch geprüft, einer Leistungsbewertungsprüfung unterzogen, verpackt, ausgestellt, in den Verkehr gebracht, errichtet, betrieben und angewendet werden. Auch Medizinprodukte, die bestimmungsgemäß keimarm oder steril zur Anwendung kommen und aufbereitet werden, unterliegen der Überwachung durch die zuständigen Behörden. Dies gilt auch für Sponsoren und Personen, die diese Tätigkeiten geschäftsmäßig ausüben, sowie für Personen und Personenvereinigungen, die Medizinprodukte für andere sammeln.

Die zuständige Behörde hat sich davon zu überzeugen, dass die Vorschriften über Medizinprodukte und die Werbung dafür auf dem Gebiet des Heilwesens beachtet werden. Sie prüft in angemessenem Umfang unter besonderer Berücksichtigung möglicher Risiken, ob die Voraussetzungen zum Inverkehrbringen, zur Inbetriebnahme, zum Errichten, Betreiben und Anwenden erfüllt sind. Dies gilt entsprechend auch für die Überwachung von klinischen Prüfungen und von Leistungsbewertungsprüfungen sowie für die Überwachung der Aufbereitung von Medizinprodukten, die bestimmungsgemäß keimarm oder steril angewendet werden. Die zuständige Behörde ergreift die Maßnahmen, die notwendig sind, um festgestellte Verstöße zu beseitigen und künftigen Verstößen vorzubeugen. Sie kann bei hinreichenden Anhaltspunkten für eine unrechtmäßige CE-Kennzeichnung oder einer von dem Medizinprodukt ausgehenden Gefahr verlangen, dass der Verantwortliche das Medizinprodukt von einem Sachverständigen überprüfen lässt. Bei einem In-vitro-Diagnostikum kann sie zu jedem Zeitpunkt innerhalb von zwei Jahren nach der Anzeige und danach in begründeten Fällen die Vorlage eines Berichts über die Erkenntnisse aus den Erfahrungen mit dem neuen In-vitro-Diagnostikum nach dessen erstmaligem Inverkehrbringen verlangen. 36

Die mit der Überwachung beauftragten Personen sind befugt, 37

- Grundstücke, Geschäftsräume, Betriebsräume, Beförderungsmittel zu den üblichen Geschäftszeiten – und zur Verhütung dringender Gefahr für die öffentliche Sicherheit und Ordnung auch Wohnräume – zu betreten und zu besichtigen sowie in Geschäftsräumen, Betriebsräumen und Beförderungsmitteln zur Dokumentation bewegte und unbewegte Bildaufzeichnungen anzufertigen; das Grundrecht der Unverletzlichkeit der Wohnung (Artikel 13 des Grundgesetzes) wird insoweit eingeschränkt,
- Medizinprodukte zu prüfen, insbesondere hierzu in Betrieb nehmen zu lassen, sowie Proben unentgeltlich zu entnehmen,
- Unterlagen über die Entwicklung, Herstellung, Prüfung, klinische Prüfung, Leistungsbewertungsprüfung oder Erwerb, Aufbereitung, Lagerung, Verpackung, Inverkehrbringen und sonstigen Verbleib der Medizinprodukte sowie über das im Verkehr befindliche Werbematerial einzusehen,
- von natürlichen und juristischen Personen und nicht rechtsfähigen Personenvereinigungen alle erforderlichen Auskünfte, insbesondere über Betriebsvorgänge, zu verlangen,

- Unterlagen und Dokumente, die nach Maßgabe des MPG zu erstellen und zu führen sind, einzusehen,
- Abschriften oder Ablichtungen von Unterlagen oder Dokumenten oder Ausdrucke oder Kopien von Datenträgern, auf denen Unterlagen oder Dokumente gespeichert sind, anzufertigen oder zu verlangen, soweit es sich nicht um personenbezogene Daten von Patienten handelt.

38 Wer der Überwachung unterliegt, hat die aufgelisteten Maßnahmen zu dulden und die beauftragten Personen sowie die sonstigen in der Überwachung tätigen Personen bei der Erfüllung ihrer Aufgaben zu unterstützen. Dies beinhaltet insbesondere die Verpflichtung, diesen Personen die Medizinprodukte zugänglich zu machen, erforderliche Prüfungen zu gestatten, hierfür benötigte Mitarbeiter und Hilfsmittel bereitzustellen, Auskünfte zu erteilen und Unterlagen vorzulegen.

39 Der im Rahmen der Überwachung zur Auskunft Verpflichtete kann die Auskunft auf solche Fragen verweigern, deren Beantwortung ihn selbst oder einen seiner in § 383 Abs. 1 Nr. 1 bis 3 der Zivilprozessordnung bezeichneten Angehörigen der Gefahr strafrechtlicher Verfolgung oder eines Verfahrens nach dem Gesetz über Ordnungswidrigkeiten aussetzen würde.

40 Sachverständige, die hier prüfen, müssen die dafür notwendige Sachkenntnis besitzen. Die Sachkenntnis kann auch durch ein Zertifikat einer von der zuständigen Behörde akkreditierten Stelle nachgewiesen werden.

41 Die zuständige Behörde unterrichtet auf Anfrage das Bundesministerium für Gesundheit sowie die zuständigen Behörden der anderen Vertragsstaaten des Abkommens über den Europäischen Wirtschaftsraum über durchgeführte Überprüfungen, deren Ergebnisse sowie die getroffenen Maßnahmen.

42 Die zuständige Behörde ist insbesondere befugt, Anordnungen, auch über die Schließung des Betriebs oder der Einrichtung, zu treffen, soweit es zur Abwehr einer drohenden Gefahr für die öffentliche Gesundheit, Sicherheit oder Ordnung geboten ist. Sie kann das Inverkehrbringen, die Inbetriebnahme, das Betreiben, die Anwendung der Medizinprodukte sowie den Beginn oder die weitere Durchführung der klinischen Prüfung oder der Leistungsbewertungsprüfung untersagen, beschränken oder von der Einhaltung bestimmter Auflagen abhängig machen oder den Rückruf oder die Sicherstellung der Medizinprodukte anordnen. Sie unterrichtet hiervon die übrigen zuständigen Behörden in Deutschland, die zuständige Bundesoberbehörde und das Bundesministerium für Gesundheit (§ 28 Abs. 2).

6 Medizinprodukteberater

43 Wer berufsmäßig Fachkreise fachlich informiert oder in die sachgerechte Handhabung der Medizinprodukte einweist (Medizinprodukteberater), darf diese Tätigkeit nur ausüben, wenn er die für die jeweiligen Medizinprodukte erforderliche Sachkenntnis und Erfahrung für die Information und, soweit erforderlich, für die Einweisung in die Handhabung der jeweiligen Medizinprodukte besitzt. Dies gilt auch für die fernmündliche Informationen.

Die Sachkenntnis besitzt, 44

- wer eine Ausbildung in einem naturwissenschaftlichen, medizinischen oder technischen Beruf erfolgreich abgeschlossen hat und auf die jeweiligen Medizinprodukte bezogen geschult worden ist oder
- durch eine mindestens einjährige Tätigkeit, die in begründeten Fällen auch kürzer sein kann, Erfahrungen in der Information über die jeweiligen Medizinprodukte und, soweit erforderlich, in der Einweisung in deren Handhabung erworben hat.

Der Medizinprodukteberater hat der zuständigen Behörde auf Verlangen seine 45
Sachkenntnis nachzuweisen. Er hält sich auf dem neuesten Erkenntnisstand über die jeweiligen Medizinprodukte, um sachkundig beraten zu können. Der Auftraggeber hat für eine regelmäßige Schulung des Medizinprodukteberaters zu sorgen.

Der Medizinprodukteberater hat Mitteilungen von Angehörigen der Fachkreise 46
über Nebenwirkungen, wechselseitige Beeinflussungen, Fehlfunktionen, technische Mängel, Gegenanzeigen, Verfälschungen oder sonstige Risiken bei Medizinprodukten aufzuzeichnen und unverzüglich dem Verantwortlichen oder dessen Sicherheitsbeauftragten für Medizinprodukte schriftlich oder elektronisch zu übermitteln (§ 31).

7 Strafrecht und MPG

Ein Verstoß gegen das MPG bedeutet die Konfrontation mit dem Strafrecht 47
(§ 40ff). Hier drohen Freiheitsstrafen bis zu drei Jahren, der Versuch ist bereits strafbar. Das Arbeitnehmerprivileg gilt hier nicht, der Arbeitgeber ist hier nicht in der Haftung.

In besonders schweren Fällen ist die Strafe eine Freiheitsstrafe von einem Jahr bis 48
zu fünf Jahren. Ein besonders schwerer Fall liegt in der Regel vor, wenn der Täter

- die Gesundheit einer großen Zahl von Menschen gefährdet,
- einen anderen in die Gefahr des Todes oder einer schweren Schädigung an Körper oder Gesundheit bringt oder
- aus grobem Eigennutz für sich oder einen anderen Vermögensvorteile großen Ausmaßes erlangt.

Handelt der Täter fahrlässig, so ist eine Freiheitsstrafe von bis zu einem Jahr oder 49
eine Geldstrafe zu verhängen.

Unter gewissen Umständen kann die Fahrlässigkeit „milde“ als Ordnungswidrig- 50
keit geahndet werden, mit einer Geldbuße bis zu 30.000 Euro.

51 Selbstredend wird das entsprechende Medizinprodukt, welches als „Werkzeug" der Straftat diente, eingezogen.

Verordnung über das Errichten, Betreiben und Anwenden von Medizinprodukten (Medizinprodukte-Betreiberverordnung – MPBetreibV)

Anwendungsbereich und Begriffsbestimmungen

Diese Verordnung gilt für das Betreiben und Anwenden von Medizinprodukten im Sinne des Medizinproduktegesetzes einschließlich der damit zusammenhängenden Tätigkeiten.

Sie gilt nicht für Medizinprodukte

- zur klinischen Prüfung,
- zur Leistungsbewertungsprüfung oder
- die in ausschließlich eigener Verantwortung für persönliche Zwecke erworben und angewendet werden.

Die Vorschriften des Arbeitsschutzgesetzes sowie die darauf basierenden Rechtsvorschriften sowie Unfallverhütungsvorschriften bleiben unberührt (§ 1).

Tätigkeiten im Zusammenhang mit dem Betreiben und Anwenden von Medizinprodukten sind insbesondere

- das Errichten,
- das Bereithalten,
- die Instandhaltung,
- die Aufbereitung sowie
- sicherheits- und messtechnische Kontrollen.

Betreiber eines Medizinproduktes ist jede natürliche oder juristische Person, die für den Betrieb der Gesundheitseinrichtung verantwortlich ist, in der das Medizinprodukt durch dessen Beschäftigte betrieben oder angewendet wird. Abweichend hiervon ist Betreiber eines Medizinproduktes, wenn es m Besitz eines Angehörigen der Heilberufe (umfasst auch Pflegefachpersonen) oder des Heilgewerbes ist und von diesem zur Verwendung in eine Gesundheitseinrichtung mitgebracht wird. Als Betreiber gilt auch, wer außerhalb von Gesundheitseinrichtungen in seinem Betrieb oder seiner Einrichtung oder im öffentlichen Raum Medizinprodukte zur Anwendung bereithält.

Anwender ist, wer ein Medizinprodukt im Anwendungsbereich dieser Verordnung am Patienten einsetzt.

Gesundheitseinrichtung im Sinne dieser Verordnung ist jede Einrichtung, Stelle oder Institution, einschließlich Rehabilitations- und Pflegeeinrichtungen, in der Medizinprodukte durch medizinisches Personal, Personen der Pflegeberufe oder sonstige dazu befugte Personen berufsmäßig betrieben oder angewendet werden (§ 2).

Pflichten des Betreibers

Der Betreiber hat die ihm nach dieser Verordnung obliegenden Pflichten wahrzunehmen, um ein sicheres und ordnungsgemäßes Anwenden der in seiner Gesundheitseinrichtung am Patienten eingesetzten Medizinprodukte zu gewährleisten. Die Pflichten eines Betreibers muss auch wahrnehmen, wer Patienten mit Medizinprodukten zur Anwendung durch sich selbst oder durch Dritte in der häuslichen Umgebung oder im sonstigen privaten Umfeld aufgrund einer gesetzlichen oder vertraglichen Verpflichtung versorgt, wie im ambulanten Pflegedienst üblich. Werden Medizinprodukte aufgrund einer Veranlassung des Versorgenden durch einen Dritten bereitgestellt, so können die dem Versorgenden aus den Pflichten resultierenden Aufgaben vertraglich auf den Dritten übertragen werden. In diesen Fällen hat der Versorgende, der die Bereitstellung veranlasst, die erforderlichen Vorkehrungen dafür zu treffen, dass diese Aufgaben ordnungsgemäß erfüllt werden. Dies gilt auch dann, wenn Medizinprodukte überlassen oder bereitgestellt wurden, vom Patienten in eine Gesundheitseinrichtung mitgenommen und dort von ihm angewendet werden. Dies wird dann von Bedeutung, wenn der Patient sein eigenes Heimbeatmungs- oder CPAP-Gerät mit in die Einrichtung bringt. Hier muss sichergestellt werden, dass die Pflegefachperson in diese Geräte eingewiesen wird (§ 3). Die Einrichtung ist bei der Anwendung und Bedienung des Gerätes nun Betreiber und muss eine Einweisung der Pflegefachpersonen sicherstellen. Versorgt sich der Patient selbst mit seinem z. B. CPAP-Gerät, bleibt die Verantwortlichkeit beim Patienten, die Pflegefachpersonen müssen dann nicht eingewiesen werden.

Einweisung

Medizinprodukte dürfen nur ihrer Zweckbestimmung entsprechend und nach den Vorschriften dieser Verordnung sowie den allgemein anerkannten Regeln der Technik betrieben und angewendet werden. Sie dürfen nur von Personen betrieben oder angewendet werden, die eine dafür erforderliche Ausbildung oder Kenntnis und Erfahrung besitzen. Eine Einweisung in die ordnungsgemäße Handhabung des Medizinproduktes ist erforderlich. Sie ist nicht erforderlich, wenn das Medizinprodukt selbsterklärend oder bereits eine Einweisung in ein baugleiches Medizinprodukt erfolgt ist. Die Einweisung in die ordnungsgemäße Handhabung aktiver nichtimplantierbarer Medizinprodukte ist in geeigneter Form zu dokumentieren.

Miteinander verbundene Medizinprodukte sowie mit Zubehör einschließlich Software oder anderen Gegenständen verbundene Medizinprodukte dürfen nur betrieben und angewendet werden, wenn sie dazu in dieser Kombination unter Berücksichtigung der Zweckbestimmung und der Sicherheit der Patienten, Anwender, Beschäftigten oder Dritten geeignet sind.

Der Betreiber darf nur Personen mit dem Anwenden von Medizinprodukten beauftragen, die die genannten Voraussetzungen erfüllen und in das anzuwendende Medizinprodukt eingewiesen sind.

Der Anwender hat sich vor dem Anwenden eines Medizinproduktes von der Funktionsfähigkeit und dem ordnungsgemäßen Zustand des Produktes zu überzeugen und die Gebrauchsanweisung sowie die sonstigen beigefügten sicherheitsbezogenen Informationen und Instandhaltungshinweise zu beachten. Dies gilt entsprechend für zur Anwendung miteinander verbundene Medizinprodukte, für Zubehör einschließlich Software oder andere Gegenstände, die mit Medizinprodukten zur Anwendung verbunden sind, sowie für die jeweilige Kombination.

Die Gebrauchsanweisung und die dem Medizinprodukt beigefügten Hinweise sind so aufzubewahren, dass die für die Anwendung des Produktes erforderlichen Angaben dem Anwender jederzeit zugänglich sind.

Medizinprodukte der Anlage 2 (siehe MPG, Zweck und Geltungsbereich) dürfen nur betrieben oder angewendet werden, wenn sie die im Leitfaden angegebenen Fehlergrenzen einhalten.

Sofern für eine Tätigkeit nach dieser Verordnung besondere Anforderungen vorausgesetzt werden, darf diese Tätigkeit nur durchführen, wer

- hinsichtlich der jeweiligen Tätigkeit über aktuelle Kenntnisse aufgrund einer geeigneten Ausbildung und einer einschlägigen beruflichen Tätigkeit verfügt,
- hinsichtlich der fachlichen Beurteilung keiner Weisung unterliegt und
- über die Mittel, insbesondere Räume, Geräte und sonstige Arbeitsmittel, wie geeignete Mess- und Prüfeinrichtungen, verfügt, die erforderlich sind, um die jeweilige Tätigkeit ordnungsgemäß und nachvollziehbar durchzuführen (§ 5).

Beauftragter für Medizinproduktesicherheit

Gesundheitseinrichtungen mit regelmäßig mehr als 20 Beschäftigten haben sicherzustellen, dass eine sachkundige und zuverlässige Person mit medizinischer, naturwissenschaftlicher, pflegerischer, pharmazeutischer oder technischer Ausbildung als Beauftragter für Medizinproduktesicherheit bestimmt wird. Der Beauftragte für Medizinproduktesicherheit nimmt als zentrale Stelle in der Gesundheitseinrichtung folgende Aufgaben für den Betreiber wahr:

- die Aufgaben einer Kontaktperson für Behörden, Hersteller und Vertreiber im Zusammenhang mit Meldungen über Risiken von Medizinprodukten sowie bei der Umsetzung von notwendigen korrektiven Maßnahmen,
- die Koordinierung interner Prozesse der Gesundheitseinrichtung zur Erfüllung der Melde- und Mitwirkungspflichten der Anwender und Betreiber und

- die Koordinierung der Umsetzung korrektiver Maßnahmen und der Rückrufmaßnahmen durch den Verantwortlichen nach § 5 des Medizinproduktegesetzes in den Gesundheitseinrichtungen.

Der Beauftragte für Medizinproduktesicherheit darf bei der Erfüllung der übertragenen Aufgaben nicht behindert und wegen der Erfüllung der Aufgaben nicht benachteiligt werden.

Die Gesundheitseinrichtung hat sicherzustellen, dass eine E-Mail-Adresse des Beauftragten für die Medizinproduktesicherheit auf ihrer Internetseite bekannt gemacht wird (§ 6).

Instandhaltung von Medizinprodukten

Die Instandhaltung von Medizinprodukten umfasst insbesondere Instandhaltungsmaßnahmen und die Instandsetzung. Instandhaltungsmaßnahmen sind insbesondere Inspektionen und Wartungen, die erforderlich sind, um den sicheren und ordnungsgemäßen Betrieb der Medizinprodukte fortwährend zu gewährleisten. Die Maßnahmen sind unter Berücksichtigung der Angaben des Herstellers durchzuführen, der diese Angaben dem Medizinprodukt beizufügen hat. Die Instandsetzung umfasst insbesondere die Reparatur zur Wiederherstellung der Funktionsfähigkeit.

Der Betreiber darf mit der Instandhaltung nur Personen, Betriebe oder Einrichtungen beauftragen, die selbst oder deren Beschäftigte die Instandhaltung durchführen.

Nach der Instandhaltung müssen die für die Sicherheit und Funktionstüchtigkeit der Medizinprodukte wesentlichen konstruktiven und funktionellen Merkmale geprüft werden, soweit sie durch die Maßnahmen beeinträchtigt werden können (§ 7).

(1) Die Aufbereitung von bestimmungsgemäß keimarm oder steril zur Anwendung kommenden Medizinprodukten ist unter Berücksichtigung der Angaben des Herstellers mit geeigneten validierten Verfahren so durchzuführen, dass der Erfolg dieser Verfahren nachvollziehbar gewährleistet ist und die Sicherheit und Gesundheit von Patienten, Anwendern oder Dritten nicht gefährdet wird. Dies gilt auch für Medizinprodukte, die vor der erstmaligen Anwendung desinfiziert oder sterilisiert werden.

(2) Eine ordnungsgemäße Aufbereitung nach Absatz 1 Satz 1 wird vermutet, wenn die gemeinsame Empfehlung der Kommission für Krankenhaushygiene und Infektionsprävention am Robert Koch-Institut und des Bundesinstitutes für Arzneimittel und Medizinprodukte zu den Anforderungen an die Hygiene bei der Aufbereitung von Medizinprodukten beachtet wird. Die Fundstelle wird vom Bundesministerium für Gesundheit im Bundesanzeiger bekannt gemacht.

(3) Für die Aufbereitung von Medizinprodukten mit besonders hohen Anforderungen an die Aufbereitung („Kritisch C") gemäß der Empfehlung nach Absatz 2 ist die entsprechend dieser Empfehlung vorzunehmende Zertifizierung des Qualitätsmanagementsystems durch eine von der nach dem dritten Abschnitt des Gesetzes über Medizinprodukte zuständigen Behörde anerkannten Stelle Voraussetzung.

Der Betreiber darf mit der Aufbereitung nur Personen, Betriebe oder Einrichtungen beauftragen, die selbst oder deren Beschäftigte die Aufbereitung durchführen und die Voraussetzungen hinsichtlich der Aufbereitung des jeweiligen Medizinproduktes erfüllen. Die Validierung und Leistungsbeurteilung des Aufbereitungsprozesses muss im Auftrag des Betreibers durch qualifizierte Fachkräfte erfolgen (§ 8).

Betreiben und Anwenden von ausgewählten aktiven Medizinprodukten oder der AED in der U-Bahn

Der Betreiber darf ein in der Anlage 1 (siehe MPG, Zweck und Geltungsbereich) aufgeführtes Medizinprodukt nur betreiben, wenn zuvor der Hersteller oder eine dazu befugte Person,

- dieses Medizinprodukt am Betriebsort einer Funktionsprüfung unterzogen hat und
- die vom Betreiber beauftragte Person anhand der Gebrauchsanweisung sowie beigefügter sicherheitsbezogener Informationen und Instandhaltungshinweise in die sachgerechte Handhabung, Anwendung und den Betrieb des Medizinproduktes sowie in die zulässige Verbindung mit anderen Medizinprodukten, Gegenständen und Zubehör eingewiesen hat. Eine Einweisung ist nicht erforderlich, sofern diese für ein baugleiches Medizinprodukt bereits erfolgt ist.

In der Anlage 1 aufgeführte Medizinprodukte dürfen nur von Personen angewendet werden, die durch den Hersteller oder durch eine vom Betreiber beauftragte Person unter Berücksichtigung der Gebrauchsanweisung in die sachgerechte Handhabung dieses Medizinproduktes eingewiesen worden sind.

Die Durchführung der Funktionsprüfung und die Einweisung der vom Betreiber beauftragten Person sind zu belegen.

Dies gilt nicht für in der Anlage 1 aufgeführte Medizinprodukte, welche zur Anwendung durch Laien vorgesehen sind, z. B. Automatisierte externe Defibrillatoren (AED) in der U-Bahn. Der Laie braucht hierzu keine Einweisung, die Pflegefachperson für das gleiche Gerät in ihrer Einrichtung aber schon. Einweisungspflichten nach anderen Vorschriften werden hiervon nicht berührt (§ 10).

Sicherheitstechnische Kontrollen

Der Betreiber hat für die in der Anlage 1 aufgeführten Medizinprodukte sicherheitstechnische Kontrollen nach den allgemein anerkannten Regeln der Technik durchzuführen oder durchführen zu lassen. Er muss für die sicherheitstechnischen Kontrollen solche Fristen vorsehen, dass Mängel, mit denen aufgrund der Erfahrung gerechnet werden muss, rechtzeitig festgestellt werden können. Die sicherheitstechnischen Kontrollen sind jedoch spätestens alle zwei Jahre mit Ablauf des Monats durchzuführen, in dem die Inbetriebnahme des Medizinproduktes erfolgte oder die letzte sicherheitstechnische Kontrolle durchgeführt wurde. Diese Kontrollen schließen die Messfunktionen ein. Für andere Medizinprodukte sowie Zubehör einschließlich Software oder andere Gegenstände, die der Betreiber mit Medizinprodukten verbunden verwendet, gilt dies entsprechend.

Abweichend kann für AED im öffentlichen Raum, die für die Anwendung durch Laien vorgesehen sind, eine sicherheitstechnische Kontrolle entfallen, wenn das Gerät selbsttestend ist und eine regelmäßige Sichtprüfung durch den Betreiber erfolgt.

Über die sicherheitstechnische Kontrolle ist ein Protokoll anzufertigen, das das Datum der Durchführung und die Ergebnisse der sicherheitstechnischen Kontrolle unter Angabe der ermittelten Messwerte, der Messverfahren und sonstiger Beurteilungsergebnisse enthält. Das Protokoll hat der Betreiber zumindest bis zur nächsten sicherheitstechnischen Kontrolle aufzubewahren (§ 11).

Medizinproduktebuch und Bestandsverzeichnis

Für die in den Anlagen 1 und 2 aufgeführten Medizinprodukte hat der Betreiber ein Medizinproduktebuch zu führen. Dies gilt nicht für elektronische Fieberthermometer als Kompaktthermometer und Blutdruckmessgeräte mit Quecksilber- oder Aneroidmanometer zur nichtinvasiven Messung. In das Medizinproduktebuch, für das alle Datenträger zulässig sind, sind folgende Angaben zu dem jeweiligen Medizinprodukt einzutragen:

- erforderliche Angaben zur eindeutigen Identifikation des Medizinproduktes,
- Beleg über die Funktionsprüfung und Einweisung,
- Name des Beauftragten für Medizinproduktesicherheit, Zeitpunkt der Einweisung sowie Namen der eingewiesenen Personen,
- Fristen und Datum der Durchführung sowie das Ergebnis von vorgeschriebenen sicherheits- und messtechnischen Kontrollen und Datum von Instandhaltungen sowie der Name der verantwortlichen Person oder der Firma, die diese Maßnahme durchgeführt hat,
- Datum, Art und Folgen von Funktionsstörungen und wiederholten gleichartigen Bedienungsfehlern sowie
- Angaben zu Vorkommnismeldungen an Behörden und Hersteller.

Das Medizinproduktebuch ist so aufzubewahren, dass die Angaben dem Anwender während der Arbeitszeit zugänglich sind. Nach der Außerbetriebnahme des Medizinproduktes ist das Medizinproduktebuch noch fünf Jahre aufzubewahren (§ 12).

Der Betreiber hat für alle aktiven nichtimplantierbaren Medizinprodukte der jeweiligen Betriebsstätte ein Bestandsverzeichnis zu führen. Die Aufnahme in ein Verzeichnis, das auf Grund anderer Vorschriften geführt wird, ist zulässig. In das Bestandsverzeichnis sind für jedes Medizinprodukt folgende Angaben einzutragen:

- Bezeichnung, Art und Typ, Loscode oder Seriennummer, Anschaffungsjahr des Medizinproduktes,

- Name oder Firma und die Anschrift des für das jeweilige Medizinprodukt Verantwortlichen nach § 5 des Medizinproduktegesetzes,
- die der CE-Kennzeichnung hinzugefügte Kennnummer der benannten Stelle, soweit diese nach den Vorschriften des Medizinproduktegesetzes angegeben ist,
- soweit vorhanden, betriebliche Identifikationsnummer,
- Standort und betriebliche Zuordnung,
- die festgelegte Frist für sicherheitstechnische Kontrollen.

Für das Bestandsverzeichnis sind alle Datenträger zulässig, sofern die Angaben innerhalb einer angemessenen Frist lesbar gemacht werden können (§ 13).

Messtechnische Kontrollen

Der Betreiber hat für die in der Anlage 2 aufgeführten Medizinprodukte nach den allgemein anerkannten Regeln der Technik messtechnische Kontrollen durchzuführen oder durchführen zu lassen. Eine ordnungsgemäße Durchführung wird vermutet, wenn der Leitfaden zu messtechnischen Kontrollen von Medizinprodukten mit Messfunktion der Physikalisch-Technischen Bundesanstalt beachtet wird. Dieser wird in seiner jeweils aktuellen Fassung auf der Internetseite der Physikalisch-Technischen Bundesanstalt bekannt gemacht und auch archiviert.

Durch die messtechnischen Kontrollen wird festgestellt, ob das Medizinprodukt die zulässigen maximalen Messabweichungen (Fehlergrenzen) einhält, die in dem Leitfaden angegeben sind.

Die messtechnischen Kontrollen sind innerhalb der in Anlage 2 festgelegten Fristen durchzuführen. Für die Wiederholungen gelten dieselben Fristen. Sie beginnen mit Ablauf des Jahres, in dem das Medizinprodukt in Betrieb genommen oder die letzte messtechnische Kontrolle durchgeführt wurde. Eine Kontrolle ist unverzüglich durchzuführen, wenn

- Anzeichen dafür vorliegen, dass das Medizinprodukt die Fehlergrenzen nicht einhält oder
- die messtechnischen Eigenschaften des Medizinproduktes durch einen Eingriff oder auf andere Weise beeinflusst worden sein könnten.

Personen, die beabsichtigen, künftig messtechnische Kontrollen durchzuführen, haben dies der zuständigen Behörde vor Aufnahme der ersten Kontrolle anzuzeigen und auf Verlangen nachzuweisen, dass sie die Voraussetzungen erfüllen.

Derjenige, der messtechnische Kontrollen durchführt, hat

- über die messtechnische Kontrolle ein Protokoll anzufertigen, das das Datum der Durchführung und die Ergebnisse unter Angabe der ermittelten Messwerte, der Messverfahren und sonstiger Beurteilungsergebnisse enthält, und

- das Medizinprodukt nach erfolgreicher messtechnischer Kontrolle mit zu kennzeichnen; aus dem Zeichen müssen das Jahr der nächsten messtechnischen Kontrolle und die Behörde oder Person, die die messtechnische Kontrolle durchgeführt hat, eindeutig und rückverfolgbar hervorgehen.

Das Protokoll hat der Betreiber zumindest bis zur nächsten messtechnischen Kontrolle aufzubewahren (§ 14).

Besondere Pflichten bei implantierbaren Medizinprodukten

Dies betrifft Medizinprodukte der Anlage 3:

- aktive implantierbare Medizinprodukte (Herzschrittmacher, Defibrillatoren)
- Herzklappen
- nicht resorbierbare Gefäßprothesen und -stützen
- Gelenkersatz für Hüfte oder Knie
- Wirbelkörperersatzsysteme und Bandscheibenprothesen
- Brustimplantate

Die für die Implantation verantwortliche Person hat unverzüglich nach Abschluss der Implantierung dem Patienten folgende Dokumente auszuhändigen:

- eine schriftliche oder elektronische Information, die
  - in allgemein verständlicher Weise die für die Sicherheit des Patienten nach der Implantation notwendigen Verhaltensanweisungen einschließlich der Maßnahmen, die bei einem Vorkommnis mit dem Medizinprodukt zu treffen sind, enthält und
  - Hinweise zu erforderlichen Kontrolluntersuchungen enthält, sowie
- einen Implantat-Pass, der mindestens die folgenden Daten enthält:
  - Vor- und Zuname des Patienten,
  - Bezeichnung, Art und Typ sowie Loscode oder Seriennummer des Medizinproduktes,
  - Name oder Firma des Herstellers des Medizinproduktes,
  - Datum der Implantation und
  - Name der verantwortlichen Person und der Einrichtung, die die Implantation durchgeführt hat.

Der Betreiber einer Einrichtung, in der Medizinprodukte implantiert werden, hat die Dokumentation zu diesen Implantaten, mit der Patienten im Falle von korrektiven Maßnahmen nach der Medizinprodukte-Sicherheitsplanverordnung eindeutig identifiziert und erreicht werden können, so aufzubewahren, dass der betroffene

Patientenkreis innerhalb von drei Werktagen über den Typ und die Chargen- oder Seriennummer des Implantates sowie über den Namen des Verantwortlichen ermittelt werden kann. Die Aufzeichnungen sind für die Dauer von 20 Jahren nach der Implantation aufzubewahren; danach sind sie unverzüglich zu vernichten.

Wird der Patient über die Dokumentation nicht erreicht, kann die Einrichtung unter Angabe der Krankenversicherungsnummer die Übermittlung der für die Kontaktaufnahme erforderlichen Daten des Patienten von dessen Krankenkasse verlangen (§ 15).

Medizinprodukte der Bundeswehr

Für Medizinprodukte im Bereich der Bundeswehr steht die Aufsicht über die Ausführung dieser Verordnung dem Bundesministerium der Verteidigung oder den von ihm bestimmten zuständigen Stellen und Sachverständigen zu. Das Bundesministerium der Verteidigung kann für Medizinprodukte im Bereich der Bundeswehr Ausnahmen von den Vorschriften dieser Verordnung zulassen, wenn

- dies zur Durchführung der besonderen Aufgaben gerechtfertigt ist oder
- die Besonderheiten eingelagerter Medizinprodukte dies erfordern oder
- die Erfüllung zwischenstaatlicher Verpflichtungen der Bundesrepublik Deutschland dies erfordern

und die Sicherheit einschließlich der Messsicherheit auf andere Weise gewährleistet ist (§ 16).

Strafrecht und MPBetreibV

Im Unterschied zur MPG sind Verstöße gegen die MPBetreibV „nur" Ordnungswidrigkeiten. Hier gibt es also keinen Freiheitsentzug oder Geldstrafen.

V Arzneimittel

Die Behandlung mit Arzneimitteln ist eine wichtige und die häufigste Form der ärztlichen Behandlung[188]. Die Therapie steht dabei im Spannungsfeld der Heilungschancen die dem Medikament grundsätzlich zugesprochen werden, der individuellen konkreten Wirkung beim Patienten und den zu erwartenden und sich tatsächlich zeigenden Nebenwirkungen des Medikamentes und der bestehenden Alternativen. Da es sich um die Wahl der Therapie handelt, ist die Verordnung von Arzneimitteln Sache des Arztes. Dabei wählt der Mediziner im Rahmen der von ihm getroffenen Diagnose und der dafür erforderlichen Therapie in der Regel ein Arzneimittel aus, das innerhalb einer klinischen Arzneimittelprüfung zugelassen worden ist oder welches im Einzelfall nach den hier nicht genau darzustellenden Vorschriften des Arzneimittelrechts vom Apotheker hergestellt wird. 1

1 Off-Label-Use

Eine bekannte Ausnahme, die in der täglichen Praxis eine Rolle spielt, ist der sogenannte Off-Label-Use. Hierbei handelt es sich um die Anwendung eines Arzneimittels außerhalb seiner Zulassung. Dazu zählen alle Abweichungen von den allgemeinen Zulassungsangaben. Ein Off-Label-Use kann mithin nicht nur in dem Gebrauch des Arzneimittels bezüglich einer anderen Erkrankung liegen, sondern auch bezüglich Darreichungsform, Anwendungsgebiet, Dosierung, Dauer der Anwendung, Gegenanzeigen, Warnhinweisen, Vorsichtsmaßnahmen, Wechselwirkung, Anwendung während der Schwangerschaft, Nebenwirkungen oder Überdosierung. Die Pflegefachperson sollte sich hier mit besonderer Vorsicht bewegen. Es kann zu besonderen Problemen kommen, und zwar was die Haftung angeht, aber auch die Vergütung der Leistungen. 2

2 Aufklärung und Haftung

Im Übrigen handelt es sich hier um eine medizinische Therapie wie alle anderen auch. Dies bedeutet, auch die Haftungsgrundlagen greifen, wie sie bereits in Teil II dargestellt wurden. Damit gilt, dass neben dem klaren Fehler bei der Diagnose oder Therapie, etwa der Wahl des falschen Arzneimittels oder der falschen Dosierung des Medikaments, eine Aufklärung des Patienten vorzunehmen ist. Ein Verweis auf die Packungsbeilage entlastet insofern nicht von der Verpflichtung zur individuellen, gesprächsweisen Selbstbestimmungsaufklärung. Auch die Medikation mit Präparaten, insbesondere mit hochwirksamen Arzneimitteln, ist ein ärztlicher Behandlungseingriff, für den vorab die Einwilligung eingeholt 3

188 Hart in Heidelberger Kommentar Arztrecht, Krankenhausrecht, Medizinrecht, 62. Aktualisierung, Feb 2016, 240 RN 1.

werden muss. Eine entsprechende Einwilligung setzt immer eine Aufklärung voraus. Auch hier gilt der Maßstab für die allgemeine Aufklärung, dass über allgemein bekannte und untergeordnete Gefahren nicht aufgeklärt werden muss, wohl aber über gefährliche und/oder unbekannte Nebenwirkungen. Die Notwendigkeit zur Aufklärung hängt dabei nicht davon ab, wie oft das Risiko zu einer Komplikation führt. Maßgebend ist vielmehr, ob das betreffende Risiko dem Eingriff spezifisch anhaftet und es bei seiner Verwirklichung die Lebensführung des Patienten gesondert belastet.[189]

3 Abgabe von Medikamenten durch Pflegefachpersonen

4 Dem Arzt bleibt allerdings die Möglichkeit, auch die Abgabe von Medikamenten an nicht ärztliches Pflegepersonal, also an Pflegefachpersonen, zu delegieren. Dabei gelten die gleichen Regelungen wie dies hier in Teil X dargestellt ist.

5 Die Wichtigkeit und das Haftungspotenzial für die Abgabe von Arzneimitteln, auch für Pflegefachpersonen, zeigt sich an dem folgenden Beispiel[190]:

> Hier war es zu einer Verurteilung einer Krankenschwester zu einem Jahr und sechs Monaten auf Bewährung gekommen. Hintergrund der Entscheidung war folgender: Die Krankenschwester hatte in einer – elektronisch geführten – Fieberkurve die Anweisung erhalten, um 18:00 Uhr ein Schilddrüsenhormon, ein Medikament gegen Schizophrenie sowie Diazepam und Melperon jeweils oral zu geben. Diazepam sollte um 8:00 Uhr mit 5 mg und um 18:00 Uhr mit 15 mg gegeben werden. Melperon sollte verabreicht werden um 8:00 Uhr mit 5 ml und um 12:00 Uhr mit 5 ml, um 18:00 Uhr mit 10 ml und um 22:00 Uhr mit 20 ml. Die Gabe sollte jeweils oral erfolgen.
> Die später verurteilte Krankenschwester vermerkte bereits – ohne das Medikament gegeben zu haben – um 15:33 Uhr, dass sie die Arzneien gemäß Anweisung um 18:00 Uhr gegeben habe. Kurz vor 17:00 Uhr verordnete ein Arzt zusätzlich zu den Dauermedikamenten SDH und Lasix sowie als Bedarfsmedikation Morphin mit einer Einzeldosis 2,50 mg/Tageshöchstdosis 7,50 mg und um 17:45 Uhr die Gabe von Bricanyl mit maximal einer Ampulle täglich. Gegen 19:00 Uhr kam es zu einem Irrtum der Krankenschwester. Sie nahm an, dass statt der Verordnung von Melperon für 18:00 Uhr die Gabe von 10 mg Lösung angeordnet worden sei. Die Patientin erhielt dann entsprechend um 19:00 Uhr oral 10 ml Methadon und hatte bereits um 18:00 Uhr das Bedarfsmedikament Morphin erhalten. Die Kombination beider Medikamente führte trotz entsprechender intensivmedizinischer Eingriffe zum Tod der Frau.
> Die verhältnismäßig hohe Strafe, die hier verhängt wurde, hing zum einen damit zusammen, dass die Krankenschwester sich erheblich über die Siche-

189 BGH vom 15.3.2005, Az. VI ZR 289/2003.
190 LG Frankfurt, Entscheidung vom 4.4.2017, Az. 5/27 KLs – 16/16.

rungsmaßnahmen hinweggesetzt hatte und auch die Verwechslung der Medikamente medizinisch nicht recht nachvollziehbar war. Das Gericht warf der Krankenschwester hier insbesondere vor, dass sie eine Eigen- und Kontrollfunktion der Fieberkurve außer Kraft gesetzt habe. Denn typischerweise hätte die Pflegekraft zweimal auf die Fieberkurve schauen müssen. Einmal beim Richten der Medikamente und zum zweiten Mal vor der Gabe der Medikamente. Hinzu kam, dass sie von einer Kollegin nochmals im Rahmen des Übergabegesprächs darauf angesprochen worden war, dass die Medikamentierung ihr seltsam vorkam.

3.1 Nach ärztlicher Anweisung

Vor dem Hintergrund, dass die Therapieentscheidung und die folgende eventuelle Verordnung von Arzneimitteln ärztliche Aufgabe ist, folgt, wie bei anderen Delegationen auch, dass, die Anweisung des Mediziners zur Art und Weise der Therapie eindeutig sein muss. Das bedeutet, die folgenden Punkte müssen klar benannt werden. Dabei ist wichtig, dass diese Anweisungen für den verständlich sind, der sie umsetzen soll. Ist das dem Arzt nicht gelungen, dann heißt es für das Pflegepersonal: Nachfragen. Denn es gilt wieder: Wer durchführt und erkennt, dass es zu Problemen kommen kann, der haftet; und wenn es „nur“ deswegen ist, weil die die Anweisung nicht verstanden wurde. 6

- Patient – so klar, dass es nicht zu Verwechselungen kommen kann. Herr Müller ist also nicht ausreichend!
- Benennung des Arzneimittels – bei Fertigarzneimitteln durch Benennung des Namens oder aber auch durch die Angabe von Wirkstoff, Darreichungsform und Einzeldosisstärke.
- Bei der Wirkstoffverordnung sind die Angabe der Applikationsform und des Applikationsweges zwingend erforderlich.
- Dosierung
- Therapiedauer, zumindest bei zeitlich begrenzter Therapie.[191]

Dabei ist die Pflegefachperson gut beraten, wenn sie sich an den gesetzten Rahmen und auch an die Frage der Applikation der Medikamente hält. Hierzu ein Beispiel: 7

Eine Kinderkrankenschwester hatte die klare Anweisung, eine Injektion von Antibiotika „über einen Schlauch und einen Kopfzugang“ (so das Gericht in seiner Begründung) erst 15 Minuten nach dem Essen zu beginnen. Entgegen der Anweisung begann sie zu früh direkt nach dem Essen. Das Kind musste sich im Laufe der Applikation des Arzneimittels übergeben und verschluckte sich an nicht ausreichend zerkautem Essen. Es kam zu einer schweren Komplikation, die 8

191 Demuth u. a.: Anforderung an die Verordnung und Anwendung von Bedarfsmedikation zur Gewährleistung von Arzneimitteltherapiesicherheit. In: Arzneiverordnung in der Praxis 1/2017, S. 39.

zu einer Sauerstoffunterversorgung im Hirn führte. Die Krankenschwester wurde hierfür zu einer Geldstrafe von 80 Tagessätzen verurteilt.[192]

9 Da die Pflegefachperson für Fehler bei der Arzneimittelgabe haftet, muss sie dringend remonstrieren, wenn die Verordnung von Arzneimitteln nicht den bezeichneten Anforderungen entspricht.

3.2 Bedarfsmedikation

In der Praxis ebenso nicht unüblich ist die sogenannte Bedarfsmedikation. Studien haben ergeben, dass diese insbesondere in Alten- und Pflegeheimen oder psychiatrischen Krankenhausabteilungen für die Patienten große Vorteile mit sich bringt. So kann die Gabe der Medikamente stark verringert werden. Die Kosten sinken[193].

Dabei zeigt die Praxis allerdings, dass bei der Bedarfsmedikation nicht immer die Informationen mitgegeben werden, die an sich für eine erfolgreiche Vorgehensweise notwendig sind. Denn vor dem Hintergrund dessen, dass die Verordnung und Wahl der Therapie Sache des Arztes sind, bedarf es der klaren Darstellung eines Rahmens für die Bedarfsmedikation. Mithin muss diese über die gerade schon gezeigten Punkte hinaus noch folgende Aspekte aufführen:

- Präzise beschriebener Bedarfsgrund,
- eventuell vorhandene Kontraindikation,
- Dosierung des Bedarfsarzneimittels: Neben der initialen Einzeldosis sind die maximale Einzeldosis und gegebenenfalls die Schritte der möglichen Einzeldosierungssteigerung anzugeben.
- Mindestabstand der Einzelgaben, die maximal mögliche Zahl von Gaben pro Tag und – sofern dies zutrifft – eine maximale Therapiezyklusdauer.
- Maximaldosen.
- Dauer der Gültigkeit der Verordnung der Bedarfsmedikation[194].

10 Vor dem Hintergrund des nicht unerheblichen Risikos, welches die Pflegefachperson trägt, wenn sie die Bedarfsmedikation auslöst und eigentlich erkennen müsste, dass es gewisser Grenzen bedürfen würde oder die Vorgaben zur Bedarfsmedikation offensichtlich rudimentär sind, ist anzuraten, den Rahmen für die Bedarfsmedikation klar durch den Arzt abstecken zu lassen. Ist die Bedarfsmedikation lückenhaft, so ist dringend eine ärztliche Entscheidung darüber einzuholen, ob und in welcher Höhe der Bedarf zu welchem Zeitpunkt vorliegt. Eine entsprechende Auskunft – notfalls auch telefonisch – ist unbedingt zu dokumentieren.

192 AG Limburg vom 18.01.2016, Az. 52 Ds 3 Js 7678/12 – Zur Strafbemessung siehe Teil II Kap. 6.1.2
193 Demuth u. a. mit Verweis auf entsprechende Studien
194 Demut u. a., a. a. O.

3.3 Abgabe von nicht verschreibungspflichtigen Medikamenten ohne ärztliche Verordnung

In der Praxis kommt es immer wieder dazu, dass Pflegefachpersonen darum gebeten werden, nicht verschreibungspflichtige Medikamente dem Patienten/Bewohner zu reichen. 11

Hier besteht eine große Unsicherheit, die allerdings recht einfach aufzulösen ist. Die Gabe von nicht verschreibungspflichtigen Medikamenten ohne ärztliche Verordnung kann grundsätzlich zulässig sein. Die folgenden Schritte müssen dabei beachtet werden: 12

1. Das Medikament muss sich im Eigentum/Besitz des Patienten oder Bewohners befinden. Das „Besorgen" von nicht verschreibungspflichtigen Medikamenten ist grundsätzlich unzulässig. Untersagt ist also, dass durch die Pflegefachpersonen ein Vorrat an Arzneimitteln vorgehalten wird, aus denen jeder Bewohner/Patient auf dessen Anfrage hin eine medikamentöse Versorgung erhält. Schon gar nicht darf eine solcher Vorrat aus „übriggebliebenen" Arzneimitteln Verstorbener aufgebaut werden. Etwas Anderes ist es, wenn die Pflegefachkraft im Auftrag des Bewohners/Patienten die Arzneimittel nur für diesen in dessen „Apotheke" aufbewahrt. Hat sich der Patient das entsprechende nicht verschreibungspflichtige Medikament legal „besorgt", so spricht nichts dagegen, dass die Pflegefachperson als „verlängerter Arm" das Medikament übergibt.
2. Allerdings nur dann, wenn die Pflegefachperson keine Bedenken bezüglich des Medikamentes hat.
3. Ergibt sich aus dem Wissen der Pflegefachperson über die Erkrankung oder die sonstige Medikation des Patienten, dieser sollte das von ihm begehrte nicht verschreibungspflichtige Medikament nicht einnehmen oder das Präparat könnte bei ihm zu gesundheitlichen Risiken führen, so muss die Pflegefachperson den Patienten darauf hinweisen. Dies gilt auch schon dann, wenn die Pflegefachperson nur sehr geringe Bedenken bezüglich eventueller Wechselwirkungen von Medikamenten oder Kontraindikationen hat. Dies ist darauf zurückzuführen, dass die Pflegefachperson in der Regel ein überlegenes Wissen hat. Hieraus resultiert eine sogenannte Garantenpflicht. Mit anderen Worten: Sobald die Pflegefachperson irgendwelche Bedenken gegen das Medikament hat, muss sie den Bewohner/Patienten hierauf ausdrücklich hinweisen und im Zweifel davor warnen, das Medikament zu nehmen. Selbst dabei helfen darf die Pflegefachperson in solchen Fällen nicht mehr.
4. Versteht der Bewohner/Patient die Warnung und möchte das Präparat aus eigenem Willen dennoch einnehmen und so auf den „verlängerten Arm der Pflegefachperson" verzichten, dann besteht bei der Pflegefachperson grundsätzlich keine Verpflichtung dazu, die Einnahme des Medikamentes zu verhindern – egal wie gefährlich dies ist. Es steht allerdings der Pflegefachperson bei drohenden erheblichen Gefahren frei, entsprechend zu intervenieren.

5. Anders ist dies dann, wenn der Patient die Warnung nicht (mehr) versteht. Dann ist zu verfahren wie beim nicht einwilligungsfähigen Patienten. Primär entscheidet nun der Betreuer oder Bevollmächtigte. Ist weder der eine noch der andere greifbar, dann muss die Pflegefachperson die Einnahme des Medikamentes zu unterbinden[195].

13 Im Rahmen der Hilfe zur Selbsttötung wird unter Juristen sogar diskutiert, inwieweit sogar die Zurverfügungstellung von potentiell letalen Medikamenten durch Ärzte und Pflegefachpersonen zulässig sein kann und nicht zu einer Strafe führt. Obwohl sogar anzunehmen ist, dass selbst die Hilfe bei der Einnahme von solchen Stoffen straffrei sein soll, wird hier davor gewarnt.

4 Lagerung von Arzneimitteln

14 Bei Arzneimitteln handelt es sich um empfindliche Produkte. Grundsätzlich sind Arzneimittel übersichtlich, trocken, lichtgeschützt und sauber aufzubewahren. Die Lagerungshinweise auf der äußeren Verpackung sind zu beachten. Bei vorgeschriebener Lagerung von +2 bis +8 Grad (zum Beispiel Insulin, manche Antibiotika, manche Augentropfen u. Ä.) sind Medikamente im Kühlschrank aufzubewahren. Hierbei sollte es sich jedoch nicht um einen Kühlschrank handeln, indem ansonsten Lebensmittel oder gar andere chemische Produkte zusätzlich gelagert werden. Soweit es sich nicht um besondere Kühlschränke handelt, die bereits entsprechende Vorkehrungen haben, ist es sinnvoll, ein unabhängiges, sogenanntes Maximum-/Minimum-Thermometer oder eine ähnliche Messeinrichtung vorzusehen.

15 Im Krankenhaus gilt, dass die Arzneimittel im Sinne eines Stationsbedarfs bestellt und aufbewahrt werden dürfen, das gilt also für die gesamte Station. Für Wohn- und Pflegeeinrichtungen gilt dies grundsätzlich nicht. Hier muss die Einrichtung, sofern sie mit der Aufbewahrung und Vergabe von Medikamenten beauftragt ist, für jeden Bewohner die vom Arzt verordneten Arzneimittel getrennt aufbewahren und dafür sorgen, dass eine vorgeschriebene Einnahme erfolgt. Die Medikamente sind bewohnerbezogen aufzubewahren, d. h. mit Namensschildern des Bewohners/der Bewohnerin zu kennzeichnen und für jede Person in eigenen Fächer oder Kästen in einem abschließbaren Medikamentenschrank gesondert aufzubewahren.[196] Diese Individualisierung der Medikamente dokumentiert, dass eine Versorgung von mehreren Bewohnern aus einer Verpackung genauso wenig zulässig ist wie die Sammlung von Vorräten in einer Pflegeeinrichtung. Es ist Sache der Apotheke, die Versorgung der Patienten sicherzustellen und nicht die der Ein-

195 Wie hier zur Frage der Gabe von nicht verschreibungspflichtigen Medikamenten, MDK-Anleitung zur Prüfung der Qualität nach den §§ 112, 114 SGB XI in der ambulanten Pflege, Stand 10.11.2005 und Demuth u. a., a. a. O.

196 Arzneimittel in Wohn- und Pflegeeinrichtungen, Merkblatt des Landesamts für Soziales, Jugend und Versorgung, Rheinland-Pfalz, Stand Dezember 2015

richtung. Diese muss sich ferner darum kümmern, dass die vorhandenen Medikamente nicht außerhalb der Haltbarkeit verwendet werden. Es muss eventuell eine entsprechende Dokumentation der Anbrüche vorgenommen werden.

5 Zusammenarbeit mit Apotheken

Während die Krankenhausapotheke eine Vielzahl der Überprüfungsmaßnahmen für die Stationsversorgung übernimmt und die Abläufe hier typischerweise für die Pflegefachpersonen unproblematisch sind, ist dies in der Heimversorgung anders. 16

Grundsätzlich hat das Heim gemäß § 12 a ApoG einen Vertrag mit einer oder mehreren Apotheken abzuschließen, im Rahmen dessen die Versorgung der Bewohner sichergestellt wird. 17

Dies heißt allerdings noch nicht, dass jeder Bewohner seine Medikamente unbedingt von dieser Apotheke beziehen muss. Bei der Aufnahme des Patienten muss diesem klar die Möglichkeit verbleiben, sich wie bisher von einer anderen Apotheke beliefern zu lassen. Dies ist die notwendige Voraussetzung der freien Leistungserbringerwahl. 18

Der Vertrag zwischen Apotheke und Heim muss nach § 12 ApoG schriftlich erfolgen und von der entsprechenden Aufsichtsbehörde genehmigt werden. Es handelt sich um einen Kontrakt mit einer gewissen Mindestlaufzeit. Soweit hier auf anderweitige Rechtsprechung Bezug genommen wird, ist diese nicht (mehr) wesentlich.[197] Dies folgt aus dem Grund, dass die Apotheken bei der Heimversorgung eine Vielzahl von Pflichten übernehmen müssen und im Sinne der Einrichtungen diesen auch gewisse Tätigkeiten abnehmen dürfen. Diese Pflichten umfassen zum Beispiel die Schulung des Heimpersonals, besondere Beratungspflichten gegenüber Bewohnern, Personal und versorgenden Ärzten, die Begehung der Arzneimittelvorräte im Heim und die oft mehrfach am Tag durchzuführende Arzneilieferung.[198] Dies bedeutet, dass eine Vielzahl von Arbeiten und Aufgaben, die bei der Lagerung von Medikamenten zu beachten sind, durch die Apotheke übernommen werden können. 19

Insofern ist es natürlich einladend, den Apotheken möglichst viel Einzelarbeiten aufzubürden. Denn für die Apotheken handelt es sich grundsätzlich bei den entsprechenden Verträgen um – je nach Größe der Einrichtung – lukrative Kontrakte. Denn diese schließen mit den jeweiligen Patienten die entsprechenden Verträge zum Bezug der Arzneimittel. Die Apotheke kann also „en gros" verkaufen und hat hierfür weniger Arbeit. 20

197 Das Oberlandesgericht Celle hatte mit Entscheidung vom 11.11.2015, Az. 4 U 61/15 die Auffassung vertreten, dass die Heime nicht an die Verträge gebunden werden dürfen. Dies hat der Bundesgerichtshof mit seiner Entscheidung vom 14.07.2017, Az. III ZR 446/15 aufgehoben.

198 Meyer: Heimversorgung – Alles, was Recht ist. In: DAZ 17/2016, S. 48.

21 Es ist allerdings vor dem Hintergrund der wettbewerbsrechtlichen Komponente Vorsicht angesagt, was die Überbürdung allzu vieler Aufgaben an die Apotheke angeht. Soweit die Aufgabenübernahme der Apotheke über die in § 12 a ApoG ausdrücklich aufgezeigten Pflichten hinausgeht, muss man aufpassen. Wenn beispielsweise das Richten von Medikamenten übernommen wird, liegt klar eine Leistung vor, die nicht mehr gemäß § 12 a ApoG von der Apotheke im Sinne der Heimverträge übernommen werden soll. Hierbei handelt es sich um eine Leistung, die die Einrichtung selbst zu erbringen hat. Wenn nun der Apotheker Leistungen für die Einrichtung übernimmt, kommt es zu einer Verschiebung von Leistungserbringung. Dies kann immer ein Zeichen für unerlaubte Kooperation und damit Korruption sein. Denn im Gesundheitswesen wird nicht nur darauf geachtet, ob eine Zahlung geleistet wird. Vielmehr ist es grundsätzlich auch so, dass eine unentgeltliche Leistung, die normalerweise nur für Geld erbracht wird, einen unzulässigen Vorteil darstellen und so verboten sein kann. Hieran sind die erheblichen Folgen geknüpft, die in Teil II Kap. 4 und 5 dargestellt werden[199].

22 Eine gewisse Sicherheit bietet die Tatsache, dass die entsprechenden Kooperationsverträge mit den Heimen zur Genehmigung vorgelegt werden müssen. Es gilt allerdings, dass nur das geprüft werden kann, was tatsächlich im Vertrag steht. Dringend ist davor zu warnen, entsprechende Abreden zwar mündlich zu treffen, diese aber nicht in den entsprechenden Verträgen zu dokumentieren. Insgesamt sollte derjenige, der sich von den klassischen Musterverträgen zur Kooperation Heim-Apotheke befreien möchte, dringend anwaltschaftlichen Rat hinzuziehen.

6 BtMG

23 Besonders heikel ist die Abgabe von hoch potenten Medikamenten, die dem Betäubungsmittelrecht unterliegen, BtMG. Was hierunter fällt, ergibt sich aus der Anlage 3 zum BtMG. Auch hier gilt natürlich, dass es der ärztlichen Verordnung bedarf – bei der Verschreibung muss der Mediziner hier besondere Ansprüche beachten. Hierzu ein Beispiel:

> Ende April 2007 verstarb Monika K. in Augsburg. Ein toxikologisches Gutachten zeigte im Blut der Frau K. eine weit oberhalb des therapeutischen Bereichs liegende Konzentration von Fentanyl. Der behandelnde Arzt wurde u. a. wegen Totschlags und weiterer Straftaten zu einer Freiheitsstrafe von drei Jahren und zehn Monaten verurteilt. Grund für die Strafe war, dass ohne (ausreichende) medizinische Indikation, Personen die Medikamente Durogesic, Transtec, Temgesic sowie Fluninoc verschrieben haben. Frau K. war an einer Überdosierung des Wirkstoffs Fentanyl gestorben[200].

199 Meyer, „Heimversorgung – Alles, was Recht ist" – weist in diesem Zusammenhang allerdings zu Recht darauf hin, dass ggf. tatsächlich §§ 299 a/b ff. StGB nicht Anwendung finden, da ein Wettbewerb hier nicht vorliegt.

200 LG Augsburg, Az. 8 Ks 200 Js 124164/07

Für Pflegefachpersonen ist wichtig, dass außerhalb der Palliativversorgung die Medizinprodukte zwar grundsätzlich auch durch Pflegefachpersonen verabreicht oder zum unmittelbaren Verbrauch überlassen werden dürfen, aber auch nur das. Das Verabreichen und das Überlassen zum unmittelbaren Verbrauch bedeutet, die BtM werden entweder direkt gegeben, in welcher Form auch immer, oder aber es wird eine Konsummöglichkeit des BtM an Ort und Stelle in einer Art und Weise eingeräumt, dass dieses nur entweder konsumiert werden oder der Konsum abgelehnt werden kann. Das BtM darf also nicht zur freien Verfügung stehen. Die Pflegefachperson muss sich vergewissern, dass ein zur Verfügung gestelltes BtM sofort genommen wird oder es wieder mitnehmen.[201] Gibt die Pflegefachperson hier nicht Acht, so hat sie ein BtM unerlaubt abgegeben. Die hierfür angedrohten Strafen sind hoch.

Ausnahmen gelten bei der ambulanten palliativmedizinischen Behandlung und beim Entlassmanagement. Hier kann im Einzelfall die Möglichkeit bestehen, dass für einen überschaubaren Zeitraum von drei Tagen im Voraus BtM an den Patienten abgegeben werden. Beim Entlassmangement ist bei einer Entlassung an einem Sonntag und wenn der Patient sich ersichtlich nicht mit den BTM selbst versorgen kann – die erreichbaren Notdienstapotheken verfügen nicht über das Medikament – mit der entsprechenden Dokumentation eine Mitgabe der Versorgung bis zur Eröffnung der anderen Apotheken möglich. In beiden Fällen muss sehr genau dokumentiert werden.

Im Übrigen gelten für die Aufbewahrung der BtM die „Richtlinien über Maßnahmen zur Sicherung von Betäubungsmittelvorräten im Krankenhausbereich, in öffentlichen Apotheken, Arztpraxen sowie Alten- und Pflegeeinrichtungen", Stand 01.01.2007 des Bundesinstituts für Arzneimittel und Medizinprodukte. Danach ist ein Wertschutzschrank nach EN 1143-1 vorzusehen, in dem die Betäubungsmittel verschlossen aufzubewahren und gegen unbefugte Entnahme zu sichern sind. Bezüglich des Nachweises der Bestände ist zumindest einmal im Monat ein Vergleich des Ist-Bestandes mit dem Soll-Bestand vorzunehmen.

Ausgenommen hiervon ist die Aufbewahrung von Betäubungsmittelmengen, die höchstens den durchschnittlichen Tagesbedarf einer Teileinheit darstellen und ständig griffbereit sein müssen. Diese sind durch Einschließen so zu sichern, dass eine schnelle Entwendung wesentlich erschwert wird.

Die Aufbewahrung der jeweiligen Schlüssel ist durch einen schriftlichen Verteilerplan zu regeln. Die Schlüssel sind von den Berechtigten grundsätzlich in persönlichen Gewahrsam zu nehmen und nicht durch die Stationen zu reichen! Wer den Schlüssel verwaltet, der tut gut daran, den Schlüssel nur bei sich zu verwahren.

201 BGH, Beschluss vom 08.07.1998, Az. 3 StR 241/98

7 FAQ – Arzneimittel

7.1 Injektionsfertige Medikamente

24 In der Praxis werden Medikamente immer wieder vor Gebrauch gelagert bzw. zubereitet und gelagert (aufgezogene Spritzen, belüftete Infusionen u. a.). Das ist nur begrenzt zulässig. Wird ein steriles Fertigarzneimittel zur Applikation in eine Spritze aufgezogen oder durch Zusätze ergänzt, besteht das Risiko einer mikrobiellen Kontamination – aber vor allem können Temperatur, Luft und Licht die Wirksamkeit von Medikamenten beeinflussen. Daher sind für jedes einzelne Medikament vor allem die Packungsbeilagen und Fachinformationen ausschlaggebend. Finden sich dort keine Hinweise, dann muss entweder beim Hersteller nachgefragt oder die Vorbereitung muss unterlassen werden. Einheitliche Regeln für die Aufbewahrung „aufgezogener Medikamente“ können nicht aufgestellt werden[202].

7.2 Haltbarkeit

25 Verschiedene äußere Einflüsse können die die Qualität, Sicherheit und Haltbarkeit von Arzneimitteln beeinflussen: Licht, Feuchtigkeit/Trockenheit, Luft, Mikroorganismen (Bakterien, Pilze), Ungeziefer, Temperatur (zu hoch, zu niedrig, häufige große Schwankungen) oder mechanische Beschädigungen. Zeigen sich bei Arzneimitteln Veränderungen, z. B. Salben entmischen oder verfärben sich, Kristalle fallen aus Lösungen heraus, Emulsionen trennen sich in Fett- und Wasserkomponenten, „rahmen auf“, es bilden sich „Fettaugen“, Tabletten „blühen aus“, verfärben sich oder zerfallen, Lösungen werden trüb oder trocknen ein, Suspensionen sind nicht mehr vollständig aufschüttelbar oder es bildet sich Schimmel, dann dürfen sie nicht mehr verwendet werden – auch wenn sie laut Aufdruck noch haltbar wären. Ist die Haltbarkeit überschritten, so handelt es sich anders als bei Lebensmitteln nicht um ein Mindesthaltbarkeitsdatum, sondern ein maximales Verwendungsdatum. Auch ohne Veränderungen dürfen Arzneimittel dann nicht mehr verwendet werden. Davon zu unterscheiden ist die gegenüber dem Verfalldatum oft deutlich kürzere Aufbrauchfrist nach Anbruch bei manchen Arzneimitteln wie Augentropfen, Injektionslösungen oder auch Säften[203].

7.3 Teilen von Tabletten[204]

26 Wie Medikamente eingenommen werden, ist für die Wirksamkeit von größter Bedeutung. Vorgaben zur Teilbarkeit und zum Einnahmezeitpunkt müssen unbe-

202 https://www.rki.de/DE/Content/Infekt/Krankenhaushygiene/ThemenAZ/A/Aufbew_Medikamente.html

203 Arzneimittel in Wohn- und Pflegeeinrichtungen, Merkblatt des Landesamts für Soziales, Jugend und Versorgung, Rheinland-Pfalz, Stand Dezember 2015

204 Nach Arzneimittel in Wohn- und Pflegeeinrichtungen, Merkblatt des Landesamts für Soziales, Jugend und Versorgung, Rheinland-Pfalz, Stand Dezember 2015

dingt beachtet werden. Eine Vertiefung oder Markierung, die wie eine Bruchrille aussieht, bedeutet nicht unbedingt, dass eine Teilung bedenkenlos möglich ist. Entscheidend sind die Angaben in der Packungsbeilage oder Fachinformation. Ergibt sich dort nichts, dann kann eventuell der Apotheker Auskunft erteilen. Bei manchen Arzneimitteln sorgt eine spezielle Schicht für eine dosierte Freigabe des Wirkstoffes. Ein Zerstören der Schicht kann zu einer schlagartigen Freisetzung unerwünscht großer Wirkstoffmengen oder einem vorzeitigen Abbau des Wirkstoffs führen.

Nach Teilung muss der nicht verabreichte Teil lichtgeschützt und an einem 27
trockenen Ort aufbewahrt werden. Bereiche, in denen häufig feuchte Dämpfe entstehen, wie Küchen, Essensausgaben, Teeküchen, Kochnischen etc. eignen sich dafür nicht. Das Teilen sollte grundsätzlich niemals auf „Vorrat" erfolgen.

7.4 Zerkleinerte Tabletten[205]

Bei der Zerkleinerung von Medikamenten ist darauf zu achten, dass sich hierfür 28
nicht alle Medikamente eignen. Auch hier kann eine eventuelle Schicht auf der Tablette (siehe Kap. 7.3) ein Zerkleinern ausschließen. Zusätzlich kann sich durch das Zerkleinern die Wirksamkeit des Arzneimittels in eine andere Richtung verändern (schnelle Reaktion mit der Luft). Die Informationen ergeben sich auch hier aus der Beilage, den Fachinformationen oder vom Apotheker.

Zudem ist darauf zu achten, dass bei der Zerkleinerung keine Vermischung 29
entstehen kann. Nicht geeignet sind Stein- oder Keramikmörser, weil in dessen Poren nicht unerhebliche Mengen des Medikamentes zurückbleiben können und der Patient eine unzureichende Dosis bekommen kann. Vermieden werden sollte auch die Verwendung desselben Gerätes für verschiedene Patienten, da geringe Reste von Arzneimitteln dort zurückbleiben und einem anderen Patienten schaden könnten – selbst wenn das Gerät gereinigt wird, können immer noch Reste verbleiben.

Verschiedene zerkleinerte Tabletten dürfen in der Regel nicht gemeinsam gegeben 30
werden, sondern hier ist eine Trennung bei der Gabe notwendig. Die Mischung und gleichzeitige Gabe mehrerer verschiedener Medikamente entspricht der Herstellung eines neuen Medikamentes und ist daher unzulässig[206].

Tabletten sollten grundsätzlich nicht „auf Vorrat" zerkleinert werden, auch wenn 31
die Zerteilung nach der Packungsbeilage möglich ist. Insbesondere Luft und Luftfeuchte können zu weiteren unerwünschten Veränderungen führen. Dazu kommt die Verwechslungsgefahr – die zerkleinerte Tablette kann man nicht mehr richtig erkennen.

205 Nach Arzneimittel in Wohn- und Pflegeeinrichtungen, Merkblatt des Landesamts für Soziales, Jugend und Versorgung, Rheinland-Pfalz, Stand Dezember 2015
206 Voigt u. Reinbold in Pharmazeutische Zeitung online, Ausgabe 11/2009

7.5 Richten von Arzneimitteln auf Vorrat

32 Beim Richten von Arzneimitteln auf Vorrat ist aus verschiedenen Gründen Vorsicht angezeigt. Es muss verhindert werden, dass es zu einem Wechsel in der Therapie kommt, der nicht angeordnet worden ist. Außerdem ist bei machen Arzneimitteln vorgesehen, dass diese in ihrer Originalverpackung gelagert werden. Es kann schon schnell zu Wirkungsveränderungen kommen. Außerdem können Arzneimittel, wenn sie gemeinsam in einem Dosett oder Blistertütchen („Pouch") aufbewahrt werden, sich gegenseitig beeinflussen; auch dies ist zu beachten. Hier sollte eine entsprechende Rücksprache mit dem Arzt erfolgen.

33 Das Richten der Arzneimittel ist immer Sache der Pflegefachpersonen.

7.6 Zerschneiden von transdermalen Pflastern

34 Beim Zerschneiden von transdermalen Pflastern ist Vorsicht angezeigt. Ob dies möglich ist, hängt von der „Konstruktion" des Pflasters ab. Bei einigen Pflastern führt ein Zerschneiden zum Ausfließen des flüssigen bzw. halbfesten Inhalts oder zum Verdunsten von flüchtigen Hilfs- und Wirkstoffen. Auch das Fixieren des Pflasters wäre nach dem Zerschneiden bei einer randständigen Klebebeschichtung nicht mehr gewährleistet, ebenfalls könnte reibende Kleidung die nicht mehr abgerundeten Pflasterstücke leichter ablösen[207]. Hinzu kommt, dass ein Zerschneiden zu einer ungenauen Dosierung führen kann[208]. Hierzu ein Beispiel:

35 Ein Patient soll in der Arztpraxis von Tilidin auf transdermales Fentanyl umgestellt werden. Da der Arzt nur ein 50 µg/h freisetzendes Fentanyl-Membranpflaster zur Verfügung hat, zerschneidet er dieses mit einer Schere und klebt ein Viertel davon auf. Zwei Stunden später fällt der Freundin des Patienten eine verlangsamte Atmung des Mannes auf. Sie entfernt das Pflaster und ausgetretene Gelreste. Nach 16 Stunden Schlaf erwacht der Patient ohne weitere Folgeerscheinungen[209].

36 Auch hier gilt, dass unbedingt der Rat eines Apothekers einzuholen ist. Oft ist statt Zerschneiden ein Abkleben die bessere Wahl.

---

207 https://www.deutsche-apotheker-zeitung.de/daz-az/2007/daz-10-2007/transdermal-pflaster-eine-applikationsform-mit-hohem-beratungsbedarf [abgerufen am 27.8.2018].

208 Spitalapotheke Kantosspital Aarau, „Transdermale Pflaster – praktische Aspekte". Online: https://www.ksa.ch/sites/default/files/cms/spitalpharmazie/docs/transdermale_pflaster-spitalapotheke-ksa.pdf [abgerufen am 27.8.2018].

209 Klockgether-Radke, A. u. a.: Opioidintoxikation. Unsachgemäße Anwendung von transdermalem Fentanyl. In: Der Anaesthesist 5/1997.

VI Abrechnung im Gesundheitswesen

1 Abrechnung häusliche Pflege

Die Anspruchsgrundlage für die ambulante (häusliche) Krankenpflege findet sich im § 37 SGB V. Patienten erhalten in ihrem Haushalt, ihrer Familie oder an einem sonst geeigneten Ort – insbesondere in betreuten Wohnformen, Schulen und Kindergärten, bei besonders hohem Pflegebedarf auch in Werkstätten für behinderte Menschen – neben der ärztlichen Behandlung häusliche Krankenpflege (Grund- und Behandlungspflege) durch Pflegefachpersonen. Dies gilt, wenn Krankenhausbehandlung geboten, aber nicht ausführbar ist, oder wenn sie durch die häusliche Krankenpflege vermieden oder verkürzt wird. 1

Die häusliche Krankenpflege umfasst die im Einzelfall erforderliche Grund- und Behandlungspflege sowie hauswirtschaftliche Versorgung. Der Anspruch besteht bis zu vier Wochen je Krankheitsfall. In begründeten Ausnahmefällen kann die Krankenkasse die häusliche Krankenpflege für einen längeren Zeitraum bewilligen, wenn der Medizinische Dienst (MDK) festgestellt hat, dass dies erforderlich ist. 2

Für Leistungen der ambulanten Palliativversorgung ist regelmäßig ein begründeter Ausnahmefall anzunehmen, dies bedeutet, dass die häusliche Krankenpflege länger als vier Wochen verordnungsfähig ist. 3

Versicherte erhalten wegen schwerer Krankheit oder akuter Verschlimmerung einer Krankheit, insbesondere nach einem Krankenhausaufenthalt, nach einer ambulanten Operation oder nach einer ambulanten Krankenhausbehandlung, soweit keine Pflegebedürftigkeit mit Pflegegrad 2–5 vorliegt, die erforderliche Grundpflege und hauswirtschaftliche Versorgung. Grundpflege wird ab Pflegegrad 2 über die Sach- oder Kombinationsleistung mit der Pflegeversicherung abgerechnet. 4

Auch in stationären Pflegeeinrichtungen ist häusliche Krankenpflege ausnahmsweise bei Patienten, die auf Dauer, voraussichtlich für mindestens sechs Monate, einen besonders hohen Bedarf an medizinischer Behandlungspflege haben, verordnungsfähig. Bedingung hierzu ist, dass der Bedarf an Behandlungspflege eine ständige Überwachung und Versorgung durch eine qualifizierte Pflegefachperson erfordert. 5

Der Anspruch auf häusliche Krankenpflege besteht nur, soweit eine im Haushalt lebende Person den Kranken in dem erforderlichen Umfang nicht pflegen und versorgen kann. 6

Kann die Krankenkasse keine Kraft für die häusliche Krankenpflege stellen oder besteht Grund, davon abzusehen, sind den Versicherten die Kosten für eine selbstbeschaffte Kraft in angemessener Höhe zu erstatten. 7

8 Versicherte, die das 18. Lebensjahr vollendet haben, leisten eine Zuzahlung, begrenzt auf für die ersten 28 Kalendertage der Leistungsinanspruchnahme je Kalenderjahr.

9 Die „Richtlinie Häusliche Krankenpflege-Richtlinie Stand: 16. März 2017 des Gemeinsamen Bundesauschusses über die Verordnung von häuslicher Krankenpflege“ (Häusliche Krankenpflege-Richtlinie, HKP) regelt die Verordnung häuslicher Krankenpflege, deren Dauer und deren Genehmigung durch die Krankenkassen sowie die Zusammenarbeit der Vertragsärzte mit den die häusliche Krankenpflege durchführenden ambulanten Pflegediensten und den Krankenhäusern.

1.1 Häusliche Krankenpflege-Richtlinie (HKP)

10 Die Verordnung häuslicher Krankenpflege, welche hier im Original besprochen wird, erfolgt bei medizinischer Notwendigkeit durch Vertragsärzte. Diese kann sowohl kurativ als auch palliativ indiziert sein. Dabei sind der Eigenverantwortungsbereich des Versicherten sowie die besonderen Belange kranker Kinder und wirtschaftliche Versorgungsalternativen zu berücksichtigen. So kann z. B. die Verordnung eines teuren Arznei-, Verband- oder Hilfsmittels wirtschaftlich sein, aber die notwendigen teuren Maßnahmen der häuslichen Krankenpflege sind wirkungsvoller. Hier wäre häusliche Krankpflege zu genehmigen.

11 Häusliche Krankenpflege wird im Haushalt der oder des Versicherten oder ihrer oder seiner Familie erbracht. Anspruch auf häusliche Krankenpflege besteht auch an sonstigen geeigneten Orten, an denen sich die oder der Versicherte regelmäßig wiederkehrend aufhält und an denen

- die verordnete Maßnahme zuverlässig durchgeführt werden kann und
- für die Erbringung der einzelnen Maßnahmen geeignete räumliche Verhältnisse vorliegen (z. B. im Hinblick auf hygienische Voraussetzungen, Wahrung der Intimsphäre, Beleuchtung),

12 wenn die Leistung aus medizinisch-pflegerischen Gründen während des Aufenthaltes an diesem Ort notwendig ist. Orte in diesem Sinn können insbesondere Schulen, Kindergärten, betreute Wohnformen oder Arbeitsstätten sein (siehe § 37 SGB V).

13 Ein Anspruch besteht auch für Versicherte, die nicht nach § 14 SGB XI pflegebedürftig sind, während ihres Aufenthalts in teilstationären Einrichtungen der Tages- und Nachtpflege, wenn die Leistung aus medizinisch-pflegerischen Gründen während des Aufenthaltes in der Einrichtung der Tages- oder Nachtpflege notwendig ist sowie in Kurzzeitpflegeeinrichtungen.

Die häusliche Krankenpflege umfasst 14

- Maßnahmen der ärztlichen Behandlung, die dazu dienen, Krankheiten zu heilen, ihre Verschlimmerung zu verhüten oder Krankheitsbeschwerden zu lindern und die üblicherweise an Pflegefachpersonen delegiert werden können (Behandlungspflege),
- Grundverrichtungen des täglichen Lebens (Grundpflege) und
- Maßnahmen, die zur Aufrechterhaltung der grundlegenden Anforderungen einer eigenständigen Haushaltsführung allgemein notwendig sind (hauswirtschaftliche Versorgung).

Die in der vertragsärztlichen Versorgung verordnungsfähigen Maßnahmen der 15
häuslichen Krankenpflege sind grundsätzlich dem dieser Richtlinie als Anlage beigefügten Leistungsverzeichnis zu entnehmen. Dort nicht aufgeführte Maßnahmen sind grundsätzlich nicht als häusliche Krankenpflege verordnungs- und genehmigungsfähig. Aber es gibt eine Ausnahme: Nicht im Leistungsverzeichnis aufgeführte Maßnahmen der häuslichen Krankenpflege im Sinne von § 37 SGB V sind in medizinisch zu begründenden Ausnahmefällen verordnungs- und genehmigungsfähig, wenn sie Bestandteil des ärztlichen Behandlungsplans, im Einzelfall erforderlich und wirtschaftlich sind und von geeigneten Pflegekräften erbracht werden sollen.

Maßnahmen der ärztlichen Diagnostik und Therapie sind nicht als häusliche 16
Krankenpflege verordnungsfähig und dürfen nicht von der Krankenkasse genehmigt werden, z. B. Blutabnehmen oder EKG schreiben. Wünscht der Arzt diese Leistungen, sind diese mit dem Mediziner im Umfang und der Vergütung zu verhandeln. Der Arzt haftet nun für die Durchführung der Anordnung (siehe hierzu Teil XI Kapitel 1) und die Vergütung.

Die oder der Versicherte hat nur dann einen Anspruch auf häusliche Kranken- 17
pflege, wenn und soweit er die erforderliche(n) Verrichtung(en) nicht selbst durchführen oder eine im Haushalt lebende Person den Versicherten in dem erforderlichen Umfang nicht pflegen und versorgen kann.

Für die Zeit des Aufenthalts in Einrichtungen, in denen nach den gesetzlichen 18
Bestimmungen Anspruch auf die Erbringung von Behandlungspflege durch die Einrichtungen besteht (z. B. Krankenhäusern, Rehabilitationseinrichtungen, Hospizen, Pflegeheimen), kann häusliche Krankenpflege nicht verordnet werden. Ob ein solcher Anspruch besteht, ist im Einzelfall durch die Krankenkassen zu prüfen.

Häusliche Krankenpflege kann ausnahmsweise in Werkstätten für behinderte 19
Menschen verordnet werden, wenn die Intensität oder Häufigkeit der in der Werkstatt zu erbringenden Pflege so hoch ist, dass nur durch den Einsatz einer Pflegefachperson Krankenhausbehandlungsbedürftigkeit vermieden oder das Ziel der ärztlichen Behandlung gesichert werden kann und die Werkstatt für behinderte Menschen nicht nach der Werkstättenverordnung (§ 10) verpflichtet ist, diese Leistung selbst zu erbringen.

20 Eine Verordnung von Behandlungspflege ist auch für Versicherte in Pflegeheimen zulässig, die auf Dauer, voraussichtlich für mindestens sechs Monate, einen besonders hohen Bedarf an medizinischer Behandlungspflege haben (§ 37 Abs. 2 Satz 3 SGB V). Dies ist der Fall, wenn die ständige Anwesenheit einer geeigneten Pflegefachperson zur individuellen Kontrolle und die Einsatzbereitschaft oder ein vergleichbar intensiver Einsatz einer Pflegefachperson erforderlich ist, insbesondere weil

- behandlungspflegerische Maßnahmen in ihrer Intensität oder Häufigkeit unvorhersehbar am Tag und in der Nacht erfolgen müssen oder
- die Bedienung und Überwachung eines Beatmungsgerätes am Tag und in der Nacht erforderlich ist (§ 1 HKP).

1.1.1 Formen und Ziele der häuslichen Krankenpflege

21 Die Verordnung häuslicher Krankenpflege ist nur zulässig, wenn der Versicherte wegen einer Krankheit der ärztlichen Behandlung bedarf und die häusliche Krankenpflege Bestandteil des ärztlichen Behandlungsplans ist. Häusliche Krankenpflege ist dann eine Unterstützung der ärztlichen Behandlung mit dem Ziel,

- der oder dem Versicherten das Verbleiben oder die möglichst frühzeitige Rückkehr in ihren oder seinen häuslichen Bereich zu erlauben (Krankenhausvermeidungspflege) oder
- ambulante ärztliche Behandlung zu ermöglichen und deren Ergebnis zu sichern (Sicherungspflege).

22 Häusliche Krankenpflege als Krankenhausvermeidungspflege kann verordnet werden, wenn

- Krankenhausbehandlung geboten aber nicht ausführbar ist. Dies ist z. B. der Fall, wenn ein Versicherter die Zustimmung zur Krankenhauseinweisung aus nachvollziehbaren Gründen verweigert,
- dadurch Krankenhausbehandlung vermieden wird. Dies ist gegeben, wenn durch die Ergänzung der ambulanten ärztlichen Behandlung mit Maßnahmen der häuslichen Krankenpflege die ansonsten erforderliche Krankenhausbehandlung ersetzt werden kann.
- dadurch Krankenhausbehandlung verkürzt wird.

23 Die Krankenhausvermeidungspflege umfasst die im Einzelfall erforderliche Behandlungs- und Grundpflege sowie hauswirtschaftliche Versorgung.

24 Häusliche Krankenpflege kann als Sicherungspflege verordnet werden, wenn die ambulante vertragsärztliche Versorgung nur mit Unterstützung durch Maßnahmen der häuslichen Krankenpflege durchgeführt werden kann. In diesen Fällen ist häusliche Krankenpflege nur als Behandlungspflege verordnungsfähig. Grundpflege und hauswirtschaftliche Versorgung können im Rahmen der Sicherungs-

pflege nicht eigenständig verordnet werden, sondern nur im Zusammenhang mit erforderlicher Behandlungspflege; Voraussetzung ist ferner, dass die Satzung der Krankenkasse die Grundpflege und hauswirtschaftliche Versorgung vorsieht und die oder der Versicherte keine Leistungen der Pflegeversicherung bezieht (§ 2 HKP).

1.1.2 Verordnung der häuslichen Krankenpflege

Voraussetzung für die Verordnung häuslicher Krankenpflege ist (§ 3 HKP), dass sich der Vertragsarzt von dem Zustand des Kranken und der Notwendigkeit häuslicher Krankenpflege persönlich überzeugt hat oder dass ihm beides aus der laufenden Behandlung bekannt ist. Krankenhausärzte können häusliche Krankenpflege im Rahmen der Entlassung aus dem Krankenhaus (siehe hierzu Teil VIII Kap. 2) verordnen. 25

Die ärztliche Verordnung erfolgt auf dem Vordruck „Verordnung häuslicher Krankenpflege". Der Arzt hat auf dem Verordnungsvordruck insbesondere 26

- die verordnungsrelevante(n) Diagnose(n) als medizinische Begründung für die häusliche Krankenpflege,
- die zu erbringenden Leistungen sowie
- deren Beginn, Häufigkeit und Dauer

anzugeben.

Kann eine im Haushalt der oder des Versicherten lebende Person die erforderliche(n) Maßnahme(n) durchführen und ist dies dem Vertragsarzt bekannt, hat die Verordnung zu unterbleiben. Sofern die im Haushalt des Versicherten lebende Person Teilbereiche der häuslichen Krankenpflege durchführen kann, hat die Verordnung für diese Teilbereiche zu unterbleiben. Wenn die erforderliche(n) Maßnahme(n) oder Teilbereiche dies nicht übernehmen können, ist dies ebenfalls auf der Verordnung entsprechend anzugeben. 27

Kann der Vertragsarzt nicht eindeutig beurteilen, ob eine im Haushalt des Versicherten lebende Person die erforderliche(n) Maßnahme(n) oder Teilbereiche erbringen kann, ist dies auf der Verordnung entsprechend anzugeben. 28

Änderungen und Ergänzungen der Verordnung bedürfen der erneuten Unterschrift des Arztes mit Stempel und Datumsangabe. Rückwirkende Verordnungen sind grundsätzlich nicht zulässig; Ausnahmefälle sind besonders zu begründen. 29

Sind einzelne Maßnahmen der häuslichen Krankenpflege ganz oder teilweise nicht mehr notwendig, teilt der Vertragsarzt dies unverzüglich der Krankenkasse mit. 30

31 Hält der Krankenhausarzt Maßnahmen der häuslichen Krankenpflege nach der Krankenhausentlassung für erforderlich und teilt er dies dem Vertragsarzt mit, hat der Kollege dies bei der Verordnung zu berücksichtigen.

1.1.3 Besonderheiten der Verordnung der psychiatrischen Krankenpflege

32 Für die Verordnung von Leistungen der psychiatrischen Krankenpflege (§ 4 HKP) gelten nachfolgende Besonderheiten.

33 Bei psychisch Kranken ist Voraussetzung für die Verordnung von Maßnahmen der psychiatrischen Krankenpflege, dass der Versicherte über eine ausreichende Behandlungsfähigkeit verfügt, um im Pflegeprozess die in Nr. 27a des Verzeichnisses verordnungsfähiger Maßnahmen genannten Beeinträchtigungen der Aktivitäten (Fähigkeitsstörungen) positiv beeinflussen zu können. Und zu erwarten ist, dass das mit der Behandlung verfolgte Therapieziel von dem Versicherten manifest umgesetzt werden kann.

34 Können die genannten Voraussetzungen bei erstmaliger Verordnung von Leistungen der psychiatrischen Krankenpflege nicht eingeschätzt werden, ist zunächst eine Erstverordnung über einen Zeitraum von bis zu 14 Tagen zur Erarbeitung der Pflegeakzeptanz und zum Beziehungsaufbau möglich. Dabei kann auch die Anleitung der Angehörigen des Versicherten im Umgang mit dessen Erkrankung Gegenstand der Leistung sein. Zeichnet sich in diesem Zeitraum ab, dass Pflegeakzeptanz und Beziehungsaufbau nicht erreicht werden können, ist eine Folgeverordnung nicht mehr möglich.

35 Maßnahmen der psychiatrischen Krankenpflege sind durch den Arzt für Nervenheilkunde, Neurologie, Psychiatrie, Psychotherapeutische Medizin und Ärzte mit Zusatzbezeichnung Psychotherapie zu verordnen. Die Verordnung durch den Hausarzt erfordert eine vorherige Diagnosesicherung durch einen der genannten Fachärzte.

36 Der Verordnung von Maßnahmen der psychiatrischen Krankenpflege ist der ärztlich erstellte Behandlungsplan, der die Indikation, die Beeinträchtigungen der Aktivitäten (Fähigkeitsstörungen), die Zielsetzung der Behandlung und die Behandlungsschritte (Behandlungsfrequenzen und -dauer) umfasst.

37 Die folgenden Maßnahmen sind nur verordnungsfähig bei den unter Nr. 27a des Verzeichnisses verordnungsfähiger Maßnahmen benannten Diagnosen und Beeinträchtigungen der Aktivitäten (Fähigkeitsstörungen). Maßnahmen der psychiatrischen Krankenpflege und Leistungen der Soziotherapie können – sofern die jeweiligen individuellen Verordnungsvoraussetzungen erfüllt sind – für nacheinander folgende Zeiträume verordnet werden.

Für denselben Zeitraum ist die Verordnung von Maßnahmen der psychiatrischen Krankenpflege neben inhaltlich gleichen Leistungen der Soziotherapie ausgeschlossen. Die Verordnung von Maßnahmen der psychiatrischen Krankenpflege – neben Leistungen der Soziotherapie – ist für denselben Zeitraum möglich, wenn sich diese Leistungen aufgrund ihrer jeweils spezifischen Zielsetzung ergänzen (vgl. hierzu Soziotherapie-Richtlinie des Gemeinsamen Bundesausschusses). Sowohl im Behandlungsplan der psychiatrischen Krankenpflege als auch im soziotherapeutischen Betreuungsplan ist die Notwendigkeit, die Dauer sowie die Abgrenzung der Leistungen zueinander darzulegen. Die Verordnung inhaltsgleicher Leistungen ist nicht zulässig. 38

1.1.4 Dauer der Verordnung häuslicher Krankenpflege

Der Vertragsarzt hat sich über den Erfolg der verordneten Maßnahmen zu vergewissern. Um dies sicherzustellen, soll insbesondere die Erstverordnung einen Zeitraum bis zu 14 Tagen nicht überschreiten (§ 5 HKP). Ist aus dem Zustand des Versicherten erkennbar, dass der zunächst verordnete Zeitraum nicht ausreicht, kann die Folgeverordnung auch für eine längere Dauer ausgestellt werden, wenn in der Folgeverordnung die Notwendigkeit begründet wird. Die Folgeverordnung ist in den letzten drei Arbeitstagen (Montag bis Freitag, wenn diese nicht gesetzliche Feiertage sind) vor Ablauf des verordneten Zeitraums auszustellen. Ein Anspruch des Versicherten auf Krankenhausvermeidungspflege besteht bis zu vier Wochen. In begründeten Ausnahmefällen kann Krankenhausvermeidungspflege über diesen Zeitraum hinaus verordnet werden. Dies bedarf nach Feststellung der Behandlungsdauer durch den MDK der Bewilligung durch die Krankenkasse. Für Leistungen der ambulanten Palliativversorgung ist regelmäßig ein begründeter Ausnahmefall im Sinne von § 37 Abs. 1 Satz 5 SGB V anzunehmen. 39

1.1.5 Genehmigung von häuslicher Krankenpflege

Die von dem Versicherten durch Vorlage der vertragsärztlichen Verordnung beantragten Leistungen bedürfen der Genehmigung durch die Krankenkasse (§ 6 HKP). Die Krankenkassen können innerhalb des Genehmigungsverfahrens den MDK mit der Prüfung der verordneten Maßnahmen der häuslichen Krankenpflege beauftragen. Werden verordnete Maßnahmen nicht oder nicht in vollem Umfang genehmigt, hat die Krankenkasse den Vertragsarzt über die Gründe zu informieren. 40

Die Krankenkasse übernimmt bis zur Entscheidung über die Genehmigung die Kosten für die von dem Vertragsarzt verordneten und vom Pflegedienst erbrachten Leistungen entsprechend der vereinbarten Vergütung nach § 132a Absatz 2 SGB V, wenn die Verordnung spätestens an dem dritten der Ausstellung 41 folgenden Arbeitstag (Montag bis Freitag, wenn diese nicht gesetzliche Feiertage sind) der Krankenkasse vorgelegt wird.

1.1.6 Zusammenarbeit mit Pflegediensten/Krankenhäusern

42 Zur Sicherstellung der Leistungserbringung im Rahmen der häuslichen Krankenpflege wirkt der Vertragsarzt mit dem Pflegedienst und der Krankenkasse des Versicherten eng zusammen (§ 7 HKP). Die Koordination der Zusammenarbeit liegt bei dem behandelnden Vertragsarzt.

43 Über Veränderungen in der häuslichen Pflegesituation berichtet der Pflegedienst dem behandelnden Vertragsarzt. Dieser entscheidet über die erforderlichen Maßnahmen, die sich daraus ergeben. Der Vertragsarzt informiert den Pflegedienst über neue medizinische Befunde, welche für die Pflege relevant sind.

44 Der Vertragsarzt soll bei Gelegenheit des Hausbesuches die Pflegedokumentation einsehen, diese für seine Entscheidungen auswerten und bei Bedarf Anordnungen darin vermerken.

45 Soweit es für die Versorgung des Versicherten unmittelbar nach der Entlassung aus dem Krankenhaus oder der medizinischen Rehabilitation bei Leistungen nach § 40 Absatz 2 und § 41 SGB V erforderlich ist, kann das Krankenhaus/die Rehaklinik innerhalb des Entlassmanagements (siehe hierzu Teil VIII Kap. 2) wie ein Vertragsarzt häusliche Krankenpflege für einen Zeitraum von bis zu sieben Kalendertagen nach der Entlassung entsprechend dieser HKP verordnen. Der Krankenhausarzt/Rehaarzt hat in geeigneter Weise im Rahmen des Entlassmanagements den weiterbehandelnden Vertragsarzt über die getätigte Verordnung so rechtzeitig zu informieren, dass das Ziel einer nahtlosen Anschlussversorgung ermöglicht wird.

46 In der Anlage zur HKP findet sich das Verzeichnis verordnungsfähiger Maßnahmen der häuslichen Krankenpflege (Leistungsverzeichnis).

47 Alle Leistungen der Grundpflege und der hauswirtschaftlichen Versorgung des genannten Verzeichnisses sind ausschließlich im Rahmen der Krankenhausvermeidungspflege nach § 37 Absatz 1 SGB V oder als Satzungsleistung zur Sicherung des Ziels der ärztlichen Behandlung nach § 37 Absatz 2 SGB V verordnungsfähig.

48 In diesem Verzeichnis werden bei den verordnungsfähigen Maßnahmen soweit möglich Aussagen zur Dauer der Verordnung und zur Häufigkeit der Verrichtungen angegeben. Dies sind Empfehlungen für den Regelfall, von denen in begründeten Fällen abgewichen werden kann. Abweichungen können insbesondere in Betracht kommen auf Grund von Art und Schwere des Krankheitsbildes sowie der individuellen Fähigkeiten und Aufnahmemöglichkeiten des Umfeldes. Insbeson-

dere bei der Pflege von Kindern kann es erforderlich sein, die Maßnahmen schrittweise zu vermitteln und häufiger zu wiederholen.

Die Leistungen sind unabhängig davon verordnungsfähig, ob es sich um somatische, psychische oder psychosomatische Krankheiten handelt. Bei der Verordnung sind wegen der Krankheitsursache unterschiedliche Verordnungsdauern zu bedenken. Sofern sich zukünftig weiterer Versorgungsbedarf ergibt, wird das Leistungsverzeichnis fortgeschrieben.[210] 49

1.2 Rahmenvertrag gemäß §§ 132 und 132a SGB V zur Erbringung von häuslicher Krankenpflege und Haushaltshilfe

Die Vertragspartner haben auf Landesebene aufgrund der Regelungen der §§ 132 und 132a SGB V diesen Rahmenvertrag partnerschaftlich mit dem Ziel erarbeitet, eine bedarfsgerechte und gleichmäßige, dem allgemein anerkannten Stand der medizinischen und pflegefachlichen Erkenntnisse entsprechende Versorgung mit häuslicher Krankenpflege zu gewährleisten, die es den Krankenkassen und den Leistungserbringern ermöglicht, auf eine qualitätsgerechte humane und wirtschaftliche Krankenbehandlung der Versicherten hinzuwirken. 50

Die Versorgung der Versicherten muss ausreichend und zweckmäßig sein, sie orientiert sich an dem individuellen Hilfebedarf des Versicherten, darf aber das Maß des Notwendigen nicht überschreiten und muss wirtschaftlich erbracht werden. Die Pflegedienste erbringen häusliche Krankenpflege sowie Haushaltshilfe im Rahmen der vertragsärztlichen Behandlung (§ 2 Rahmenvertrag) 51

- nach § 37 Absatz 1 SGB V zur Vermeidung oder Verkürzung einer Krankenhausbehandlung oder wenn Krankenhausbehandlung geboten, aber nicht ausführbar ist, oder
- nach § 37 Absatz 2 SGB V zur Sicherung des Ziels der ärztlichen Behandlung, soweit der Versicherte die erforderlichen Verrichtungen nicht selbst durchführen oder eine im Haushalt lebende Person den Versicherten in dem erforderlichen Umfang nicht pflegen und versorgen kann.

Ziel der häuslichen Krankenpflege ist es, dem Versicherten das Verbleiben oder die möglichst frühzeitige Rückkehr in seinen häuslichen Bereich zu erlauben sowie die ambulante ärztliche Behandlung zu ermöglichen und deren Ziel zu sichern. Bei der Leistungserbringung ist die Selbstversorgungskompetenz des Versicherten zu respektieren und zu fördern. Haushaltshilfe kann nach § 38 SGB V; §§ 24g und 24h SGB V; ggf. nach Satzungsleistung der entsprechenden Krankenkasse erbracht werden und setzt je nach der Art der beantragten Haushaltshilfe entsprechende 52

210 Das Leistungsverzeichnis und die Richtlinie finden Sie hier: https://www.g-ba.de/downloads/62-492-1479/HKP-RL_2017-03-16_iK-2017-11-25.pdf.

versicherungsrechtliche Voraussetzungen voraus. Haushaltshilfe ist Bestandteil der Krankenbehandlung. Der Anspruch auf Haushaltshilfe besteht nur, wenn der Versicherte über einen Haushalt verfügt, dessen Weiterführung ihm nicht möglich ist.

53 Durch Kooperation aller am Pflegeprozess Beteiligten ist eine effiziente Leistungserbringung zu gewährleisten. Der Pflegedienst hat auf eine vertrauensvolle Zusammenarbeit mit dem Versicherten und seinen Bezugspersonen hinzuwirken.

54 Die Verordnung Häusliche Krankenpflege ist durch den Versicherten bei seiner Krankenkasse einzureichen. Ergeben sich aus der Verordnung nicht alle für die Leistungsentscheidung erforderlichen Informationen oder ist die Verordnung nicht eindeutig, unzureichend oder fehlerhaft ausgefüllt, wendet sich die Krankenkasse zur diesbezüglichen Klärung ausschließlich an den ausstellenden Arzt oder ggf. an den Versicherten.

55 Der in der Praxis bekannte Anforderung der Krankenkasse von zusätzlichen Dokumenten beim Pflegedienst, wie z. B. Medikamentenplan oder Wunddokumentation mit Bildern, um die Verordnung zu prüfen, ist somit nicht zu entsprechen. Meist wird diese Anforderung noch mit der Androhung untermauert, ansonsten werde die Verordnung abgelehnt. Es wird darauf hingewiesen, dass dies ein Verstoß gegen die Schweigepflicht nach § 203 StGB ist und die Auskunft gebende Pflegeperson davon bedroht ist. Solche Anforderungen und die Beurteilung von Behandlungsunterlagen obliegt alleine dem MDK gemäß § 275 Abs. 1 Nr. 1 SGB V. Auch eine vorgelegte Entbindung von der Schweigepflicht (siehe hierzu Teil III Kap. 3.5) durch den Versicherten befreit die Pflegefachperson hiervon nicht, da der Versicherte hierzu keine Entbindung der Schweigepflicht abgeben darf. Auch wäre zu prüfen, inwieweit der Mitarbeiter der Krankenkasse hier eine Nötigung nach § 240 StGB begangen hat, welche mit einer Freiheitsstrafe von sechs Monaten bis zu fünf Jahren geahndet wird. Der Versuch ist bereits strafbar.

56 Die von dem Versicherten eingereichte ärztliche Verordnung wird durch die Krankenkasse unter Berücksichtigung des § 275 Abs. 1 und 2 SGB V geprüft (§ 3 Rahmenvertrag). Die Krankenkasse informiert den Pflegedienst schriftlich über Art und Umfang der mit ihr abrechnungsfähigen Leistungen. Bei einer von der ärztlichen Verordnung abweichenden Entscheidung teilt die Krankenkasse dem verordnenden Arzt sowie dem Versicherten die Gründe mit. Über Veränderungen in der häuslichen Pflegesituation aufgrund der häuslichen Krankenpflege berichtet der Pflegedienst dem behandelnden Vertragsarzt. Dieser entscheidet über die erforderlichen Maßnahmen, die sich daraus ergeben. Der Vertragsarzt informiert den Pflegedienst über neue medizinische Befunde, welche für die Pflege relevant sind.

57 Die Krankenkasse übernimmt bis zur Entscheidung über die Genehmigung die Kosten für die von dem Vertragsarzt verordneten und vom Pflegedienst er-

brachten Leistungen entsprechend der Vergütungsvereinbarung nach § 132a Abs. 2 SGB V, wenn die. Verordnung spätestens am dritten der Ausstellung folgenden Arbeitstag der Krankenkasse vorgelegt wird. Die Frist soll als gewahrt gelten, wenn die Verordnung als Fax oder als Datei der Krankenkasse vorliegt. Originale sind in diesem Fall nachzureichen.

Kosten für genehmigte und vom Pflegedienst erbrachte Leistungen sind auch bei verfristeter Einreichung der Verordnung ab Verordnungsbeginn durch die Krankenkasse zu tragen. **58**

Auf die Regelungen der vorläufigen Kostenzusage kann sich die Krankenkasse nicht berufen, wenn Leistungen erbracht werden, die nicht entsprechend der Richtlinie der häuslichen Krankenpflege verordnungsfähig sind oder wenn Leistungen der Grundpflege oder der hauswirtschaftlichen Versorgung im Rahmen der Sicherungspflege nach § 37 Abs. 2 SGB V verordnet werden, die nach § 37 Abs. 2 Satz 4 SGB V in der Satzung der jeweiligen Krankenkasse nicht vorgesehen sind. **59**

Die Zahlungspflicht der Krankenkassen besteht bis zu dem Zeitpunkt des Zugangs der (teil-)ablehnenden Entscheidung beim Leistungserbringer unter Berücksichtigung des § 37 SGB X. **60**

Die Erbringung der häuslichen Krankenpflege und Haushaltshilfe ist unter Berücksichtigung des behandlungs- und pflegeunterstützenden Umfeldes des Versicherten darauf auszurichten, dass der Versicherte bzw. eine im Haushalt lebende Person durch Anleitung (Pflegekurse, Pflegeberatung) in die Lage versetzt wird, diese Leistungen selbst zu erbringen und dadurch die Selbstversorgungskompetenz wieder zu stärken. **61**

Die Vertragspartner respektieren die freie Wahl der Versicherten unter den vertraglichen Leistungserbringern. Wird ein anderer als einer der nächsterreichbaren Leistungserbringer in Anspruch genommen, werden dadurch entstehende höhere Fahrtkosten grundsätzlich nicht von der Krankenkasse übernommen. **62**

Behandlungspflegerische Leistungen gemäß § 37 SGB V des Pflegedienstes umfassen die Maßnahmen der ärztlichen Behandlung, die auf Grundlage einer medizinischen Indikation im Rahmen eines individuellen Behandlungsplanes auf Grund einer ärztlichen Verordnung an Pflegefachpersonen delegiert werden (§ 8 Rahmenvertrag). **63**

Grundpflegerische Leistungen (§ 9 Rahmenvertrag), gemäß § 37 Absatz 1 SGB V, des Pflegedienstes umfassen die Grundverrichtungen des täglichen Lebens, die von Pflegefachpersonen auf Grund ärztlicher Verordnung dann erbracht werden, wenn der Versicherte grundlegende Lebensaktivitäten krankheitsbedingt nicht mehr selbst durchführen kann. **64**

Zur hauswirtschaftlichen Versorgung (§ 10 Rahmenvertrag) gemäß § 37 Absatz 1 SGB V durch den Pflegedienst gehören nach ärztlicher Verordnung die Maß- **65** nahmen, die zur Aufrechterhaltung der grundlegenden Anforderungen einer eigenständigen Haushaltsführung allgemein notwendig sind, um in diesem Haushalt die häusliche Krankenpflege durchführen zu können. Die hauswirtschaftliche Versorgung ist ausschließlich auf die Versorgung des Versicherten gerichtet.

66 Haushaltshilfe nach § 38 SGB V; §§ 24g und 24h SGB V; ggf. nach Satzungsleistung der jeweiligen Krankenkasse, kann durch Haus- und Familienpflegerinnen oder andere entsprechend qualifizierte Kräfte erbracht werden. Die Haushaltshilfe umfasst Dienstleistungen, die zur Weiterführung des Haushaltes notwendig sind. Darüber hinaus erstreckt sie sich auf die Betreuung und Beaufsichtigung von Kindern.

1.2.1 Vertragliche Beziehungen zum Pflegedienst

67 Der Pflegedienst (§ 12 Rahmenvertrag) gewährleistet im Rahmen seiner Kapazitäten die Versorgung der Versicherten in seinem Einzugsbereich mit Leistungen der häuslichen Krankenpflege und Haushaltshilfe. Dies bedeutet, dass der Pflegedienst mangels Pflegefachpersonen die Versorgung ablehnen kann.

68 Räumlich getrennte Filialen, Außenstellen und Nebenstellen oder andere Stellen, von denen aus häusliche Krankenpflege und Haushaltshilfe erbracht wird, gelten als Zweigstellen. Für diese ist ein gesonderter Vertrag erforderlich, auch wenn sie organisatorisch mit dem Pflegedienst verbunden, rechtlich aber nicht selbstständig sind. Die entsprechenden Zulassungsbedingungen sind einzuhalten. Als Zweigstelle gelten insbesondere Stellen, welche öffentlich beworben und für Patienten und deren Angehörige begehbar sind.

69 Die Berechtigung zur Erbringung Häuslicher Krankenpflege und Haushaltshilfe kann abgelehnt oder gekündigt werden, wenn in der Person der verantwortlichen Pflegefachperson oder ihrer Vertretung sowie des Leiters des Pflegedienstes Tatsachen vorliegen, die die Annahme rechtfertigen, dass sie für die Tätigkeit im Pflegedienst ungeeignet ist (§ 13 Rahmenvertrag). Ungeeignet ist insbesondere, wer

- wegen eines Verbrechens oder wegen einer Straftat gegen das Leben, die sexuelle Selbstbestimmung oder die persönliche Freiheit,
- wegen vorsätzlicher Körperverletzung, wegen Erpressung, Urkundenfälschung, Untreue, Diebstahls, Unterschlagung, Betrugs oder Hehlerei oder
- wegen einer gemeingefährlichen Straftat oder einer Konkursstraftat zu einer Freiheitsstrafe oder Ersatzfreiheitsstrafe von mindestens drei Monaten, sofern die Tilgung im Zentralregister noch nicht erledigt ist,
- in den letzten fünf Jahren, längstens jedoch bis zum Eintritt der Tilgungsreife der Eintragung der Verurteilung im Zentralregister, wegen einer Straftat nach der §§ 29 bis 30b des Betäubungsmittelgesetzes oder wegen einer sonstigen Straftat, rechtskräftig verurteilt worden ist.

Der Pflegedienst ist berechtigt, sein durch Beitritt in diesen Rahmenvertrag begründetes Vertragsverhältnis mit den Krankenkassen jederzeit mit sofortiger Wirkung ohne Angaben von Gründen zu kündigen (§ 14 Rahmenvertrag). Die Kündigung bedarf der Schriftform. Die Krankenkasse ist berechtigt, das Vertragsverhältnis mit dem Pflegedienst mit sechsmonatiger Frist zum Quartalsende unter Angabe des Grundes mit eingeschriebenem Brief zu kündigen. Der Pflegedienst ist verpflichtet, die von ihm behandelten Patienten unverzüglich über eine Kündigung und die Beendigung des Vertragsverhältnisses zu informieren. Die das Vertragsverhältnis aufkündigende Seite ist verpflichtet, die nahtlose Weiterversorgung der Versicherten sicherzustellen. Die Einstellung des Geschäftsbetriebes ist ohne Einhaltung einer Kündigungsfrist möglich und durch den Pflegedienst den Krankenkassen in angemessener Frist anzuzeigen, in jedem Fall jedoch spätestens 14 Kalendertage vor Betriebseinstellung. Der Pflegedienst hat die Weiterversorgung der Patienten sicherzustellen. 70

Besteht der Verdacht eines Verstoßes gegen Pflichten aus diesem Vertrag (§ 15 Rahmenvertrag), so verpflichtet sich die Krankenkasse, den Pflegedienst schriftlich oder mündlich innerhalb einer Frist von 28 Tagen anzuhören (§§ 24, 25 SGB X). Der Pflegedienst ist berechtigt, seinen Verband zu beteiligen. 71

Bestätigt sich im Anhörungsverfahren gemäß Absatz 1 der Verdacht eines Vertragsverstoßes, entscheidet die Krankenkasse unter Beachtung des Verhältnismäßigkeitsgrundsatzes über geeignete Maßnahmen. Diese sind insbesondere die Verwarnung, Abmahnung, Vertragsstrafen sowie Kündigung. Alle Maßnahmen bedürfen der Schriftform. Der Pflegedienst ist berechtigt, seinen Verband zu beteiligen. 72

Für den Fall eines schwerwiegenden Vertragsverstoßes haben beide Vertragsparteien das Recht, den Vertrag fristlos mit eingeschriebenem Brief zu kündigen. 73

Als schwerwiegende Vertragsverstöße kommen unter Beachtung des Verhältnismäßigkeitsgrundsatzes insbesondere in Betracht: 74

1. dauerhafte Nichterfüllung fachlicher oder personeller Voraussetzungen bzw. Leistungserbringung durch Mitarbeitende, die den vertraglichen Anforderungen nicht entsprechen,
2. schwere pflegebedingte Qualitätsmängel, deretwegen Versicherte zu Schaden kommen,
3. Abrechnung nicht erbrachter bzw. nicht dokumentierter Leistungen,
4. Forderung bzw. Annahme von Zahlungen durch Versicherte für bewilligte Vertragsleistungen,
5. Annahme von ärztlichen Verordnungen und deren Weitergabe (Vermittlung) an Dritte gegen Entgelt oder zur Erlangung anderer geldwerter Vorteile,
6. vorsätzliche oder grob fahrlässige Vertragsverstöße im Wiederholungsfall
7. vorsätzlicher oder grob fahrlässiger, wiederholter oder schwerer Verstoß gegen den Datenschutz.

75 Wurden Leistungen entgegen geltendes Recht bzw. den Vertrag erbracht oder Leistungen ohne entsprechende Gegenleistungen mit der Krankenkasse abgerechnet, hat der Pflegedienst den entstandenen Schaden zu ersetzen. Die Krankenkasse ist berechtigt, den entstandenen Schaden mit Forderungen des Pflegedienstes, die aus dem Vertrag resultieren, zu ersetzen.

76 Bei Verstößen gegen Qualitätsanforderungen werden durch die Krankenkassen Vertragsstrafen in Höhe von bis zu 10.000 EUR mit einem widerspruchsfähigen Bescheid festgesetzt und an den Pflegedienst versandt.

77 Der Pflegedienst hat unter der ständigen Verantwortung einer Pflegefachperson die Versorgung der Versicherten in ihrem Haushalt oder ihrer Familie bei Tag und Nacht, einschließlich an Sonn- und Feiertagen, mit häuslicher Krankenpflege zu übernehmen (§ 16 Rahmenvertrag). Der Pflegedienst muss ständig persönlich erreichbar (nicht per Anrufbeantworter oder E-Mail) sein. Soweit der Pflegedienst die fachlichen Voraussetzungen nicht erfüllt, hat er die Versorgung abzulehnen.

78 Der Pflegedienst muss über eigene, in sich geschlossene Geschäftsräume verfügen. Er übernimmt nach Maßgabe der gesetzlichen Vorschriften die Haftung für Schäden, welche die Pflegekräfte in Ausübung Ihrer Tätigkeit verursachen.

79 Ein Pflegedienst hat den Krankenkassen vor Vertragsschluss schriftlich und verbindlich folgende Nachweise vorzulegen:

1. Anzeige der Aufnahme der Tätigkeit bei den zuständigen Behörden sowie Angabe des Institutionskennzeichens des Pflegedienstes,
2. Mitgliedschaft bei der zuständigen Berufsgenossenschaft,
3. Abschluss einer ausreichenden Betriebshaftpflicht für Personen-, Sach- und Vermögensschäden, die regelmäßig an die aktuelle Betriebsgröße angepasst wird,
4. beglaubigte Kopien der Qualifikationsnachweise und Beschäftigungsnachweise der verantwortlichen und stellvertretenden Pflegefachperson sowie des Mindestpersonals
5. Vorlage einer beglaubigten Kopie des Auszugs aus dem Bundeszentralregister der Generalbundesanwaltschaft (einfaches polizeiliches Führungszeugnis; nicht älter als drei Monate) für die verantwortliche Pflegefachperson und den Leiter des Pflegedienstes
6. Angaben über Träger oder Inhaber des Pflegedienstes,

80 Den Pflegedienst betreffende Veränderungen sind den Krankenkassen auf Landesebene innerhalb von vier Wochen unter Verwendung des Aktualisierungsformulars anzuzeigen.

81 Der Pflegedienst hält außerdem eine Liste über das eingesetzte Personal mit Namen, Qualifikation und Handzeichen vor. Auf Wunsch kann die Krankenkasse diese Unterlagen einsehen.

Der Pflegedienst hat eine Mitarbeiterdokumentation, die insbesondere die gültigen Beschäftigungsnachweise sowie Nachweise über die Qualifikation, Fortbildung und Sozialversicherung der Mitarbeitenden (Mitarbeiterinnen und Mitarbeiter) enthält, entsprechend der datenschutzrechtlichen Bestimmungen zu führen und Personaleinsatzpläne zu erstellen. Diese sind der Krankenkasse auf Anforderung vorzulegen. 82

Die Leistungserbringung kann in Kooperation mit anderen Pflegediensten erfolgen. Kooperationsvereinbarungen können nur nach diesem Vertrag zwischen Leistungserbringern geschlossen werden. 83

1.2.2 Praxis- und Betriebseinrichtung

Alle in der häuslichen Krankenpflege verwendeten Materialien und Gerätschaften müssen fachlich geeignet sein sowie Sicherheits- und anderen gesetzlichen Bestimmungen entsprechen (§ 17 Rahmenvertrag). Der Pflegedienst hat 84

- eine zweckmäßige Büroausstattung vorzuhalten sowie
- eine ausreichende und geeignete Mobilität des Personals sicherzustellen.

Der Pflegedienst ist verpflichtet, für die Akutversorgung insbesondere folgende Sachmittel vorzuhalten: 85

- Blutdruckmessgerät,
- Fieberthermometer,
- Schere,
- Desinfektionsmittel,
- unsterile Einmalhandschuhe,
- Schutzkleidung,
- Blutzuckermessgerät.

Die Vorhaltung dieser und ähnlicher Materialien und Gerätschaften dient lediglich zur Überbrückung in Notfällen oder bei unvorhergesehenen Erstbesuchen. 86

1.2.3 Fachliche Anforderungen

Der Träger des ambulanten Pflegedienstes stellt sicher, dass die angebotenen Leistungen der häuslichen Krankenpflege und Haushaltshilfe unter ständiger Verantwortung einer Pflegefachperson erbracht werden (§ 18 Rahmenvertrag). 87

Er gewährleistet, dass die Leistungen der häuslichen Krankenpflege und der Haushaltshilfe nur von dazu fachlich qualifiziertem Personal erbracht werden. Pflege unter ständiger Verantwortung einer Pflegefachperson bedeutet, dass diese u. a. verantwortlich ist für 88

- die Erbringung der verordneten und genehmigten Leistungen nach den allgemein anerkannten medizinisch-pflegerischen Erkenntnissen

- die Umsetzung des Pflegekonzeptes des Pflegedienstes
- die fachliche Koordination der häuslichen Krankenpflege im Rahmen der ärztlichen Ver- und Anordnung in dem für diese Leistungen gebotenen Umfang
- die fachgerechte Führung der Pflegedokumentation
- die Einsatzplanung der Pflegekräfte
- die regelmäßige Durchführung der Dienstbesprechungen innerhalb des ambulanten Pflegedienstes.

89 Die Grundpflege und hauswirtschaftliche Versorgung kann von Pflegekräften ohne formale Qualifikation unter Anleitung und Verantwortung einer Pflegefachperson durchgeführt werden.

90 Für Leistungen der Behandlungspflege sind folgende Pflegefachpersonen vorrangig geeignet:

- Krankenschwester/Krankenpfleger
- Gesundheits- und Krankenpflegerin/Gesundheits- und Krankenpfleger
- Kinderkrankenschwester/Kinderkrankenpfleger,
- Kindergesundheits- und Krankenpflegerin/Kindergesundheits- und Krankenpfleger
- Altenpflegerin/Altenpfleger,
- Sprechstundenschwester (nur mit Ausbildung in der ehemaligen DDR ab 1974 mit Übergangsregelung)
- Hebammen
- Notfallsanitäter

91 Pflegekräfte ohne diese formelle Qualifikation können ebenfalls unter Verantwortung einer Pflegefachperson/leitenden Pflegefachperson (PDL) Leistungen der Behandlungspflege erbringen, soweit sie über ausreichende Berufserfahrung in der Pflege verfügen.

92 Die verantwortliche Pflegefachperson stellt sicher, dass Pflegekräfte entsprechend ihrer Eignung eingesetzt werden. Damit liegt die Verantwortung

- für die Feststellung des notwendigen Wissens, Könnens und die entsprechende Eignung,
- die Delegation der Pflegemaßnahmen,
- die regelmäßige Überprüfung der fachgerechten Durchführung sowie
- der Ergebnisqualität

bei der verantwortlichen Pflegefachperson.

93 Das notwendige Wissen umfasst insbesondere die theoretischen Grundkenntnisse der jeweiligen behandlungspflegerischen Maßnahme, Kenntnisse von Risiken, Komplikationen, typischen Fehlerquellen und zielgerichteter Folgebehandlung sowie die jeweiligen praktischen Grundkenntnisse zur Durchführung, einschließlich hygienischer Verfahrensregeln. Das notwendige Können umfasst das Beherrschen der selbständigen Durchführung der jeweiligen behandlungspflegerischen Maßnahme.

94 Zur Feststellung der Eignung überprüft die verantwortliche Pflegefachperson, ob die jeweilige behandlungspflegerische Maßnahme von der Pflegekraft durchgeführt werden kann. Die Pflegekraft hat zu bestätigen, dass sie die jeweilige Maßnahme durchführen kann (siehe hierzu Teil XI). Für besonders qualifizierte, technisch anspruchsvolle und invasive behandlungspflegerische Maßnahmen sind zusätzlich entsprechende Qualifizierungen der Pflegefachpersonen durch Fortbildungsnachweise zu belegen. Die Durchführung der Häuslichen Krankenpflege und der Haushaltshilfe durch freie Mitarbeiter ist unzulässig. Der freie Mitarbeiter erbringt seine Leistungen nicht weisungsgebunden im Rahmen der von der anderen Partei vorgegebenen Arbeitsorganisation und die Tätigkeit unterliegt nicht den Weisungen des Auftragsgebers in Hinsicht auf Durchführung, Zeit, Dauer, Ort und sonstiger Modalitäten der Leistungserbringung (siehe hierzu Teil XIII).

1.2.4 Fort- und Weiterbildung

95 Der Pflegedienst ist verpflichtet, die erforderliche fachliche Kompetenz der Pflegefachpersonen, die Behandlungspflege im Rahmen dieses Vertrages leisten, und Pflegekräfte, die innerhalb der Grundpflege Leistungen erbringen, durch spezifische Fortbildungen sicherzustellen Alle in der Pflege tätigen Mitarbeiter werden entsprechend der individuellen Notwendigkeiten in die Fortbildung miteinbezogen. Zu den Fortbildungen zählen interne und externe Maßnahmen. Ziel dieser Maßnahmen ist es, die Mitarbeiter in die Lage zu versetzen, die Versicherten nach dem jeweils anerkannten pflegewissenschaftlichen Erkenntnisstand zu versorgen.

96 Fortbildungen sind regelmäßig durchzuführen. Die Fortbildungsmaßnahmen haben einen Mindestumfang von zehn Stunden pro Mitarbeitenden und Kalenderjahr zu umfassen.

97 Art, Inhalt und Umfang sowie die namentliche Auflistung der teilnehmenden Mitarbeiter der einzelnen Fort- und Weiterbildungsmaßnahmen sind nachvollziehbar zu dokumentieren. Der Pflegedienst muss für seine Mitarbeiter bei Aufforderung durch die Krankenkasse innerhalb eines Monats den Nachweis zu erbringen, dass in dem zurückliegenden Dreijahreszeitraum der Fortbildungspflicht im Durchschnitt nachgekommen wurde. Längere Abwesenheitszeiten wie zum Beispiel Elternzeit und Krankheit sowie unterjährige Beschäftigungszeiten werden entsprechend berücksichtigt. Kann zu einem Mitarbeiter der Fortbildungsnachweis nicht oder nicht vollständig erbracht werden, ist die Krankenkasse berechtigt, die an den Pflegedienst zu zahlende Vergütung für die Tätigkeit dieses Mitarbeiters in der Häuslichen Krankenpflege für die ersten sechs Monate, die auf den Dreijahreszeitraum folgen, in Höhe von bis zu fünf Prozent zu kürzen, ab dem

darauf folgenden Monat in Höhe von bis zu zehn Prozent. Die Vergütungskürzung endet nach Ablauf des Monats, für den der vollständige Fortbildungsnachweis erbracht wird.

98 Der Pflegedienst kann die für den Dreijahreszeitraum festgelegte Fortbildung binnen eines Jahres ganz oder teilweise nachholen; die nachgeholte Fortbildung wird auf den folgenden Dreijahreszeitraum nicht angerechnet. Erbringt der Pflegedienst den Fortbildungsnachweis nicht spätestens ein Jahr nach Ablauf des Dreijahreszeitraumes, kann der Vertrag ordentlich gekündigt werden. Gesetzliche Auflagen zur Fort- und Weiterbildung bleiben hiervon unberührt (§ 18 Rahmenvertrag).

1.2.5 Verantwortliche Pflegefachperson für häusliche Krankenpflege (PDL)

99 Die fachlichen Voraussetzungen als verantwortliche Pflegefachperson erfüllen Personen, die eine Ausbildung als

- Krankenschwester/Krankenpfleger
- Gesundheits- und Krankenpflegerin oder Gesundheits- und Krankenpfleger oder
- Gesundheits- und Kinderkrankenpflegerin oder Gesundheits- und Kinderkrankenpfleger oder
- Altenpflegerin oder Altenpfleger nach dem Altenpflegegesetz vom 25.08.2003 oder
- Altenpflegerin oder Altenpfleger mit einer dreijährigen Ausbildung nach Landesrecht
- Sprechstundenschwester (nur mit Ausbildung in der ehemaligen DDR ab 1974 mit Übergangsregelung)

abgeschlossen haben.

100 Zweijährig ausgebildete Altenpflegefachpersonen, die aufgrund besonderer Regelungen in einzelnen Bundesländern als verantwortliche Pflegefachperson anerkannt sind und diese Funktion ausgeübt haben bzw. ausüben, werden auch von den Vertragspartnern in anderen Bundesländern nach § 132a Abs. 2 SGB V als verantwortliche Pflegefachperson anerkannt.

101 Hat sich ein Pflegedienst auf die Versorgung von Menschen mit Behinderung spezialisiert, die dem Grunde nach zu dem anspruchsberechtigten Personenkreis nach § 53 SGB XII gehören, kann die Funktion der verantwortlichen Pflegefachperson bzw. der stellvertretenden verantwortlichen Pflegefachperson durch eine Heilerziehungspflegerin/einen Heilerziehungspfleger ausgeübt werden, sofern die jeweils andere Funktion (verantwortliche Pflegefachperson bzw. stellvertretende verantwortliche Pflegefachperson) durch eine Fachkraft mit einer Qualifikation wahrgenommen wird.

Die Eignung zur Übernahme der ständigen Verantwortung ist ferner davon abhängig, dass der Beruf innerhalb der letzten acht Jahre mindestens zwei Jahre hauptberuflich ausgeübt wurde, davon mindestens neun Monate im ambulanten Bereich. 102

Für die Anerkennung als verantwortliche Pflegefachperson ist ferner Voraussetzung, dass eine Weiterbildungsmaßnahme für leitende Funktionen mit einer Mindeststundenzahl, die 460 Stunden nicht unterschreiten soll, erfolgreich durchgeführt wurde. Diese Maßnahme umfasst insbesondere folgende Inhalte: 103

- Managementkompetenz (Personalführung, Betriebsorganisation, betriebswirtschaftliche Grundlagen, Rechtsgrundlagen, gesundheits- und sozialpolitische Grundlagen),
- psychosoziale und kommunikative Kompetenz sowie
- die Aktualisierung der pflegefachlichen Kompetenz (Pflegewissen, Pflegeorganisation).

Von der Gesamtstundenzahl sollen mindestens 20 Prozent oder 150 Stunden in Präsenzphasen vermittelt worden sein. Die Voraussetzung ist auch durch den Abschluss eines betriebswirtschaftlichen, pflegewissenschaftlichen oder sozialwissenschaftlichen Studiums an einer Fachhochschule oder Universität erfüllt. Die verantwortliche Pflegefachperson soll in dieser Funktion in Vollzeit in einem sozialversicherungspflichtigen Beschäftigungsverhältnis tätig sein. Eine Teilzeitbeschäftigung im Mindestumfang von 50 Prozent einer Vollzeittätigkeit ist auch möglich, wenn zusammen mit der stellvertretenden verantwortlichen Pflegefachperson mindestens 1,5 Vollzeitstellen je Pflegedienst erreicht werden. Die verantwortliche Pflegefachperson darf zugleich auch als solche bei dem gleichen ambulanten Pflegedienst nach dem SGB XI und bei einem anderen ambulanten Pflegedienst des gleichen Trägers nach SGB V und/oder SGB XI tätig sein. Die Regelungen des § 72 Abs. 2 SGB XI bleiben davon unberührt. 104

Die Voraussetzungen sind auch erfüllt, sofern die verantwortliche Pflegefachperson Eigentümer oder Gesellschafter des ambulanten Pflegedienstes ist und der Tätigkeitsschwerpunkt der Pflegefachperson sich auf den jeweiligen ambulanten Pflegedienst bezieht. Ausgenommen sind Mitglieder geistlicher Genossenschaften, Diakonissen sowie Kirchenbeamte (§ 19 Rahmenvertrag). 105

1.2.6 Stellvertretende verantwortliche Pflegefachperson

Die stellvertretende verantwortliche Pflegefachperson erfüllt bezogen auf Berufsabschluss und Berufserfahrung die gleichen Voraussetzungen wie die verantwortliche. lm Vertretungsfall muss die Vertretung der verantwortlichen Pflegefachperson im Umfang einer Vollzeitstelle gewährleistet sein. Der Träger des 106

Pflegedienstes stellt sicher, dass bei vorübergehendem Ausfall (z. B. durch Verhinderung, Krankheit, Urlaub) der verantwortlichen Pflegefachperson die Vertretung, maximal bis zu drei Monate, durch die stellvertretende Pflegefachperson gewährleistet ist. Bei Ausfallzeiten von mehr als drei Monaten ist die Vertretung durch eine verantwortliche Pflegefachperson sicherzustellen. Abweichungen davon sind unter Prüfung des Einzelfalls nur mit schriftlicher Genehmigung der Krankenkasse für einen begrenzten Zeitraum möglich.

107 Wird im Falle des Ausfalls der verantwortlichen PDL bzw. von deren Vertretung nach Ablauf der vertraglich geregelten Vertretungsfristen keine neue PDL bzw. Vertretung tätig, ist die Krankenkasse berechtigt, im Zeitraum ohne PDL bzw. deren Vertretung die Vergütung aller abgerechneten Leistungen gemäß §§ 132 und 132a SGB V des Pflegedienstes um fünf Prozent zu kürzen.

108 Wird im Falle des Ausfalls der verantwortlichen PDL bzw. deren Vertretung nach Ablauf der vertraglich geregelten Vertretungsfristen nicht nahtlos eine neue PDL oder stellvertretende. PDL tätig, ist die Krankenkasse berechtigt, das Vertragsverhältnis mit dem Pflegedienst fristlos zu kündigen. In diesen Fällen hat die Krankenkasse die Weitenversorgung der Patienten sicherzustellen (§ 20 Rahmenvertrag).

1.2.7 Pflegefachpersonen

109 Der Pflegedienst hat zusätzlich zu einer verantwortlichen sozialversicherungspflichtigen Pflegefachperson und ihrer Vertretung ständig mindestens drei weitere sozialversicherungspflichtige Pflegefachpersonen gemäß § 18 Absatz 5 (Vollzeit und/oder Teilzeit) zu beschäftigen.

110 Hinsichtlich der Sozialversicherungspflicht sind Eigentümer und Gesellschafter, die hauptberuflich im Pflegedienst mitarbeiten, sowie Mitglieder geistlicher Genossenschaften, Diakonissen und Kirchenbeamte gleichgestellt.

111 Bei Verhinderung der Pflegefachpersonen ist entsprechendes Vertretungspersonal einzusetzen.

112 Der Pflegedienst kann darüber hinaus weitere geeignete Kräfte einsetzen, die neben den Leistungen der Grundpflege und Haushaltshilfe auch Leistungen der medizinischen Behandlungspflege unter Anleitung und Verantwortung einer Pflegefachperson erbringen.

113 Der Anteil der Pflegeleistungen, der durch geringfügig Beschäftigte erbracht wird, darf 20 Prozent nicht übersteigen. „Ein-Euro-Job-Kräfte" sind von der Leistungserbringung ausgeschlossen (§ 21 Rahmenvertrag).

1.2.8 Pflegeprozess

Der Pflegedienst erstellt aufgrund der ärztlichen Verordnung unverzüglich einen individuellen Pflege- bzw. Einsatzplan. Dieser beschränkt sich auf die Planung und Durchführung der ärztlichen Verordnung und muss die Entwicklung der Behandlungspflege entsprechend kontinuierlich aktualisieren. Dabei sind die beim Versicherten vorhandenen Ressourcen und Fähigkeiten in den Prozess mit einzubeziehen. Die Leistungen sind im Sinne einer größtmöglichen Kontinuität für den Versicherten von möglichst wenigen Personen zu erbringen. 114

Die ärztlich verordnete Behandlungspflege erfolgt in Ausführungsverantwortung des Pflegedienstes und unter Kontrolle des delegierenden Arztes. Soweit nach Auffassung des Pflegedienstes die vom Arzt verordneten Maßnahmen der Häuslichen Krankenpflege und Haushaltshilfe nicht mehr erforderlich oder nicht ausreichend sind, ist der behandelnde Arzt unverzüglich zu informieren. 115

Der Pflegedienst hat ein geeignetes, dem aktuellen Standard entsprechendes Pflegedokumentationssystem anzuwenden, das die übersichtliche und jederzeit nachvollziehbare Dokumentation der Stammdaten und des Pflegeprozesses in allen seinen Schritten ermöglicht. Alle Eintragungen sind nachvollziehbar und eindeutig mit Handzeichen abzuzeichnen. Die Pflegedokumentation ist, außer bei Anwendung elektronischer Dokumentationssysteme oder in begründeten Ausnahmefällen, beim Versicherten aufzubewahren. 116

Die Aufbewahrungsfrist für die Pflegedokumentation beträgt drei Jahre nach Ende des Kalenderjahres der Leistungserbringung (§ 23 Rahmenvertrag). 117

1.2.9 Qualitätsprüfungen

Wird von der Krankenkasse die Notwendigkeit einer Qualitätsprüfung als gegeben angesehen (§ 27 Rahmenvertrag), ist sie berechtigt, die Qualität der Leistungserbringung der Häuslichen Krankenpflege durch den MDK oder andere Sachverständige der Krankenkassen überprüfen zu lassen. Dem Träger des Pflegedienstes ist der Zeitpunkt der Prüfung mitzuteilen. Zur Durchführung der Qualitätsprüfung ist dem MDK oder anderen Sachverständigen der Krankenkasse innerhalb der Geschäftszeiten Zugang zum Pflegedienst zu gewähren. Vom Träger des Pflegedienstes oder dessen Beauftragten sind dem Prüfer auf Verlangen die für die Qualitätsprüfung notwendigen Unterlagen vorzulegen und Auskünfte zu erteilen. 118

Grundlagen der Prüfung sind insbesondere 119

- die Pflegedokumentation
- die Personaleinsatzpläne
- die Qualifikationsnachweise des Pflegepersonals,

- Nachweise über interne Qualitätssicherungsmaßnahmen (wie Fort- und Weiterbildungsmaßnahmen, Dokumentationen pflegerischer Themen in Dienstbesprechungen),
- Mindestpersonalzahl
- Kostenübernahmeerklärungen, Leistungsnachweise.

120 Diese Unterlagen sind drei Jahre aufzubewahren. sofern nicht aufgrund gesetzlicher oder tarifvertraglicher Regelungen längere Fristen gelten. Dem Träger des Pflegedienstes ist das Ergebnis der Prüfung innerhalb von vier Wochen nach Abschluss der Prüfung schriftlich mitzuteilen.

1.2.10 Zusammenarbeit des Leistungserbringers mit den an der Versorgung Beteiligten

121 Zur Sicherstellung der Leistungserbringung in der HKP muss der Pflegedienst mit dem Vertragsarzt, dem Krankenhaus, der Rehabilitationseinrichtung, der Pflegekasse und anderen an der Versorgung Beteiligten sowie der Krankenkasse des Versicherten eng zusammenwirken (§ 28 Rahmenvertrag). Dabei soll auch das Ziel erreicht werden, dass die Leistungen wirksam und wirtschaftlich erbracht werden.

122 Der Pflegedienst und die Krankenkassen dürfen Vertragsärzte nicht aus eigenwirtschaftlichen Überlegungen in ihrer Verordnungsweise beeinflussen.

123 Die Koordination der Zusammenarbeit liegt beim behandelnden Vertragsarzt.

124 Der Pflegedienst berichtet dem behandelnden Vertragsarzt mit Einverständnis des Patienten unverzüglich über Veränderungen im gesundheitlichen Status und über Veränderungen in der häuslichen Pflegesituation aufgrund der HKP und Haushaltshilfe. Wird der Pflegedienst vom Vertragsarzt oder vom Versicherten über Veränderungen der Verordnung, von der Verordnung abweichende Genehmigungen oder über neue pflegerelevante Befunde informiert, hat der Pflegedienst diese Information unverzüglich zu berücksichtigen, sobald sie ihm schriftlich vorliegt. Der Pflegedienst ermöglicht dem Vertragsarzt, sich an der Führung der Pflegedokumentation zu beteiligen. Nach Erweiterung einer Verordnung bedarf es der Zustimmung der Kasse.

125 Zur Sicherstellung der Leistungserbringung im Rahmen der HKP wirkt der Vertragsarzt mit dem Pflegedienst und der Krankenkasse des Versicherten eng zusammen. Die Koordination der Zusammenarbeit liegt bei dem behandelnden Vertragsarzt. Der Pflegedienst stellt sicher, dass die notwendigen krankenpflegerischen Informationen auf der Grundlage der Pflegedokumentation bei Einweisung des Versicherten in ein Krankenhaus unverzüglich schriftlich zur Verfügung gestellt werden, sofern er Kenntnis von der Krankenhausbehandlung erlangt. Hält ein Krankenhausarzt die Entlassung eines Patienten für möglich und ist aus ihrer oder seiner Sicht HKP erforderlich, kann sie oder er diese anstelle des Vertragsarztes für die Dauer bis zum Ablauf des dritten auf die Entlassung folgenden Werktages (inklusive des Entlassungstages) verordnen. In diesem Falle soll der Krankenhausarzt vor der Entlassung aus dem Krankenhaus rechtzeitig die weiterbehandelnde Vertragsärztin oder den weiterbehandelnden Vertragsarzt informieren.

Der Pflegedienst berücksichtigt bei der Planung und Durchführung der Häuslichen Krankenpflege den vom Krankenhaus bei der Entlassung des Versicherten erstellten Bericht oder Überleitungsbogen, sofern er dem Pflegedienst vorliegt. **126**

Ist nach Auffassung des Pflegedienstes der Versicherte erheblich pflegebedürftig, hat dieser aber noch keinen Antrag auf Leistungen der Pflegeversicherung gestellt, weist der Pflegedienst auf die erforderliche Antragstellung hin. **127**

1.2.11 Wirtschaftlichkeitsprüfung

Die Krankenkasse kann die Wirtschaftlichkeit überprüfen (§ 32 Rahmenvertrag), sofern Anhaltspunkte dafür vorliegen, dass ein Pflegedienst die Anforderungen an die wirtschaftliche Leistungserbringung nicht oder nicht mehr erfüllt. Pflegedienste bzw. Träger der Pflegedienste sind über das Ergebnis der Wirtschaftlichkeitsprüfung umfassend und nachvollziehbar zu informieren und ggf. anzuhören. **128**

1.2.12 Buchführung und Rechnungswesen

Pflegedienste haben die Grundsätze der ordnungsgemäßen Buchführung zu beachten. In der Regel führen sie ihre Bücher nach der kaufmännischen doppelten Buchführung. Die Rechnungen über die ausgeführten Leistungen sind grundsätzlich monatlich bei der leistungspflichtigen Krankenkasse einzureichen. Sollten Rechnungen später als drei Monate nach Leistungserbringung eingereicht werden, kann die Krankenkasse die Bezahlung verweigern. Den Rechnungen ist der Leistungsnachweis beizufügen (§ 34 Rahmenvertrag). **129**

Bei Verordnungen über einen Monatszeitraum hinaus ist Durchschlag Nr. 12c der Verordnung nur bei der ersten monatlichen Rechnungsstellung beizufügen. Die Genehmigungen von Leistungen für ein Quartal bzw. Halbjahr sind nach fachlicher und leistungsrechtlicher Abklärung insbesondere bei folgenden Leistungen in Absprache zwischen Krankenkasse und Leistungserbringer möglich: **130**

- Insulininjektionen,
- Verabreichen von Medikamenten,
- An- und Ausziehen von Kompressionsstrümpfen.

Die Abrechnung ist getrennt nach Status: **131**

- Mitglieder (ohne Rentner) M = 1
- Familienangehörige dieser Mitglieder F – 3

- Rentner und deren Familienangehörige R = 5
- Sozialhilfeempfänger SH = 4

zu erstellen, wobei zu jedem einzelnen Versicherten die erbrachten Leistungen nach Art, Menge und Preis anzugeben sind. Die vom Pflegedienst durchgeführten Leistungen sind direkt nach Leistungserbringung von der durchführenden Pflegefachperson im Leistungsnachweis abzuzeichnen und monatlich durch den Versicherten zu bestätigen. Eine Bestätigung im Voraus ist unzulässig. Auch eine Bestätigung für den Versicherten durch den Pflegedienst ist ausgeschlossen. In Ausnahmefällen, die entsprechend zu kennzeichnen und zu begründen sind, bleibt das Unterschriftsfeld frei.

132 Folgende inhaltliche Angaben müssen aus dem Leistungsnachweis hervorgehen:

- Name, Vorname, Geburtsdatum und KV-Nr. des/der Versicherten
- Datum (Tag/Monat/Jahr) und Zeitpunkt (Zeitkorridor z. B. Mo/No/Mi/Na/Ab) der Leistungserbringung
- Legende zu den Zeitkorridoren
- Leistungsart (Leistung der Grund-/Behandlungspflege inkl. Positionsnummer der Leistungsbeschreibung)
- Anzahl der einzelnen Leistungen und einzelnen Leistungserbringungen pro Tag (jede Leistung muss gesondert dokumentiert werden)
- Zusammengefasst Anzahl der einzelnen Leistungserbringungen pro Monat
- Handzeichen der durchführenden Pflegefachperson/Pflegekraft pro Leistungsart und pro Leistungserbringung
- Datum und Unterschrift des Versicherten bzw. der beauftragten Person
- Datum und Unterschrift der verantwortlichen Pflegefachperson
- Stempel und **Institutionskennzeichen** (IK) des Leistungserbringers

133 Pflegedienste, die ein EDV-Programm zur Leistungserfassung und/oder Leistungsdokumentation verwenden, können den von ihrem EDV-Programm erstellten Leistungsnachweis für die Abrechnung verwenden. Der in dieser Form erstellte Nachweis muss mindestens die gleichen Anforderungen an Personalidentifikation ermöglichen wie ein Leistungsnachweis mit durch Handzeichen bestätigten Einzelleistungen. Die Bezahlung der Rechnungen erfolgt innerhalb von 21 Kalendertagen nach Eingang bei den zuständigen benannten Abrechnungsstellen der Krankenkassen. Die Krankenkassen sind verpflichtet, die Anschriften der Abrechnungsstellen sowie mögliche Veränderungen den Vertragspartnern rechtzeitig bekanntzugeben. Bei Zahlung durch Überweisung gilt die Frist als gewahrt, wenn der Auftrag innerhalb dieser Zeit dem Geldinstitut erteilt wurde. Beanstandungen müssen innerhalb von sechs Monaten nach Rechnungslegung geltend gemacht werden. Für den Personenkreis der Zugeteilten (z. B. Anspruchsberechtigte nach dem BVG, BEG und HHG) sind Einzelrechnungen in doppelter Ausfertigung bei der jeweiligen Krankenkasse einzureichen. Überträgt der Pflegedienst die Abrechnung einer Abrechnungsstelle, so hat er die Krankenkasse unverzüglich schriftlich über Namen und Zeitraum zu informieren. Zahlungen an eine Abrechnungsstelle/Verrechnungsstelle erfolgen mit schuldbefreiender Wirkung für die Krankenkasse. Dies gilt auch dann, wenn die Rechtsbeziehung zwischen Abrechnungsstelle/Verrechnungsstelle und dem Pflegedienst mit einem Rechtsmangel behaftet ist.

Die Pflegedienste sind verpflichtet, die von ihnen erbrachten Leistungen im Wege elektronischer Datenübertragung oder maschinell verwertbar auf Datenträgern abzurechnen. Daraus ergibt sich für die Krankenkassen die Verpflichtung, die Daten maschinell anzunehmen (vgl. § 302 SGB V). Vor der erstmaligen Durchführung der elektronischen Datenübertragung im Echtverfahren ist die ordnungsgemäße Verarbeitung durch ein Erprobungsverfahren sicherzustellen. Im Erprobungsverfahren sind der Krankenkasse neben den Testdaten die Abrechnungsunterlagen in Papierform zu übermitteln. Nach dreimaliger erfolgreicher Durchführung des Erprobungsverfahrens ist die maschinelle Abrechnung ins Echtverfahren zu überführen. Der Pflegedienst erhält eine Mitteilung über die erfolgreiche Beendigung des Erprobungsverfahrens. Anschließend werden die maschinellen Abrechnungen immer im Echtverfahren durchgeführt. 134

Die im Rahmen des maschinellen Abrechnungsverfahrens zu übermittelnden Daten müssen entsprechend der vertraglichen Regelungen nach § 132a Abs. 2 SGB V mit den Angaben im Leistungsnachweis übereinstimmen. Neben den maschinell oder auf Datenträgern übermittelten Daten sind den Abrechnungen die von den Vertragspartnern nach § 132a Abs. 2 SGB V vereinbarten Urbelege sowie die notwendigen Begleitzettel beizufügen. Der Abrechnung ist der unterschriebene Leistungsnachweis im Sinne eines Papierbeleges beizufügen, solange die Vertragspartner nicht ein anderes technisches Verfahren der Darstellung und Übermittlung des Leistungsnachweises vereinbart oder eine andere Regelung getroffen haben. 135

Unterlagen, die der Krankenkasse innerhalb des Genehmigungsverfahrens bereits vorgelegen haben (z. B. Verordnung) bzw. die im Rahmen des Genehmigungsverfahrens von der Krankenkasse erstellt wurden (z. B. Genehmigungsschreiben der Krankenkasse), müssen bei der Abrechnung von genehmigten und erbrachten Leistungen der Krankenkasse oder ggf. einem von der Krankenkasse bestimmten externen Dienstleister nicht erneut vorgelegt werden. 136

Sofern eine Gesamtrechnung Abrechnungspositionen enthält, die fehlerhaft sind bzw. deren Abrechnung von der Krankenkasse im Rahmen der Rechnungsprüfung beanstandet wird, berechtigt dies die Krankenkasse grundsätzlich nicht, die Abrechnung der unstrittigen Abrechnungspositionen zurückzuweisen. Bei begründeten Beanstandungen kann eine Abrechnung insgesamt zurückgewiesen werden. Eine begründete Beanstandung liegt vor, wenn die Abrechnung überwiegend falsche Abrechnungspositionen enthält, die nicht der Genehmigung bzw. in Fällen des Absatzes nicht der Verordnung entsprechen oder überwiegend Preise zur Abrechnung kommen, welche nicht vertraglich vereinbart wurden. 137

1.3 Abrechnungsbetrug

138 Bundesweit wird wegen des Verdachts des Abrechnungsbetruges gegen zahlreiche ambulante Pflegedienste ermittelt. Russische Pflegedienste werden hierbei unter Generalverdacht gestellt.

139 Polizei und Staatsanwaltschaft ermitteln gegen ambulante Pflegedienste wegen des Verdachts des Abrechnungsbetrugs (§ 263 StGB):

1. Wer in der Absicht, sich oder einem Dritten einen rechtswidrigen Vermögensvorteil zu verschaffen, das Vermögen eines anderen dadurch beschädigt, dass er durch Vorspiegelung falscher oder durch Entstellung oder Unterdrückung wahrer Tatsachen einen Irrtum erregt oder unterhält, wird mit Freiheitsstrafe bis zu fünf Jahren oder mit Geldstrafe bestraft.
2. Der Versuch ist strafbar.
3. In besonders schweren Fällen ist die Strafe eine Freiheitsstrafe von sechs Monaten bis zu zehn Jahren. Ein besonders schwerer Fall liegt in der Regel vor, wenn der Täter
   a) gewerbsmäßig oder als Mitglied einer Bande handelt, die sich zur fortgesetzten Begehung von Urkundenfälschung oder Betrug verbunden hat,
   b) einen Vermögensverlust großen Ausmaßes herbeiführt oder in der Absicht handelt, durch die fortgesetzte Begehung von Betrug eine große Zahl von Menschen in die Gefahr des Verlustes von Vermögenswerten zu bringen,
   c) eine andere Person in wirtschaftliche Not bringt,
   d) seine Befugnisse oder seine Stellung als Amtsträger oder Europäischer Amtsträger missbraucht oder
   e) einen Versicherungsfall vortäuscht, nachdem er oder ein anderer zu diesem Zweck eine Sache von bedeutendem Wert in Brand gesetzt oder durch eine Brandlegung ganz oder teilweise zerstört oder ein Schiff zum Sinken oder Stranden gebracht hat.

140 Dieser Betrug liegt in solchen Fällen vor:

- Leistungen werden abgerechnet, aber wurden nie erbracht, sogenannte Luftleistungen. Oder Angehörige erbringen die Leistung und der Pflegedienst rechnet diese Sachleistung ab, als habe er diese höchstpersönlich erbracht. Als „Schweigegeld“ bekommt der Angehörige einen Anteil.
- Die pflegerische Leistung wurde nicht gemäß Rahmenvertrag (siehe oben) durch Pflegefachpersonen erbracht, sondern durch Hilfskräfte. Diese Praxis findet sich bei Intensivpflegediensten. Durch die stellenweise sehr grenzwertige Stundenhonorierung der Krankenkassen, werden Hilfskräfte anstatt einer Pflegefachperson für außerklinische Beatmung eingesetzt.[211]

211 Horrer (2014): Zahlreiche Ermittlungsverfahren wegen Verdachtsfällen von Abrechnungsbetrug bei ambulanten Pflegediensten. Online: https://fachanwaelte-strafrecht-potsdamer-platz.de/de/news/arztstrafrecht-medizinstrafrecht/113-zahlreiche-ermittlungsverfahren-wegen-verdachtsfaellen-von-abrechnungsbetrug-bei-ambulanten-pflegediensten [abgerufen am 9.2.2018].

- Der Versicherte wird vom Pflegedienst oder Pflegeberater entsprechend geschult, damit bei der Feststellung der Pflegebedürftigkeit durch den MDK eine höherer Pflegegrad erzielt wird.

Sollte ein Verdacht des Abrechnungsbetruges gegen den Pflegedienst bestehen, kann eine unangemeldete Anlassprüfung (§ 114a Abs. 1 SGB XI) durch den MDK durchgeführt werden. Die bisher bereits bestehende Möglichkeit des MDK, die Abrechnungen zu prüfen, wird in eine Pflichtaufgabe umgewandelt, die bei allen Regelprüfungen zu erfolgen hat (§ 114 Abs. 2 Satz 6 SGB XI). Ab Januar 2018 werden dabei auch Abrechnungen geprüft, bei denen es ausschließlich um Leistungen der Häuslichen Krankenpflege (HKP) geht. Außerdem führt der MDK seit Januar 2018 auch Qualitäts- und Abrechnungsprüfungen nach dem Krankenversicherungsgesetz (SGB V) bei Leistungserbringern durch, die ausschließlich Leistungen der Häuslichen Krankenpflege anbieten. Dabei geht es vor allem um spezialisierte Pflegedienste, die außerklinische Intensivpflege wie zum Beispiel Beatmung anbieten. **141**

„Bereits mit dem Ersten Pflegestärkungsgesetz wurde zum 1. Januar 2015 die Nachweispflicht für die Kostenerstattung in der Verhinderungspflege (§ 39 Abs. 1 SGB XI) geschärft. Hier waren in der Vergangenheit Missbrauchsfälle bekannt geworden. Schon 2013 wurden mit dem Assistenzpflegegesetz im SGB XI die Vorschriften zur Zusammenarbeit und zum Datenaustausch zwischen Pflegekassen, Krankenkassen und Sozialhilfeträgern in Betrugsfällen/bei Fehlverhalten neu geregelt. Dadurch dürfen personenbezogene Daten untereinander ausgetauscht werden, soweit dies für die Feststellung und Bekämpfung von Fehlverhalten im Gesundheitswesen erforderlich ist (§ 47a SGB XI)".[212] **142**

Im Fokus der Abrechnungsprüfung durch den MDK stehen zwei zentrale Fragen: Wurden die von dem Pflegedienst in Rechnung gestellten Leistungen tatsächlich erbracht? Und wurden sie so erbracht, wie es vertraglich vereinbart war? Hierzu zählt zum Beispiel, ob die Leistung durch eine Pflegefachperson erbracht worden ist. **143**

Der MDK sieht sich Rechnungen an, die diejenigen Pflegebedürftigen betreffen, bei denen auch die Versorgungsqualität vor Ort geprüft wird. Die MDK-Prüfer kontrollieren, ob die Angaben in den Rechnungen plausibel sind im Vergleich zu den Angaben in anderen Unterlagen des Pflegedienstes wie Dienst- und Einsatzpläne, Handzeichenlisten und Durchführungsnachweise. Zusätzlich befragen die Prüfer die Pflegebedürftigen oder ihre Angehörigen und den Pflegedienst. **144**

212 Deutsches Medizinrechenzentrum (2018): Das PSG II: Die Änderungen. https://www.dmrz.de/pflege-betrug-trotz-psg-ii-pflegestaerkungsgesetz.pdf [abgerufen am 9.2.2018].

145 Erkennt der MDK Unstimmigkeiten, gibt er diese mit entsprechenden Nachweiskopien an die Pflegekasse der Versicherten weiter. Die Kasse entscheidet dann, wie damit umgegangen wird und ob Rückzahlungsforderungen gestellt werden.[213]

1.4 Rezepte einsammeln

146 Pflegedienste sammeln Rezepte bei ihren Kunden ein und bringen diese in eine Apotheke. Hier fungiert die Pflegefachperson als Rezeptsammelstelle. Dabei ist § 24 der Apothekenbetriebsordnung (ApBetrO) zu beachten:

147 Einrichtungen zum Sammeln von Verschreibungen (Rezeptsammelstellen) dürfen nur mit Erlaubnis der zuständigen Behörde unterhalten werden. Die Erlaubnis ist dem Inhaber einer Apotheke auf Antrag zu erteilen, wenn zur ordnungsgemäßen Arzneimittelversorgung von abgelegenen Orten oder Ortsteilen ohne Apotheken eine Rezeptsammelstelle erforderlich ist. Die Erlaubnis ist zu befristen und darf die Dauer von drei Jahren nicht überschreiten. Eine wiederholte Erteilung ist zulässig. Rezeptsammelstellen dürfen nicht in Gewerbebetrieben oder bei Angehörigen der Heilberufe unterhalten werden. Zuwiderhandlung stellt eine Ordnungswidrigkeit dar.

148 Auch kann hier ein Wettbewerbsverstoß vorliegen, der entsprechend sanktioniert wird.

149 Der Versicherte ist nach seiner Wunschapotheke zu befragen und diese ist auch durch den Pflegedienst zu nutzen.

2 Abrechnung in der stationären Pflege

150 Die Kosten der stationären Pflege sind grundsätzlich in folgende Positionen unterteilt:

- Pflegesatz: Mit ihm werden die Pflege und die soziale Betreuung finanziert. Der Pflegesatz wird nach Pflegegraden differenziert.
- Kosten für Unterkunft und Verpflegung: Das Entgelt für Unterkunft und Verpflegung (sogenannte „Hotelkosten“) umfasst unter anderem die Nebenkosten für das Apartment und die Zubereitung und das Bereitstellen von Speisen und Getränken.
- Investitionskosten: Die Investitionskosten sind die Kosten, die dem Träger von Pflegeeinrichtungen im Zusammenhang mit Herstellung, Anschaffung und Instandsetzung von Gebäuden und der damit verbundenen technischen Anlagen entstehen.

213 Medizinischer Dienst des Spitzenverbandes Bund der Krankenkassen (2018): Abrechnungsprüfung bei Pflegediensten. Online: https://www.mds-ev.de/themen/pflegequalitaet/abrechnungspruefung-bei-pflegediensten.html [abgerufen am 9.2.2018].

Beispielrechnung für die stationäre Pflege mit dem Pflegegrad II (bei durchschnittlich 30,42 Tagen): 151

	pro Tag	**pro Monat**
Pflegesatz	54,47 €	1.656,98 €
Unterkunft	13,98 €	425,27 €
Verpflegung	5,00 €	152,10 €
Investitionskosten	17,94 €	545,73 €
Gesamt	91,39 €	2.780,08 €
Zuschuss der Pflegekasse		770,00 €
Eigenanteil		2.010,08 €

Sollte der Höchstbetrag für die Sachleistungen (also für den pflegebedingten Aufwand) nicht ganz ausgeschöpft werden – z. B. weil der pflegebedürftige Bewohner längere Zeit im Krankenhaus war –, kann der verbleibende Restbetrag auch für die Kosten für Unterkunft und Verpflegung genutzt werden. 152

Seit dem Inkrafttreten des Pflegestärkungsgesetzes II am 1.1.2017 ist der Eigenanteil, also der von Versicherten selbst zu tragende Anteil der Pflegeheimkosten, in den Pflegegraden 2–5 gleich (§ 92c SGB XI). Somit werden die Versicherten auch dann nicht finanziell schlechter gestellt, wenn sie in einen höheren Pflegegrad hochgestuft werden. Der Eigenanteil bei Pflegegrad 1 ist für einen Heimplatz höher als in den anderen Pflegegraden. Das ist politisch gewollt, da Menschen mit Pflegegrad 1 vorrangig zu Hause ambulant gepflegt werden sollen. Da aber ein mathematischer Mittelwert gebildet werden muss, ist anzunehmen, dass der Eigenanteil von Menschen mit wenig Pflegebedarf vergleichsweise steigen wird und dass stark pflegebedürftige Menschen davon profitieren, weil eine finanzielle Entlastung eintritt. 153

Zur Ermittlung des Eigenanteils werden zunächst die Pflegekosten um die Leistung der Pflegeversicherung verringert. Daraus ergibt sich der für die Pflege zu zahlende Eigenanteil je Bewohner. Die Summe aller Eigenanteile wird nun durch die Anzahl der Heimbewohner geteilt. Der so ermittelte Durchschnittswert ist der für alle Heimbewohner in gleicher Höhe zu zahlende Eigenanteil. 154

Folgende Beispielrechnung einer Einrichtung mit drei Bewohnern soll das veranschaulichen: 155

Bewohner	Pflegegrad	Pflegekosten	Leistung Pflegekasse	Pflegekostenanteil
A	2	1.656,98 €	770,00 €	886,98 €
B	4	2.275,00 €	1.775,00 €	500,00 €
C	5	2.405,00 €	2.005,00 €	400,00 €
Summe				1.786,98 €

Diese Summe wird nun durch die Gesamt-Anzahl der Bewohner (3) geteilt. 156

157 Dadurch ergibt sich ein Eigenanteil von 595,66 EUR für jeden Bewohner. Pflegegrad 2 profitiert, für den Bewohner wird es billiger. Für die anderen zwei wird es teurer.

2.1 Kostenübernahme durch das Sozialamt

158 Wenn Vermögen oder monatliches Einkommen nicht ausreichen, zahlt der Sozialhilfeträger den Betrag, den der Pflegebedürftige selbst nicht aufbringen kann, plus einen Barbetrag („Taschengeld“) zur persönlichen Verfügung. Die Leistungsberechtigten müssen allerdings nicht ihr komplettes Vermögen aufbrauchen, es besteht Anspruch auf ein Schonvermögen.

159 „Leistungen der Sozialhilfe gibt es nur, wenn das vorhandene Einkommen und Vermögen nicht reicht. Das Sozialamt prüft also die Einkommens- und Vermögensverhältnisse und klärt auch, ob Eltern, Partner oder Kinder den Hilfesuchenden unterstützen können. Allerdings wird Einkommen und Vermögen verschieden hoch angerechnet, je nach Sozialhilfeleistung und persönlicher Situation des Hilfesuchenden. Leistungen der Sozialhilfe werden nur gewährt, wenn dem Sozialhilfesuchenden die Aufbringung der Mittel aus eigenem Einkommen und Vermögen nicht zuzumuten ist. Des Weiteren prüft das Sozialamt, ob unterhaltspflichtige Personen den Hilfesuchenden unterstützen können (Unterhaltspflicht). Unterhaltspflichtig sind der nicht getrennt lebenden Ehe- oder Lebenspartner, die Eltern (bei minderjährigen und unverheirateten Hilfesuchenden) und die Kinder.

160 Die Anrechnung von Einkommen bei der Sozialhilfe ist in der Durchführungsverordnung zu § 82 SGB XII geregelt.

161 Folgende Einnahmen zählen u. a. zum Einkommen:

- Alle Einkünfte im steuerrechtlichen Sinn, z. B. aus Erwerbstätigkeit, Vermietung und Verpachtung, Gewerbebetrieb, Kapitalvermögen, Unterhalt.
- Die meisten Sozialleistungen, z. B. Leistungen der Sozialversicherungen (Arbeitslosengeld, Arbeitslosengeld II, Rente etc.), Wohngeld, Mutterschaftsgeld, Unterhaltsvorschuss, Kindergeld für volljährige Kinder (Kindergeld für minderjährige Kinder wird dem Einkommen des Kindes angerechnet), Krankengeld, Elterngeld, das über 300 EUR hinausgeht, und Betreuungsgeld in Bayern.

162 Es ist nicht von Bedeutung, ob die Einnahmen regelmäßig oder unregelmäßig fließen.

163 Ist der Bedarf an Sozialhilfe nur von kurzer Dauer oder einmalig und eine schnelle Hilfe notwendig, so kann der Sozialhilfeträger nach Anhörung des Leistungsberechtigten die Einkünfte schätzen (§ 9 VO zu § 82 SGB XII).

164 Nicht zum Einkommen zählen u. a.:

- Leistungen nach dem Sozialhilfegesetz (SGB XII).

- Grundrente nach dem Bundesversorgungsgesetz (BVG) und anderen entsprechenden Gesetzen.
- Renten oder Beihilfen nach dem Bundesentschädigungsgesetz bis zur Höhe der Grundrente nach dem Bundesversorgungsgesetz.
- Rückerstattungen auf Vorauszahlungen, die der Sozialhilfeempfänger aus dem Regelsatz geleistet hat, z. B. Stromguthaben.
- Aufwandsentschädigungen etc. bis 200 EUR monatlich (§ 82 Abs. 3 SGB XII)
- Landeserziehungsgeld.
- Mittel der Bundesstiftung „Mutter und Kind" und Zuwendungen anderer Stiftungen, z. B. für Krebshilfe, für Contergan-Geschädigte oder aus Aidshilfe-Fonds für durch Blutkonserven Infizierte.
- Schmerzensgeld.
- Pflegegeld (Pflegegeld der Pflegeversicherung, Pflegegeld der Sozialhilfe, Pflegegeld der Unfallversicherung), außer es wird Hilfe zur Pflege beantragt.

Was als Einkommen zählt (siehe oben die erste Aufzählung), wird zusammengerechnet. Von der Summe werden folgende Ausgaben und Beträge abgezogen: **165**

- Steuern und Sozialabgaben.
- Pflichtbeiträge zur Sozialversicherung einschließlich der Beiträge zur Arbeitsförderung.
- Gesetzlich vorgeschriebene oder nach Grundhöhe angemessene Versicherungsbeiträge (z. B. Kfz-Versicherung, Haftpflichtversicherung, Hausratversicherung, Sterbeversicherung).
- Geförderte Altersvorsorgebeiträge (§ 82 EStG), wenn sie den Mindesteigenbeitrag (ca. vier Prozent des Einkommens, § 86 EStG) nicht überschreiten.
- Die mit der Erzielung des Einkommens verbundenen notwendigen Ausgaben, z. B.:
- Arbeitsmittel: Der Sozialleistungsberechtigte kann als Aufwendungen für Arbeitsmittel mindestens 5,20 EUR pro Monat pauschal von seinem Einkommen abziehen oder höhere Ausgaben nachweisen.
- Fahrtkosten zwischen Wohnung und Arbeitsstätte in Höhe der Kosten für das günstigste öffentliche Verkehrsmittel. Wenn kein öffentliches Verkehrsmittel vorhanden ist und ein privates Kraftfahrzeug genutzt wird, kann ein monatlicher Pauschalbetrag von 5,20 EUR für jeden Entfernungskilometer zwischen Wohnung und Arbeitsstätte abgezogen werden – jedoch für nicht mehr als für 40 Kilometer.
- Beiträge zu Berufsverbänden,
- doppelte Haushaltsführung.
- Arbeitsförderungsgeld und Ausbildungsgeld für Beschäftigte in Werkstätten für behinderte Menschen (§ 59 SGB IX).
- Ausschließlich bei Hilfe zum Lebensunterhalt und bei Grundsicherung im Alter und bei Erwerbsminderung werden abgezogen:

- 30 Prozent des Einkommens aus selbstständiger und nichtselbstständiger Tätigkeit, maximal jedoch 208 EUR (= 50 Prozent der Regelbedarfsstufe 1).
- Für Beschäftige in Werkstätten für behinderte Menschen gilt ein anderer, einkommensabhängiger Abzugsbetrag.
- Aufwandsentschädigungen und ähnliche Zahlungen für ehrenamtliche Tätigkeiten bis zu einer Höhe von 200 EUR monatlich.

- Ausschließlich bei Grundsicherung im Alter und bei Erwerbsminderung werden abgezogen:
- maximal 26 EUR pro Jahr bei Einnahmen aus Kapitalvermögen (§ 43 Abs. 2 SGB XII).

166 Zum Vermögen zählt das gesamte verwertbare Vermögen des Hilfesuchenden, z. B.:

- Ersparnisse, Wertpapiere
- Schmuck, Kunstgegenstände
- Kraftfahrzeug: Ausnahmen sind möglich. Allerdings muss der Hilfesuchende die Kosten des Kraftfahrzeugunterhalts wie Versicherung, Steuern, Benzin selbst sicherstellen, da sie nicht im Regelsatz enthalten sind.
- Lebensversicherung mit Ausnahme: Alterssicherung, die staatlich gefördert ist
- Ausbildungsversicherung
- nicht vom Hilfebedürftigen bewohnte Häuser, Wohnungen und Grundstücke

167 Nicht zum Vermögen zählt das sog. „Schonvermögen“:

- Existenzsicherungsmittel aus öffentlichen Geldern, z. B. Aufbaudarlehen, Wohnraum- und Hausratshilfen nach dem Lastenausgleichsgesetz.
- Zusätzliche Altersvorsorge, die staatlich gefördert wurde.
- Angemessener Hausrat, z. B. Möbel, Haushaltsgegenstände.
- Gegenstände zur Berufsausübung, z. B. Pkw bei Handelsvertretern, Arbeitsgeräte, Fachliteratur, Schutzkleidung.
- Familien- und Erbstücke, soweit der Verkauf eine besondere Härte für den Hilfesuchenden bedeuten würde.
- Gegenstände für kulturelle oder wissenschaftliche Bedürfnisse, z. B. Musikinstrumente, Stereoanlage, Handbibliothek, Schallplatten, Briefmarkensammlung.
- Ein nach Größe und Verkehrswert angemessenes und selbst genutztes Hausgrundstück oder eine solche selbst genutzte Eigentumswohnung.
- Gelder, die nachweislich bald zum Bau am Hausgrundstück oder der Wohnung genutzt werden und Pflegebedürftigen oder Menschen mit Behinderungen dienen sollen.
- Kleinere Barbeträge oder sonstige Geldwerte bei Sozialhilfe: Seit 1.4.2017 einheitlich maximal 5.000 EUR

- für jeden erwachsenen Sozialhilfe-Berechtigten,
- für jeden alleinstehenden Minderjährigen und für jeden Erwachsenen, dessen Einkommen und Vermögen bei der Beantragung von Sozialhilfe berücksichtigt wird.

- Zusätzlich zu den 5.000 EUR je max. 500 EUR für jede vom Hilfesuchenden unterhaltene Person, also vor allem für Kinder.
- Seit 1.1.2017 und bis 31.12.2019 gilt für alle Leistungen der Eingliederungshilfe eine erhöhte Einkommens- und Vermögensgrenze von 25.000 EUR (§ 60a SGB XII).

Es gilt zu beachten, das Sozialamt kann bis zu 10 zehn Jahre rückwirkend Geschenke (Barbeträge oder sonstige Geldwerte), die der Hilfesuchende gemacht hat, zurückfordern. Geschenke können nicht zurückgefordert werden, wenn 168

- der Beschenkte nicht mehr über das Geschenk verfügt, auch nicht über einen Wert, der mit der Schenkung bezahlt wurde.
- es sich um angemessene Anstandsschenkungen handelte, z. B. zur Geburt oder zur Hochzeit.
- Vor allem wenn der Betrag für die laufende Lebensführung oder eine gewisse Erhöhung des Lebensstandards, z. B. Urlaub, eingesetzt wurde, muss er in der Regel nicht zurückgezahlt werden.

Der Beschenkte darf sich mit der Schenkung nicht von Schulden befreit haben, sonst muss er das Geld ebenfalls zurückzahlen. 169

Für individuelle Berechnungen und Auskünfte ist das Sozialamt zuständig“.[214] 170

2.2 Unterhaltspflicht der Kinder gegenüber pflegebedürftigen Eltern

Die Sozialämter verlangen einen Teil der Heimkosten von den unterhaltspflichtigen Kindern zurück. Anders ist es, wenn Kinder beim Einzug der Eltern ins Pflegeheim eine sogenannte Kostenübernahmeerklärung unterschrieben haben. Dann müssen die Kinder für rückständige Heimkosten schon aufgrund des Schuldbeitritts zum Heimvertrag aufkommen.[215] 171

Die Kinder müssen im Rahmen ihrer finanziellen Möglichkeiten den Lebensbedarf der Eltern durch Unterhaltszahlungen sichern. Nach § 1601 BGB sind Verwandte, die direkt voneinander abstammen (gerade Linie), verpflichtet, den Eltern Unterhalt zu gewähren, sofern diese bedürftig sind. Unterhaltspflichtig sind nur die Kinder des Berechtigten. Schwiegerkinder sind davon nicht betroffen.[216] 172

214 Betanet (2018): Sozialhilfe, Einkommen und Vermögen. Online: http://www.betanet.de/betanet/soziales_recht/Sozialhilfe—Einkommen-und-Vermoegen-109.html [abgerufen am 9.2.2018]
215 OLG Oldenburg vom 21.12.2016, Az. 4 U 36/16.
216 BGH vom 14.1.2004, Az. XII ZR 69/01.

173 Die entscheidenden Eckpunkte für den Unterhaltsanspruch sind

- der Bedarf des Elternteils (§ 1610 BGB),
- Die aktuelle Bedürftigkeit des Elternteils, weil seine eigene Rente/Versorgungsbezüge nicht ausreichen und
- die Leistungsfähigkeit des Kindes (§ 1603 BGB).

174 Schwere Verfehlungen gegen das Kind, z. B. sexuelle Gewalt, Aussetzungen, können den Elternunterhalt verwirken.[217]

175 Bevor die Kinder in die „Haftung" geraten, muss das Vermögen der Eltern aufgebraucht sein. Wenn die Kinder kein Vermögen besitzen, muss kein Unterhalt an die Eltern geleistet werden (§ 1603 Abs. 1 BGB). Eine Ausnahme bildet das bereits erläuterte Schonvermögen. Vermögensanteile, welche nachweislich für die Altersvorsorge der Kinder dienen, werden nicht angetastet. Den stärksten Schutz genießt laut BGH[218] die eigene Wohnung oder Haus.

176 Anteilig haften mehrere Kinder, entsprechend ihres Vermögens (§ 1606 Abs. 3 BGB). Gegen den Enkel besteht nach § 1606 Abs. 2 BGB eine Unterhaltspflicht gegenüber den Großeltern. Aber nur dann, wenn die Eltern des Enkels ein geringes Vermögen haben.[219]

2.3 Heimgesetz

177 Das Heimgesetz (HeimG) regelt die stationäre Pflege älterer Menschen sowie pflegebedürftiger oder behinderter Volljähriger.

178 Ein großes Anliegen des Heimgesetzes ist zum einen der Schutz der Bewohner und zum anderen auch die Partizipation der Bewohner am Heimgeschehen.

179 Kernpunkte des Gesetzes sind:

- Heimverträge
- Mitwirkungsmöglichkeit des Heimbeirats
- Prüfungen durch die Heimaufsicht
- Zusammenarbeit von Heimaufsicht, MDK, Pflegekassen und Trägern der Sozialhilfe

180 Die Neufassung des HeimG ist am 1.1.2002 in Kraft getreten und löste damit das Gesetz aus dem Jahr 1974 ab.

181 Die Heime sind verpflichtet (§ 3 HeimG), ihre Leistungen nach dem jeweils allgemein anerkannten Stand fachlicher Erkenntnisse zu erbringen. Das Bundesministerium für Familie, Senioren, Frauen und Jugend kann im Einvernehmen

217 BGH vom 15.9.2010, Az. XII ZR 148/09.
218 BGH vom 7.8.2013, Az. XII ZB 269/12.
219 Schön, B. (2018): Unterhaltspflicht gegenüber Eltern. http://www.finanztip.de/elternunterhalt/ [abgerufen am 9.2.2018].

mit dem Bundesministerium für Wirtschaft und Technologie, dem Bundesministerium für Verkehr, Bau und Stadtentwicklung und dem Bundesministerium für Gesundheit durch Rechtsverordnung mit Zustimmung des Bundesrates dem allgemein anerkannten Stand der fachlichen Erkenntnisse entsprechende Regelungen (Mindestanforderungen) erlassen

- für die Räume, insbesondere die Wohn-, Aufenthalts-, Therapie- und Wirtschaftsräume sowie die Verkehrsflächen, sanitären Anlagen und die technischen Einrichtungen,
- für die Eignung der Leitung des Heims (Leitung) und der Beschäftigten

2.3.1 Heimbeirat

Die Bewohner wirken durch einen Heimbeirat (§ 10 HeimG) in Angelegenheiten **182**
des Heimbetriebs wie Unterkunft, Betreuung, Aufenthaltsbedingungen, Heimordnung, Verpflegung und Freizeitgestaltung mit. Die Mitwirkung bezieht sich auch auf die Sicherung einer angemessenen Qualität der Betreuung im Heim und auf die Leistungs-, Vergütungs-, Qualitäts- und Prüfungsvereinbarungen. Der Heimbeirat kann bei der Wahrnehmung seiner Aufgaben und Rechte fach- und sachkundige Personen seines Vertrauens hinzuziehen. Diese sind zur Verschwiegenheit verpflichtet. Die für die Durchführung dieses Gesetzes zuständigen Behörden fördern die Unterrichtung der Bewohner und der Mitglieder von Heimbeiräten über die Wahl und die Befugnisse sowie die Möglichkeiten des Heimbeirats, die Interessen der Bewohner in Angelegenheiten des Heimbetriebs zur Geltung zu bringen.

Der Heimbeirat soll mindestens einmal im Jahr die Bewohnerinnen und Bewoh- **183**
ner zu einer Versammlung einladen, zu der jede Bewohnerin oder jeder Bewohner eine Vertrauensperson hinzuziehen kann. Für die Zeit, in der ein Heimbeirat nicht gebildet werden kann, werden seine Aufgaben durch einen Heimfürsprecher wahrgenommen. Seine Tätigkeit ist unentgeltlich und ehrenamtlich. Der Heimfürsprecher wird im Benehmen mit der Heimleitung von der zuständigen Heimaufsicht bestellt. Die Bewohnerinnen und Bewohner des Heims oder deren gesetzliche Vertreter können der Heimaufsicht Vorschläge zur Auswahl des Heimfürsprechers unterbreiten. Die Heimaufsicht kann von der Bestellung eines Heimfürsprechers absehen, wenn die Mitwirkung der Bewohner auf andere Weise gewährleistet ist.

2.3.2 Anforderungen an ein Heim

Ein Heim darf nur betrieben werden (§ 11 HeimG), wenn der Träger und die **184**
Leitung

- die Würde sowie die Interessen und Bedürfnisse der Bewohner vor Beeinträchtigungen schützen,
- die Selbständigkeit, die Selbstbestimmung und die Selbstverantwortung der Bewohner wahren und fördern, insbesondere bei behinderten Menschen die sozialpädagogische Betreuung und heilpädagogische Förderung sowie bei Pflegebedürftigen eine humane und aktivierende Pflege unter Achtung der Menschenwürde gewährleisten,
- eine angemessene Qualität der Betreuung der Bewohner, auch soweit sie pflegebedürftig sind, in dem Heim selbst oder in angemessener anderer Weise einschließlich der Pflege nach dem allgemein anerkannten Stand medizinisch-pflegerischer Erkenntnisse sowie die ärztliche und gesundheitliche Betreuung sichern (siehe hierzu Teil VI Kap. 2.4) die Eingliederung behinderter Menschen fördern,
- den Bewohnern eine nach Art und Umfang ihrer Betreuungsbedürftigkeit angemessene Lebensgestaltung ermöglichen und die erforderlichen Hilfen gewähren,
- die hauswirtschaftliche Versorgung sowie eine angemessene Qualität des Wohnens erbringen,
- sicherstellen, dass für pflegebedürftigen Bewohner Pflegeplanungen aufgestellt und deren Umsetzung aufgezeichnet werden,
- gewährleisten, dass in Einrichtungen der Behindertenhilfe für den Bewohner Förder- und Hilfepläne aufgestellt und deren Umsetzung aufgezeichnet werden,
- einen ausreichenden Schutz der Bewohner vor Infektionen gewährleisten und sicherstellen, dass von den Beschäftigten die für ihren Aufgabenbereich einschlägigen Anforderungen der Hygiene eingehalten werden, und
- sicherstellen, dass die Arzneimittel bewohnerbezogen und ordnungsgemäß aufbewahrt und die in der Pflege tätigen Mitarbeiterinnen und Mitarbeiter mindestens einmal im Jahr über den sachgerechten Umgang mit Arzneimitteln beraten werden.

185 Ein Heim darf nur betrieben werden, wenn der Träger

1. die notwendige Zuverlässigkeit, insbesondere die wirtschaftliche Leistungsfähigkeit, zum Betrieb des Heims besitzt,
2. sicherstellt, dass die Zahl der Beschäftigten und ihre persönliche und fachliche Eignung für die von ihnen zu leistende Tätigkeit ausreicht,
3. angemessene Entgelte verlangt und
4. ein Qualitätsmanagement betreibt.
5. die vertraglichen Leistungen erbringt.

186 Bestehen Zweifel daran, dass die Anforderungen an den Betrieb eines Heims erfüllt sind, ist die Heimaufsicht berechtigt und verpflichtet, die notwendigen Maßnahmen zur Aufklärung zu ergreifen.

Wer den Betrieb eines Heims aufnehmen will, hat darzulegen, dass er die oben genannten Anforderungen erfüllt. Zu diesem Zweck hat er seine Absicht spätestens drei Monate vor der vorgesehenen Inbetriebnahme der Heimaufsicht anzuzeigen (§ 12 HeimG). Die Anzeige muss insbesondere folgende weitere Angaben enthalten: 187

- den vorgesehenen Zeitpunkt der Betriebsaufnahme,
- die Namen und die Anschriften des Trägers und des Heims,
- die Nutzungsart des Heims und der Räume sowie deren Lage, Zahl und Größe und die vorgesehene Belegung der Wohnräume,
- die vorgesehene Zahl der Mitarbeiterstellen,
- den Namen, die berufliche Ausbildung und den Werdegang der Heimleitung und bei Pflegeheimen auch der Pflegedienstleitung sowie die Namen und die berufliche Ausbildung der Betreuungskräfte,
- die allgemeine Leistungsbeschreibung sowie die Konzeption des Heims,
- einen Versorgungsvertrag nach § 72 SGB XI sowie eine Leistungs- und Qualitätsvereinbarung nach § 80a SGB XI oder die Erklärung, ob ein solcher Versorgungsvertrag oder eine solche Leistungs- und Qualitätsvereinbarung angestrebt werden,
- die Vereinbarungen nach § 75 Abs. 3 SGB XII oder die Erklärung, ob solche Vereinbarungen angestrebt werden,
- die Einzelvereinbarungen aufgrund § 39a SGB V oder die Erklärung, ob solche Vereinbarungen angestrebt werden,
- die Unterlagen zur Finanzierung der Investitionskosten,
- ein Muster der Heimverträge sowie sonstiger verwendeter Verträge,
- die Satzung oder einen Gesellschaftsvertrag des Trägers sowie
- die Heimordnung, soweit eine solche vorhanden ist.

Die Heimaufsicht kann weitere Angaben verlangen, soweit sie zur zweckgerichteten Aufgabenerfüllung erforderlich sind. Stehen die Leitung der Einrichtung, die Pflegedienstleitung oder die Betreuungskräfte zum Zeitpunkt der Anzeige noch nicht fest, ist die Mitteilung zum frühestmöglichen Zeitpunkt, spätestens vor Aufnahme des Heimbetriebs, nachzuholen. Der Heimaufsicht sind unverzüglich Änderungen anzuzeigen. 188

Wer den Betrieb eines Heims ganz oder teilweise einzustellen oder wer die Vertragsbedingungen wesentlich zu ändern beabsichtigt, hat dies unverzüglich der Heimaufsicht anzuzeigen. Mit der Anzeige sind Angaben über die nachgewiesene Unterkunft und Betreuung der Bewohner und die geplante ordnungsgemäße Abwicklung der Vertragsverhältnisse mit den Bewohnern zu verbinden. 189

Der Träger hat nach den Grundsätzen einer ordnungsgemäßen Buch- und Aktenführung Aufzeichnungen über den Betrieb zu machen und die Qualitätssicherungsmaßnahmen und deren Ergebnisse so zu dokumentieren, dass sich aus ihnen der ordnungsgemäße Betrieb des Heims ergibt (§ 13 HeimG). Insbesondere muss ersichtlich werden: 190

- die wirtschaftliche und finanzielle Lage des Heims,
- die Nutzungsart, die Lage, die Zahl und die Größe der Räume sowie die Belegung der Wohnräume,
- der Name, der Vorname, das Geburtsdatum, die Anschrift und die Ausbildung der Beschäftigten, deren regelmäßige Arbeitszeit, die von ihnen in dem Heim ausgeübte Tätigkeit und die Dauer des Beschäftigungsverhältnisses sowie die Dienstpläne,
- der Name, der Vorname, das Geburtsdatum, das Geschlecht, der Betreuungsbedarf der Bewohner sowie bei pflegebedürftigen Bewohnern der Pflegegrad,
- der Erhalt, die Aufbewahrung und die Verabreichung von Arzneimitteln einschließlich der pharmazeutischen Überprüfung der Arzneimittelvorräte und der Unterweisung der Mitarbeiterinnen und Mitarbeiter über den sachgerechten Umgang mit Arzneimitteln,
- die Pflegeplanungen und die Pflegeverläufe für pflegebedürftige Bewohnerinnen und Bewohner,
- für Bewohnerinnen und Bewohner von Einrichtungen der Behindertenhilfe Förder- und Hilfepläne einschließlich deren Umsetzung,
- die Maßnahmen zur Qualitätsentwicklung sowie zur Qualitätssicherung,
- die freiheitsbeschränkenden und die freiheitsentziehenden Maßnahmen bei Bewohnern (siehe hierzu Teil III Kap. 2.6) sowie die Angabe des für die Anordnung der Maßnahme Verantwortlichen,
- die für die Bewohnerinnen und Bewohner verwalteten Gelder oder Wertsachen.

191 Betreibt der Träger mehr als ein Heim, sind für jedes Heim gesonderte Aufzeichnungen zu machen. Dem Träger bleibt es vorbehalten, seine wirtschaftliche und finanzielle Situation durch Vorlage der im Rahmen der Pflegebuchführungsverordnung geforderten Bilanz sowie der Gewinn- und Verlustrechnung nachzuweisen. Der Träger hat die Aufzeichnungen sowie die sonstigen Unterlagen und Belege über den Betrieb eines Heims fünf Jahre aufzubewahren. Danach sind sie zu löschen. Die Aufzeichnungen sind, soweit sie personenbezogene Daten enthalten, so aufzubewahren, dass nur Berechtigte Zugang haben.

192 Dem Träger ist es untersagt, sich von oder zugunsten von Bewohnern oder Bewerbern um einen Heimplatz Geld- oder geldwerte Leistungen über das vereinbarte Entgelt hinaus versprechen oder gewähren zu lassen (§ 14 HeimG).

193 Dies gilt nicht, wenn

- Wahlleistungen vereinbart wurden (Wäschedienst, Getränkeservice, Hol- und Bringedienste, Fußreflexmassage, Aromatherapie usw.)
- geringwertige Aufmerksamkeiten versprochen oder gewährt werden (z. B. Blumenstrauß, Bonbons, Päckchen Kaffee usw.)
- Leistungen im Hinblick auf die Überlassung eines Heimplatzes zum Bau, zum Erwerb, zur Instandsetzung, zur Ausstattung oder zum Betrieb des Heims versprochen oder gewährt werden.

Der Leitung, den Beschäftigten oder sonstigen Mitarbeitern des Heims ist es untersagt, sich von oder zugunsten von Bewohnern neben der vom Träger erbrachten Vergütung Geld- oder geldwerte Leistungen für die Erfüllung der Pflichten aus dem Heimvertrag versprechen oder gewähren zu lassen. Dies gilt nicht, soweit es sich um geringwertige Aufmerksamkeiten handelt (Siehe hierzu Teil VI Kap. 2.3.2). 194

Die Heime werden von den zuständigen Behörden durch wiederkehrende oder anlassbezogene Prüfungen überwacht (§ 15 HeimG). Die Prüfungen können jederzeit angemeldet oder unangemeldet erfolgen. Prüfungen zur Nachtzeit sind nur zulässig, wenn und soweit das Überwachungsziel zu anderen Zeiten nicht erreicht werden kann. Die Heime werden daraufhin überprüft, ob sie die Anforderungen an den Betrieb eines Heims nach diesem Gesetz erfüllen. Der Träger, die Leitung und die Pflegedienstleitung haben der Heimaufsicht die für die Durchführung dieses Gesetzes und der aufgrund dieses Gesetzes erlassenen Rechtsverordnungen erforderlichen mündlichen und schriftlichen Auskünften auf Verlangen und unentgeltlich zu erteilen. Die Aufzeichnungen hat der Träger am Ort des Heims zur Prüfung vorzuhalten. Für die Unterlagen gilt dies nur für angemeldete Prüfungen. Die von der Heimaufsicht mit der Überwachung des Heims beauftragten Personen sind befugt, 195

- die für das Heim genutzten Grundstücke und Räume zu betreten; soweit diese einem Hausrecht der Bewohnerinnen und Bewohner unterliegen, nur mit deren Zustimmung,
- Prüfungen und Besichtigungen vorzunehmen,
- Einsicht in die Aufzeichnungen im jeweiligen Heim zu nehmen,
- sich mit den Bewohnern sowie dem Heimbeirat oder dem Heimfürsprecher in Verbindung zu setzen,
- bei pflegebedürftigen Bewohnern mit deren Zustimmung den Pflegezustand in Augenschein zu nehmen,
- die Beschäftigten zu befragen.

Der Träger hat diese Maßnahmen zu dulden. Es steht der Heimaufsicht frei, zu ihren Prüfungen weitere fach- und sachkundige Personen hinzuzuziehen. Diese sind zur Verschwiegenheit verpflichtet. Sie dürfen personenbezogene Daten über Bewohner nicht speichern und an Dritte übermitteln. Zur Verhütung dringender Gefahren für die öffentliche Sicherheit und Ordnung können Grundstücke und Räume, die einem Hausrecht Bewohnern unterliegen oder Wohnzwecken des Auskunftspflichtigen dienen, jederzeit betreten werden. Der Auskunftspflichtige und die Bewohner haben die Maßnahmen zu dulden. Das Grundrecht der Unverletzlichkeit der Wohnung (Artikel 13 Abs. 1 des Grundgesetzes) wird insoweit eingeschränkt. 196

Die zuständige Behörde nimmt für jedes Heim im Jahr grundsätzlich mindestens eine Prüfung vor. Sie kann Prüfungen in größeren Abständen durchführen, soweit ein Heim durch den MDK geprüft worden ist oder seinem durch geeignete 197

Nachweise unabhängigen Sachverständigen Erkenntnisse darüber vorliegen, dass die Anforderungen an den Betrieb eines Heims erfüllt sind. Das Nähere wird durch Landesrecht bestimmt.

198 Widerspruch und Anfechtungsklage gegen die o. g. Maßnahmen haben keine aufschiebende Wirkung. Dies bedeutet, die Begehung wird trotzdem durchgeführt.

199 Die Überwachung beginnt mit der Anzeige zur Eröffnung/Übernahme, spätestens jedoch drei Monate vor der vorgesehenen Inbetriebnahme des Heims.

200 Die genannten Maßnahmen sind auch zur Feststellung zulässig, ob eine Einrichtung ein Heim im Sinne des Heimgesetzes ist.

201 Die Träger können die Landesverbände der Freien Wohlfahrtspflege, die kommunalen Spitzenverbände und andere Vereinigungen von Trägern, denen sie angehören, unbeschadet der Zulässigkeit unangemeldeter Prüfungen, in angemessener Weise bei Prüfungen hinzuziehen. Die Heimaufsicht soll diese Verbände über den Zeitpunkt von angemeldeten Prüfungen unterrichten.

202 Der Auskunftspflichtige kann die Auskunft auf solche Fragen verweigern, deren Beantwortung ihn selbst oder einen der in § 383 Abs. 1 Nr. 1 bis 3 der Zivilprozessordnung (ZPO) bezeichneten Angehörigen der Gefahr strafgerichtlicher Verfolgung oder eines Verfahrens nach dem Gesetz über Ordnungswidrigkeiten aussetzen würde.

203 Sind in einem Heim Mängel festgestellt worden, so soll die zuständige Behörde zunächst den Träger über die Möglichkeiten zur Abstellung der Mängel beraten (§ 16 HeimG). Das Gleiche gilt, wenn nach einer Anzeige vor der Aufnahme des Heimbetriebs Mängel festgestellt werden.

204 An einer Beratung soll der Träger der Sozialhilfe, mit dem Vereinbarungen nach § 75 Abs. 3 des SGB XII bestehen, beteiligt werden. Er ist zu beteiligen, wenn die Abstellung der Mängel Auswirkungen auf Entgelte oder Vergütungen haben kann. Dies gilt entsprechend für Pflegekassen oder sonstige Sozialversicherungsträger, sofern mit ihnen oder ihren Landesverbänden Verträge bestehen.

205 Ist den Bewohnerinnen und den Bewohnern aufgrund der festgestellten Mängel eine Fortsetzung des Heimvertrags nicht zuzumuten, soll die zuständige Behörde sie dabei unterstützen, eine angemessene anderweitige Unterkunft und Betreuung zu zumutbaren Bedingungen zu finden.

206 Werden festgestellte Mängel nicht abgestellt, so können gegenüber den Trägern Anordnungen erlassen werden (§ 17 HeimG), die zur Beseitigung einer eingetretenen oder Abwendung einer drohenden Beeinträchtigung oder Gefährdung des Wohls der Bewohnerinnen und Bewohner, zur Sicherung der Einhaltung der dem Träger gegenüber den Bewohnerinnen und Bewohnern obliegenden Pflichten oder zur Vermeidung einer Unangemessenheit zwischen dem Entgelt und der

Leistung des Heims erforderlich sind. Das Gleiche gilt, wenn Mängel nach einer Anzeige gemäß § 12 HeimG vor Aufnahme des Heimbetriebs festgestellt werden.

Wenn Anordnungen gegenüber zugelassenen Pflegeheimen eine Erhöhung der vereinbarten oder festgesetzten Entgelte zur Folge haben können, ist Einvernehmen mit Pflegekassen und dem Sozialhilfeträger anzustreben. **207**

Dem Träger kann die weitere Beschäftigung der Leitung, eines Angestellten oder eines sonstigen Mitarbeiters ganz oder für bestimmte Funktionen oder Tätigkeiten untersagt werden, wenn Tatsachen die Annahme rechtfertigen, dass sie die für ihre Tätigkeit erforderliche Eignung nicht besitzen (§ 18 HeimG). **208**

Hat die Heimaufsicht ein Beschäftigungsverbot ausgesprochen und der Träger keine neue geeignete Leitung eingesetzt, so kann die zuständige Behörde, um den Heimbetrieb aufrechtzuerhalten, auf Kosten des Trägers eine kommissarische Leitung für eine begrenzte Zeit einsetzen, wenn ihre Befugnisse nach den §§ 15 bis 17 HeimG nicht ausreichen und die Voraussetzungen für die Untersagung des Heimbetriebs vorliegen. Ihre Tätigkeit endet, wenn der Träger mit Zustimmung der zuständigen Behörde eine geeignete Heimleitung bestimmt; spätestens jedoch nach einem Jahr. Die kommissarische Leitung übernimmt die Rechte und Pflichten der bisherigen Leitung. **209**

Der Betrieb eines Heims ist zu untersagen, wenn die Anforderungen des § 11 HeimG nicht erfüllt sind und Anordnungen nicht ausreichen. **210**

Der Betrieb kann untersagt werden (§ 19 HeimG), wenn der Träger **211**

- die Anzeige nach § 12 unterlassen oder unvollständige Angaben gemacht hat,
- Anordnungen nach § 17 Abs. 1 nicht innerhalb der gesetzten Frist befolgt,
- Personen entgegen einem nach § 18 ergangenen Verbot beschäftigt,
- gegen § 14 Abs. 1, 3 oder Abs. 4 oder eine nach § 14 Abs. 7 erlassene Rechtsverordnung verstößt.

Kann der Untersagungsgrund beseitigt werden, ist nur eine vorläufige Untersagung der Betriebsaufnahme zulässig. Widerspruch und Anfechtungsklage gegen eine vorläufige Untersagung haben keine aufschiebende Wirkung. **212**

Zuwiderhandlungen gegen das HeimG sind Ordnungswidrigkeiten, deren Bußgelder sich zwischen 10.000 und 25.000 EUR belaufen können. **213**

Ergänzend zum Heimgesetz gibt es in den einzelnen Bundesländern Regelungen, wie z. B. das Landesgesetz über Wohnformen und Teilhabe (LWTG) in Rheinland-Pfalz. Über diese Länderregelungen wird hier nicht diskutiert, da sie den Umfang dieses Buches sprengen würden. Diese Regelungen sind einfach im Internet zu finden. **214**

2.4 Heimarzt

215 Stationäre Pflegeeinrichtungen sollen nach § 119b SGB V einzeln oder gemeinsam bei entsprechendem Bedarf Kooperationsverträge mit dafür geeigneten Ärzten schließen. Auf Antrag der Pflegeeinrichtung hat die Kassenärztliche Vereinigung zur Sicherstellung einer ausreichenden ärztlichen Versorgung von pflegebedürftigen Versicherten in der Pflegeeinrichtung Verträge zu vermitteln. Kommt ein Vertrag nicht innerhalb einer Frist von sechs Monaten nach Zugang des Antrags der Pflegeeinrichtung zustande, ist das Heim vom Zulassungsausschuss zur Teilnahme an der vertragsärztlichen Versorgung der pflegebedürftigen Versicherten in der Pflegeeinrichtung mit angestellten Ärzten, die in das Arztregister eingetragen sind und geriatrisch fortgebildet sein sollen, zu ermächtigen; die Anstellung bedarf der Genehmigung des Zulassungsausschusses. Das Altenheim ist jetzt Arztpraxis geworden. Soll die Versorgung der pflegebedürftigen Versicherten durch einen in mehreren Pflegeeinrichtungen angestellten Arzt erfolgen, ist dieser Mediziner zur Teilnahme an der vertragsärztlichen Versorgung der pflegebedürftigen Versicherten in den Pflegeeinrichtungen zu ermächtigen. Das Recht auf freie Arztwahl der Versicherten in der Pflegeeinrichtung bleibt unberührt. Der in der Pflegeeinrichtung tätige Arzt ist bei seinen ärztlichen Entscheidungen nicht an Weisungen von Nichtärzten gebunden. Er soll mit den übrigen Leistungserbringern eng zusammenarbeiten.

2.5 Medikamentenversorgung

216 Nach § 12a Apothekengesetz (ApoG) ist der Apotheker verpflichtet, zur Versorgung von Bewohnern in Heimen im Sinne des § 1 des Heimgesetzes mit Arzneimitteln und apothekenpflichtigen Medizinprodukten mit dem Träger der Heime einen schriftlichen Vertrag zu schließen. Der Vertrag bedarf zu seiner Rechtswirksamkeit der Genehmigung der zuständigen Behörde.

217 Die Genehmigung ist zu erteilen, wenn

- die öffentliche Apotheke und die zu versorgenden Heime innerhalb desselben Kreises oder derselben kreisfreien Stadt oder in benachbarten Kreisen oder kreisfreien Städten liegen,
- die ordnungsgemäße Arzneimittelversorgung gewährleistet ist, insbesondere Art und Umfang der Versorgung, das Zutrittsrecht zum Heim sowie die Pflichten zur Überprüfung der ordnungsgemäßen, bewohnerbezogenen Aufbewahrung der von ihm gelieferten Produkte durch pharmazeutisches Personal der Apotheke sowie die Dokumentation dieser Versorgung vertraglich festgelegt sind,
- die Pflichten des Apothekers zur Information und Beratung von Heimbewohnern und des für die Verabreichung oder Anwendung der gelieferten Produkte Verantwortlichen festgelegt sind, soweit eine Information und

Beratung zur Sicherheit der Heimbewohner oder der Beschäftigten des Heimes erforderlich sind,
- der Vertrag die freie Apothekenwahl von Heimbewohnern nicht einschränkt und
- der Vertrag keine Ausschließlichkeitsbindung zugunsten einer Apotheke enthält und die Zuständigkeitsbereiche mehrerer an der Versorgung beteiligter Apotheken klar abgrenzt.

Soweit Bewohner von Heimen sich selbst mit Arzneimitteln und apothekenpflichtigen Medizinprodukten aus öffentlichen Apotheken versorgen, bedarf es keines Vertrages mit einer Apotheke. **218**

Die Bundesärztekammer empfiehlt darüber hinaus, das Pflegepersonal nach folgenden Grundsätzen zu schulen: **219**

- Die Basisschulung vermittelt Kenntnisse über Arzneimittel und Medizinprodukte.
- Aufbauschulungen vermitteln Kenntnisse über die Anwendung der Arzneimittel und Medizinprodukte bei bestimmten Indikationen
- Vermittlung von Kenntnissen zur Erhöhung der Arzneimitteltherapiesicherheit, z. B. durch bessere Kommunikation zwischen Arzt, Pflegefachperson und Apotheker.
- Art, Umfang und Dauer der Seminare sind mit der Heimleitung abzustimmen.
- Der Zeitpunkt ist so abzustimmen, dass möglichst alle Pflegepersonen mindestens einmal jährlich teilnehmen können.
- Dabei ist auf eine sachgerechte und ökonomische Gruppengröße zu achten.
- Die Schulungen sind auf die im Heim angewandten Arzneimittel und apothekenpflichtigen Medizinprodukte auszurichten.[220]

2.5.1 Verblisterung in der Apotheke

Verblistern von Fertigarzneimitteln ist die Herstellung eines Arzneimittels und dies ist erlaubnispflichtig (§ 13 Abs. 1 AMG), sofern sie nicht gemäß § 13 Abs. 2 Nr. 1 AMG im Rahmen des üblichen Apothekenbetriebs erfolgt. Herstellung von Medikamenten ist üblich für Apotheken. Somit können auch Medikamente innerhalb der Häuslichen Krankenpflege oder zur Medikamentenversorgung der Heimbewohner durch die Apotheke geblistert werden. **220**

Der Apotheker muss die Arzneimittel in den Räumlichkeiten seiner Apotheke verblistern, denn die Wirkung der Apothekenbetriebserlaubnis erstreckt sich nur darauf.[221] Die Nutzung von Herstellungsräumen innerhalb eines zu versorgenden **221**

220 Bundesapothekerkammer (2017): Empfehlungen der Bundesapothekerkammer zur Qualitätssicherung. Versorgung der Bewohner von Heimen. https://www.abda.de/fileadmin/assets/Praktische_Hilfen/Leitlinien/Heimversorgung/LL_Heimversorgung.pdf [abgerufen am 11.3.2018].

221 Vgl. VG Darmstadt vom 2.3.2011, Az. 4 K 1759/09.DA.

Heims oder Krankenhauses verbietet § 4 Abs. 4 ApBetrO. Verblistert oder richtet der Apotheker in den Räumlichkeiten seines Heimes die Medikamente, benötigt er hierfür eine Herstellungserlaubnis.

222 Das Verblistern der Medikamente ist in einem separaten Raum vorzunehmen, der ausschließlich diesem Zweck dienen darf. Gemäß § 34 Abs. 2 ApBetrO muss das Personal für die Tätigkeiten ausreichend qualifiziert sein und regelmäßig geschult werden; die Schulungsmaßnahmen sind zu dokumentieren.

223 Der Apotheker übernimmt die Verantwortung für das Verblistern oder Richten der Medikamente. Kommt es infolge dessen zu einer Schädigung des Patienten oder Bewohners, können Schadensersatzansprüche entstehen. Gegenüber dem Apotheker kommt als Anspruchsgrundlage § 1 ProduktHaftG in Betracht: „Wird durch den Fehler eines Produkts jemand getötet, sein Körper oder seine Gesundheit verletzt oder eine Sache beschädigt, so ist der Hersteller des Produkts verpflichtet, dem Geschädigten den daraus entstehenden Schaden zu ersetzen".

224 Auch wird zu prüfen sein, ob eine deliktische Haftung nach § 823 BGB eintritt:

1. Wer vorsätzlich oder fahrlässig das Leben, den Körper, die Gesundheit, die Freiheit, das Eigentum oder ein sonstiges Recht eines anderen widerrechtlich verletzt, ist dem anderen zum Ersatz des daraus entstehenden Schadens verpflichtet.
2. Die gleiche Verpflichtung trifft denjenigen, welcher gegen ein den Schutz eines anderen bezweckendes Gesetz verstößt. Ist nach dem Inhalt des Gesetzes ein Verstoß gegen dieses auch ohne Verschulden möglich, so tritt die Ersatzpflicht nur im Falle des Verschuldens ein.

225 Versorgt der Apotheker ein Heim, so haftet er ebenfalls unmittelbar gegenüber dem Patienten und nicht etwa gegenüber dem die Verblisterung veranlassenden Heimträger.[222]

3 Pflegebuchführungsverordnung (PBV)

226 Mit Einführung der Pflegeversicherung durch das SGB XI wurde die Rechtsgrundlage für die PBV geschaffen. Sie regelt verbindlich die Art der Finanzbuchführung, Bilanzierung und Betriebsabrechnung für Pflegeeinrichtungen, die einen Versorgungsvertrag mit den Kostenträgern im Sinne des SGB XI abgeschlossen haben. Pflegeeinrichtungen im Sinne der PBV sind ambulante Pflegeeinrichtungen (Pflegedienste) sowie teilstationäre und vollstationäre Pflegeeinrichtungen (Pflegeheime).

222 Saalfrank, V. (2014): Was beim Verblistern zu beachten ist. In: Deutsche Apothekenzeitung, Nr. 26, S. 58.

Die PBV weist große Ähnlichkeiten mit der Krankenhaus-Buchführungsverordnung (KHBV) auf. 227

Ziel der Verordnung ist es, den Betreiber einer Pflegeeinrichtung zur Wirtschaftlichkeitskontrolle anzuhalten, die Fremdkontrolle der Verwendung von Fördermitteln zu erleichtern und eine bundesweit einheitliche Grundlage zur Kalkulation angemessener Pflegesätze zu schaffen. Befreit von der Anwendung der PBV sind lediglich kleinere Pflegeeinrichtungen (vgl. § 9 PBV). 228

Die Pflegeeinrichtungen führen ihre Bücher nach den Regeln der kaufmännischen doppelten Buchführung. Für Buchführung und Inventar gelten die §§ 238 bis 241 des Handelsgesetzbuchs. 229

Die Konten sind nach dem Kontenrahmen der Anlage 4 der PBV einzurichten. Bei Verwendung eines hiervon abweichenden Kontenplanes hat die Pflegeeinrichtung durch ein ordnungsgemäßiges Überleitungsverfahren die Umschlüsselung auf den Kontenrahmen nach Satz 1 zu gewährleisten (§ 3 PBV). 230

Der Jahresabschluss der Pflegeeinrichtung besteht aus: 231

1. der Bilanz, gegliedert nach Anlage 1 PBV,
2. der Gewinn- und Verlustrechnung, gegliedert nach Anlage 2 PBV, sowie
3. dem Anhang einschließlich des nach den Anlagen 3a und 3b gegliederten Anlagen- und Fördernachweises PBV.

Der Jahresabschluss ist innerhalb von sechs Monaten nach Ablauf des Geschäftsjahres aufzustellen. Soweit ein Träger mehrere Pflegeeinrichtungen betreibt, die keine Vollkaufleute im Sinne des Handelsgesetzbuchs sind, kann er diese in einem Jahresabschluss zusammenfassen. Dabei ist der Anlagen- und Fördernachweis für jede Pflegeeinrichtung gesondert zu erstellen. 232

Bei gemischten Einrichtungen kann der Träger 233

1. einen auf die Leistungen des SGB XI begrenzten Jahresabschluss (Teil-Jahresabschluss) erstellen oder
2. die Erträge und Aufwendungen seiner Pflegeeinrichtungen in einer gegliederten Teil-Gewinn- und Verlustrechnung so zusammenfassen, dass sie von den anderen Leistungsbereichen der Einrichtung getrennt sind. Ist eine Abgrenzung nicht möglich, haben die erforderlichen Zuordnungen zu den verschiedenen Leistungsbereichen auf der Grundlage von vorsichtigen und wirklichkeitsnahen Schätzungen zu erfolgen (§ 4 PBV).

Vermögensgegenstände des Anlagevermögens, deren Nutzung zeitlich begrenzt ist, sind in der Bilanz höchstens zu den Anschaffungs- oder Herstellungskosten, vermindert um Abschreibungen, anzusetzen. Kann eine zugelassene Pflegeeinrichtung, die erstmals nach den Grundsätzen dieser Verordnung eine Bewertung des Anlagevermögens vornimmt, zum Stichtag der Eröffnungsbilanz die tatsächlichen Anschaffungs- oder Herstellungskosten nicht ohne unvertretbaren Auf- 234 wand ermitteln, so sind den Preisverhältnissen des vermutlichen Anschaffungs- oder Herstellungszeitpunkts entsprechende Erfahrungswerte als Anschaffungs- oder Herstellungskosten anzusetzen. Vermögensgegenstände des Anlagevermögens, die bei Pflegeheimen am 1. Januar 1997, bei Pflegediensten am 1. Januar 1998 bis auf einen Erinnerungsposten abgeschrieben sind, können mit diesem Restbuchwert angesetzt werden.

235 Vermögensgegenstände des Anlagevermögens, die mit öffentlichen Fördermitteln oder sonstigen Zuwendungen Dritter angeschafft oder hergestellt worden sind, sind auf der Aktivseite der Bilanz mit dem Bruttowert anzusetzen. Auf der Passivseite der Bilanz sind die bereits zweckentsprechend verwendeten Fördermittel oder Zuwendungen als Sonderposten gesondert auszuweisen, vermindert um den Betrag der bis zum jeweiligen Bilanzstichtag angefallenen Abschreibungen auf die mit diesen Mitteln finanzierten Vermögensgegenständen des Anlagevermögens.

236 Bei Pflegeeinrichtungen ohne eigene Rechtspersönlichkeit (Regie- oder Eigenbetriebe einer Kommune) oder in einer anderen Rechtsform als der Kapitalgesellschaft (GmbH, AG) sind in der Bilanz unter dem Eigenkapital als „gewährtes Kapital“ die Beträge auszuweisen, die der Einrichtung für die Erfüllung ihres Versorgungsauftrags nach dem SGB XI vom Rechtsträger (Eigentümer) auf Dauer zur Verfügung gestellt werden. Sonstige Einlagen des Rechtsträgers sind als Kapitalrücklagen auszuweisen (§ 5 PBV).

237 Die zugelassenen Pflegeeinrichtungen haben eine Kosten- und Leistungsrechnung (KLR) zu führen, die eine betriebsinterne Steuerung sowie eine Beurteilung der Wirtschaftlichkeit und Leistungsfähigkeit ermöglicht. Die KLR muss die Ermittlung und Abgrenzung der Kosten der jeweiligen Betriebszweige sowie die Erstellung der Leistungsnachweise nach den Vorschriften des Achten Kapitels des SGB XI ermöglichen. Dazu gehören folgende Mindestanforderungen:

- Die Pflegeeinrichtungen haben die auf Grund ihrer Aufgaben und Strukturen erforderlichen Kostenstellen zu bilden; dabei kann der Kostenstellenrahmen nach dem Muster der Anlage 5 PBV angewendet werden.
- Die Kosten sind aus der Buchführung nachprüfbar herzuleiten.
- Die Kosten und Leistungen sind verursachungsgerecht nach Kostenstellen zu erfassen; sie sind darüber hinaus den anfordernden Kostenstellen zuzuordnen, soweit dies für die genannten Zwecke erforderlich ist.
- Die Kosten und Leistungen sind verursachungsgerecht den Kostenträgern zuzuordnen; dabei kann die Kostenträgerübersicht nach dem Muster der Anlage 6 PBV angewendet werden.
- Bei Einrichtungen muss eine verursachungsgerechte Abgrenzung der Kosten und Erträge mit anteiliger Zuordnung auf die verschiedenen Einrichtungen erfolgen (§ 7 PBV).

Von den Vorschriften dieser Verordnung sind befreit (§ 9 PBV): 238

- Pflegedienste mit bis zu sechs Vollzeitkräften; Teilzeitkräfte sind auf Vollzeitkräfte umzurechnen,
- teilstationäre Pflegeeinrichtungen und Einrichtungen der Kurzzeitpflege mit bis zu acht Pflegeplätzen,
- vollstationäre Pflegeeinrichtungen mit bis zu 20 Pflegeplätzen.

Für die Ermittlung der Vollzeitkräfte und der Pflegeplätze sind die Durchschnitts- 239
werte im abgelaufenen Geschäftsjahr maßgebend.

Pflegeeinrichtungen, deren Umsätze aus der Erfüllung ihres Versorgungsauftrages 240
nach dem SGB XI (ohne Investitionsaufwendungen) bei Pflegeheimen 500.000 EUR, bei Pflegediensten 250.000 EUR im abgelaufenen Geschäftsjahr übersteigen, gilt die PBV ebenfalls nicht.

Von den Vorschriften dieser Verordnung können ganz oder teilweise befreit werden: 241

- Pflegedienste mit sieben bis zu zehn Vollzeitkräften; Teilzeitkräfte sind auf Vollzeitkräfte umzurechnen,
- teilstationäre Pflegeeinrichtungen und Einrichtungen der Kurzzeitpflege mit neun bis 15 Pflegeplätzen,
- vollstationäre Pflegeeinrichtungen mit 21 bis 30 Pflegeplätzen.

Über eine Befreiung bzw. deren Versagung entscheiden auf Antrag des Trägers der 242
Pflegeeinrichtung die Landesverbände der Pflegekassen gemeinsam im Einvernehmen mit der zuständigen Landesbehörde. Maßstab für diese Ermessensentscheidung ist insbesondere die Frage, ob die mit der Anwendung der Verordnung verbundenen Kosten in einem angemessenen Verhältnis zu dem erreichbaren Nutzen stehen oder ob die gestellten Anforderungen nicht auch auf andere Weise erreicht werden können.

Pflegeeinrichtungen, die von der PBV befreit sind, haben eine vereinfachte Ein- 243
nahmen- und Ausgabenrechnung zu führen, die den Grundsätzen ordnungsgemäßer Buchführung entspricht; als Mindestanforderung gelten die in § 259 Abs. 1 des Bürgerlichen Gesetzbuchs aufgeführten Rechenschaftspflichten entsprechend. Bedeutet: Umsätze – Kosten = Gewinn. Hierfür sind die Belege vorzuhalten.

Verstöße gegen die PBV sind Ordnungswidrigkeiten. 244

4 Abrechnungen im Krankenhaus

4.1 Duale Finanzierung

Die Bundesländer haben die Aufgabe, eine bedarfsgerechte Versorgung der Be- 245
völkerung mit Krankenhausleistungen sicherzustellen. Zu diesem Zweck erstellen sie einen Krankenhausplan und entscheiden über die Anzahl der Betten und die

Fachabteilungsstruktur eines Krankenhauses. Damit haben die Kliniken einen Anspruch auf eine wirtschaftliche Sicherung ihrer Einrichtungen. Ob und inwieweit die Länder ihrer Pflicht zur Investitionsfinanzierung nachkommen, ist in erster Linie von der Haushaltslage und dem politischen Willen der Landesregierungen abhängig. Diese wirtschaftliche Sicherung erfolgt mit der dualen Finanzierung.

246 Duale Finanzierung bedeutet, dass ein Krankenhaus in Deutschland eine doppelte Finanzierungsgrundlage hat. Mit der Einführung des Krankenhausfinanzierungsgesetzes (KHG) im Jahr 1972 beschloss der Gesetzgeber eine Aufteilung der Kosten. Danach fördern einerseits die Bundesländer die Krankenhausinvestitionen (Einzelförderung, Pauschalförderung) und andererseits finanzieren die gesetzlichen Krankenkassen die laufenden Betriebskosten (Personalkosten, Materialverbrauch etc.) der Kliniken mittels DRGs.

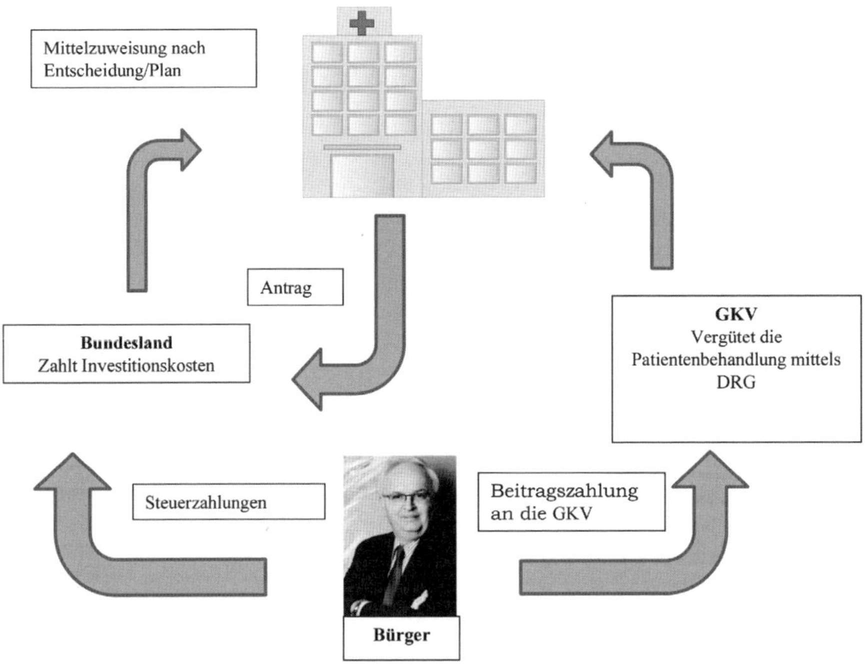

Abbildung 1: Duale Krankenhausfinanzierung

Quelle: Eigene Darstellung, angelehnt an Matusiewicz, D. (2017)

247 Die Länder stellen Krankenhauspläne und Investitionsprogramme auf.

248 Nach § 8 KHG haben grundsätzlich alle im Krankenhausplan aufgenommenen Kliniken (sog. Plankrankenhäuser) Anspruch auf Investitionsfinanzierung durch das entsprechende Bundesland. Dies gilt unabhängig von der Trägerschaft. Auch private und kirchliche Träger haben Anspruch auf die Förderung ihrer Investitionskosten.

Unter Investitionskosten versteht das KHG: 249

- die Kosten der Errichtung (Neubau, Umbau, Erweiterungsbau) von Krankenhäusern und der Anschaffung der zum Krankenhaus gehörenden Wirtschaftsgüter.
- die Kosten der Wiederbeschaffung der Güter des zum Krankenhaus gehörenden Anlagevermögens (Anlagegüter).

Zu den Investitionskosten gehören nicht die zum Verbrauch bestimmten Güter 250 (Verbrauchsgüter) und nicht die Kosten des Grundstücks, des Grundstückserwerbs, der Grundstückserschließung sowie ihre Finanzierung.

Es wird zwischen Einzelförderung und Pauschalförderung unterschieden. 251

Die Einzelförderung erfolgt für konkrete Baumaßnahmen (Errichtung oder Erwei- 252 terung sowie Erstausstattung) und wird auf Antrag des Krankenhausträgers durch das Land bewilligt. Es kann auch nur teilweise ein Bauprojekt gefördert werden. Die Restsumme ist dann vom Träger aufzubringen, durch z. B. Senkung der Verbrauchsgüter durch Standard- oder günstigere Produkte. Auch werden für die Finanzierung Planstellen beim Personal eingespart oder z. B. Pflegekräfte durch Medizinische Fachangestellte (MFA) ersetzt, da diese geringere Personalkosten verursachen.

Weiterhin werden durch die Einzelförderung Anlagegüter mit einer Nutzungs- 253 dauer von mehr als 15 Jahren gefördert. Dies sind z. B. MRT-Geräte oder Kathetermessplätze.

Die Anträge der Krankenhäuser werden in eine Reihenfolge gebracht und nach 254 ihrer Priorität bedient. Die Regelungen der Investitionskostenfinanzierung sind landesspezifisch unterschiedlich in den jeweiligen Krankenhausgesetzen der Bundesländer verankert.

Die Pauschalförderung erhalten die Plankrankenhäuser unabhängig vom jeweili- 255 gen Bedarf, allerdings in Abhängigkeit von der jeweiligen Versorgungsstufe. Mit Versorgungsstufe ist die Einteilung der Kliniken in Grund-, Regel-, Schwerpunkt- und Maximalversorger gemeint. Pauschale Fördermittel dürfen nur genutzt werden, für die Wiederbeschaffung von Anlagegütern mit einer Nutzungsdauer von drei bis fünf Jahren. Das sind z. B. Perfusoren, Infusomaten, Beatmungsgeräte usw. Auch für den kleinen Baubedarf dürfen diese Gelder genutzt werden, etwa für Reparaturarbeiten nach einem Wasserrohrbruch.

Die Bundesländer entscheiden auch hier durch die jeweiligen Krankenhausgeset- 256 ze, wie die Höhe der pauschalen Fördermittel bestimmt wird.

257 Das Krankenhaus erarbeitet zur Nutzung der pauschalen Fördermittel einen Investitionsplan, bei den Pflegekräften als „Wunschliste" bekannt. Werden diese Fördermittel bis zum 31.12. eines Jahres nicht verbraucht, setzt das „Dezemberfieber" ein. Jetzt werden noch die restlichen Fördergelder ausgeben. Diese Gelder dürfen nur für Investitionsgüter genutzt werden. Personal darf hierüber nicht finanziert werden. Jeder ausgegebene Euro muss nachgewiesen werden.

258 Die Abgrenzungsverordnung (AbgrV) grenzt die in den DRG nicht zu berücksichtigenden Investitionskosten von den pflegesatzfähigen Kosten der Krankenhäuser ab. Das bedeutet, die AbgrV bestimmt, welche Anlagegüter mittels Einzel-/ Pauschalförderung oder mittels DRGs zu finanzieren sind.

259 So können z. B. mit den Fallpauschalen auch Sanierungsmaßnahmen am Gebäude und Gebrauchsgüter mit einer Nutzungsdauer von bis zu drei Jahren (z. B. Smartphones für den Bereitschaftsdienst, Thermoskannen usw.) finanziert werden. Mit den DRGs werden darüber hinaus bezahlt:

- Personalkosten der Mitarbeiter
- Kosten der Wartung und Instandhaltung von Anlagegütern
- Beschaffung von Verbrauchsgütern (Medikamente, Infusionen, Schrittmacher, Binden, Kopierpapier, usw.)
- Zentrale Dienstleistungen (Verwaltung, Physiotherapie usw.)
- Steuern, Abgaben, Versicherungen (z. B. die Haftpflichtversicherung für die Pflegekräfte und Ärzte)
- Zinsaufwand für Kredite

260 Damit das Krankenhaus möglichst viele Erlöse generiert, ist es wichtig, dass die entsprechende DRG abgerechnet wird. Das bedeutet, alle abrechnungsrelevanten Diagnosen, auch pflegerische, sowie PKMS-Punkte müssen kodiert werden.

4.2 Krankenhausentgeltgesetz (KHEntgG)

261 Krankenhausleistungen (§ 2 KHEntgG) sind insbesondere ärztliche Behandlung, auch durch nicht fest angestellte Ärzte (z. B. Honorarärzte), Krankenpflege, Versorgung mit Arznei-, Heil- und Hilfsmitteln, die für die Versorgung im Krankenhaus notwendig sind, sowie Unterkunft und Verpflegung und werden mit DRGs abgerechnet. Klinikleistungen umfassen auch Wahlleistungen (Ein-Bett-Zimmer, Chefarztbehandlung), die zusätzlich zur Fallpauschale abgerechnet werden. Nicht zu den Krankenhausleistungen gehören die Leistungen der Belegärzte nach § 18 (Abrechnung des Belegarztes mit der Kassenärztlichen Vereinigung (KV)) sowie der Beleghebammen (Abrechnung direkt mit der Krankenkasse). Krankenpflege, Versorgung mit Arznei-, Heil- und Hilfsmitteln, die für die Behandlung in der Klinik notwendig sind, sowie Unterkunft und Verpflegung rechnet das Krankenhaus mit einer geminderten DRG (Belegabteilung) ab.

Allgemeine Krankenhausleistungen sind solche, die unter Berücksichtigung der Leistungsfähigkeit der Klinik im Einzelfall nach Art und Schwere der Krankheit für die medizinisch zweckmäßige und ausreichende Versorgung des Patienten notwendig sind. Unter diesen Voraussetzungen gehören dazu auch 262

- die während des Krankenhausaufenthalts durchgeführten Maßnahmen zur Früherkennung von Krankheiten im Sinne des Fünften Buches Sozialgesetzbuch,
- die vom Krankenhaus veranlassten Leistungen Dritter (z. B. Konsillarärzte),
- die aus medizinischen Gründen notwendige Mitaufnahme einer Begleitperson des Patienten oder die Mitaufnahme einer Pflegekraft (§ 63b, Abs. 4 SGB XII), welche beim Patienten angestellt ist (Arbeitgebermodell)
- die besonderen Aufgaben von Zentren und Schwerpunkten für die stationäre Versorgung von Patienten, insbesondere die Aufgaben von Tumorzentren und geriatrischen Zentren sowie entsprechenden Schwerpunkten,
- die Frührehabilitation im Sinne von § 39 Abs. 1 Satz 3 SGB V,
- das Entlassmanagement im Sinne des § 39 Absatz 1a SGB V (siehe hierzu Teil VIII Kap. 2)

Nicht zu den Krankenhausleistungen gehört eine Dialyse, wenn hierdurch eine entsprechende Behandlung fortgeführt wird, die Klinik keine eigene Dialyseeinrichtung hat und ein Zusammenhang mit dem Grund der Krankenhausbehandlung nicht besteht. 263

Besondere Aufgaben des Krankenhauses setzen deren Ausweisung und Festlegung im Krankenhausplan des Landes oder eine gleichartige Festlegung durch das Gesundheitsministerium des Bundeslandes im Einzelfall gegenüber dem Krankenhaus voraus. Die besonderen Aufgaben umfassen nur Leistungen, die nicht bereits durch die DRG, nach sonstigen Regelungen des KHEntgG oder nach Regelungen von SGB V vergütet werden; sie können auch Leistungen, die nicht zur unmittelbaren stationären Patientenversorgung gehören, beinhalten. 264

Bei der Erbringung von allgemeinen Krankenhausleistungen durch nicht im Krankenhaus fest angestellte Beleg- und Honorarärzte hat die Klinik sicherzustellen, dass diese Mediziner für ihre Tätigkeit im Krankenhaus die gleichen Anforderungen erfüllen, wie sie auch für fest im Krankenhaus angestellte Ärzte gelten. 265

4.2.1 Das Budget des Krankenhauses

Die voll- und teilstationären allgemeinen Krankenhausleistungen (§ 4 KHEntgG) werden vergütet durch 266

1. ein von Krankenkassen gemeinsam vereinbartes Erlösbudget
2. eine von den Krankenkassen gemeinsam festgelegte Erlössumme für krankenhausindividuell zu vereinbarende Entgelte (z. B. Versorgung von Querschnittsgelähmten oder Schwerstverbrannten),

3. Entgelte für neue Untersuchungs- und Behandlungsmethoden,
4. Zusatzentgelte für die Behandlung von Blutern,
5. Zu- und Abschläge z. B. für Ausbildung in der Krankenpflege, Qualitätssicherung

267 Das Erlösbudget wird leistungsorientiert ermittelt, indem die voraussichtlich zu erbringenden DRGs nach Art und Menge mit dem Landesbasisfallwert multipliziert werden. Bei Patienten, die über den Jahreswechsel im Krankenhaus stationär behandelt werden (Überlieger), werden die Erlöse aus DRGs in voller Höhe dem Jahr zugeordnet, in dem die Patienten entlassen werden (§ 4 KHEntgG).

268 Wenn das Krankenhaus mehr Leistungen erbringt als vereinbart, erfolgt seit dem Jahr 2013 ein Vergütungsabschlag von 25 Prozent (Mehrleistungsabschlag). Der Mehrleistungsabschlag gilt nicht für zusätzlich vereinbarte Entgelte mit einem Sachkostenanteil von mehr als zwei Dritteln, bei Transplantationen sowie bei zusätzlichen Kapazitäten aufgrund der Krankenhausplanung oder des Investitionsprogramms des Landes. Im Übrigen können die Vertragsparteien zur Vermeidung unzumutbarer Härten einzelne Leistungen von der Erhebung des Abschlags ausnehmen, ferner können sie für einzelne Leistungen oder Leistungsbereiche Ausnahmen vom Mehrleistungsabschlag aufgrund besonderer Qualitätsvereinbarungen vereinbaren. Der Mehrleistungsabschlag ist in der Rechnung gesondert auszuweisen.

269 Erstmal ist seit 2017 im Erlösbudget ein Fixkostendegressionsabschlag bei wirtschaftlich begründeten Fallzahlsteigerungen anzuwenden, d. h. es werden beispielsweise mehr Herzkatheter abgerechnet, weil sich das Krankenhaus hierauf spezialisiert hat. Dieser Abschlag wird nicht angewendet bei:

- Transplantationen, Polytraumata, schwer brandverletzten Patienten und der Versorgung von Frühgeborenen,
- Leistungen mit einem Sachkostenanteil von mehr als zwei Dritteln,
- zusätzlich bewilligten Versorgungsaufträgen, für die bislang keine Abrechnungsmöglichkeit bestand,
- Leistungen von krankenhausplanerisch ausgewiesenen Zentren sowie
- Leistungen, deren Bewertung abgesenkt oder abgestuft wurde.

270 Mindererlöse werden seit dem Jahr 2007 grundsätzlich zu 20 Prozent ausgeglichen; Mindererlöse aus Zusatzentgelten für Arzneimittel und Medikalprodukte werden nicht ausgeglichen. Mehrerlöse aus Zusatzentgelten für Arzneimittel und Medikalprodukte und aus DRGs für schwerverletzte, insbesondere polytraumatisierte oder schwer brandverletzte Patienten werden zu 25 Prozent, sonstige Mehrerlöse zu 65 Prozent ausgeglichen. Das bedeutet, sie sind vom Krankenhaus an die Krankenkasse zurückzuzahlen. Für Fallpauschalen mit einem sehr hohen Sachkostenanteil sowie für teure Fallpauschalen mit einer schwer planbaren Leistungsmenge, insbesondere bei Transplantationen oder Langzeitbeatmung, sollen die Vertragsparteien im Voraus einen abweichenden Ausgleich vereinbaren.

Mehr- oder Mindererlöse aus Zusatzentgelten für die Behandlung von Blutern werden nicht ausgeglichen. 271

4.2.1.1 Neueinstellung oder Aufstockung vorhandener Teilzeitstellen von examinierten Pflegefachpersonen

Das Förderprogramm (§ 4 Abs. 3) ist auf drei Jahre angelegt und umfasst den Zeitraum 2016 bis 2018. In diesem Zeitraum können bis zu 0,15 Prozent des Krankenhausbudgets (Gesamtbetrag nach § 4 Abs. 3 S. 1 KHEntgG) zusätzlich für die Neueinstellung oder Aufstockung vorhandener Teilzeitstellen von ausgebildetem Pflegefachpersonal vereinbart werden. Es werden 90 Prozent der Personalkosten von den Krankenkassen gefördert, die Kliniken haben einen Eigenanteil von zehn Prozent aufzubringen. 272

Im Budgetjahr 2016 wurden den Krankenhäusern durch die gesetzlichen Krankenkassen umfangreiche Finanzmittel zur Verbesserung der Pflegepersonalausstattung zur Verfügung gestellt. Insgesamt haben 593 Krankenhäuser und damit rund die Hälfte der anspruchsberechtigten Kliniken mit abgeschlossener Budgetvereinbarung für das Jahr 2016 eine Vereinbarung zum Pflegestellen-Förderprogramm abgeschlossen (Anteil an allen anspruchsberechtigten Kliniken: 39 Prozent). Dabei wurden ein Gesamtfördervolumen von rund 52 Mio. EUR verausgabt und der Aufbau von etwa 1.410 zusätzlichen Pflegestellen mit den Krankenkassen vereinbart. 273

Das Pflegestellen-Förderprogramm zielt auf die Stärkung der unmittelbaren pflegerischen Patientenversorgung auf bettenführenden Stationen, der „Pflege am Bett“.[223] Die Förderung kann auch für Neueinstellungen und Aufstockungen von Pflegepersonal auf Intensivstationen in Anspruch genommen werden. Personelle Maßnahmen in anderen Bereichen, beispielsweise im Funktions- oder Verwaltungsdienst, sind von der Förderung ausgeschlossen. Gefördert wird gemäß § 1 Abs. 1 KrPflG ausgebildetes Personal, sodass die zusätzlichen Finanzmittel ausschließlich für die Neueinstellung oder Stellenaufstockung durch Gesundheits- und Krankenpflegerinnen und -pfleger sowie Gesundheits- und Kinderkrankenpflegerinnen und -pfleger zu verwenden sind. Weitere notwendige Voraussetzung für die Inanspruchnahme der Förderung ist eine schriftliche Vereinbarung mit der Arbeitnehmervertretung zur Einstellung von ausgebildetem Pflegepersonal gemäß § 1 Abs. 1 KrPflG. 274

Der dem Krankenhaus insgesamt zustehende Betrag wird durch einen Zuschlag finanziert, indem auf Fallpauschalen Zusatzentgelte und sonstige Entgelte erhoben werden. Entscheidend für die Förderung ist die Neueinstellung oder Aufstockung 275

223 BT-Drucksache 18/5867.

von vorhandenen Teilzeitstellen im Vergleich zum Bestand der entsprechend umgerechneten Vollkräfte am Stichtag 1.1.2015.

276 In der Aufbauphase (2016 bis 2018) steigt das Fördervolumen stufenweise von bis zu 110 Mio. EUR im Jahr 2016 über bis zu 220 Mio. EUR im Jahr 2017 schließlich auf bis zu 330 Mio. EUR im Jahr 2018 an. Insgesamt werden den Krankenhäusern damit kumuliert bis zu 660 Mio. EUR für zusätzliches Pflegepersonal von den Krankenkassen bereitgestellt. In der Begründung zum Gesetzentwurf[224] wird der Ausgabenanteil der GKV insgesamt auf etwa 600 Mio. EUR beziffert. Diese Fördersumme soll es ermöglichen, etwa 6.300 zusätzliche Stellen in der Krankenhauspflege zu schaffen. Bei Gleichverteilung würde in allen drei Jahren jeweils eine Aufstockung um etwa 2.100 Stellen erfolgen. Wird mit einem Krankenhaus für ein Kalenderjahr kein Betrag vereinbart, kann gemäß § 4 Abs. 8 S. 3 KHEntgG für das Folgejahr der doppelte zusätzliche Betrag von bis zu 0,30 Prozent des Krankenhausbudgets vereinbart werden. Dieses Vorgehen kann zu einer Verlagerung der Neueinstellungen bzw. Aufstockungen von Teilzeitstellen in das jeweilige Folgejahr führen. Bleibt der Stellenaufbau in einem Jahr hinter den Möglichkeiten zurück, so kann dieser also im Folgejahr „nachgeholt“ werden. Der Gesetzgeber hat damit auch in dem zweiten Förderprogramm die Möglichkeit der flexiblen Inanspruchnahme der Förderung geschaffen.

277 Zum Nachweis der Umsetzung hat das Krankenhaus den anderen Vertragsparteien eine Bestätigung des Jahresabschlussprüfers vorzulegen, die folgende Angaben enthält:

- die Stellenbesetzung am 1.1.2015
  - in der Pflege insgesamt
  - im geförderten Pflegebereich
- die zusätzlich aufgrund der Förderung beschäftigten Vollkräfte (VK)
- die jahresdurchschnittliche Stellenbesetzung am 31.12. des Förderjahres
  - in der Pflege insgesamt
  - im geförderten Pflegebereich
- die zweckentsprechende Verwendung der Mittel

278 Werden die Neueinstellungen bzw. die Aufstockung vorhandener Teilzeitstellen durch das Krankenhaus nicht bzw. nicht vollständig umgesetzt, ist der entsprechende Anteil der Finanzierung zurückzuzahlen.

279 Im zweiten Pflegestellen-Förderprogramm läuft die Förderung über krankenhausindividuelle Zuschläge im Jahr 2018 aus. Der Gesetzgeber hat zur Klärung der Frage einer dauerhaften Zusatzfinanzierung nach Abschluss des Förderzeitraums eine Expertenkommission „Pflegepersonal im Krankenhaus“ beim Bundesministerium für Gesundheit eingerichtet (§ 4 Abs. 8 S. 12 KHEntgG). Dieses mit

224 BT-Drucksache 18/5372.

Vertretern aus Politik, Wissenschaft und Selbstverwaltung besetzte Gremium hatte den gesetzlichen Auftrag erhalten, bis zum 31.12.2017 Vorschläge zu erarbeiten, wie die zusätzlichen Finanzmittel des Förderprogramms dauerhaft zur Förderung der Pflege in der unmittelbaren Patientenversorgung zur Verfügung gestellt werden. Im Ergebnis der Beratungen wird der Pflegezuschlag in Höhe von jährlich 500 Mio. EUR um die im Jahr 2018 des Pflegestellen-Förderprogramms abgerechneten Mittel (maximal 330) mit Wirkung zum 1.1.2019 erhöht. Mit dieser Regelung wird das Ziel verfolgt, die im Zuge des Förderzeitraums geförderten Stellen beizubehalten, da der Pflegezuschlag in Abhängigkeit von der Pflegepersonalbesetzung ausgezahlt wird. Die in der Pflege-Expertenkommission gewonnenen Erkenntnisse haben zu einer Vorgabe von Pflegepersonaluntergrenzen und zu einer Regelung für den Übergang der Mittel des Pflegestellen-Förderprogramms in den Pflegezuschlag geführt (Gesetz zur Modernisierung der epidemiologischen Überwachung übertragbarer Krankheiten).[225]

4.2.1.2 Personalmehrbedarf in der Hygiene

Die zur Erfüllung der Anforderungen des Infektionsschutzgesetzes erforderliche 280
personelle Ausstattung (§ 4 Abs. 9 KHEngG) wird bei Einhaltung der Anforderungen zur Qualifikation und zum Bedarf, die in der Empfehlung zu personellen und organisatorischen Voraussetzungen zur Prävention nosokomialer Infektionen der Kommission für Krankenhaushygiene und Infektionsprävention benannt werden, in den Jahren 2013 bis 2019 finanziell gefördert:

1. bei Neueinstellungen, interner Besetzung neu geschaffener Stellen oder Aufstockungen vorhandener Teilzeitstellen von
2. Hygienefachkräfte in Höhe von 90 Prozent der zusätzlich entstehenden Personalkosten,
3. Krankenhaushygieniker mit abgeschlossener Weiterbildung zum Facharzt für Hygiene und Umweltmedizin oder für Mikrobiologie, Virologie und Infektionsepidemiologie in Höhe von 75 Prozent der zusätzlich entstehenden Personalkosten,
4. Krankenhaushygieniker mit strukturierter curricularer Fortbildung Krankenhaushygiene und mit Fortbildung im Bereich der rationalen Antibiotikatherapieberatung in Anlehnung an die Fortbildung der Deutschen Gesellschaft für Infektiologie in Höhe von 50 Prozent der zusätzlich entstehenden Personalkosten,

225 GKV Spitzenverband (2017): Bericht des GKV-Spitzenverbandes zum Pflegestellen-Förderprogramm im Förderjahr 2016 an das Bundesministerium für Gesundheit. Online: https://www.gkv-spitzenverband.de/media/dokumente/krankenversicherung_1/krankenhaeuser/budgetverhandlungen/pflegesonderprogramm/KH_Pflegestellen-Foerderprogramm_Bericht_2016_2017_06_30.pdf [abgerufen am 11.3.2018].

5. Hygienebeauftragte Ärzte in Höhe von zehn Prozent der zusätzlich entstehenden Personalkosten,
6. Fortbildung zur Hygienefachkraft durch einen pauschalen Zuschuss von 10 000 EUR

4.2.1.3 Wahlleistungen

281 Neben den DRGs für die voll- und teilstationäre Behandlung dürfen andere als die allgemeinen Krankenhausleistungen als Wahlleistungen gesondert berechnet werden, wenn die allgemeinen Krankenhausleistungen durch die Wahlleistungen nicht beeinträchtigt werden und die gesonderte Berechnung mit der Klinik vereinbart ist. Die Entgelte für Wahlleistungen dürfen in keinem unangemessenen Verhältnis zu den Leistungen stehen. Die Deutsche Krankenhausgesellschaft und der Verband der privaten Krankenversicherung können Empfehlungen zur Bemessung der Entgelte für nichtärztliche Wahlleistungen abgeben. Verlangt ein Krankenhaus ein unangemessen hohes Entgelt für nichtärztliche Wahlleistungen, kann der Verband der privaten Krankenversicherung die Herabsetzung auf eine angemessene Höhe verlangen; gegen die Ablehnung einer Herabsetzung ist der Zivilrechtsweg zu gehen.

282 Wahlleistungen sind vor der Erbringung schriftlich zu vereinbaren; der Patient ist vor Abschluss der Vereinbarung schriftlich über die Entgelte der Wahlleistungen und deren Inhalt im Einzelnen zu unterrichten. Die Art der Wahlleistungen ist der zuständigen Landesbehörde zusammen mit dem Genehmigungsantrag mitzuteilen.

283 Eine Vereinbarung über wahlärztliche Leistungen erstreckt sich auf alle an der Behandlung des Patienten beteiligten angestellten oder beamteten Ärzte des Krankenhauses, soweit diese zur gesonderten Berechnung ihrer Leistungen im Rahmen der vollstationären und teilstationären sowie einer vor- und nachstationären Behandlung (§ 115a SGB V) berechtigt sind – einschließlich der von diesen Ärzten veranlassten Leistungen (Konsilärzte), von Medizinern und ärztlich geleiteten Einrichtungen außerhalb des Krankenhauses; darauf ist in der Vereinbarung hinzuweisen. Ein zur gesonderten Berechnung wahlärztlicher Leistungen berechtigter Arzt des Krankenhauses kann eine Abrechnungsstelle mit der Abrechnung der Vergütung für die wahlärztlichen Leistungen beauftragen oder die Abrechnung dem Krankenhausträger überlassen. Der Arzt ist verpflichtet, der Klinik die Möglichkeit einzuräumen, die Rechnungslegung zu überprüfen. Wird die Abrechnung vom Krankenhaus durchgeführt, leitet dieses die Vergütung nach Abzug der anteiligen Verwaltungskosten und der zu erstattenden Kosten an den berechtigten Arzt weiter. Personenbezogene Daten dürfen an eine beauftragte Abrechnungsstelle außerhalb des Krankenhauses nur mit Einwilligung des Betroffenen, die jederzeit widerrufen werden kann, übermittelt werden. Für die Berechnung wahlärztlicher Leistungen finden die Vorschriften der Gebührenordnung für Ärzte

(GOÄ) oder der Gebührenordnung für Zahnärzte (GOZ) entsprechende Anwendung.

Eine Vereinbarung über gesondert berechenbare Unterkunft darf nicht von einer Vereinbarung über sonstige Wahlleistungen abhängig gemacht werden. 284

4.2.1.4 Belegärzte

Belegärzte im Sinne dieses Gesetzes sind nicht am Krankenhaus angestellte Vertragsärzte, die berechtigt sind, ihre Patienten (Belegpatienten) im Krankenhaus unter Inanspruchnahme der hierfür bereitgestellten Dienste, Einrichtungen und Mittel stationär oder teilstationär zu behandeln, ohne hierfür vom Krankenhaus eine Vergütung zu erhalten (§ 18 KHEntgG). Leistungen des Belegarztes sind: 285

1. seine persönlichen Leistungen,
2. der ärztliche Bereitschaftsdienst für Belegpatienten,
3. die von ihm veranlassten Leistungen nachgeordneter Ärzte des Krankenhauses, die bei der Behandlung seiner Belegpatienten in demselben Fachgebiet wie der Belegarzt tätig werden,
4. die von ihm veranlassten Leistungen von Ärzten und ärztlich geleiteten Einrichtungen außerhalb des Krankenhauses.

Für Belegpatienten werden Beleg-DRGs vereinbart. 286

Wenn Belegärzte zur Erbringung ihrer Leistungen Ärzte des Krankenhauses in Anspruch nehmen, sind sie verpflichtet, dem Krankenhaus die entstehenden Kosten zu erstatten. Die Kostenerstattung kann pauschaliert werden. 287

Soweit Ärzte zur Erbringung sonstiger vollstationärer oder teilstationärer ärztlicher Leistungen, die sie selbst berechnen können, Personen, z. B. Pflegefachpersonen, Einrichtungen oder Mittel des Krankenhauses in Anspruch nehmen, sind sie verpflichtet, dem Krankenhaus die auf diese Leistungen entfallenden Kosten zu erstatten (§ 19 Abs. 3 KHEntgG). 288

4.3 Pflegekomplexmaßnahmen-Score (PKMS)

Der PKMS ist ein Instrument zur Abbildung der hochaufwendigen Pflege im Krankenhaus. Er dient als Grundlage zur Leistungsabrechnung hochaufwendiger Pflege innerhalb der Entgeltsysteme seit 2010 und soll zu einer Erhöhung der Pflegestellen im Krankenhaus führen. Der PKMS erfasst zum einen hochaufwendige Pflege im Bereich der „allgemeinen Pflege“ und zum anderen Leistungen im Bereich der „speziellen Pflege“. Zur allgemeinen Pflege werden die Leistungsbereiche Körperpflege, Ernährung, Ausscheidung, Bewegen/Lagern/Mobilisation/Sicherheit und Kommunikation gerechnet. Zur speziellen Pflege gehören die Leistungsbereiche Kreislauf, Wundmanagement und Atmung. Die pflegerischen 289

Leistungen müssen durch Pflegefachpersonen oder unter deren Verantwortung erbracht werden.

290 Es wurden vier unterschiedliche PKMS entwickelt, da die hochaufwendige Pflege in den verschiedenen Altersstufen unterschiedlich operationalisiert ist:

- für Erwachsene (PKMS-E): ab dem Beginn des 19. Lebensjahres
- für Kinder und Jugendliche (PKMS-J): ab dem Beginn des siebten Lebensjahres bis zum Ende des 18. Lebensjahres (Der PKMS-J kann in Ausnahmefällen auch für Erwachsene angegeben werden, wenn deren Behandlung in einer Abteilung oder Klinik für Kinder- und Jugendmedizin erforderlich ist)
- für Kleinkinder (PKMS-K): ab dem Beginn des zweiten Lebensjahres bis zum Ende des sechsten Lebensjahres
- für Frühgeborene, Neugeborene und Säuglinge (PKMS-F): ab der Geburt bis zum Ende des ersten Lebensjahres

291 Damit ein Leistungsmerkmal zutrifft, müssen

1. einer der Gründe für hochaufwendige Pflege in dem entsprechenden Leistungsbereich vorliegen und
2. ein entsprechend aufgeführtes Pflegeinterventionsprofil vorliegen.

Beispiel
G1: Ablauf der Körperpflege ist dem Patienten nicht bekannt
Kennzeichen: Unfähigkeit, die Körperpflege selbstständig und strukturiert durchzuführen; Trugwahrnehmungen, Gebrauchsgegenstände der Körperpflege können nicht adäquat eingesetzt werden, fehlende Eigeninitiative, die Körperpflege durchzuführen.
In Kombination mit der Pflegeintervention A1:
Maßnahmen zum Erlernen/Wiedererlangen/zur Motivation einer selbstständigen Körperpflege und/oder Anleitung/Aktivierung zur Körperpflege. In der Pflegedokumentation sind die individuellen pflegerischen Zielsetzungen der Maßnahmen auszuweisen, ebenso die auf den Patienten abgestimmte Vorgehensweise.

292 Die vollständige Liste der Gründe, Pflegeinterventionen und deren Kombination finden Sie beim DIMDI.[226]

293 Treffen auf den Patienten ein oder mehrere Leistungsmerkmale des PKMS zu, so werden die Punkte für den jeweiligen Tag (Kalendertag) über die Verweildauer addiert. Auch entstandene Aufwandspunkte am Aufnahme- und/oder Entlassungstag werden berücksichtigt. Pro Leistungsbereich kann die angegebene Punktzahl nur einmal pro Kalendertag vergeben werden. Die Gesamtpunktzahl der Aufwandspunkte der Leistungsbereiche der „allgemeinen Pflege“ und der

226 DIMDI (2017): PKMS. Online: https://www.dimdi.de/static/de/klassi/ops/kodesuche/onlinefassungen/opshtml2018/zusatz-09-anh-pflege-scores-pkms.pdf [abgerufen am 11.2.2018].

„speziellen Pflege“ führt zu einer OPS-Prozedur „9-20 ... – Hochaufwendige Pflege ...“, wenn die entsprechende Punktzahl der jeweiligen Prozedur in den Altersgruppen (Frühgeborene, Neugeborene und Säuglinge, Kleinkinder, Kinder und Jugendliche, Erwachsene) erreicht ist.

Der PKMS ist nur auf der „Normalstation/IMC“ zu kodieren. Es sind keine Kalendertage auf der Intensivstation zu zählen. Die PKMS-Aufwandspunkte sind an den Tagen nicht zu erfassen, an denen Punkte für die Intensiv-Komplexkodes, Stunden für die Stroke-Unit-Komplexkodes oder Beatmungsstunden gezählt werden. **294**

Am Verlegungstag von einer „Normalstation“/IMC auf die oben genannte Einheit oder am Tag, an dem die Zählung der Stunden für die Stroke-Unit-Komplexkodes (8-981, 8-98b) oder der Beatmungsstunden der jeweiligen Beatmungsperiode beginnt, wird der PKMS nicht kodiert. Am Tag der Rückverlegung auf die „Normalstation“ oder am Tag, an dem die Zählung der Beatmungsstunden der jeweiligen Beatmungsperiode oder die Behandlung entsprechend der neurologischen Komplexbehandlung des akuten Schlaganfalls endet, kann der PKMS ermittelt werden. **295**

Die Gründe für hochaufwendige Pflege sind einmalig bei Aufnahme und bei Änderungen der Gründe zu erfassen. Das Vorliegen eines oder mehrerer Kennzeichen der Gründe bestätigt diese. Die Kennzeichen, die mit einem Komma verbunden sind, werden im Sinne einer „oder“-Verbindung ausgelegt. Nur wenn explizit ein „und“ formuliert ist, sind beide oder mehrere Kennzeichen zu erfüllen. **296**

Die Pflegemaßnahmen, welche für den Patienten erbracht wurden und im Rahmen der PKMS-Aufwandspunkte anerkannt werden sollen, sind einzeln durch eine tägliche Leistungsdokumentation (mit Personen- und Kalendertagsbezug) nachzuweisen. Nur mit diesem Symbol gekennzeichnete Bereiche des PKMS erfordern eine zusätzliche Dokumentation. Dabei ist zu beachten, dass es sich hier überwiegend um Dokumentationsanteile handelt, die bereits zur Standardpflegedokumentation gehören. **297**

Die dokumentierten PKMS-Items, auch in elektronischer Form, sind Teilaspekte der pflegerischen Dokumentation. Ebenso kann eine automatisierte PKMS-Dokumentation durch die Nutzung einer standardisierten Terminologie in einer papiergestützten und/oder elektronischen Patientenakte genutzt werden. **298**

Ist bei einem Patienten bereits absehbar, dass er trotz des Zutreffens eines oder mehrerer Leistungsmerkmale nicht eine entsprechende Anzahl von Tagen in der Klinik verweilt, um die Mindestpunktzahl für den OPS-Kode zu erreichen, so ist eine Dokumentation im Sinne des PKMS nicht unbedingt erforderlich.[227] **299**

227 DIMDI (2017): PKMS. Online: https://www.dimdi.de/static/de/klassi/ops/kodesuche/onlinefassungen/opshtml2018/zusatz-09-anh-pflege-scores-pkms.pdf [abgerufen am 11.2.2018].

PKMS-E-Matrix

Leistungsbereich PKMS-E	1. Tag	2. Tag	3. Tag	4. Tag	5. Tag	6. Tag	7. Tag	8. Tag	
Körperpflege	3	3	3	3	3	3	3	3	
Ernährung	4	4	4	4	4	4	4	4	
Ausscheidung	2	2	2	2	2	2	2	2	
Bewegen/ Lagern/ Mobilisation	3	3	3	3	3	3	3	3	
Kommunizieren/ Beschäftigen	1	1	11	1	1	1	1	1	
Kreislauf	2	2	2	2	2	2	2	2	
Wundmanagement	2	2	2	2	2	2	2	2	
Atmung	2	2	2	2	2	2	2	2	
Summe pro Tag	19	19	19	19	19	19	19	19	Gesamtsumme

Quelle: DIMDI, 2017

300 Aus der Summe der Aufwandspunkte des PKMS (am Beispiel PKMS-E) ergibt sich der entsprechende OPS-Kode aus dem Bereich 9–20.

301 Die addierten Punkte der Leistungsbereiche übe die Verweildauer des Patienten führt nun zum entsprechenden OPS-Kode:

9-200.0 37 bis 71 Aufwandspunkte
9-200.00 37 bis 42 Aufwandspunkte
9-200.01 43 bis 56 Aufwandspunkte
9-200.02 57 bis 71 Aufwandspunkte
9-200.1 72 bis 100 Aufwandspunkte
9-200.5 101 bis 129 Aufwandspunkte
9-200.6 130 bis 158 Aufwandspunkte
9-200.7 159 bis 187 Aufwandspunkte
9-200.8 188 bis 216 Aufwandspunkte
9-200.9 217 bis 245 Aufwandspunkte
9-200.a 246 bis 274 Aufwandspunkte
9-200.b 275 bis 303 Aufwandspunkte
9-200.c 304 bis 332 Aufwandspunkte
9-200.d 333 bis 361 Aufwandspunkte
9-200.e 362 oder mehr Aufwandspunkte

Der entsprechende OPS endet dann in einem Zusatzentgelt: 302

Zusatzentgelt	Punkte	Euro in 2018
103.01 bei E	43–129	1.004
103.02 bei E	Mehr als 139	2.457
131.01 bei F, K, J	37/43–101	3.336
131.02 bei F, K, J	Mehr als 101	6.590

Basierend auf den eingereichten Änderungsvorschlägen von Fachgesellschaften, 303
-verbänden und -vereinen hat das DIMDI am 25.10.2017 die endgültige Version 2018 des OPS-9-20 und PKMS im Operationen- und Prozedurenschlüssel (OPS) veröffentlicht.[228]

4.4 Zusatzentgelt für Pflegebedürftigkeit

Für die Kodierung des OPS 9-984 der Pflegebedürftigkeit wurde für die Pfle- 304
gegrade 3 bis 5 ein Zusatzentgelt (ZE) eingerichtet. Insgesamt sind zwei neue ZE für den OPS der Pflegebedürftigkeit für bestimmte DRG-Fallpauschalen bei einer Mindestverweildauer von fünf Tagen installiert worden. Das niedrigere ZE 162 beträgt 107,14 EUR und das höhere ZE 219,56 EUR pro Fallaufenthalt. Diese Zusatzvergütung ist nicht an besondere Leistungen geknüpft. Alleine der Pflegegrad führt zu Abrechnung des ZE. Auch dieses ZE soll zu einer Erhöhung der Pflegestellen im Krankenhaus führen.

„Es ist zu erwarten, dass bundesweit 2018 ca. 130 Millionen EUR für den OPS der 305
Pflegebedürftigkeit und ca. 400 Millionen EUR über den OPS der „hochaufwendigen Pflege“ (PKMS) im G-DRG-System gesteuert werden. Es ist also mehr und mehr von Bedeutung für die Krankenhäuser, die entsprechenden OPS-Schlüssel zielsicher zu kodieren. Abzuwarten bleibt, wie sich die im G-DRG veränderte Sachkostenverschiebung auf die Pflegepersonalsituation auswirken wird. Grundsätzlich könnte die Verschiebung der Sachkosten hin zu den Personalkosten eine Stärkung der Pflegepersonalsituation bewirken. Wobei hier einschränkend festgehalten muss, dass die Krankenhäuser nicht verpflichtet sind, die höheren Pflegepersonalkosten der Pflege auch für Pflegepersonal einzusetzen, da es hier keine Zweckbindung gibt“.[229]

Es liegt hier also an der Pflegedirektion, diese Gelder für die Berufsgruppe Pflege 306
einzufordern.

228 Einzusehen unter: http://www.dimdi.de/static/de/klassi/ops/kodesuche/onlinefassungen/opshtml2018/zusatz-09-anh-pflege-scores-pkms.htm.

229 Fachgesellschaft Pflege (2017): Pflege im G-DRG-System 2018 und Änderungen zum PKMS 2018. http://www.pro-pflege.eu/fachgesellschaft/neuigkeiten/detail/pflege-im-g-drg-system-2017-aenderungen-zum-pkms-2018 [abgerufen am 11.2.2018].

5 Entgeltsystem Psychiatrie, Psychotherapie und Psychosomatik (PEPP)

307 Das PEPP sollte zum 1.1.2013 in der Abrechnung eingesetzt werden. Die Vertragspartner konnten sich auf einen Entgeltkatalog nicht verständigen. Somit hat das Bundesministerium für Gesundheit eine Ersatzvornahme getätigt, welche das PEPP nun als Abrechnungsmedium vorgab. Die psychiatrischen Kliniken konnten wählen, ob sie PEPP zur Abrechnung nutzen wollten (Optionsjahre). Ab 1.1.2018 mussten alle betroffenen Kliniken das PEPP einführen. Aber bis Ende 2019 budgetneutral, das bedeutet, die Kliniken bekommen ihr Budget, unabhängig wie hoch oder niedrig die Abrechnungen waren. So sollen die Häuser lernen, mit dem neuen Entgelt zu agieren. „Die Finanzierung psychiatrischer und psychosomatischer Krankenhausleistungen wird zukünftig weiterhin krankenhausindividuell, zunächst wie bisher auf Basis der Psychiatrie-Personalverordnung (Psych-PV), ab 2020 dann auf Basis von Personalvorgaben des Gemeinsamen Bundesausschuss (G-BA) erfolgen. Ziel ist es allerdings, über einen Krankenhausvergleich die Budgets einander anzupassen“.[230]

6 Asylbewerberleistungsgesetz (AsylbLG)

308 Das Asylbewerberleistungsgesetz ist ein Sondersozialsystem, mit dem der Lebensunterhalt für bestimmte Gruppen ausländischer Staatsangehöriger gedeckt werden soll. Es ist ursprünglich 1993 eingeführt worden, um die Sozialhilfeleistungen für bestimmte Gruppen absenken und in Form von Sachleistungen erbringen zu können. Zuständig ist das Sozialamt.

309 Asylbewerber mit „Aufenthaltsgestattung“ für die Dauer des Asylverfahrens beim Bundesamt für Migration und Flüchtlinge (BAMF) und bei den Verwaltungsgerichten (§ 1 Abs. 1 Nr. 1 AsylbLG) erhalten Leistungen aus dem Asylbewerberleistungsgesetz.

310 Nach § 1 Abs. 1 AsylbLG erhalten Leistungen nach dem AsylbLG (unter anderem) Ausländerinnen und Ausländer, die sich tatsächlich in Deutschland aufhalten und die

- einen Asylantrag gestellt haben und daher eine Aufenthaltsgestattung besitzen,
- ein Asylgesuch geäußert haben und daher einen Ankunftsnachweis (BüMA) besitzen; der Anspruch besteht auch, wenn dieser noch nicht ausgestellt worden ist;
- eine Duldung besitzen; auch eine „Grenzübertrittsbescheinigung“ oder andere im Gesetz gar nicht vorgesehene Papiere gelten rechtlich als Duldung;

230 Vdek (2017): Entgeltsystem Psychiatrie, Psychotherapie und Psychosomatik (PEPP-System). Online: https://www.vdek.com/vertragspartner/Krankenhaeuser/pepp.html [abgerufen am 18.2.2018].

- vollziehbar ausreisepflichtig sind, ohne im Besitz einer Duldung zu sein; dies sind zum Beispiel „illegalisierte" Menschen, die ohne Wissen der Ausländerbehörde in Deutschland leben;
- eine Aufenthaltserlaubnis nach § 23 Abs. 1 oder § 24 AufenthG besitzen, wenn diese „wegen des Krieges im Heimatland" erteilt worden ist; hierzu gehören zum Beispiel syrische Familienangehörige, die im Rahmen eines Landesaufnahmeprogramms nach Deutschland gekommen sind;
- eine Aufenthaltserlaubnis nach § 25 Abs. 4 Satz 1 AufenthG besitzen; dies ist eine maximal sechsmonatige vorübergehende Aufenthaltserlaubnis;
- eine Aufenthaltserlaubnis nach § 25 Abs. 5 AufenthG besitzen, wenn der Zeitpunkt der erstmaligen Duldung („Aussetzung der Abschiebung") noch keine 18 Monate zurückliegt; wenn dieser Zeitpunkt schon mindestens 18 Monate zurück liegt, besteht Anspruch auf die regulären Sozialleistungen nach SGB II (Hartz IV) oder XII (Grundsicherung Sozialhilfe).

Staatsangehörige der Türkei fallen mit den o. g. Aufenthaltserlaubnissen nicht **311**
unter das AsylbLG. Sie haben nach dem Europäischem Fürsorgeabkommen EFA mit einer Aufenthaltserlaubnis stets Anspruch auf Grundsicherung nach SGB XII oder AlG II (Hartz IV).

Folgende Ausländer fallen nicht unter das AsylbLG: **312**

- Ausländer mit Aufenthaltserlaubnis nach allen hier nicht genannten §§ des AufenthG, mit „Fiktionsbescheinigung", wenn diese als „erlaubter Aufenthalt" gilt, mit Erlaubnis zum Daueraufenthalt EG/ EU oder Niederlassungserlaubnis.
- Ausländer, die sich legal als Touristen aufhalten. Der Anspruch beschränkt sich jedoch i. d. R. auf unabweisbare Leistungen in unvorhersehbaren Notfällen.
- Ausländer, die sich legal mit Visum zum Familiennachzug oder zur Aufnahme als Flüchtlinge hier aufhalten.
- Unionsbürger und ihre Familienangehörigen.

Die genannten Ausländer haben Anspruch auf AlG II bzw. Grundsicherung der **313**
Sozialhilfe.

Asylsuchende in einer Aufnahmeeinrichtung erhalten Sachleistungen (Vollver- **314**
pflegung, Kleidung und Hygienebedarf) und Taschengeld (§ 3 Abs. 1 AsylbLG). Leistungsberechtigte in Gemeinschaftsunterkünften und sonstigen Unterkünften erhalten in der Regel die vollen Grundleistungsbeträge in bar zur Selbstversorgung.

Asylsuchende sind nach § 47 AsylG „verpflichtet, bis zu sechs Wochen, längstens **315**
jedoch bis zu sechs Monaten" ab Asylgesuch in einer Aufnahmeeinrichtung zu wohnen. Aufnahmeeinrichtungen werden in den Bundesländern zentral geschaffen. Neu ankommende Asylsuchende stellen dort das Asylgesuch, werden nach Quoten bundesweit an die zuständige Aufnahmeeinrichtung und später landes-

intern auf die Kommunen umverteilt. Die zuständige Behörde kann gemäß §§ 47 bis 50 AsylG eine Entlassung aus der Aufnahmeeinrichtung vor Ablauf der Sechsmonatsfrist vornehmen, auch für Ausländer aus sicheren Herkunftsländern, z. B. durch Umverteilung auf eine Kommune. Eine Entlassung ist auch bei zwingenden in der Person des Asylsuchenden liegenden Gründen möglich, z. B. aus schwerwiegenden gesundheitlichen Gründen (§ 49 Abs. 2 AsylG).

316 Asylsuchende aus „sicheren Herkunftsländern" können auch über sechs Monate hinaus bis zur Abschiebung bzw. Flüchtlingsanerkennung verpflichtet werden, in einer Aufnahmeeinrichtung zu leben. Sichere Herkunftsländer sind derzeit Serbien, Bosnien-Herzegowina, Mazedonien, Kosovo, Albanien, Montenegro, Ghana und Senegal. Die Bundesregierung möchte auch Marokko, Algerien und Tunesien zu sicheren Herkunftsländern erklären, was bei Redaktionsschluss dieses Buches noch offen war.

317 Flüchtlinge in Aufnahmeeinrichtungen dürfen nicht arbeiten und es gilt Residenzpflicht, für jedes Verlassen des Landkreises muss eine Erlaubnis beantragt werden. Asylsuchende in Gemeinschaftsunterkünften dürfen in der Regel den Landkreis ohne Erlaubnis vorübergehend verlassen, müssen dabei aber sicherstellen, dass sie kurzfristig (täglich) postalisch erreichbar sind. Sie können auf Antrag meist auch eine Arbeitserlaubnis erhalten. Für Geduldete, die vorwerfbar ihre Abschiebung verhindern, kann ein Arbeitsverbot verfügt werden. Residenzpflicht für Geduldete gilt nur noch, wenn „konkrete Maßnahmen" der Abschiebung „bevorstehen", nicht bei schuldhafter Verhinderung.

318 Die folgenden Regeln gelten nicht für länger als 15 Monate hier lebende Leistungsberechtigte, die in der Regel Leistungen nach § 2 AsylbLG beanspruchen können.

319 Während der Unterbringung in einer Aufnahmeeinrichtung für Asylbewerber (§ 44 AsylG) wird der „notwendige Bedarf an Ernährung, Unterkunft, Heizung, Kleidung, Gesundheitspflege und Gebrauchs- und Verbrauchsgütern des Haushalts" (physisches Existenzminimum) durch Sachleistungen gedeckt, d. h. Lebensmittelpakete, Hygienepakete, Kleidungsgutscheine usw. (§ 3 Abs. 1 AsylbLG).

320 Bei Unterbringung in einer Gemeinschaftsunterkunft (§ 53 AsylG), einem Hostel oder einer Pension, einer Notunterkunft für Wohnungslose, einer Wohnung oder sonstigen Unterkunft ist auch in den ersten sechs Monaten des Aufenthaltes in der Regel das Sachleistungsprinzip nicht anwendbar, da es sich nicht um eine „Aufnahmeeinrichtung" im Sinne des § 44 AsylG handelt. Folglich können dort Grundleistungsbeträge nach § 3 Abs. 1 und 2 in bar beansprucht werden.

321 Die Sachleistungsversorgung endet mit Auszug aus der Aufnahmeeinrichtung, in der Regel also spätestens nach sechs Monaten. Die Bedarfe für Ernährung und Getränke, Kleidung und Schuhe, Verbrauchsgüter des Haushalts (Haushaltsenergie) und Gesundheitspflege sind dann in bar auszuzahlen.

Nur in begründeten Ausnahmefällen (fehlende Küchen, kein Umbau möglich, keine freien Plätze in Unterkünften mit Selbstversorgung) sind nach § 3 Abs. 2 AsylbLG Sachleistungen über sechs Monate hinaus zulässig. 322

Leistungsberechtigte erhalten nach § 3 Abs. 1 AsylbLG zusätzlich einen „Geldbetrag zur Deckung des notwendigen persönlichen Bedarfs" (soziokulturelles Existenzminimum) als „Taschengeld" bzw. Barbetrag. Der Barbetrag soll die Bedarfe an Verkehr (Fahrtkosten), Nachrichtenübermittlung (Post, Telefon), Freizeit, Unterhaltung und Kultur, Bildung, den Warenwert von Gaststättendienstleistungen sowie sonstige Waren und Dienstleistungen einschließlich Körperpflege decken. 323

Regelbedarfsstufe 1 (erwachsene Leistungsberechtigte, die als Alleinstehende in einer Wohnung leben sowie für jugendliche Leistungsberechtigte ohne Eltern	145 Euro (nicht anwendbar in Landesaufnahmeeinrichtungen, da es sich nicht um eine „Wohnung" handelt)
Regelbedarfsstufe 2 (erwachsene Leistungsberechtigte, die in einer Aufnahmeeinrichtung leben)	131 Euro
Regelbedarfsstufe 3 (erwachsene Leistungsberechtigte, die in einer stationären Einrichtung z. B. der Behindertenhilfe untergebracht sind)	116 Euro
Regelbedarfsstufe 4 (sonstige jugendliche Leistungsberechtigte vom Beginn des 15. bis zur Vollendung des 18. Lebensjahres)	76 Euro
Regelbedarfsstufe 5 (Kinder vom Beginn des siebten bis zur Vollendung des 14. Lebensjahres)	93 Euro
Regelbedarfsstufe 6 (Kinder bis zur Vollendung des sechsten Lebensjahres)	81 Euro

Die hier beschriebene medizinische Versorgung gilt nicht für länger als 15 Monate hier lebende Leistungsberechtigte, die in der Regel Anspruch auf eine vollwertige Gesundheitskarte einer Krankenkasse haben (§ 2 AsylbLG i.V. mit § 264 Abs. 2 SGB V). 324

Nicht unter § 2 AsylbLG fallende Berechtigte erhalten je nach Bundesland entweder Krankenscheine des Sozialamts oder eine AsylbLG-Gesundheitskarte, womit gemäß § 4 Abs. 1 und § 6 Abs. 1 AsylbLG eine Krankenbehandlung nur in folgenden Fällen beansprucht werden kann: 325

- bei akuten Erkrankungen,
- bei akut behandlungsbedürftigen Erkrankungen,
- bei Erkrankungen, die mit Schmerzen verbunden sind, und
- bei Erkrankungen, deren Behandlung zur Sicherung der Gesundheit unerlässlich ist.

326 Ohne Einschränkung in gleichem Umfang wie für gesetzlich Krankenversicherte sind nach dem Wortlaut des AsylbLG zu erbringen:

- alle Leistungen bei Schwangerschaft und Entbindung, einschl. Hebammenhilfe (Geburtsvorbereitung, Nachsorge) und Vorsorge (§ 4 Abs. 2 AsylbLG),
- alle empfohlenen Vorsorgeuntersuchungen, z. B. Zahnvorsorge, Kinderuntersuchungen, Krebsvorsorge, Gesundheitsuntersuchung etc. (§ 4 Abs. 1 Satz 2 AsylbLG) und
- alle empfohlenen Schutzimpfungen (Ständige Impfkommission, Empfehlungen), bei drohender Abschiebung auch im Hinblick auf den nötigen Schutz im Herkunftsland (§ 4 Abs. 1 Satz 2, § 4 Abs. 3 Satz 2 AsylbLG).

327 Auf Zahnersatz besteht nach AsylbLG nur Anspruch, wenn dies „aus medizinischen Gründen unaufschiebbar" ist (§ 4 Abs. 1 AsylbLG). Das ist der Fall, wenn bei Nichtbehandlung Folgeschäden am Gebiss oder gar am Magen drohen. Zumindest muss ein künstliches „Gebiss" in einfacher Ausfertigung zur Verfügung gestellt werden. Die normale Zahnbehandlung (Karies, Wurzelentzündung, Zahnfleischerkrankung usw.) ist uneingeschränkt zu gewähren, da es sich um akute und/oder schmerzhafte Erkrankungen handelt oder die Behandlung zur Sicherung der Gesundheit (Zahnerhalt) unerlässlich ist.

328 Zu den Leistungen nach AsylbLG gehören auch Heil- und Hilfsmittel wie Brillen, Hörgeräte, Prothesen, Rollstühle, orthopädische Schuhe, Physiotherapie usw., ggf. als „sonstige zur Genesung, zur Besserung oder zur Linderung von Krankheiten oder Krankheitsfolgen erforderliche Leistungen" (§ 4 Abs. 1 Satz 1 und 6 Abs. 1 AsylbLG).

329 Als zur Sicherung der Gesundheit unerlässliche Leistungen nach § 6 AsylbLG kommen zudem in Frage u. a.:

- zur Diagnostik, ärztlichen Aufklärung sowie Psychotherapie nötige Dolmetscherkosten,
- Leistungen zur ambulanten und stationären Pflege behinderter und pflegebedürftiger Menschen,
- Eingliederungsleistungen für behinderte Kinder,
- Eingliederungsleistungen für Erwachsene zur sozialen und psychischen Eingliederung, aufgrund
- des durch das Integrationsgesetz eröffneten Zugangs zu Arbeit und Integrationskursen ggf. auch
- zur schulischen und beruflichen Eingliederung,
- psychotherapeutische Behandlung,

- Mehrkosten für besonderen Ernährungsbedarf bei Krankheit oder Schwangerschaft,
- Schwangerschaftsverhütung und Vorsorge gegen sexuell übertragbare Krankheiten

Ein Schwangerschaftsabbruch (z. B. nach Vergewaltigung auf der Flucht) ist keine **330**
Leistung nach AsylbLG. AsylbLG-Bezieherinnen können aber als nicht gesetzlich krankenversicherte Frauen die Kostenübernahme mit einem Einkommensnachweis (AsylbLG-Bescheid) gemäß § 19 i.V. mit § 21 Abs. 1 „Schwangerschaftskonfliktgesetz" bei einer gesetzlichen Krankenkasse am Wohnort beantragen. Die zu diesem Zweck frei wählbare Kasse muss „unverzüglich" den Kostenübernahmebescheid ausstellen. Das Bundesland erstattet dann der Krankenkasse die Kosten.

Hamburg, Bremen, Berlin und Schleswig-Holstein sowie einzelne Kommunen in NRW haben Verträge mit Gesetzlichen Krankenkassen gemäß § 264 Abs. 1 SGB V über die Ausgabe von speziellen Gesundheitskarten nach §§ 4 und 6 AsylbLG geschlossen. In Brandenburg und Thüringen wird das System diskutiert, Sachsen, Bayern, Baden-Württemberg und Sachsen-Anhalt lehnen es ab.

Die ambulante und stationäre Behandlung wird über die AsylbLG-Gesundheits- **331**
karte weitgehend nach den Maßgaben für gesetzlich Krankenversicherte erbracht. Genehmigungspflichtig ist in der Praxis nur, was auch bei gesetzlich Versicherten geprüft wird, z. B. Zahnersatz oder Psychotherapien. Rechtlich besteht allerdings kein erweiterter Anspruch. Eilantrag, Widerspruch und Klage wegen verweigerter Behandlung richten sich gegen die Krankenkasse, man sollte sich aber auch bei der Sozialbehörde beschweren und diese im Sozialgerichtsverfahren „beiladen" lassen (§ 75 SGG).

Das AsylbLG enthält – anders als in der gesetzlichen Krankenversicherung – keine **332**
Rechtsgrundlage für Zuzahlungen und Eigenleistungen. Daher dürfen auch keine Zuzahlungen verlangt werden.

Der Arzt muss dies auf dem Rezept vermerken, das mit dem Sozialamt abzurech- **333**
nen ist. Das genügt den Apotheken usw. für die volle Erstattung. Auch für Brillen, Hörgeräte, Physiotherapie, orthopädische Schuhe, Zahnersatz, Dolmetscherkosten, Fahrten zur ambulanten Krankenbehandlung, rezeptfreie Medikamente usw. muss man – anders als gesetzlich Versicherte – keine Eigenleistung erbringen, vorausgesetzt die medizinische Notwendigkeit liegt vor. Zahnärzte müssen nach § 4 AsylbLG – ebenso wie für SGB II/ XII und § 2 AsylbLG Berechtigte (vgl. § 55 Abs. 2 SGB V) – stets eine zuzahlungsfreie Behandlungsvariante anbieten.

In Frage kommen nach § 6 AsylbLG neben den o. g. medizinischen Leistungen **334**
u. a. Erstausstattungen bei Schwangerschaft und Geburt, Eingliederungshilfen für behinderte Kinder und Erwachsene, Leistungen zur ambulanten oder stationären Pflege (aber kein pauschales Pflegegeld), Bestattungskosten sowie Passbeschaf-

fungskosten für Geduldete (auch zum Verbleib in Deutschland) einschließlich Fahrt zur Botschaft.[231]

335 Besonders schutzbedürftige Asylsuchende wie Behinderte und schwer kranke Menschen, Schwangere und Alleinerziehende, Minderjährige und Ältere, Traumatisierte und Folteropfer haben gemäß § 6 AsylbLG i.V. mit Artikel 19 ff. „Asylaufnahmerichtlinie" (RL 2013/33/EU) Anspruch auf die „erforderliche medizinische oder sonstige Hilfe, einschließlich erforderlichenfalls einer geeigneten psychologischen Betreuung". Psychotherapien, Therapien und Hilfsmittel für Menschen mit Behinderung sind dann im „erforderlichen" Umfang, also nach den gleichen Maßstäben wie für Deutsche, zu erbringen. Bei der Eingliederungshilfe für Behinderte gilt dies für Kinder und Jugendliche in jedem Fall, ebenso für Erwachsene zur sozialen und psychischen Eingliederung, nach Ermessen aber auch zur Eingliederung in Integrationskurse, Arbeit und Bildung.[232]

336 Grundlage für die Abrechnung von Leistungen gemäß § 4 AsylbLG ist stets ein von der jeweiligen Sozialhilfeverwaltung ausgestellter, gültiger Behandlungsschein. Dieser muss folgende Daten enthalten:

- Name, Vorname
- Geburtsdatum
- Anschrift
- fünfstellige Kassennummer der Sozialhilfeverwaltung
- Gültigkeitsdauer

337 Es sind die individuellen Angaben der Sozialhilfeverwaltung vor Ort zu beachten, insbesondere hinsichtlich des Leistungsumfangs, Gültigkeitszeitraums und behandelnder Fachrichtung.

338 Falls keine ausreichende Verständigungsmöglichkeit mit dem Patienten besteht, kann ein Dolmetscher beim zuständigen Sozialhilfeträger angefordert werden. Die Kosten hierfür übernimmt der Sozialhilfeträger.

339 Als Versichertenstatus ist einheitlich M (Mitglied) anzugeben.

340 Überweisungen können ohne erneute Anforderung eines Behandlungsscheins vorgenommen werden. Es genügt, eine Kopie des vorliegenden Behandlungsscheins dem Überweisungsschein beizulegen. Zu beachten sind hier gegebenenfalls abweichende Regelungen.

341 Bei einer Behandlung im Notfall muss das Muster 19 (Notfall-/Vertreterschein) verwendet werden. Zu beachten ist die sofortige Eilanzeige der Notfallbehandlung beim zuständigen Sozialamt (14-Tagesfrist).

231 OVG Sachsen vom 3.6.2008, Az. 4 A 144/08.

232 Classen (2016): Leitfaden zum Asylbewerberleistungsgesetz. Online: www.fluechtlingsinfo-berlin.de/fr/asylblg/Leitfaden_AsylbLG.pdf [abgerufen am 11.3.2018].

Eine Krankenhaus-Einweisung darf nur mit Zustimmung des Sozialhilfeträgers erfolgen. Einzige Ausnahme hiervon ist die Notfalleinweisung. 342

Über den Behandlungsschein Muster 19 rechnet der Arzt alle seine Leistungen nach den Vorgaben des EBM mit der Kassenärztlichen Vereinigung ab. Sämtliche Maßnahmen werden eins zu eins extrabudgetär zu festen EBM-Preisen vergütet. Maßnahmen der Mengenbegrenzung bestehen ebenso wenig wie Fallzahlbegrenzungen und Abstaffelungsregelungen. 343

Die Verordnung veranlasster Leistungen erfolgt nach Vorgaben der bekannten Arzneirichtlinien und, sofern Heilmittel genehmigt oder deren Verschreibung bei Schwangeren ohne Genehmigung möglich ist, gemäß der Heilmittelrichtlinien auf den üblichen, hierfür in der Regelversorgung verwandten Formularen. 344

Die Arznei- und Heilmittelausgaben für Asylbewerber gehen nicht in die entsprechenden Richtgrößenvolumina ein. Das „Wirtschaftlichkeitsgebot" sollte dennoch beachtet werden. 345

Überweisungen sind auf den üblichen Überweisungsformularen (Röntgen, Orthopädie, Gynäkologie und weitere) möglich. Die auf dem Originalbehandlungsausweis vermerkten Einschränkungen der Asylstelle, zum Beispiel Dauer, müssen in diesen Fällen auf den Überweisungsschein übernommen werden.[233] 346

233 Kassenärztliche Vereinigung Baden-Württemberg (2016): Medizinische Versorgung von Flüchtlingen. Leistungen nach dem Asylbewerbergesetz (AsylbLG). Online: https://www.kvbawue.de/praxis/aktuelles/fluechtlinge/ [abgerufen am 11.3.2018].

VII Kooperationen

1 Einführung

Kooperationen im Gesundheitswesen sind sowohl für die Versorgung der Patienten als auch der Mitarbeiter im Gesundheitswesen selbst von wesentlicher Bedeutung. Dabei gibt es Kooperationen in allen möglichen Spielarten und in allen möglichen Zusammenhängen (Zusammenarbeit in der Behandlungspflege im Häuslichen Pflegedienst, Kooperationen mit dem Sanitätshaus/der Apotheke). Schon der Stammtisch der Pflegedienstleiter in einer Stadt ist eine Art und Form der Kooperation im Gesundheitswesen. Man tauscht sich untereinander aus und lässt Informationen fließen. Derartiges Networking ist unerlässlich für den Erfolg im Beruf, aber auch unverzichtbar für eine gute Versorgung der Patienten. Natürlich sollten vor allem verantwortliche Leitungskräfte versuchen, in derartigen „Gremien“ aktiv zu sein. Informelle Kreise, wie beispielsweise ein solcher Stammtisch, sind nur ein Beispiel. Häufig gibt es vor Ort auch organisierte Formen eines Netzwerkes. Hierzu gehören genossenschaftliche Verbindungen oder Pflegevereine, die es in vielen Städten gibt. 1

Neben solchen Netzwerken gilt es auch feste Kooperationen zu finden, um entsprechend Patienten über die verschiedenen Leistungserbringer hin zu versorgen und um in der Idealform Reibungsverluste zwischen den einzelnen Leistungserbringern zu minimieren. So können beispielsweise Versorgungsketten vom Hausarzt, über den Orthopäden, das Krankenhaus und die Nachsorge zur Versorgung von Patienten mit Hüft-TEP durchgeführt werden. Dies war in der Vergangenheit eine populäre Form der integrierten Versorgung (neu: besondere Versorgung). Eine gesetzlich geregelte Notwendigkeit der Kooperation im Gesundheitswesen ist das Entlassmanagement, zu dem Krankenhäuser nach § 39 Abs. 1a SGB V nunmehr gezwungen sind. Die Kliniken müssen dafür sorgen, dass der Patient, der in das häusliche Umfeld entlassen wird, entsprechend versorgt wird. Das Krankenhaus ist hier also dazu verpflichtet, Kooperationen einzugehen, um die entsprechende Patientenversorgung sicherzustellen. 2

Umgekehrt ist dies natürlich für die Leistungserbringer, die nach der stationären Krankenhausversorgung tätig werden, also insbesondere auch die ambulanten Pflegedienste, eine Möglichkeit, Patienten von Krankenhäusern zu übernehmen. 3

2 Entlassmanagement im Krankenhaus

Der Übergang von der stationären Krankenhausversorgung in eine weitergehende medizinische, rehabilitative, stationäre oder ambulante pflegerische Versorgung stellt eine besonders kritische Phase der Behandlungs- und Versorgungskette für 4 die betroffenen Patienten dar.[234] Versorgungsbrüche beim Übergang vom stationären in den nachstationären Bereich führen häufig zu unnötiger Belastung der Betroffenen und ihrer Angehörigen. Zudem gehen die damit oftmals verbundenen „Drehtüreffekte" zu Lasten der knappen Ressourcen im Gesundheitswesen.[235] Um die Kontinuität der medizinischen Behandlung und pflegerischen Versorgung durch einen nahtlosen Übergang sicherzustellen, bedarf es eines umfassenden, frühzeitig einsetzenden sektorenübergreifenden Entlassmanagements (BMG, 2016).[236] In diesem Zusammenhang greift der Expertenstandard zum „Entlassungsmanagement in der Pflege", der vom Deutschen Netzwerk für Qualitätsentwicklung in der Pflege (DNQP) im Jahr 2009 herausgegeben wurde und sich vornehmlich an Pflegekräfte von Krankenhäusern, Fach- und Rehabilitationskliniken richtet, als Instrument der Qualitätsentwicklung. Das Ziel des Standards ist u. a. die gezielte Sicherung der Versorgungskontinuität der Patienten und die Förderung von abgestimmten Handlungsschemata der beteiligten Berufsgruppen. Die Standardaussage des Expertenstandards lautet: „Jeder Patient mit einem poststationären Pflege- und Unterstützungsbedarf erhält ein individuelles Entlassungsmanagement zur Sicherung einer kontinuierlichen bedarfsgerechten Versorgung."

5 Der Expertenstandard Entlassungsmanagement bezieht sich auf die Entlassung aus einem Krankenhaus, mit dem Ziel, systematisch aus pflegerischer Sichtweise dem Entstehen von Versorgungsbrüchen nach der Entlassung aus dem Krankenhaus durch eine gezielte Vorbereitung von Patienten und Angehörigen entgegenzuwirken. Ebenso sollen die beteiligten Leistungserbringer alle pflegerelevanten Informationen über den Patienten und über den Entlassungsvorgang erhalten. Vorab ist für die Weitergabe der pflegerischen und medizinischen Daten die Einwilligung des Patienten einzuholen (siehe hierzu § 11 Abs. 4 SGB V). Die Erlaubnis kann jederzeit widerrufen werden. Information, Einwilligung und Widerruf bedürfen der Schriftform (§ 39 Abs. 1a SGB V).

6 Bei der Umsetzung des Expertenstandards sind ein umfassendes Assessment sowie die Berücksichtigung der Lebenssituation des Patienten von größter Wichtigkeit.

7 Damit für die poststationäre Versorgung die zuverlässigen und qualitativ hochwertigen Leistungserbringer gefunden werden, welche für die spezielle Versorgung notwendig sind, sind krankenhausübergreifend Netzwerke zu bilden und ver-

234 Bundesministerium für Gesundheit (2016): Entlassungsmanagement. Online: https://www.bundesgesundheitsministerium.de/service/begriffe-von-a-z/e/entlassungsmanagement.html. [abgerufen am 13.3.2018]

235 DNQP (2009): Expertenstandard Entlassungsmanagement in der Pflege. Online: https://www.dnqp.de/fileadmin/HSOS/Homepages/DNQP/Dateien/Expertenstandards/Entlassungsmanagement_in_der_Pflege/Entlassung_Akt_Auszug.pdf [abgerufen am 12.3.2018].

236 Bundesministerium für Gesundheit (2016): Entlassungsmanagement. Online: https://www.bundesgesundheitsministerium.de/service/begriffe-von-a-z/e/entlassungsmanagement.html. [abgerufen am 13.3.2018]

bindliche Regelungen der Vorgehensweise zu schaffen. Dies ist insbesondere dann wichtig, wenn Patienten mit komplexem Versorgungsbedarf entlassen werden sollen.

„Der Expertenstandard basiert auf einer umfangreichen Literaturstudie, der Expertise der Mitglieder der Expertenarbeitsgruppe und der methodischen Expertise des wissenschaftlichen Teams des DNQP. Schwerpunkte der Literaturanalyse waren vor allem die Suche nach inhaltlichen Aussagen in randomisierten Kontrollstudien mit hohem Evidenzgrad. Diese existieren vorwiegend im anglo-amerikanischen Raum und beziehen sich hauptsächlich auf Einzelaspekte der Entlassung, auf bestimmte Patientengruppen und auf das Qualifikationsniveau des Pflegepersonals. Die in Deutschland durchgeführten Untersuchungen konnten partiell berücksichtigt werden. Es handelt sich in der Regel um Evaluations- oder Begleitstudien".[237] **8**

Der Expertenstandard lässt sich prinzipiell in jedem Krankenhaus anwenden, aber er regelt nicht das organisatorische Vorgehen in der Klinik. Eine Ausdehnung auf stationäre Altenpflegeeinrichtungen und ambulante Pflegedienste hätte zur Folge gehabt, dass wegen der unterschiedlichen Zielsetzungen und Voraussetzungen die Standardaussagen zu allgemein ausgefallen wären.[238] **9**

Der Expertenstandard unterstellt, dass die Krankenhäuser bereits über ein institutionalisiertes Vorgehen zum Entlassungsmanagement verfügen. Hier will der Expertenstandard „nur" optimieren helfen. Aufgrund der durchgeführten internationalen Studien wird empfohlen, dass die Bezugspflegekraft durch ihre Nähe zum Patienten das Entlassungsmanagement durchführt. An dieser Stelle wird impliziert, dass die Krankenhäuser ein Bezugspflegesystem umsetzen.

Nicht alle Schritte des Entlassungsmanagements sind von der Pflegefachperson selbst durchzuführen, sondern können auf andere Berufsgruppen delegiert werden. Die Wirksamkeit eines zentral organisierten Entlassungsmanagements mit dafür spezialisierten Experten, zum Beispiel Case Manager, ist laut der durchgeführten Literaturstudie wirksamer als bei Bezugspflegekräften. Nur in multidisziplinärer Zusammenarbeit kann das Entlassungsmanagement gelingen. **10**

Es bedarf der gemeinsamen Anstrengung der Managementebene zur Implementierung des Standards sowie der Kooperationsbereitschaft der Pflegekräfte und der beteiligten Berufsgruppen. Die Verantwortung für die Bereitstellung der erforderlichen Ressourcen (Teambesprechungen, Weiterbildung und Dokumentation sowie Informationsweitergabe) und die Festlegung der hausinternen Verfahrens- **11**

237 DNQP (2009): Expertenstandard Entlassungsmanagement in der Pflege. Online: https://www.dnqp.de/fileadmin/HSOS/Homepages/DNQP/Dateien/Expertenstandards/Entlassungsmanagement_in_der_Pflege/Entlassung_Akt_Auszug.pdf [abgerufen am 12.3.2018] S. 22.

238 DNQP (2009): Expertenstandard Entlassungsmanagement in der Pflege. Online: https://www.dnqp.de/fileadmin/HSOS/Homepages/DNQP/Dateien/Expertenstandards/Entlassungsmanagement_in_der_Pflege/Entlassung_Akt_Auszug.pdf [abgerufen am 12.3.2018].

anweisungen trägt das Management. Die Verantwortung für den Wissens- und Kompetenzerwerb (Assessment, Evaluation, Schulung und Beratung) zur Umsetzung der Standards tragen die Pflegekräfte.

12 Durch klare Verfahrensregeln ist in der Einrichtung vorgesehen, welche Methoden und Assessments im Entlassungsmanagement geeignet und verfügbar sind. Ebenso ist die Qualifikation der Pflegekraft geregelt, die das Entlassungsmanagement ausführt.

13 Das Entlassmanagement soll sich am Pflegeprozess und die Auswahl der Assessmentinstrumente soll sich an der entsprechenden Risikogruppe der Patienten orientieren.

14 Dazu gehören auch Dokumentationsinstrumente und Beratungsmöglichkeiten für Patienten und Angehörige.

15 In der Fachliteratur wird dargestellt, dass eine Strukturierung und Vorschriften bezüglich der Zusammenarbeit der verschiedenen Berufsgruppen im Krankenhaus unabdingbar sind.

16 Die meisten Probleme entstehen, weil die Prozessorganisation, Aufgaben- und Arbeitsteilung nicht deutlich genug sind.

17 Ein standardisiertes Entlassungsmanagement hat bessere Ergebnisse als ohne Standard, dies wurde durch Untersuchungen belegt.[239]

18 Positive Effekte einer Standardisierung wurden bereits indirekt nachgewiesen.[240]

19 Die Richtlinien, die ein Krankenhaus für sein Entlassungsmanagement erstellt, schreiben vor, welche Kriterien ein Patient erfüllen muss, damit bei ihm ein Entlassungsmanagement in die Wege geleitet werden kann.

20 Weitere Richtlinien sind u. a.

- wie genau das Entlassungsmanagement aus pflegerischer Sicht ablaufen soll
- wie die einzelnen Berufsgruppen miteinander kooperieren sollen
- wie mit Pflegeeinrichtungen kooperiert werden soll, welche ebenfalls in das Entlassungsmanagement eingebunden sind

21 Mit dem letzten Punkt ist gemeint, dass alle Kooperationspartner, die am Entlassungsmanagement beteiligt sind, schriftlich klar und deutlich über alle Prozesse und die Arbeitsteilung informiert sind.

---

239 DNQP (2009): Expertenstandard Entlassungsmanagement in der Pflege. Online: https://www.dnqp.de/fileadmin/HSOS/Homepages/DNQP/Dateien/Expertenstandards/Entlassungsmanagement_in_der_Pflege/Entlassung_Akt_Auszug.pdf [abgerufen am 12.3.2018].

240 DNQP (2009): Expertenstandard Entlassungsmanagement in der Pflege. Online: https://www.dnqp.de/fileadmin/HSOS/Homepages/DNQP/Dateien/Expertenstandards/Entlassungsmanagement_in_der_Pflege/Entlassung_Akt_Auszug.pdf [abgerufen am 12.3.2018]

Dies ist deswegen so wichtig, weil es an der Schnittstelle von Sozialdienst und Pflegekraft zu Abstimmungs- und Kompetenzschwierigkeiten kommen kann. 22

2.1 Versorgungsmanagement nach § 11 Abs. 4 SGB V

Mit der Einführung des Versorgungsmanagements nach § 4 Abs. 4 SGB V als anwendungsorientierter Ansatz, verfolgt der Gesetzgeber das Ziel, die Patientenversorgung durch Ausschöpfung sämtlicher Potentiale im Gesundheitswesen, d. h. die arbeitsteilige Versorgung, durch Integration und Kontinuität zu verbessern. 23

Bei gleichzeitiger Qualitätsverbesserung sollen die Versorgungskosten reduziert werden durch: 24

- verbessertes Schnittstellenmanagement durch die Vernetzung stationärer und ambulanter Versorgung und gleichzeitigen Abbau von Diskontinuitäten
- Transparenz des Leistungsgeschehens
- günstige Input-Output-Relation im Versorgungsmanagement
- Optimierung und Rationalisierung der Versorgungsformen

Durch dieses Gesetz haben die Patienten einen Anspruch auf ein Versorgungsmanagement, insbesondere zur Lösung von Problemen beim Übergang vom Krankenhaus in die nachfolgenden Versorgungsbereiche (Schnittstellenmanagement). 25

Die Leistungserbringer, welche vom Krankenhaus ausgewählt wurden, sorgen für eine sachgerechte Anschlussversorgung des Patienten und übermitteln sich gegenseitig die erforderlichen Informationen. Die notwendige Weitergabe von Daten darf nur mit Einwilligung und nach vorheriger Information des Patienten erfolgen. 26

Die Krankenkassen haben im Versorgungsmanagement zu unterstützen. Im Rahmen des Versorgungsmanagements müssen das Krankenhaus sowie die beauftragten Leistungserbringer mit den Pflegeberatern in den Pflegestützpunkten zusammenarbeiten. Pflegeeinrichtungen sind in die Versorgung einzubeziehen. 27

Die Versorgung mit Medikamenten nach einem stationären Aufenthalt im Krankenhaus sorgt immer wieder für Verunsicherung. 28

Im Anschluss an die stationäre oder ambulante Behandlung im Krankenhaus dürfen die benötigten Medikamente nur mitgegeben werden, wenn im unmittelbaren Anschluss an die Behandlung ein Wochenende oder ein Feiertag folgt. Liegt eine Verordnung Häuslicher Krankenpflege vor, dürfen die zur Überbrückung benötigten Arzneimittel für längstens drei Tage abgegeben werden (§ 14 Abs. 7 Apothekengesetz). 29

2.2 Entlassmanagement § 39 Abs. 1a SGB V

30 Die Regelung zum Entlassungsmanagement wurde in § 39 Abs. 1a SGB V mit dem Gesetz zur Stärkung der Versorgung in der gesetzlichen Krankenversicherung (GKV- Versorgungsstärkungsgesetz) neu gefasst. Die Neuregelung dient dazu, die Verzahnung zwischen ambulantem und stationärem Sektor und die lückenlose Versorgung der Versicherten beim Übergang von der stationären in die ambulante Versorgung zu verbessern, um den sog. Drehtüreffekt zu vermeiden.

31 Gesetzlich Versicherte haben gegenüber der Krankenkasse einen Anspruch auf ein Entlassmanagement (vgl. § 39 Abs. 1a S. 5 SGB V). Soweit Hilfen durch die Pflegeversicherung in Betracht kommen, kooperieren Kranken- und Pflegekassen miteinander. Dieses umfasst unter anderem eine sachgerechte Anschlussversorgung sowie ein Entlassmanagement zur Lösung von Problemen beim Übergang in die Versorgung nach der Krankenhausbehandlung, sofern der Versicherte einwilligt. Das Entlassmanagement und eine dazu erforderliche Erhebung, Verarbeitung und Nutzung personenbezogener Daten dürfen nur mit Einwilligung und nach vorheriger Information des Versicherten erfolgen. Die Einwilligung kann jederzeit widerrufen werden. Information, Einwilligung und Widerruf bedürfen der Schriftform.

32 Im Zuge dessen erhalten die Krankenhäuser ein für die Erfordernisse des Entlassmanagements eingeschränktes Recht zur Verordnung ambulanter Leistungen (Arznei-, Verband-, Heil- und Hilfsmittel, Häusliche Krankenpflege und Soziotherapie; vgl. § 39 Abs. 1a S. 6 und 7 i.V. mit § 92 Abs. 1 S. 2 Nr. 6 SGB V). Patienten, die nach ihrer Entlassung Medikamente brauchen, soll auf diese Weise der sofortige Weg zum Arzt erspart werden. Die Ausgestaltung des Verordnungsrechts der Krankenhäuser hat nach den Richtlinien des G-BA zu erfolgen.

33 Ziel ist es, stets für den zeitgerechten Einsatz ambulanter Leistungen zu sorgen. Insoweit dürfen diese Leistungen für bis zu sieben Tage verordnet werden bzw. genauso lange darf die Arbeitsunfähigkeit festgestellt werden (§ 39 Abs. 1a S. 6 und 7 i.V. mit § 92 Abs. 1 S. 2 Nr. 7 SGB V). Das Verordnungsrecht der Krankenhäuser für Arzneimittel bezieht sich weiterhin lediglich auf die Sicherstellung einer – falls erforderlich – durchgehenden Versorgung mit Arzneimitteln im Rahmen der Entlassung der Patienten aus der Klinik. Auch die Klinikärzte sollen an eine wirtschaftliche Verordnungsweise gebunden sein. Deshalb ist die Verordnung auf die kleinste Packungsgröße zu beschränken (§ 39 Abs. 1a S. 7 SGB V). Im Anschluss daran fällt das Verordnungsrecht wieder in den Verantwortungsbereich der niedergelassenen Vertragsärzte.

34 Weiterhin kann innerhalb des Entlassmanagements Kurzzeitpflege bis zu acht Wochen, aber bis maximal 1.612 EUR verordnet werden.

Falls ein Pflegegrad vorliegt, kann ausschließlich Behandlungspflege verordnet werden. Grundpflege wird entsprechend des Pflegegrades als Sachleistung von der Pflegeversicherung übernommen. 35

Das Krankenhaus kann Aufgaben des Entlassmanagements an Vertragsärzte oder MVZ übertragen (vgl. § 39 Abs. 1a S. 3 SGB V). 36

Die Zusammenarbeit der Leistungserbringer mit den Krankenkassen regelten der Spitzenverband Bund der Krankenkassen, auch als Spitzenverband Bund der Pflegekassen, die Kassenärztliche Bundesvereinigung und die Deutsche Krankenhausgesellschaft unter Berücksichtigung der Richtlinien des Gemeinsamen Bundesausschusses bis zum 31. Dezember 2015 in einem Rahmenvertrag; kommt eine Vereinbarung nicht zustande, konnte auch das Bundesministerium für Gesundheit das Schiedsamt anrufen. 37

Genau dies passierte, weil eine Einigung nicht erzielt wurde. Deshalb wurde ein Schiedsverfahren des „Erweitertem Bundesschiedsamts für die vertragsärztliche Versorgung" einberufen. Im Folgenden werden die Inhalte des Rahmenvertrages der Schiedsstelle vorgestellt. Die Inhalte traten zum 1.7.2017 in Kraft. 38

2.2.1 Rahmenvertrag

Der Rahmenvertrag gilt für Entlassungen von Patienten aus voll- und teilstationären Behandlungen durch das Krankenhaus. 39

Das Entlassmanagement erfolgt patientenindividuell, ressourcen- und teilhabeorientiert und trägt in enger Abstimmung mit dem Patienten oder dessen gesetzlichem Vertreter/Betreuer dem individuellen Hilfe- und Unterstützungsbedarf des Patienten Rechnung. Der Anspruch des Patienten auf ein Entlassmanagement im Rahmen der Krankenhausbehandlung besteht gegenüber dem Krankenhaus, während gegenüber der Krankenkasse bzw. Pflegekasse ein Anspruch auf Unterstützung des Entlassmanagements besteht. 40

Das Krankenhaus muss ein standardisiertes Entlassungsmanagement in multidisziplinärer Zusammenarbeit sicherstellen und dafür schriftliche, für alle Beteiligten transparente Standards wie zum Beispiel den Expertenstandard Entlassungsmanagement, etablieren. 41

Unter Verantwortung des Krankenhausarztes werden durch die Anwendung eines geeigneten Assessments der Patienten der individuelle Bedarf für die Anschlussversorgung möglichst frühzeitig erfasst und ein Entlassplan aufgestellt. Für Patienten mit einem komplexen Versorgungsbedarf ist ein differenziertes Assessment durchzuführen. Für diese Patienten sind spezifische Standards vorzusehen. Bei der Aufstellung des Entlassplans erfolgt zugleich die Prüfung der Erforderlichkeit von zum Beispiel Verordnungen von Medikamenten und Hilfsmitteln sowie einer unmittelbar nach der Krankenhaus-Entlassung fortdauernden Arbeitsunfä- 42 higkeit. Zudem ist die Erforderlichkeit weiterer verordnungsähiger Leistungen, wie zum Beispiel spezialisierte ambulante Palliativversorgung (SAPV), Kurzzeitpflege oder Haushaltshilfe zu prüfen.

43 Der Entlassplan umfasst den voraussichtlichen Versorgungsbedarf im Anschluss an die Krankenhausbehandlung. Die Kontinuität des Behandlungsprozesses ist sicherzustellen. Die Klinik leitet die im Entlassplan festgelegten Maßnahmen frühestmöglich ein. Am Entlasstag sorgt das Krankenhaus für die nahtlose Überleitung des Patienten in die Anschlussversorgung. Bei Bedarf nimmt das Krankenhaus hierzu Kontakt mit den Betreuern oder Personen Sorgeberechtigter oder in Abstimmung mit dem Patienten mit den Angehörigen auf.

44 Bei notwendiger Unterstützung des Entlassmanagements durch die Krankenkasse sind die Einwilligung des Patienten und die erforderlichen Informationen aus dem Entlassplan zum frühestmöglichen Zeitpunkt durch das Krankenhaus an die Krankenkasse zu übermitteln. Diese nimmt ihre Beratungspflicht gegenüber dem Patienten wahr.

45 Am Tag der Entlassung erhält der Patient einen Entlassbrief, mindestens jedoch einen vorläufigen Entlassbrief. Zusätzlich ist verpflichtend, eine Rufnummer eines zuständigen Ansprechpartners für Rückfragen der weiterbehandelnden Leistungserbringer anzugeben. Unter dieser Rufnummer muss zumindest Montag bis Freitag in der Zeit von 09:00 bis 19:00 Uhr, Samstag von 10:00 bis 14:00 Uhr und Sonntag von 10:00 bis 14:00 Uhr ein für das Entlassmanagement zuständiger Ansprechpartner für Rückfragen zur Verfügung stehen. Die weiterversorgenden pflegerischen Leistungserbringer erhalten nach der Einwilligung des Patienten die erforderlichen Informationen zur weiteren pflegerischen Versorgung.

46 Im Rahmen des Entlassmanagements können Medikamente in Form einer Packung mit dem kleinsten Packungsgrößenkennzeichen sowie Verband-, Heil- und Hilfsmittel, Häusliche Krankenpflege und Soziotherapie für bis zu sieben Tage verordnet werden.

47 Bei der Mitgabe von Medikamenten gelten bereits die erwähnten Regelungen im Kapitel Versorgungsmanagement nach § 11 Abs. 4. Die Mitgabe von Medikamenten für bis zu drei Tage ist vorrangig. Die Verordnung per Rezept ist für die Krankenhäuser kein „Muss".

48 Für die Verordnung von Leistungen sind kostenlose Vordrucke der Krankenkassen mit der Sonderkennzeichnung „Entlassungsmanagement" zu nutzen.

49 Auf Antrag erhält das das Krankenhaus von der Kassenärztlichen Vereinigung eine Betriebsstättennummer und Krankenhausarztnummer, welche auf der Verordnung von Leistungen anzugeben ist.

50 Das Krankenhaus informiert den Patienten vor dem Assessment schriftlich über Inhalte und Ziele des Entlassmanagements und holt die schriftliche Einwilligung

des Patienten oder Betreuers für die Durchführung des Entlassmanagements ein. Hierzu sind die bundeseinheitlichen Formulare zu verwenden.

Besteht die Notwendigkeit einer Anschlussversorgung, informiert das Krankenhaus den Patienten über die seinem Krankheitsbild entsprechenden Versorgungsmöglichkeiten und -strukturen. Bei Erfordernis nimmt das Krankenhaus Kontakt zur Krankenkasse bzw. Pflegekasse auf, damit diese gemeinsam mit der Klinik das Entlassmanagements organisieren. Handelt es sich bei der notwendigen Anschlussversorgung um genehmigungspflichtige Leistungen, stellt das Krankenhaus dem Patienten die notwendigen Antragsunterlagen zur Verfügung, unterstützt ihn bei der Antragstellung und ggf. der Weiterleitung an die Krankenkasse bzw. Pflegekasse. Den Wahlrechten des Patienten ist bei der Umsetzung des Entlassplans durch das Krankenhaus sowie durch die Krankenkasse bzw. Pflegekasse Rechnung zu tragen. 51

Wird der Patient mit einer Medikation entlassen, erhält er einen Medikationsplan. Für Patienten mit einem komplexen Versorgungsbedarf soll zeitnah ein Termin bei einem weiterbehandelnden Haus- oder Facharzt vereinbart werden. 52

2.3 Richtlinien des Gemeinsamen Bundesausschusses zum Entlassungsmanagement

2.3.1 Verordnung von Hilfsmitteln im Rahmen des Entlassungsmanagements

Hilfsmittel können für einen Zeitraum von bis zu sieben Kalendertagen nach der Entlassung verordnet werden. 53

Die Verordnung der zum Verbrauch bestimmten Hilfsmittel ist so zu bemessen, dass ein Versorgungszeitraum von bis zu sieben Kalendertagen nach Entlassung nicht überschritten wird (Bemessungsvorgabe). 54

Ist keine dieser Bemessungsvorgabe entsprechende Versorgungseinheit verfügbar, kann die am nächsten kommende größere Versorgungseinheit vom Sanitätshaus oder Apotheke in Abstimmung mit der Krankenkasse abgegeben werden. 55

Besteht die Erforderlichkeit einer Verordnung durch den Krankenhausarzt im Rahmen des Entlassungsmanagements bei nicht zum Verbrauch bestimmten Hilfsmitteln (z. B. Pflegebett) für länger als sieben Kalendertage, so gilt die Begrenzung der Versorgungsdauer nicht. 56

Von einer unmittelbaren Erforderlichkeit ist in der Regel nicht auszugehen bei Hilfsmitteln, die einer individuellen Anfertigung und einer ärztlichen Nachkontrolle nach der Entlassung bedürfen und zur dauerhaften Versorgung vorgesehen sind; Ausnahmen sind zu begründen. 57

58 Ergänzend müssen auf der Verordnung das (voraussichtliche) Entlassungsdatum sowie eine Kennzeichnung für „Entlassungsmanagement" angegeben werden.

59 Die Verordnung ist sieben Tage gültig. Der Krankenhausarzt muss den Vertragsarzt rechtzeitig über die Verordnung informieren.

2.3.2 Verordnung von Arzneimitteln im Rahmen des Entlassungsmanagements

60 Die durchgängige Versorgung von Patienten mit Arzneimitteln nach dem Krankenhausaufenthalt ist sicherzustellen.

61 Vor einer Verordnung von Arzneimitteln hat das Krankenhaus zu prüfen, ob diese für die Versorgung des Patienten mit Arzneimitteln unmittelbar nach der Entlassung erforderlich ist.

62 Sofern auf die Entlassung des Versicherten ein Wochenende oder ein Feiertag folgt, kann die Sicherstellung auch durch die Mitgabe der für die Versorgung erforderlichen Arzneimittel erfolgen (siehe Kapitel Versorgungsmanagement).

63 Dabei ist die Mitgabe insbesondere dann vorrangig, wenn die medikamentöse Behandlung durch die Reichweite der mitgegebenen Arzneimittel abgeschlossen werden kann.

64 Das Krankenhaus hat den weiterbehandelnden Vertragsarzt rechtzeitig im Zusammenhang mit der Entlassung des Versicherten aus dem Krankenhaus zu informieren.

65 Dies schließt die Information über die medikamentöse Therapie bei Entlassung, deren Dosierung und die im Rahmen des Entlassungsmanagements verordneten Arzneimittel ein.

66 Dabei sind insbesondere Änderungen einer vor Aufnahme bestehenden und dem Krankenhaus bekannten Medikation darzustellen und zu erläutern sowie ggf. Hinweise zur Therapiedauer neu verordneter Arzneimittel zu geben.

67 Bei der Verordnung von Arzneimitteln gilt die Maßgabe, dabei die Begrenzung auf eine Packung mit dem kleinsten Packungsgrößenkennzeichen (N1) gemäß Packungsgrößenverordnung zu beachten.

68 Ist keine Packungsgröße mit dem kleinsten Packungsgrößenkennzeichen gemäß Packungsgrößenverordnung erhältlich, kann eine Packung verordnet werden, deren Packungsgröße die Größe einer Packung mit dem kleinsten Packungsgrößenkennzeichen gemäß Packungsgrößenverordnung nicht überschreitet.

2.3.3 Verordnung von Soziotherapie im Rahmen des Entlassungsmanagements

Soziotherapie kann für einen Zeitraum von bis zu sieben Kalendertagen nach der Entlassung verordnet werden. Die Anzahl der Therapieeinheiten ist so zu bemessen, dass der erforderliche Verordnungszeitraum nicht überschritten wird. Therapieeinheiten, die nicht innerhalb von sieben Kalendertagen in Anspruch genommen wurden, verfallen. 69

Der Krankenhausarzt hat in geeigneter Weise innerhalb des Entlassungsmanagements rechtzeitig den weiterbehandelnden Vertragsarzt über die getätigten Verordnungen zu informieren. 70

2.3.4 Verordnung von Heilmitteln im Rahmen des Entlassungsmanagements

Nach Maßgabe des Heilmittelkataloges können Heilmittel (Physio-, Ergo- und Logopädie) für einen Zeitraum von bis zu sieben Kalendertagen verordnet werden. 71

Für Verordnungen im Rahmen des Entlassungsmanagements sind zuvor getätigte vertragsärztliche Verordnungen durch die Krankenhausärzte nicht zu berücksichtigen. 72

Die Verordnungsmenge ist abhängig von der Behandlungsfrequenz so zu bemessen, dass der erforderliche Versorgungszeitraum nicht überschritten wird. 73

Auf der Verordnung muss das Entlassungsdatum angegeben werden. 74

Heilmittelbehandlung muss innerhalb von sieben Kalendertagen nach der Entlassung aus dem Krankenhaus aufgenommen werden und darüber hinaus innerhalb von zwölf Kalendertagen nach der Entlassung abgeschlossen sein. 75

2.3.5 Verordnung von Häuslicher Krankenpflege im Rahmen des Entlassungsmanagements

Das Krankenhaus kann im Rahmen des Entlassungsmanagements wie ein Vertragsarzt Häusliche Krankenpflege für einen Zeitraum von bis zu sieben Kalendertagen nach der Entlassung entsprechend dieser Richtlinie und Berücksichtigung der Richtlinie zur Verordnung Häuslicher Krankenpfleg (HKP) verordnen. 76

Der Versicherte hat nur dann einen Anspruch auf HKP, wenn und soweit sie oder er die erforderliche(n) Verrichtung(en) nicht selbst durchführen oder eine im Haushalt lebende Person die Versicherte oder den Versicherten in dem erforderlichen Umfang nicht pflegen und versorgen kann. 77

2.4 Feststellung von Arbeitsunfähigkeit im Rahmen des Entlassungsmanagements

78 Im Rahmen des Entlassungsmanagements kann der Krankenhausarzt Arbeitsunfähigkeit für einen Zeitraum von bis zu sieben Kalendertagen nach der Entlassung entsprechend dieser Richtlinie feststellen.

79 Der Krankenhausarzt hat in geeigneter Weise innerhalb des Entlassungsmanagements rechtzeitig den weiterbehandelnden Vertragsarzt über die Feststellung der Arbeitsunfähigkeit zu informieren.

2.5 Haftung im Entlassungsmanagement

80 Der Krankenhausträger ist verpflichtet, durch geeignete organisatorische Maßnahmen die dem Patienten entstehenden Gefahren so weit wie möglich zu minimieren (§§ 31, 278, 823, 831 BGB).

81 Ansonsten besteht die Gefahr eines Organisationsverschuldens des Krankenhausträgers gegenüber dem Patienten.

82 Organisationsverschulden liegt z. B. vor, wenn durch Unterbesetzung der Station oder fehlende Entlassungsmanager, Case Manager, fehlendes Fachpersonal dem Patienten ein Schaden entsteht.

83 Die Pflegekraft ist durch den Krankenhausträger von der Haftung freigestellt (Arbeitnehmerprivileg), d. h. die Pflegekraft haftet nicht.

84 Durch die Garantenpflicht (§ 13 StGB), aufgrund tatsächlicher Gewährübernahme aus dem Krankenhausaufnahmevertrag, drohen der Pflegekraft jedoch strafrechtliche Sanktionen, d. h. die Pflegekraft hat Schäden vom Patienten fernzuhalten.

85 Denn in diesem Fall greift das sog. Arbeitnehmerprivileg zum Haftungsausschluss nicht.

86 Hier ermittelt die Polizei/Staatsanwaltschaft z. B. zum Vorwurf einer Körperverletzung in Verbindung mit der Garantenpflicht:

87 Durch Arbeitsüberlastung, diese wurde auch durch eine Überlastungsanzeige dem Arbeitgeber mitgeteilt, unterlässt die Pflegekraft das richtige Lagern der Patientin zur Dekubitusprophylaxe. Hier steht nun der Vorwurf der Körperverletzung in Verbindung mit der Garantenpflicht im Raum.

2.5.1 Integrierte Versorgung oder besondere Versorgungsformen

88 Der Begriff Integrierte Versorgung (IV) bezeichnet eine selektive Versorgungsform, die eine engere Kooperation verschiedener Fachdisziplinen und Leistungssektoren beinhaltet. Ziel der IV ist die Verbesserung der Versorgungsqualität

durch eine interdisziplinäre und fachübergreifende Zusammenarbeit verschiedener Leistungserbringer auch über die Sektorengrenzen hinweg sowie die Erschließung von Wirtschaftlichkeitsreserven in der Versorgung.

Krankenkassen können seitdem Verträge mit einzelnen Leistungserbringern aus unterschiedlichen Versorgungsbereichen abschließen, zum Beispiel mit Krankenhäusern, Haus- und Fachärzten, Medizinischen Versorgungszentren (MVZ), häuslichen Pflegediensten, Altenheimen und Rehabilitationseinrichtungen. Die Verträge zur IV beinhalten üblicherweise die koordinierte, qualitätsorientierte Behandlung einzelner Erkrankungen. Diese Art der Versorgung ist besonders für komplexe Behandlungsprozesse geeignet. 89

Verträge der Krankenkassen zur Integrierten Versorgung können einzelne Indikationen abdecken, aber auch alle medizinischen Belange der eingeschriebenen Versicherten umfassen. Die Teilnahme von Versicherten ist freiwillig. Die im Rahmen von IV-Verträgen erbrachten Leistungen werden außerhalb der Gesamtvergütung honoriert. Die Honorierung führt in der Regel zu einer Bereinigung, wird aber auch zusätzlich zur Regelversorgung vereinbart. 90

Erste Ansätze zur Integrierten Versorgung wurden durch das GKV-Neuordnungsgesetz von 1997 ermöglicht. Die GKV-Gesundheitsreform 2000 erweiterte die Möglichkeiten und schuf erstmals gesetzliche Grundlagen für die IV als Bestandteil der Regelversorgung. Mit dem GKV-Modernisierungsgesetz wurde die Integrierte Versorgung 2004 in folgenden Punkten weiterentwickelt: 91

- Die IV bedarf keiner vertraglichen Rahmenvereinbarung zwischen Krankenkassen und KVen mehr. Die Kassenärztlichen Vereinigungen sind als Vertragspartner ausgeschlossen.
- Der Sicherstellungsauftrag der Kassenärztlichen Vereinigungen wird eingeschränkt.
- Neben einzelnen Leistungserbringern und deren Gemeinschaften (z. B. Arztnetze), Krankenhäusern und Medizinischen Versorgungszentren können auch Managementgesellschaften von Leistungserbringern Vertragspartner der Krankenkassen in Selektivverträgen sein.
- Mit einer Anschubfinanzierung wurden von 2004 bis 2008 neue Impulse für die Entwicklung dieser Versorgungsform gegeben.

Das GKV-Wettbewerbsstärkungsgesetz von 2007 hat die Integrierte Versorgung weiter ausgebaut, indem es die Vertragsfreiheiten der gesetzlichen Krankenkassen und der Leistungserbringer in diesem Bereich erweitert hat. So können Krankenhäuser mit den Krankenkassen Verträge über die ambulante Leistungserbringung bei hoch spezialisierten Leistungen, Leistungen zur Behandlung seltener Erkrankungen und Erkrankungen mit besonderen Krankheitsverläufen abschließen. Zur besseren Verzahnung der einzelnen Leistungsbereiche des Gesundheitssystems wurde die Pflegeversicherung als weiterer möglicher Vertragspartner für IV-Verträge eingebunden. Seit dem GKV-Wettbewerbsstärkungsgesetz sollen IV- 92

Verträge verstärkt eine bevölkerungsbezogene Flächendeckung der medizinischen Versorgung ermöglichen, z. B. durch Versorgungsmodelle, die die Behandlung einer versorgungsrelevanten Volkskrankheit in einer größeren Region vernetzen.

93 Als Hürden für die Vereinbarung von IV-Verträgen haben sich die oftmals notwendige Ausschreibung von Leistungen, die Bereinigung (§ 140d SGB V) und die Forderung nach Berücksichtigung der Beitragsstabilität (§ 71 SGB V) erwiesen. Seit dem Versorgungsstrukturgesetz (2012) sind Neuverträge der Integrierten Versorgung der für die Krankenkasse zuständigen Aufsichtsbehörde vorzulegen.[241]

94 Mit dem Versorgungsstärkungsgesetz, das im Juli 2015 in Kraft getreten ist, sind die bisher an unterschiedlichen Stellen im Sozialgesetzbuch V geregelten selektiven Vertragsformen neu strukturiert und als Besondere Versorgung im neuen § 140a SGB V zusammengefasst worden.

95 Die neuen Verträge nach § 140a SGB V lösen die bisherigen Strukturverträge nach § 73a SGB V, die Verträge zur besonderen ambulanten ärztlichen Versorgung nach § 73c SGB V sowie die Verträge zur Integrierten Versorgung nach § 140a–d SGB V ab. Entsprechende Verträge, die in der Vergangenheit geschlossen worden sind, gelten aber fort.

96 Mit den Regelungen zur Besonderen Versorgung, die auf den bisherigen Vertragsformen aufbauen, sollen die Gestaltungsmöglichkeiten der Krankenkassen erweitert und bürokratische Hemmnisse für Selektivverträge beseitigt werden. So sollen in Zukunft auch Verträge über innovative Leistungen ermöglicht werden, die noch keinen Eingang in die Regelversorgung gefunden haben. Auch sogenannte Managementverträge, die reine Organisationsleistungen beinhalten, werden mit dem neuen § 140a SGB V möglich.[242]

97 Die Verträge zur Besonderen Versorgung sollen verschiedene Leistungssektoren miteinander vernetzen oder eine interdisziplinäre, fachübergreifende Versorgung (integrierte Versorgung) ermöglichen. Darüber hinaus können diese Verträge – unter Beteiligung von Vertragsärzten oder deren Gemeinschaften – besondere ambulante ärztliche Versorgungsaufträge regeln.

98 Die Krankenkassen können Verträge abschließen mit:

- nach diesem Kapitel zur Versorgung der Versicherten berechtigten Leistungserbringern oder deren Gemeinschaften,
- Trägern von Einrichtungen, die eine besondere Versorgung durch zur Versorgung der Versicherten nach dem Vierten Kapitel berechtigte Leistungserbringer anbieten,

241 AOK. Integrierte Versorgung. Online: http://www.aok-gesundheitspartner.de/bund/iv/index.html [abgerufen am 11.3.2018].

242 AOK. Besondere Versorgung. Online: http://www.aok-gesundheitspartner.de/bund/arzt undpraxis/ vertraege/index_14660.html [abgerufen am 11.3.2018].

- Pflegekassen und zugelassenen Pflegeeinrichtungen auf der Grundlage des § 92b des Elften Buches,
- Praxiskliniken nach § 115 Absatz 2 Satz 1 Nummer 1,
- pharmazeutischen Unternehmen,
- Herstellern von Medizinprodukten im Sinne des Gesetzes über Medizinprodukte,
- Kassenärztlichen Vereinigungen zur Unterstützung von Mitgliedern, die an der besonderen Versorgung teilnehmen.

Die Verträge zur Besonderen Versorgung sollen insbesondere regeln: 99

- lückenlose Versorgung durch bessere Koordination der Behandlungsabläufe
- Informationsaustausch zwischen den Leistungserbringern
- Versorgung nach evidenzbasierten Leitlinien
- frühzeitige differentialdiagnostische Abklärung;
- qualitätsgesicherte und sachgerechte Behandlung;
- Arzneimittelmanagement;
- Koordinierung der Verordnung von Heil- und Hilfsmitteln;
- Wartezeitenmanagement;
- Verringerung der Krankheitsaktivität;
- Steigerung der Lebensqualität und Teilhabe der Patienten sowie
- Vermeidung von Doppeluntersuchungen
- Vergütung der Leistung

Die Versicherten erklären ihre freiwillige Teilnahme an der Besonderen Versorgung schriftlich gegenüber ihrer Krankenkasse. Die Versicherten können die Teilnahmeerklärung innerhalb von zwei Wochen nach deren Abgabe in Textform oder zur Niederschrift bei der Krankenkasse ohne Angabe von Gründen widerrufen. Zur Fristwahrung genügt die rechtzeitige Absendung der Widerrufserklärung an die Krankenkasse. Die Widerrufsfrist beginnt, wenn die Krankenkasse dem Versicherten eine Belehrung über sein Widerrufsrecht in Textform mitgeteilt hat, frühestens jedoch mit der Abgabe der Teilnahmeerklärung. Das Nähere zur Durchführung der Teilnahme der Versicherten, insbesondere zur zeitlichen Bindung an die Teilnahmeerklärung, zur Bindung an die vertraglich gebundenen Leistungserbringer und zu den Folgen bei Pflichtverstößen der Versicherten, regeln die Krankenkassen in den Teilnahmeerklärungen. Die Satzung der Krankenkasse hat Regelungen zur Abgabe der Teilnahmeerklärungen zu enthalten. 100

101 Die Erhebung, Verarbeitung und Nutzung der für die Durchführung der Verträge erforderlichen personenbezogenen Daten durch die Vertragspartner darf nur mit Einwilligung und nach vorheriger Information der Versicherten erfolgen.

3 Spezialisierte ambulante Palliativversorgung (SAPV)

102 Versicherte mit einer nicht heilbaren, fortschreitenden und weit fortgeschrittenen Erkrankung bei einer zugleich begrenzten Lebenserwartung, die eine besonders aufwändige Versorgung benötigen, haben nach § 37b SGB V Anspruch auf SAPV. Die SAPV umfasst ärztliche und pflegerische Leistungen einschließlich ihrer Koordination insbesondere zur Schmerztherapie und Symptomkontrolle und zielt darauf ab, die Betreuung der Versicherten in der vertrauten Umgebung des häuslichen oder familiären Bereichs zu ermöglichen. Hierzu zählen beispielsweise auch Einrichtungen der Eingliederungshilfe für behinderte Menschen und der Kinder- und Jugendhilfe.

103 Die SAPV wird als Team-Leistung erbracht, indem unterschiedliche Berufsgruppen zusammenarbeiten (Ärzte, Pflegefachpersonen und Kooperationspartner). Versicherte in stationären Hospizen haben einen Anspruch auf die Teilleistung der erforderlichen ärztlichen Versorgung im Rahmen der spezialisierten ambulanten Palliativversorgung. Die SAPV wird entsprechend des individuellen Bedarfs als Beratungsleistung, Koordination der Versorgung, additiv unterstützende Teilversorgung oder vollständige Versorgung erbracht.

3.1 Richtlinie des Gemeinsamen Bundesausschusses zur Verordnung von spezialisierter ambulanter Palliativversorgung (Spezialisierte Ambulante Palliativversorgungs-Richtlinie/SAPV-RL)

104 Die spezialisierte ambulante Palliativversorgung gemäß § 37b SGB V (SAPV) dient dem Ziel, die Lebensqualität und die Selbstbestimmung schwerstkranker Menschen zu erhalten, zu fördern und zu verbessern und ihnen ein menschenwürdiges Leben bis zum Tod in ihrer vertrauten häuslichen oder familiären Umgebung zu ermöglichen. Im Vordergrund steht anstelle eines kurativen Ansatzes die medizinisch-pflegerische Zielsetzung, Symptome und Leiden einzelfallgerecht zu lindern. SAPV kann im Haushalt des schwerstkranken Menschen oder seiner Familie oder in stationären Pflegeeinrichtungen (§ 72 Abs. 1 des Elften Buches Sozialgesetzbuch – SGB XI) erbracht werden.

105 Darüber hinaus kann SAPV auch geleistet werden:

- in Einrichtungen der Eingliederungshilfe für behinderte Menschen im Sinne von § 55 SGB XII und der Kinder- und Jugendhilfe im Sinne von § 34 SGB VIII,

- an weiteren Orten, an denen
  - sich der schwerstkranke Mensch in vertrauter häuslicher oder familiärer Umgebung dauerhaft aufhält und
  - wo diese Versorgung zuverlässig erbracht werden kann,

wenn und soweit nicht andere Leistungsträger zur Leistung verpflichtet sind.

In stationären Hospizen besteht ein Anspruch auf die Teilleistung der erforderlichen ärztlichen Versorgung innerhalb der SAPV, wenn die ärztliche Versorgung im Rahmen der vertragsärztlichen Versorgung aufgrund des besonders aufwändigen Versorgungsbedarfs nicht ausreicht. Den besonderen Belangen von Kindern ist Rechnung zu tragen. 106

Die individuellen Bedürfnisse und Wünsche der Patientin oder des Patienten sowie die Belange ihrer oder seiner vertrauten Personen stehen im Mittelpunkt der Versorgung. Der Patientenwille, der auch durch Patientenverfügungen zum Ausdruck kommen kann, ist zu beachten. Die SAPV ergänzt das bestehende Versorgungsangebot, insbesondere das der Vertragsärzte, Krankenhäuser und Pflegedienste. Sie kann als alleinige Beratungsleistung, additiv unterstützende Teilversorgung oder vollständige Patientenbetreuung erbracht werden. Andere Sozialleistungsansprüche bleiben unberührt. 107

3.2 Anspruchsvoraussetzungen

Versicherte haben Anspruch auf SAPV, wenn 108

- sie an einer nicht heilbaren, fortschreitenden und so weit fortgeschrittenen Erkrankung leiden, dass dadurch ihre Lebenserwartung begrenzt ist und
- sie unter Berücksichtigung der in § 1 genannten Ziele eine besonders aufwändige Versorgung (§ 4) benötigen, die nach den medizinischen und pflegerischen Erfordernissen auch ambulant oder an o. g. Orten erbracht werden kann.

3.3 Anforderungen an die Erkrankungen

Eine Erkrankung ist nicht heilbar, wenn nach dem allgemein anerkannten Stand der medizinischen Erkenntnisse Behandlungsmaßnahmen nicht zur Beseitigung dieser Erkrankung führen können. Sie ist fortschreitend, wenn ihr Verlauf trotz medizinischer Maßnahmen nach dem allgemein anerkannten Stand der medizinischen Erkenntnisse nicht nachhaltig aufgehalten werden kann. Eine Erkrankung ist weit fortgeschritten, wenn die Verbesserung von Symptomatik und Lebensqualität sowie die psychosoziale Betreuung im Vordergrund der Versorgung stehen und nach begründeter Einschätzung des verordnenden Arztes die Lebenserwartung auf Tage, Wochen oder Monate gesunken ist. Insbesondere bei Kindern 109 sind die Voraussetzungen für die SAPV als Krisenintervention auch bei einer länger prognostizierten Lebenserwartung erfüllt.

3.4 Besonders aufwändige Versorgung

110 Bedarf nach einer besonders aufwändigen Versorgung besteht, soweit die anderweitigen ambulanten Versorgungsformen sowie ggf. die Leistungen des ambulanten Hospizdienstes nicht oder nur unter besonderer Koordination ausreichen würden, um die Ziele zu erreichen. Anhaltspunkt dafür ist das Vorliegen eines komplexen Symptomgeschehens, dessen Behandlung spezifische palliativmedizinische und / oder palliativpflegerische Kenntnisse und Erfahrungen sowie ein interdisziplinär, insbesondere zwischen Ärzten und Pflegefachpersonen in besonderem Maße abgestimmtes Konzept voraussetzt.

111 Ein Symptomgeschehen ist in der Regel komplex, wenn mindestens eines der nachstehenden Kriterien erfüllt ist:

- ausgeprägte Schmerzsymptomatik
- ausgeprägte neurologische/psychiatrische/psychische Symptomatik
- ausgeprägte respiratorische/kardiale Symptomatik
- ausgeprägte gastrointestinale Symptomatik
- ausgeprägte ulzerierende/exulzerierende Wunden oder Tumore
- ausgeprägte urogenitale Symptomatik

3.5 Inhalt und Umfang der spezialisierten ambulanten Palliativversorgung

112 Die SAPV umfasst je nach Bedarf alle Leistungen der ambulanten Krankenbehandlung soweit diese erforderlich sind, um die Ziele zu erreichen. Sie beinhaltet zusätzlich die im Einzelfall erforderliche Koordination der diagnostischen, therapeutischen und pflegerischen Teilleistungen sowie die Beratung, Anleitung und Begleitung des verordnenden oder behandelnden Arztes sowie der sonstigen an der allgemeinen Versorgung beteiligten Leistungserbringer, der Patienten und ihrer Angehörigen durch Leistungserbringer nach § 132d SGB V.

113 SAPV wird ausschließlich von Leistungserbringern nach § 132d SGB V erbracht, die in einer interdisziplinären Versorgungsstruktur, bestehend insbesondere aus qualifizierten Ärzten und Pflegefachpersonen unter Beteiligung der ambulanten Hospizdienste und ggf. der stationären Hospize, organisiert sind. Sie wird nach Bedarf intermittierend oder durchgängig erbracht, soweit das bestehende ambulante Versorgungsangebot, insbesondere die allgemeine Palliativversorgung nicht ausreicht, um die Ziele zu erreichen.

Sie kann dem jeweiligen aktuellen Versorgungsbedarf entsprechend als **114**

- Beratungsleistung,
- Koordination der Versorgung,
- additiv unterstützende Teilversorgung,
- vollständige Versorgung

erbracht werden.

Die Leistungen müssen ausreichend und zweckmäßig sein, dürfen das Maß des Notwendigen nicht überschreiten und sind wirtschaftlich zu erbringen. **115**

Inhalte der SAPV sind insbesondere: **116**

- Koordination der spezialisierten palliativmedizinischen und palliativpflegerischen Versorgung unter Einbeziehung weiterer Berufsgruppen und von Hospizdiensten im Rahmen einer multiprofessionellen Zusammenarbeit
- Symptomlinderung durch Anwendung von Medikamenten oder anderen Maßnahmen
- apparative palliativmedizinische Behandlungsmaßnahmen (z. B. Medikamentenpumpe)
- palliativmedizinische Maßnahmen, die nach ihrer Art, Schwere oder Komplexität eine Kompetenz erfordern, die der einer Ärztin oder eines Arztes mit Zusatzweiterbildung Palliativmedizin entspricht
- spezialisierte palliativpflegerische Leistungen, die nach ihrer Art, Schwere oder Komplexität eine Kompetenz erfordern, die der einer Pflegefachperson mit einer curricularen Weiterbildung zu Palliative Care entspricht
- Führung eines individuellen Behandlungsplans, vorbeugendes Krisenmanagement, Bedarfsinterventionen
- Ruf-, Notfall- und Kriseninterventionsbereitschaft rund um die Uhr für die innerhalb der SAPV betreuten Patienten zur Sicherstellung der darin erforderlichen Maßnahmen
- Beratung, Anleitung und Begleitung der Patienten und ihrer Angehörigen zur palliativen Versorgung, einschließlich Unterstützung beim Umgang mit Sterben und Tod
- spezialisierte Beratung der betreuenden Leistungserbringer der Primärversorgung
- psychosoziale Unterstützung im Umgang mit schweren Erkrankungen in enger Zusammenarbeit z. B. mit Seelsorge, Sozialarbeit und ambulanten Hospizdiensten
- Organisation regelmäßiger Fallbesprechungen
- Dokumentieren und Evaluieren der wesentlichen Maßnahmen im Rahmen der SAPV

3.6 Zusammenarbeit der Leistungserbringer

117 In der SAPV ist zu gewährleisten, dass die an der Versorgung beteiligten Leistungserbringer die erforderlichen Maßnahmen aufeinander abgestimmt und bedarfsgerecht erbringen; die diesbezügliche Koordination ist sicherzustellen. Hierüber sind verbindliche Kooperationsvereinbarungen schriftlich oder mündlich zu treffen. Möglicher Kooperationspartner ist auch der ambulante Hospizdienst, der auf Wunsch des Patienten an der Versorgung beteiligt wird. Bei Bedarf und entsprechender Qualifikation kann der dauerbehandelnde Arzt im Einzelfall Kooperationspartner werden. Das Nähere regeln die Verträge nach § 132d SGB V. Die vorhandenen Versorgungsstrukturen sind zu beachten.

118 Es ist zu gewährleisten, dass zwischen den an der Patientenversorgung beteiligten Leistungserbringern zeitnah alle notwendigen Informationen über die vorhergehende Behandlung unter Berücksichtigung datenschutzrechtlicher Regelungen ausgetauscht werden. Bei der SAPV ist der ärztlich und pflegerisch erforderliche Entscheidungsspielraum für die Anpassung der Palliativversorgung an die Besonderheiten des Einzelfalls zu berücksichtigen. Für die notwendigen koordinativen Maßnahmen ist vernetztes Arbeiten innerhalb der gewachsenen Strukturen der Palliativversorgung unabdingbar. Dies ist unter Berücksichtigung medizinischer, pflegerischer, physiotherapeutischer, psychologischer, psychosozialer und spiritueller Anforderungen zur lückenlosen Versorgung über die Sektorengrenzen hinweg zu fördern und auszubauen.

3.7 Verordnung von SAPV

119 SAPV wird von dem behandelnden Vertragsarzt nach Maßgabe dieser Richtlinie verordnet. Dies gilt auch für die Behandlung durch den Krankenhausarzt bei einer oder einem von ihr oder ihm ambulant versorgten Patienten entsprechend. Hält ein Krankenhausarzt die Entlassung eines Patienten für möglich und ist aus ihrer oder seiner Sicht SAPV erforderlich, kann der Krankenhausarzt die Verordnung ausstellen, in der Regel jedoch längstens für sieben Tage.

120 Die ärztliche Verordnung erfolgt auf einem zu vereinbarenden Vordruck, der der Leistungserbringung nach dem jeweiligen aktuellen Versorgungsbedarf Rechnung zu tragen hat und Angaben zur Dauer der Verordnung enthält.

3.8 Prüfung der Leistungsansprüche durch die Krankenkasse

121 Die Krankenkasse übernimmt bis zu einer Entscheidung über die weitere Leistungserbringung die Kosten für die verordneten und von den Leistungserbringern nach § 132d SGB V erbrachten Leistungen entsprechend der vereinbarten Vergütung nach § 132d SGB V, wenn die Verordnung gemäß § 7 Abs. 2 spätestens an dem dritten der Ausstellung folgenden Arbeitstag der Krankenkasse vorgelegt wird. Das Nähere regeln die Vertragspartner nach § 132d SGB V.

3.9 Begutachtung durch den MDK

Aufgabe des MDK ist es, im Auftrag der Krankenkassen zu prüfen, ob die medizinischen Voraussetzungen zur Erbringung der Leistungen im Einzelfall vorliegen. Dabei hat sich die Begutachtung an einheitlichen Kriterien zu orientieren. Insbesondere die Abgrenzung der SAPV-Leistungen von anderen ambulanten Leistungen der Palliativversorgung sowie die sachgerechte Beurteilung des Leistungsumfangs im Rahmen der abgestuften Leistungserbringung stellen dabei besondere Anforderungen an die ärztlichen Gutachter. Um eine einheitliche sozialmedizinische Begutachtung sicherzustellen, wurde eine Begutachtungsanleitung für die Indikationsstellung zu SAPV-Leistungen konsentiert.[243] 122

3.9.1 Empfehlungen des GKV-Spitzenverbandes nach § 132d Abs. 2 SGB V für die spezialisierte ambulante Palliativversorgung

3.9.2 Zulassung zur SAPV

SAPV wird von Leistungserbringern erbracht, mit denen die Krankenkasse zur Sicherung einer bedarfsgerechten Versorgung einen Vertrag geschlossen hat. Sie wird intermittierend oder durchgängig nach Bedarf als 123

- Beratungsleistung,
- Koordination der Versorgung,
- additiv unterstützende Teilversorgung,
- vollständige Versorgung

erbracht. Den besonderen Belangen von Kindern und Jugendlichen ist Rechnung zu tragen.

Bei der Entwicklung einer bedarfsgerechten Versorgung sind die bereits bestehenden Strukturen so weit wie möglich einzubeziehen. Auf die bereits tätigen Leistungserbringer ist zurückzugreifen, soweit sie die erforderlichen Anforderungen erfüllen. Verträge sind nur in dem Umfang abzuschließen, wie sie für eine bedarfsgerechte Versorgung erforderlich sind. Ein Anspruch auf Vertragsabschluss besteht nicht. 124

Eine bedarfsgerechte Versorgung mit SAPV ist insbesondere dann gegeben, wenn sie wohnortnah ausgerichtet ist und die Palliativpatienten, die einen besonderen Versorgungsbedarf haben, der durch die allgemeine Palliativversorgung nicht gedeckt werden kann, ausreichend und zweckmäßig mit der Leistung der SAPV versorgt werden können. Die bedarfsgerechte Versorgung zeigt sich auch darin, 125

243 Diese finden Sie hier: https://www.gkv-spitzenverband.de/media/dokumente/krankenversicherung_1/hospiz_palliativversorgung/Begutachtungsanleitung_SAPV_stationaere_Hospizversorgung_2014-05-12.pdf.

dass es mit der Leistung von SAPV mehr Menschen als bisher ermöglicht wird, in ihrer vertrauten häuslichen Umgebung oder in stationären Pflegeeinrichtungen ein menschenwürdiges Leben bis zum Tod zu führen.

126 Der Versorgungsbedarf kann in einzelnen Regionen unterschiedlich sein. Anhaltszahlen zur Bedarfsschätzung, wie sie mit einem SAPV-Leistungserbringer mit acht Vollzeitstellen auf 250.000 Versicherte in der Gesetzesbegründung zu § 132d Abs. 2 SGB V für die Versorgung von erwachsenen Palliativpatienten genannt sind, können zur Orientierung herangezogen werden, ersetzen eine individuelle Prüfung des regionalen Bedarfs jedoch nicht. Indikatoren für die individuelle Feststellung des Bedarfs an SAPV-Leistungserbringern können insbesondere sein,

- die regionale Siedlungsstruktur und die daraus resultierenden Rahmenbedingungen,
- die Altersstruktur,
- epidemiologisch relevante Erkrankungen sowie
- die demografische Entwicklung.

127 So ist zwischen Regionen geringer, mittlerer und hoher Bevölkerungsdichte zu unterscheiden. Die Unterscheidung ist ggf. nicht allein auf der Ebene der Bundesländer durchzuführen, sondern kann bis auf der Ebene der Kreise und kreisfreien Städte vollzogen werden, um dem erheblichen Unterschied in der Bevölkerungsdichte auch innerhalb der Bundesländer gerecht zu werden. Nach den zum Zeitpunkt des Gesetzgebungsverfahrens vorliegenden Schätzungen von Experten hatten bis zu zehn Prozent aller Sterbenden einen solchen besonderen Versorgungsbedarf, der im Rahmen der SAPV abzudecken ist. Für Kinder und Jugendliche lag keine gesonderte Schätzung vor.

3.9.3 Inhalt und Umfang der Leistungen

128 Inhalt und Umfang der zu erbringenden SAPV-Leistungen ergeben sich aus der gemäß SAPV-Richtlinie nach § 37b SGB V in Verbindung mit § 92 Abs. 1 Satz 2 Nr. 14 SGB V ausgestellten und genehmigten Verordnung. Die Krankenkasse übernimmt bis zu einer Entscheidung über die weitere Leistungserbringung die Kosten für die verordneten und von den Leistungserbringern nach § 132d SGB V erbrachten Leistungen entsprechend der vereinbarten Vergütung nach § 132d SGB V, wenn die Verordnung gemäß § 7 Abs. 2 der SAPV-Richtlinie spätestens am dritten der Ausstellung folgenden Arbeitstag der Krankenkasse vorgelegt wird. Den Vertragspartnern wird empfohlen, Regelungen zur Übermittlung der Verordnung in den Verträgen zu treffen, um die vorgenannte Drei-Tages-Frist zu wahren.

Die Leistungen müssen ausreichend und zweckmäßig sein, dürfen das Maß des Notwendigen nicht überschreiten und sind wirtschaftlich zu erbringen. Soweit die allgemeine Palliativversorgung ausreichend ist, darf SAPV nicht erbracht werden. 129

Im Falle der Besserung bzw. einer Stabilisierung im Krankheitsverlauf ist der Versorgungsumfang der SAPV so weit wie möglich zu reduzieren und eine Weiterversorgung innerhalb der allgemeinen Palliativversorgung anzustreben. 130

In den Vereinbarungen über die SAPV sind Regelungen zu treffen, die sicherstellen, dass für den Palliativpatienten eine reibungslose Versorgung mit Arznei-, Heil- und Hilfsmitteln auch weiterhin gewährleistet ist. Die in der SAPV tätigen Ärzte sind berechtigt, für die Patienten die zulasten der GKV verordnungsfähigen Arznei-, Heil- und Hilfsmittel auf den für die vertragsärztliche Versorgung vereinbarten Verordnungsvordrucken zu verordnen. Das Nähere ist in der Vereinbarung zwischen dem GKV-Spitzenverband und der Kassenärztlichen Bundesvereinigung über die Vergabe von Betriebsstätten-Nummern und einer Pseudo-Arztnummer an Leistungserbringer der spezialisierten ambulanten Palliativversorgung (SAPV) gemäß § 132d Abs. 1 SGB V zur Verordnung von Arznei-, Heil- und Hilfsmitteln in der SAPV (SAPV-BSNR-Vereinbarung) ist in der jeweils gültigen Fassung festgelegt. 131

3.9.4 Organisatorische Voraussetzungen

Die Leistungen der SAPV werden durch spezialisierte Leistungserbringer erbracht. Spezialisierte Leistungserbringer sind qualifizierte Ärzte und qualifizierte Pflegefachpersonen, die orientiert an der Konzeption eines Palliative-Care-Teams fachübergreifend ggf. auch in Kooperation mit anderen Professionen eng zusammenarbeiten. Sie erfüllen ergänzend besondere sächliche Voraussetzungen, die für eine spezialisierte palliativmedizinische und palliativpflegerische Versorgung erforderlich sind. Eine psychosoziale Unterstützung ist in enger Zusammenarbeit z. B. mit ambulanten Hospizdiensten und ggf. Kinderhospizdiensten (vgl. § 39a Abs. 2 SGB V), Seelsorge und Sozialarbeit zu gewährleisten. 132

Die spezialisierten Leistungserbringer sind Teil einer multiprofessionell vernetzten Versorgungsstruktur im regionalen Gesundheits- und Sozialsystem. Sie arbeiten mit den an der Versorgung beteiligten Vertragsärzten, weiteren Leistungserbringern sowie darüber hinaus mit den ambulanten Hospizdiensten und ggf. Kinderhospizdiensten (vgl. § 39a Abs. 2 SGB V) eng zusammen (integrativer Ansatz). Mit den regelhaft an der Versorgung beteiligten Leistungserbringern sind Kooperationsvereinbarungen schriftlich abzuschließen und der Krankenkasse vorzulegen. 133

Die spezialisierten Leistungserbringer arbeiten nach einem verbindlichen, strukturierten und schriftlich dargelegten Konzept, in dem der inhaltliche und organisatorische Rahmen der Leistungserbringung (inkl. der personellen und sächlichen 134

Ausstattung) sowie die Einbindung in die regionale Versorgungsstruktur beschrieben sind. Das Konzept ist der Krankenkasse vorzulegen.

3.9.5 Sächliche Ausstattung

135 Die spezialisierten Leistungserbringer haben als Mindestanforderung an die sächliche Ausstattung Folgendes vorzuhalten bzw. sicherzustellen:

- eine geeignete, aktuell geführte und für die an der Versorgung Beteiligten jederzeit zugängliche Patientendokumentation
- Notfallvorrat an Betäubungsmitteln für den unvorhersehbaren, dringenden und kurzfristigen Bedarf der Patienten nach § 5c BtMVV
- Arzt-/Pflegekoffer/Bereitschaftstasche (ausreichende Ausstattung für die Notfall- und Krisenintervention unter Berücksichtigung der Kompatibilität der Verbrauchsmaterialien zu Medizinprodukten unterschiedlicher Hersteller, z. B. bei Portsystemen oder Infusionspumpen)
- eine geeignete administrative Infrastruktur, z. B. Büro, Kommunikationstechnik.

136 Die spezialisierten Leistungserbringer müssen über eine eigenständige Adresse und geeignete Räumlichkeiten für

- die Beratung von Patienten und Angehörigen
- Teamsitzungen und Besprechungen
- die Lagerhaltung von eigenen Medikamenten für Notfall-/Krisenintervention und Hilfsmitteln verfügen. Für die Aufbewahrung von Betäubungsmitteln ist ein BtM-Schrank (§ 15 BtM-G) erforderlich.

3.9.6 Personelle Anforderungen

137 Die spezialisierten Leistungserbringer stellen sicher, dass das für die spezialisierte ambulante Palliativversorgung erforderliche und geeignete Personal zur Verfügung steht. Dabei ist zu berücksichtigen, dass durch den spezialisierten Leistungserbringer eine tägliche telefonische Rund-um-die-Uhr-Erreichbarkeit für die Patienten, deren vertraute Personen und die an der Versorgung Beteiligten sicherzustellen ist. Die ständige Verfügbarkeit mindestens eines qualifizierten Arztes und/oder einer qualifizierten Pflegefachperson ist zu gewährleisten. Die Verfügbarkeit schließt notwendige Hausbesuche ein.

138 Die tätigen qualifizierten Ärzte verfügen über

- eine anerkannte Zusatzweiterbildung Palliativmedizin nach der aktuell gültigen Weiterbildung der jeweiligen Landesärztekammer (grundsätzlich 160 Stunden Weiterbildung)

und

- Erfahrung aus der ambulanten palliativen Behandlung von mindestens 75 Palliativpatienten, z. B. in der häuslichen Umgebung (auch durch die Mitarbeit bei spezialisierten Leistungserbringern nach § 132d Abs. 1 SGB V), oder in einem stationären Hospiz, innerhalb der letzten drei Jahre oder aus einer mindestens einjährigen klinischen palliativmedizinischen Tätigkeit in einer Palliativabteilung in einem Krankenhaus innerhalb der vergangenen drei Jahre. Wenn ein spezialisierter Leistungserbringer ausschließlich Kinder und Jugendliche versorgt, können von der vorgenannten Anzahl bisher versorgter Palliativpatienten abweichende Regelungen getroffen werden.

Die tätigen qualifizierten Pflegefachpersonen verfügen über: **139**

- die Erlaubnis zur Führung einer der Berufsbezeichnungen
  - Gesundheits- und Krankenpfleger
  - Gesundheits- und Kinderkrankenpfleger
  - Altenpfleger (dreijährige Ausbildung) entsprechend der gesetzlichen Bestimmungen in der jeweils gültigen Fassung und

- den Abschluss einer Palliative-Care-Weiterbildungsmaßnahme im Umfang von mindestens 160 Stunden oder den Abschluss eines vergleichbaren Studiums und
- Erfahrung aus der ambulanten palliativen Pflege von mindestens 75 Palliativpatienten, z. B. in der häuslichen Umgebung (auch durch die Mitarbeit bei spezialisierten Leistungserbringern nach § 132d Abs. 1 SGB V) oder in einem stationären Hospiz, innerhalb der letzten drei Jahre oder aus einer mindestens einjährigen palliativpflegerischen Tätigkeit in einer Palliativabteilung in einem Krankenhaus innerhalb der letzten drei Jahre. Wenn ein spezialisierter Leistungserbringer ausschließlich Kinder und Jugendliche versorgt, können von der vorgenannten Anzahl bisher versorgter Palliativpatienten/innen abweichende Regelungen getroffen werden.

Soweit weitere Fachkräfte (z. B. Sozialarbeiter, Sozialpädagogen, Psychologen) **140** vertraglich eingebunden werden, haben diese eine Zusatzweiterbildung Palliative Care für andere Berufsgruppen oder eine mehrjährige Erfahrung in der Palliativversorgung nachzuweisen.

Bei Leistungserbringern, die nach ihrer Konzeption sowohl Erwachsene als auch **141** Kinder und Jugendliche versorgen, muss mindestens ein Arzt für Kinder- und Jugendmedizin sowie ein Gesundheits- und Kinderkrankenpfleger mit den o. g. genannten Voraussetzungen innerhalb des Teams tätig sein.

Die Vertragspartner nach § 132d Abs. 1 SGB V können Übergangsregelungen **142** vorsehen, wonach Ärzte bzw. Pflegefachpersonen, die die berufspraktische Erfahrung nicht vollständig erfüllen, diese Erfahrung auch im Rahmen der SAPV erwerben können, sofern im Team insgesamt ausreichende Erfahrung zur spezialisierten ambulanten Palliativversorgung vorliegt. Die berufspraktische Erfahrung muss innerhalb von zwölf Monaten nach Abschluss des Arbeitsvertrags abgeschlossen sein.

3.9.7 Qualitätssicherung

143 Die spezialisierten Leistungserbringer sind verpflichtet, ein internes Qualitätsmanagement durchzuführen. Sie nehmen regelmäßig an palliativmedizinischen/-pflegerischen Fortbildungen teil und führen möglichst halbjährlich multidisziplinäre Qualitätszirkel durch, an denen auch die übrigen in der Versorgung Tätigen teilnehmen. Die spezialisierten Leistungserbringer sollen sich außerdem an Maßnahmen der externen Qualitätssicherung beteiligen.

144 Ein geeignetes Dokumentationssystem ist sachgerecht und kontinuierlich zu führen und auf Wunsch der Krankenkasse als Konzept vorzulegen. Das Dokumentationssystem muss patientenbezogene Daten und – soweit vorhanden – allgemein anerkannte Indikatoren für eine externe Qualitätssicherung enthalten und eine bundesweite Evaluation ermöglichen. Es soll kompatibel mit den bestehenden Dokumentationssystemen der an der Versorgung beteiligten Leistungserbringer sein.

145 Die Teilnahme an Supervision ist zu ermöglichen. Regelmäßige multiprofessionelle Fallbesprechungen sind in überschaubaren Intervallen durchzuführen; die inhaltliche und zeitliche Organisation ist den Beteiligten überlassen.

146 Die spezialisierten Leistungserbringer erstellen einen jeweils individuellen Behandlungsplan, der mit den übrigen an der Versorgung beteiligten Leistungserbringern abzustimmen ist.

3.10 Empfehlungen zur Ausgestaltung der Versorgungskonzeption der Spezialisierten ambulanten Palliativversorgung (SAPV) von Kindern und Jugendlichen

147 Leistungen der SAPV für Kinder und Jugendliche sollen nach Möglichkeit von auf die Versorgung dieser Zielgruppe spezialisierten Leistungserbringern erbracht werden. Diese Leistungserbringer werden zur Verbesserung der Lesbarkeit im Folgenden „SAPV-Teams“ genannt. Die in der SAPV versorgten Kinder und Jugendlichen sind lebenslimitierend, komplex chronisch erkrankt und bedürfen einer ambulanten Versorgung in enger Kooperation mit Spezialisten der Palliativmedizin und der kinder- und jugendmedizinischen Fachgebiete, wie zum Beispiel der pädiatrischen Hämatologie/Onkologie, Neuropädiatrie, Kinderkardiologie oder Neonatologie ergänzt um die Gesundheits- und Kinderkrankenpflege.

148 Das hier vorgestellte Versorgungskonzept gibt Empfehlungen zu den maßgeblichen Zielgruppen, zum Versorgungsprozess sowie zu grundlegenden Strukturen der SAPV von Kindern und Jugendlichen.

3.10.1 Zielgruppen

Bei Kindern und Jugendlichen, die der SAPV bedürfen, liegt eine nicht heilbare, fortschreitende und so weit fortgeschrittene Erkrankung vor, dass dadurch die Lebenserwartung begrenzt ist. Weiterhin besteht ein komplexes Symptomgeschehen, das besondere palliativmedizinische und palliativpflegerische Kenntnisse und Erfahrungen erfordert sowie ein interdisziplinäres, insbesondere zwischen Ärzten und Pflegekräften in besonderem Maße abgestimmtes Versorgungskonzept voraussetzt. Aufgrund dieses spezifischen Versorgungsbedarfs sind die Versorgungsmöglichkeiten der allgemeinen Versorgung nicht ausreichend. **149**

Laut SAPV-Richtlinie des G-BA sind insbesondere bei Kindern die Voraussetzungen für die SAPV als Krisenintervention auch bei einer länger prognostizierten Lebenserwartung erfüllt (vgl. § 3 Abs. 3 Satz 2 SAPV-RL). Im Vergleich zur SAPV bei Erwachsenen – bei denen eher onkologische Erkrankungen im Vordergrund stehen – leiden Kinder und Jugendliche, die der SAPV bedürfen, häufiger an genetischen Erkrankungen, Stoffwechselleiden, Hirnfehlbildungen und Muskelerkrankungen. Zudem können Kinder und Jugendliche mit komplex neurologischen Erkrankungen Anspruch auf SAPV haben. Dies gilt auch dann, wenn die neurologische Grundkrankheit (z. B. perinatale Hirnschädigung) nicht als fortschreitend zu bewerten ist, wohl aber die daraus entstehenden Folgekrankheiten wie Zerebralparese, zerebrale Krampfanfälle, Schluckstörung und restriktive Ventilationsstörung und beständig an Schwere zunehmen. Die Prognose der Lebenserwartung ist bei Kindern und Jugendlichen mit schwerwiegenden nichtonkologischen Erkrankungen erheblich schwieriger zu stellen als bei Erwachsenen mit Krebserkrankungen. **150**

Dieser Umstand ist bei der Genehmigung von SAPV-Leistungen für Kinder und Jugendliche zu berücksichtigen und darf nicht dazu führen, dass Kinder und Jugendliche mit nicht-onkologischen Erkrankungen unberücksichtigt bleiben. Wenn ein Krankheitsbild aus dem Fachgebiet der Kinder- und Jugendmedizin vorliegt und die Versorgung durch entsprechend qualifizierte Leistungserbringer in der Vergangenheit erfolgt ist, ist eine Weiterversorgung durch diese Leistungserbringer in der Regel auch über das 18. Lebensjahr hinaus möglich. Dies kann im Einzelfall auch möglich sein, wenn ein typisches Krankheitsbild des Kinder- und Jugendalters jenseits des 18. Lebensjahrs auftritt oder bei einem Erwachsenen ein dem Kindesalter entsprechender psychomotorischer Entwicklungsstand vorliegt. SAPV für Kinder und Jugendliche kann bereits ab Diagnosestellung einer lebenslimitierenden Erkrankung erforderlich sein – die intermittierende Versorgung ist nicht auf die letzten Lebenstage beschränkt (vgl. § 3 Abs. 3 Satz 2 SAPV-RL). **151**

3.10.2 Grundsätze des Versorgungsprozesses

Das SAPV-Team ist ein multiprofessionelles Team. Es versorgt Palliativpatienten auf der Grundlage der nachfolgenden Empfehlungen zum Versorgungsprozess. **152**

Andere Sozialleistungsansprüche bleiben ebenso unberührt wie Angebote, die sich aus dem hospiz-palliativen Grundverständnis ergeben, jedoch keine Leistungen der gesetzlichen Krankenversicherung sind. Dazu kann z. B. die Vermittlung von Angeboten der Trauerbegleitung gehören sowie die Bereitschaft des Leistungserbringers, für Angehörige nach dem Tod des Kindes für Gespräche zur Verfügung zu stehen.

3.10.2.1 Verordnung

153 Voraussetzung für die spezialisierte Palliativversorgung durch ein SAPV-Team ist das Vorliegen einer ordnungsgemäßen ärztlichen Verordnung (Muster 63), die der Genehmigung durch die Krankenkasse bedarf. Die Vorlage der Verordnung wird im Einzelfall mit dem Versicherten und seinen Angehörigen geregelt, ersatzweise übernimmt das SAPV-Team die Übermittlung der Unterlagen. Das Team sollte frühzeitig einbezogen werden.

3.10.2.2 Kontaktaufnahme

154 Nach dem Erhalt einer Verordnung für Beratung, Koordination, Teil- oder Vollversorgung nimmt das SAPV-Team mit dem Patienten bzw. seinen Angehörigen und dem verordnenden Arzt zeitnah Kontakt auf und terminiert die Erstvisite.

3.10.2.3 Beratung

155 Die Beratungsleistung beinhaltet die Beratung der an der Versorgung Beteiligten (Primärversorger, Angehörige und Patienten) auf der Grundlage der Verordnung (Muster 63) nur nach persönlicher Inaugenscheinnahme des Patienten und des Versorgungsumfeldes. Die weitere Beratung kann auch telefonisch erbracht werden.

3.10.2.4 Erstvisite

156 Nach Vereinbarung erfolgt eine Erstvisite beim Patienten in seinem häuslichen Umfeld. Zu Besuch kommen in der Regel gemeinsam der Arzt und die Pflegefachperson des SAPV-Teams. Die Teilnahme der Leistungserbringer der allgemeinen Versorgung und der Ehrenamtlichen des ambulanten Kinderhospizdienstes wird angestrebt. Anlässlich der Erstvisite wird im Eingangsassessment eine mehrdimensionale, d. h. neben den medizinisch-pflegerischen Aspekten auch psychologische, soziale und spirituelle Aspekte berücksichtigende Befunderhebung des Patienten inklusive Fremdanamnese im Angehörigengespräch vorgenommen. Es schließen sich eine erste Beratung und Optimierung der Symptomkontrolle und Unterstützung der Selbsthilfefähigkeit des Patienten und seines Umfeldes an. Dies beinhaltet bedarfsorientiert:

- direkte Unterstützung im Umgang mit der schweren Erkrankung
- Anpassung der medikamentösen Therapie und pflegerischen Versorgung,
- Anleitung und Beratung zur weiteren Behandlung
- Ansprechen von Fragen der Entscheidungsfindung (z. B. Therapiezieländerung, Vorgehen in Notfallsituationen)
- Vorstellen weiterer Hilfs- und Unterstützungsangebote.

Das SAPV-Team leistet grundsätzlich ergänzende Angebote, d. h. die allgemeine 157
Versorgung ist davon nicht berührt und wird durch den Haus-/Facharzt für Kinder- und Jugendmedizin und den ambulanten Kinderkrankenpflegedienst in Kooperation mit dem SAPV-Team fortgesetzt.

3.10.2.5 Ressourcenorientierte Versorgungsplanung inklusive Notfallplanung und Krisenantizipation

In enger Kooperation mit den Betroffenen erfolgt die Erstellung eines an der 158
Symptomlast und den relevanten Problemen orientierten Versorgungsplans einschließlich einer Empfehlung für das Vorgehen im Notfall-/bzw. bei Kriseninterventionen. Der Versorgungsplan ist ressourcenorientiert und berücksichtigt die Angebote der allgemeinen Versorgung. Die frühzeitige Inanspruchnahme ehrenamtlicher Unterstützungsmaßnahmen (ambulanter Kinderhospizdienst, Nachbarschaftshilfe und ehrenamtliche Krankenbesuchsdienste) wird aktiv gefördert. Um einen Versorgungsplan zu erstellen, werden die bisherigen Krankenunterlagen zu den Qualifikationsanforderungen (s. Empfehlungen nach § 132d Abs. 2 SGB V) organisiert und gesichtet sowie die involvierten Kooperationspartner erfasst. Es folgen ine Beurteilung des bisherigen Krankheitsverlaufes und darauf aufbauend die Versorgungsplanung (medizinisch-pflegerisch-psychosozial-spirituell).

3.10.2.6 Koordination

Nach dem Beginn der SAPV für Kinder und Jugendliche und dem Erstellen des 159
Versorgungsplans schließt sich im Regelfall die weitere Koordination an, wenn diese oder eine Teil-/Vollversorgung im Rahmen der SAPV für Kinder und Jugendliche auf dem Muster 63 verordnet wurde. Diese beinhaltet:

- Einleitung von Maßnahmen (Koordination und Beratung) zur Umsetzung der im individuellen Versorgungsplan definierten Ziele
- Zeitnahe bedarfsangepasste Information der beteiligten Leistungserbringer und dadurch Sicherstellung der bedarfsgerechten und abgestimmten Versorgung

3.10.2.7 Teil- und Vollversorgung inklusive Hausbesuche im Verlauf

160 Im Verlauf der Teil- oder Vollversorgung müssen zusätzlich zu den Aufgaben der Koordination weitere Hausbesuche erfolgen. Die Leistungen werden entweder von einer Berufsgruppe des SAPV-Teams alleine (Arzt oder Pflegefachperson) oder gemeinsam durchgeführt, wenn Teil- oder Vollversorgung auf dem Muster 63 verordnet wurde. Leistungen, die innerhalb der Teil- oder Vollversorgung bzw. bei einem erneuten Hausbesuch durchgeführt werden, sind bei Bedarf:

- Reassessment
- Anleitung des Patienten/der Familie und der Kooperationspartner in spezialisierter Krankenbeobachtung, Einführung spezieller Beobachtungsinstrumente
- Anpassung des individuellen Versorgungsplans, inklusive vorbeugendes Krisenmanagement und Bedarfsinterventionen
- Verordnung von Arznei-, Heil- und Hilfsmitteln im Rahmen der SAPV
- Einleitung apparativer spezialisierter palliativmedizinischer Behandlungsmaßnahmen und Hilfsmittel; Organisation und Anleitung (z. B. Medikamentenpumpe)
- Ausführliche Kommunikation mit dem Patienten, seiner Familie und den anderen Leistungserbringern der Primärversorgung
- Symptomlinderung durch sofortige Anwendung von Medikamenten oder anderer Maßnahmen (Lagerhaltung der Medikamente für die Notfall- und Krisenintervention)
- Planung, Organisation und Durchführung einer individuell auf den Patienten bezogenen interdisziplinären Fallkonferenz
- In Absprache mit den allgemein Versorgenden vor Ort und der Familie: Besprechung der Versorgung in der Sterbephase

3.10.2.8 Struktur der Leistungserbringer

161 Die SAPV für Kinder und Jugendliche soll vornehmlich von hierfür spezialisierten Leistungserbringern mit dafür ausreichend qualifiziertem Personal erfolgen. Nach den bisherigen Erkenntnissen kann für ein spezialisiertes SAPV-Team von folgenden – in den Verhandlungen vor Ort zu konkretisierenden – Orientierungswerten ausgegangen werden:

- Zu versorgender Einzugsbereich von ca. 120 km im Umkreis 1,5–1,9 VK Ärzte; 3,5 – 4 VK Pflegekräfte
- Ein SAPV-Team kann mit den vorgenannten personellen Kapazitäten 40-50 Kinder und Jugendliche im Jahr versorgen
- Eine integrative Nutzung, auch stundenweise, von Personal aus bestehenden Strukturen ist bei der Herstellung der hierfür notwendigen Transparenz (z. B. getrennte Kostenstellen/Kostenstellenrechnung) möglich

- Vor diesem Hintergrund werden für eine ausreichende Versorgung von Kindern und Jugendlichen im Bundesgebiet insgesamt ca. 30 SAPV-Teams benötigt (Versorgungseinheit in der Region und nicht Vertragsnehmer als Dachorganisation)
- Dabei ist eine bundeslandübergreifende Versorgung zu ermöglichen.

In bisher nicht versorgten Regionen ist zunächst zu prüfen, ob eine – ggf. länderübergreifende – Versorgung durch ein bereits vorhandenes SAPV-Team möglich ist. Anderenfalls sollte ein weiteres spezialisiertes Team für die Versorgung von Kindern und Jugendlichen gewonnen werden. In Regionen, in denen eine Versorgung durch ein spezialisiertes Team zu wirtschaftlich vertretbaren Bedingungen nicht möglich ist, sind andere Organisationsmodelle unter Nutzung vorhandener Strukturen zu prüfen. So sehen die Empfehlungen nach § 132d Abs. 2 SGB V vor, dass Leistungserbringer, die nach ihrer Konzeption sowohl Kinder als auch Erwachsene versorgen, mindestens eine Ärztin/einen Arzt für Kinder- und Jugendmedizin sowie eine Gesundheits- und Kinderkrankenpflegerin/einen Gesundheits- und Kinderkrankenpfleger vorhalten müssen. **162**

Das SAPV-Team muss eine Ruf-, Notfall- und Kriseninterventionsbereitschaft (telefonisch, bei Bedarf auch aufsuchend), rund um die Uhr, für die im Rahmen der SAPV für Kinder und Jugendliche versorgten Patienten sicherstellen. **163**

3.10.2.9 Dokumentation und Qualitätsmanagement

Für die Dokumentation der SAPV für Kinder und Jugendliche wird ein modifiziertes, auf die Besonderheiten der Zielgruppe abgestimmtes, Dokumentationssystem (vorzugsweise elektronisch) kontinuierlich geführt (vgl. Punkt 6.2 der Empfehlungen nach § 132d Abs. 2 SGB V). Die Datenbank ist von den PCs aller Teammitglieder erreichbar und miteinander verknüpft. **164**

Das SAPV-Team führt ein internes Qualitätsmanagement durch. Die Teammitglieder nehmen regelmäßig an den wöchentlichen multiprofessionellen Teambesprechungen, regelmäßigen palliativmedizinischen und palliativpflegerischen Fortbildungen und an Supervision teil. **165**

3.10.2.10 Ausblick

Die Partner der Empfehlungen werden mit Ablauf von zwei Jahren nach Verabschiedung der Empfehlungen die diesbezüglichen Erfahrungen mit der Umsetzung austauschen, auswerten und bei Bedarf die Empfehlungen anpassen. **166**

VIII Pflegekammern

1 Begriff der Pflegekammer

Eine Pflegekammer entsteht, wenn der Staat einen Teil seiner Regelungsaufgaben der Berufsgruppe Pflege überträgt (Selbstverwaltung). Agnes Karll drückte das 1908 so aus: „Will die Frau, die Schwester, nicht wie bisher Amboss sein, muss sie eiligst anfangen, Hammer zu werden und nicht mehr ihr Geschick willenlos aus den Händen anderer zu nehmen, sondern es selbst zu gestalten.“ 1

Mehr als 100 Jahre später heißt es in Rheinland-Pfalz: „Eine Pflegekammer ist dem Schutz der Bevölkerung und der Regulierung des Berufstandes der Pflegenden verpflichtet. … Um dieser bedeutenden sozialen Aufgabe – der pflegerischen Versorgung der Bevölkerung – gerecht zu werden, bedarf es der eigenständigen Regulierung des Berufsstandes durch die Pflegekammer.“[244] 2

Da die Pflegefachpersonen erweiterte Kompetenzen zur Ausübung heilkundlicher Tätigkeiten (§ 3 KrPflG, § 3 AltPflG) im Rahmen von Modellvorhaben nach § 63 Abs. 3c SGB V bekommen dürfen, können solche erweiterten Fähigkeiten zur Ausübung heilkundlicher Tätigkeiten in der Ausbildung vermittelt werden (siehe hierzu Kapitel Delegation, Teil XI Kap. 8). Durch diese Regelung sind die Pflegefachpersonen bei den Heilberufen „angekommen“. Heilberufe müssen in ihrer Berufsausübung überwacht werden. Diese Kontrolle hat der Staat an die Kammern übertragen. 3

In Rheinland-Pfalz wurde die erste deutsche Pflegekammer zum 1.1.2016 errichtet. Grundlage für die Pflegekammer in dem Bundesland ist das Heilberufsgesetz (HeilBG), daraus abgeleitet sind die Satzung und die Geschäftsordnung. 4

Die Pflegekammer wird gegründet, indem sich Gesundheits- und Krankenpflegerinnen bzw. Gesundheits- und Krankenpfleger, Gesundheits- und Kinderkrankenpflegerinnen bzw. Gesundheits- und Kinderkrankenpfleger sowie Altenpflegerinnen und Altenpfleger zusammenschließen. 5

2 Mitgliedschaft in der Pflegekammer

In der Pflegekammer sind alle Pflegefachpersonen, die ihren Beruf ausüben, Pflichtmitglied. Die Ausübung des Berufs umfasst jede Tätigkeit, bei der berufsgruppenspezifische Fachkenntnisse angewendet oder verwendet werden (§ 1 HeilBG). 6

Die Landespflegekammer Rheinland-Pfalz kann darüber hinaus weiteren Personen den freiwilligen Beitritt zur Mitgliedschaft ermöglichen, damit diese Informations- und Unterstützungsangebote der Landespflegekammer in Anspruch 7

244 Kellnhauser (2016): Der Gründungsprozess der Landespflegekammer Rheinland-Pfalz.

nehmen können. Diese Mitglieder unterliegen nicht dem Kammerrecht. (§ 1 Abs. 3 HeilBG). Denn die Pflegekammer ist eine „Körperschaft des öffentlichen Rechts“, die hoheitliche (staatliche) Aufgaben übernimmt, unter Aufsicht des Ministeriums für Soziales, Arbeit, Gesundheit und Demografie des Landes Rheinland-Pfalz. Die Gründung ist wie bei anderen Berufskammern nur auf Länderebene möglich. Damit die Kammer ihre Aufgaben erfüllen kann, sind die Pflegefachpersonen zur Mitgliedschaft verpflichtet (werden registriert) und zahlen nach Bruttoeinkommen (inklusive Wochenend-, Nachtdienst-, Überstunden-, Bereitschaftsdienst- und weiteren Zulagen) gestaffelte Mitgliedsbeiträge. Die Pflegefachperson muss somit in der Pflegekammer Mitglied sein, um ihren Beruf ausüben zu können, sie kann sich gegen diese Pflichtmitgliedschaft nicht wehren.

8 Die Pflegefachperson muss der Pflegekammer die Aufnahme, Beendigung und Verlegung ihrer beruflichen Tätigkeit unverzüglich, spätestens nach zwei Wochen, mitteilen. Die Mitteilung muss beinhalten:

- Vor- und Familienname,
- frühere Namen,
- das Geburtsdatum und
- die derzeitige Anschrift

9 Außerdem ist die Berechtigung zur Ausübung des Berufs und zur Führung der Berufsbezeichnung nachzuweisen. Den Kammern ist es erlaubt, die genannten Daten bei Einrichtungen, in denen die Pflegefachperson tätig ist, zu erheben (§ 1 Abs. 5 HeilBG).

10 Falls die Pflegefachperson ihren Meldepflichten nicht nachkommt, droht ein Ordnungsgeld bis zu 50.000 EUR (§ 12 Abs. 2 HeilBG). Dieses Ordnungsgeld kann, wie die säumigen Pflichtbeiträge, per Zwangsvollstreckung eingezogen werden (§ 16 HeilBG).

3 Aufgaben der Pflegekammer

11 Zu den Aufgaben der Pflegekammer zählen:

- für die Wahrung des Ansehens des Berufsstands einzutreten,
- für ein kollegiales Verhältnis der Kammermitglieder untereinander und zu Mitgliedern anderer Kammern zu sorgen sowie auf eine Kooperation mit Angehörigen sonstiger Gesundheitsberufe hinzuwirken,
- die Berufsausübung der Kammermitglieder zu regeln und Beratungen in berufsfachlichen und allgemeinen berufsrechtlichen Fragen anzubieten,
- die Einhaltung der Berufspflichten der Kammermitglieder zu überwachen sowie die zur Beseitigung berufsrechtswidriger Zustände notwendigen Maßnahmen zu treffen und hierüber bei Bedarf auch andere Kammern zu unterrichten; zur Beseitigung berufsrechtswidriger Zustände können sie auch Verwaltungsakte erlassen,

- öffentliche Stellen in Fragen der Normsetzung und der Verwaltung zu beraten und zu unterstützen sowie Sachverständige zu benennen,
- die Aufsichtsbehörden über für den Berufsstand bedeutsame Vorkommnisse in der Berufsausübung und Berufsaufsicht zu informieren,
- die berufliche Fort- und Weiterbildung der Kammermitglieder zu regeln und zu fördern,
- ein Weiterbildungsregister für die in Weiterbildung befindlichen Kammermitglieder aufzustellen und laufend fortzuschreiben; die Kammern sind berechtigt, die hierfür erforderlichen Daten bei den Arbeitgeberinnen und Arbeitgebern zu erheben,
- im Bereich der Weiterbildung der Kammermitglieder Anpassungslehrgänge und Eignungsprüfungen einschließlich einer Überprüfung der für die Berufsausübung erforderlichen Sprachkompetenz im Rahmen der Anerkennung ausländischer Bildungsnachweise zu organisieren,
- innerhalb ihrer Zuständigkeit Belange der Qualitätssicherung wahrzunehmen sowie die Mitwirkung der Kammermitglieder an der Sicherung der Qualität ihrer beruflichen Leistungen zu regeln,
- an die Kammermitglieder Heilberufsausweise auszugeben und ihnen sonstige Bescheinigungen auszustellen; sie nehmen für die Kammermitglieder und, soweit sie einen Berufsausweis benötigen, für die bei ihnen tätigen berufsmäßigen Gehilfinnen und Gehilfen die Aufgaben nach § 291a Abs. 5a Satz 1 Nr. 1 und 2 des Fünften Buches Sozialgesetzbuch wahr, legen dazu gegenüber den Zertifizierungsdiensteanbietern die Anforderungen fest und gewährleisten durch geeignete Maßnahmen deren Einhaltung,
  - im Rahmen ihrer Zuständigkeit auf Antrag den Europäischen Berufsausweis auszustellen oder zu aktualisieren, soweit dieser aufgrund von Durchführungsrechtsakten der Kommission nach Artikel 4a Abs. 7 der Richtlinie 2005/36/EG des Europäischen Parlaments und des Rates vom 7. September 2005 über die Anerkennung von Berufsqualifikationen (ABl. EU Nr. L 255 S. 22; 2007 Nr. L 271 S. 18; 2008 Nr. L 93 S. 28; 2009 Nr. L 33 S. 49; 2014 Nr. L 305 S. 115) in der jeweils geltenden Fassung für Weiterbildungsbezeichnungen eingeführt ist; der Europäische Berufsausweis kann von Berufsangehörigen beantragt werden, die ihren Weiterbildungsnachweis in einem Mitgliedstaat der Europäischen Union oder einem anderen Vertragsstaat des Abkommens über den Europäischen Wirtschaftsraum erworben haben oder deren Weiterbildungsnachweis in einem dieser Staaten anerkannt wurde; das Verfahren richtet sich nach den Vorgaben der Artikel 4a bis 4e der Richtlinie 2005/36/EG sowie den dazu ergangenen Durchführungsrechtsakten,
  - die Alters-, Invaliden- und Hinterbliebenenversorgung einschließlich der Pflichtmitgliedschaft der in § 1 Abs. 1 Nr. 1 bis 4, 8 und 9 genannten Kammermitglieder zu regeln,

- an der Aus- und Fortbildung von sonstigen in der Gesundheitsversorgung Tätigen mitzuwirken und die ihnen insoweit nach Bundes- oder Landesrecht obliegenden Aufgaben wahrzunehmen und
- Mitteilungsblätter heraus- oder mitherauszugeben, die insbesondere der Bekanntmachung, Fortbildung, Information und Meinungsbildung dienen (§ 3 HeilBG).

12 Zu den Aufgaben der Pflegekammer gehören nicht:

- Verhandeln von Tarifen, das ist und bleibt Aufgabe der Gewerkschaften
- Kümmern um bessere Arbeitsbedingungen, wie z. B. Stellenpläne
- Fachlich motivierte verbandspolitische Aufgaben
- Aufgaben des „Pflege-TÜVs“, des MDKs und/oder der Heimaufsicht
- Altersversorgung

4 Organe der Pflegekammer

13 Die Pflegefachpersonen wählen aus ihren Reihen die Mitglieder der Vertreterversammlung. Die Mitglieder der Vertreterversammlung und des Vorstandes arbeiten für die Pflegekammer ehrenamtlich, erhalten aber eine Entschädigung.

14 Zu deren Aufgaben gehören:

- die Satzungen,
- der Haushaltsplan,
- die Zustimmung zur Leistung über- und außerplanmäßiger Ausgaben,
- die Jahresrechnung und die Entlastung des Vorstands,
- die Vorschläge für die ehrenamtlichen Richterinnen und Richter der Berufsgerichte und
- die Entschädigung der für die Kammer ehrenamtlich tätigen Kammermitglieder
- die Wahl der Mitglieder des Vorstands (§ 9 HeilBG).

15 Der Vorstand hat folgende Aufgaben:

- Der Vorstand muss die der Kammer durch das HeilBG zugewiesenen Aufgaben erfüllen, soweit dies nicht der Vertreterversammlung vorbehalten ist.
- Er bestellt eine Geschäftsführerin oder einen Geschäftsführer, die oder der die laufenden Verwaltungsgeschäfte der Kammer führt. Die Geschäftsführerin oder der Geschäftsführer unterliegt den Weisungen des Vorstands und hat die Beschlüsse des Vorstands unter Beachtung der Grundsätze einer ordnungsgemäßen Geschäftsführung auszuführen.
- Das vorsitzende Mitglied des Vorstands, dessen Stellvertretung oder die Geschäftsführerin bzw. der Geschäftsführer vertritt die Kammer gerichtlich und außergerichtlich. Die Vertretungsbefugnis der Geschäftsführerin oder des Geschäftsführers kann durch den Vorstand eingeschränkt werden (§ 11 HeilBG).

5 Berufspflichten

Die Pflegefachpersonen sind verpflichtet, ihren Beruf gewissenhaft auszuüben und dem ihnen im Zusammenhang mit dem Beruf entgegengebrachten Vertrauen zu entsprechen. Pflegefachpersonen haben sich gegen die sich aus der Ausübung ihres Berufs ergebenden Haftpflichtansprüche nach Art und Umfang dem Risiko angemessen zu versichern und dies auf Verlangen der Landeskammer nachzuweisen (angestellte Pflegefachpersonen sind prinzipiell über den Arbeitgeber versichert) (§ 21 HeilBG). 16

Die Pflegefachpersonen müssen sich fortwährend beruflich fortbilden und sich dabei über die für ihre Berufsausübung geltenden Bestimmungen unterrichten. 17

Im Rahmen ihrer beruflichen Tätigkeit als Kammermitglied haben sie auf besondere Risiken für Vernachlässigung, Missbrauch oder Misshandlung von Kindern und anderen besonders schutzwürdigen Personen zu achten und, soweit dies erforderlich ist, auf Schutz- und Unterstützungsmaßnahmen hinzuwirken; sie arbeiten hierzu insbesondere mit den Einrichtungen und Diensten der öffentlichen und freien Jugendhilfe und dem öffentlichen Gesundheitsdienst zusammen und sollen sich nach ihren Möglichkeiten an den lokalen Netzwerken nach § 3 des Landesgesetzes zum Schutz von Kindeswohl und Kindergesundheit vom 7. März 2008 (GVBl. S. 52, BS 216-6) in der jeweils geltenden Fassung beteiligen (§ 22 HeilBG). 18

Das Nähere zu den Berufspflichten regelt die Berufsordnung, welche durch die Pflegekammer zu erstellen ist (§ 24 HeilBG) und wahrscheinlich Mitte 2018 vorliegen wird. 19

6 Weiterbildungsordnung

Die Inhalte der Weiterbildungen werden seit 1.1.2018 von der Pflegekammer über eine Weiterbildungsordnung (z. B. Intensivpflege, Wundmanagement, Case Management, Stations- oder Wohnbereichsleitung, Pflegedienstleitung usw.) geregelt. Die Weiterzubildenden haben den Beginn und die vorzeitige Beendigung der Weiterbildung der Landespflegekammer Rheinland-Pfalz zur Aufnahme in das Weiterbildungsregister unverzüglich anzuzeigen. Die Fortbildung schließt mit einer Prüfung ab. Diese Prüfung soll aus einem schriftlichen und einem mündlichen Teil bestehen; sie kann zusätzlich einen praktischen Teil beinhalten. Näheres zur Prüfung regelt die Landespflegekammer Rheinland-Pfalz in der Weiterbildungsordnung. (§ 47 HeilBG). 20

Die Weiterbildung wird an von der Landespflegekammer Rheinland-Pfalz zugelassenen Weiterbildungsstätten ganztägig, halbtägig oder berufsbegleitend durchgeführt. Die Zulassung der Weiterbildungsstätte wird auf Antrag erteilt, wenn die erforderlichen personellen, baulichen und sachlichen Voraussetzungen vorliegen; 21

Näheres regelt die Weiterbildungsordnung der Landespflegekammer Rheinland-Pfalz (§ 48 HeilGB).

22 Wer eine Weiterbildungsbezeichnung führen will, bedarf der Anerkennung der Pflegekammer. Die Weiterbildungsbezeichnung kann neben einer Berufsbezeichnung geführt werden, z. B. Krankenpfleger (Berufsbezeichnung) und staatlich anerkannter Fachkrankenpfleger für Intensivpflege (Weiterbildungsbezeichnung)). Mehrere Weiterbildungsbezeichnungen dürfen nebeneinander geführt werden (§ 49 HeilBG).

23 Die vor dem 1.1.2018 vom Landesamt für Soziales, Jugend und Versorgung für die Pflegefachpersonen ausgesprochenen Anerkennungen gelten als Anerkennung i. S. des HeilBG (§ 109 HeilBG).

24 Die Anerkennung der Weiterbildung aus anderen Bundesländern oder Staaten ist bei der Landespflegekammer Rheinland-Pfalz zu beantragen. Diese entscheidet aufgrund einer Prüfung, in der Inhalt, Umfang und Ergebnis der durchlaufenen Weiterbildung nachzuweisen und die erworbenen Kenntnisse darzulegen sind. Soweit erforderlich sind in der Prüfung auch die für die Berufsausübung notwendigen Kenntnisse der deutschen Sprache zu belegen. Die Prüfung wird von einem bei der Landespflegekammer Rheinland-Pfalz zu bildenden Ausschuss durchgeführt. Diesem Gremium gehören mindestens zwei benannte Mitglieder der Weiterbildungsstätte an, an der die Fortbildung durchgeführt wurde. Die weiteren Mitglieder werden von der Landespflegekammer Rheinland-Pfalz bestimmt (§ 50 HeilBG).

25 Gegen ein Kammermitglied, das seine Berufspflichten schuldhaft in schwerwiegender Weise verletzt, ist ein berufsgerichtliches Verfahren durchzuführen. Prozesse, die beim Berufsgericht anhängig sind, werden fortgeführt, auch wenn das Kammermitglied seinen Beruf außerhalb des Landes Rheinland-Pfalz anderswo in der Bundesrepublik Deutschland weiter ausübt (§ 51 HeilBG).

26 Das Berufsgericht kann eine Warnung, einen Verweis oder eine Geldbuße bis 200.000 EUR auch nebeneinander aussprechen (§ 42 HeilBG). Ein Antrag auf Durchführung eines berufsgerichtlichen Verfahrens ist nicht mehr zulässig, wenn seit der Berufspflichtverletzung mehr als fünf Jahre vergangen sind (§ 58 HeilBG).

7 Pflegeberufegesetz

27 Das Pflegeberufegesetz (PflBG) löst ab dem 1. Januar 2020 das Altenpflegegesetz und das Krankenpflegegesetz ab. Ziel ist es, die Ausbildung zur Pflegefachperson zu modernisieren, attraktiver zu machen und den Berufsbereich der Pflege insgesamt aufzuwerten.

28 Kern des Pflegeberufegesetz ist die Einführung einer unentgeltlichen dreijährigen, generalistischen beruflichen Ausbildung mit dem Abschluss „Pflegefachfrau“/

„Pflegefachmann“. Die schulische und praktische Ausbildung dient der Vermittlung von Kompetenzen für die selbstständige und prozessorientierte Pflege von Menschen aller Altersstufen in allen Versorgungsbereichen. Damit wird der Wechsel zwischen den einzelnen Pflegebereichen erleichtert.[245]

Neben dem generalistischen Berufsabschluss „Pflegefachfrau“/„Pflegefachmann“ können Auszubildende mit Vertiefung im Bereich Altenpflege oder Kinderkrankenpflege für das dritte Ausbildungsjahr auch eine Spezialisierung mit dem Abschluss „Altenpfleger/in“ oder „Gesundheits- und Kinderkrankenpfleger/in“ wählen. Die Entscheidung erfolgt frühestens sechs Monate und regulär vier Monate vor Beginn des letzten Ausbildungsdrittels. Die Pflichteinsätze in der stationären Akutpflege/stationären Langzeitpflege/ambulanten Pflege/pädiatrischen Versorgung müssen vor der Entscheidung jeweils mindestens zur Hälfte absolviert sein. **29**

Die spezialisierten Abschlüsse in der Altenpflege und der Kinderkrankenpflege sind dem generalistischen Abschluss in Bezug auf die vorbehaltenen Tätigkeiten gleichgestellt. Ihnen fehlen jedoch die universellen Einsatzmöglichkeiten in allen Bereichen der Pflege und die EU-weite Anerkennung. Dies bedeutet, der Einsatz von Pflegefachpersonen der Alten- und Kinderkrankenpflege ist, wie bisher auch, nur in Deutschland möglich. **30**

Bisherige Ausbildungen nach Alten- oder Krankenpflegegesetz werden einer Ausbildung nach Pflegeberufegesetz (PflBG) künftig gleichgestellt. Die bisherigen Berufsbezeichnungen gelten weiterhin fort: Eine Umschreibung auf die neue Berufsbezeichnung erfolgt nicht. **31**

Die Einführung eines Pflegestudiums in Ergänzung zur beruflichen Pflegeausbildung gilt als weiterer Qualifizierungsweg und bietet zusätzliche Karrierechancen als Pflegefachmann (B.A.) oder Pflegefachmann (B. Sc.). **32**

245 Bundesministerium für Familie, Senioren, Frauen und Jugend (2017): Weiterentwicklung der Pflegeberufe. Online: https://www.bmfsfj.de/bmfsfj/themen/aeltere-menschen/altenpflegeausbildung/weiterentwicklung-der-pflegeberufe/77264 [abgerufen am 11.3.2018].

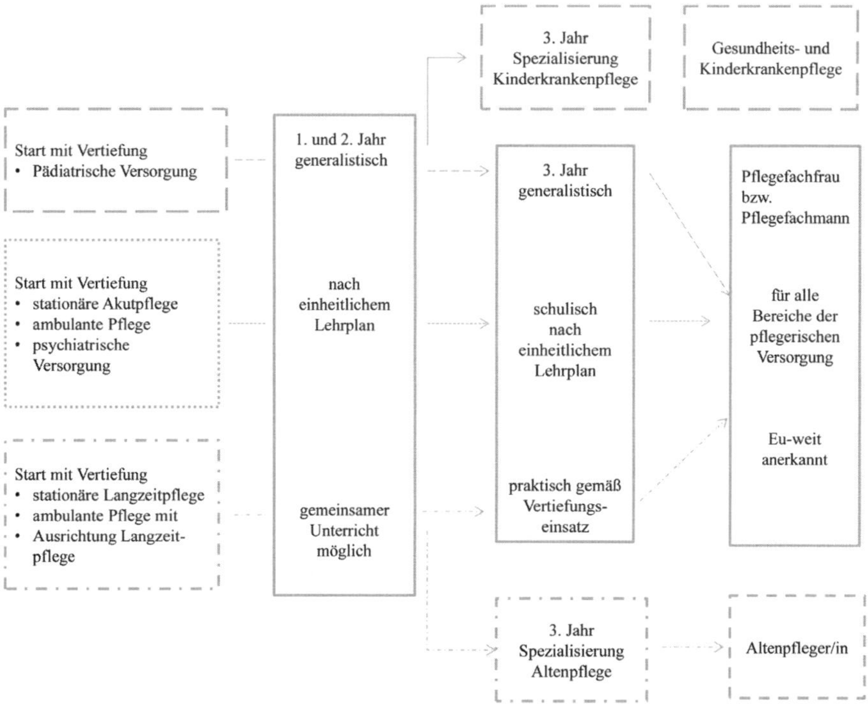

Abbildung 2: Ausbildung
Quelle: BMFSFJ, 2017

7.1 Ausbildung

33 Die Ausbildung zum Pflegefachmann vermittelt die für die selbstständige, umfassende und prozessorientierte Pflege von Menschen aller Altersstufen in akut und dauerhaft stationären sowie ambulanten Pflegesituationen erforderlichen fachlichen und personalen Kompetenzen einschließlich der zugrundliegenden methodischen, sozialen und kommunikativen Kompetenzen und der erforderlichen Lernkompetenzen sowie der Fähigkeit zum Wissenstransfer und zur Selbstreflexion (§ 5 Pflegeberufereformgesetz). Dies bedeutet im Einzelnen folgende Vorbehaltsaufgaben:

a) Erhebung und Feststellung des individuellen Pflegebedarfs und Planung der Pflege,
b) Organisation, Gestaltung und Steuerung des Pflegeprozesses,
c) Durchführung der Pflege und Dokumentation der angewendeten Maßnahmen,
d) Analyse, Evaluation, Sicherung und Entwicklung der Qualität der Pflege,

e) Bedarfserhebung und Durchführung präventiver und gesundheitsfördernder Maßnahmen,
f) Beratung, Anleitung und Unterstützung von zu pflegenden Menschen bei der individuellen Auseinandersetzung mit Gesundheit und Krankheit sowie bei der Erhaltung und Stärkung der eigenständigen Lebensführung und Alltagskompetenz unter Einbeziehung ihrer sozialen Bezugspersonen,
g) Erhaltung, Wiederherstellung, Förderung, Aktivierung und Stabilisierung individueller Fähigkeiten der zu pflegenden Menschen insbesondere im Rahmen von Rehabilitationskonzepten sowie die Pflege und Betreuung bei Einschränkungen der kognitiven Fähigkeiten,
h) Einleitung lebenserhaltender Sofortmaßnahmen bis zum Eintreffen der Ärztin oder des Arztes und Durchführung von Maßnahmen in Krisen- und Katastrophensituationen,
i) Anleitung, Beratung und Unterstützung von anderen Berufsgruppen und Ehrenamtlichen in den jeweiligen Pflegekontexten sowie Mitwirkung an der praktischen Ausbildung von Angehörigen von Gesundheitsberufen,

Vorbehaltsaufgaben meint, dass diese nur von einem Pflegefachmann durchgeführt werden dürfen. 34

Weiterhin soll der Pflegefachmann folgende Aufgaben übernehmen: 35

- ärztlich angeordnete Maßnahmen eigenständig durchführen, insbesondere Maßnahmen der medizinischen Diagnostik, Therapie oder Rehabilitation,
- interdisziplinär mit anderen Berufsgruppen fachlich kommunizieren und effektiv zusammenzuarbeiten und dabei individuelle, multidisziplinäre und berufsübergreifende Lösungen bei Krankheitsbefunden und Pflegebedürftigkeit zu entwickeln sowie teamorientiert umzusetzen.
- Während der Ausbildung zur Pflegefachfrau oder zum Pflegefachmann werden ein professionelles, ethisch fundiertes Pflegeverständnis und ein berufliches Selbstverständnis entwickelt und gestärkt (§ 5 PflBG).

Die Ausbildung zum Pflegefachmann dauert unabhängig vom Zeitpunkt der staatlichen Abschlussprüfung in Vollzeitform drei Jahre, in Teilzeitform höchstens fünf Jahre. Sie besteht aus theoretischem und praktischem Unterricht mit 2.100 Stunden und einer praktischen Ausbildung mit mindestens 2.500 Stunden; der Anteil der praktischen Ausbildung überwiegt. Der theoretische und praktische Unterricht wird an staatlichen oder staatlich anerkannten Pflegeschulen auf der Grundlage eines von der Pflegeschule zu erstellenden Lehrplans erteilt. Am Ende des zweiten Ausbildungsdrittels wird eine Zwischenprüfung durchgeführt (§ 6 PflBG). 36

Die Pflichteinsätze in der allgemeinen Akutpflege in stationären Einrichtungen, der allgemeinen Langzeitpflege in stationären Einrichtungen und der allgemeinen ambulanten Akut- und Langzeitpflege werden in folgenden Einrichtungen durchgeführt: 37

a) Krankenhäuser
b) Stationäre Pflegeeinrichtungen
c) Ambulante Pflegeeinrichtungen

38 Die Pflichteinsätze in den speziellen Bereichen der pädiatrischen Versorgung und der allgemein-, geronto-, kinder- oder jugendpsychiatrischen Versorgung sowie weitere Einsätze können auch in anderen, zur Vermittlung der Ausbildungsinhalte geeigneten Einrichtungen durchgeführt werden (§ 7 PflBG).

39 An jedem praktischen Lernort entfallen mindestens zehn Prozent der Ausbildungszeit auf die Praxisanleitung. Dies gilt auch für betriebsfremde Auszubildende. 300 Stunden „Berufspädagogische Fortbildung“ für Praxisanleiter wird gefordert, ebenso eine jährliche Weiterbildung von mindestens 24 Stunden (§§ 6, 18, 27 PflBG).

40 Als Anrechnungsschlüssel gilt für stationäre Einrichtungen ein Verhältnis Auszubildender/Praxisanleiter 9,5: 1, im ambulanten Einrichtungen 14: 1 (§ 27 PflBG)

7.1.1 1. und 2. Ausbildungsdrittel

41 1. und 2. Ausbildungsdrittel

Orientierungseinsatz	400 Stunden
Pflichteinsatz stationäre Akutpflege	400 Stunden
Pflichteinsatz stationäre	400 Stunden
Pflichteinsatz ambulante Pflege	400 Stunden
Pflichteinsatz pädiatrische Versorgung	120 Stunden
Gesamt	1.720 Stunden

Quelle: PflBG

7.1.2 3. Ausbildungsdrittel

42 3. Ausbildungsdrittel

Pflichteinsatz psychiatrische Versorgung	120 Stunden
weiterer Einsatz und zur freien Verteilung	160 Stunden
Vertiefungseinsatz	500 Stunden
Gesamt	780 Stunden

Quelle: PflBG

43 Eine Ausbildung nach PflBG kann als Umschulung dauerhaft für drei Jahre gefördert werden. Die dreijährige Finanzierung einer Umschulung in der Altenpflege wird bis zum 31.12.2019 verlängert (19 PflBG, Art. 2 Nr. 3 und 4 PflBRefG).

Durch die komplexe Ausbildung werden an die Pflegeschulen folgende Anforderungen gestellt: 44

Die hauptberufliche Leitung der Schule muss durch eine pädagogisch qualifizierte Person mit einer abgeschlossenen Hochschulausbildung auf Master- oder vergleichbarem Niveau besetzt sein. Es muss der Nachweis erbracht werden, dass einer im Verhältnis zur Zahl der Ausbildungsplätze angemessene Zahl fachlich und pädagogisch qualifizierter Lehrkräfte mit entsprechender, insbesondere pflegepädagogischer, abgeschlossener Hochschulausbildung auf Master- oder vergleichbarem Niveau für die Durchführung des theoretischen Unterrichts sowie mit entsprechender, insbesondere pflegepädagogischer, abgeschlossener Hochschulausbildung für die Durchführung des praktischen Unterrichts eingesetzt werden.

Weiterhin müssen für die Ausbildung erforderliche Räume und Einrichtungen 45
sowie ausreichende Lehr- und Lernmittel den Auszubildenden kostenlos zur Verfügung gestellt werden (§ 9 PflBG).

Voraussetzung für den Zugang zu der Ausbildung als Pflegefachfrau bzw. Pflege- 46
fachmann ist:

1. Mittlerer Schulabschluss
2. Hauptschulabschluss plus erfolgreich abgeschlossene …
   a) mindestens zweijährige Berufsausbildung
   b) mindestens einjährige Assistenz- oder Helferausbildung gemäß der Mindestanforderungen der Arbeits- und Sozialministerkonferenz/Gesundheitsministerkonferenz
   c) „alte“ Helfer-Ausbildungen nach Landesrecht (Beginn bis 31.12.2019)
3. Erfolgreich abgeschlossene zehnjährige allgemeine Schulbildung (§ 11 PflBG)

Die zuständige Behörde kann auf Antrag eine andere erfolgreich abgeschlossene 47
Ausbildung oder erfolgreich abgeschlossene Teile einer Ausbildung im Umfang ihrer Gleichwertigkeit bis zu zwei Dritteln der Dauer einer Ausbildung anrechnen. Das Erreichen des Ausbildungsziels darf durch die Anrechnung nicht gefährdet werden (§ 12 PflBG).

Zur zeitlich befristeten Erprobung von Ausbildungsangeboten, die der Weiter- 48
entwicklung des nach diesem Gesetz geregelten Berufs im Rahmen von Modellvorhaben nach § 63 Absatz 3c des Fünften Buches Sozialgesetzbuch dienen, z. B. Heilkundeübertragungsrichtlinie (siehe Kapitel Pflegekammer), können über die in § 5 beschriebenen Aufgaben hinausgehende erweiterte Kompetenzen zur Ausübung heilkundlicher Tätigkeiten vermittelt werden. Dabei darf die Erreichung des Ausbildungsziels nicht gefährdet sein (§ 14 PflBG).

7.1.3 Hochschulische Ausbildung

49 Die primärqualifizierende Pflegeausbildung an Hochschulen befähigt zur unmittelbaren Tätigkeit an zu pflegenden Menschen aller Altersstufen und verfolgt gegenüber der beruflichen Pflegeausbildung ein erweitertes Ausbildungsziel. Die hochschulische Ausbildung zur Pflegefachfrau oder zum Pflegefachmann vermittelt die für die selbstständige umfassende und prozessorientierte Pflege von Menschen aller Altersstufen in akut und dauerhaft stationären sowie ambulanten Pflegesituationen erforderlichen fachlichen und personalen Kompetenzen auf wissenschaftlicher Grundlage und Methodik. Die hochschulische Ausbildung umfasst die beschriebenen Kompetenzen der beruflichen Pflegeausbildung. Sie befähigt darüber hinaus insbesondere:

- zur Steuerung und Gestaltung hochkomplexer Pflegeprozesse auf der Grundlage wissenschaftsbasierter oder wissenschaftsorientierter Entscheidungen,
- vertieftes Wissen über Grundlagen der Pflegewissenschaft, des gesellschaftlich-institutionellen Rahmens des pflegerischen Handelns sowie des normativ-institutionellen Systems der Versorgung anzuwenden und die Weiterentwicklung der gesundheitlichen und pflegerischen Versorgung dadurch maßgeblich mitzugestalten,
- sich Forschungsgebiete der professionellen Pflege auf dem neuesten Stand der gesicherten Erkenntnisse erschließen und forschungsgestützte Problemlösungen wie auch neue Technologien in das berufliche Handeln übertragen zu können sowie berufsbezogene Fort- und Weiterbildungsbedarfe zu erkennen,
- sich kritisch-reflexiv und analytisch sowohl mit theoretischem als auch praktischem Wissen auseinanderzusetzen und wissenschaftsbasiert innovative Lösungsansätze zur Verbesserung im eigenen beruflichen Handlungsfeld entwickeln und implementieren zu können und
- an der Entwicklung von Qualitätsmanagementkonzepten, Leitlinien und Expertenstandards mitzuwirken (§ 37 PflBG)

50 Das Studium dauert mindestens drei Jahre. Es umfasst theoretische und praktische Lehrveranstaltungen an staatlichen oder staatlich anerkannten Hochschulen anhand eines modularen Curriculums sowie Praxiseinsätze in zugelassenen Einrichtungen. Die Studiengangkonzepte unterliegen der Überprüfung durch die zuständige Landesbehörde im Akkreditierungsverfahren.

51 Die Praxiseinsätze gliedern sich in Pflichteinsätze, einen Vertiefungseinsatz sowie weitere Einsätze. Wesentlicher Bestandteil der Praxiseinsätze ist die von den Einrichtungen zu gewährleistende praktische Anleitung. Die Hochschule unterstützt die Praxiseinsätze durch die von ihr zu gewährleistende Praxisbegleitung. Auf der Grundlage einer landesrechtlichen Genehmigung kann ein geringer Anteil der Praxiseinsätze in Einrichtungen durch praktische Lerneinheiten an der Hochschule ersetzt werden.

Die Hochschule trägt die Gesamtverantwortung für die Koordination der theoretischen und praktischen Lehrveranstaltungen mit den Praxiseinsätzen. Sie ist auch für die Durchführung der Praxiseinsätze verantwortlich und schließt hierfür Kooperationsvereinbarungen mit den Einrichtungen der Praxiseinsätze. 52

Die innerhalb einer erfolgreich abgeschlossenen Pflegeausbildung nach Teil zwei oder nach dem Krankenpflegegesetz in der bis zum 31. Dezember 2017 geltenden Fassung oder dem Altenpflegegesetz in der Fassung der Bekanntgabe vom 25. August 2003 (BGBl. I S. 1690) in der bis zum 31. Dezember 2017 geltenden Fassung erworbenen Kompetenzen und Fähigkeiten sollen als gleichwertige Leistungen auf das Studium angerechnet werden (§ 38 PflBG). 53

Der Abschluss lautet: Abschluss Pflegefachfrau/Pflegefachmann (B. A.) oder (B. Sc.). 54

7.2 Übergangsvorschriften

Begonnene Ausbildungen nach dem Alten- oder Krankenpflegegesetz können bis zum 31. Dezember 2024 abgeschlossen werden. Es gilt weiterhin die Erlaubnis zur Führung der alten Berufsbezeichnung. Die Länder können die Überleitung der alten Ausbildung in die neue Ausbildung nach PflBG ermöglichen (§ 66 PflBG). 55

8 Fortbildung/Weiterbildung

Die Ausbildung für Pflegefachpersonen soll entsprechend des allgemein anerkannten Stands pflegewissenschaftlicher, medizinischer und weiterer bezugswissenschaftlicher Erkenntnisse fachliche, personale, soziale und methodische Kompetenzen zur verantwortlichen Mitwirkung insbesondere bei der Heilung, Erkennung und Verhütung von Krankheiten vermitteln (§ 3 KrPflG, § 1 AltPflG). Jedoch ohne jegliche Verpflichtung, sein Wissen durch entsprechende Fort- und Weiterbildungsmaßnahmen auf dem aktuellen Stand zu halten. Es liegt also hier in der alleinigen Verantwortung der Pflegefachperson sich fort- und weiterzubilden. 56

Der kontinuierliche wissenschaftliche und medizinische Fortschritt, die gestiegenen Qualitätsansprüche und das Streben der Pflege nach mehr Eigenständigkeit führen zu der Forderung nach einer ständigen Aktualisierung des pflegerischen Wissens. Fort- und Weiterbildungen bieten die Chance, die Qualität der Pflege zu verbessern, das Arbeiten nach evidenzbasierten Erkenntnissen zu etablieren und die Arbeitsbelastungen für die Beschäftigten zu reduzieren. 57

Die Weiterbildungsordnung liegt in der Zuständigkeit der Gesundheitsressorts der Länder. Als einziges Bundesland hat Berlin 1979 ein Weiterbildungsgesetz beschlossen. In einigen anderen Bundesländern gibt es Einzelerlasse, die sich meist auf Fachweiterbildungen (z. B. Operationsdienst, Intensivpflege, Gemeindekrankenpflege, Psychiatrie, Stationsleitung) beziehen. Die Deutsche Krankenhausge- 58 sellschaft (DKG) hat Empfehlungen und Richtlinien für die Durchführung der meisten Weiterbildungsbereiche herausgegeben. Diese haben eine Orientierungsfunktion in den anderen Bundesländern oder ersetzen gar die landesrechtlichen Vorschriften.

59 Die Fort- und Weiterbildungen der Pflegefachpersonen werden zukünftig, soweit vorhanden, die Pflegekammern regeln.

8.1 Aufgabe der Landespflegekammer in der Fortbildung am Beispiel Rheinland-Pfalz

60 Die Landespflegekammer Rheinland-Pfalz muss nach § 3 (2) 7. Heil BG RLP die berufliche Fort- und Weiterbildung der Kammermitglieder regeln und fördern. Ein Weiterbildungsregister für die in Fortbildung befindlichen Kammermitglieder ist aufzustellen und laufend fortzuschreiben (§ 3 (2) 8. Heil BG RLP. Weiterhin sind Anpassungslehrgänge und Eignungsprüfungen einschließlich einer Überprüfung der für die Berufsausübung erforderlichen Sprachkompetenz im Rahmen der Anerkennung ausländischer Bildungsnachweise zu organisieren (§ 3 (2) 9. Heil BG RLP). Ebenso sind Belange der Qualitätssicherung durch die Landespflegekammer wahrzunehmen sowie die Mitwirkung der Kammermitglieder an der Sicherung der Qualität ihrer beruflichen Leistungen zu regeln. (§ 3 (2) 9. Heil BG RLP). Die Landespflegekammer hat an der Aus- und Fortbildung von sonstigen in der Gesundheitsversorgung Tätigen mitzuwirken und die ihnen insoweit nach Bundes- oder Landesrecht obliegenden Aufgaben wahrzunehmen. (§ 3 (2) 13. Heil BG RLP).

61 Weitere Aufgaben der Landespflegekammer sind u. a. Fortbildungsveranstaltungen zu zertifizieren und Fortbildungszertifikate als Nachweis der Erfüllung der Fortbildungspflicht auszustellen (§ 3 (3) 1. Heil BG RLP), von Kammermitgliedern betriebene Qualitätsmanagementsysteme zu zertifizieren (§ 3 (3) 2. Heil BG RLP) und Daten über die Nachweise von Fort- und Weiterbildung sowie fachlichen Qualifikationen fortlaufend zu erfassen und an zuständige Stellen weiterzuleiten. (§ 3 (3) 3. Heil BG RLP). Innerhalb der Satzung der Landespflegekammer ist im Rahmen besonderer Satzungen eine Weiterbildungsordnung zu erstellen. (§ 15 (4) 5. Heil BG RLP).

62 Seit dem 01.01.2018 gibt es die erste Weiterbildungsordnung für Pflegefachpersonen in Deutschland, welche von der Profession Pflege selbst erstellt wurde.

63 Eine wichtige Neuerung durch die Weiterbildungsordnung ist die Kompetenzorientierung, die die Fächerorientierung in den bisherigen Weiterbildungen ablösen wird. Das Können sowie Werte und Einstellungen der Weiterbildungsteilnehmenden werden im Mittelpunkt stehen. Durch die in den Handlungsfeldern thematisierten Praxisinhalte können die Teilnehmer bereits vorhandene Erfahrungen und Kompetenzen miteinbringen und weiterentwickeln. Dank des modu-

laren Aufbaus wird es für Pflegefachpersonen möglich, bereits geleistete Basismodule in weiteren Fortbildungen anerkennen zu lassen. Gegebenenfalls sei dies auch an Hochschulen möglich, da diese durch den ähnlichen Aufbau vergleichbarer sind. Praxisbegleitung und Praxisanleitung müssen nun verbindlich erfolgen, so erhält der Praxisbezug in der Weiterbildung eine größere Bedeutung. Die Prüfungen werden von Pflegenden abgenommen werden – nicht mehr von Ärztinnen und Ärzten, wie es an einigen Weiterbildungsstätten derzeit noch üblich ist.

Die Weiterbildungsordnung regelt die Weiterbildung für Pflegefachpersonen, die in Rheinland-Pfalz ihren Beruf ausüben und nach § 1 Abs. 2 HeilBG berufsgruppenspezifische Fachkenntnisse anwenden oder verwenden (Kammermitglieder). Diese Ordnung regelt auch die Anerkennung im Ausland abgelegter Weiterbildungsabschlüsse. 64

Weiterbildungen als besondere Berufspflichten der Kammermitglieder nach § 22 Abs. 1 Nr. 1 HeilBG werden gesondert in einer Fortbildungsordnung geregelt. Weiterbildungsbezeichnungen, die in anderen Ländern der Bundesrepublik Deutschland aufgrund staatlicher Regelungen erworben wurden, dürfen in Rheinland-Pfalz weitergeführt werden. 65

Die Anerkennung zum Führen einer Weiterbildungsbezeichnung nach dieser Ordnung wird auf Antrag von der Landespflegekammer als zuständiger Behörde nach § 50 HeilBG Personen erteilt, für Berufstätige, die nachweisen, dass sie 66

1. die Erlaubnis besitzen, die sie zum Führen der Berufsbezeichnung eines reglementierten Gesundheitsfachberufs, auf den sich die Weiterbildung bezieht, berechtigt,
2. den vorgeschriebenen Weiterbildungslehrgang abgeschlossen haben,
3. die vorgeschriebene Prüfung bestanden haben und
4. über die für die Ausübung der Berufstätigkeit erforderlichen Kenntnisse der deutschen Sprache verfügen.

8.2 Fort- und Weiterbildung in den Versorgungsverträgen ambulante Pflege

Die Pflege wird fachlich kompetent nach dem allgemein anerkannten Stand medizinisch-pflegerischer Erkenntnisse bedarfsgerecht und wirtschaftlich erbracht. 67

Der Träger des ambulanten Pflegedienstes ist verpflichtet, die erforderliche fachliche Qualifikation der Leitung und aller in der Pflege tätigen Mitarbeiter auf Grund von Einarbeitungskonzepten und durch geplante funktions- und aufgabenbezogene Fort- und Weiterbildung sicherzustellen. Dazu erstellt der Träger einen schriftlichen Fortbildungsplan, der vorsieht, dass alle in der Pflege tätigen Mitarbeiter entsprechend der individuellen Notwendigkeiten in die Fortbildungen einbezogen werden. Das Fachwissen der Leitung und der Mitarbeiter ist regelmä- 68 ßig zu aktualisieren. Fachliteratur ist zugänglich vorzuhalten (3.1.3 Maßstäbe und Grundsätze für die Qualität und Qualitätssicherung sowie für die Entwicklung eines einrichtungsinternen Qualitätsmanagements nach § 113 SGB XI in der ambulanten Pflege vom 27. Mai 2011, gilt bundesweit).

69 Konkreter wird hier der bundesweite Rahmenvertrag gemäß §§ 132 und 132 a SGB V zur Erbringung von häuslicher Krankenpflege und Haushaltshilfe:

Fortbildungen sind regelmäßig durchzuführen. Die Weiterbildungsmaßnahmen haben einen Mindestumfang von zehn Stunden pro Mitarbeitenden und Kalenderjahr zu umfassen. Art, Inhalt und Umfang sowie die namentliche Auflistung der teilnehmenden Mitarbeiter der einzelnen Fort- und Weiterbildungsmaßnahmen sind nachvollziehbar zu dokumentieren. Der Pflegedienst hat für seine Mitarbeiter bei Aufforderung durch die Krankenkasse innerhalb eines Monats den Nachweis zu erbringen, dass in dem zurückliegenden Dreijahreszeitraum der Fortbildungspflicht im Durchschnitt nachgekommen wurde. Längere Abwesenheitszeiten wie zum Beispiel Elternzeit, Krankheit und unterjährige Beschäftigungszeiten werden entsprechend berücksichtigt. Kann zu einem Mitarbeiter der Fortbildungsnachweis nicht oder nicht vollständig erbracht werden, ist die Krankenkasse berechtigt, die an den Pflegedienst zu zahlende Vergütung für die Tätigkeit dieses Mitarbeiters in der häuslichen Krankenpflege für die ersten sechs Monate, die auf den Dreijahreszeitraum folgen, in Höhe von bis zu fünf Prozent zu kürzen, ab dem darauf folgenden Monat in Höhe von bis zu zehn Prozent. Die Vergütungskürzung endet nach Ablauf des Monats, in dem der vollständige Fortbildungsnachweis erbracht wird.

8.3 Fort- und Weiterbildung in den Versorgungsverträgen stationäre Pflege

70 In den Landesgesetzen, z. B. über Wohnformen und Teilhabe (LWTG) oder Landespersonalverordnung, finden sich Hinweise auf die Verpflichtung zu Fort- und Weiterbildung.

71 Eine stationäre Einrichtung darf nur betrieben werden, wenn der Träger und die Leitung ihre Leistungen nach dem jeweils allgemein anerkannten Stand fachlicher Erkenntnisse erbringen (§ 10 LWTG BaWü).

72 Der Träger der stationären Einrichtung ist verpflichtet, den Leitungskräften (Einrichtungsleitung und Pflegedienstleitung) und den sonstigen Beschäftigten die Gelegenheit zur Teilnahme an berufsbegleitender Fortbildung zu geben oder regelmäßige Fortbildungen in der stationären Einrichtung anzubieten, die sie für die Erfüllung der ihnen übertragenen Aufgaben nach dem allgemein anerkannten Stand der fachlichen Erkenntnisse benötigen. Die Teilnahme an diesen Fortbildungen soll auch in der Arbeitszeit ermöglicht werden. Der Träger einer stationären Einrichtung oder die Einrichtungsleitung soll Weiterbildungsmaß-

nahmen der dort Beschäftigten unterstützen. Mehrjährig Beschäftigten, die die Anforderungen nach § 7 Absatz 2 bis 4 nicht erfüllen, ist Gelegenheit zur Nachqualifizierung zu geben (§ 5 LPersVO BaWü).

8.4 Fort- und Weiterbildung in den Versorgungsverträgen Krankenhaus

Krankenhäuser sind gesetzlich dazu verpflichtet, ihre Mitarbeiter regelmäßig zu 73
Sicherheits- und Gesundheitsschutzthemen zu schulen. Nach § 12 Arbeitsschutzgesetz müssen Arbeitgeber ihre Beschäftigten ausreichend und angemessen über Sicherheit und Gesundheitsschutz bei der Arbeit unterweisen. Für die Mitarbeiter von Krankenhäusern werden darüber hinaus spezifische Schulungen gefordert, u. a. in § 12 Biostoffverordnung, § 14 Gefahrstoffverordnung, § 9 Betriebssicherheitsverordnung und § 5 Medizinproduktebetreiber-Verordnung sowie für den Umgang mit Röntgenstrahlen bzw. radioaktiven Substanzen § 36 Röntgenverordnung bzw. § 38 Strahlenschutzverordnung. Die Unterweisungen sind vor Aufnahme der jeweiligen Tätigkeit durchzuführen, insbesondere

- bei der Einstellung,
- bei Veränderung in den Aufgabenbereichen und
- bei Einführung neuer Arbeitsmittel oder Technologien.

Zudem sind sie in regelmäßigen Intervallen und bei aktuellen Anlässen, wie 74
Unfällen, zu wiederholen. Darüber hinaus gibt es keine gesetzlichen Regelungen zur Fort- und Weiterbildung im Krankenhaus.

8.5 Freiwillige Registrierung für Pflegekräfte

Mit der Registrierung beruflich Pflegender besteht in Deutschland erstmals für alle 75
Pflegefachpersonen die Möglichkeit, sich bei einer unabhängigen Registrierungsstelle zentral erfassen zu lassen. In vielen anderen europäischen Ländern und den USA ist eine Registrierung schon lange praktizierter Standard, um den Pflegeberuf überhaupt ausüben zu können. Auch in Rheinland-Pfalz müssen sich alle Pflegefachpersonen bei der Landespflegekammer registrieren lassen, damit diese überhaupt in dem Bundesland arbeiten dürfen. Die Fort- und Weiterbildung wird durch die Landespflegekammer geregelt und überwacht. Das Projekt der Registrierung beruflich Pflegender wurde 2003 ins Leben gerufen. Aufgrund seiner zentralen Bedeutung für die Position der beruflich Pflegenden hat der Deutsche Pflegerat (DPR) im April 2006 bundesweit die Trägerschaft übernommen. Mit der Gründung der RbP – Registrierung beruflich Pflegender GmbH im November 2008 wurde ein klares Zeichen gesetzt, das Projekt noch gezielter und effektiver voranzutreiben. Der DPR spielt dabei als Hauptgesellschafter weiterhin eine wesentliche Rolle. Mit der Eröffnung der GmbH-Geschäftsstelle in Berlin 2009 wurde ein weiterer Meilenstein gelegt.

76 Für die Registrierung gibt es u. a. folgende Gründe:

- Die Schaffung und Sicherung eines einheitlichen Qualitätsstandards als Voraussetzung für mehr Patientensicherheit, als Basis für das berufliche Fortkommen und als Orientierung für den Arbeitgeber bei der Personalauswahl.
- Die Erfassung des Berufsstands nach Anzahl, Altersstruktur, räumlicher Verteilung und Qualifikation für eine optimale, flächendeckende gesundheitliche Versorgung sowie für die gezielte Planung und Adaption der Ausbildungsmöglichkeiten.

77 Die Registrierung erfolgt bei der RbP – Registrierung beruflich Pflegender GmbH mit der Geschäftsstelle in Berlin und ist unabhängig von einer Verbandszugehörigkeit. Für die Erstregistrierung muss lediglich das Anmeldeformular zusammen mit einer Kopie der Berufsurkunde (Erlaubnis zur Führung der Berufsbezeichnung) einreichen. Die Kosten betragen 25 Euro. Innerhalb von zwei Jahren müssen dann mindestens 40 Fortbildungspunkte gesammelt werden, um sich für eine erneute Registrierung mit der Dauer von weiteren zwei Jahren zu qualifizieren. Die Gebühr für die Folgeregistrierung beträgt 50 Euro.

78 Die Erteilung der Fortbildungspunkte für die jeweiligen Veranstaltungen erfolgt ausschließlich über die Registrierungsstelle.

79 Bei nahezu jeder pflegerischen und/oder medizinischen Fort- und Weiterbildungsveranstaltung sowie bei Tagungen und Kongressen können Punkte erworben werden. Unabhängig davon, ob es sich um eine hausinterne oder externe Veranstaltung handelt. Entscheidend ist, dass der jeweilige Bildungsanbieter bei der Registrierungsstelle gemeldet ist und damit auf seinen Teilnahmebescheinigungen und Zertifikaten die Fortbildungspunkte ausweisen kann.

8.6 Arbeitsrecht

Siehe hierzu Teil I Kap. 17.

IX Ein Wort zu Versicherungen

1 Einführung

Versicherungsvertreter sind bekanntlich recht agile Menschen. Ohne diese Berufsgruppe in irgendeiner Form zu verurteilen, gibt es in ihr, wie in allen anderen Berufsgruppen, natürlich auch schwarze Schafe. Vor allem der Strukturvertrieb führt dazu, dass man aus seinem persönlichen direkten Umfeld aktiv angesprochen wird, ob man ausreichend versichert ist. Hintergrund ist hier, dass sich vor allem der Strukturvertrieb eines sehr weitgehenden und ausdifferenzierten Netzes freier Mitarbeiter bedient. Man kann sich nicht ganz des Verdachts erwehren, dass hier dazu kommt, dass vorübergehend freie Mitarbeiter akquiriert werden und diese mit großen Versprechungen dazu motiviert werden, in ihrem persönlichen Umfeld Versicherungen zu verkaufen. In dieser Situation kommt es dann häufig gar nicht so sehr auf den Bedarf der zu versichernden Person an, als darauf, möglichst viele neue Versicherungen abzuschließen. 1

Daneben bieten auch eine Vielzahl von Verbänden vermeintlich günstige Versicherungspakete an, die dann dort abgeschlossen werden. Da gerade unter Pflegefachpersonen das Gefühl weit verbreitet ist – wie schon in der Einleitung zum Kapitel Haftung dargestellt – sowieso „mit einem Bein im Knast" zu stehen, ist der Eindruck vorherrschend, dass es nicht schade, eine Versicherung zu haben. 2

Vorweg hierzu: Die richtige Versicherung kauft man nicht um die Ecke und auch nicht en passant. Gerade wenn man eine Versicherung sucht, die das berufliche Umfeld als Pflegefachperson absichert, sollte man sich gut informieren und entsprechende professionelle und vertrauenserweckende Versicherungsagenten oder -makler beauftragen. 3

2 Makler oder Agent

Dabei besteht die Unterscheidung zwischen Makler und Agent darin, dass der Makler eine Vielzahl von unterschiedlichen Versicherungen von verschiedenen Gesellschaften im Angebot hat. Er ist nicht an eine Gesellschaft gebunden. Der Agent dagegen trägt das Logo seiner Versicherung „auf seiner Stirn" und ist in der Regel für nur einen Versicherungskonzern tätig. Er ist auf die Produkte dieser Gesellschaft reduziert, aber auch spezialisiert. Auf den ersten Blick spricht vor diesem Hintergrund alles für den Makler: Er hat viele unterschiedliche Produkte in petto und würde, wenn er nur an seinen Kunden denken würde, sicherlich jeweils das beste Produkt verkaufen. Die Erfahrung zeigt allerdings, dass dies nicht unbedingt so sein muss. So entscheiden sich Makler auch für das Produkt, was ihnen am besten tut, also bei dem sie die höchste Provision erhalten. Zum anderen besteht ein weiteres Risiko: Macht ein Versicherungsagent einen Fehler, so haftet die Gesellschaft des Agenten dafür. Macht allerdings der Makler einen Fehler, so 4 haftet hierfür nur der Makler. Gegenüber der Versicherung muss sich der Versicherte selbst durchsetzen. Hierzu das folgende „klassische" Beispiel:

> Die Pflegefachperson will eine Zusatzversicherung zum bestehenden gesetzlichen Versicherungsschutz abschließen. Die eigenen Erfahrungen im Krankenhaus zeigen ihr deutlich, dass die Leistungen für privat Krankenversicherte gerade im Krankenhaus deutlich besser sind. Allerdings gibt es ein Manko. Aufgrund der schweren körperlichen Arbeit im Krankenhaus hat sich in letzter Zeit schon einmal der Rücken gemeldet. Die Pflegefachperson war bereits mehrfach beim Arzt und hat auch entsprechende Behandlungen in Anspruch nehmen müssen. Beim Versicherungsantrag und darin bei den Gesundheitsfragen wird gefragt, ob es in der Vergangenheit Erkrankungen gegeben habe. Die Pflegefachperson weist darauf hin, dass es im Rücken schon mal gezogen habe. Der beratende Versicherungsmann meint, das sei wohl nicht so dramatisch und dokumentiert die entsprechenden Erkrankungen in dem Versicherungsantrag und im Beratungsprotokoll nicht.
> Die Versicherung läuft und etwa nach einem Dreivierteljahr wird die Pflegefachperson ins Krankenhaus eingewiesen: Verdacht auf Herzinfarkt. Schon am Eingang weist die Pflegefachperson stolz darauf hin, sie sei Privatpatient. Das Krankenhaus fährt die entsprechende Behandlung an und, wie im Versicherungsvertrag vereinbart, wird die Behandlung vom Chefarzt übernommen und ein Einzelzimmer gestellt. Es laufen tausende Euro an Behandlungskosten auf.
> Als die Rechnungen bei der privaten Krankenversicherung eingereicht werden, stellt diese in einem Arztbrief fest, dass in der Vergangenheit bereits Probleme mit dem Rücken vorhanden waren. Obwohl die Erkrankung Herzinfarkt nichts mit dem Rücken zu tun hat, erklärt die Versicherung, nicht zahlen zu wollen, da der entsprechende Versicherungsvertrag nichtig sei. Man sei bei Abschluss der Versicherung getäuscht worden und deswegen würde der Versicherungsvertrag nun nicht mehr gelten. Zahlungen würden nicht erfolgen – teilweise würden sogar geleistete Zahlungen zurückverlangt.
> Hat man nun den Versicherungsvertrag beim Versicherungsagenten abgeschlossen und kann beweisen, dass man die entsprechende Frage ordnungsgemäß beantwortet hat und der Versicherungsagent den Fehler gemacht hat, so kommt man aus der Situation wieder heraus – denn die Versicherung muss für den Fehler ihres Agenten einspringen. Beim Makler steht man im schlechtesten Fall selbst für dessen Fehler ein. Man kann zwar Ansprüche gegenüber dem Makler geltend machen, allerdings nicht gegenüber der Versicherung. Das bedeutet, dass der Versicherungsvertrag nicht zugunsten des Kunden greift. Dieser hat lediglich einen Anspruch auf die Behandlungskosten gegen den Makler. Diesen Anspruch auch durchzusetzen, ist ungleich komplizierter und schwieriger als das Wiedererstarken der Versicherung.

3 Beim Versicherungsantrag: Nichts Beschönigen oder Weglassen

Aus dem vorbezeichneten Fall lernt man noch ein Zweites. Die Beantwortung von Fragen, die in den Fragebögen der Versicherungen gestellt werden, egal, ob es die Krankentagegeld-, Kranken-, Berufsunfähigkeits- oder Haftpflichtversicherung ist, ist wichtig und es kommt auf die Details an. Die Fragen sind wahrheitsgemäß und vollständig zu beantworten. Die Versicherung greift auf die Antworten der gestellten Fragen zurück, wenn es zum Leistungsfall kommt und versucht dann häufig, sich aus der Leistungsverpflichtung herauszustehlen. Dabei ist es in einigen Fällen sogar egal, ob die konkrete Falschangabe etwas mit dem konkreten Schadensfall zu tun hat – die Versicherung wird dann trotzdem nicht zahlen. Besonders ärgerlich ist das deswegen, weil in einer Vielzahl von Fällen davon auszugehen ist, dass die Frage, auch wenn sie richtig beantwortet worden wäre, die Versicherung nicht daran gehindert hätte, den Vertrag abzuschließen oder aber ein anderes Versicherungsangebot zu unterbreiten. (Das ist zwar eine Einwendung im Prozess, dies ist allerdings schwierig zu beweisen.) Im Ergebnis erhält man das Gleiche: nichts. 5

Es gilt also, bei dem Versicherungsagenten oder -makler Ehrlichkeit zu pflegen. Das Verschweigen von eigenen Schwächen oder Krankheiten kann üble Folgen haben. Außerdem gehört natürlich im Umgang mit dem Versicherungsmakler oder -agenten auch eine gesunde Portion Misstrauen dazu. Verniedlicht dieser die Gesundheitsfragen oder teilt er an anderen Stellen mit, dass man eine Information besser weglasse, damit es mit dem Versicherungsvertrag besser klappen würde, dann heißt es: Vorsicht vor diesem Mann oder dieser Frau – das Risiko ist zu hoch! 6

4 Die einzelnen Versicherungen

4.1 (Berufs)Haftpflichtversicherung

Bezüglich der Berufshaftpflichtversicherung gilt, dass sie für Schäden einstehen soll, die die Pflegefachperson während der Ausübung ihres Berufs hervorgerufen hat. Typischer Anwendungsbereich wäre ein Pflegefehler, der zu einem Schaden bei einem Patienten geführt hat. Vor dem Hintergrund des zur Haftung Gesagten gilt (siehe Teil II), dass für die selbstständige Pflegefachperson eine solche Versicherung unbedingt notwendig ist. In den meisten Fällen ist sie auch gesetzlich vorgeschrieben. 7

Für die angestellte Pflegefachperson ist allerdings der Bedarf nach einer Berufshaftpflichtversicherung deutlich geringer. Denn wie schon in Teil II dargestellt, haften Arbeitnehmer nur im Rahmen der sogenannten privilegierten Haftung, also dann, wenn sie sehr besonders fahrlässige Fehler gemacht haben (siehe hierzu 8

Teil II Kap. 5.3). Selbst dann ist die Haftung in der Regel reduziert, da auf die Leistungsfähigkeit der einzelnen Haftungspartner geachtet wird und der Arbeitgeber in der Regel eine eigene Haftpflichtversicherung haben wird. Das Risiko einer Haftung der Pflegefachperson ist somit eigentlich sehr gering.

9 Wenn also eine Berufshaftpflichtversicherung Sinn ergeben soll, muss sie auf jeden Fall – und dies ist nicht selbstverständlich – die grob fahrlässige Haftung und die vorsätzliche Haftung, zumindest für bedingten Vorsatz, umfassen. Denn nur hier besteht für den angestellten Arbeitnehmer ernsthaft ein Haftungsrisiko.

10 Ein weiterer Anwendungsbereich einer Berufshaftpflichtversicherung und eine entsprechende Empfehlung hierfür ist gegeben, wenn der eigene Arbeitgeber nicht allzu groß oder die wirtschaftliche Leistungsfähigkeit des Arbeitgebers zweifelhaft ist. Dies hat damit zu tun, dass die Pflegefachperson ja zunächst selbst nach außen haftet. Erst im sogenannten Innenverhältnis hat der Arbeitgeber die Pflegefachperson von der Haftung freizustellen. Das bedeutet, dass der Patient zunächst gegen die Pflegefachperson und den Arbeitgeber vorgehen und von beiden die Zahlung eines Schadensersatzes verlangen kann. Dies ist die sogenannte gesamtschuldnerische Haftung. Fällt nun der Arbeitgeber aus, weil er insolvent – also „pleite" – ist, würde dann die Forderung eventuell an der Pflegefachperson hängen bleiben. Dabei gilt allerdings, dass die meisten Haftpflichtversicherungen der Arbeitgeber auch für diesen Fall noch den Schutz übernehmen. Hier kann man sich im Einzelfall erkundigen bzw. schon bei der Wahl des Arbeitgebers auf diesen Punkt achten. Denn es gibt Krankenhäuser, die keine Haftpflichtversicherung mehr vorhalten.

11 Wenn eine entsprechende Versicherung abgeschlossen wird, sollte darauf geachtet werden, dass die Versicherungssummen ausreichend sind. In der Regel kostet ein hoher Versicherungsschutz – wir sprechen hier von drei Millionen EUR und mehr – nicht viel mehr als eine Basisversicherung. Wenn schon das Geld für eine Haftpflichtversicherung ausgegeben wird, dann sollte der Versicherungsschutz hoch und damit ausreichend sein.

12 Unabhängig von der Berufshaftpflichtversicherung ist eine private Haftpflichtversicherung ein Muss. Eine solche sollte jeder haben.

4.2 Rechtsschutzversicherung

13 Des Weiteren sind Rechtsschutzversicherungen auf dem Markt. Diese Versicherungen tragen die Kosten, die für die Geltendmachung der eigenen Rechte notwendig sind. Sie übernehmen nicht die Kosten zur Abwehr von Schadensersatzforderungen. Das ist Sache des Arbeitgebers bzw. der Haftpflichtversicherung. Dafür zahlen die Rechtsschutzversicherungen teilweise die Verteidigung im Strafverfahren. Dabei gilt an sich der Grundsatz „The Winner takes it all". Das bedeutet, dass demjenigen, der am Ende des Prozesses Recht bekommt, die

gesamten Verfahrenskosten ersetzt werden. Er bleibt also „schadensfrei“. Die Kosten bekommt er insgesamt erstattet.

Dies geschieht allerdings mit drei wesentlichen Einschränkungen: 14

Zunächst muss ein entsprechender Zivilprozess vom Versicherungsnehmer vor- 15
finanziert werden. Will man also einen Prozess selbst führen – etwa, weil man selbst Opfer einer fehlerhaften ärztlichen/pflegerischen Behandlung geworden ist – so muss man das gesamte Verfahren vorfinanzieren. Das heißt, nicht nur der Anwalt, sondern auch die Gerichts- und ggf. Sachverständigenkosten müssen vorfinanziert werden. Dies gilt, wie gesagt, nur dann, wenn man selbst aktiv einen Prozess führen möchte. Will man Schadensersatzansprüche von sich abwehren, so trägt die Haftpflichtversicherung des Arbeitgebers oder die eigene Haftpflichtversicherung die entsprechenden Kosten.

Im Arbeitsrecht dagegen gilt der vorbezeichnete Grundsatz, dass der Gewinner 16
keine Kosten des Verfahrens trägt, nicht. Vor dem Arbeitsgericht trägt in der ersten Instanz immer jede Partei ihre eigenen Anwaltskosten. Dies kann verhältnismäßig teuer werden, vor allem, wenn eine Vielzahl von Streitigkeiten zusammenkommt. Die Erfahrung zeigt: Wenn ein Arbeitsverhältnis in eine Schieflage gerät, ist häufig nicht nur ein Punkt streitig. Stattdessen sieht man sich häufig vor Gericht. So ist es zum Beispiel durchaus möglich, dass sich der Arbeitnehmer zuerst gegen eine Abmahnung wehrt. Es schließt sich dann der Streit um eine spätere Kündigung an. Nach einem solchen Kündigungsschutzprozess versucht der in diesem Verfahren unterlegene Arbeitgeber, den Arbeitnehmer im Unternehmen zu versetzen. Auch hiergegen wehrt sich der Arbeitnehmer und letztlich kommt es dann zu einem Zeugnisstreit. Dies wären insgesamt vier Streitigkeiten zwischen Arbeitgeber und Arbeitnehmer, die bei einem durchschnittlichen Gehalt (ist für die Bestimmung der Anwaltskosten wichtig) gut und gerne je Verfahren zwischen 1.000 EUR und 2.500 EUR an Anwaltskosten entstehen können. Daher sollte eine arbeitsrechtliche Absicherung erfolgen. Diese kann auch als Einzelbaustein gewählt werden, dann ist sie nicht so teuer wie eine sogenannte Vollrechtsschutzversicherung, die auch private Risiken abdeckt.

Hierzu ein Hinweis am Rande: Auch eine Absicherung im Verkehrsrecht ist 17
empfehlenswert. Die Situation ist ähnlich wie beim Arbeitsrecht: Wenn es zum Streit kommt, ist oft sehr schnell sehr viel Vorfinanzierung notwendig.

Den Arbeitsrechtsschutz kann man auch über die Mitgliedschaft in einer Gewerk- 18
schaft erhalten. Hier ist allerdings in der Regel kein Recht auf freie Anwaltswahl gegeben, sondern es ist mit dem entsprechenden Gewerkschaftssekretär zusammenzuarbeiten. Auch die Berufsverbände (DBfK, DPV) bieten Rechtsschutzversicherungen an oder beinhalten sogar eine solche für ihre Mitglieder.

Schließlich gilt für das Strafrecht, dass gerade im Gesundheitswesen besondere 19
Versicherungen empfehlenswert sind. Wenn überhaupt „normale“ Rechtsschutzversicherungen die strafrechtliche Verteidigung versichern, dann ist für den

Anwalt häufig nur die sogenannte gesetzliche Vergütung vorgesehen. Diese ist allerdings verhältnismäßig niedrig, da sie sich an typischen Durchschnittsfällen orientiert. Wie im Kapitel Strafrecht dargestellt (siehe Teil III), ist es auch so, dass die Strafandrohungen im Gesundheitswesen in der Regel verhältnismäßig niedrig sind. Dementsprechend sind die gesetzlichen Verteidigergebühren ebenfalls verhältnismäßig niedrig. Demgegenüber steht allerdings ein überproportional hoher Arbeitsaufwand für den Verteidiger. In Strafverfahren im Gesundheitswesen ist es typisch, dass sehr umfangreiche Gespräche mit dem Mandanten geführt werden und auch umfassende Gutachten gelesen werden müssen. Dies führt zu einem sehr viel höheren Aufwand als dieser normalerweise bei Verfahren der fahrlässigen Körperverletzung üblich ist. Mit anderen Worten: Der komplexe Pflegefehlervorwurf ist schwieriger zu bearbeiten als die Wirtshausschlägerei. Dementsprechend besteht eine Lücke zwischen der gesetzlichen Vergütung und der, die der Verteidiger braucht, um seine Arbeit ordentlich zu machen. Daher sollte bei einer Rechtsschutzversicherung darauf geachtet werden, dass diese besondere Sätze zur Abrechnung vorsieht. Dies nennt sich in der Regel erweiterter Strafrechtsschutz. Dieser ist auch häufig Inhalt in sogenannten „Medizinrechtsschutzpaketen".

20 Was gerade im Allgemeinen gesagt worden ist, gilt für den Selbstständigen im Gesundheitswesen umso mehr. Dieser ist auch immer von der Möglichkeit betroffen, einen Abrechnungsbetrug vorgeworfen zu bekommen. Dieses Verfahren zeichnet sich dadurch aus, dass nicht ein oder zwei Fälle, sondern häufig hunderte oder gar tausende Fälle auszuwerten sind. Dieser Arbeitsaufwand ist also ungleich größer.

21 Keine Versicherung hat Geld zu verschenken. Daher steht den Risiken immer ein entsprechender Beitrag zur Versicherung gegenüber. Allerdings ist die Chance, tatsächlich Angeklagter eines Pflegefehlers oder eines Abrechnungsbetrugs zu werden, verhältnismäßig niedrig. Die dann entstehenden Kosten sind allerdings häufig recht hoch. Insgesamt sind daher die Rechtsschutzversicherungspolicen in der Regel bezahlbar. Selbstständige und Freiberufler sollten sie haben, Angestellte sollten zumindest für eine Rechtsschutzversicherung mit Blick auf das Arbeitsrecht sorgen.

4.3 Berufsunfähigkeitsversicherung

22 Eine Vielzahl von Pflegefachpersonen erlebt das Rentenalter nicht im ursprünglichen Beruf. Dies liegt an den teilweise psychisch stark belastenden Arbeitsverhältnissen in der Pflege aber auch an den körperlichen Herausforderungen. Daher ist eine Berufsunfähigkeitsversicherung empfehlenswert. Eine solche Police sorgt für die Situation vor, dass man seinen Beruf nicht mehr ausüben kann. Fast alle Versicherungen haben aber eine Verweisungsklausel eingebaut. Eine solche Klausel sieht vor, dass Leistungen aus der Versicherung nicht geltend gemacht werden können, so lange man in einem zumutbaren Beruf arbeiten kann. Was zumutbar ist, ist nach den Versicherungsbedingungen zu beurteilen. Das ist im Einzelfall zu prüfen.

Unterschieden wird zudem zwischen der sogenannten abstrakten und konkreten Verweisung. Bei der abstrakten Verweisung reicht es aus, dass es im Rahmen der zumutbaren Verweisung potenziell einen Arbeitsplatz für einen von der Berufsunfähigkeit betroffenen Versicherten gibt. Die konkrete Verweisung bedeutet, dass ein entsprechender Ersatzarbeitsplatz bereits angetreten worden sein muss. Insofern ist darauf zu achten, wie weit die entsprechende Verweisungsklausel greift. In der Regel wird man eine konkrete Verweisung in einen vergleichbaren Beruf akzeptieren können. 23

Eine Berufsunfähigkeitsversicherung ist allerdings nicht ganz günstig. Häufig ist es im höheren Lebensalter auch verhältnismäßig schwierig, noch einen Versicherungsschutz zu erhalten. Die Versicherungen kalkulieren sehr genau. Daher gilt: Je früher man die entsprechende Versicherung abschließt, desto weniger droht, dass die Versicherung aus Altersgründen einen Vertragsschluss ablehnt. Zudem sind die Prämien meist niedriger, je früher die Kontrakte abgeschlossen werden. 24

In diesem Zusammenhang sei auch noch darauf hingewiesen, dass die gesetzliche Erwerbsunfähigkeitsrente meist keine besonders gute Absicherung gewährt. Erwerbsunfähigkeit heißt, dass man weder in seinem gelernten Beruf noch eine Stufe darunter, also für Pflegefachpersonen in angelernten Berufen gleich welcher Couleur – es muss also nichts mit dem bisherigen Berufsbild zu tun haben – einsatzfähig ist. Selbst wenn die Erwerbsunfähigkeit erreicht ist, ist es häufig so, dass die Höhe der Erwerbsunfähigkeitsrente sehr gering ist. Diese orientiert sich nämlich an den bisher geleisteten Einzahlungen. Wer also jung erwerbsunfähig wird und eine entsprechende gesetzliche Rente benötigt, muss sich darauf einstellen, auf „Hilfe vom Amt angewiesen“ zu sein. 25

Eine Berufsunfähigkeitsversicherung ist mithin sinnvoll, wenn sie finanzierbar ist und man noch eine solche abschließen kann. Man sollte hier allerdings darauf achten, dass die Leistungen der Berufsunfähigkeitsversicherung einigermaßen auskömmlich sind – auch hier sind viele Lockangebote vor allem auch von Arbeitgebern unterwegs. 26

Bei der Berufsunfähigkeitsversicherung lohnt es sich häufig zu schauen, ob nicht für die eigene Berufsgruppe oder aufgrund einer Zugehörigkeit zu einem Verband oder auch einer Gewerkschaft bessere Konditionen zu erreichen sind. Man spricht hier von Gruppenversicherungen. 27

Ein Hinweis am Ende noch: Berufsunfähig im Sinne der Berufsunfähigkeitsversicherung ist auch der, der nur zeitweise berufsunfähig war. Die meisten Verträge sehen dies ab einer Berufsunfähigkeit/Erkrankung von sechs Monaten vor. 28

4.4 Private Unfallversicherung

29 Kann eine Berufsunfähigkeitsversicherung nicht mehr abgeschlossen werden, ist eine alternative die sogenannte Unfallversicherung. Der Unfallbegriff im Sinne der Unfallversicherung ist dabei breiter, als häufig angenommen wird. Ein Unfall ist jedes von außen auf den Körper einwirkendes Ereignis. Das kann aber auch – wenn es nicht ausgeschlossen ist – für körperinterne Vorgänge gelten, so zum Beispiel bei einem Sturz infolge einer Ohnmacht oder aber Koordinationsstörungen wegen Tumormetastasen. Auch die Art der Einwirkung auf den Körper ist beliebig, sie kann mechanischer, elektrischer, chemischer oder auch anderer Natur sein, ebenso können auch sinnliche Einwirkungen den Tatbestand erfüllen. So kann beispielsweise ein lautes Geräusch, das zu einer Ohrschädigung führt, ein Unfallereignis darstellen.

30 Auch ansonsten entstehende Verletzungen, etwa beim Sport oder Fahrradfahren, stellen einen Unfall dar. Dies gilt ebenso für eine beigebrachte Schnittwunde oder sonstige Verletzungen bei der Arbeit mit Messern und Werkzeugen.

31 Die Leistungen der Unfallversicherung sind unterschiedlich und können zum Beispiel die Stellung einer Haushaltshilfe, die Zahlung von Krankentagegeld und viele andere Leistungen beinhalten. Kernleistung ist allerdings immer eine Geldleistung, die bezahlt wird, wenn eine Invalidität eintritt.

32 Welche Leistungen bei welcher Invalidität gewährt werden, ist von Versicherung zu Versicherung unterschiedlich und hängt natürlich auch von der Versicherungsprämie ab. Hier muss genau verglichen werden. Denn die eine Versicherung zahlt bereits ab einer Invalidität von fünf Prozent, die andere erst ab 50 Prozent. Klar ist, dass die erst ab 50 Prozent zahlende Versicherung deutlich günstiger ist als jene, die schon ab fünf Prozent zahlt. Auch die Bewertung der Invaliditätsgrade kann unterschiedlich sein. In der Regel wird allerdings auf die sogenannte Kopf- und Gliedertaxentabelle abgestellt. Daraus ergibt sich, dass beispielsweise bei der Amputation eines Beines eine Invalidität von 70 Prozent vorliegt. Ist der Zustand so, dass das Bein nur zur „Hälfte" einsetzbar ist, so würde sich eine Invalidität von 35 Prozent ergeben (70 Prozent x 50 Prozent = 35 Prozent).

33 Ferner bieten viele Versicherungsverträge eine sogenannte Progression. Das bedeutet, dass die Versicherungssumme aufgewertet wird, wenn ein gewisser Prozentsatz an Invalidität überschritten wird. Eine häufige Variante hiervon ist, dass jedes Prozent der Invalidität, das ab 25 Prozent dazukommt, doppelt zählt. Liegt also eine Gesamtinvalidität von 35 Prozent vor, so ist die gesamte Leistung vertragliche Invalidität 45 Prozent. Dies errechnet sich wie folgt: 35 % + 10 % (35 % -25 % (zu überschreitender Wert) =10 %)).

34 Welche Leistung für welches Geld man sich „einkaufen" möchte, hängt von der eigenen wirtschaftlichen Lage und beispielsweise den familiären Verpflichtungen ab. Es dürfte auch eine Rolle spielen, ob man eine Berufsunfähigkeitsversicherung

abgeschlossen hat oder nicht. Vor dem Hintergrund der Vielzahl der vorhandenen Produkte gilt es, einen sehr akribischen Vergleich durchzuführen.

Abschließend noch folgender Hinweis: Es sind bei der Unfallversicherung unbedingt Fristen einzuhalten und die sind teilweise sehr kurz! Bitte bei einem Unfall sofort überprüfen, welche Fristen einzuhalten sind. 35

5 Selbständige und Freiberufler

Der Freiberufler oder Selbstständige muss sich neben den gerade dargestellten Versicherungen auch um eine Altersvorsorge und eine Krankenversicherung kümmern. Für die Altersvorsorge sollten mindestens 20 Prozent des Einkommens vorgesehen werden. Ob man hier zu einer Lebensversicherung greifen sollte, muss man sich gut überlegen. Denn deren Abschlusskosten sind hoch und die Bezüge daraus müssen versteuert werden. Eventuell ist doch empfehlenswerter, mit anderen Vermögensanlagen zu arbeiten oder sogar eine freiwillige Mitgliedschaft in der gesetzlichen Rentenversicherung anzustreben. Die Absicherung gegen Berufsunfähigkeit (oder wenigstens eine Unfallversicherung) ist ebenso Pflicht. 36

Bei der Krankenversicherung gilt das umso mehr. Zwar mögen die Leistungen der privaten Krankenversicherungen auf den ersten Blick deutlich besser sein – viele PKV-Verträge schließen aber Leistungen aus, die gesetzliche Versicherungen tragen. Bekannteste Beispiele sind die Psychotherapie und die Rehabilitationen. Zudem kostet in der privaten Krankenversicherung jedes Familienmitglied gesondert Geld. Das ist bei der gesetzlichen Versicherung anders. Hier sind alle Familienmitglieder (soweit sie nicht eigenes Einkommen haben) gesetzlich mitversichert. Es wird nur ein Beitrag bezahlt. Hinzu kommt: Die Beiträge der privaten Krankenkassen steigen gerade im Alter überproportional an – die Einkünfte sinken dann aber, spätestens mit Beginn der Rente. Hier kommt es oft zu Zahlungsengpässen. Ein Wechsel zurück in die gesetzliche Versicherung ist ab dem 55. Lebensjahr aber nicht mehr möglich. Die Pflegeversicherung folgt der gewählten Krankenversicherung. Keine Absicherung zu haben, ist übrigens nicht erlaubt und stellt eine Ordnungswidrigkeit dar. 37

Selbständige und Freiberufler müssen sich zudem gegen Krankheit absichern. Hier bedarf es einer Krankentaggeldversicherung, die mindestens solche Leistungen vorsehen sollte, dass eine Ersatzkraft für den „Chef“ oder die „Chefin“ eingestellt werden kann, um eine zeitweise Vertretung zu ermöglichen. Da typischerweise die Vertretung aber nicht die Leistung bringen wird wie man selbst, tut hier eine Reserve gut. Dabei kann – je nach Rücklagen – eventuell die Krankentagegeldversicherung erst etwas später greifen (z. B. ab der siebten Woche). 38

Für gesetzlich Versicherte kann ein Krankentagegeld in der gesetzlichen Krankenkasse interessant sein (günstig). 39

40 Wegen des guten Preises/Leistungsverhältnisses ist es auch sinnvoll, sich selbst freiwillig in der gesetzlichen Unfallversicherung zu versichern. Das entbindet aber nicht von einer sonstigen Absicherung.

X Delegation ärztlicher Leistung – Einleitung

Die Einführung der German-Diagnosis Related Groups (G-DRG) als Abrechnungsgrundlage von Krankenhausleistungen zwingt die Kliniken, ihre Effektivität und Effizienz zu überprüfen. Zielorientiert sollen die Aufbau- und Ablauforganisation der Krankenhäuser umstrukturiert und die Prozesse optimiert werden. Die berufsgruppenspezifischen Säulen sollen zu Gunsten der interdisziplinären Zusammenarbeit aufgeben werden.[246] 1

Ausgelöst durch Personalnot im ärztlichen Bereich und Sparzwänge, aber auch dank immer besser ausgebildeter Pflegefachpersonen, die auch höherwertige Tätigkeiten erbringen möchten, stellt sich die Frage nach Möglichkeiten der Delegation ärztlicher Leistungen an Pflegefachpersonen.[247] 2

Kooperiert die Pflegefachperson mit dem Arzt, wird in der Regel der implizierte Arztvorbehalt auf dem Gebiet der Heilkunde genannt.[248] Nicht zuletzt zur Senkung der Kosten soll die dominierende Rolle der Mediziner durch eine vermehrte Delegation und Substitution einzelner Tätigkeiten durch andere qualifizierte Gesundheitsberufe abgeschwächt werden.[249] Von den Ärzteverbänden wird gemeinhin vertreten, nur über die Delegation könne eine heilkundliche Tätigkeit ausgeübt werden. Diese Sichtweise ist rechtlich so nicht haltbar.[250] Die Verbände der Pflegeberufe drängen auf Vorbehaltstätigkeiten oder auf selbstständige Durchführung von heilkundlichen Tätigkeiten. Durch § 63 Abs. 3c SGB V wird den Pflegeberufen mittels der Modellvorhabensklausel die selbstständige Ausübung von Heilkunde eröffnet.[251] 3

Aus pflegerischer Sicht können hiergegen aber auch erhebliche Bedenken bestehen. Zwar ist es so, dass es ein großes Interesse von Seiten der Pflegekräfte gibt, ärztliche Leistungen selbst durchzuführen. Immerhin wertet dies die eigene Tätigkeit ungemein auf und ermöglicht so eine deutlich bessere Position gegenüber den Ärzten. Andererseits darf nicht verkannt werden, dass sich mit der Übernahme von ärztlichen Leistungen im Pflegedienst besondere Probleme ergeben. Zum einen wird das Pflegepersonal das Risiko der persönlichen Haftung scheuen, zum 4

246 Vgl. Gutachten zu den zukünftigen Handlungsfeldern in der Krankenhauspflege. Erstellt im Auftrag des Sozialministeriums Rheinland-Pfalz. Online: http://msagd.rlp.de/no_cache/gesundheit/krankenhauswesen/projekt-staerkung-der-pflege-im-krankenhaus/?cid=97763&did=51049&sechash=aed34787 [abgerufen am 19.5.2013].

247 Vgl. Müller/Schabbeck: Delegation ärztlicher Leistungen an Pflegekräfte aus juristischer Sicht. In: Bettig u. a. (Hrsg.): Management Handbuch Pflege. 2012, S. 1.

248 Vgl. Kluth: Verlangt der demografische Wandel eine neue Zuordnung der ärztlichen und sonstigen Gesundheitsdienstleistungen? – Eine Problemskizze. In: MedR 6/2010, S. 375 ff.

249 Vgl. Bergmann: Delegation und Substitution ärztlicher Leistungen auf/durch nichtärztliches Personal. In: MedR 27/2009, S. 373.

250 Vgl. Igl: Rechtliche Stellung von Fachkräften in der Pflege. In: Bettig u. a. (Hrsg.): Management Handbuch Pflege. 2012, S. 17.

251 Vgl. Müller/Schabbeck: Delegation ärztlicher Leistungen an Pflegekräfte aus juristischer Sicht. In: Bettig u. a. (Hrsg.): Management Handbuch Pflege. 2012, S. 1.

anderen stellt sich die Frage, inwieweit stark belastetes Pflegepersonal überhaupt in der Lage ist, zusätzlich zu den originären pflegerischen Aufgaben ärztliche Leistungen zu übernehmen.

5 Im Pflegealltag wird der Begriff „Delegation“ sehr häufig und unachtsam eingesetzt. „Unter Delegation versteht man die Übertragung von Kompetenzen auf andere[252]“. Aus dieser Definition wird abgeleitet, dass ein Arzt Aufgaben und Kompetenzen innerhalb seiner fachlichen Weisung an Pflegepersonen delegieren kann. Dies stellt eine Tätigkeitsverschiebung zwischen den Berufsgruppen dar.[253] Delegation ärztlicher Leistungen an Pflegepersonal oder Delegation pflegerischer Aufgaben an pflegerische Hilfskräfte wird in Zukunft deutlich zunehmen. Deshalb scheint es unverzichtbar, selbige in der und durch die Berufsgruppe Pflege präziser zu beschreiben und zu regeln.

6 Pflegekräften sollen durch die beschriebene Praxis Freiheiten in ihrer Arbeitsausführung zugesprochen werden. Diese Freiheiten beziehen sich auf eine Zunahme der Eigenverantwortlichkeit (vertikale Erweiterung des Arbeitsumfeldes) sowie auf eine Erweiterung der Tätigkeit auf mehrere Arbeitsfelder (horizontale Erweiterung des Arbeitsumfeldes).

1 Haftung bei Delegation

7 Bei der Aufnahme im Krankenhaus/Altenheim/ambulanten Pflegedienst erfolgt ein Vertrag mit dem Träger der Einrichtung. Dies gilt für den sog. Selbstzahler und den Kassenpatienten. Die Mitarbeiter der Einrichtung sind somit nicht Vertragspartner. Vertragliche Ansprüche des Patienten (z. B. pflegerische oder ärztliche Versorgung, Verpflegung) richten sich gegen den Träger der Einrichtung. Somit kann die Pflegefachperson bei einem Pflegefehler nicht in die zivilrechtliche Haftung genommen werden. Hier greift das sog. Arbeitnehmerprivileg. Das Verhältnis Patient-Träger der Einrichtung wird zivilrechtlich beurteilt. Der Träger wird gemessen an den vertraglichen Ansprüchen des Patienten; er hat die Organisationsfreiheit. Der Träger kann die Leistungen nicht selbst erbringen, sondern bedient sich Erfüllungsgehilfen, wie beispielsweise Pflegefachpersonen, Hilfskräfte, Ärzte usw. Die Erfüllungsgehilfen sind durch Arbeitsverträge mit dem Träger der Einrichtung verbunden. Hier kommt das arbeitsrechtliche Anweisungsverhältnis (Direktionsrecht) des Arbeitgebers (hier z. B. das Krankenhaus) zur Anwendung. Der Arbeitgeber bestimmt somit einseitig nach pflichtgemäßem Ermessen die Einzelheiten der Arbeit nach Art, Ort und Leistung, z. B. durch Stellenbeschreibungen, Verfahrensanweisungen oder Dienstanweisungen. Da der Träger in der Regel als eine juristische Person (zum Beispiel GmbH oder AG) ausgeformt ist, wird zwischen abstraktem Arbeitgeber und konkretem Arbeitgeber

252 Bea/Göbel: Organisation. 2006, S. 302.
253 Vgl. Wagner: Aufgaben im Krankenhaus neu aufteilen. 2010, S. 14.

unterschieden. Der Anstellungsarbeitgeber überträgt auf einzelne Funktionsträger in der Arbeitsorganisation die Weisungsrechte, z. B. auf die PDL oder Stations- oder Wohnbereichsleitung. Hier kommt das Arbeitsrecht zur Anwendung. Da die tatsächliche Leistung, zum Beispiel Blutentnahme, nicht der rechtliche Leistungsträger, das heißt das Krankenhaus selbst, erbringt, sondern der Erfüllungsgehilfe, hier zum Beispiel die Pflegefachperson, besteht somit keine vertragliche Sonderbeziehung zwischen Erfüllungsgehilfen und Patient.

Der Träger der Einrichtung (rechtlicher Leistungserbringer) schuldet dem Patienten 8 (Leistungsempfänger) vertragsgemäßes, sorgfältiges Verhalten und haftet somit deliktisch aus unerlaubter Handlung. Der Begriff der Fahrlässigkeit ist gemeinsamer Sorgfaltsmaßstab, nämlich die Außerachtlassung der im Verkehr erforderlichen Sorgfalt (§ 276 Abs. 1 S. 2 BGB). Die Pflegefachperson (tatsächlicher Leistungserbringer) haftet zivilrechtlich persönlich aus unerlaubter Handlung ebenfalls für Fahrlässigkeit. Von dieser zivilrechtlichen Haftung wird die Pflegefachperson aber durch den Arbeitgeber freigestellt (Arbeitnehmerprivileg). „Der Pflegedienst übernimmt nach Maßgabe der gesetzlichen Vorschriften die Haftung für Schäden, welche die Pflegekräfte in Ausübung Ihrer Tätigkeit verursachen“. (§ 16 Abs. 3 Rahmenvertrag gemäß §§ 132 und 132a SGB V zur Erbringung von häuslicher Krankenpflege und Haushaltshilfe) Hier greift die Haftpflichtversicherung des Arbeitgebers ein. Jeder Arbeitgeber im Gesundheitswesen benötigt für seine Zulassung bei den Krankenkassen eine Haftpflichtversicherung (z. B. § 16 Abs. 4 Punkt 3 Rahmenvertrag gemäß §§ 132 und 132a SGB V zur Erbringung von häuslicher Krankenpflege und Haushaltshilfe). Ohne diese erhält er keine Zulassung. Da dem Arbeitgeber durch den Schadensersatz durch die Haftpflichtversicherung kein Schaden entstanden ist, kann er den Schadensersatz nicht beim Arbeitnehmer einfordern.

Darüber hinaus haftet die Pflegekraft im Rahmen des Rechtsgüterschutzes eigen- 9 verantwortlich und höchstpersönlich für die Verletzung von Strafgesetzen, wie zum Beispiel bei fahrlässiger Körperverletzung oder fahrlässiger Tötung. Hier wird ein individueller Sorgfaltsmaßstab angesetzt. Das Arbeitnehmerprivileg greift nicht. Somit steht der Mitarbeiter im Strafrecht mit ihrem Rechtsanwalt alleine da.

2 Stellung des Delegierenden

Juristisch handelt es sich bei der Delegation der Leistung um eine Arbeitsteilung. 10 Der Delegierende (Arzt, Pflegefachperson) bedient sich des Delegationsempfängers (Arzt delegiert an Pflegefachperson, Pflegefachperson delegiert an Hilfskraft) als Werkzeug (wobei dieses Werkzeug in der Regel um das Risiko seines Handelns weiß). Er muss daher dafür sorgen, dass sein „Werkzeug“ ordnungsgemäß handelt und steht zivil- und strafrechtlich sowie unabhängig von einem Behandlungsvertrag mit dem Patienten persönlich für Fehler seines „Werkzeuges“ ein, wenn er weiß oder aber wissen musste, dass es zu Fehlleistungen des Delegationsempfängers kommen wird.

11 Insofern muss der Delegierende verschiedene Schritte bei der Delegation beachten:

2.1 Auswahl des Delegationsempfängers

12 Zunächst bedarf es der Auswahl eines qualifizierten Delegationsempfängers. Dabei kann der Arzt nicht davon ausgehen, dass die entsprechende Qualifikation vorliegt (z. B. Wundmanager, Fachkrankenpflege), selbst wenn die entsprechende Tätigkeit zum Umfang der Berufsausbildung des Delegationsempfängers gehört. Er muss sich weiter vor erstmaliger Delegation vergewissern, dass der beabsichtigte Delegationsempfänger die delegierte Leistung durchführen kann. Die notwendige Intensität der Prüfpflichten ist dabei variabel. Sie hängt zum einen davon, ob die Leistung schwierig ist – zum anderen aber auch davon, ob die Leistung grundsätzlich vom Ausbildungskatalog des Delegationsempfängers abgedeckt wird. Je mehr sich die Leistung vom Ausbildungskatalog des Delegationsempfängers entfernt oder aber je komplexer sie ist, desto umfangreicher sind die Prüfpflichten des Arztes.

2.2 Instruktionspflichten des Delegierenden

13 Daneben muss der Delegierende auch dafür sorgen, dass der Delegationsempfänger weiß, was er zu tun hat. Dies setzt voraus, dass eine exakte Anweisung mit den notwendigen Informationen zu den Aufgaben erfolgt. Ggf. muss der Delegierende auch das „Wie" der Behandlung klar definieren. Hierbei handelt es sich um die Instruktionspflichten des Delegierenden.

2.3 Kontrolle der Durchführung

14 Neben der Auswahl an dieser erstmaligen Prüfung gilt für den Delegierenden, dass er außerdem die Leistungen des Delegationsempfängers überprüfen muss. Auch hier gilt ein Verhältnismäßigkeitsgrundsatz: Je komplexer die Leistung und je riskanter sie für den Patienten ist, desto häufiger müssen die entsprechenden Leistungen überprüft werden. Aber bei sehr erfahrenen Kräften (z. B. Fachpflegekräfte für Intensivmedizin, Anästhesie oder Onkologie) oder aber bei geringen Anforderungen (z. B. s. c. oder i. m. Injektionen) wird eine stichprobenartige Prüfung ausreichen. Bei komplexen Leistungen kann es sein, dass schon jeweils im Einzelfall eine stichprobenartige Überprüfung, beispielsweise des Arbeitsergebnisses, erfolgen muss.

2.4 Einwilligung durch den Patienten

Mit dieser Auswahl und Überprüfung des Delegationsempfängers ist es allerdings noch nicht getan. Richtigerweise handelt es sich bei der Frage, dass eine wesentliche Leistung der ärztlichen Behandlung an einen nichtärztlichen Mitarbeiter delegiert wird, um ein Thema, für das die Einwilligung des Patienten in die Behandlung von wesentlicher Bedeutung ist. Diese kann nur dann straf- und haftungsbefreiend erfolgen, wenn dem Patienten erklärt wurde, dass eine Delegation von Leistungen an einen nichtärztlichen Mitarbeiter erfolgt und dessen Einwilligung das Einverständnis hierzu umfasst hat. 15

Allerdings beinhaltet die Pflicht zur Aufklärung nicht Dinge, die allgemein bekannt sind. Dass die Blutabnahme in der Regel nicht durch den Arzt vorgenommen wird, muss heute niemandem mehr erklärt werden. Daher muss über solche offensichtlichen Dinge nicht aufgeklärt werden. Etwas anderes gilt allerdings, wenn es sich um eine arterielle Blutentnahme (z. B. A. radialis) oder das i. v. Applizieren von Zytostatika handelt, die zu höheren Risiken führen können. In diesen Fällen muss der Arzt den Patienten darüber informieren, dass dennoch eine Delegation erfolgt. 16

Ein weiterer Sonderfall ist, dass der Patient zwar erkennt, dass er nicht von einem Arzt behandelt wird, er sich dagegen aber nicht zur Wehr zu setzen kann oder denkt, sich nicht zur Wehr setzen zu können. Dies wäre etwa der Fall, wenn der Patient davon ausgeht oder es ihm sogar mitgeteilt wird, die folgende Behandlung durch den Arzt könne nicht stattfinden, wenn die vorbereitende delegierte Leistung durch ein Mitglied des Pflegepersonals nicht durchgeführt wird. 17

2.5 Dokumentation

Die entsprechende Aufklärung und Einwilligung muss entsprechend dokumentiert werden, da ansonsten, wie beschrieben, die Beweiserleichterungen gelten (siehe Teil II Kap. 3.4). Nicht direkt in der Patientenakte vorgehalten werden müssen die Dokumentationen zur Auswahl und fortlaufenden Überprüfung der Delegationsempfänger. Allerdings müsste in einem Prozess seitens des Delegierenden nachgewiesen werden, dass entsprechende Überprüfungen stattgefunden haben. Daher muss auch dies in geeigneter Weise dokumentiert werden, um in einem Prozess darstellen zu können, dass den hier gezeigten Verpflichtungen nachgekommen worden ist. Dies muss zwar nicht schriftlich geschehen, der Weg ist aber besser. Können in einem Verfahren keine Dokumente vorlegt werden, so kann man sich zwar grundsätzlich auch auf Zeugen berufen. Allerdings führen Zeitablauf und nicht immer allzu genaues Erinnerungsvermögen der Zeugen dazu, dass diese Variante immer die zweite Wahl sein muss. 18

2.6 Einwendungen des Delegationsempfängers

19 Letztlich muss der Delegierende selbstredend auch auf Einwendungen des Delegationsempfängers (Remonstration) reagieren. Wendet dieser ein, er könne die delegierte Leistung fachlich oder technisch nicht leisten, so darf der Delegierende keinesfalls die entsprechende Leistung an den Delegationsempfänger abgeben. Dies gilt selbst, wenn er der Auffassung ist, dass ein durchschnittlich befähigter Delegationsempfänger die entsprechende Leistung leisten können muss, da dies in seiner Ausbildung gelehrt worden sei (formale Qualifikation).

2.7 Delegationsfähige Leistung

20 Schließlich setzt eine ordnungsgemäße Delegation natürlich voraus, dass es sich überhaupt um eine delegationsfähige Leistung handelt. Kernbereiche des Arztes wie z. B. Diagnosestellung und Therapiepläne sind nicht delegationsfähig.

3 Haftung des Delegationsempfängers

21 Kann der Delegationsempfänger, z. B. eine Hilfskraft, die delegierte Leistung aus technischen und/oder fachlichen Gründen oder wegen einer Arbeitsüberlastung nicht durchführen, muss sie dies dem Delegierenden, also der Pflegefachperson, kundtun.

3.1 Beschwerde- oder Remonstrationspflicht

22 Hierzu zählt insbesondere die Offenlegung der Tatsache, dass die delegierte Leistung durch den Delegationsempfänger nicht ausgeführt werden kann. Dies bezieht sich nicht nur auf die Frage der rein fachlichen Durchführung (qualitative Einwendung), sondern auch auf die Frage der Menge (quantitative Einwendung) der Arbeitsbelastung. Hier muss unbedingt dafür gesorgt werden, dass der „Ball" gemäß der Delegationskette zurückgespielt wird. Bekommt der delegierende Arzt/die Pflegefachperson oder aber einer seiner Vorgesetzten Kenntnis davon, dass die Delegation den Delegationsempfänger in qualitativer oder quantitativer Form überlastet, so würde die Fortsetzung der Delegation ein Fehler des Delegierenden darstellen. Der Delegationsempfänger ist dann wieder von der Haftung befreit. Die Beschwerde hat sofort, das heißt ohne schuldhaftes Zögern, bei dem Delegierenden zu erfolgen. Wird an der problematisch erscheinenden Dienstleistung weiter festgehalten, hat sich der Delegationsempfänger gegebenenfalls an den nächsthöheren Vorgesetzten (Stations-, Wohnbereichsleitung oder Pflegedienstleitung) zu wenden.

23 Diese Beschwerde – im Fachjargon häufig Remonstration genannt – wird in der Regel mittels einer „Überlastungsanzeige" zum Ausdruck gebracht: „Die Überlas-

tungsanzeige dient dazu, dem Arbeitgeber bzw. dem Dienstherren Mängel in der persönlichen Organisation zu verdeutlichen. Hierbei handelt es sich regelmäßig um eine unzureichende personelle Besetzung bzw. um Fehler bei der Verteilung der vorhandenen Arbeitsmenge. Die Anzeige hat das Ziel, Verbesserungen zu erreichen. Der Anzeigende macht dem Arbeitgeber oder Dienstherren deutlich, dass das vorhandene Pensum durch ihn nicht mehr bewältigt werden kann und deshalb Fehler im Geschäftsgang nicht auszuschließen sind.[254]« Wegen der Dokumentationssicherheit und der Tatsache, dass der Delegationsempfänger im Zweifel die entsprechende Remonstration beweisen können muss, ist dringend angeraten, eine derartige Überlastungsanzeige schriftlich zu formulieren. Es sollte weiter sichergestellt werden, dass der Zugang der entsprechenden Remonstration bei dem bzw. den zuständigen Vorgesetzten durch den Delegationsempfänger auch im Falle eines Streites bewiesen werden kann. Daher wird angeraten, Kopien der eigenen Überlastungsanzeigen aufzubewahren. Beim Streit mit dem Arbeitgeber kann es möglich sein, dass dieser den Zugriff auf die Unterlagen verweigert. Es soll auch schon vorgekommen sein, dass Unterlagen „verschollen" sind. Wesentlich ist auch, dass der Zugang der Beschwerde bei der jeweiligen zuständigen Person nachgewiesen werden kann.

Während sich die Überlastungsanzeige darauf bezieht, dass in der Regel eine 24
quantitative Überbelastung vorliegt, also dem Delegationsempfänger zu viele Leistungen aufgebürdet werden, ohne dass eine entsprechende personelle Entlastung auf Delegationsempfängerebene stattfindet, besteht andererseits auch die Problematik, dass einzelne Aufgaben zu komplex werden können. Auch Aufgaben, welche grundsätzlich delegierbar sind und die von der Kompetenz des Delegationsempfängers durchaus umfasst sind, können zu komplex werden. Dies wird deutlich an einem Verfahren am Landgericht Dortmund. In dem Fall hatte eine Pflegefachperson den Blasendauerkatheter wechseln wollen. Diese Leistung ist grundsätzlich delegierbar und wäre im vorliegenden Fall auch von der Delegationsempfängerin durchführbar gewesen. Allerdings gab es Schwierigkeiten beim Wechsel des Blasendauerkatheters. Diese Probleme versuchte die Pflegefachperson dadurch zu überwinden, dass sie sehr kräftig an dem Katheter zog. Es kam zu einem Schaden beim Patienten, für den hier die Pflegefachperson einstehen musste, da die Mitarbeiterin nach Überzeugung des Gerichts die Grenzen ihrer Kenntnisse hätte erkennen müssen. Denn dies habe sie nicht getan und demensprechend fehlerhaft gehandelt. Für den Fall, dass kein Arzt zu greifen gewesen wäre, hätte die Pflegefachperson erst dann selbst handeln müssen, wenn ein Notfall vorgelegen hätte, denn ein Notfall würde zu einer Rechtfertigung eines solchen Handelns führen (Im Notfall darf eine Pflegefachperson all das tun, was sie beherrscht (§ 3 Abs. 2d Krankenpflegegesetz)). Keine Lösung ist es aber, auf einen Notfall zu warten und dann zu handeln. Sind im konkreten Fall die Grenzen

254 Baßlsperger (2011): Überlastungsanzeige: Rechtliche Wirkung und notwendiger Inhalt. Online: http://www.rehmnetz.de/Personal/Beamtenrecht/BEamten-BLOG-Ueberlastungsanzeige-Rechtliche-Wirkung-und-notwendiger-Inhalt-5676.html [abgerufen am 11.3.2018].

seiner Leistungsfähigkeit erreicht, muss der Delegationsempfänger einen Arzt hinzuholen. Diesen Vorwurf muss sich auch derjenige gefallen lassen, der seine Überforderung zwar nicht erkannt hat, aber hätte erkennen müssen.

25 Daneben bleibt die Haftung des Delegationsempfängers bestehen, wenn dieser eine Leistung erbringt, die eigentlich unproblematisch wäre, diese aber schlichtweg z. B. wegen mangelnder Aufmerksamkeit fehlerhaft ausführt. Typisches Beispiel wäre die s. c. Injektion von Insulin ohne Desinfektion, indem diese vergessen wird und als Folge ein Spritzenabszess entsteht.

4 Haftung des Trägers

26 Die Risiken der Delegation sind nach dem Vorbenannten für die beteiligten sogenannten natürlichen Personen, also die Delegierenden ebenso wie den Delegationsempfänger, recht überschaubar. Gelingt die entsprechende Auswahl und Kontrolle des Delegationsempfängers durch den Delegierenden und erkennt der Delegationsempfänger die Grenzen seiner Leistungsfähigkeit und reagiert entsprechend, so erhöht sich das Risiko der beiden Beteiligten, für Fehler einstehen zu müssen, allenfalls marginal.

27 Anderes gilt allerdings bezüglich der Struktur, welche die arbeitsteilige Organisation bedient und anordnet. Hierbei handelt es sich eine Problematik der Organisation der Behandlung. Es wurde bereits darauf hingewiesen, dass für Fehler aus der Organisation gemäß § 630h BGB besondere Beweislastregelungen gelten, wenn es sich um ein allgemein beherrschbares Behandlungsrisiko handelt. Die möglichen Fehlerquellen, welche durch diese zusätzlichen Organisationen entstehen, gehen mit dem Vertragspartner des Patienten zunächst einher. Der Träger haftet also nicht nur für die falsche Tätigkeit, sondern auch für alle Aspekte der mangelhaften Delegation.

28 Auch strafrechtlich kommt ein zusätzliches Haftungspotenzial hinzu. Wer Kenntnis von Organisationsmängeln hat und diesen Zustand hinnimmt, haftet als Garant (§ 13 StGB) für körperliche Schäden, die die Patienten erleiden könnten. Dabei gilt das Prinzip, dass die gelungene Delegation auch hier den Delegierenden entlastet. Wird die Überwachung des Delegationsvorgangs beispielsweise seitens des Krankenhausträgers an die Chefärzte delegiert und überwacht der Klinikträger die Chefärzte bezüglich der übertragenen Kontrollaufgaben, so werden die entsprechenden Personen von der Haftung freigestellt. In einem Krankenhaus wird typischerweise die persönliche Haftung den ärztlichen Direktor, den Pflegedirektor oder aber auch den kaufmännischen Leiter des Hauses, in der stationären Pflege den Heim- und Pflegedienstleiter und in der häuslichen Pflege die Pflegedienstleitung treffen. Auch hier gilt allerdings, dass gegebenenfalls die Haftung anderer verantwortlicher Personen hinzukommen kann (z. B. die Stations- oder Wohnbereichsleitung), eben immer dann, wenn diese rechtlich oder faktisch auf die Abläufe im Haus Einfluss nehmen (können) und Missstände durch ihre

Entscheidungen entstehen lassen – oder trotz Kenntnis solcher Missstände von ihren Möglichkeiten der Einwirkung keinen Gebrauch machen.

5 Arbeitsrechtlicher Kontext

Typischerweise erfolgt die Delegation von Leistungen im Rahmen von Arbeits- 29
verhältnissen. Dabei ist in der Regel wenigstens der Delegationsempfänger ein Arbeitnehmer. Dies hat folgende Konsequenzen:

5.1 Keine Arbeitsverweigerung

Die oben beschriebenen Remonstrationspflichten und die Rückgabe der delegier- 30
ten Aufgabe an den Delegierenden für den Fall, dass die eigene Qualifikation für die Leistung insgesamt oder aber konkret nicht ausreicht, stellen keine Arbeitsverweigerung dar. Dies muss selbst für den Fall gelten, in dem sich der Arbeitnehmer bezüglich der Verweigerungshaltung irrt; zumindest dann, wenn dies für den Arbeitnehmer nicht offensichtlich erkennbar gewesen ist.

5.2 Haftung des Arbeitnehmers

Weiter gilt zu Gunsten des Mitarbeiters das sogenannte Arbeitnehmerprivileg. 31
Grundsätzlich kann ein Patient neben dem typischen Anspruch gegen seinen Vertragspartner (Krankenhaus, ambulante oder stationäre Pflegeeinrichtung) auch einen direkten Anspruch gegen die an der fehlerhaften Behandlung beteiligten Personen haben. Eine solche Haftung folgt dann aus § 823 BGB. Allerdings hat der Arbeitnehmer einen Anspruch gegen seinen Arbeitgeber auf die sogenannte Freistellung von dieser Inanspruchnahme. Das bedeutet beispielsweise: Wenn der Mitarbeiter von einem Gericht zur Zahlung von Schadensersatz an den Patienten verurteilt wird, muss er diese Strafe zwar bezahlen. Er kann allerdings die Erstattung des Betrages (und der notwendigen Kosten) von seinem Arbeitgeber verlangen.

Dies hat jedoch seine Grenzen. Das Bundesarbeitsgericht wendet das Arbeitneh- 32
merprivileg nicht an, wenn der Schaden auf Grund eines vorsätzlichen Handelns des Arbeitnehmers entstanden ist. Weiter unterscheidet das Bundesarbeitsgericht insofern, dass zwar bei leichter Fahrlässigkeit der Arbeitnehmer nicht haftet – aber schon bei mittlerer Fahrlässigkeit im Grundsatz eine Schadensersatzpflicht bestehen kann. Dies ist aber auf eine Beteiligung an den Schadensfolgen beschränkt. Bei grober Fahrlässigkeit haftet der Arbeitnehmer regelmäßig im vollen Umfang. Allerdings ist auch hier eine Einschränkung der Haftung möglich, wenn der zu ersetzende Schaden eine Größenordnung erreicht, die den Arbeitnehmer in seiner wirtschaftlichen Existenz gefährden würde.

33 Bezüglich der Begrifflichkeit des Vorsatzes kann auf die Ausführungen zu Vorsatz und Fahrlässigkeit verwiesen werden (siehe Teil III Kap. 1.1).

6 Private Berufshaftpflichtversicherung für Pflegekräfte?

34 Schädigt die Pflegekraft in Ausübung der Arbeitstätigkeit einen Patienten, so haftet sie diesem gegenüber ohne Einschränkung. Die Pflegekraft kann jedoch einen Anspruch auf Freistellung von der Haftung gegenüber dem Arbeitgeber geltend machen. Hier gilt es allerdings zu beachten, dass für Krankenhausträger keine gesetzliche oder tarifvertragliche Pflicht zum Abschluss einer Betriebshaftpflichtversicherung besteht. Beispielsweise sind einige Universitätskliniken im süddeutschen Raum sogenannte Selbstversicherer, das heißt sie regulieren Haftpflichtschäden aus eigenem Vermögen. Die Problematik wird noch verschärft, wenn der Klinikträger insolvent wird. Hier wird der geschädigte Patient wie bereits dargestellt versuchen, sich beim deliktisch haftenden Pflegepersonal schadlos zu halten.[255]

35 In der häuslichen Pflege, wie bereits in Teil VII Kap. 1.1 dargestellt, übernimmt der Pflegedienst „[…] nach Maßgabe der gesetzlichen Vorschriften die Haftung für Schäden, welche die Pflegekräfte in Ausübung Ihrer Tätigkeit verursachen". (§ 16 Abs. 3 Rahmenvertrag gemäß §§ 132 und 132a SGB V zur Erbringung von häuslicher Krankenpflege und Haushaltshilfe) Der häusliche Pflegedienst benötigt für seine Zulassung bei den Krankenkassen eine Haftpflichtversicherung (z. B. § 16 Abs. 4 Punkt 3 Rahmenvertrag gemäß §§ 132 und 132a SGB V zur Erbringung von häuslicher Krankenpflege und Haushaltshilfe).

36 Wie bereits festgesellt, besteht grundsätzlich ein arbeitsrechtlicher Freistellungsanspruch des Mitarbeiters (Arbeitnehmerprivileg) gegen seinen Arbeitgeber. Die Arbeitnehmerhaftung ist im Falle eines (eher unwahrscheinlichen) Regresses durch den Arbeitgeber beschränkt. Demnach ist die Haftung der Pflegekräfte vom Grad des Verschuldens abhängig. Bei leichter Fahrlässigkeit besteht keine Rückgriffsmöglichkeit des Arbeitgebers, bei mittlerer Fahrlässigkeit beschränkt sich der Regress auf eine Beteiligung am Schadensersatz, erst bei grober Fahrlässigkeit kann die Pflegekraft in vollem Umfang zum Regress herangezogen werden. In manchen Tarifverträgen ist die Haftung unter anderem für Pflegekräfte auf Vorsatz und grobe Fahrlässigkeit beschränkt. Pflegefachpersonen eines Krankenhausträgers ohne Betriebshaftpflichtversicherung wird dringend empfohlen, eine private Berufshaftpflichtversicherung auf mindestens 3 Mio. EUR für Personenschäden abzuschließen. Die Mehrzahl der kommunalen Krankenhäuser ist jedoch betriebshaftpflichtversichert.[256]

255 Vgl. Lutterbeck: Berufshaftpflichtversicherung für Pflegende: Ja oder nein? In: Die Schwester Der Pfleger 12/2012, S. 1256.

256 Vgl. Lutterbeck: Berufshaftpflichtversicherung für Pflegende: Ja oder nein? In: Die Schwester Der Pfleger 12/2012, S. 1256.

„Besteht die Versicherung für ein Unternehmen, erstreckt sie sich auf die Haftpflicht der zur Vertretung des Unternehmens befugten Personen sowie der Personen, die in einem Dienstverhältnis zu dem Unternehmen stehen. Die Versicherung gilt insoweit als für fremde Rechnung genommen (§ 102 Absatz 1 VVG)."

Somit sind alle Pflegekräfte in diesen Krankenhäusern für Fahrlässigkeit jeder Art 37 in aller Regel versichert. Somit ist in diesen Fällen eine private Berufshaftpflichtversicherung nicht erforderlich. Eine finanzielle Absicherung ist aber ausgeschlossen, wenn der Schaden vorsätzlich herbeigeführt wurde.

„Der Versicherer ist nicht zur Leistung verpflichtet, wenn der Versicherungs- 38 nehmer vorsätzlich und widerrechtlich den bei Dritten eingetretenen Schaden herbeigeführt hat (§ 103 VVG)."

Krankenhausintern besteht prinzipiell ein Rückgriffsrecht des Trägers auf die 39 Pflegefachperson. Gemäß § 86 VVG fällt dies aber auf den Versicherer zurück. Somit wird in aller Regel in den Versicherungsverträgen ein Regress gegen die Pflegefachperson ausgeschlossen. Wenn dieser Ausschluss des Regresses im Versicherungsvertrag des Krankenhausträgers fehlt, wird den betroffenen Pflegekräften empfohlen, vorsorglich eine private Berufshaftpflichtversicherung abzuschließen.

7 Zulässigkeit der Delegation

7.1 Grund- und Behandlungspflege

§ 37 SGB V Abs. 1 Satz 1 teilt die Krankenpflege in Grund- und Behandlungs- 40 pflege auf. Grundpflege ist die Unterstützung in der Übernahme der Verrichtungen im Ablauf des täglichen Lebens des Patienten oder in Beaufsichtigung bzw. Anleitung – mit dem Ziel der eigenständigen Übernahme dieser Verrichtungen. Gewöhnlich wiederkehrende Verrichtungen sind z. B.:

- im Bereich der Körperpflege das Waschen, Duschen, Baden, die Zahnpflege, das Kämmen, Rasieren, die Darm- oder Blasenentleerung,
- im Bereich der Ernährung das mundgerechte Zubereiten oder die Unterstützung bei der Aufnahme der Nahrung,
- im Bereich der Mobilität das selbständige Aufstehen und Zu-Bett-Gehen, An- und Auskleiden, Gehen, Stehen, Treppensteigen oder das Verlassen und Wiederaufsuchen der Wohnung,
- im Bereich der hauswirtschaftlichen Versorgung das Einkaufen, Kochen, Reinigen der Wohnung, Spülen, Wechseln und Waschen der Wäsche und Kleidung oder das Beheizen sowie die
- Einhaltung der Hygiene.

41 Die Grundpflege ist nicht aus ärztlichen Tätigkeiten abgeleitet, sondern originäre Aufgabe der Pflege. Sie untersteht der Weisung und Fachaufsicht der Pflegedienstleitung. Die Grundpflege ist keine abgeleitete ärztliche Tätigkeit, sondern es handelt sich um eigenständige Tätigkeiten der Pflege und somit nicht um delegierte ärztliche Leistungen („arztfreier Raum“).[257] Fragen der Delegationsfähigkeit stellen sich insofern nur, wenn die Pflegefachperson an Hilfskräfte delegiert.

42 Wenn die Grundpflege aus besonderen Gründen eine ärztliche Beurteilung und Anordnung verlangt, handelt es sich nicht mehr um einen „arztfreien Raum“. In diesem Falle kommt es zu einer ärztlichen Verantwortung; der Arzt wird nun auf die Pflegetätigkeit einwirken. Es handelt sich um Maßnahmen, die wegen ihres Stellenwertes im Diagnose- und Therapiekonzept oder wegen ihrer Auswirkungen auf die körperliche und gesundheitliche Integrität des Patienten ärztlicher Legitimation und Teilnahme bedürfen. Die nun ausgelöste doppelte Zuständigkeit von Arzt und Pflegekraft kommt dem Patienten im Einzelfall zugute.

43 Die Behandlungspflege beinhaltet von einem Arzt angeordnete, an Pflegefachpersonen delegierte und unter der Aufsicht des Mediziners durchgeführte Maßnahmen der ärztlichen Behandlung, die dazu dienen, Krankheiten zu heilen, ihre Verschlimmerung zu verhüten oder Beschwerden zu lindern. Dies trifft zum Beispiel zu auf Insulininjektionen, Verbandwechsel, Katheterwechsel, Medikamentengaben und Blutdruckkontrollen (siehe hierzu auch Teil VIII).

7.2 Grundsätzlich nicht delegationsfähige Leistungen

44 Tätigkeiten, die zum sogenannten Kernbereich der medizinischen Behandlung gehören, sind nicht delegierbar. Hierunter werden Behandlungsmaßnahmen verstanden, die wegen ihrer Schwierigkeit, Gefährlichkeit oder der Vorhersehbarkeit etwaiger Reaktionen professionelles ärztliches Fachwissen voraussetzen.

7.2.1 Katalog der nicht delegationsfähigen ärztlichen Leistungen

45 Aus diesen Gründen können folgende Leistungen grundsätzlich nicht an Pflegefachpersonen delegiert werden:

- Anamnese,
- Indikationsstellung,
- Untersuchung des Patienten einschließlich invasiver diagnostischer Leistungen,
- Stellen der Diagnose,
- Aufklärung und Beratung des Patienten,

257 Steffen/Pauge: Arzthaftungsrecht. 2006, Rn. 224 mit Verweis auf BGH vom 10.1.1984, Az. 6 ZR 158/82.

- Entscheidung über Therapien und
- Durchführung invasiver Therapien einschließlich der Kernleistung operativer Eingriffe.

Eine Delegation dieser Tätigkeiten an Pflegefachpersonen ist somit ausgeschlossen, die Assistenz aber möglich. 46

7.3 Assistenz durch Pflegefachpersonen

Wenn eine Pflegefachperson einem Mediziner lediglich assistiert, liegt keine Delegation einer ärztlichen Leistung vor. Die Assistenz ist gegenüber der Delegation dadurch abzugrenzen, dass dabei die Pflegekraft nicht selbstständig tätig wird und dem behandelnden Arzt gegenüber Handreichungsdienste leistet. Die Kontrolle über die Ausführung der Behandlungen verbleibt alleinig beim Arzt. Hierzu können folgende Beispiele genannt werden: Hakenhalten während der Operation, Wundnähte, endoskopische oder konventionelle Venenentnahme. Wesentlich ist, dass es bei der Assistenz nicht auf eine gesonderte ärztliche Kenntnis ankommen darf. 47

7.4 Formale Qualifikation

Grundsätzlich unproblematisch delegationsfähig sind all diejenigen Leistungen, die zum Pflichtbestand des Gesundheitsfachberufes gehören oder Teil der Ausbildung desjenigen sind, der die Delegation übernehmen soll. Der Delegierende kann somit prinzipiell eine Tätigkeit delegieren, wenn sich diese Tätigkeit im Standardkatalog der nach Landesrecht oder Bundesrecht geltenden Ausbildungsverordnung findet (formale Qualifikation), zum Beispiel das Legen eines Blasenkatheters oder subkutane Injektionen. 48

7.5 Kompetenzbasierte Qualifikation

Nun sind jedoch im Pflegealltag Delegationen ärztlicher und pflegerischer Tätigkeiten üblich, die über die formale Qualifikation hinausgehen. Dies ist möglich, wenn hierfür die entsprechende Qualifikation durch eine Fortbildung erworben wurde. 49

Am bekanntesten ist der sogenannte „Spritzenschein", besser Befähigungsnachweis. Durch eine krankenhausinterne Qualifizierung wird die Pflegefachperson in der Durchführung von intravenösen Injektionen sowie in der Blutabnahme oder im Anlegen von Infusionen unterwiesen. Hierzu ist eine gewisse Anzahl von Ausübungen unter Kontrolle eines Arztes durchzuführen. Dadurch ist die Qualifikation der Pflegekraft gegeben und eine Delegation dieser erlernten Tätigkeiten könnte vorgenommen werden. Diese Qualifizierungsmaßnahme beinhaltet, dass die Pflegefachperson Kenntnisse darüber erlangt, dass die erlernte Tätigkeit nicht 50 für jedes Medikament und jede Eventualität geeignet ist. Etwa dann, wenn es sich um ein besonders gefährliches Medikament handelt.[258] Selbstredend muss die Pflegefachperson auch Kenntnisse dazu nachweisen, welche Maßnahmen zu ergreifen sind, wenn Komplikationen (zum Beispiel rascher Blutdruckabfall) oder unerwartete Reaktionen (zum Beispiel anaphylaktische Reaktionen) auftreten. Auch Kenntnisse über Wirkspektrum, Kontraindikation und Wechselwirkung des zu applizierenden Medikaments müssen vorhanden sein. Wird diese Wissensvermittlung sichergestellt und durch den Arzt überprüft, ist die Übertragung der Tätigkeit möglich.

51 Allerdings werden einrichtungsinterne Qualifizierungsmaßnahmen, die keinerlei Aufsicht oder Evaluierung durch staatliche oder sonstige unabhängige und objektive Stellen unterliegen, für anspruchsvollere Delegationstätigkeiten nicht ausreichen. Nur durch eine externe Qualifizierung und Prüfung kann sichergestellt werden, dass der Delegationsempfänger auch die notwendige Fachkompetenz hat. Dadurch werden auch der Träger und der Delegierende haftungsrechtlich abgesichert. So wird ebenfalls sichergestellt, dass nicht nur ökonomische Zwänge zur Delegation führen. Der Verweis auf die Praxis anderer Staaten und internationale Studien überzeugt nicht, da dort andere Ausbildungsvoraussetzungen sowie andere tatsächliche und rechtliche Verhältnisse bestehen. In den Niederlanden, Frankreich und der Schweiz sowie in den USA stehen neben dem Arzt noch weiterqualifizierte Pflegekräfte, wie zum Beispiel der Bachelor of Science in Physician Assistance (BSc PA) oder der Master of Diabetes Care, die deutlich mehr Kompetenzen in der alleinigen Tätigkeit haben, als dies nach deutschem Recht der Fall ist.

8 Übertragung der Heilkunde auf Pflegekräfte

52 Das Gesetz über die Berufe in der Krankenpflege (Krankenpflegegesetz – KrPflG) wie auch das Gesetz über die Berufe in der Altenpflege (Altenpflegegesetz – AltPflG) erlauben Pflegefachpersonen gemäß der ihnen in der Ausbildung vermittelten erweiterten Kompetenzen die Ausübung heilkundlicher Tätigkeiten (§ 1 Abs. 1 KrPflG, § 1 AltPflG).

53 Die „Richtlinie nach § 63 Abs. 3c SGB V Stand: 20. Oktober 2011 des Gemeinsamen Bundesausschusses über die Festlegung ärztlicher Tätigkeiten zur Übertragung auf Berufsangehörige der Alten- und Krankenpflege zur selbständigen Ausübung von Heilkunde im Rahmen von Modellvorhaben nach § 63 Abs. 3c SGB V“ (HÜtrRL) des legt fest, welche Tätigkeiten im Rahmen des § 63 Abs. 3c in Modellvorhaben an Berufsangehörige der Alten- und Krankenpflege delegiert werden können. Im Kern geht es hierbei um eine moderne Realisierung der Arbeitsteilung zwischen Ärzten einerseits sowie Alten- und Krankenpflegekräften

258 OLG Stuttgart vom 23.10.1986, Az. AHRS 930/10.

andererseits, die den Maßstäben der neuen komplexen Herausforderungen im Gesundheitswesen genügen soll.

Ausübung von Heilkunde ist die auf wissenschaftliche Erkenntnisse gegründete, praktische, selbständige oder im Dienst anderer ausgeübte Tätigkeit zur Verhütung, Feststellung, Heilung oder Linderung menschlicher Krankheiten, Körperschäden oder Leiden. Die Heilkunde wird von entsprechend qualifizierten Berufsangehörigen der Alten- und Krankenpflege innerhalb des durch die Richtlinie vorgegebenen Rahmens selbständig und eigenverantwortlich ausgeübt. Die Ausübung beinhaltet die Übernahme fachlicher, wirtschaftlicher und rechtlicher Verantwortung. Von dieser umfasst ist nach der Übertragung der ärztlichen Tätigkeiten durch den Arzt die Entscheidungsbefugnis, ob und in welchem Umfang die selbständige Ausübung der Heilkunde durch Vornahme der übertragenen ärztlichen Tätigkeiten medizinisch geboten ist. Eine Verantwortlichkeit des Arztes für nach dieser Richtlinie durch Alten- und Krankenpflege ausgeübte Tätigkeiten besteht nicht (§ 2 HÜtrRL). 54

40 heilkundliche Tätigkeiten können nach der „Richtlinie des Gemeinsamen Bundesausschusses über die Festlegung ärztlicher Tätigkeiten zur Übertragung auf Berufsangehörige der Alten- und Krankenpflege zur selbständigen Ausübung von Heilkunde im Rahmen von Modellvorhaben auf Angehörige der Pflegeberufe in Modellvorhaben“ übertragen werden. 55

Der Arzt stellt „nur noch“ die Diagnose und Indikation. Ist der Mediziner der Auffassung, die Behandlung sei nach der Heilkundeübertragungsrichtlinie delegationsfähig, so übergibt er den Patienten an die Pflegekraft. Der Arzt ist dann nicht mehr zur Überprüfung der Tätigkeit des Delegationsempfängers verpflichtet. Dieser übernimmt nun die fachliche, wirtschaftliche und rechtliche Verantwortung der Behandlung des Patienten. Dies stellt deutlich erkennbar einen Paradigmenwechsel dar. Dem Mediziner wird die Verantwortung nach ordnungsgemäßer Übergabe des Patienten genommen. Die Übertragung von ärztlichen Tätigkeiten auf die Pflegefachpersonen kann die Kompetenz zur Verordnung von bestimmten, innerhalb der Modellvorhaben zu definierenden Medizinprodukten und von Hilfsmitteln sowie in der Richtlinie abschließend aufgeführten Heilmitteln (Besonderer Teil B) einschließen. Die Partner des Bundesmantelvertrages treffen eine Vereinbarung, wonach in den Modellvorhaben zur Verordnung von Hilfsmitteln Vordrucke aus der vertragsärztlichen Versorgung verwendet werden können. Mit der Vereinbarung ist sicherzustellen, dass im Rahmen der Modellversuche eine Trennung dieser Verordnungen von Verordnungen der vertragsärztlichen Versorgung vorgesehen wird (§ 4 HÜtrRL). 56

57 Die Modellvorhaben haben folgende Regelungsbestandteile zu beinhalten:

- Die jeweils notwendigen sachlichen, personellen und organisatorischen Voraussetzungen zur selbständigen Ausübung der übertragenen ärztlichen Tätigkeit,
- Regelungen zur Dauer des Modellvorhabens sowie Vorgaben über die Inhalte und Zielsetzungen sowie zur Auswertung der Modellvorhaben gemäß § 65 SGB V,
- Regelungen zur erforderlichen Kommunikation und Kooperation,
- Verfahrensanweisungen für Behandlungspfade (standardisierte Prozesse).

58 Soweit sich keine verpflichtenden Regelungen zur Sicherung der Prozessqualität aus anderen Rechtsnormen ergeben, muss die Erhebung und Auswertung der Prozessqualität und Ergebnisqualität in den Vereinbarungen zum Modellvorhaben festgelegt werden (§ 5 HÜtrRL).

59 Die HKÜtrRL gilt lediglich für Modellvorhaben zur Weiterentwicklung der Versorgung in der Gesetzlichen Krankenversicherung (GKV). All das im Folgenden Dargestellte gilt also erst, wenn Krankenkassen oder ihre Verbände gemäß § 63 SGB V ein Modellvorhaben ins Leben rufen. Dies ist soweit ersichtlich zum derzeitigen Zeitpunkt noch nicht der Fall. Kommt ein solches Modellvorhaben zu Stande, so wäre eine sehr viel weitergehende Delegation möglich. Denn die Richtlinie eröffnet die Möglichkeit, Heilkunde selbständig durch Nichtmediziner auszuüben und lässt den Modellvertragspartnern viel Spielraum bei deren Ausgestaltung. Der Arzt stellt nur noch die Diagnose sowie die Indikation. Ist er der Auffassung, dass die Behandlung delegationsfähig nach der Richtlinie ist, so dokumentiert er dies und übergibt den Patienten an den Delegationsempfänger. Der Arzt ist dann nicht mehr zur Überprüfung der Tätigkeit des Delegationsempfängers verpflichtet. Dieser übernimmt eigenständig die fachliche, wirtschaftliche und rechtliche Verantwortung der Behandlung des Patienten. Umfasst von dieser selbständigen Ausübung der Heilkunde ist auch die Entscheidungsbefugnis, ob und in welchem Umfang ein ärztliches Eingreifen medizinisch geboten ist. Bei seinen Handlungen und Entscheidungen ist der nicht-ärztliche Behandler allerdings an die vorab gestellte ärztliche Diagnose und Indikationsstellung des Mediziners gebunden. Wenn er feststellt, dass entweder seine Kenntnisse nicht mehr ausreichen oder aber die ursprünglich vom Arzt angenommene Diagnose und Indikation nicht oder nicht mehr haltbar sind, ist er weiter verpflichtet, den Mediziner zu informieren. Dies stellt deutlich erkennbar einen Paradigmenwechsel dar. Dem Arzt wird die Verantwortung nach ordnungsgemäßer Übergabe des Patienten genommen. Er bleibt zwar insoweit Herr des Verfahrens, als er die Delegation jederzeit abbrechen und die Behandlung wieder an sich ziehen kann. Das entspricht aber nicht der bisherigen Kontrollpflicht.

8.1 Übertragene Leistungen

Kurz zusammengefasst teilt die HKÜtrRL die delegationsfähigen Leistungen in zwei Gruppen. Einerseits in diagnosebezogene Tätigkeiten und andererseits in einzelne Prozeduren. 60

Diagnosebezogene Delegationen kommen in Betracht bei Diabetes mellitus Typ 1 und 2, chronischen Wunden, Demenz (nicht palliativ) sowie Hypertonus (ohne Schwangerschaft). Hier kann sehr umfassend übertragen werden. 61

Die delegationsfähigen Prozeduren sind unter anderem Infusionstherapie beziehungsweise -injektion, Stomatherapie, Trachealkanülenwechsel, Magensonden und Blasenkatheter, Ernährungstherapie, Ausscheidung, Schmerzmanagement, Casemanagement sowie psychosoziale Versorgung. Ergänzend wurde in der Richtlinie festgelegt, welche Qualifikationserfordernis die Pflegefachperson bei der Übernahme ärztlicher Tätigkeiten nachweisen muss. 62

8.2 Bedingungen an Modellvorhaben

Modellvorhaben benötigen eine Vorlaufzeit. Nach den bisherigen Erfahrungen der Autoren wird von der Vorbereitung bis zum Abschluss eines Modellvertrags mindestens ein Jahr benötigt. Weiterhin müssen Modellvorhaben in der Satzung der Krankenkasse berücksichtigt werden und Satzungsänderungen bedürfen der Zustimmung des Bundesversicherungsamts. Das Bundesversicherungsamt ist eine 1956 per Gesetz errichtete selbständige Bundesoberbehörde im Geschäftsbereich des Bundesministeriums für Arbeit und Soziales mit Sitz in Bonn. Kernaufgabe der Behörde ist die Rechtsaufsicht über die bundesunmittelbaren Träger der gesetzlichen Kranken-, Renten- und Unfallversicherung sowie der sozialen Pflegeversicherung. 63

Solange es sich bei der HKÜtrRL um eine Richtlinie nach dem SGB V handelt, gilt sie nur für gesetzlich versicherte Patienten. Die Delegation nach ihren Bestimmungen ist im Bereich der Selbstzahler und privat Versicherten (in der Folge: PKV-Patienten) nicht möglich. Dies muss in der Praxis zu einer Spaltung der Behandlung von gesetzlich Versicherten und PKV-Patienten führen. Während der PKV-Patient weiter Anspruch auf eine Arztbehandlung hat, wird der gesetzlich Versicherte durch die Pflegefachpersonen versorgt. Offen bleibt die Frage, welchen Einfluss die HKÜtrRL in der Arzthaftung haben wird. Der Bundesgerichtshof (BGH) postulierte gegen den Behandler den Anspruch, er habe gemäß der aktuellen Regeln der ärztlichen Kunst zu behandeln, auch wenn diese nicht dem Leistungskatalog der gesetzlichen Krankenkassen entsprächen. Hält er diesen Standard nicht ein, so haftet er. Der G-BA setzt dagegen nicht auf die Regeln der ärztlichen Kunst. Gehen also die Regelungen der Richtlinie und die Regeln der ärztlichen Kunst auseinander (was derzeit wohl zu bejahen ist), dann versteckt sich hier eine Haftungsfalle. 64

Literaturverzeichnis

Monographien

Badura, B./Ducki, A./Schröder, A./Klose, J./Meyer, M. (Hrsg.) (2016): Fehlzeiten Report 2016. Unternehmenskultur- und Gesundheit. Heidelberg.

Bauer, J.-H./Lingemann, S./Diller, M./Haußmann, K. (2017): Anwaltsformularhandbuch für Arbeitsrecht (zitiert: Anwaltsformularhandbuch für ArbR/Bearbeiter). 6., neu bearb. und erweit. Aufl. Berlin/Hamburg/Stuttgart.

Bea, F. X./Göbel, E. (2006): Organisation – Theorie und Gestaltung. 3., neu bearb. Aufl. Stuttgart.

Huster, S., & Kaltenborn, M. (Hrsg.) (2010): Krankenhausrecht. Praxishandbuch zum Recht des Krankenhauswesens (zitiert: Krankenhausrecht/Bearbeiter), 1. Aufl. München.

Igl, G. (2012): Rechtliche Stellung von Fachkräften in der Pflege. In: Bettig u. a. (Hrsg.): Management Handbuch Pflege. S. 17.

Katzenmeier, C. (2002): Arzthaftung. 1. Aufl. Tübingen.

Kellnhauser, E. (2016): Der Gründungsprozess der Landespflegekammer Rheinland-Pfalz. Schlüterische Verlagsgesellschaft, Hannover.

Lange, F. (1997): Formeln und Berechnungen für Pflegedienstleistungen. Melsungen.

Leuchtner, J. (2018): Datenschutz in der Pflege, Heidelberg.

Moll, W. (Hrsg.). (2017): Münchener Anwaltshandbuch Arbeitsrecht. (zitiert; MAH ArbR/ Bearbeiter), 4., überarb. und erweit. Aufl. München.

Müller, T./Schabbeck, J. (2012): Delegation ärztlicher Leistungen an Pflegekräfte aus juristischer Sicht. In: Bettig u. a. (Hrsg.): Management Handbuch Pflege. S. 1 ff.

Richardi, R./Wlotzek, O./Wißmann, H./Oetker, H. (Hrsg.) (2009): Münchener Handbuch zum Arbeitsrecht. Band 1 Individualarbeitsrecht (zitiert: MüArbR/Bearbeiter). München.

Schaub, G. (Begr.) (2017): Arbeitsrechts-Handbuch. Systematische Darstellung und Nachschlagewerk für die Praxis (zitiert: Schaub/Bearbeiter). 17., neu bearb. Aufl. München.

Schaub, G. (Begr.)/Koch, U. (Hrsg.) (2016): Arbeitsrecht von A – Z verständlich, übersichtlich, klar. (zitiert: Schaub/Koch/Bearbeiter), 20., Aufl. München.

Schaub, G. (Hrsg.) (2017): Arbeitsrechts-Handbuch. 17., Aufl. (zitiert: Schaub/Bearbeiter, Arbeitsrechts-Handbuch).

Steffen/Pauge, B. (2006): Arzthaftungsrecht. Neue Entwicklungen der BGH-Rechtsprechung. 10., neu bearb. Aufl. Köln.

Ulsenheimer, K. (2015): Arztstrafrecht in der Praxis. 5., neu bearb. und erweit. Aufl. Heidelberg.

vom Stein, J., Rothe, I., & Schlegel, R. (Hrsg.) (2015): Gesundheitsmanagement und Krankheit im Arbeitsverhätlnis. Handbuch (zitiert: HdB Arbeitsrecht/Bearbeiter), 1. Aufl., München.

Wagner, M. (2010): Aufgaben im Krankenhaus neu aufteilen. 1. Aufl. Breitengüßbach

Kommentare

Ascheid, R./Preis, U./Schmidt, I. (2017): Kündigungsrecht. Großkommentar zum gesamten Recht der Beendigung von Arbeitsverhältnissen (zitiert: Kündigungsrecht/Bearbeiter). 5., neu bearb. Aufl. München.

Bamberger, H. G./Roth, H. (Hrsg.): Beck'scher Online-Kommentar BGB. (zitiert: BeckOK BGB/Bearbeiter), 37. Edition.

Brink, S./Wolf, H. A. (Hrsg.) (2018): Beck'scher Online-Kommentar Datenschutzrecht. (zitiert: BeckOK DatenschutzR/Bearbeiter), 24. Edition.

Dietrich, T./Hanau, P./Schaub, G. (Begr.)/Müller-Glöge, R./Preis, U./Schmidt, I. (Hrsg.) (2017): Erfurter Kommentar zum Arbeitsrecht. Beck'scher Online-Kommentar (zitiert: ErfK/Bearbeiter), 17. Aufl.

Kasseler Kommentar zum Sozialversicherungsrecht (1. März 2016): SGB I, SGB IV, SGB V, SGB VI, SGB VII, SGB X, SGB XI (zitiert: KassKomm/Bearbeiter), 89. Ergänzungslieferung. München.

Kühling, J./Buchner, B. (Hrsg.) (2018): Datenschutz-Grundverordnung, Bundesdatenschutzgesetz: DS-GVO/BDSG, 2. (zitiert: Kühling/Buchner/Bearbeiter), 2. Aufl. Bremen/Regensburg.

Rolfs, C./Giesen, R./Kreikebohm, R./Udsching, P. (Hrsg.) (1. Juni 2017): Beck'scher Online-Kommentar Arbeitsrecht. (zitiert: BeckOK ArbR/Beabeiter), 44. Edition.

Säcker, J./Rixecker, R./OEtker, H./Limperg, B. (Hrsg.) (2016): Münchener Kommentar zum Bürgerlichen Gesetzbuch. Band 4: Schuldrecht, Besonderer Teil II (zitiert: MüKoBGB/Bearbeiter), 7. Aufl. München.

Sekretariat der Deutschen Bischofskonferenz (2013): Prävention gegen sexualisierte Gewalt an Minderjährigen und erwachsenen Schutzbefohlenen im Bereich der Deutschen Bischofskonferenz. Rahmenordnung. Bonn.

Spickhoff, A. (Hrsg.) (2011): Medizinrecht. AMG, ApoG, BGB, GenTG, KHG, MBO, MPG, SGB V, SGB XI, StGB, TFG, TPG (zitiert: Spickhoff/Bearbeiter), 1. Aufl. München.

Tschan, W. (2005): Missbrauchtes Vertrauen: Sexuelle Grenzverletzungen in professionellen Beziehungen. Karger/Basel/Freiburg/Paris/London/New York.

Zeitschriftenartikel

Bergmann, K. O.: Delegation und Substitution ärztlicher Leistungen auf/durch nichtärztliches Personal. In: MedR 27/2009, S. 373.

Demuth, A./Grandt, D./Radecke, K.: Anforderung an die Verordnung und Anwendung von Bedarfsmedikation zur Gewährleistung von Arzneimitteltherapiesicherheit. In: Arzneiverordnung in der Praxis 1/2017.

Heider, B.: Wirksame Maßnahmen des Arbeitgebers zur Verringerung von Fehlzeiten. In: NJW 15/2015, S. 1051–1057.

Klockgether-Radke, A./Hildebrandt, J.: Opioidintoxikation. Unsachgemäße Anwendung von transdermalem Fentanyl. In: Der Anaesthesist 5/1997.

Kluth, W.: Verlangt der demografische Wandel eine neue Zuordnung der ärztlichen und sonstigen Gesundheitsdienstleistungen? – Eine Problemskizze. In: MedR 6/2010, S. 375 ff.

Kühn, T.: Die Vermeidung prozessualer Risiken bei Zweifeln an der Arbeitsunfähigkeit. In: NZA 22/2012, S. 1249–1254.

Lakies, T.: Du darfst nicht lügen – oder doch? In: Der Personalrat 3/2015, S. 18–21.

Lutterbeck, C.: Berufshaftpflichtversicherung für Pflegende: Ja oder nein? In: Die Schwester Der Pfleger 12/2012, S. 1256 ff.

Montgomery, F. U./Wiesing, U.: Empfehlungen der Bundesärztekammer und der Zentralen Ethikkommission bei der Bundesärztekammer. Umgang mit der Vorsorgevollmacht und Patientenverfügung in der ärztlichen Praxis. In: DÄBl 33–34/2013, S. A 1580 ff.

Müller, T./Schabbeck, J.: Sanitätshaus und Phlebologe dürfen zusamenarbeiten. In: Der Phlebologe 4/2016, S. 266–267.

Müller, T./Schabbeck, J.: Die omnipräsente Pflegekraft. In: Pflegezeitschrift 6/2015, S. 371 ff.

Natzel, I.: Bereitschaftsdienste – Nicht nur eine Frage der Arbeitszeit. In: Betriebsberater 48/ 2015, S. 2938 ff.

Saalfrank, V.: Was beim Verblistern zu beachten ist. In: Deutsche Apothekenzeitung 26/2014, S. 58 ff.

Schrader, P./Thoms, T.: Sexuelle Belästigung – Denn sie wissen nicht, was sie tun (Teil 1). In: ArbRAktuell 2/2017, S. 31 ff.

Schrader, P./Thoms, T.: Sexuelle Belästigung – Denn sie wissen nicht, was sie tun? (Teil 2). In: ArbRAktuell 3/2017, S. 60 ff.

Von Schenck, S./ Müller-Stöfen T.: Die Datenschutz – Grundverordnung: Auswirkungen in der Praxis. In: GWR 9/2017, S. 171.

Rechtsprechung

AG Brandenburg vom 30.10.2014, Az. 31 C 106/13.

AG Bühl vom 21.4.2004, Az. 1 Cs 200 Js 698/03.

ArbG Berlin vom 7.7.1999, Az. 36 Ca 30545/98.

ArbG Lörrach vom 16.10.2009, Az. 4 Ca 248/09.

ArbG Göttingen vom 14.12.2017, Az. 2 Ca 155/17.

BAG vom 16.12.1980, Az. 7 AZR 1148/78.

BAG vom 11.3.1987, Az. 5 AZR 139/85.

BAG vom 9.4.1987, Az. 2 AZR 210/86.

BAG vom 25.2.1988, Az. 8 AZR 596/85.

BAG vom 18.11.1988, Az. 8 AZR 12/86.

BAG vom 18.1.1990, Az. 2 AZR 357/89.

BAG vom 15.7.1992, Az. 5 AZR 312/92.

BAG vom 5.11.1992, Az. 2 AZR 147/92.

BAG vom 26.8.1993, Az. 2 AZR 144/93.

BAG vom 25.10.1994, Az. 3 AZR 10940/94.

BAG vom 14.4.1996, Az. 5 AZR 1031/94.

BAG vom 27.2.1997, Az. 2 AZR 302/96.

BAG vom 25.9.1997, Az. 8 AZR 288/96.

BAG vom 20.6.2000, Az. 9 AZR 309/99.

BAG vom 24.10.2000, Az. 9 AZR 634/99.

BAG vom 15.11.2001, Az. 2 AZR 609/00.

BAG vom 21.11.2001, Az. 5 AZR 296/00.
BAG vom 31.1.2002, Az. 6 AZR 214/00.
BAG vom 26.9.2002, Az. 2 AZR 636/01.
BAG vom 14.10.2003, Az. 9 AZR 636/02.
BAG vom 16.9.2004, Az. 2 AZR 406/03.
BAG vom 10.2.2005, Az. 9 AZR 455/13.
BAG vom 6.10.2005, Az. 2 AZR 362/04.
BAG vom 18.5.2006, Az. 2 AZR 207/15.
BAG vom 7.2.2007, Az. 5 AZR 270/06.
BAG vom 25.10.2007, Az. 8 AZR 593/06.
BAG vom 16.9.2008, Az. 9 AZR 781/07.
BAG vom 14.1.2009, Az. 3 AZR 900/07.
BAG vom 21.7.2009, Az. 9 AZR 404/08.
BAG vom 24.9.2009, Az. 5 AZR 282/02.
BAG vom 13.10.2009, Az. 9 AZR 910/08.
BAG vom 18.3.2010, Az. 2 AZR 337/08.
BAG vom 6.4.2011, Az. 7 AZR 716/09.
BAG vom 22.2.2012, Az. 5 AZR 249/11.
BAG vom 22.5.2012, Az. 1 ABR 7/11.
BAG vom 25.10.2012, Az. 2 AZR 495/11.
BAG vom 28.8.2013, Az. 10 AZR 603/12.
BAG vom 22.7.2014, Az. 1 ABR 93/12.
BAG vom 10.9.2014, Az. 10 AZR 651/12.
BAG vom 23.10.2014, Az. 2 AZR 736/13.
BAG vom 20.11.2014, Az. 2 AZR 651/13.
BAG vom 16.12.2014, Az. 9 AZR 915/13.
BAG vom 10.2.2015, Az. 9 AZR 455/13.
BAG vom 19.2.2015, Az. 8 AZR 1007/13.
BAG vom 16.7.2015, Az. 2 AZR 15/15.
BAG vom 28.7.2016, Az. 2 AZR 746/14.
BAG vom 24.8.2016, Az. 5 AZR 703/15.
BAG vom 6.9.2017, Az. 5 AZR 382/16.
BGH vom 8.10.1968, Az. VI ZR 168/67.
BGH vom 10.5.1983, Az. VI ZR 70/81.
BGH vom 10.1.1984, Az. 6 ZR 158/82.
BGH vom 4.7.1984, Az. 3 StR 96/84.
BGH vom 8.1.1991, Az. VI ZR 102/90.
BGH vom 8.4.2003, Az. VI ZR 265/02.
BGH vom 14.1.2004, Az. XII ZR 69/01.
BGH vom 28.4.2005, Az. III ZR 399/04.
BGH vom 28.4.2005, Az. III ZR 399/09.
BGH vom 18.10.2007, Az. 3 StR 226/07.
BGH vom 25.6.2010, Az. 2 StR 454/09.
BGH vom 15.9.2010, Az. XII ZR 148/09.

BGH vom 20.9.2011, Az. VI ZR 55/09.
BGH vom 25.1.2012, Az. 1 StR 45/11.
BGH vom 29.3.2012, AZ GSSt 2/11.
BGH vom 20.9.2012, Az. 3 StR 158/12.
BGH vom 7.8.2013, Az. XII ZB 269/12.
BGH vom 16.6.2014, Az. 4 StR 21/14.
BGH vom 8.2.2017, Az. XII ZB 604/15.
BGH vom 12.7.2017, Az. 1 StR 535/16.
BSG vom 4.5.1994, Az. 6 RKa 40/93.
BSG vom 17.3.2005, Az. B 3 KR 2/05.
BSG vom 8.11.2005, Az. B1 KR 18/04 R.
BSG vom 6.8.2014, Az. B 11 AL 16/13.
BVerfG vom 31.1.2001, Az. 1 BvR 619/92.
BVerfG vom 22.10.2014, Az. 2 BvR 661/11.
BVerwG vom 23.3.2017, Az. 3 C 19/15.
EGMR vom 21.7.2011, Az. 28274/08.
EuGH vom 2.5.1996, Az. 10-206/94.
EuGH vom 9.9.2003, Az. C51/02.
KG Berlin vom 24.6.2013, Az. 20 U 19/12.
LAG Bremen vom 16.12.2015, Az. 3 Sa 60/15.
LAG Hamm vom 30.5.1996, Az. 4 Sa 2342/95.
LAG Hamm vom 25.2.2014, Az. 14 Sa 1174/07.
LAG Köln vom 11.2.2015, Az. 11 Sa 849/14.
LAG Mecklenburg-Vorpommern vom 13.5.2009, Az. 2 Sa 15/09.
LAG Niedersachsen vom 6.4.2009, Az. 9 SA 1303/08.
LAG Nürnberg vom 20.12.2011, Az. 6TaBV 37/11.
LAG Rheinland-Pfalz vom 12.1.2005, Az. 10 Sa 612/04.
LAG Rheinland-Pfalz vom 23.5.2014, Az. 7 Sa 66/14.
LAG Rheinland-Pfalz vom 13.6.2016, Az. 3 Sa 24/16.
LArbG Berlin-Brandenburg vom 12.2.2015, Az. 21 Sa 1902/14.
LG Bochum vom 22.9.2016, Az. 7 Ks 16/15.
LG Bonn vom 23.12.2011, Az. 9 O 364/08.
LG Frankfurt vom 29.2.2012, Az. 3530 Js 202270/09.
LG Görlitz, Az. 1 O 453/13.
LG Heilbronn vom 29.7.2009, Az. 1 O 195/08.
LG Landau (Pfalz) vom 27.9.2002, Az. 1 S 85/02.
LG Waldshut-Tiengen vom 23.3.2004, Az. 2 Ns 13 Js 10959/99.
LSG Baden-Württemberg vom 19.4.2016, Az. L 11 R 2428/15.
LSG Niedersachsen-Bremen vom 16.12.2015, Az. L 2 R 516/14.
OLG Düsseldorf vom 16.6.2004, Az. 15 U 116/03.
OLG Düsseldorf vom 2.4.2015, Az. III-2 Ws 101/15.
OLG Düsseldorf vom 2.3.2016, Az. I-8 U 163/04.
OLG Frankfurt vom 8.7.1999, Az. 8 U 67/99.
OLG Frankfurt vom 5.10.1999, Az. 8 U 67/99.

OLG Koblenz vom 17.6.2013, Az. 3 U 240/13.
OLG Koblenz vom 28.9.2015, Az. 5 U 810/15.
OLG Köln vom 6.7.2015, Az. 5 U 181/14.
OLG München vom 17.9.1998, Az. 1 U 5294/92.
OLG Oldenburg vom 21.12.2016, Az. 4 U 36/16.
OLG Stuttgart vom 23.10.1986, Az. AHRS 930/10.
OVG Sachsen vom 3.6.2008, Az. 4 A 144/08.
Sächsisches LAG vom 10.12.2014, Az. 2 Sa 424/14
Thüringer OLG vom 23.3.2011, Az. 2 U 567/10.
VG Darmstadt vom 2.3.2011, Az. 4 K 1759/09.DA.

Gesetzesentwürfe

BT-Drucksache 17/10488 vom 15.8.2012: Gesetzesentwurf der Bundesregierung. Entwurf eines Gesetzes zur Verbesserung der Rechte von Patientinnen und Patienten.

BT-Drucksache 18/5372 vom 30.6.2015: Gesetzesentwurf der Fraktionen der CDU/CSU und SPD. Entwurf eines Gesetzes zur Reform der Strukturen der Krankenhausversorgung (Krankenhausstrukturgesetz - KHSG).

BT-Druckasche 18/5867 vom 26.8.2015: Gesetzesentwurf der Bundesregierung. Entwurf eines Gesetzes zur Reform der Strukturen der Krankenhausversorgung (Krankenhausstrukturgesetz - KHSG).

Internet-Seiten

AOK: Besondere Versorgung. Online: http://www.aok-gesundheitspartner.de/bund/arztundpraxis/vertraege/index_14660.html [abgerufen am 11.2.2018].

AOK: Integrierte Versorgung. Online: http://www.aok-gesundheitspartner.de/bund/iv/index.html [abgerufen am 11.2.2018].

Arbeitsgemeinschaft der Wissenschaftlichen Medizinischen Fachgesellschaften/Ärztliches Zentrum für Qualität in der Medizin (Hrsg.) (2007): Von absolute Risikoreduktion bis Zuverlässigkeit von Leitlinien. äzq Schriftenreihe Band 30. Online: http://www.aezq.de/mdb/edocs/pdf/schriftenreihe/schriftenreihe30.pdf [abgerufen am 11.11.2017].

Betanet (2018): Sozialhilfe, Einkommen und Vermögen. Online: http://www.betanet.de/betanet/soziales_recht/Sozialhilfe—Einkommen-und-Vermoegen-109.html. [9.2.2018].

BGW (2017): Hilfe für Betroffene nach Gewaltvorfällen. Online: https://www.bgw-online.de/DE/Arbeitssicherheit-Gesundheitsschutz/Umgang-mit-Gewalt/Hilfe-fuer-Betroffene/Hilfe-fuer-Betroffene.html [13.1.2017].

BGW (2015): Gewalt richtet sich oft gegen Pflegekräfte. Online: https://www.bgw-online.de/DE/UeberUns/Infoletter/2015-5/Gewalt-gegen-Pflegekraefte.html [abgerufen am 18.11.2017].

BGW (2016): Arbeitsmedizinische Vorsorge. Online: https://www.bgw-online.de/SharedDocs/Downloads/DE/Arbeitssicherheit_und_Gesundheitsschutz/Gesund-und-sicher-Arbeiten/Sichere-Seiten/Pflege/Arbeitsmedizinische_Vorsorge_Artikel_Download.pdf?_blob=publicationFile [abgerufen am 18. 11.2017].

BGW. (2016): Gefahrstoffe. Online: https://www.bgw-online.de/DE/Arbeitssicherheit-Gesundheitsschutz/ArbeitssicherheitUndGesundheitsschutz_node.html [11.3.2018].

Blaßberger, M. (2011): Überlastungsanzeige: Rechtliche Wirkung und notwendiger Inhalt. Online: http://www.rehmnetz.de/Personal/Beamtenrecht/BEamten-BLOG/Ueberlastungs-anzeige-Rechtliche-Wirkung-und-notwendiger-Inhalt-5676.html [abgerufen am 23.5.2013].

Bundesapothekerkammer (2017): Empfehlungen der Bundesapothekerkammer zur Qualitätssicherung. Versorgung der Bewohner von Heimen. https://www.abda.de/fileadmin/assets/Praktische_Hilfen/Leitlinien/Heimversorgung/LL_Heimversorgung.pdf [abgerufen am 11.3.2018].

Bundesministerium für Arbeit und Soziales (2016): Verordnung zur arbeitsmedizinischen Vorsorge (ArbMedVV). Online: http://www.bmas.de/SharedDocs/Downloads/DE/PDF-Publikationen/a453-arbeitsmedizinischen-vorsorge.pdf?__blob=publicationFile&v=3 [abgerufen am 12.3.18].

Bundesministerium für Familie, Senioren, Frauen und Jugend (2017): Weiterentwicklung der Pflegeberufe. Online: https://www.bmfsfj.de/bmfsfj/themen/aeltere-menschen/altenpflegeausbildung/weiterentwicklung-der-pflegeberufe/77264 [abgerufen am 11.3.2018].

Bundesministerium für Gesundheit (2016): Entlassungsmanagement. Online: https://www.bundesgesundheitsministerium.de/service/begriffe-von-a-z/e/entlassungsmanagement.html [abgerufen am 13.3.2018].

Bundesministerium für Soziales (2016): Arbeitsschutz. Verordnung zur arbeitsmedizinischen Vorsorge (ArbMedVV). Online: http://www.bmas.de/SharedDocs/Dowanloads/DE/PDF-Publikationen/a453-arbeitsmedizinischen-vorsorge.pdf?_blob=publicationFile&v=3 [abgerufen am 11.3.2018].

Classen, G. (2016): Leitfaden zum Asylbewerberleistungsgesetz. Online: www.fluechtlingsinfo-berlin.de/fr/asylblg/Leitfaden_AsylbLG.pdf [abgerufen am 11.3.2018].

Deutsche Gesetzliche Unfallversicherung (DGUV) (2010): Handlungsanleitung für die arbeitsmedizinische Vorsorge. Nach dem Berufsgenossenschaftlichen Grundsatz G 42 „Tätigkeiten mit Infektionsgefährdung". Online: https://www.bgw-online.de/DE/Medien-Service/Medien-Center/Medientypen/DGUV-Information/DGUV-Information-240-420-Handlungsanleitung-arbeitsmed-Vorsorge.html [11.3.2018].

Deutsche Gesetzliche Unfallversicherung (DGUV) Landesverbände (2017): Erstversorgung. Online: http://www.dguv.de/landesverbaende/de/med_reha/erstversorgung/index.jsp [11.3.2018].

Deutsches Ärzteblatt: Mitarbeiter, die Gefahrenlage anzeigen, dürfen nicht abgemahnt werden. Online: https://www.aerzteblatt.de/nachrichten/95480/Mitarbeiter-die-Gefahrenlage-anzeigen-duerfen-nicht-abgemahnt-werden [29.3.2018].

Deutsches Medizinrechenzentrum (2018): Das PSG II: Die Änderungen. Online: https://www.dmrz.de/pflege-betrug-trotz-psg-ii-pflegestaerkungsgesetz.pdf [abgerufen am 9.2.2018].

Deutsches Netzwerk für Qualitätsentwicklung (DNQP) (2017): Online: https://www.dnqp.de/de/dnqp/ [abgerufen am 11.11.2017].

Diakonie Idstein (2015): Deeskalationsmanagement. Online: https://www.bgw-online.de/DE/Arbeitssicherheit-Gesundheitsschutz/Umgang-mit-Gewalt/Schutzmaßnahmen/Praxisbeispiele/Praxisbeispiel_Frankfurt.html [abgerufen am 21.1.2018].

Die Techniker Krankenkasse: Entgeltfortzahlung im Krankheitsfall. Online: https://www.tk.de/tk/beratungsblaetter/beschaeftigung/entgeltfortzahlung-im-krankheitsfall/107134 [abgerufen am 11.11.2017].

DIMDI (2017): PKMS. Online: https://www.dimdi.de/static/de/klassi/ops/kodesuche/onlinefassungen/opshtml2018/zusatz-09-anh-pflege-scores-pkms.pdf [abgerufen am 11.2.2018].

Fachgesellschaft Pflege (2017): Pflege im G-DRG-System 2018 und Änderungen zum PKMS 2018. Online: http://www.pro-pflege.eu/fachgesellschaft/neuigkeiten/detail/pflege-im-g-drg-system-2017-aenderungen-zum-pkms-2018 [abgerufen am 11.2.2018].

Gewerbeärztlicher Dienst (2017): Der Staatliche Gewerbearzt informiert. Betriebsärztliche Betruung und arbeitsmedizinische Vorsorge in der ambulanten und stationären Pflege. Was ist darunter zu verstehen und welche Aufgaben hat der Betriebsarzt? Online: www.iaw.uni-bremen.de/pflege/pdf/baars.pdf [abgerufen am 11.3.2018].

GKV Spitzenverband (2017): Bericht des GKV-Spitzenverbandes zum Pflegestellen-Förderprogramm im Förderjahr 2016 an das Bundesministerium für Gesundheit. Online: https://www.gkv-spitzenverband.de/media/dokumente/krankenversicherung_1/krankenhaeu<<<<<<<ser/budgetverhandlungen/pflegesonderprogramm/KH_Pflegestellen-Foerderprogramm_Bericht_2016_2017_06_30.pdf [abgerufen am 11. 3.2018].

GKV Spitzenverband (2017): Expertenstandards nach § 113a SGB XI. Online: https://www.gkv-spitzenverband.de/pflegeversicherung/qualitaet_in_der_pflege/expertenstandards/expertenstandards.jsp [abgerufen am 11.11.2017].

Großkopf, V./Schanz, M. (2017): Haftungsrechtliche Verbindlichkeit von Richtlinien, Leitlinien und Exptertenstandards. Online: https://www.hartmann.info/de-DE/Medizinisches-Wissen/local/de/Politik-und-Recht/Haftungsrechtliche-Verbindlichkeit-von-Richtlinien [abgerufen am 11.11.2017].

Gutachten zu den zukünftigen Handlungsfeldern in der Krankenhauspflege. Erstellt im Auftrag des Sozialministeriums Rheinland-Pfalz. Online: http://msagd.rlp.de/no_cache/gesundheit/krankenhauswesen/projekt-staerkung-der-pflege-im-krankenhaus/?cid=97763&did=51049&sechash= aed34787 [abgerufen am 19.5.2013].

Horrer, P. (2014): Zahlreiche Ermittlungsverfahren wegen Verdachtsfällen von Abrechnungsbetrug bei ambulanten Pflegediensten. Online: https://fachanwaelte-strafrecht-potsdamer-platz.de/de/news/arztstrafrecht-medizinstrafrecht/113-zahlreiche-ermittlungsverfahren-wegen-verdachtsfaellen-von-abrechnungsbetrug-bei-ambulanten-pflegediensten [abgerufen am 9.2.2018].

Kassenärztliche Bundesvereinigung (2017): Im Ausland krankenversicherte Patienten. Checkliste für Patienten: So funktioniert die Abrechnung bei Patienten, die im Ausland krankenversichert sind. Online: http://www.kbv.de/media/sp/Praxisinformation_krankenversichert_Ausland.pdf [abgerufen am 11.3. 2018].

Kassenärztliche Vereinigung Baden-Württemberg (2016): Medizinische Versorgung von Flüchtlingen. Leistungen nach dem Asylbewerbergesetz (AsylbLG). Online: https://www.kvbawue.de/praxis/aktuelles/fluechtlinge/ [abgerufen am 11.3.2018].

Kirsch, S. (2015): FEM- Beurteilungsbogen. Typisierende Einschätzung hinsichtlich der freiheitsentziehenden Wirkung von Bettgittern bei pflegebedürftigen Heimbewohnern im Pflegebett – Wann handelt es sich um eine freiheitsentziehende Maßnahme? [abgerufen am 11.3.2018].

Kirsch, S./Wassermann, J. (2017): Werdenfelser Weg – Das Original. Online: http://werdenfelser-weg-original.de/ [abgerufen am 10.11.2017].

Konfliktfeld-Pflege.de. Online: https://fachpflegewissen.de/2011/12/25/gewalt-gegen-pflegekraefte [abgerufen am 21. 1.2018].

Köpke, S., Gerlach, A., Möhler, R., Haut, A., & Meyer, G. (2009): Leitlinie FEM – Evidenzbasierte Praxisleitlinie. Vermeidung von freiheitseinschränkenden Maßnahmen in der beruflichen Altenpflege. Online: http://www.leitlinie-fem.de/download/LeitlinieFEM.pdf [abgerufen am 10. 11.2017].

Medizinischer Dienst des Spitzenverbandes Bund der Krankenkassen (2018): Abrechnungsprüfung bei Pflegediensten. Online: https://www.mds-ev.de/themen/pflegequalitaet/abrechnungspruefung-bei-pflegediensten.html [abgerufen am 9.2.2018].

Minijob-Zentrale: Verdienstgrenze bei 450-Euro-Minijobs im Gewerbe. Ihr Minijobber darf bis zu 450 Euro im Monat oder 5.400 Euro im Jahr verdienen. Online: https://www.minijob-zentrale.de/DE/01_minijobs/02_gewerblich/01_grundlagen/01_450_euro_gewerbe/01_Entgeltgrenze/node.html [abgerufen am 25.7.2017].

Registrierung beruflicher Pflegender: Online: www.regbp.de [abgerufen am 11.3.2018].

Schambortski, H./Fasold, J. (2018): Diese 12 Tipps helfen Ihnen bei sexueller Belästigung. https://www.pflegen-online.de/diese-12-tipps-helfen-ihnen-bei-sexueller-belaestigung?utm_source=pflegebrief_newsletter&utm_medium=newsletter&utm_content=Link%20zu%3Ahttps%3A%2F%2Fwww.pflegen-online.de%2Fdiese-12-tipps-helfen-ihnen-bei-sexueller-belaestigung&utm_campaign=201801d [abgerufen am 24.1.2018].

Schön, B. (2018): Unterhaltspflicht gegenüber Eltern. Online: http://www.finanztip.de/eltern-unterhalt/ [abgerufen am 9. 2.2018].

TargetVideo PArenting Media GmbH (2014): Mutterschutz in der Krankenpflege. Online: https://www.hallo-eltern.de/schwangerschaft/mutterschutz-in-der-krankenpflege/ [abgerufen am 11.7.2017].

Vdek (2017): Entgeltsystem Psychiatrie, Psychotherapie und Psychosomatik (PEPP-System). Online: https://www.vdek.com/vertragspartner/Krankenhaeuser/pepp.html [abgerufen am 18.2.2018].

Verband der Ersatzkassen e. V. (vedek) (2017): Transparenz und Qualität in der Pflege. Online: https://www.vdek.com/vertragspartner/Pflegeversicherung/grundlagen.html [abgerufen am 11.11.2017].

Wikipedia: Datenschutzbeauftragter. Online: https://de.wikipedia.org/wiki/Datenschutzbeauftragter [abgerufen am 14.7.2018].

Stichwortverzeichnis

Die Autoren

Dipl. Pflegewirt Thorsten Müller, M.Sc., RbP

Ausbildung zum Krankenpfleger und Weiterbildung zum staatlich anerkannten Fachkrankenpfleger für Intensivpflege. Jahrelange Erfahrung in der Intensiv- und Notfallmedizin im In- und Ausland. Qualifizierung zum Pflegesachverständigen (TÜV), Pflege in den Tropen und Verfahrenspfleger „Werdenfelser Weg". Studium Pflegemanagement (Abschluss Dipl. Pflegewirt) an der Katholischen Fachhochschule Mainz und Pflegewissenschaften, Schwerpunkt Case Management in Health Care an der Ernst-Abbe-Fachhochschule in Jena, mit Abschluss Master of Science (M.Sc.). Nach dem Studium Tätigkeit als Medizincontroller, Teamleiter Abrechnungsprüfung/MDK bei einer großen Ersatzkrankenkasse sowie als Pflegedirektor. Herr Müller ist Dozent und Lehrbeauftragter an Bildungsinstituten und Hochschulen zum Thema Pflegemanagement, Pflegewissenschaft, Gesundheitsökonomie, Case Management und Leistungsabrechung im Gesundheitswesen sowie Autor zahlreicher Publikationen. Schwerpunkt seiner Arbeit ist die Arbeitsteilung im Gesundheitswesen, Case Management, Leistungsabrechnung, Gutachtenerstellung sowie sektorenübergreifende Kooperation. Seit 2004 freiberuflicher Consultant im Gesundheitswesen.

Rechtsanwalt Jan P. Schabbeck

Studium der Rechtswissenschaften in Heidelberg, Referendariat in Mannheim.

Nach kurzer Tätigkeit in München Einstieg als Partner in die jetzige Kanzlei in Ludwigshafen 2003. Seit Beginn an dort für das Referat Medizinrecht zuständig. Erhalt des Titels Fachanwalt für Medizinrecht 2006.

RA Schabbeck ist Autor und Referent zahlreicher Beiträge zum Thema Arbeitsteilung im Gesundheitswesen durch Kooperationen im Gesundheitswesen, wozu auch das Thema Delegation ärztlicher Leistungen zu zählen ist. Ein weiteres Schwerpunktthema sind zivil- und strafrechtliche haftungsrechtlichen Fragen des Medizinrechts.